हिंदू चर्मकार जाति

हिंदू चर्मकार जाति

एक स्वर्णिम गौरवशाली राजवंशीय इतिहास

डॉ. विजय सोनकर शास्त्री

एम.बी.ए., पी-एच.डी. (शास्त्री उपाधि)

प्रभात प्रकाशन

प्रकाशक • **प्रभात प्रकाशन प्रा. लि.**
4/19 आसफ अली रोड,
नई दिल्ली–110002

संस्करण • 2023
मूल्य • सात सौ रुपए
मुद्रक • नरुला प्रिंटर्स, दिल्ली

HINDU CHARMAKAR JATI

by Dr. Bizay Sonkar Shastri ₹ 700.00
Published by Prabhat Prakashan Pvt. Ltd., 4/19 Asaf Ali Road, New Delhi-2
e-mail: prabhatbooks@gmail.com ISBN 978-93-5048-565-1

आमुख

'हिंदू चर्मकार जाति : एक स्वर्णिम गौरवशाली राजवंशीय इतिहास' नामक इस पुस्तक का आद्योपांत अध्ययन किया। पुस्तक में संदर्भित प्रमाणों के अवलोकन से यह स्पष्ट होता है कि भारत में विदेशी तुर्क, मुसलिम एवं मुगलों के एक परम क्रूर कालखंड का आगमन हुआ था। धर्म, संस्कृति एवं देश के रक्षकों को उस कालखंड में भारी मूल्य चुकाना पड़ा था। स्वाभिमानी हिंदुओं ने अस्वच्छ कार्यों को करना स्वीकार किया, परंतु अपने प्राण से भी प्रिय हिंदू धर्म का परित्याग नहीं किया। ऐसा नहीं कि इस प्रकार की विदेशी शक्तियों द्वारा भारत पर प्रथम आक्रमण था। इसके पूर्व में भी शक, कुषाण, हूण इत्यादि इस देश में एक आक्रांता के ही रूप में आए थे, किंतु उन्होंने धर्म-परिवर्तन के लिए यहाँ कभी बल प्रयोग नहीं किया। उन्होंने अपना पराक्रम हिंदू देवालयों एवं उनमें स्थापित देवी-देवताओं की मूर्तियाँ भंजन करने में भी नहीं लगाया था। उन्होंने हिंदू-संस्कृति एवं हिंदू लोकजीवन को स्वीकार करके अपने अस्तित्व को ही हिंदू धर्म में समाहित कर लिया था। यवन शासक मिलिंद तो भगवान् बुद्ध की भक्ति में लीन होकर भारतीय ही हो गया। कालांतर में विदेशी आक्रांताओं में अरब के तुर्कों का आक्रमण भारत पर हुआ। तुर्कों का वह आक्रमण न केवल लूटने की दृष्टि से बल्कि जिस प्रकार से पश्चिम एवं दक्षिण एशिया क्षेत्रों में बलपूर्वक इसलाम का प्रभुत्व स्थापित किया गया, उसी प्रकार भारत में भी इसलाम को स्थापित करने की दृष्टि से हुए थे। इसलाम के प्रवर्तक पैगंबर मुहम्मद साहब के समय से ही इसलाम के वर्चस्व की लड़ाई अविराम गति से चल रही थी। यही कारण था कि अरबी आक्रांताओं की सेनाएँ युद्ध के लिए अत्यधिक अभ्यासित थीं। उन्हें भारत में भी बलपूर्वक इसलाम की सत्ता स्थापित करने में सफलता प्राप्त हुई थी। प्रस्तुत पुस्तक में अरब के आक्रांताओं के आक्रमणों एवं उनके अमानवीय कृत्यों का चित्रण अत्यंत मार्मिक एवं हृदयस्पर्शी है।

आज देश का सामाजिक वातावरण सामान्य नहीं है। जाति, वर्ग, संप्रदाय के साथ क्षेत्रीयता में बँटा आम व्यक्ति राष्ट्रभाव से अलग-थलग स्वहित तक सिमटकर रह गया है। स्वहित के समक्ष लोगों में राष्ट्रहित गौण हो चुका है। दूषित राजनैतिक एवं आर्थिक चिंतन के मध्य सांस्कृतिक चिंतन लगभग समाप्तप्राय हैं। मानव के स्वभाव से निर्भीकता एवं सेवाभाव अब अल्प ही परिलक्षित है। आज इन सब बिंदुओं पर चिंतन की आवश्यकता है, किंतु देश का सामाजिक ताना-बाना इतना बिगड़ चुका है कि इन बिंदुओं पर चिंतन नहीं हो पाता है। सामाजिक एकता के लिए सामाजिक समरसता आवश्यक है। सामाजिक समरसता के लिए समाज में व्याप्त सामाजिक विषमता का मिटना अतिआवश्यक है। धनी-निर्धन, उच्च-निम्न के साथ शहरी-ग्रामीण की अभिव्यक्ति सर्वत्र दृष्टिगोचर है। विशेष रूप से हिंदू समाज में जातिगत भेद एवं अनुसूचित जातियों के साथ अन्य जातियों के लोगों के मानस में स्थापित अव्यावहारिक एवं अवैज्ञानिक तथ्य हिंदू समाज के सामाजिक सौष्ठव की दिशा में भारी अवरोध है। आर्थिक एवं राजनैतिक शक्ति से भी अधिक सामाजिक शक्ति की भूमिका महत्त्वपूर्ण है, और दुर्भाग्य से तथाकथित दलित वर्ग यानी देश की अनुसूचित जातियों के साथ यही सामाजिक हीनता उनकी नियति बनी हुई है। दार्शनिकों एवं समाजशास्त्रियों को यह चिंतन करना है कि हिंदू समाज के इस बड़े एवं अभिन्न हिस्से को किस प्रकार से सामाजिक शक्ति प्रदान की जा सकती है?

डॉ. विजय सोनकर शास्त्री ने वास्तव में एक तरह से अनुसूचित जातियों को सामाजिक शक्ति हस्तांतरित करने की दिशा में यह एक प्रतिवेदन प्रस्तुत किया है। इस प्रतिवेदन का आधार श्रद्धेय बाबा साहब डॉ. भीमराव अंबेडकर के विचार को बनाया गया है। उन्होंने श्रद्धेय डॉ. अंबेडकर की पुस्तक—'शूद्र कौन?' के प्राक्कथन में वर्तमान एवं प्राचीन शूद्र अलग-अलग होने के तथ्यों को पुनः प्रस्तुत करते हुए उसका सकारात्मक विश्लेषण किया है। हिंदू धर्मग्रंथों में वर्णित शूद्र कभी अस्पृश्य नहीं थे। शूद्रों में राजा तथा विद्वान् होने के संदर्भ में अनेक उदाहरणों का पाया जाना इस बात का संकेत है कि वैदिककालीन सामाजिक व्यवस्था में शूद्र कभी भी अस्पृश्य, अंत्यज्य अथवा तिरस्कृत नहीं थे। किंतु वर्तमान अनुसूचित जातियों का हिंदू समाज में अस्पृश्य एवं तिरस्कृत होना यह प्रमाणित करता है कि वर्तमान दलित जातियाँ शूद्र नहीं, अपितु वर्तमान व्यवस्था में उत्पन्न अन्य कोई नया वर्ग है जिसका अस्तित्व प्राचीनकाल में नहीं था। डॉ. अंबेडकर ने भी इसी तथ्य की ओर संकेत किया था।

पुस्तक में डॉ. सोनकर शास्त्री द्वारा लिखित विचारभूमि एवं प्रस्तावना वास्तव में विषय की गंभीरता को दरशाता है। तथाकथित दलित हितचिंतकों एवं राजनीतिक रोटी सेंकनेवाले उन तथाकथित राजनेताओं की दोहरी भूमिका का आकलन आवश्यक है।

इतना ही नहीं, समरसता की गतिविधियाँ विशेष रूप से अस्पृश्यता अथवा जातिगत भेद-भाव की पीड़ा सह रहे अनुसूचित जातियों में नहीं बल्कि दलित वर्ग के साथ-साथ शेष अन्य वर्गों में भी चलाने की आवश्यकता है। अब तो अनुसूचित जाति की सूची के संदर्भ में कुछ बिंदु स्पष्ट हो जाने चाहिए। प्रथम, यह सूची वास्तव में सामाजिक एवं आर्थिक न्याय के तहत हिंदू समाज की वे कुछ जातियाँ हैं, जिनके साथ अकारण भेद-भाव, अस्पृश्यता एवं द्वेषपूर्ण व्यवहार किया जाता रहा है? द्वितीय, हिंदू समाज की वे जातियाँ जो अस्वच्छ व्यवसाय में लगी हैं, किंतु इस अस्पृश्यता एवं अस्वच्छ कार्यों का कालखंड, कारण, किसने मान्यता दी एवं इसके शास्त्रीय चिंतन का आधार इत्यादि क्या है? आज इन विभिन्न प्रश्नों का उत्तर समाज के समक्ष प्रस्तुत करना अत्यंत महत्त्वपूर्ण है। डॉ. विजय सोनकर शास्त्री ने पर्याप्त तथ्यात्मक प्रमाणों के साथ उक्त प्रश्नों का यथोचित उत्तर देने का प्रयास किया है।

प्रस्तुत पुस्तक के विभिन्न अध्याय स्वयं में शोध के स्वतंत्र अध्याय की अनुभूति कराते हैं, किंतु पुस्तक में दी गई संपूर्ण विषय-वस्तु सामाजिक समरसता की दिशा में एक समग्र प्रयास का पर्याय है। हिंदू धर्म का सनातन स्वरूप, हिंदू-संस्कृति, हिंदू सभ्यता के साथ भारत की संवृद्धि का विस्तृत विवरण, हिंदू समाज में वर्ण, वंश, गोत्र एवं जातियों के स्वरूप का अत्यंत स्पष्ट रूप से उल्लेख किया गया है। चर्मकार जाति की उत्पत्ति एवं उत्पति के कारण तथा कारक के साथ चर्मकार जाति के स्वाभिमानी वंशजों के विवरण का उल्लेख उत्सुकता बढ़ाता है। चर्मकार जाति का राजवंशीय इतिहास एवं चंवरवंशीय क्षत्रियों का विदेशी आक्रांता शासकों के द्वारा बलपूर्वक अवनयन अत्यंत विस्मयकारी हैं। इसलामिक उत्पीड़न से अस्पृश्य, दलित और भारतीय मुसलमान जातियों को बलपूर्वक बनाए जाने का साक्ष्यपूर्ण इतिहास मानो मध्यकाल में हिंदू उत्पीड़न का सजीव चित्र प्रस्तुत कर रहा हो। मध्यकाल के उपरांत हिंदुस्थान के सामाजिक ताना-बाना में मुसलमान, सिख, दलित एवं वनवासी यानी इन चार नए समुदायों का उदय होना अपने आप में एक शोध का विषय था। स्वाभिमानी, धर्मरक्षक एवं हिंदू योद्धाओं द्वारा विदेशी आक्रांताओं के समक्ष घुटने न टेकते हुए धर्म के मूल्य पर चर्म-कर्म स्वीकार करना उनकी हिंदुत्व के प्रति प्रतिबद्धता को सहज में अनुभव किया जा सकता है। दलितों ने धर्म-परिवर्तन न करके तत्कालीन शासन एवं सत्ता से मिलनेवाले लाभ को ठुकरा दिया। उनकी प्रखर इच्छा धर्म की रक्षा रही थी।

पुस्तक में लेखक द्वारा चर्मकार बंधुओं के प्रति हिंदू धर्म में व्याप्त भेदभाव को चर्म आधारित व्यवसाय से जोड़कर देखा गया है। कोई व्यक्ति जन्म से अथवा स्वच्छता का कार्य करने के कारण स्थायी रूप से अस्पृश्य कैसे हो सकता है। जब तक वह व्यक्ति उस स्थिति अथवा कार्य में लिप्त होता है, तभी तक वह अस्पृश्य होता है।

उदाहरणार्थ—शौचादि के समय व्यक्ति अस्पृश्य होता है, सूतक काल में भी अस्पृश्य होता है। किंतु स्नानादि के उपरांत वह पुनः स्पृश्य हो जाता है। चूँकि तथाकथित चर्म-कर्म करनेवाले बंधुओं को बलपूर्वक सर्वदा के लिए चर्म-कर्म में लगा दिया गया, इसलिए हिंदू-संस्कृति में चर्म-कर्म को हेय एवं घृणा की दृष्टि से देखे जाने के कारण उन्हें स्थायी अस्पृश्य की सामाजिक कुरीति एवं मानसिकता झेलनी पड़ी। यह उन स्वाभिमानी, देशभक्त, धर्मरक्षक एवं धर्माभिमानी लोगों के लिए प्रचंड पीड़ादायक एवं खेदजनक था। आज हमें इस प्रकार की सामाजिक स्वीकृति एवं मान्यता को अविलंब समाप्त करके चर्म-कर्म में लगे बंधुओं की पीड़ा को दूर करना होगा। जन्म एवं कर्म से अस्पृश्यता के सिद्धांत पर पुनः हिंदू-संस्कृति में गंभीरता के साथ चिंतन की आवश्यकता है। जिस प्रकार रजोधर्म की स्थिति में महिलाएँ धार्मिक कार्यों एवं आध्यात्मिक अनुष्ठानों से विरत रहतीं किंतु उसके उपरांत पुनः उनकी गतिविधियाँ सामान्य हो जाती हैं, ठीक उसी प्रकार से चर्म-कर्म अथवा अन्य अस्वच्छ कर्म के संपादन के उपरांत व्यक्ति को अस्पृश्य नहीं समझना चाहिए। पुस्तक में डॉ. विजय सोनकर शास्त्री ने हिंदू धर्म एवं पवित्रता की अवधारणा का विस्तृत वर्णन किया है। सामाजिक घृणा एवं तिरस्कार से बलपूर्वक चर्म-कर्म में नियोजित हमारे बंधु चर्मकर्मी अलग-थलग पड़ गए। कालांतर में उन्हें अस्पृश्यता का दंश भी सहना पड़ा। अब वैज्ञानिक तथा व्यावहारिक चिंतन एवं सिद्धांतों के समक्ष इस तरह की स्थापित मान्यताएँ पूर्णतया औचित्यहीन हो चुकी हैं।

हिंदू चर्मकार जाति के वंश, गोत्र एवं राजवंशीय इतिहास के संदर्भ में चंवरवंशीय क्षत्रियों का उनके प्रखर हिंदू स्वाभिमान को भंग करने के लिए अरब के विदेशी आक्रांता मुसलिम शासकों एवं गो मांस भक्षियों द्वारा उनसे गोकसी, चर्म निकालने एवं मृत पशुओं को ढोकर आबादी से दूर निर्जन स्थानों पर फेंकने जैसे घृणित कार्य बलपूर्वक कराए जाते थे। हिंदू लोकजीवन में पशुपालन तो कृषि व्यवस्था का अभिन्न अंग था। गाय को पशुओं में सर्वोत्तम पशु का स्थान था। अपने पशुओं की मृत्यु पर लोग आज भी शोक-संतप्त होते हैं। मनुष्य की भाँति पशुओं के अंतिम संस्कार का यदा-कदा उदाहरण आज भी देखा जा सकता है। ठीक उसी प्रकार प्राचीनकाल में लोग अपने-अपने पशुओं को मृत्यु के उपरांत स्वयं ही निर्जन स्थानों पर गाड़ते थे। किंतु विदेशी आक्रांताओं ने यह सब कार्य दंडस्वरूप स्वाभिमानी एवं धर्मरक्षक हिंदूबंदियों के लिए सुनिश्चित कर एक चर्म-कर्म करने वाली जाति का निर्माण किया। डॉ. सोनकर शास्त्री के उपर्युक्त चिंतन का आधार पुस्तक में प्रचुर मात्रा में प्रस्तुत प्रमाणों पर अवलंबित है। मुझे इस बात की प्रसन्नता है कि सामाजिक विषमता के लिए उत्तरदायी तथ्यों एवं तत्त्वों की पहचान करके उस पर विराट रूप से कार्य भी चल रहा है। तथाकथित चर्म-कर्म में लगे लोगों के पूर्वज एवं उनके प्राचीन वंशों की खोज, उनका गोत्र तथा उन पर

आधारित उप-जातियों का विवरण इस पुस्तक की विशेषता है।

हिंदू-संस्कृति से अभिप्रेरित हिंदू लोकजीवन में साधु, संतों तथा धर्म के पुरोधाओं की महत्त्वपूर्ण भूमिका से कोई मतभेद नहीं रख सकता है। मध्यकाल में हिंदुओं में संत शिरोमणि गुरु रैदास के चमत्कारिक व्यक्तित्व की बहुत चर्चा रही है। वैसे तो साधु-संतों की कोई जाति नहीं होती है, किंतु तथ्यात्मक दृष्टि से संत शिरोमणि गुरु रैदासजी का अवतरण एक ऐसे ही कुल में हुआ था, जो विदेशी आक्रांताओं के द्वारा बलपूर्वक चर्म-कर्म में लगाकर बनाई गई चर्मकार जाति थी। प्रस्तुत पुस्तक में हिंदू समाज के महान् संत श्रद्धेय श्री संत रैदास की जीवनी को एक नए रूप में लेखक द्वारा दरशाया गया है। संत शिरोमणि गुरु रैदास के हिंदू धर्मरक्षक की भूमिका का संपूर्ण हिंदू समाज को आभास भी नहीं है। इसलाम एवं ईसाईयत को पूर्ण रूप से अस्वीकार करते हुए संत रैदासजी द्वारा धैर्य से हिंदू बने रहने का आह्वान हिंदू धर्म की रक्षा का एक अतुल्य उदाहरण है। यही कारण था कि निराकार मत का प्रतिपादन करके उन्होंने पूरे हिंदू समाज को ईश्वर भक्ति की एक नई प्रेरणा देकर विदेशी आततायियों द्वारा देवालयों के भंजन से हिंदुओं में उत्पन्न आक्रोश को शांत कर उनकी जान की रक्षा का गुरुतर दायित्व का संत रैदासजी ने निर्वहन किया। डॉ. विजय सोनकर शास्त्री ने संत शिरोमणि गुरु रैदास के भगवत्स्वरूप को एक नए आयाम के साथ प्रस्तुत करके भक्तिकाल के संतों का सामाजिक समरसता की दिशा में उनकी अहम भूमिका को दरशाने का एक अच्छा प्रयास किया है। इतना ही नहीं, उन्होंने संत शिरोमणि गुरु रैदास के व्यक्तित्व के धार्मिक एवं आध्यात्मिक पक्ष के साथ हिंदू धर्मरक्षक के छिपे हुए पक्ष को भी समाज के सामने उजागर किया है।

दलित संवर्गीय तो अनेक जातियाँ हैं—किंतु उनमें चर्मकार जाति की चार सौ दस उप-जातियों के साथ उनके राष्ट्रीय योगदान को पुस्तक में पुष्ट तर्कों एवं तथ्यों के साथ प्रस्तुत किया गया है। मध्यकाल से लेकर अंग्रेजी शासनकाल एवं अब तक की इस जाति की भूमिका पर लेखन कार्य अथक प्रयास से ही संभव हुआ होगा। इसके लिए डॉ. विजय सोनकर शास्त्री वास्तव में धन्यवाद के पात्र हैं। चर्मकार जाति की वर्तमान स्थिति एवं इस जाति के सशक्तीकरण के सभी संभावित दृष्टिकोण जो पुस्तक में उल्लिखित है, समाज एवं सरकारों को उस पर ध्यान देना चाहिए। लेखक द्वारा पुस्तक के अंत में लिखे उस विचार पर चिंतन की आवश्यकता है कि वास्तव में दलित संवर्गीय इस प्रकार की जातियों का वास्तविक उत्थान तो सामाजिक समरसता के दायरे में ही संभव है।

डॉ. विजय सोनकर शास्त्रीजी का यह प्रयास एवं चिंतन पाठक वर्ग को केवल उपयुक्त जानकारी ही नहीं बल्कि एक नए चिंतन हेतु दिशा प्रदान करता है। सामाजिक

समरसता हेतु उनकी प्रतिबद्धता सहज में प्रकट होती है। मुझे विश्वास है कि पाठक वर्ग इसका अध्ययन करते हुए सामाजिक समरसता के चलते प्रयासों में अपनी भूमिका सुनिश्चित करेंगे।

इस ग्रंथ का वास्तविक मूल्य तो वही है कि व्यावहारिक जीवन में समाज में सभी वर्ग हिंदू-संस्कृति में पाई जानेवाली सामाजिक समरसता की अनुभूति करें।

मैं डॉ. विजय सोनकर शास्त्रीजी के इस अथक प्रयास को नमन करता हूँ।

—सुरेश जोशी
(भैया जोशी)
सह-सरकार्यवाह,
राष्ट्रीय स्वयंसेवक संघ

विचारभूमि

'हिंदू चर्मकार जाति : एक स्वर्णिम गौरवशाली राजवंशीय इतिहास' लिखने के लिए मेरे मन में आए विचार के पीछे कुछ ठोस कारण हैं। हिंदू लोकजीवन के अंतर्गत स्थापित जाति-व्यवस्था में लगभग छह हजार पाँच सौ जातियाँ वर्तमान समय में पूरे देश भर में पाई जाती हैं। अनुसूचित जाति की लगभग बारह सौ आठ जातियों एवं उपजातियों में जनसंख्या की दृष्टि से तीन जातियाँ चर्मकार, खटिक एवं वाल्मीकि अथवा सुदर्शन अथवा मजहवी सिख मुख्य हैं। उत्तर भारत की पासी और दक्षिण भारत की महार जातियाँ भी जनसंख्या की दृष्टि से क्षेत्रीय सीमा में अपनी उपस्थिति दरशाती हैं। वैसे वाल्मीकि अथवा सुदर्शन अथवा मजहबी सिख (सफाईकर्मी) जाति भी उत्तर में वाल्मीकि एवं दक्षिण में सुदर्शन तथा पंजाब में मजहबी सिख के रूप में प्राय: दृष्टिगत है। राष्ट्रीय स्तर पर देश के संपूर्ण स्थानों में पाई जानेवाली अनुसूचित जाति यानी दलित जातियों में हिंदू चर्मकार जाति भी एक है। इस पुस्तक लेखन के पार्श्व में मात्र यही एक कारण पर्याप्त नहीं है। इसके अलावा सन् 1920 में डब्ल्यू.एस. विग्रस महोदय ने हिंदू जाति-व्यवस्था की हजारों जातियों में केवल एक जाति यानी हिंदू चर्मकार जाति का चयन करके उनके द्वारा 'दी चमार' नामक पुस्तक लेखन ने भी हमारे मन में इस पुस्तक के लेखन के लिए दृढ़ता प्रदान की। मुझे इस विषय पर एक और पुस्तक श्री सतनाम सिंह द्वारा लिखित 'चमार जाति का गौरवशाली इतिहास' पढ़ने को मिली।

डॉ. सोहनपाल सुमनाक्षरजी द्वारा संपादित संकलन 'आदिम जाति चमार' को भी पढ़ा। उपर्युक्त इन अनेकानेक कृतियों को पढ़ने के उपरांत मेरी धारणा दृढ़ होती गई कि 'हिंदू चर्मकार जाति' पर पुस्तक लिखना श्रेष्ठकर और दलितोत्थान की दिशा में मेरा भी एक गिलहरी प्रयास होगा।

श्रद्धेय स्व. बाबू जगजीवन रामजी की उस वाराणसी यात्रा का सजीव वृत्तांत मेरे

मानस में आज भी अंकित है। जब वे वाराणसी गए और उन्हें वहाँ अपमानित होना पड़ा। उस समय मैं ग्यारहवीं कक्षा का विद्यार्थी था। आज मैं उस दुर्भाग्यपूर्ण घटना का उल्लेख नहीं अपितु विवेचन यानी उसके कारणों और इन कारणों के निदान पर प्रकाश डालना चाहता हूँ। यह अलग बात है कि उस घटना में अनेक लोगों को जेल की हवा खानी पड़ी थी। हमारा समाज तीन प्रकार की शक्तियों (सामाजिक, आर्थिक और राजनैतिक) से अभिभूत है। बाबू जगजीवन रामजी में कौन सी शक्ति की कमी थी जिसके कारण उनका अपमान हुआ। उनके पास आर्थिक और राजनैतिक शक्ति शीर्षरूप में थी किंतु सामाजिक शक्ति के अभाव के कारण उनका अपमान हो गया। बाबू जगजीवन राम द्वारा अनावरित संपूर्णानंद की मूर्ति को तथाकथित कुछ ब्राह्मण छात्रों द्वारा गंगाजल से पवित्र करने की मूर्खतापूर्ण दुर्घटना हुई। इस घटना से यह स्पष्ट हुआ कि राजनैतिक और आर्थिक शक्ति से अधिक महत्त्वपूर्ण है कि दलित समाज को सामाजिक शक्ति कैसे प्रदान की जाए? इस कृति के माध्यम से हमारा यही प्रयास है कि चर्मकार जाति के साथ ही संपूर्ण दलित समाज को हम गौरवान्वित करते हुए उन्हें वास्तविक, प्रमाणित एवं व्यावहारिक आधार पर सामाजिक शक्ति हस्तांतरित करें। धन एवं राजनैतिक पद प्राप्ति के उपरांत भी दलित होने का दुर्भाग्यपूर्ण बोध समाप्त नहीं होता बल्कि तथाकथित सामान्य वर्ग में ईर्ष्या एवं द्वेष की वृद्धि को देखा जा सकता है, किंतु यदि सामाजिक शक्ति प्रदान करने का हमारा प्रयास सफल हुआ तो घृणा, दुर्भावना एवं ईर्ष्या की खाई को प्यार, स्नेह, दया तथा करुणा से पाट दिया जाएगा। हिंदू समाज में सामाजिक समानतायुक्त समरसता ही हमारी अपेक्षा है।

बिखरे हुए भारत ने हमें बाध्य किया है कि हम हिंदू और हिंदुस्थान के परिप्रेक्ष्य में अब उन तथ्यों को प्रकाशित करें जो इतिहास के पन्नों में भी स्थान नहीं प्राप्त कर सका। श्रद्धेय डॉ. बी.आर. अंबेडकर की लेखनी से निकले उस प्रकाशपुंज के आलोक में हमारी आँखों ने भूतकाल के उस सच को देखा है जिसे लगातार केवल छिपाने का कार्य किया गया। मध्यकाल के हिंदुओं और अरब के विदेशी मुसलिम, तुर्क और मुगल आक्रांताओं, लुटेरों और आततायियों के मध्य हुए संघर्ष को यदि हम एक पल के लिए छोड़ भी दें तो प्रश्न उठता है कि भारत के स्वतंत्रता संग्राम में दलितों के योगदान को इतिहास के पन्नों पर स्वर्णाक्षरों में क्यों नहीं उकेरा गया? कहीं ऐसा तो नहीं कि दलितों के अंत:करण में व्याप्त राष्ट्रवाद के ज्वार को ठंडा करने की यह एक योजना है? हिंदुस्थान के इतिहास में महान् हिंदुओं एवं हिंदू योद्धाओं को तो उचित स्थान नहीं प्राप्त हो सका किंतु तथाकथित इतिहासकारों ने मुसलिम, तुर्क एवं मुगल आतंकियों, लुटेरों, हत्यारों एवं धोखेबाज अंग्रेज शासकों को अमर बना दिया। मुहम्मद बिन कासिम, महमूद गजनबी, मुहम्मद गौरी, कुतुबुद्दीन से लेकर सिकंदर लोदी एवं बहादुरशाह

जफर और तत्पश्चात् लार्ड क्लाइव से लेकर लार्ड केनिंग तथा लॉर्ड माउंटबेटन तक भारतीय इतिहास में अमर हो गए। क्या हिंदुस्थान की भावी पीढ़ियाँ इसे ही अपना गौरवशाली इतिहास मानेंगी? वास्तव में लगभग एक हजार वर्षों तक इस देश में केवल आतंक एवं आतंकियों की छाया थी। विदेशी आक्रांता मुसलिम, तुर्क एवं मुगलों का लगभग छह सौ वर्षों का क्रूर शासन था, तत्पश्चात् लगभग दो सौ वर्षों का अंग्रेजों का शासन हिंदुस्थान के इतिहास में एक काली रात्रि के समान था।

डॉ. बी.आर. अंबेडकर अपने जीवनकाल में कहा करते थे कि ऐ मेरे मित्रो, यदि मेरे कारवाँ को आगे न बढ़ा सकना तो इसे पीछे भी मत जाने देना। सच पूछा जाए तो डॉ. अंबेडकर की इस अपील ने हमारे अंतर्मन को झकझोरकर रख दिया था। हमने तय किया है कि श्रद्धेय बाबा साहब डॉ. बी.आर. अंबेडकर के कारवाँ को आगे बढ़ाऊँ। 'शूद्रों की खोज यानी शूद्र कौन थे?' नामक ग्रंथ में डॉ. बी.आर. अंबेडकर ने ग्रंथ के प्राक्कथन में ही कुछ बातें स्पष्ट की हैं। उन्होंने 'हिंदू ट्राइब्स एंड कास्ट' के लेखक शेरिंग महोदय के उस विचार का उल्लेख किया जिसमें शेरिंग ने कहा था कि 'शूद्र आर्य हैं या भारत की आदि जातियाँ या दोनों का मिश्रण, इसका कोई महत्त्व नहीं है। वे आदिकाल से एक चौथा वर्ण बन गए। वे प्रारंभ में आर्य चाहे न भी हों तथापि आर्यों से विवाहादि करके बहुत कुछ आर्य हो गए। शूद्रों की कुछ शाखाएँ ब्राह्मण एवं क्षत्रिय ही हैं।' डॉ. बी.आर. अंबेडकर ने कहा कि 'आधुनिक शूद्र जाति इधर-उधर से मिल-जुलकर बनी है और प्राचीन शूद्र जाति से भिन्न है।' उन्होंने आगे और स्पष्ट किया कि 'जो विधान प्राचीन काल में शूद्रों के लिए बने थे, जो अब लुप्त हो गए हैं। परंतु आश्चर्य की बात यह है कि वे विधान अब हिंदुओं की निम्न जातियों पर लागू हैं। यद्यपि इनका संबंध प्राचीन आर्य शूद्रों से कुछ भी नहीं है।' डॉ. अंबेडकर ने उसी प्राक्कथन में आगे पुनः लिखा है कि 'यदि हिंदुओं के विधान रचयिता इस बात का ध्यान रखते कि आजकल के दलित प्राचीन शूद्र नहीं हैं, तो अँधेर नहीं होता।' श्रद्धेय डॉ. बी.आर. अंबेडकर से समयाभाव या कार्यों की वरीयता क्रम के कारण यह विषय छूट गया। वे अत्यंत व्यस्त व्यक्ति थे। उन्होंने स्वयं अपनी पुस्तक 'पाकिस्तान अथवा भारत का विभाजन' के द्वितीय संस्करण के प्राक्कथन में खेद के साथ अभिव्यक्त भी किया है कि 'इस पुस्तक के लेखन में मेरा अत्यधिक समय जाया हुआ है जिसके कारण अत्यंत महत्त्व के कई साहित्यिक कार्यों में विलंब हुआ है और समयाभाव में यह कार्य स्थगित करना पड़ा।' डॉ. बी.आर. अंबेडकर ने व्यस्ततावश शूद्र कौन तो लिखा किंतु दलित कौन की भूमिका, आधार, रूपरेखा और पहचान इत्यादि का यत्र-तत्र उल्लेख ही मात्र कर पाए थे। इन कृतियों के माध्यम से हमने उनके उसी छूटे हुए अधूरे कार्य को यानी उनके कारवाँ को आगे बढ़ाने का कार्य किया है।

हिंदू चर्मकार जाति पर यह पुस्तक लिखने से पहले अपने देश के उन सैकड़ों गाँवों को मैं याद कर रहा हूँ जहाँ अध्ययन एवं विचार-विमर्श हेतु मुझे जाना पड़ा। आज वाराणसी के रोहनियाँ थानांतर्गत एक गाँव मड़ॉव की तीस वर्ष पूर्व की तस्वीर मेरी आँखों में सजीव हो उठी है। उस गाँव के सौ वर्ष के एक बुजुर्ग एवं एक अन्य परिवार की सौ वर्ष ही की बूढ़ी दादी को मैं भूल नहीं पाता हूँ। मेरे गाँव में पहुँचने मात्र से उनकी खुशी का मुझे आभास होता था। वे मुझसे गाँव में आने का कारण पूछते थे। मैं हँस देता था। उस समय तो मुझे भी नहीं पता था कि मैं वहाँ क्यों जाता था। गाँव के किनारे तालाब और उस तालाब के किनारे एक झोंपड़ी में हम और गाँव के लड़के बैठकर काशी हिंदू विश्वविद्यालय की स्नातक कोर्स की मिल-जुलकर तैयारी करके परीक्षा देने जाया करते थे। गाँव के लड़कों को आश्चर्य होता था कि सब सुख-सुविधा छोड़कर एक दलितों के गाँव में आकर हमलोगों के बीच पढ़ाई का वातावरण बनानेवाले इस लड़के का स्वयं का भविष्य क्या है? उस गाँव में खाने-पीने के लिए मिले हरी मिर्च की चटनी के साथ भुना हुआ मक्का एवं मलाई से भरे हुए गिलास के दूध से प्राप्त ऊर्जा का हम आज भी आभास कर रहे हैं। सबकुछ होते हुए भी अभावयुक्त उस हिंदू चमार जाति के गाँव में बेरोजगारों की संख्या का मैं शायद कभी उत्तर नहीं दे पाऊँगा, किंतु स्वाभिमान रक्षा एवं उनके परिश्रम का मैं सर्वदा सम्मान करता हूँ। उस गाँव के अपने अभिन्न मित्र कामरेड श्री छोटेलाल एम.ए., बी.एड., एल.एल.बी. को मैं हमेशा अपनी स्मृतियों में रखता हूँ। प्रिय मित्र छोटेलाल के द्वारा पूछे गए उन दिनों के सैकड़ों प्रश्नों का उत्तर आज इस कृति के रूप में है। उनके एक प्रश्न का हम यहाँ उल्लेख अवश्य करेंगे कि हम चमार जाति के लोग क्षत्रिय कैसे हुए? मित्र छोटेलाल को मेरा यह सुझाव है कि वे अब प्रश्न यह करें कि हम क्षत्रिय लोग चमार कैसे बने? चर्मकार यानी चमड़े के कार्य में बलपूर्वक लगानेवाले विदेशी मुसलिम आक्रांता शासक तो अब इस संसार में नहीं रहे किंतु उनके इस कुकृत्य की निंदा तो संपूर्ण संसार एवं समाज कर ही सकता है।

इस पुस्तक को लिखने का हमारा एक यह भी आशय एवं उद्देश्य है कि हमारे हिंदू समाज के विघटित स्वरूप एवं उसके पीछे छिपे वास्तविक तथ्य समाज के समक्ष स्पष्ट हो सकें। दीर्घकाल से हो रहे हिंदू समाज के अवनयन को रोककर उसमें व्याप्त भेद-भाव, ऊँच-निम्न एवं अस्पृश्यता तथा अपनों को व्यर्थ में दिए जा रहे तिरस्कार से उन्हें सुरक्षित किया जा सके। इसी क्रम में संपूर्ण हिंदू समाज को योजनाबद्ध रूप से हुए आंतरिक एवं बाह्य षड्यंत्रों से अवगत कराया जा सके।

प्रस्तुत कृति में हमने प्रयास किया है कि सरल एवं सरस रूप में दलित समस्या का यथोचित समाधान देकर इस समस्या का सर्वदा के लिए अंत कर दिया जाए। हमें

लगता है कि कुछ विद्वानों एवं विशेषतः दलित विषयक साहित्यकार पुस्तक में प्रस्तुत तथ्यों से सहमत नहीं होंगे, किंतु यह उनकी हठधर्मिता एवं पूर्वाग्रह होगा, क्योंकि पुस्तक में दिए जा रहे प्रत्येक तथ्य पर्याप्त प्रमाणों से आच्छादित हैं। यदि दलित जातियाँ अपनी धार्मिक कट्टरता एवं अद्वितीय राष्ट्रवाद के लिए विदेशी आक्रांता मुसलिम शासकों द्वारा दमन एवं दलन के उपरांत बलपूर्वक अस्वच्छ एवं निम्न कार्यों में लगाकर दलित बना दी गई तो इस चिंतन पर देश के किसी व्यक्ति या विद्वान् को चिंता या आपत्ति नहीं होनी चाहिए। हमने इस समस्या के पीछे अपनों का नहीं अपितु विदेशियों का दोष पाया है। जिस प्रकार हिंदुस्थान में बारहवीं सदी के उपरांत मुसलिम वर्ग का अस्तित्व पहचान में आया, ठीक उसी प्रकार बारहवीं शताब्दी के उपरांत ही हिंदुओं में दलित वर्ग की उत्पत्ति हुई। मुसलिम और दलित वर्ग मध्यकाल में एक ही प्रकार के कारण से विदेशी मुसलिम आक्रांताओं एवं शासकों द्वारा बलपूर्वक बनाई गई। जो हिंदू युद्धबंदी तात्कालिक दमन, दलन, अत्याचार और उत्पीड़न के समक्ष घुटने टेक दिए, वे मुसलमान बना दिए गए और जिन स्वाभिमानी एवं धर्माभिमानी योद्धाओं ने इसलामिक जेहाद के समक्ष घुटने नहीं टेके, उनके स्वाभिमान और धर्माभिमान को भंग करने के लिए अस्वच्छ एवं निम्न कार्यों में लगाकर उन्हें अपमानित, तिरस्कृत एवं अस्पृश्य का जीवन जीने के लिए बाध्य किया गया। अब इस प्रमाणित तथ्य को स्वीकार करने में हिंदू समाज़ के साथ संपूर्ण देश को कोई आपत्ति नहीं होनी चाहिए।

'हिंदू चर्मकार जाति : एक स्वर्णिम गौरवशाली राजवंशीय इतिहास' शीर्षक से लिखित इस पुस्तक में एक सीमित ही भाववृति है, किंतु इसी क्रम को हमने अपनी अन्य दो पुस्तकों में भी प्रस्तुत किया है। 'हिंदू वाल्मीकि एवं सुदर्शन (सफाईकर्मी) जाति का गौरवशाली इतिहास' तथा 'हिंदू खटिक जाति : उत्पत्ति, उत्थान तथा पतन का इतिहास' शीर्षक के अंतर्गत दलित कौन? एवं दलित समस्या का समाधान? जैसे महत्त्वपूर्ण प्रश्नों का उत्तर देने का एक प्रयास है। वैसे तो इन पुस्तकों का स्वतंत्र स्वरूप है, किंतु विशद एवं विराट् अध्ययन की दृष्टि से इन तीनों पुस्तकों का समन्वित अध्ययन शोधकर्ताओं एवं जिज्ञासुओं के लिए अत्यंत रोचक एवं उपयोगी होगा।

आज हिंदुस्थान की स्थिति बिलकुल भिन्न है। अब यह देश एक आणविक संपन्न महाशक्ति के रूप में विश्वमंच पर स्थापित है, किंतु यदा-कदा देश की छवि को क्षति पहुँचाने के लिए योजनाबद्ध रूप से मिथ्या एवं भ्रमात्मक विषयों तथा अनुसूचित जातियों और जनजातियों की समस्याओं के माध्यम से अधिक दुष्प्रचार किया जा रहा है। इन जातियों के संदर्भ में बड़ी प्रमुखता से यह प्रचार हो रहा है कि उनकी दीन एवं दयनीय दशा के लिए तथाकथित हिंदू समाज की कुछ जातियाँ (ब्राह्मण एवं क्षत्रिय संवर्गीय) ही मुख्यतः उत्तरदायी हैं। इन्हीं जातियों ने वर्तमान में दलित की पहचान

रखनेवाली जातियों का दमन एवं दलन किया है। इतना ही नहीं, अकसर तथाकथित विद्वानों द्वारा विचार प्रकट होता है कि दलित जातियाँ हजारों वर्षों से हिंदू समाज में हैं। इसके निर्माण के पीछे वर्ण-व्यवस्था का हाथ है। जबकि वास्तविकता तो यह है कि हिंदुस्थान में मुसलमान वर्ग एवं दलित संवर्गीय जातियों का एक साथ उदय हुआ था। 15वीं शताब्दी में सिख समाज की उत्पत्ति हुई। 'डिप्रेस्ड क्लास' शब्द सन् 1931 की जनगणना में अंग्रेजों द्वारा प्रयुक्त हुआ जिसे मराठी साहित्यकारों ने 'दलित' शब्द के रूप में अनुवादित किया और डॉ. बी.आर. अंबेडकर ने इसी दलित शब्द को अपने आंदोलन में बड़ी गहनता से प्रयोग किया। वैसे भी लगभग आठ सौ वर्षों से जब हिंदू केंद्रीय शासन एवं सत्ता में था ही नहीं तो ब्राह्मण एवं क्षत्रिय संवर्गीय जातियों को दलित समस्या के लिए उत्तरदायी ठहराना प्रमाणित नहीं है। हिंदू समाज में पवित्रता की भावना पर आधारित अस्पृश्यता एवं अस्पृश्यता का आधार अस्वच्छ कार्य यानी मल-मूत्र की सफाई एवं चर्म-कर्म से है। इसीलिए मध्यकाल में बलपूर्वक हिंदुओं को अस्वच्छ कार्यों में लगाना दलित समस्या का मूल है। कालांतर में अस्वच्छ व्यवसाय से ही अस्पृश्यता की स्थापना होती चली गई और स्वाभिमानी हिंदू योद्धाओं को दंडस्वरूप बलपूर्वक इस अभिशाप यानी अस्वच्छ कर्म को धारण करवाकर उन्हें अस्पृश्य जातियों के श्रेणी में ठेल दिया गया। अपनों ने भी निम्न कार्यों के कारण उन्हें अपनाया नहीं और वे अपनों में भी घृणा, तिरस्कार एवं अस्पृश्यता के शिकार हो अलग-थलग एवं दूर होते चले गए। इसलिए यह स्पष्ट है कि अस्वच्छ कार्यों को बलपूर्वक कराने के पीछे हिंदू समाज अथवा तथाकथित ब्राह्मण एवं क्षत्रिय संवर्गीय जातियों की भूमिका अप्रमाणित है। अंत में हम इस निष्कर्ष पर पहुँचते हैं कि भारतीय मुसलमान एवं दलित मध्यकाल के महान् दंडित हिंदू योद्धा हैं। इसलाम पंथ अपनाने एवं हिंदू पूजा-पद्धति से कट जाने के उपरांत भारत के मुसलमान आज भी हिंदू समाज एवं संस्कृति से विलग नहीं अपितु संलग्न हैं। ठीक इसी प्रकार पवित्रता एवं स्वच्छता की अवधारणा में फँसकर हिंदू दलित समाज अपनों में दूर होकर भी कट्टर एवं धर्माभिमानी हिंदू बना रहा।

इस कृति के माध्यम से हमारा प्रयास है कि संपूर्ण हिंदू समाज के साथ वर्तमान मुसलिम एवं ईसाई वर्ग को यह आभास दिला सकूँ कि हम सब एक हैं। हमारे पूर्वज एक हैं। भारत की संपूर्ण मुसलमान एवं ईसाई जनसंख्या हिंदुओं से धर्मांतरित है न कि आयातित है। आज हमारे विलगाव के लिए दो हजार वर्षों के विदेशी आक्रांताओं द्वारा लूटपाट एवं अत्याचार, उनके क्रूरता रूपी आँधी तूफान इत्यादि ही उत्तरदायी हैं। हिंदुस्थान को अंग्रेजों की दासता से मुक्त हुए आज पैंसठ वर्ष व्यतीत हो चुके हैं। आधुनिक भारत के नवनिर्माण में देश के चिंतक, विचारक, वैज्ञानिक, समाजशास्त्रीय, डॉक्टर, इंजीनियर, वकील, किसान, श्रमिक, छात्र-छात्राएँ एवं युवा वर्ग लगा हुआ है, किंतु आज भी देश

के करोड़ों लोगों के शरीर पर फटे कपड़े, नंगे पाँव, आधा पेट भोजन, अपूर्ण चिकित्सा व्यवस्था, अशिक्षा के लिए वास्तविक उत्तरदायी किसको ठहराया जाए? हमारा मानना है इस कृति से वर्तमान दलित संवर्गीय जातियों को आत्मबल की प्राप्ति होगी और दलित संवर्गीय इन जातियों के त्याग तथा बलिदान के वास्तविक मूल्यांकन से सामान्य लोगों की भावनाओं में परिवर्तन के साथ उनकी अपने भाई-बंधु के रूप में दलित संवर्गीय जातियों को स्वीकार करने की दिशा में होनेवाली कठिनाइयाँ समाप्त हो सकेंगी। इस तरह हम अपने देश को वास्तविक रूप में आगे बढ़ाने में सफल हो सकेंगे।

लेखक एवं लेखन कार्य के संदर्भ में मुझे इतना अवश्य व्यक्त करना है कि हमें बाल्यावस्था से ही राष्ट्रीय स्वयं सेवक संघ की शाखाओं पर जाने का सुअवसर प्राप्त हुआ। विद्यालय जाने के पूर्व संघ की शाखाओं पर गया। वहाँ हमें यह लगा ही नहीं कि हम किसी जाति विशेष अथवा पंथ-संप्रदाय के हैं। इतना ही नहीं, हमें यह भी प्रतीत नहीं हुआ कि हम वाराणसी या उत्तर प्रदेश के हैं। वहाँ तो केवल अखंड भारत की बातें बड़ी प्रमुखता से होती रहीं। भारत को विश्व परिवार का एक सदस्य मानकर वसुधैव कुटुंबकम् की भावना के साथ परम वैभव का एक मंत्र संसार को रा. स्व. संघ द्वारा दिया जा रहा था। संघ वैचारिकी में प्रत्येक विषय को समग्र के भाव में देखने का प्राकृतिक एवं स्वाभाविक भाव है। वहाँ हमें खंड में देखने का स्वभाव ही नहीं मिला। जिस प्रकार अंकगणित की प्रत्येक इकाइयाँ अलग-अलग होकर भी एक समग्रता अथवा निरंतरता का बोध कराती हैं, ठीक उसी प्रकार संघ चिंतन में समग्रता एवं निरंतरता का हमें बोध हुआ। राष्ट्रचिंतन में क्षेत्र एवं प्रदेश समाहित था। हिंदुत्व चिंतन में पंथ-संप्रदाय और मत-मतांतर से ऊपर देश की लगभग छह हजार पाँच सौ जातियों से बना संपूर्ण हिंदू समाज समाहित था। आज भी अंतर्मन की भित्तियों में बाल्यकाल के वे ही चित्र अंकित हैं। आज भी वही स्वभाव बना हुआ है कि हम देशव्यापी या राष्ट्रव्यापी के स्थान पर विश्वव्यापी चिंतन करते हैं। 'वसुधैव कुटुंबकम्' एवं 'सर्वे भवंतु सुखिन:' की हिंदू वैचारिकी हमारे चिंतन का प्राणतत्त्व हैं। 'समूह का चिंतन' ही राजनीति की संक्षिप्त परिभाषा के रूप में हमारे मानस में स्थापित है। इसलिए हमारे लेखन में वही सब सामग्री सर्वत्र दृष्टिगोचर होंगी।

'हिंदू चर्मकार जाति : एक स्वर्णिम गौरवशाली राजवंशी इतिहास' उक्त तथ्यों एवं विचारों के आलोक में अवगाहित है। सत् सत्गुरु की असीम अनुकंपा एवं शुभेच्छुओं की मंगलकामना के परिणामस्वरूप यह कृति आज संसार के समक्ष प्रस्तुत है। हिंदू हृदय सम्राट् श्रद्धेय अशोक सिंहलजी संरक्षक विश्व हिंदू परिषद् द्वारा शोधपरक इस कार्य के संदर्भ में दिए गए मार्गदर्शन ही मुख्य स्रोत हैं। श्री सिंहलजी द्वारा निरंतर नीतिसंगत शोध की वैचारिक अभिप्रेरणा, उत्साहवर्धन एवं असीमित मात्रा में दिए गए स्नेह तथा ममता

इस लेखन कार्य की भूमिका है।

राष्ट्रीय स्वयंसेवक संघ के पूज्य सरसंघचालक श्रद्धेय श्री मोहनराव भागवत द्वारा इस कृति की प्रशंसा एवं इस दिशा में और भी आगे बढ़ने का दिशा-निर्देश मेरे साहित्य सृजन की राह में पाथेय जैसा है। राष्ट्रीय स्वयंसेवक संघ के सरकार्यवाह माननीय सुरेश जोशी 'भैयाजी जोशी' द्वारा मेरे रचित साहित्यों पर संतोष की अभिव्यक्ति मेरे लिए बहुमूल्य पुरस्कार के समान प्रतीत होता है। माननीय सह-सरकार्यवाह सुरेश सोनीजी एवं माननीय सह-सरकार्यवाह दत्तात्रेय होसबाले के प्रति विशेष आभार व्यक्त करना ही उनके द्वारा दिया प्यार, स्नेह एवं सम्मान है। माननीय बजरंगलालजी गुप्त, संघचालक, उत्तर क्षेत्र राष्ट्रीय स्वयंसेवक संघ द्वारा कर्मभूमि में लक्ष्य प्राप्ति हेतु उत्साहवर्धन के साथ तथा उनके द्वारा समय-समय पर दिए गए सुझाव हमारी साहित्यिक यात्रा की राह में प्रकाश स्तंभ के समान प्रतीत हुए। डॉ. कृष्ण गोपालजी, सह-सरकार्यवाह, राष्ट्रीय स्वयंसेवक संघ द्वारा अनेकानेक विषयों का अन्वेषणात्मक अभिव्यक्ति, सारतत्त्व का सारगर्भित संप्रेषण तथा अप्रतिम स्नेहिल मार्गदर्शन मेरे लिए सफलता का द्वार प्रमाणित होता है।

श्री अटल बिहारी वाजपेयी, श्री लालकृष्ण आडवाणी, डॉ. मुरली मनोहर जोशी, श्री राजनाथ सिंह, श्री नरेंद्र भाई मोदी एवं श्री नितिन गडकरी जी के साथ श्रीमती सुषमा स्वराज एवं श्री अरुण जेटली जी को अवश्य धन्यवाद दूँगा, क्योंकि मुझे इन विभूतियों का लगातार स्नेह प्राप्त हुआ। राष्ट्र की आशा और आकांक्षाओं की पूर्ति के निमित्त बने प्रधानमंत्री श्री नरेंद्र भाई मोदी जी से दलित विषयक हुई एक लंबी परिचर्चा इस कृति में अवगाहित है। राजनीतिक क्षेत्र में वैसे तो अनेकों विभूतियों का अपनी पार्टी से भी इतर अन्य पार्टियों के लोगों का प्यार मिला पर मेरा प्रयास रहा कि राजनीतिक क्षेत्र की चुनौतियों को जाति, धर्म, पंथ, वर्ग तथा राजनीतिक विचारधारा इत्यादि से ऊपर उठकर विचार करूँ एवं कम-से-कम भारतीय इतिहास की सच्चाइयों को प्रमाणों के साथ समाज के समक्ष लाऊँ। मेरा यह प्रयास आज इस पुस्तक के रूप में फलीभूत है। मैं राजनीतिक क्षेत्र के उन अनेकश: महाविभूतियों को अपने मन की गहराइयों से आभार व्यक्त करता हूँ।

माननीय महेश शर्मा, पूर्व अध्यक्ष, खादी एवं ग्रामोद्योग आयोग; डॉ. महेश चंद शर्मा, पूर्व सांसद, अध्यक्ष, एकात्म मानववाद अनुसंधान एवं विकास प्रतिष्ठान; श्री वीरेंद्र सिंह, पूर्व सांसद; श्री सुनील पांडेय, सचिव, भारतीय किसान संघ; श्री डी.एस. विरैया, विधान परिषद् सदस्य तथा चेयरमैन अंबेडकर डेवलपमेंट बोर्ड, कर्नाटक; श्री सी. चेलप्पन (आई.ए.एस.) पूर्व सदस्य, राष्ट्रीय अनु.जाति एवं जनजाति आयोग; प्रो. रामजी मालवीय, प्रो-वाइस चांसलर, संपूर्णानंद संस्कृत विश्वविद्यालय, वाराणसी; श्री सत्यप्रकाश असीम, राजनीतिक संपादक, दैनिक 'आज'; श्री राधेश्याम, श्री गड़वाघाट आश्रम, वाराणसी; श्री विजय खंडेलवाल, प्रदेश प्रभारी, उड़ीसा सामाजिक समरसता अभियान, विश्व हिंदू

परिषद्; श्री सुरेश खंडेलवाल, संयोजक, उद्योग प्रकोष्ठ, भाजपा, नई दिल्ली; श्री सी.वी. पाटोदिया, सलाहकार, बिड़ला ग्रुप; श्री एन. सुरेश रेड्डी, हैदराबाद, कानून का अधिकार : एक जनांदोलन के दक्षिण भारत के संयोजक; श्री पी. गुनासेकरन, श्री रंजन खन्ना, चिरंजन एडवरटाईजिंग; श्री अमलेंदु हलदर, वरिष्ठ नेता, यू.बी.आई. बैंक कर्मचारी कल्याण संगठन, कोलकाता, श्री मनोज चौधरी, पानीपत; डॉ. योगेश कटारिया, दिल्ली; श्री विनोद वैरवा, राजस्थान; इंजी. रंजन कुमार; इंजी. जे.एल. गुप्ता; डॉ. सुरेंद्र झा; श्री राज कुमार अग्रवाल, वाराणसी; इंजी. अनुराग कुशवाहा, वाराणसी; श्री विवेक सोनकर, कोलकाता; श्री महेश आहिरवार, ग्वालियर; श्री शांत प्रकाश, गाजियाबाद; श्री विजय पहाड़िया व श्री शीतल सिंह, इंदौर; श्री विश्राम सिंह, मैरीटार, बलिया; श्री लक्ष्मी नारायण सोलंकी, भीलवाड़ा; श्री अतीस कुमार सोनकर, बिलासपुर; श्री रोहित सोनकर, लुधियाना; अश्विनी कुमार, भिवानी आदि सभी शुभेच्छुओं के प्रति आभारी हूँ।

मैं विश्व हिंदू परिषद् के राष्ट्रीय संगठन मंत्री श्री दिनेशजी एवं अंतरराष्ट्रीय महामंत्री श्री प्रवीण भाई तोगड़िया के द्वारा दिए जानेवाले उत्साहवर्धन तथा हिंदू मिशन के प्रति उनकी सुस्पष्ट निर्दिष्ट नीति जो मेरे लिए प्रेरक रही, इस कृति के माध्यम से उन्हें मैं धन्यवाद देता हूँ। ठा. सूबेदार सिंह, सदस्य, अखिल भारतीय मार्गदर्शक मंडल, गो-रक्षा संवर्धन परिषद् एवं पूर्व केंद्रीय मंत्री, विश्व हिंदू परिषद् के प्रति मैं हार्दिक आभार प्रकट करता हूँ। विश्व हिंदू परिषद् के केंद्रीय मंत्री स्व. मा. रामफलजी; मा. पुरुषोत्तम सिंह एवं अ.भा. संपर्क प्रमुख; महावीरजी, प्रदेश संगठन मंत्री, उ.प्र.; श्री शिवदास सिंह, क्षेत्रीय संगठन मंत्री, अ.भा. सामाजिक समसरता अभियान एवं श्री भागवत सिंह के अविस्मरणीय उत्साहवर्धन के लिए मैं उन सबका कोटिशः धन्यवाद करता हूँ।

इस कृति के माध्यम से मैं श्रद्धेय 1008 श्री शंकराचार्य स्वामी जयेंद्र सरस्वतीजी महाराज एवं श्रद्धेय 1008 कनिष्ठ शंकराचार्य स्वामी विजेंद्रजी महाराज, कांचिपुरम; श्रद्धेय आचार्य स्वामीश्री धर्मेंद्रजी महाराज, श्रीपंचखंडपीठ, जयपुर, स्वामी ब्रह्मदेवजी महाराज, श्रीब्रह्मविद्यापीठ, वेस्टइंडीज, दक्षिण अमेरिका; स्वामी राधे-राधे बाबा, इंदौर; स्वामी जगदीश मुनिजी महाराज एवं स्वामी देवानंद गिरीजी, हरिद्वार का मैं अध्यात्म के क्षेत्र में विशेष मार्गदर्शन के लिए हृदय से आभार व्यक्त करता हूँ।

वात्सल्यमयी माँ एवं कर्मयोगी बाबाजी का आशीर्वाद, बड़े भाइयों, बहनों तथा भाभियों के स्नेह तथा पत्नी की सहधर्मिता ने इस पुनीत कार्य को संपन्न करने के लिए सर्वदा प्रेरित किया। मेरी धर्मपत्नी द्वारा मेरे कार्यों का व्यक्तिगत रूप से मूल्यांकन मेरे लिए अप्रतिम प्रेरक रहा। मेरे प्रिय भानजों, भतीजों एवं बच्चों ने भी एक सहायक के रूप में सहयोग देकर जीवन की अनेकानेक कमियों को दूर किया। मेरे मन में उन सभी के प्रति अगाध स्नेह है। ईश्वर से यही प्रार्थना है कि प्रभु उनके प्रति सदैव स्नेहिल भाव रखें।

अंत में मैं सर्वशक्तिमान, विश्वरूप, विराट् चेतना शक्ति, सृष्टि संचालनकर्ता, करुणामयी जगन्माता एवं परमपिता परमेश्वर रूप सत् सत्गुरु से जाने-अनजाने हुई गलती, अपराध एवं पाप के लिए क्षमा माँगते हुए इस कृति को दलित समाज के साथ संपूर्ण हिंदू समाज के उत्थान के लिए प्रस्तुत करता हूँ। मुझे विश्वास है कि यह पुस्तक हिंदू धर्म में व्याप्त सामाजिक विषमता, सांस्कृतिक विखंडन एवं विविध प्रकार के सामाजिक भेदभाव को मिटाने के साथ हिंदू धर्म एवं संस्कृति के वैश्विक प्रचार-प्रसार तथा द्वेष-भाव से तर्क करनेवाले महानुभावों की जिज्ञासा को शांत करने के लिए अवश्य उपयोगी सिद्ध होगी। हिंदू धर्म के पुरोधाओं, विचारकों, साहित्यकारों और विद्वानों के प्रति लेखक सदैव आभारी रहेगा, जिनकी कृतियों एवं विचारों से वह समुन्नत हुआ।

—डॉ. विजय सोनकर शास्त्री

शास्त्री भवन
चाँदपुर इंडस्ट्रियल इस्टेट
वाराणसी-221006 (उ.प्र.)
इ-मेल : dr.bsshastri@gmail.com

अनुक्रम

अध्याय-3

अध्याय-4

प्रस्तावना

अतीत के आईने में वर्तमान का अवलोकन एवं भविष्य का अनुमोदन ही अध्ययन एवं अनुसंधान का सदैव आलंबन रहा है और इसीलिए अध्ययन के विषय भी अपनी आवश्यकता के अनुरूप आहरित होते रहे हैं। वर्तमान हिंदुस्थान में जातिविहीन समाज की संरचना का प्रयास प्रगति-पथ पर निरंतर अग्रसर है। मध्ययुगीन विदेशी आक्रांताओं एवं शासकों के उत्पीड़न, दमन एवं दलन के साथ ही अस्वच्छ कार्यों में बलपूर्वक नियोजित राजवंशी, धर्माभिमानी एवं स्वाभिमानी जातियों के लोग, जिन्हें अंग्रेजी सरकार ने 'दलित' नाम प्रदान कर उनकी सहानुभूति प्राप्त करने के साथ ही हिंदू समाज को बाँटने और निर्बल बनाने का प्रयास किया था, वर्तमान समाजशास्त्रियों एवं हिंदू समाज के संगठनों के लिए यह एक महत्त्वपूर्ण अध्ययन-विषय हैं। प्रायोजित षड्‌यंत्रों के अंतर्गत अभी तक तथाकथित दलित जातियों का तथ्यहीन, त्रुटिपूर्ण और भ्रामक इतिहास अत्यंत प्रक्षिप्त (मिलावटी) संदर्भों सहित लिखा गया है, अत: आवश्यक है कि दलित जातियों के प्राचीन गौरवशाली राजवंशीय परिस्थितियों को उजागर करते हुए देश एवं समाज में उनको पूर्वस्थिति में प्रतिष्ठित करनेवाला स्वर्णिम एवं यथार्थ इतिहास सत्य संदर्भों के आधार पर लिखा जाए।

आधुनिक अनुसंधानों एवं परीक्षणों से स्पष्ट हो चुका है कि हिंदुस्थान की वर्तमान दलित जातियों में अधिकांश क्षत्रिय एवं राजवंशीय हैं। किंतु दलित लेखकों एवं विचारकों ने भ्रमवश ऋग्वेद में वर्णित सात महारथियों (कृष्ण, बल, वृत्र, मणि, शुष्ण, शुंबर अथवा चुंबर और नमुचि) की पहचान शूद्र वर्ण यानी आधुनिक तथाकथित दलित श्रेणी से किया है। शूद्र राजा दिवोदास के पुत्र सुदास ने अकेले ही अणु, द्रहु, यदु, तुर्वसु, पुरु, कुरु, त्रित्सु, क्रिवि, मद्र और दुरु नामक दस राजाओं से युद्ध किया था। शूद्र योद्धा चुमुरि का इंद्र के साथ महासंग्राम हुआ था। युधिष्ठिर के राजसूय-यज्ञ में शूद्र राजा सादर आमंत्रित

थे।[1] मगधराज जरासंध, महानंद पद्म, चंद्रगुप्त मौर्य और प्रांतपति आल्हा-ऊदल शूद्र संवर्ग के थे।

वेदकाल अथवा उसके बाद या 12वीं शताब्दी तक जो भी कुछ रहा होगा किंतु उस समय के उपरांत देश में चार नए समुदाय बने—मुसलमान, सिख, दलित और वर्तमान वनवासियों की उत्पत्ति भारत में 12वीं शताब्दी के बाद की है। छत्रपति शिवाजी और महाराष्ट्र ठाणे जनपद स्थित 'जन्हार संस्थान' के महाराज श्रीमंत्र मुकणे भी देखा जाए तो आज के संदर्भ में दलित राजा थे। दक्षिण भारत में हिंदू राज्य के संस्थापक हरिहर एवं बुक्का भी तथाकथित दलित वर्ग के थे। मुसलिम आक्रांताओं के छक्के छुड़ानेवाले सिद्धपाल, सुधारन कागू, जशरथ खोखर, हम्मीरदेव, कान्हणदेव, भट्टी राजवंश का दूदा, गुहिल राजवंश के रत्नसिंह, हिंदुस्थान का शेर दाहिर, कटेहर के राजपूत, मेवाती के हिंदू इत्यादि राजवंशों के थे जिनके वंशज आज राजस्थान या अन्य स्थानों पर तथाकथित दलित हैं।[2] अंग्रेजों से लोहा लेनेवाले भज्जू सिंह, सातन पासी, झलकारी बाई और ऊधम सिंह भी दलित जातियों से थे। शूद्र महामंडलेश्वर तथा मतिपुर के शासक का उल्लेख विदेशी यात्रियों ने भी किया है।[3]

हिंदू सामाजिक व्यवस्था में दलित एवं शूद्र समुदाय को लेकर भारी भ्रम व्याप्त है, किंतु डॉ. बी.आर. अंबेडकर ने अपनी पुस्तक शूद्रों की खोज (हू वेयर शूद्राज?) के प्राक्कथन में ही स्पष्ट कर दिया है कि वर्तमान दलित वर्ग प्राचीन वैदिककालीन शूद्र वर्ण के नहीं हैं।[4] शूद्र कभी भी अस्पृश्य नहीं थे, यहाँ तक कि मनुकाल में भी[5], किंतु वर्तमान भारत के दलित यानी अनुसूचित जातियों का आधार केवल अस्पृश्यता एवं अस्वच्छ व्यवसाय ही है।

हिंदू राजवंश से संबंधित संपूर्ण दलित जातियों की सबसे महत्त्वपूर्ण विशेषता है उनका योद्धा, धर्माभिमानी, राष्ट्राभिमानी एवं स्वाभिमानी होना। 12वीं सदी के उत्तरार्द्ध में उत्तरी भारत पर मुहम्मद गोरी के आक्रमणों का मुँहतोड़ जवाब देते हुए उस समय के हिंदू दलित शासक महाराज सातन पासी (1180-1206ई.) ने हिंदू धर्म की रक्षा एवं मातृभूमि (हिंदुस्थान) की प्रतिष्ठा की रक्षा में अपना प्राणोत्सर्ग किया था।

इल्तुतमिश के उत्तराधिकारी सुल्तान नसिरुद्दीन महमूद के शासनकाल (1236-

---

1. महाभारत, 2/33/17
2. प्रो. अशोक श्रीवास्तव, दिल्ली सल्तनत का उत्थान और पतन, पृ. 209, 213, 334, 340-41, 345, 506, 601, 603
3. गांगुली : द ईस्टर्न चालुक्याज, पृ. 170 एवं श्वांग-च्वांग : वाटर्स, भाग-1, पृ. 322
4. डॉ. बी.आर. अंबेडकर, शूद्रों की खोज, प्राक्कथन का तृतीय पैराग्राफ
5. डॉ. बी.आर. अंबेडकर, अछूत कौन और कैसे, पृ. 99

1266 ई.) के सन् 1257 ई. में वर्तमान हिंदू दलित श्रेणी के मेवाती सैनिकों ने एक महिला नाईकी देवी के नेतृत्व में सुल्तान के सेनापति बलवन को पराजित करके उसे भागने पर विवश कर दिया था।

हिंदू-शत्रु औरंगजेब के छत्रपति शिवाजी ने छक्के छुड़ा दिए और छलपूर्वक हत्या की नीयत से आनेवाले बीजापुर रियासत के मुसलिम सेनापति का सीना बघनखों से फाड़ दिया था। ब्रिटिश शासन के विरुद्ध स्वामित्व एवं स्वाभिमान हेतु घोषित संग्राम में झाँसी की रानी महारानी लक्ष्मीबाई की हिंदू दलित यानी कोरी जाति कुलोत्पन्ना आरक्षी महिला सैनिक झलकारी बाई ने भी लक्ष्मीबाई जैसी वेशभूषा पहनकर युद्धस्थल में अंग्रेज सैनिकों को भ्रमित करते हुए उनके साथ वीरतापूर्वक युद्ध किया और 17 जून, 1858 को वे वीरगति को प्राप्त हुई थी। तत्कालीन अंग्रेज सेनापति जनरल ह्यूरोज ने उन दोनों वीरांगनाओं की प्रशंसा इन शब्दों में की—'यहाँ वह औरत सोई हुई है, जो विद्रोहियों में एकमात्र मर्द थीं।'[1]

13 अप्रैल, 1919 को वैसाखी-पर्व के दिन अमृतसर के जलियाँवाला बाग में ब्रिगेडियर जनरल ई.एच. डायर, लेफ्टिनेंट गवर्नर सर माइकल ओडवायर और लार्ड जेट लैंड ने जिन निहत्थे असंख्य हिंदू दलितों को अकारण ही घेरकर उनकी हत्या कराई था उसका 22 वर्षों बाद हिंदू रैदसिया चमार वंश के परमवीर ऊधम सिंह ने लंदन जाकर उस हत्यारे अंग्रेज को सरेआम सीने पर गोली मारकर बदला लिया और 31 जुलाई, 1940 ई. को फाँसी दिए जाने के पूर्व पक्षपाती ब्रिटिश न्यायालय कक्ष में बड़ी वीरता के साथ अपना उत्तर इन शब्दों में दिया था :

'जलियाँवाला बाग के हत्याकांडवाले दिन मैंने प्रतिज्ञा की थी कि मैं खून का बदला खून से लेकर रहूँगा। मुझे प्रसन्नता है कि अपने प्राणों की बाजी लगाकर उस घटना के ठीक 20 वर्ष और 11 माह बाद आज मैंने अपनी प्रतिज्ञा पूर्ण कर ली है। सौ वर्ष तक दासता का जीवन जीने की बजाय आजादी एवं देश सम्मान के लिए जवानी में शहीद होना मेरे तथा मेरे देश हिंदुस्थान के लिए अपार गौरव की बात है।'[2]

इसी तरह के अनेक उदाहरण देखने को मिलते हैं जिनसे पता चलता है कि पूर्वकाल की राजवंशीय जातियाँ जो आज दलित श्रेणी में हैं किंतु अपनी वीरता, धर्माभिमानी, राष्ट्राभिमानी एवं स्वाभिमानी प्रकृति के लिए विश्वविख्यात हैं, युद्ध से कभी घबड़ानेवाली नहीं रहीं। आवश्यकता जब भी पड़ी, उन्होंने बड़ी वीरता के साथ युद्ध किया, वे युद्ध में सदैव तत्पर रहा करती थीं। उनकी युद्ध तत्परता की स्वाभाविक प्रवृत्ति के आधार पर

1. प्रो. अशोक श्रीवास्तव : दिल्ली सल्तनत का उत्थान और पतन, पृ. 213
2. प्रो. विपिनचंद्र : भारत का स्वतंत्रता संघर्ष, दिल्ली, पृ. 8

यह कहा जाता है कि युद्ध प्रेम और बहादुरी के साथ अपने स्वाभिमान की रक्षा की भावना उनको आनुवंशिक रूप से प्राप्त हुई थी।

दलित राजवंशीय जातियों ने अपनी उपरोक्त प्रवृत्ति के कारण ही कभी भी इसलामिक आक्रांताओं के समक्ष घुटने नहीं टेके। बहादुर दलित जातियों ने विदेशी मुसलिम आक्रांताओं के प्रत्येक आक्रमणों का डटकर मुकाबला किया। लगातार होनेवाले आक्रमणों में इसलामिक सैनिकों की संख्या हर बार अधिक बढ़कर ही रहती थी और उनके सैनिक नए एवं अति उत्साही होते थे, जबकि हिंदू सैनिक संख्या में कम और युद्ध करते-करते थके हुए भी होते थे, जिसके कारण कुछ अवसरों पर उनको पराजय का सामना करना पड़ा था। युद्ध-बंदी होने के बाद भी उन हिंदू योद्धाओं ने कभी घुटने नहीं टेके जो उनकी स्वाभाविक विशेषता थी।

हिंदुस्थान की स्थल-सेना के साथ ही जल-सेना भी पर्याप्त मजबूत थी। अतएव जिन अरबों के लिए हिंदुस्थानी रोटी ऐश्वर्य की वस्तु थी उनके सम्मुख हिंदुस्थानी लोगों के घुटने टेकने का प्रश्न ही न था। सच्चाई यह है कि अरबों ने पहली बार सन् 636 ई. में समुद्री रास्ते से एक साथ ही तीन नगरों (थाणे, भड़ौच तथा देवल) पर आक्रमण करके भारी क्षति उठाई थी। उसका प्रमुख सेनापति मुघिरात देवल मार डाला गया और अरबों की विशाल सेना भागकर प्राण बचाने को विवश हुई थी। स्थल-मार्गों से भी वे आक्रांता 7वीं शताब्दी तक हिंदुस्थान की सीमा में सूई की नोंक के बराबर भी भूमि प्राप्त न कर सके।[1] यह एक विचारणीय विषय है कि जिन इसलामिक फौजों ने विश्व के अनेक नगरों को पल भर में जीत लिया था, उनको हिंदुस्थान में प्रखर राष्ट्रवादी एवं बहादुर हिंदुओं के प्रबल प्रतिरोध के कारण लूटपाट का स्वाद चखने के लिए वर्षों प्रतीक्षा करनी पड़ी थी। सैकड़ों वर्षों की लगातार कुचेष्टाओं के बाद अपने कुछ सौदागरों की जासूसी का लाभ उठाते हुए साथ ही कुछ बौद्ध शासकों का सहयोग लेकर मुसलिम आक्रांता लुटेरों ने सिंध के हिंदू सम्राट् दाहिर की अनुपस्थिति में छल-कपटपूर्वक देवल को लूटने में सफलता अर्जित की थी। आक्रांताओं ने लूटपाट के साथ ही वहाँ 17 वर्ष की आयु तक के लाखों हिंदुओं को मौत के घाट उतार दिया, क्योंकि किसी भी हिंदू ने इसलाम स्वीकार नहीं किया। हिंदुस्थान में पहली बार केवल निर्धन एवं निर्बल बौद्धों ने ही इसलाम स्वीकार करके आक्रांताओं को धर्म-परिवर्तन कराने में उनके प्रयासों की सफलता की दिशा को बल दिया, परंतु दमन एवं दलन के बाद बेघर एवं अस्त-व्यस्त हुए स्वाभिमानी हिंदू दलितों ने उन आक्रांताओं के समक्ष कभी भी घुटने नहीं टेके थे।

विदेशी आक्रांता मुहम्मद बिन कासिम ने जब संपूर्ण अरबी सेना को एकत्र करके

---

1. प्रो. अशोक श्रीवास्तव : दिल्ली सल्तनत का उत्थान और पतन, पृ. 2

मेकरान के मार्ग से देवल पर आक्रमण किया, उस समय हिंदुस्थान का बहादुर राजा दाहिर अपनी राजधानी अलोर में यह सोचकर लौट गया था कि अंतिम रूप से कुचलकर खदेड़ी गई अरबी सेना कभी हिंदुस्थान पर दुबारा आक्रमण करने का साहस नहीं कर सकेगी। सैनिकों के अभाव में भी देवल के हिंदू वीरों ने लगातार 8 दिनों तक अरब की संयुक्त सेना को नगर पर अधिकार करने से रोके रखा और अपनी अपराजेय पताका को देवल के मंदिर पर फहराते रहे। अरबी तथा तुर्क आक्रांताओं के जासूसों, कुछ मक्कार सूफियों एवं लोभ में बिक गए कुछ हिंदू गद्दारों ने देवलवासियों के साथ विश्वासघात किया और मंदिर की ध्वजा को हटाकर यह झूठी खबर फैला दी कि मंदिर पर अरबी सेना का अधिकार हो गया है। दैवी शक्ति को हृदय में रखकर युद्ध कर रहे देवलवासियों का मनोबल उस समय देव-ध्वज न देखने से टूट गया और देवल नगर लूट का शिकार हुआ।[1] देवल के बाद मुल्तान भी लूटा गया। परंतु उत्तरी भारत में दोआब और कश्मीर तथा कन्नौज की शक्तिशाली प्रतिहार राजपूत-शक्ति के सामने आने का साहस वे विदेशी तुर्क आक्रांता न कर सके।

स्पष्ट है कि विदेशी आक्रांताओं का सहयोग करनेवाले हिंदू तथा बौद्ध धर्म त्यागकर इसलाम स्वीकार करनेवाले लालची और कायर थे। रणक्षेत्र से वे ही भागते, आत्मसमर्पण करते और सामरिक महत्त्व की गोपनीय सूचनाएँ दुश्मनों तक पहुँचाया करते थे। ऐसे लोगों में लालची विदेशी व्यापारी एवं गुप्तचर भी थे जो छल-कपट करके हिंदुस्थानी सेना में शामिल होते और युद्ध के समय विदेशी आक्रांताओं का साथ दिया करते थे। दुर्भाग्यवश कई बौद्ध शासकों ने भी इसलामिक आक्रांताओं का ही साथ दिया था, क्योंकि हिंदू धर्म का विरोध विदेशी आक्रांता और बौद्ध दोनों करते थे। इतिहास में आज भी उनकी निंदा अंकित है। ऐसे लोगों का न तो कोई गौरवशाली इतिहास रहा और न ही वे स्वाभिमानी ही रहे। वे केवल सुखोपभोगी, अवसरवादी और देश के लिए कलंक थे। परंतु देश की रक्षा और अपने आन-बान पर मर मिटनेवालों की संख्या देश में कम न थी, यही कारण है कि लाख प्रयासों के बाद भी हिंदुस्थान के हिंदुओं का इसलामीकरण विदेशी आक्रांताओं के लिए सदैव मील का पत्थर बना रहा।

संक्रमणकाल में हिंदुस्थान की गौरवशाली एवं स्वाभिमानी हिंदू दलित क्षत्रिय-वंशीय दलित जातियों ने किसी भी मूल्य पर इसलाम स्वीकार नहीं किया। उन्होंने प्रांतपति के प्रतिष्ठापरक पद और जागीरदारी-जमींदारी के लाभप्रद पदों को ठोकर मारी और क्रूर शासकों के सामने भी उन्होंने साहस के साथ इसलाम का उपहास किया। ऐसे लोगों में जिनकी संख्या कम थी उनको जेलों में डालकर और तरह-तरह की यातनाएँ

---

1. बी.डी. महाजन: मध्यकालीन भारत, भाग-1, पृ. 14

देकर मार डाला गया, परंतु जो संख्या में अधिक एवं शक्तिशाली थे तथा जिनके स्वाभिमान और साहस की चुनौती का प्रत्युत्तर आक्रांताओं के पास न था, उनको धनहीन बनाने की प्रक्रिया में उनकी संपूर्ण संपत्ति छीनकर नए धर्मांतरित मुसलमानों में बाँट दी गई और उन्हें बलपूर्वक अपवित्र एवं अस्वच्छ कार्यों में लगाया गया। उन्हें मैला (मल-मूत्र) एवं मृत पशुओं को ढोने तथा चर्म-कर्म जैसे अस्वच्छ कार्यों में लगाकर उनको उनके ही हिंदू समाज में अस्पृश्य और तिरस्कृत बनाने का प्रयास किया गया। सत्ता एवं शासन से टक्कर लेनेवाले स्वाभिमानी लोगों ने अस्वच्छ एवं अस्पृश्य कार्यों को करना स्वीकार किया, परंतु हिंदू धर्म का परित्याग नहीं किया।

सबकुछ छिन जाने से निर्धन हो गए स्वाभिमानी और गौरवशाली परिस्थितिवाले हिंदुस्थान के महान् योद्धाओं को अस्वच्छ कार्यों के कारण कालांतर में अपनी पूर्व पहचान खोकर 'दलित' नाम से नवीन पहचान धारण करनी पड़ी। हिंदू समाज में पवित्रता की मूल्यपरक अवस्था के कारण अस्वच्छ कार्यों से निम्न परिस्थिति प्राप्त हो जाने से उनका सामाजिक जीवन-स्तर भी निम्न माना जाने लगा। इतिहासकारों ने उनकी प्राचीन गौरवशाली परिस्थितियों एवं दशाओं का कभी और कहीं भी उल्लेख नहीं किया बल्कि सदैव दलित, अस्पृश्य और निम्न ही कहकर संबोधित किया। इससे हिंदू समाज में आपसी भेदभाव तथा सामाजिक विषमता बढ़ी। इस प्रकार हिंदू समाज में ऊँच-निम्न का भेदभाव बढ़ा और इससे उन्हीं विदेशी आक्रांताओं का ही मंतव्य सिद्ध हुआ जो हिंदू शक्ति का लोहा मानते थे और हिंदू समाज को छिन्न-भिन्न करने का विविध प्रयास भी करते रहते थे। इस सत्य को स्पष्ट रूप से समझ लेने के बाद भी विद्वान् लेखक एवं शोधार्थी अभी इस ओर अपनी लेखनी चलाने का प्रयास नहीं कर सके हैं, जो दुःख का विषय है।

तथाकथित दलित जातियों के गौरवशाली इतिहास को प्रत्यक्ष न करने के पीछे कई एक कारण दिखलाई देते हैं। पहला कारण है देश में व्याप्त जातिवाद का प्रदूषण। वर्तमान समय में तथाकथित उच्च जातियाँ जो हिंदू धर्म के विरुद्ध मध्यकालीन उत्पीड़नों को भूलने लगी हैं वे भी यह भूल चुकी हैं कि आज के दलित केवल वे ही हैं जिन्होंने सिर कटा दिया परंतु किसी भी दशा में इसलाम को स्वीकार नहीं किया। हिंदू धर्म और हिंदुस्थान के प्रति पूरी निष्ठा रखनेवाले यह अच्छी तरह जानते हैं कि मध्ययुग में मैला ढोने हेतु नियोजित वाल्मीकि (भंगी) नामक धर्म-संस्कृति एवं देशरक्षक जाति और चमड़े के काम में लगाई गई चंवर राजवंशीय क्षत्रिय जाति तथा अन्यान्य क्षत्रिय एवं ब्राह्मण जातियाँ प्राचीनकाल की गौरवशाली, राजवंशीय जातियाँ हैं। उन्होंने हिंदू धर्म को नहीं छोड़ा, भले ही अस्वच्छ एवं अपवित्र कार्यों को बलपूर्वक थोपे जाने पर विवश होकर उन्हें करना पड़ा था। आज ऐसी तथाकथित दलित जातियों के गौरवशाली

इतिहास को प्रत्यक्ष करना हिंदू समाज को सुसंगठित और सुदृढ़ बनाने के लिए एक आवश्यक पहल है।

हिंदुस्थान में जाति की राजनीति करनेवाले तथाकथित दलित-शुभचिंतक लोग यह कभी नहीं चाहेंगे कि दलित जातियों का गौरवशाली इतिहास प्रकाशित हो। अपनी वोट की राजनीतिक रोटी सेंकने के चक्कर में वे दलित संवर्ग की जातियों को और भी कई उपजातियों में विभाजित होने का सपना देखा करते हैं। हिंदुस्थान की प्राचीन जातिविहीन समाज-व्यवस्था का उल्लेख वे लोग नहीं करते, बल्कि जाति के आधार पर समाज को तोड़ने और हिंदू एकता को कमजोर बनाने के विदेशी आक्रांताओं के प्रयासों को हिंदू समाज पर ही थोपकर ऊँच-नीच का भेदभाव पैदा करते हैं और एकता के सूत्र में बँधे हुए हिंदुओं को आपस में लड़ाकर वोट की राजनीति करते हैं। सत्ता में होने पर भी ऐसे दलित शुभचिंतक राजनेताओं ने न तो दलित जातियों का गौरवशाली इतिहास प्रकाशित किया और न ही इस संदर्भ में लिखी गई कृतियों को कभी पुरस्कृत ही किया। दलितों के नाम का निरंतर रोना रोते रहकर तथाकथित राजनेताओं ने दलितों को और भी दलित बनाने का ही काम किया है। आज विविध जातियों एवं समुदायों में बटें समाजसेवियों, समाजसुधारकों और साहित्यकारों का मुख्य उद्देश्य वर्तमान दलित जातियों के गौरवशाली इतिहास को प्रत्यक्ष करना होना चाहिए। इससे दलितों को सिर उठाकर सम्मान के साथ जीने का अवसर मिलेगा, सामाजिक व्यवस्था के अंतर्गत इन्हें दलित कहनेवालों के मन में इन जातियों के लोगों द्वारा पूर्वकाल में किए गए त्याग, बलिदान एवं इनकी भूमिकाओं के लिए सहानुभूति उत्पन्न होगी और हिंदू समाज एक बार पुनः सामाजिक समरसता से ओत-प्रोत होकर सुदृढ़ तथा संगठित होगा। यह प्रयास निश्चित रूप से हिंदुस्थान के नवनिर्माण में एक महत्त्वपूर्ण योगदान होगा।

हिंदुस्थान सदैव पंथनिरपेक्ष देश रहा। शक, कुषाण, हूण इत्यादि भी एक आक्रांता के ही रूप में यहाँ आए थे, परंतु उन्होंने कभी भी बलपूर्वक अपने धर्म को स्वीकार कराने का प्रयास नहीं किया और न ही यहाँ के मंदिरों और मूर्तियों को तोड़ने का पराक्रम एवं साहस दिखलाया। वे सभी यहाँ की हिंदू-संस्कृति एवं सभ्यता से इतने प्रभावित हुए कि हिंदू जीवन-पद्धति को स्वीकार लेने और अपने अस्तित्व को हिंदुत्व में विलीन करने में तनिक भी विलंब नहीं किए। यवन शासक मिनेंडर (मिलिंद) की बुद्ध-भक्ति ने उसको भारतीय इतिहास में अमर बना दिया।[1] कनिष्ठ को भी अपने हिंदुत्वानुराग में सदैव के लिए हिंदू मान लिया गया और बौद्ध धर्म के विकास में अशोक के बाद का द्वितीय स्थान एवं सम्मान प्राप्त किया। परंतु एकमात्र विदेशी मुसलिम आक्रांताओं और

1. करुणापुंडरीक, 1/25

लोभी मुगल शासकों की काली सूची ऐसी प्राप्त होती है जिसने अपने स्वार्थ के लिए अपने ही अन्नदाता हिंदुस्थान को लूटने के प्रयास में उसे पहचानने से भी इनकार कर दिया। इसलाम के अंधे आवेश में आकर विदेशी मुसलिम आक्रांताओं ने हिंदुस्थान के साथ अपने रोजी-रोटी के रिश्तों को भुला दिया। अनवरत पराजयों का स्वाद चखने के बाद भी वे लालची लुटेरे छल-कपट से भारत में प्रवेश करके अस्मिता, अस्तित्व राष्ट्र के लिए लड़नेवाले हिंदुओं के साथ असहनीय, अमानवीय एवं लगातार उत्पीड़न की काररवाही करते रहे। इसलाम के विश्वबंधुत्व और समानता के सिद्धांतों तक को अमान्य कर दिया, कुरान और शरीयत को अपवित्र किया और पैगंबर मुहम्मद साहब के विचारों का अपमान किया।

विदेशी आक्रांताओं ने हिंदू धर्म और हिंदू-संस्कृति की रक्षा के लिए लड़नेवाले विशेषकर धर्म एवं देश की रक्षा हेतु तत्पर रहनेवाली हिंदू धर्म की प्रजातियों का सामाजिक शोषण एवं उत्पीड़न प्रचंड रूप में किया। इसलाम अस्वीकार करनेवाले हिंदुओं की हत्या करना, स्त्रियों का शीलहरण और अबोध बच्चों की नृशंस हत्या उनके लिए नैतिक दिनचर्या बन गई थी। प्राचीन अखंड भारत परिक्षेत्र (भारत, पाकिस्तान, बांगलादेश, नेपाल, भूटान, श्रीलंका, अफगानिस्तान, रूस का कुछ अंश, ईरान इत्यादि देश) में निवास करने वाली मुसलिम जातियाँ एवं हिंदुस्थान की संपूर्ण दलित जातियाँ तथा ब्राह्मण एवं क्षत्रिय जातियाँ प्रकारांतर से एक ही हैं। इस तथ्य का पुष्ट प्रमाण इतिहास के पृष्ठों में पूर्णरूपेण वर्णित है। वास्तव में हिंदुस्थान पर तुर्क आक्रांताओं का जब आक्रांमण प्रारंभ हुआ उस समय इस देश में एक भी दलित जाति या मुसलमान नहीं था। उनके आक्रमण के बाद ही हिंदुस्थान में मुसलमान एवं दलित जातियों का उदय हुआ। आक्रमणकारी तुर्कों का धर्मरक्षा हेतु तत्पर ब्राह्मण से एवं देशरक्षा हेतु तत्पर क्षत्रियों से घमासान युद्ध हुआ। ब्राह्मण एवं क्षत्रिय ही मुख्य रूप से मुसलिम आक्रांता तुर्कों के क्रोध का शिकार हुए। उनका प्रचंड उत्पीड़न हुआ। उन पर अनवरत अत्याचार हुए। उन्हें बड़ी संख्या में बंदी बनाया गया। बहू, बेटी एवं महिलाओं को गुलाम बनाकर विदेशी आक्रांता, अत्याचारी तुर्क उन्हें अरब लेकर चले जाते थे। बंदियों के समक्ष इसलाम स्वीकार करने या मृत्यु को चुनने की शर्तें रखी जाती थीं। जो अत्याचार एवं उत्पीड़न से टूट जाते थे वे इसलाम को स्वीकारने के बाद मुसलमान हो गए। कुछ ऐसे भी स्वाभिमानी हिंदू थे जो किसी भी मूल्य पर हिंदू धर्म छोड़ने को तैयार नहीं हुए। मृत्यु स्वीकार थी किंतु इसलाम नहीं। ऐसे कट्टर एवं स्वाभिमानी बंदियों को दंडस्वरूप अस्वच्छ कार्यों में बलपूर्वक लगाया गया। सिर पर मैला ढोना, सफाई करना, चमड़े का काम, मृत पशुओं को ढोने तथा उनकी खाल उतारने इत्यादि जैसे गंदे कार्यों में लगे स्वाभिमानी हिंदुओं ने धर्म नहीं छोड़ा और वे अंत में दलित नाम से चिह्नित हुए। इस प्रकार वर्तमान भारतीय मुसलमान, दलित एवं

ब्राह्मण और क्षत्रिय के साथ वर्तमान सिख सब एक ही हैं। स्वाभिमानी हिंदुओं को निम्न, अपवित्र और अस्वच्छ कार्यों में बलपूर्वक लगाकर उनकी सामाजिक परिस्थिति को घटाया गया और उनको इन्हीं अस्वच्छ कार्यों के करने से अस्पृश्य बनाकर उनके ही समाज में भेदभावपरक निम्न स्थान दिलाया गया। हिंदू से मुसलमान बनाए गए लोगों को नव मुसलिम वर्ग में रखकर उनको भी अरबी-ईरानी मुसलमानों की चाकरी यानी दासता में लगाया गया। ऐसे धर्मपरिवर्तित मुसलमानों को सदैव असंगठित रखा गया। बहादुरी के कारण यदि उनको कोई उच्च पद भूल से प्राप्त हो भी गया तो उसको एक अक्षम्य भूल माना गया और वह पद उनसे छीन लिया गया। इल्तुतमिश ने अपने वजीर सहित कुल 33 मुसलिम राज्यकर्मियों को इसलिए बरखास्त करके दंडित किया था क्योंकि उनके पूर्वज वर्तमान हिंदू थे।[1]

बलवन के समय में भी हिंदू से मुसलमान बनाए गए भारतीय मुसलमान इमादुद्दीन रैहान तथा अन्य भारतीय मुसलमानों के साथ भेदभाव किया गया था। परिणामस्वरूप भारतीय मुसलमानों और विशुद्ध तुर्कों के बीच सीधा संघर्ष हुआ, जिसमें तथाकथित कुलीन तुर्कों ने सुल्तान की चाटुकारिता करके भारतीय मुसलमान रैहान को दरबार से हटवा दिया और बंदी बनाकर मार डाला। आज भी विदेशी मुसलमानों के समक्ष भारतीय मुसलमानों की सामाजिक परिस्थिति निम्न एवं नगण्य समझी जाती है, फिर आज भी आँखें न खुलना भारतीय मुसलमानों के लिए दुर्भाग्य का विषय है।[2]

विदेशी आक्रांताओं ने आरंभ से अंत तक केवल हिंदुओं को लूटने, लूट का माल अपने देश ले जाने तथा उसका उपयोग विषय-भोग और विलासिता में करने का ही कार्य किया। हिंदुओं को उन लुटेरों द्वारा निर्धन एवं कंगाल बना दिया गया और दो जून की रोटी के लिए वे तरसने लगे। भूखे और नंगे हिंदू लोगों पर तरह-तरह के कर लादे गए। हिंदुओं की संपदा मुसलमानों में निःशुल्क बाँट दी गई। ऐसी दयनीय स्थिति में शिक्षा प्राप्त करने के लिए उनके पास कोई अवसर तथा संसाधन शेष नहीं था। हिंदुओं के घास-फूस के झोंपड़े भी उन आततायियों को रास नहीं आते थे। उनमें आग लगाई जाती और उनके परिवार तथा पशुओं को जिंदा जलने पर विवश किया जाता था। ऐसे उत्पीड़न से अपने अस्तित्व की रक्षा के लिए हिंदुओं की एक विशाल जनसंख्या जब जंगलों में पलायन कर जाती तो उसे वहाँ भी ढूँढ़कर मार डाला जाता था। जंगलों से पलायित लोगों ने जहाँ-तहाँ भागकर अपने प्राणों की रक्षा की जिसके कारण उनका जीवन दर-बदर

---

1. बरनी : तारीख-ए-फीरोजशाही, अनु. रिजवी, पृ. 142-43 तथा आदि तुर्ककालीन भारत, (रिजवी), पृ. 151
2. डॉ अशोक श्रीवास्तव : सुल्तान बलवन, पृ. 62

हुआ। जनजातियों के कई विशाल समूह आज भी घने जंगलों में यत्र–तत्र रहकर अलग–थलग पड़े हुए हैं। आजादी मिलने के बाद भी इनको प्राथमिकता के आधार पर विकसित करने और राष्ट्र की मुख्य धारा से जोड़ने का शत–प्रतिशत प्रयास नहीं हो रहा है, यह पूर्णतः दुर्भाग्यपूर्ण है।

भौगोलिक और सामाजिक परिस्थितियों के स्वाभाविक प्रभाव मानव समाज पर अवश्यमेव पड़ते हैं। इसको स्पष्ट रूप से देखना और समझना हो तो मैदानी भाग और जंगलों में रहनेवाले लोगों को देखकर अनुमान एवं विश्वास किया जा सकता है। विदेशी मुसलिम आक्रांताओं द्वारा सामाजिक, धार्मिक, आर्थिक और अन्य सभी प्रकारों से उत्पीड़न का शिकार बनाए गए हिंदुओं को एक लंबे समय घने एवं दुर्गम स्थानों, जंगलों में रहकर जीवन–यापन करना पड़ा था। मुसलिम समाज द्वारा वन–पशुओं को काटकर खाने पर जब विशेष ध्यान दिया गया, पशु–मांसों को भूनने और पकाने के लिए जब पर्याप्त लकड़ियों की आवश्यकता महसूस की गई और जब स्वाभिमानी हिंदुओं को मुसलमान बनाने के लिए जंगलों में तलाशने का व्यापक अभियान चलाया गया, उस समय घने से घने जंगलों को काटने का कार्य प्राथमिकता के आधार पर किया गया था।

उस समय राजवंशीय योद्धाओं ने गुहा–कंदराओं में रहकर अपने सैन्य संगठन को मजबूत बनाने का कार्य किया, जबकि बहुत से लोग अपने को छिपाकर मैदानी भागों में भी स्थान बदलते रहकर दर–बदर जीवन–यापन करने पर विवश हुए। इसका स्पष्ट प्रमाण यह है कि जंगलों में रहनेवाले आज भी निर्भीक, ताकतवर और स्वाभिमानी होते हैं, क्योंकि वे पूर्वकाल के राजवंशी घरानों के थे और सदियों से उनका स्वभाव एक योद्धा का था।

ऐसे क्षत्रिय राजवंशी और योद्धा लोगों का विदेशी मुसलिम आक्रांताओं द्वारा हर स्तर पर दलन किया गया, जिसके कारण उनकी स्थिति दयनीय बन गई और वे दमन एवं दलन के उपरांत दलित के नाम से जाने गए। परिवर्तित परिवेश एवं पहचान बदलते लोगों के रूप में खरवार, गोंड़, नट, दुषाध, खाँगर, पासी, खटिक, वाल्मीकि, कोल, भील, चेरो, भुइया, संथाल, धीवर, धीमर, चमार, पारधी, भंगी, राजभर इत्यादि जातियों को आज भी देखा जा सकता है, जिनके जाति–नामों में प्राप्य अंतर स्थान–भेद के अनुसार ही मिलता है। वे सभी किसी समय बहादुर योद्धा थे और देश के भू–भागों पर उनका राज्य स्थापित था, परंतु विदेशी आक्रांताओं के शोषण और उत्पीड़न के कारण आज उनका पहचान परिवर्तित हो गया है और वे दलित के नाम से जाने जाते हैं।

अभावग्रस्त जीवन के लिए अर्थाभाव ही मुख्य कारण माना जाता है। विदेशी आक्रांताओं ने जब राजवंशी योद्धाओं का सबकुछ लूट लिया और उनको अर्थविहीन कर दिया तब उस अवस्था में स्वाभिमानी हिंदू अभावग्रस्त जीवन जीने के लिए विवश हो

गए। इसके पूर्व यहाँ के लोगों को किसी वस्तु की कमी नहीं थी। भारत में अन्न का विशाल भंडार था। खाद्यान्न विदेशों की उदरपूर्ति के लिए उपहार में भी दिए जाते थे। पंजाब प्रांत गेहूँ के अक्षुण्ण भंडार के लिए प्रसिद्ध था। मध्य, पूर्व और दक्षिण भारत में चावल की उपज इतनी अच्छी थी कि लोग दूध-भात अतिथियों एवं भिक्षुकों की सेवा में निवेदित करते थे। प्रकृतिप्रदत्त फलों से वृक्ष लदे होते थे। दुधारू पशुओं की हत्या नहीं होती थी, इसलिए यहाँ दूध की नदियाँ बहती थीं। वनों में आवासित गुरुकुलों के आचार्य और शिष्यगण कभी आहार के लिए चिंतित नहीं थे। विदेशी मुसलिम आक्रांताओं ने भी यहाँ के तटीय भागों में निवास करते समय कृपान्न पाकर जीवन निर्वाह किया था। उनको पता था कि भारत ही एकमात्र ऐसा देश है जहाँ सोने-चाँदी के विपुल भंडार हैं। उन्हें प्रत्येक अवस्था में यहाँ भी समृद्धि को लूटना था, इसलिए उन्होंने इसके लिए निरंतर प्रयास किया।

सुबुक्तिगीन ने काबुल के हिंदूशाही शासक जयपाल की 1,000,000 शाहिदा दिहरम तथा 250,000 दीनारों को लूटा, जबकि महमूद गजनवी ने मुल्तान से 20,000,000 दिरहम, सुखपाल के खजाने से 400,000 दिरहम, नगरकोट (भीमनगर) से 70,000,000 शाही दिरहम, 400 मन सोना और 700 मन चाँदी की ईंटें, 30 गज लंबा और 15 गज चौड़ा एक चाँदी का कमरा, 40 गज लंबा और 20 गज चौड़ा लीनेन की छतरी जो सोने एवं चाँदी के खंभों पर टिकी हुई थी और बहुमूल्य सिंहासन लूटा। वहाँ इतनी अधिक संपदा थी कि उसे ढोने के लिए साधन कम पड़ गए थे। उसने सोमनाथ मंदिर से भी अपार संपत्ति लूटी। वहाँ 14 सोने के गुंबज थे। वहाँ की सोने की एक सीकड़ कुल 200 मन की थी। मुहम्मद गोरी ने इस मंदिर को बार-बार लूटा तो भी मंदिर की समृद्धि यथावत बनी रही।[1]

विदेशी मुसलिम आक्रांताओं ने समय-समय पर अपने छिटपुट प्रयासों द्वारा इस देश को कई बार तो लूटा ही था, जब वे यहाँ पर स्थायी रूप से अपना शासन जमा लिए उस समय भी यहाँ के हिंदुओं का घोर आर्थिक उत्पीड़न किया था। हिंदू व्यापारियों पर आर्थिक अपराध का झूठा आरोप लगाकर उनकी संपदा छीन ली जाती थी। उन पर आयात-निर्यात के तरह-तरह के व्यापार-कर लगाकर उनको जीविका कमाने से वंचित किया जाता रहा। उनके पास की बहुमूल्य और सुंदर वस्तुएँ सीमा-शुल्क के नाम पर छीनी गईं। संपत्ति की सुरक्षा के लिए उनको रक्षक रखने की अनुमति नहीं दी जाती थी ताकि उनको लूटना आसान रहे। उनके उत्पादों का मूल्य वे शासक मनमाने ढंग से निर्धारित करते थे और सस्ते दर पर बलपूर्वक ले लेते थे। दूसरी तरफ हिंदू से मुसलिम

1. जर्नल ऑफ एशियाटिक सोसाइटी ऑफ बंगाल, पृष्ठ 192

बने धर्मांतरित मुसलिम व्यापारियों को तरह-तरह की रियायतें दी जाती थीं। विदेशी व्यापार में लगे हिंदू लोगों की मालवाहक गाड़ियाँ जंगलों में लूट ली जाती थी और व्यापारियों को जान से मार दिया जाता था। उसके बाद भी भारतीय हिंदू व्यापारियों को बाध्य किया जाता था कि वे धर्मांतरित मुसलमानों को सरलता से एवं बिना गारंटी के ऋण दिया करें।

मुसलिम शासनकाल में किसानों की जमीनें खालसा भूमि घोषित करके छीन ली जाती और भूमिहीन मुसलमानों में बाँट दी जाती थी। हिंदू किसानों पर तरह-तरह के कृषि कर लगाए जाते थे। अकाल, बाढ़ तथा प्राकृतिक आपदाओं के समय वसूली और भी सख्त कर दी जाती थी, ताकि किसान खेती करना छोड़ दें और लगान चुकाने में असमर्थ हो जाएँ। ऐसे किसानों का इतना उत्पीड़न होता था कि वे गाँव छोड़कर जंगलों में भाग जाते थे। उनके भाग जाने पर उनका कृषि-कर उनके पड़ोसी से वसूला जाता था और जब सभी लोग जंगलों में भाग जाते तो उनको ढूँढ़-ढूँढ़कर वन्य-पशुओं की भाँति मार दिया जाता था। उनको खोजने के लिए जंगलों में आग लगा दी जाती अथवा जंगल काटकर मुसलमानों को नि:शुल्क लकड़ी उपलब्ध कराई जाती थी।

उन दिनों लघु-कुटीर उद्योग धंधों में संलग्न हिंदू शिल्पियों से बेगारी कराई जाती थी। उनकी कला धर्मांतरित मुसलमानों को स्थानांतरित करने का कुचक्र किया जाता था और उनके शिल्पज्ञान प्राप्त करने के बाद हिंदू शिल्पियों के हाथ काट दिए जाते थे। समस्त कल-कारखाने राजकीय संपत्ति घोषित कर दिए जाते थे। बंधुआ मजदूर-प्रथा मुसलिम शासकों के कठोर निर्देश से प्रारंभ कर दी गई थी। संपूर्ण उत्पाद पहले राज्य का होता था। हिंदू समाज का आर्थिक दलन न केवल शासक वर्ग, अपितु सैनिक भी करते थे। सैनिकों को खुली छूट थी कि वे किसी भी हिंदू की फसल अपने घोड़ों और अन्य मवेशियों से चरा सकते थे। हिंदुओं को लूटकर उनकी आर्थिक स्थिति दयनीय इसलिए बनाई जा रही थी ताकि वे कभी अर्थसंपन्न न हो सकें और शासन के प्रति विद्रोह की स्थिति उत्पन्न न कर सकें। यह अवस्था सभी मुसलिम शासकों के शासन काल में निरंतर बनी हुई थी। ऐसे शासनकाल में चमड़े के उत्पादन पर भारी बल दिया जाता था।

प्रतीत होता है कि मुसलिम आक्रांताओं ने ये सारे कार्य योजनाबद्ध तरीके से किए थे। आक्रांताओं की शक्ति सैनिक हुआ करते थे, इसलिए उन्होंने सैनिकों को भी खुली छूट दे रखी थी। सैनिक लूट के माल का कुछ अंश राजकोष में जमा करते और शेष को अपने पास रख लेते थे। इसके लिए उनको वैधानिक अधिकार प्रदान किए गए थे। सैनिकों ने अनेक युद्ध हिंदुओं की बहू-बेटियों एवं धन-धान्य को केवल लूट-पाट की शर्तों पर किए थे। नगरों को जीतने के बाद, बहुमूल्य वस्तुएँ शासक वर्ग अपने पास रख

लेते थे और शेष को अपने सैनिकों को लूट लेने देते थे। युद्धबंदियों एवं उनके परिवारों को दास बनाने के लिए भी शासक वर्ग के साथ ही सैनिक भी स्वतंत्रता प्राप्त कर चुके थे। आक्रांताओं की सफलता का एक कारण यह भी था कि उनके सैनिकों को लूटपाट, हत्या, व्यभिचार, दमन, दलन एवं उत्पीड़न करने की खुली छूट दी जाती थी।

विदेशी आक्रांताओं और लुटेरों ने हिंदुओं के पशुओं को भी लूटा था, क्योंकि वे मांसाहारी थे और सभी प्रकार के पशुओं को खाने के आदि थे। इस काल के पूर्व हिंदुस्थान में पशुओं की पूजा होती थी और वे मुद्रामान के साधन भी थे। उनके बालों से गर्म वस्त्र तैयार किए जाते थे, परंतु उनके चमड़ों के वसन हिंदू समाज में प्रचलित न थे। इसका मुख्य कारण था कि हिंदुस्थान में वस्त्र-संस्कृति का प्रादुर्भाव वैदिक काल से ही था। ऋग्वेद में बुनाई की तकनीकी के साथ बुनकरों के संदर्भ में विस्तार से उल्लेख है। हिंदुस्थान में कपास की खेती होती थी। सेमर के वृक्षों से भी मुलायम रूई प्राप्त की जाती थी। रेशमी वस्त्रों का उत्पादन विश्व बाजार में अपना एकाधिकार रखता था। ढाका मलमल, कश्मीर का पसमीना, सूरत के छापेदार सूती वस्त्र तथा बनारस का रेशम व्यवसाय विश्व प्रसिद्ध था। दूसरी तरफ रेगिस्तानी भूमि में रहनेवाले आक्रांताओं के पास न खाने को रोटी थी और न ही तन ढँकने को वस्त्र थे। ऐसी अवस्था में अपने पालतू जानवरों को मारकर खाने और उनके चमड़ों से तन ढँकने को वे विवश थे। हिंदुस्थान में उनको पर्याप्त मात्रा में गाय और बैल मिले जिनको भारतीय संस्कृति और हिंदू समाज में गाय को माँ के भाव में सम्मान दिया जाता था। यहाँ के लोगों को गोमाता अमृतमय दूध और बैलों के सहयोग से खेती होती थी। मुसलिम आक्रांताओं को इनके मांस अधिक प्रिय थे और इनके मुलायम चमड़ों के वस्त्र भी उनकी पसंद के होते थे। हिंदुओं से वैर-भाव रखने के कारण भी विदेशी मुसलिम आक्रांताओं ने विशेषकर गाय और बैलों को ही अधिक काटना उचित समझा था। इससे उनका वह प्रतिशोध पूरा होता था जो इसलाम किसी भी मूल्य पर न स्वीकार कर हिंदू समाज ने उनमें उत्पन्न किया था। इतिहासकार डॉ. हमीदा ने लिखा है कि 'हिंदू चमड़े को निषिद्ध तथा हेय समझते थे, लेकिन हिंदुस्तान के मुसलिम शासकों ने इसके उत्पादन के लिए और अधिक प्रयास किए।[1]

मुसलिम काल में विदेशी आक्रांताओं ने चमड़े के अधिक उत्पादन, माँग और आपूर्ति के निमित्त लाखों की संख्या में गाय और बैलों का वध कराया तथा चमड़े की बनी वस्तुओं के निर्माण कार्य में मुख्य रूप से युद्धबंदियों एवं स्वाभिमानी जातियों को बलपूर्वक लगाया था। ऐसे युद्धबंदी और स्वाभिमानी लोग मुख्यतः क्षत्रिय योद्धा तथा हिंदू धर्मज्ञ ब्राह्मण थे। जब उन्होंने किसी भी मूल्य पर इसलाम स्वीकार नहीं किया, तब

1. डॉ. हमीदा खातून, दी अर्वनाईजेशन, पृ. 50

इसलामिक शासकों ने उनको बलपूर्वक चमड़े के कार्यों में नियोजित किया। इसके प्रत्यक्ष प्रमाण संत शिरोमणि गुरु रैदासजी थे जिनको सिकंदर लोदी ने चमड़े का कार्य करने हेतु आदेश दिया था, क्योंकि उन्होंने हिंदू धर्म का त्याग करके इसलाम स्वीकार नहीं किया था। वह चंवर वंश के क्षत्रिय थे। उनको मृत्युदंड देने पर उनके समर्थकों की विशाल जनसंख्या द्वारा विद्रोह कर देने की संभावना थी। अतएव स्वाभिमान मर्दन के लिए उनको निम्न और अपवित्र कार्य (चर्म-कर्म) में नियोजित किया गया था। संत रैदास ने रक्तरंजित विद्रोह से हिंदू समाज को बचाने के लिए वह कार्य करना स्वीकार किया और अपने सभी अनुयायियों को भी मुसलिम शासकों एवं शासन से सीधा टकराने से बचाया। उनकी ही तरह अनेक युद्धबंदियों और स्वाभिमानी लोगों को भी चर्म-कर्म में लगाकर उनको 'चर्मकार' बनाया गया।

इस प्रकार चर्म-कर्म में अनेक स्वाभिमानी जातियाँ दमन, दलन एवं उत्पीड़न के उपरांत बलपूर्वक संलग्न हुई जिनको कालांतर में चमार जाति के रूप में कहा जाने लगा। इस नवीन कार्य और जाति-परिस्थिति प्राप्त करने के पूर्व वर्तमान हिंदू चमार जाति के लोग विभिन्न ब्राह्मण एवं क्षत्रिय जातियों और गोत्रों के थे। यही कारण है कि वर्तमान हिंदू चमार जाति में कई उपजातियाँ और गोत्र इन वर्णों के पाए जाते हैं। आज तक किसी भी इतिहासकार ने इस तथ्य को प्रकट करने का प्रयास नहीं किया कि वर्तमान में चर्म-कर्म के आधार पर जिन लोगों को 'चमार' संबोधित किया जाता है, पूर्वकाल में वे स्वाभिमानी और बहादुर जातियों के लोग प्राय: क्षत्रिय और राजवंशीय परिवारों से संबंधित थे, जिन्होंने मृत्यु स्वीकार किया और अस्वच्छ तथा अपवित्र पेशों में बलपूर्वक लगाया जाना स्वीकार कर लिया, परंतु कभी भी इसलाम स्वीकार नहीं किया तथा वे हिंदू धर्म के प्रति सदैव निष्ठावान बने रहे। ऐसे लोगों के प्रति अस्पृश्यता का अभिशाप भी पूर्णत: कृत्रिम एवं प्रायोजित था और वह भी मुसलिम आक्रांताओं द्वारा ही भेदभाव करके उत्पन्न किया गया था।

वर्तमान समय में उस कृत्रिम आवरण को समझा जाने लगा है और अस्पृश्यता को अवैधानिक संज्ञा प्रदान करते हुए उसे देश में दंडनीय अपराध घोषित कर दिया गया है। यह कार्य प्राचीन हिंदू समाज को फिर से जोड़ने की दिशा में एक सार्थक प्रयास है, परंतु दु:ख का विषय है कि अभी भी कुछ लोग अपने निहित राजनीतिक स्वार्थों की पूर्ति के लिए डॉ. भीमराव अंबेडकर जैसी महान् विभूतियों के नाम पर सामाजिक एवं आर्थिक रूप से पिछड़े और इसी तरह की अन्य दलित जातियों को हिंदू समाज से जोड़ने में बाधा पहुँचा रहे हैं। वर्तमान समय में चर्म-कर्म किसी भी जाति विशेष का व्यवसाय नहीं रह गया है। चर्मनिर्मित वस्तुओं का उत्पादन कार्य उच्चतम वर्गों के हिंदुओं द्वारा भी अपनाया जाने लगा है, इसलिए चर्म-कर्म के आधार पर पूर्वकालीन धर्म के नाम पर हुए दंडित

तथा युद्धबंदी और स्वाभिमानी हिंदुओं को आज भी असहाय और चर्मकार जैसे कृत्रिम परिधियों में रखने के प्रयास निस्संदेह त्रुटिपूर्ण तथा आलोचनायुक्त विषय हैं। विदेशी आक्रांता शासकों एवं मुगलकालीन ऐसे कार्यों का प्रत्युत्तर होगा कि हम सभी हिंदू एकजुट होकर विदेशी आक्रांताओं द्वारा सृजित 'चमार' शब्द को बार-बार दुहराना बंद कर दें और सभी प्रकार के दलित नामक तथाकथित जातियों के स्वाभिमानी लोगों को स्वाभिमानी हिंदू मानते हुए उनके गोत्रों एवं उपनामों को मान्यता देकर उन्हें सम्मान प्रदान करें।

इतिहास साक्षी है कि जिन लोभी एवं डरपोक और कायर लोगों ने इसलाम स्वीकार कर लिया था, वर्तमान में भी वे न तो दलित हैं और न ही किसी गंदे और अपवित्र पेशों से जुड़े हुए हैं। इसलाम स्वीकारनेवाले भले ही अरबी और ईरानी तुर्कों के समान पद-परिस्थिति पाने से वंचित रह गए और उनके साथ भी पूरी तरह से भेदभाव किया गया, परंतु उनको रोजी-रोटी का सुख इसलिए जानबूझकर दिया गया ताकि वे पुनः हिंदू धर्म में वापस न चले जाएँ। दूसरी तरफ जिन लोगों ने इसलाम अस्वीकार कर दिया उनको तुरंत मृत्युदंड दे दिया गया अथवा युद्धबंदी और दास बनाकर बलपूर्वक अस्वच्छ और अपवित्र कार्यों में लगाया गया, जिसके फलस्वरूप कालांतर में वे अपवित्र अथवा अस्पृश्य समझे जाने लगे। उनका सामाजिक दलन करने के साथ ही उनकी आर्थिक दशा अत्यंत दयनीय बना दी गई। केवल जीने के लिए उनको रोटी मिल जाती थी, जबकि उनके पास का सबकुछ छीन लिया गया था। यदि वे लोग भी इसलाम स्वीकार कर लेते तो उनकी आज की अपमानित, तिरस्कृत एवं दयनीय स्थिति कभी न हुई होती और वे विविध प्रकार के दलन का शिकार भी न बनाए गए होते। दमन तथा दलन से बचे रहने पर वे दलित भी न बनाए गए होते।

जियाउद्दीन बरनी और शम्स सिराज अफीफ जैसे विदेशी मुसलिम इतिहासकार अपने समय के सुल्तानों और शासकों की इस बात के लिए अधिक प्रशंसा करते रहे क्योंकि उनके दृष्टिकोण भी मानवीय नहीं थे। लूटपाट एवं बलात् छिनी गई हिंदुओं की संपदा पर उन्होंने भी जीवन-यापन किया था। इसलिए उनकी दृष्टि में हिंदुओं के साथ अत्याचार और उत्पीड़न आदि उन इतिहासकारों को उचित प्रतीत होते थे। किसी भी मुसलिम इतिहासकार और इसलाम परस्त आधुनिक इतिहासकारों ने भी इस सत्य को प्रकट करने का प्रयास नहीं किया कि मुसलिम धर्म को अस्वीकार कर हिंदू धर्माभिमानी और स्वाभिमानी जातियाँ ही आज की दलित जातियों की दयनीय दशा को प्राप्त हुई हैं। उन्होंने हिंदू धर्म के दृढ़प्रतिज्ञ लोगों के प्रति अपमानजनक शब्द 'कुफ्र' का प्रयोग किया। यथार्थ इतिहास लिखने का दंभ भरनेवाले अंग्रेज तथा अन्य विदेशी इतिहासकारों ने भारतीय स्वाभिमानी लोगों के इस गौरवशाली त्याग और बलिदान को कभी प्रकट करने

का प्रयास नहीं किया। वास्तविकता तो यह थी कि हिंदू धर्माभिमानी एवं स्वाभिमानी जातियों की दयनीय स्थिति और उनके दलित दशा के लिए मुख्य रूप से जिम्मेदार मुसलिम आक्रांता विदेशी शासक और स्वयं वे भी थे।

आज के ज्ञान-विज्ञान के युग में अध्ययन और अन्वेषण में संलग्न लोगों के लिए परंपरागत इतिहासों को पुनः-पुनः लिखकर दुहराने की आवश्यकता नहीं है। मध्यकालीन विदेशी मुसलिम आक्रांता शासकों ने जिन स्वाभिमानी, देश एवं धर्मरक्षक हिंदुओं एवं योद्धा जातियों के बहादुरों की हत्याएँ कीं, जिनके धर्म एवं देश के नाम पर मर-मिटने के स्वाभिमान को रौंदा और जिनको दास बनाकर सामाजिक एवं आर्थिक दमन, ढलन और उत्पीड़न करके दलित और 'दयनीय' बनाया। उनका स्वाभिमानी इतिहास अब स्पष्ट हो चुका है। ऐसे लोगों की स्थिति को पुनर्स्थापित करने की आवश्यकता है। उनको बार-बार दलित और दयनीय कहकर उनके घावों को और कुरेदने की आवश्यकता नहीं है। बल्कि उनके स्वाभिमानी और राजवंशीय कालखंडों की यादों को ताजा करना है। उनका सामाजिक सम्मान बढ़ाना है। इसके लिए उनको मुख्य रूप से आर्थिक सहयोग और संरक्षण दिए जाने की आवश्यकता है, ताकि वे अपनी दयनीय स्थिति में सुधार ला सकें। यह कार्य अन्त्योदय-पद्धति पर निरंतर सर्वेक्षण करके किया जाना उचित होगा, क्योंकि जाति के आधार पर सुविधा प्रदान करने के कारण बहुत से वनवासी और दर-बदर जीवन व्यतीत करनेवाले आज तक अपनी स्थिति को सुधार नहीं पाए हैं। ऐसे लोगों के लिए वार्षिक पैकेज घोषित करने की भी आवश्यकता है। दलित समाज के अधिकांश लोगों को आज तक रोजी-रोटी की समस्या से मुक्ति नहीं मिल पाई है इसलिए अपनी शिक्षा का स्तर ये ऊँचा नहीं उठा पा रहे हैं। इसलामिक संस्थाएँ और ईसाई मिशनरियाँ इनका शोषण तथा धर्मपरिवर्तन कर रही हैं, साथ ही उनको राष्ट्र की मुख्य धारा से जुड़ने न देकर बागी बनाने का भी काम कर रही हैं।

'मरता, क्या न करता' मात्र कहावत नहीं बल्कि सैद्धांतिक सत्य भी है। जिनकी दशा अत्यंत दयनीय है, उनको थोड़ी सुख-सुविधा देकर किसी भी ओर मोड़ना आसान हो रहा है। ऐसे लोगों को हिंदू धर्म छोड़ने पर इसलामिक संस्थाओं और ईसाई मिशनरियों द्वारा लुभावने वादे एवं वस्तुएँ दी जा रही हैं और उनको विकसित होने का वास्तविक ज्ञान न देकर अपरोक्ष रूप में उनको आतंकवादी, अलगाववादी, उग्रवादी, नक्सलवादी आदि बनाया जा रहा है। इन दोनों कारकों की अनदेखी की जा रही है। इन समस्याओं में उलझे तथा प्रभावित लोगों और उनसे उत्पन्न समस्याओं की समाप्ति हेतु सरकार द्वारा हर स्तर पर प्रयास किए जा रहे हैं और इसमें विकास की विशाल धन संपत्ति व्यय की जा रही है। वर्तमान समय में दोनों कारकों और उनसे निर्मित उक्त समस्याओं का एक साथ निदान ढूँढ़ने की आवश्यकता है। इसके लिए आवश्यक है कि दयनीय आर्थिक एवं

सामाजिक स्तर की जातियों के लोगों को चिह्नित किया जाए और उनकी स्थिति सामान्य बनाई जाए ताकि उनकी सामाजिक, आर्थिक एवं शैक्षिक स्थिति उन्नत हो सके और अपना विकास करके वे लोग भी राष्ट्र की मुख्य धारा में सम्मिलित हो सकें। आजकल ऐसे लोगों के लिए राष्ट्रीय व्यय का भारी पैकेज तो बनाया जाता है, परंतु उसको बीच में ही लोग निगल जा रहे हैं और उसका वास्तविक लाभ लाभार्थियों तक नहीं पहुँच पा रहा है। इसके कारण दलितों की दशा में कोई विशेष परिवर्तन नहीं आ रहा है। सैकड़ों करोड़ रुपए की राशि प्रशासन द्वारा बिना किसी हिसाब-किताब के अधिकारियों के द्वारा व्यय हो रही है। आर्थिक भ्रष्टाचार में लिप्त प्रशासन इन समस्याओं के उन्मूलन का प्रयास क्या सच्चाई के साथ कर रहा होगा? कठोर काररवाही न किए जाने से इसलामिक एवं ईसाई संस्थाएँ भी दलित हिंदुओं के धर्म-परिवर्तन के प्रयास बंद नहीं कर रही हैं। अतएव मध्यकालीन दासता और दयनीय वातावरण से प्रभावित जातियों के उत्थान एवं उद्धार के विषय में विविध दृष्टिकोण से चिंतन और उनके जीवन स्तर को उन्नत करने के लिए संपूर्ण हिंदुओं को कृतसंकल्पित होना होगा।

चर्मकार जाति की जनसंख्या बहुत अधिक है। इसमें अभी भी आर्थिक रूप से विपन्न और दयनीय स्थिति में जीवन जीनेवाले लोगों की संख्या सर्वाधिक है। इस जाति ने दृढ़तापूर्वक विदेशी आक्रांताओं का प्रतिकार किया, और विवश होकर चर्म-कर्म से जुड़कर अपवित्र और निंदित तक हुई, परंतु इसलाम कदापि स्वीकार नहीं किया। ऐसे लोगों का सदियों तक हर स्तर पर दलन हुआ है। चमार जाति के भूखे लोगों ने हिंदू-धर्मज्ञ अन्यान्य जातियों के लोगों का जूठन खाया किंतु मुसलमानों के हाथ का छुआ पानी भी नहीं ग्रहण किया। पूर्वी उत्तर प्रदेश में पाई जानेवाली जाति हिंदू मुसहर (अनुसूचित जाति) के आर्थिक रूप से विपन्न लोगों को देखा जा सकता है जो किसी भी हिंदू जाति के जूठन को तो खा लेते हैं, किंतु मुसलमानों के यहाँ पानी भी नहीं पीते हैं। इस प्रकार का सामाजिक आचार-व्यवहार आज भी समाज में व्यवहारित है। आर्थिक विपन्नता के कारण ही चमार जाति का शैक्षिक स्तर आज भी बहुत ऊँचा नहीं हो पाया है और न ही राजनीतिक क्षेत्रों में इनकी संख्या अधिक और सशक्त हो पाई है। यह इनके साथ घोर अन्याय है। आरक्षण के नाम पर चमार जाति को वर्तमान में जो सुविधा प्रदान की जा रही है, वह भी इनकी संख्या के अनुपात में बहुत कम है। इस गति से इनकी दयनीय स्थिति को सुधारने में सदियों का समय लग सकता है। इनके प्रति समाज की भेदभावपरक मानसिकता भी अभी पूरी तरह बदल नहीं पाई है। ग्राम्यांचल में आज भी चमार जाति-वंश के लोगों के साथ परोक्ष रूप से अकारण भेदभावपूर्ण व्यवहार होते रहते हैं। उनकी बस्तियों में आग लगा दी जाती है। भेदभाव के कारण ही उनका हिंदू समाज में ठीक से समायोजन नहीं हो पा रहा है। अतएव हिंदू समाज का यह दायित्व है कि वह उनके

साथ समरसतापूर्ण व्यवहार करें और उनको सभी सम्मानित हिंदू जाति के लोगों के ही समान पद–परिस्थिति प्रदान करें। साथ ही सरकार को भी इस दिशा में कुछ ठोस कदम उठाने की आवश्यकता है।

चर्मकार जाति के लोगों को प्राय: अपने प्राचीन गौरवशाली एवं स्वर्णिम इतिहास का पूर्णरूपेण ज्ञान नहीं है। उनके बारे में जो इतिहास विदेशी मुसलिम इतिहासकारों और अंग्रेजों ने लिखे हैं, वे पूर्णत: भ्रामक हैं। इस संदर्भ में यह उल्लेख करना उचित होगा कि प्राचीन काल में जातिविहीन हिंदू समाज की व्यवस्था में कोई भी भेदभावपूर्ण व्यवहार नहीं था। यह दोषपूर्ण प्रथा विदेशी आक्रांताओं ने योजनाबद्ध रूप से हिंदुओं पर थोपी। अंग्रेजों ने अपने शासनकाल में पवित्र तथा अपवित्र पेशों के आधार पर जनसंख्या की गणना करके समाज को बाँटा, साथ ही ऊँच–नीच का भेदभाव बढ़ाया। अज्ञानतावश दोष दिया जाता है कि हिंदू वर्ण व्यवस्था ने ही शूद्रों को दलित और अस्पृश्य बनाया जबकि हिंदू समाज में शूद्र सदैव सम्मानित रहे। कृषि, पशुपालन, उद्योग–शिल्प आदि सभी पर उनका अद्वितीय अधिकार था, इसलिए उनकी आर्थिक स्थिति सदैव सुदृढ़ थी। और जब आर्थिक स्थिति सुदृढ़ थी तो उनके लिए समाज में सम्मानजनक स्थान स्वत: निर्धारित था। इतना ही नहीं, वेद इसका ठोस प्रमाण है। वेदों में कहीं भी ब्राह्मण, क्षत्रिय या वैश्य वर्ण की पूजा या वंदना नहीं है किंतु अथर्ववेद में तत्कालीन शूद्र वर्ण की प्रार्थना के साथ उनकी मानव प्रजाति के कल्याण हेतु तत्पर एवं प्रसन्न होने के लिए अभ्यर्थना एवं आवाहन किया गया है।[1]

वैदिककाल के शूद्रों एवं वर्तमान दलित समुदाय के मध्य व्यापक अंतर है। वैदिक-व्यवस्था के अनुसार शूद्र वर्ण मुख्य रूप से चार प्रकार के पेशों से संबद्ध थे—प्रथम, कृषि कार्य परंतु आज नब्बे प्रतिशत दलित भूमिहीन हैं। द्वितीय, चिकित्सा कार्य एवं तृतीय, तकनीकी कार्य किंतु आरक्षण के कारण बड़ी कठिनाई से इन कार्यों यानी मेडिकल एवं इंजीनियरिंग में कुछ लोग पहुँच पाते हैं, चतुर्थ कार्य विद्यालयों में शिक्षकों को अन्नदान अर्थात् वैदिककाल में अध्यापकों की जीविका शूद्रों के दान से चल पाती थी, किंतु आज दलितों की स्थिति स्वयं माँगनेवालों में है। कब यह सब उलट–पलट हो गया। इतिहासविद् इस पर चिंतन करें। उक्त पेशों को दृष्टिगत करते हुए यदि देखा जाए तो वर्तमान पिछड़े वर्ग की जातियाँ वैदिककालीन प्राचीन शूद्र वर्ण से बहुत कुछ मेल खाती है। ऐसे में पुन: प्रश्न उठता है कि यदि वर्तमान पिछड़ा वर्ग ही प्राचीन वैदिक-कालीन शूद्र है तो फिर वर्तमान दलित जातियाँ कौन हैं एवं उनका निर्माण कैसे हुआ?

रामायणकाल में केवट और शबरी जैसी जातियों के साथ राजघराने के लोग

---

1. यजुर्वेद 16/27

खान–पान का व्यवहार रखते थे। महाभारत काल में शूद्र संवर्ग के राजागण युधिष्ठिर के राजसूय यज्ञ में सादर आमंत्रित थे। इसका तात्पर्य यही हुआ कि शूद्र अस्पृश्य कभी नहीं था। देखा जाए तो सोनार, बढ़ई, कुंभकार, लोहार, काष्ठकार अथवा किसान इत्यादि शूद्र वर्ण की जातियाँ कभी भी अस्पृश्य नहीं थी। डॉ. बी.आर. अंबेडकर ने अपनी पुस्तक 'अछूत कौन और कैसे' (दी अनटचेवल) में लिखा है कि 'पहली बात यह है कि मनु के समय में 'अछूतपन' नहीं था। उस समय केवल 'अपवित्रता' थी। चांडाल भी केवल 'अपवित्र' था।' डॉ. बी.आर. अंबेडकर के इस कथन के अनुसार अंत्यज, चांडाल एवं शूद्रादि अस्पृश्य नहीं थे।[1] इन सभी उदाहरणों को प्रकट करना समाज और सरकार का कार्य है। इसमें साहित्यकार पर्याप्त सहायक हो सकते हैं। चर्मकार जाति के इतिहास को दीनहीन स्थिति में प्रस्तुत किया जाना और उसकी भी जिम्मेदारी तथाकथित सवर्ण हिंदुओं पर डालकर भेदभाव को बढ़ाने का कार्य किया जाना अब बंद होना चाहिए।

आज चर्मकार जाति के वास्तविक गौरवशाली एवं स्वर्णिम इतिहास को लिखे जाने की प्राथमिक आवश्यकता है। दूसरी आवश्यकता यह है कि हिंदू समाज भी अपने दृष्टिकोणों में परिवर्तन लाए और स्वाभिमानी हिंदू चर्मकार जाति के गौरवशाली एवं राजवंशीय परिस्थिति का स्मरण करके उन्हें परम स्वाभिमानी हिंदू की संज्ञा देते हुए उनका सम्मान करें। इसके साथ ही तीसरी आवश्यकता है कि सरकार भी उनकी आर्थिक, शैक्षणिक और राजनैतिक स्थिति को सशक्त बनाने के लिए सरकारी स्तर पर विशेष प्रयास करें।

□

1. डॉ. बी.आर. अंबेडकर, अछूत कौन और कैसे? पृष्ठ 99

अध्याय–1

हिंदू धर्म तथा जाति, वंश एवं गोत्र

हिंदू धर्म अपने प्राचीन सनातन स्वरूप, अपनी उच्चतम सभ्यता एवं संस्कृति और प्रकृतिपरक जीवन–पद्धति के लिए संपूर्ण जगत् में अद्वितीय है। इसका स्वर्णिम वैदिक युग अपनी समृद्धि, कृषि–पशुपालन, उद्योग–वाणिज्य वृत्ति और जीव–जंतु प्रेम सहित गो–सेवा की करुणा एवं ममतापूर्ण मनोवृत्ति के लिए इतिहास के अमर पृष्ठों में स्वर्णाक्षरों से अंकित है। यहाँ सामाजिक समरसता का सौहार्दपूर्ण वातावरण अपनी मनमोहक सुगंधि बिखेरता पाया जाता है। किंतु समाज में वर्ण, वंश, गोत्र एवं जातियों का संदर्भ संतुलित, सुव्यवस्थित और मर्यादित है। भेदभावरहित हिंदू समाज अपनी विविधता में भी एकता प्रदर्शित करता है। छत्तीस जातियों की अवस्थिति में भी जातिवाद का संदर्भ सदैव गौण रहा है।

राजवंशीय इतिहास के गौरवशाली पृष्ठों पर अंकित यहाँ की क्षत्रिय जातियों की अमर गाथाएँ हमारे बालसुलभ जीवन को सदैव प्रेरित और उत्साहित करती रहती हैं। उन पर हिंदू समाज एकमत से रोमांचित और गौरवान्वित हो उठता है।

चंवर वंश की छवि को धूमिल करनेवाली इसलामिक काल की सत्तासीन मुगलसत्ता के क्रूरतम प्रहारों को हिंदू राजवंशीय परंपरा ने साहस एवं धैर्य के साथ झेला और चंवरवंशीय क्षत्रिय के स्थान पर बलपूर्वक अस्वच्छ कार्य यानी चर्मकर्म में लगाकर 'चमार' कहलाना स्वीकार किया, परंतु किसी भी दशा में इसलाम स्वीकार नहीं किया। प्रचंड अत्याचार, हत्याओं, प्रताड़नाओं और सामाजिक अपमानों को बहादुरी से झेलते हुए भी चंवर वंश की वर्तमान चमार जाति ने अंत तक हिंदू धर्मपरायण बने रहकर

विदेशी मुसलिम आक्रांताओं और शासकों के सम्मुख एक चुनौती खड़ी कर दी हिंदू समाज में अपने को गौरवान्वित बनाए रखने का यह प्रशंसनीय उदाहरण था। प्रस्तुत अध्याय ऐसे ही चिरस्मरणीय कथानकों का संकलन है।

1.1 हिंदू धर्म का सनातन स्वरूप

सनातन को पुरातन की अपेक्षा शाश्वत कहना अधिक युक्तिसंगत है, क्योंकि धर्म शाश्वत है और हिंदू भी शाश्वत है। अतएव हिंदू धर्म भी शाश्वत, सनातन है और पुरातन है। हिंदू शब्द एक प्राचीन शब्द है। हिंदू शब्द के साथ-साथ धर्म स्वयं अत्यंत प्राचीन है। 'धर्म' शब्द के साथ 'सनातन' शब्द जोड़ने से इसकी प्राचीनता और धर्म के सनातन यानी हजारों-हजार वर्ष प्राचीनतम होने की अनुभूति अत्यंत सहज हो उठती है। 'सनातन' शब्द का अर्थ केवल 'प्राचीन' नहीं, अपितु 'सनातन' का अर्थ 'सदातन' है अर्थात् जो पहले था, आज भी है और जो भविष्य में भी रहनेवाला है। वह सनातन यानी शाश्वत है। इस प्रकार वर्तमान हिंदू चमार जाति सनातन हिंदू स्वाभिमानी धर्मरक्षक एवं देश-रक्षक जातियों (ब्राह्मण, क्षत्रिय एवं अन्य) का परिवर्तित स्वरूप है।

'हिंदू' शब्द पुरातन के साथ-साथ विश्वव्यापी भी है। ईसाईयत के प्रवर्तक ईसा मसीह एवं इसलाम के प्रवर्तक मुहम्मद साहब के जन्म के पहले अरब के अनेक देशों (ईरान, मिस्र इत्यादि) में महादेव, हिंद, हिंदू, हिंदुत्व इत्यादि शब्द लोक-साहित्य में प्रचलित थे। पैगंबर मुहम्मद के जन्म के लगभग 2300 वर्ष पूर्व उक्त देशों के एक प्रसिद्ध कवि लबी-विन-अखतब-विन-तुर्फा ने अपनी कविता की पंक्तियों में हिंदू एवं हिंदू देश के संदर्भ में उल्लेख किया है—

आया मुबारकल् अरज यू रौये नोहा मिलन् हिंदे।
व अरादकल्लाहः भज्योनज्जेल् जिकरतुन्॥ 1॥
वहल् तजत्लीयतुन् एनाने सहबी अखअतुन् जिक।
वहाजे ही योनज्जेलुर्रसुल् मिलन् हिंदतुन्॥ 2॥

(अर्थात् हे पुण्यभूमि हिंद। तू धन्य है, क्योंकि भगवान् ने स्वयं ज्ञान के लिए तेरा चयन किया है॥ 1॥ हिंद के ऋषि-मुनियों द्वारा भगवान् के ज्ञान का प्रकाश चार वेदरूपी प्रकाशस्तंभों के जरिए समूचे विश्व को प्रकाशमान कर रहा है॥ 2॥)

हिंदू शब्द की सनातनता के संबंध में एक अन्य उदाहरण भी दिया जा सकता है। पैगंबर मुहम्मद साहब के चचाजान उम्र-बिन-हश्शाम एक वरिष्ठ शायर थे। उन्होंने अपनी अनेक शायरियों में हिंदू, हिंद एवं महादेव आदि संज्ञाओं को विशिष्टता के साथ प्रयुक्त किया है। उम्र-बिन-हश्शाम को अबुल हकीम के उपनाम से संबोधित किया

जाता रहा, जिसका अर्थ 'ज्ञान का पिता' था, किंतु इसलाम न अपनाने के कारण उन्हें 'अबुल् जिहल' यानी 'अज्ञान का बाप' कहा गया। उम्र-बिन-हश्शाम द्वारा रचित निम्नलिखित कविता का अवलोकन किया जा सकता है, जिसमें हिंदू की सनातनता को स्वीकार किया गया है—

कफाविक जिकरामिन् अलूमिन् तब असेरू।
कलूवन् अमततूल् हवा एवं तजक्करू॥ 1॥
वम् जकेरीका ऊउन् एललवद-ए-दिलवरा।
वलुकयाने जात् अल्लाह है यौम तब असेरू॥ 2॥
व अहलोल्लाह अजह अरमीमन् महादेवओ।
मनाजिल् इलमुद्दिने मिनहम, वसयत्तरू॥ 3॥
वसहवी केयामुदी मकामिल् हिंदे यौमन्।
व यकूलन् लातहजन् फ इकक तवज्जरू॥ 4॥
मअस्सयरे अखलाकुनृ हसनन् कुल्लहुम्।
नजूमुन् अजाअत सुम्म गावुल् हिंदू॥ 5॥

(अर्थ—जिस आदमी ने सारा जन्म पाप तथा अधर्म में बिताया है, काम, क्रोध में जीवन नष्ट किया है॥ 1॥ उसे पश्चात्ताप होकर, आखिर में यदि वह अच्छे मार्ग पर आना चाहता है, तो क्या उसका भला हो सकेगा?""होगा॥ 2॥ यदि वह एक बार भी मन से उस महादेव की पूजा करेगा, तो धर्म के मार्ग पर उसे उच्चतर पद अवश्य प्राप्त होगा॥ 3॥ हे प्रभो! मेरी पूरी जिंदगी के बदले में मुझे केवल एक दिन हिंद में रहने का अवसर दो, क्योंकि वहाँ पहुँचने के पश्चात् आदमी जीवनमुक्त हो जाता है॥ 4॥ वहाँ (हिंद) की यात्रा के कारण, सभी पावन कार्यों की सफलता मिलती है तथा (हिंदू) आदर्श-गुरुओं का सत्संग भी प्राप्त होता है॥ 5॥)[1]

मक्का में किसी हिंदू मंदिर के होने से इनकार तो किया जाता है किंतु कवियों, शायरों एवं सूफी संतों की कृतियों में हिंदू धर्म, हिंद देश, हिंदू देवता बाबा महादेव, हिंदू धर्म-ग्रंथ वेद, हिंदू ऋषियों-मनीषियों और हिंदू राजा विक्रमादित्य का उल्लेख अनावश्यक नहीं, अपितु काबा के विशाल मक्केश्वर महादेव मंदिर की वास्तविकता की तरफ सहज संकेत है। यह हिंदू धर्म के सनातन स्वरूप का ज्वलंत और जीवंत उदाहरण भी है। मुहम्मद साहब की प्रिय पत्नी का नाम हिंद था, मजनूँ की प्रेयसी लैला का वास्तविक नाम हिंद था और अमीर मुवाइयाँ की माँ रईसुल अरब-अतवा की बेटी का भी नाम हिंद

1. डॉ. बी.आर. अंबेडकर, अछूत कौन और कैसे, पृ. 100

ही था। इसलाम की स्थापना के हजार वर्ष पूर्व ईरान के प्रसिद्ध बादशाह दारा (522 ई.) ने भी हिंदू, हिंदुस्थान और हिंदुत्व की प्रशंसा करके उसके सनातन स्वरूप को स्वीकार किया था। ऐसे ही वर्तमान हिंदू-चमार जाति अपने प्राचीन चंवरवंशीय क्षत्रिय स्वरूप के साथ गौरवान्वित तथा मर्यादित है।

यह बड़े आश्चर्य का विषय है कि जहाँ एक ओर अरब के लोग 'स' को 'स' नहीं कह पाते इसीलिए 'स' को 'ह' कहे, वहीं वे अपने घरों में स्त्रियों का नाम हिंद रखते और उच्चारण भी करते थे। हिंदुस्थान के इतिहास एवं धर्मादि के संदर्भ में हीन चिंतन का यह एक उदाहरण मात्र के अलावा कुछ नहीं है। वास्तव में 'हिंदू' शब्द का प्रयोग व्यापक रूप से ईसा मसीह द्वारा ईसाईयत एवं पैगंबर मुहम्मद साहब द्वारा इसलाम के प्रतिपादन के उपरांत प्रारंभ हुआ। उसके पूर्व यह मात्र 'धर्म' के नाम से जाना जाता था। इसलाम मजहब एवं क्रिश्चियन रिलीजन को धर्म के रूप में प्रस्तुत करने के कारण 'धर्म' को इनसे अलग चिह्नित करने के लिए 'हिंदू' शब्द का बहुलता के साथ प्रयोग आरंभ हो गया। इसकी अधिकतम आवश्यकता मध्यकाल में समझी गई। मध्यकाल में जब विदेशी मुसलिम आक्रांता शासकों ने इसलाम को हिंदुस्थान में स्थापित एवं प्रचारित किया तो उस समय हिंदुओं ने भी इसे 'धर्म' स्थान पर बड़ी तीव्रता से 'हिंदू धर्म' प्रचारित किया।

हिंदू धर्मग्रंथों में भी 'धर्म' शब्द प्राचीन काल से ही व्यवहृत पाया जाता है। वास्तव में धर्म शब्द अपने आप में ही पूर्ण है किंतु 'सनातन' और 'हिंदू' ये दोनों शब्द धर्म शब्द के साथ विशेषण के रूप में प्रयुक्त हैं। जिस प्रकार सनातन का अर्थ सत्य अथवा सदैव अथवा अनादि या प्राचीन भाव में लिया जाता है, उसी प्रकार हिंदू शब्द को भी धर्म के गुण या गुणवत्ता के रूप में ही माना जाता है। हिंदू शब्द का प्रयोग हिंदू भाव से है, यानी धर्म का रूप या गुण 'हिंदू' है। तब 'हिंदू' एक गुणवाचक संज्ञा के रूप में व्यवहृत है। ईसा पूर्व चौथी सदी के ग्रंथ बुद्धस्मृति में उल्लिखित है कि हिंसा से दुःखी होनेवाला तथा सदाचार में तत्पर, गौमाता, वेग तथा देवताओं का उपासक ही हिंदू है। ईसवी की 8वीं सदी के ग्रंथ मेरुतंत्र में आया है कि जो हीनता का त्याग करता है, वही हिंदू है—'हीन च दूष्यत्येष हिंदूरित्युच्यते प्रिये।' ईसवी की 11वीं सदी के पारिजातकहरणम् नाटक में भी लिखा है कि जो अपनी तपस्या से अपने दैहिक एवं मानसिक पापों का नाश करता है, तथा शत्रुओं का विनाश करता है, वही हिंदू है, यथा—

हीनस्ति तपसो पापान् दैहिकान् दुष्टमानसान्।
हैतिमिः शत्रुवर्गश्चय स हिंदुरभिधीयते॥

ईसवी की 14वीं सदी के ग्रंथ माधवद्विग्विजय में भी उल्लिखित है कि ओंकार ही जिसका मूल मंत्र है, जो पुनर्जन्म में विश्वास रखता है, जो गो-भक्त है, भारत देश से

स्फूर्ति लेता है, और हिंसा का त्याग करता है वह हिंदू है। ऐसे में देखा जाए तो वर्तमान चमार जाति में सभी प्रकार के ये गुण पाए जाते हैं, अतः चमार भी पूर्ण आस्तिक हिंदू हैं। शब्दकल्पद्रुम के अनुसार, जो हीन आचार को दूषित समझकर उसका परित्याग कर दे, वही हिंदू है। भू-सांस्कृतिक अवधारणा की अभिव्यक्ति है कि जो सिंधु नदी से लेकर समुद्रपर्यंत की भारतभूमि पर निवास करनेवाले हैं, वे ही हिंदू हैं। एक अहिंसाभाव से संबंधित अभिव्यक्ति के अनुसार भी हिंसा से दुखी होनेवाला, सदाचार में विश्वास रखनेवाला, गौ, वेद एवं प्रतिमाओं को पूजनेवाला हिंदू है। किंतु पूर्णरूपेण हिंदू होने का गर्वबोध करनेवाली चमार जाति को मृत पशुओं को ढोने, उन्हें काटने एवं गायों के खाल उकेरने के कार्यवृत में बलपूर्वक लगाए जाने के उपरांत भी हिंदू बने रहे इसका ठोस प्रमाण है। आचार्य विनोबा भावे के शब्दों में, 'हिंसा से जिसका चित् दुखी हो उसे हिंदू कहा जाएगा।' पंडित दीनदयाल उपाध्याय ने हिंदू के प्रति अपने विचार इन शब्दों में व्यक्त किए हैं—

"भौतिक और आध्यात्मिक शक्ति से युक्त मानव जीवन तथा समाज की विभिन्न संस्थाओं की व्यावहारिक क्रियाओं में भौतिक एवं आध्यात्मिक शक्तियों का प्रभावी होना ही मौलिक हिंदू जीवन है। भौतिक और आध्यात्मिक अथवा लौकिक एवं पारलौकिक मान्यताओं से युक्त लोकजीवन पर आधारित व्यवस्था हिंदू-व्यवस्था है।"

हिंदू शब्द के विन्यास पर आधारित विवेचना, 'हीं' को शक्ति और 'दू' को दो प्रकार (आध्यात्मिक और भौतिक) से समवेष्ठित करते हुए यह मानते हैं कि जब आध्यात्मिक शक्ति और भौतिक शक्ति, एक साथ संतुलित होकर उपस्थित होती है तब उसे हिंदू कहा जाता है।[1] वर्तमान हिंदू चमार जाति भी दोनों ही शक्तियों को मानती है। अध्यात्म के प्रबल समर्थक एवं भौतिक शक्ति यानी विज्ञान को पूर्ण रूप से आत्मसात् करनेवाले लोग हिंदू चमार जाति के वंशज हैं। अतएव वह हिंदू हैं। मानव द्वारा व्यक्तिगत रूप से जप-तप, ध्यान, योग एवं आराधना से युक्त धर्म, अर्थ, काम और मोक्ष की वैचारिकी का पालन करते हुए आध्यात्मिक एवं प्रकृतिपरक वैज्ञानिक ज्ञान पर आधारित जीवन जीने का दर्शन ही हिंदू है। हिंदू शब्द में आध्यात्मिक एवं भौतिक शक्ति का अनंत भाव होने से हिंदू के विराट् स्वरूप की कल्पना स्वाभाविक रूप से की जा सकती है। हिंदू का संबंध मनुष्य मात्र से नहीं, अपितु ब्रह्मांड से है और ब्रह्मांड विराट् एवं अनंत है, अतएव हिंदू एवं हिंदू चर्मकार जाति का सैद्धांतिक अधिष्ठान भी विराट्, अनंत और सनातन है।

हिंदू चंवर-वंश का राजवंशीय एवं गौरवशाली इतिहास क्षत्रिय संवर्गीय जातियों का इतिहास है। इस वंश के प्रत्येक सदस्य सनातनी हिंदू हैं। हिंदू स्वयं सनातन है और

---

1. डॉ. विजय सोनकर शास्त्री, हिंदू वैचारिकी : एक अनुमोदन, पृ. 10

हिंदू की भाँति हिंदू धर्म भी सनातन है। उसका आधार शाश्वत वेद हैं। वेद प्राचीन हैं। हिंदू धर्म की प्राचीनता पर तो प्रश्न ही नहीं उठता। ईसाईयत और इसलाम मात्र दो हजार वर्ष पूर्व प्रकाश में आए थे। 04 ई.पू. में ईसा मसीह पैदा हुए तो ईसाईयत चली। 570 ई. में मुहम्मद साहब का जन्म हुआ, जिन्होंने इसलाम चलाया। दूसरी तरफ ईसा से लगभग 500 वर्ष पहले बुद्ध, और बुद्ध से 100 वर्ष पहले जैन महामुनि का जन्म हुआ। हिंदू धर्म उसके बहुत पहले से है, इसलिए एकमात्र हिंदू धर्म ही सनातन धर्म कहलाने योग्य है। जिसे मानव के व्यवहार से संबद्ध किया गया है। इसमें विधि का विषय 'धर्म' और निषेध का विषय 'अधर्म' माना जाता है, इसलिए हिंदू धर्म में अपनी बहन अथवा पुत्री से या समलैंगिक विवाह वर्जित है, जबकि अमेरिका जैसे देशों में समलैंगिक (अप्राकृतिक) विवाह विधिसम्मत और समाज द्वारा मान्य है।

हिंदू धर्म का सनातन स्वरूप प्रकृतिपरक है। यह प्रकृति के साथ सामंजस्य स्थापित करके दिनचर्या तथा ऋतुचर्या के अनुरूप आचरण के संदर्भ बोध में अवस्थित है। यह धर्म, क्षमा, तप, अस्तेय, शौच, इंद्रिय-निग्रह, ज्ञान, विद्या, सत्य तथा अहिंसा जैसे दस तत्त्वों के सनातन स्वरूप का सम्मिश्रण है।[1] महात्मा गांधी ने इसके केवल दो तत्त्वों (सत्य और अहिंसा) को आत्मसात् किया और संपूर्ण संसार उनका अनुयायी बन गया, अंग्रेजों की दमनकारी एवं साम्राज्यवादी सत्ता की नींव हिल गई तथा वे हिंदुस्थान से भागने को विवश हो गए। सनातन हिंदू धर्म के सभी दस तत्त्वों की सम्मिलित शक्ति का सहज अनुमान इसी से लगाया जा सकता है कि चंवर वंश के क्षत्रिय संत गुरु रैदास और उनके अनुयायी एवं हिंदू धर्मपरायण युद्धबंदियों ने विदेशी आक्रांता द्वारा बलपूर्वक थोपा गया चर्म-कर्म स्वीकार किया परंतु हिंदू धर्म नहीं छोड़ा।

हिंदू धर्म केवल विश्वासों और सिद्धांतों का समुच्चय नहीं है बल्कि इसमें द्वैताद्वैत, शुद्धाद्वैत, विशुद्धाद्वैत इत्यादि का अप्रतिम चिंतन भी समाहित है और जो वेद और उपनिषदों की प्राचीनता के साथ अपनी सनातनता को प्रतिष्ठित करते हैं। हिंदू धर्म की सनातनता का ही परिणाम है कि हिंदू जीवन-पद्धति भी सार्वभौम अर्थात् विश्वव्यापी कही जाती है। सत्, ऋत्‌ु और ब्रह्म से परिपूर्ण हिंदू धर्म, वैसे ही सनातन स्वरूप में दृष्टिगोचर होता है, क्योंकि ये तीनों स्वतः शाश्वत और सनातन हैं। वर्तमान हिंदू चमार जाति सत्, ऋत्‌ु और ब्रह्म की मान्यता पर अडिग है।

हिंदू धर्म को मानव धर्म का पर्याय कहा जाता है इसलिए भी यह अनादि, चिरंतन और सनातन है। सनातन होने से ही यह एक संवेदनशील धर्म माना जाता है, क्योंकि इसमें चिन्मय तत्त्वों को (भौतिकता के संचालन के लिए) सजगतापूर्वक प्रयुक्त किया

---

1. मनुस्मृति, 6/92

गया है। यह मानवता के हित संवर्द्धन से जुड़ा हुआ सर्वग्रहणीय धर्म है, इसलिए भी सनातन स्वरूपवाला कहा जाता है, क्योंकि इसमें सार्वभौमिकता की विशेषता पाई जाती है। इसने जगत् की यानी समष्टि को अपने में आत्मसात् कर रखा है। इसलामिक एवं ईसाई पंथ की कट्टरवादी अतिक्रमणों के आतंकी प्रहारों को आज तक झेलते हुए हिंदू धर्म के मूल्यों पर इसलाम के लुभावने अथवा डरावने किसी भी प्रयासों को वर्तमान हिंदू चमार जाति ने स्वीकार नहीं किया और अपनी सनातनता हिंदू अस्मिता की विशेषता को उजागर करने में ही अपना और हिंदू धर्म का सम्मान समझा था।

1.2 वैदिक काल एवं वर्तमान हिंदू जीवन-पद्धति

वैदिक काल वर्तमान हिंदू जीवन-पद्धति का स्वर्णिम युग कहलाता है। उस काल में हिंदू, हिंदुत्व और हिंदुस्थान अपनी पराकाष्ठा पर था, साथ ही अध्यात्म ज्ञान और भौतिक विज्ञान भी अपने उत्कर्ष पर था। वैदिक काल में व्यक्ति अपने को प्रकृति के अनुरूप रखता था और प्रकृति को भी अपने अनुरूप बनाए रखने के लिए प्रयत्न करता था। वैदिक ज्ञान इतना समृद्ध था कि आवश्यकता पड़ने पर वर्षा, उत्तम कोटि की कृषि और वैभव की अन्य वस्तुएँ प्राप्त कर लेना अत्यंत सरल था। वर्तमान विज्ञान भले ही बहुत आगे हो, परंतु प्रकृति के अस्तित्व के सम्मुख वह विवश और नतमस्तक है। वैदिक काल में यह स्थिति नहीं थी। हिंदू जीवन-पद्धति से लोग प्रकृतिजयी भी थे। संत रैदास भी हिंदुत्व के इन्हीं विशेषताओं के कारण इसलामजयी थे। संत शिरोमणि गुरु रैदास के चमत्कारपूर्ण कार्यों के आगे दिल्ली का सुल्तान सिकंदर लोदी तक भयभीत था।[1]

वैदिक काल में हिंदू जीवन-पद्धति इतनी नियमित एवं व्यवस्थित थी कि संपूर्ण भारतीय समाज भौतिक उन्नति और आध्यात्मिक उत्कर्ष के साथ परम वैभव को प्राप्त था। तत्कालीन समाज में जातियों का अस्तित्व नहीं था। उत्तर वैदिक काल में समाज के जटिल होने के साथ-साथ वर्ण के गुण-धर्म को स्वीकृति प्राप्त हुई और धीरे-धीरे वर्णों की श्रेणीबद्धता का विकास हुआ जो कालांतर में वर्ण-व्यवस्था के रूप में प्रभावी हुआ। मनुकाल में अस्पृश्यता नहीं थी तथा शूद्र भी अस्पृश्य नहीं था।[2] लोकजीवनपरक विषमताओं में वृद्धि हुई, तथा सत्ता और शक्ति की सनक के परिणामस्वरूप समाज में वर्ण-व्यवस्था के साथ-साथ विभिन्न कार्यों को संपादित करनेवाले वंशानुगत समूहों का जन्म हुआ। उस समय कार्य विशेष के लिए कौशल प्राप्त करना सामान्य जन के लिए अपने परिवार एवं कुटुंब में ही संभव था जिसके परिणामस्वरूप वंशानुगत जातियाँ भी

---

1. डॉ. विजय सोनकर शास्त्री, हिंदू धर्मरक्षक संत शिरोमणि गुरु रैदास, पृ. 150
2. डॉ. बी.आर. अंबेडकर, अछूत कौन और कैसे, पृ. 99

अस्तित्व में आईं। जातियों की संख्या कर्मानुसार सीमित थी। एक ही वर्ण में कई जातियाँ समाहित थीं। उस समय सभी जातियाँ ब्राह्मण ही कही जाती थीं, क्योंकि सभी वर्ण ब्रह्मा से उत्पन्न होने के कारण ब्राह्मण ही थे। ऐसी स्थिति में सामाजिक धरातल पर उनमें समता एवं समरसता व्याप्त थी।

वर्तमान हिंदू जीवन-पद्धति के धर्मपरक होने का मुख्य कारण यह है कि वैदिक समाज भी धर्म-प्रधान था। तत्कालीन लोगों का विश्वास देवताओं की सत्ता, उनके प्रभाव और उनकी व्यापकता में दृढ़ था। वैदिक विधा में यह जगत, पृथ्वी, अंतरिक्ष और आकाश नामक तीन लोकों में विभक्त है, जबकि अन्यान्य ग्रहों का पूर्ण प्रभाव पृथ्वी पर है। इसी आधार पर पृथ्वी पर भी प्रकृति और प्राकृतिक नियमन परिलक्षित होता है। वैदिक काल के हिंदू धर्म की वैज्ञानिक उपलब्धियों को संत रैदास जैसे असाधारण एवं आध्यात्मिक व्यक्तित्ववाले भी सहजभाव से स्वीकार करते रहे। इसकी अभिव्यक्ति भी उन्होंने अनेकानेक स्थानों पर की। वैदिक काल में ज्ञान-विज्ञान का पूर्ण व्यवहार्य स्वरूप था।

आधुनिक विज्ञान हिंदू धर्म को सत्यापित करने के अलावा और कुछ भी नहीं है। भृगु ऋषि का वैमानिक विज्ञान (शास्त्र) अथवा पुष्पक विमान, वैदिक अंकगणित, शून्य का गूढ़ ज्ञान, ज्योतिष एवं खगोलशास्त्र में ग्रहों-नक्षत्रों की हजारों साल पहले वर्णित दूरियाँ, भ्रूण-प्रत्यारोपण के उदाहरणस्वरूप अत्रि ऋषि का चमड़े के पात्र में उत्पत्ति, संत रैदास के चमड़े की कठौती में गंगा तथा प्रयाग में पत्थर का पानी पर तैरना इत्यादि महत्त्वपूर्ण उदाहरण हैं। अपने श्रेष्ठतम तत्त्वज्ञान और उस तत्त्वज्ञान के प्रकाश में विकसित हुई संस्कृति के कारण भारत भूतकाल में विश्वगुरु की भूमिका निभाने में सक्षम रहा।[1]

वर्तमान हिंदू जीवन-पद्धति में जाति-भेद का विष, विदेशी मुसलिम एवं तुर्क आक्रांताओं और अंग्रेजों ने घोले थे, अतएव यह कहना त्रुटिपूर्ण है कि वर्ण एवं जाति-व्यवस्था के दोष, हिंदुस्थान में वैदिक काल से मिलते हैं। वैदिक काल के ग्रंथों में अथवा वेदों में 'जाति' शब्द का उल्लेख भी नहीं है। केवल वर्ण था एवं पवित्रता एवं अपवित्रता के आधार पर कुछ समुदाय थे। कम-से-कम उन समुदायों में कोई ऐसा समुदाय नहीं था जो अस्पृश्य रहा हो। शूद्र, चांडाल एवं अंत्यज भी कभी अछूत नहीं थे।[2] वस्तुतः भारतीय समाज में जातियों को सुनियोचित षड्यंत्र के अंतर्गत विदेशी आक्रांताओं और शासकों ने अपनी सत्ता के हितपोषण की कुत्सित वैचारिकी के अंतर्गत विकसित किया। प्रारंभ काल में मात्र व्यक्ति के कर्म और गुणधर्म को इंगित करनेवाली जातियाँ धीरे-धीरे

1. सुरेश सोनी, हमारी सांस्कृतिक विचारधारा के मूल स्रोत, पृ. 14
2. डॉ. बी.आर. अंबेडकर, अछूत कौन और कैसे, पृ. 98

वंशानुगत समूह-विशेष से संबद्ध होती चली गईं। धीरे-धीरे एवं समय-समय पर हिंदू समाज में विभिन्न जातियों की श्रेणी व्यवस्था का विविध कारणों से सृजन हुआ। जातियों की सृजन की परंपरा 20वीं शताब्दी के पूर्वार्द्ध तक दिखलाई देती है। हिंदू चमार तथा अन्य सभी दलित जातियों का नामकरण इसी परंपरा में हुआ था।

जातियों के संस्तरण के साथ-साथ हिंदू समाज में ऊँच-निम्न की भावना का भी विकास हुआ और धीरे-धीरे वंशानुगत जातीयता एवं कर्मानुगत छुआछूत जैसी श्रेणियाँ जनमनीय हो गईं। जातियों के सीमाबद्ध स्वरूप को बनाए रखने के लिए जाति विशेष की कुछ कमजोरियों को आधार बनाया गया और लोगों में इस प्रकार की भावनाएँ विकसित की गईं कि वे कमजोरियाँ वंशानुगत हैं और सदैव बनी रहेंगी। जातियों के मध्य सामाजिक संबंध भी परिसीमित कर लिया गया और अंत:क्रियाओं की कठोर संरचना की गई, जिसका अतिक्रमण करना सामान्य जन के लिए संभव नहीं था। इस प्रकार के युक्तिहीन नियम धीरे-धीरे सामाजिक बुराइयों के रूप में हिंदू जीवन-पद्धति में समाहित हो गए जिसकी पीड़ा वर्तमान हिंदू चमार सहित उसकी अनेक संवर्गीय जातियाँ झेल रही हैं।

वर्तमान हिंदू जीवन-पद्धति में हिंदू 'चमार' एवं 'दलित' शब्द की व्युत्पन्न समस्या का भी वैदिक काल से कोई संबंध नहीं था। भारत में दलित प्राचीन वैदिककालीन शूद्र नहीं हैं।[1] काल में मनुष्य 'जीवन जीने के प्राकृतिक सिद्धांत' का कड़ाई से पालन करते हुए अपने सामाजिक जीवन को सफल बनाता तथा आध्यात्मिक उत्कर्ष को प्राप्त करता था। जातिविहीन स्वर्णिम वैदिक युग पर दलित जाति के जन्म एवं नामकरण का दोषारोपण पूर्णत: अनौचित्यपूर्ण और मिथ्या है, क्योंकि वैदिक युग एवं वर्तमान की हिंदू जीवन-पद्धति सदैव प्रकृति से सामंजस्य स्थापित करने की एक क्रिया रही है। इतिहास इसका जीवंत एवं ज्वलंत प्रमाण है कि पूर्णरूपेण प्रकृतिमार्गी मानव जीवन, जब-तब प्रकृति के विरुद्ध कार्यों में संलग्न है जिसे रोकने का भरसक प्रयास भी किया जा रहा है। लोगों को स्मरण कराया जा रहा है कि अपने निहित स्वार्थों की पूर्ति के लिए अन्य देशों का अंधानुकरण न किया जाए, प्रकृति का दोहन शोषणपूर्वक न किया जाए और वर्षा करानेवाले अभयारण्यों की हरियाली समाप्त न की जाए। यह भी निर्देशित किया जा रहा है कि वृक्षों को काटने के स्थान पर पर्याप्त मात्रा में वृक्षारोपण कराया जाए, झरनों एवं नदियों के पवित्र तथा निर्मल जलनिधि को कूड़ा-करकट एवं मल-मूत्र डालकर अपवित्र और प्रदूषित न किया जाए और पर्वतों को तोड़कर पृथ्वी के संतुलन एवं उसके गुरुत्वाकर्षण को समाप्त न किया जाए, अन्यथा अकाल, अतिवृष्टि और भूचाल आदि से जन-जीवन

1. डॉ. बी.आर. अंबेडकर, शूद्रों की खोज, आमुख का प्रथम पृष्ठ का तीसरा पैराग्राफ।

समाप्त हो जाएगा। यह प्रसन्नता की बात है कि विश्व के अन्य देश जहाँ इन सुझावों को अन्यमनस्क भाव से स्वीकृत अथवा अस्वीकृत कर रहे हैं, हिंदुस्थान में इसे राष्ट्रीय कार्यक्रम के रूप में स्वीकार किया जा रहा है।

हिंदू जीवन-पद्धति की यह सबसे बड़ी विशेषता रही है कि प्रकृति जब भी अपने में परिवर्तन लाती है, हिंदू जीवन-पद्धति में उसी के अनुसार उसके परिवर्तन का अनुमोदन करते हुए अपनी पद्धति में भी पूरी तरह से परिवर्तन कर लिया जाता है, ताकि प्रकृति और जीवन के संतुलित संबंधों में किसी तरह की अव्यवस्था न उत्पन्न हो। प्रकृति के साथ निरंतर सामंजस्य स्थापित रखने के लिए उद्यत रहनेवाली हिंदू जीवन-पद्धति को आदर्श अथवा एक मानव के रूप में स्थापित करके बहुसंख्यक हिंदू, दलित तथा अन्य मानव समूहों को भी प्रकृति के साथ सामंजस्य करने का लाभ प्राप्त हो सके।

हिंदू जीवन-पद्धति इतना अधिक प्रकृतिपरक हो गई कि प्रकृति जिन ऋतुओं को धारण करती है, हिंदू जीवन-पद्धति उसी के अनुरूप अपनी जीवनचर्या बना लेती है और प्रकृति के साथ सामंजस्य स्थापित कर लेती है। शारीरिक स्वास्थ्य के लिए हिंदू जीवन-पद्धति में ही प्राकृतिक चिकित्सा विधि और प्राकृतिक जड़ी-बूटियों (आयुर्वेद) का सहारा लिया जाता है। इसका बहुव्यापी लाभ देखकर आज अन्य देशवासियों की मानसिकता भी तेजी के साथ प्राकृतिक चिकित्सा एवं आयुर्वेद की ओर दौड़ पड़ी है। चीनी के स्थान पर मधु को महत्त्व मिलने लगा है। अतएव निश्चित रूप से कहा जा सकता है कि हिंदू जीवन-पद्धति को विश्वव्यापी बना देने के बाद, संपूर्ण मानव समाज का प्रकृति के साथ सामंजस्य स्थापित हो सकता है, विश्वस्तर पर मानव जीवन-पद्धति पूर्णतः संतुलित रहते हुए अपना विकास कर सकती है और हिंदू दलितों के साथ हो रहे भेदभावपूर्ण समस्या का हल भी हो सकता है।

हिंदू जीवन-पद्धति वर्तमान समय में भरण-पोषण और अन्य देशों की तुलना में अपने को पुनः समृद्ध बनाने की दिशा में अवश्य अग्रसर है। इसका प्रभाव दलित जातियों पर देखा जा सकता है। इसके लिए यहाँ न तो किसी तरह के धार्मिक उन्माद को प्रोत्साहित किया जा रहा है और न ही किसी अन्य देश के भू-भाग को आतंकवाद के सहारे अथवा सैन्य-शक्ति के बल पर अधिकृत किया गया है। परमाणु युग में प्रवेश करने के बाद भी हिंदुस्थान सदैव मानव समाज के हितपोषण में ही वैज्ञानिक उपलब्धियों का प्रयोग कर रहा है, जबकि अन्य देश अपनी सामरिक शक्ति बढ़ाने में ही संलिप्त हैं।

वर्तमान हिंदू जीवन-पद्धति में, समय के अनुसार कुछ वैश्विक प्रभाव अवश्य परिलक्षित होते हैं, किंतु उसकी प्रकृतिपरक शैली में अभी तक कोई परिवर्तन नहीं आया है। वह वैदिक काल से लेकर आज तक अपरिवर्तनीय है। यही कारण है कि यहाँ की हिंदू जीवन-पद्धति पश्चिम के लिए समझ में न आने के कारण उपेक्षापूर्ण भले मानी

जाए, परंतु वास्तव में ऐसा कुछ नहीं है। आज तो अनेक विदेशी नर-नारी हिंदू जीवन से अपना जीवन व्यतीत करने हेतु इस देश में स्थायी रूप से निवास करने हेतु आवेदन करने लगे हैं। विदेशी महिलाएँ भारतीय हिंदू जीवन-पद्धति से प्रभावित होकर यहाँ के पुरुषों के साथ वैवाहिक संबंध तक स्थापित करने लगी हैं। विशुद्ध विज्ञान के क्षेत्र में कार्य करनेवाले जहाँ पश्चिमी देशों में आयुर्वेद का प्रयोग केवल चिकित्सा कार्य में कर रहे हैं, वहीं हिंदुस्थान में आयुर्वेद का संबंध केवल चिकित्सा से ही नहीं बल्कि मनुष्य की दिनचर्या, ऋतुचर्या के अनुरूप आहार (खाद्यान्न) एवं व्यवहार (प्राकृतिक नियमन के अनुरूप क्रिया-कलाप) का निरूपण है। आज हिंदू दलित जातियों और उसकी परिस्थिति भी परिवर्तनपूर्ण प्रगति-पथ पर है।

हिंदू जीवन-पद्धति पूर्ण रूप से विज्ञान-सम्मत एवं व्यावहारिक है। इसके तीन कारक हैं—सत्, ऋत् और ब्रह्म। सत् का तात्पर्य सत्य यानी प्रकृति से है। जो दिख रहा है अथवा आभास हो रहा है, वह सब सत्य है अथवा प्रकृति है। इसी प्रकार ऋत् का तात्पर्य ऐसे स्पष्ट होता है कि प्रकृति का आधार प्राकृतिक नियमन है और नियम के बिना प्रकृति की कल्पना अपूर्ण है। यानी यह प्राकृतिक नियमन ही ऋत् कहलाता है। ऋत् आदिसत्ता का स्व-सिद्ध सिद्धांत है। इस सत् और ऋत् यानी प्रकृति एवं प्राकृतिक नियमन को जो शक्ति संचालित करती है, उसे हम ऊर्जा कहते हैं। ऊर्जा के ही बल पर प्रकृति अपने नियमानुसार क्रिया करती है। इसी प्राकृतिक ऊर्जा को दर्शन की अभिव्यक्ति में ब्रह्म कहते हैं।

ब्रह्म आदिसत्ता का संकेताक्षर है। अध्यात्म और विज्ञान की भाषा अलग-अलग है। अध्यात्म में सत्, ऋत् तथा ब्रह्म और विज्ञान की भाषा में प्रकृति, प्राकृतिक नियमन और ऊर्जा (Nature, Laws of Nature and Energy) कहा जाता है।[1] प्राचीनकाल में हमारे ऋषियों ने प्रकृति के इस रहस्य को ज्ञात ही नहीं किया था, बल्कि सत्, ऋत् और ब्रह्म का ब्रह्मांड के कण-कण में अनुभूति तथा दर्शन कर उसी के अनुरूप जीवन जीना भी प्रारंभ कर दिया था। आध्यात्मिक जगत् का ब्रह्म और भौतिक अथवा विज्ञान जगत् का अणु (Atom) अनंत सत्ता का ही एक रूप है तथा प्रकृति, प्राकृतिक नियम और ऊर्जा अनंत हैं। अतएव हिंदू जीवन-पद्धति संपूर्ण संसार के लिए अनुकरणीय और ग्रहणीय है। यहाँ का दलित संवर्गी, हिंदू चमार जाति भी संत रैदास एवं उनके रैदासीमृत को आत्मसात् करके अब तक अस्पृश्यता आदि से लगभग मुक्ति प्राप्त कर चुका है और अपनी प्राचीन एवं हिंदू-संस्कृति के अंतर्गत धर्माभिमानी एवं स्वाभिमानी पहचान की वापसी हेतु वर्तमान में संघर्षशील हैं।

1. डॉ. विजय सोनकर शास्त्री, हिंदू वैचारिकी : एक अनुमोदन, पृ. 21

1.3 हिंदुस्थान में सभ्यता, संस्कृति, समृद्धि एवं गो-सेवा

हिंदुस्थान में मध्ययुगीन अरब के विदेशी आक्रांताओं द्वारा बलपूर्वक बनाए गए युद्धबंदी, गोचर्मकर्मी एवं तथाकथित दलित (चमार) जाति के लोगों द्वारा भी सभ्यता, संस्कृति, समृद्धि और गो-सेवा को आज भी विशेष दृष्टिकोण से देखा, माना और समादृत किया जाता है, साथ ही सभ्यता को एक वरदान माना जाता है। उनकी दृष्टि में सभ्यता मानव एवं प्रकृति के साथ ही कला एवं कौशल के ज्ञान का संचित भंडार होने से एक नैतिक संहिता है, जो अपने समूह के प्रति मानव के आचरण को विनियमित करती है। यह एक सामाजिक संहिता है जो प्रत्येक व्यक्ति के द्वारा पालन किए जानेवाले नियमों—विनियमों की व्यवस्था करती है। यह एक पीढ़ी से दूसरी के लिए विरासत है। यह कोई ऐसी वस्तु नहीं जो आसानी से मिल सकती है।

वर्तमान हिंदू चमार जाति के सामूहिक क्रियाकलाप अथवा समाज की आंतरिक धारा की मान्यता भी यह है कि सभ्यता का तात्पर्य आदर्श जीवन-शैली है, जो लोगों को समाज में एक साथ रहने एवं जीवन-निर्वाह का अवसर प्रदान करती है। सभ्यता संस्कृति से ही पनपती है। संस्कृति सभ्यता की नींव है। सभ्यता शरीर का बाह्य पक्ष है, जबकि संस्कृति भीतरी पक्ष अर्थात् आत्मा है। सभ्यता का अनुकरण संभव है जबकि संस्कृति का कठिन है। सभ्यता कथनीय एवं वर्णनीय है, जबकि संस्कृति अवर्णनीय है। सभ्यता विकास का फल है परंतु संस्कृति विश्वास का प्रतीक है। सभ्यता मानव-प्रयासों का फल है। यह मौलिक साधनों से संबंधित है। इसका संबंध उपयोगिता से है। यह प्राय: विकास की दिशा की ओर ले जाती है। सभ्यता मनोविकारों का द्योतक है। सभ्यता संस्कृति के बाद आई। सभ्यता पुष्प है, संस्कृति उसकी सुगंध है। सभ्यता व्यक्त है, संस्कृति अव्यक्त है। रहन-सहन का ज्ञान सभ्यता से मिलता है, जबकि आचार-व्यवहार से संस्कृति का ज्ञान मिलता है। सभ्यता विचारों से संबंधित है, संस्कृति आचारों से संबंधित है। इस प्रकार हम जो हैं वही हमारी संस्कृति है, जिसका हम प्रयोग करते हैं, वह हमारी सभ्यता है।

हिंदू चमार जाति के आंतरिक ढाँचे के अंतर्गत यह मान्यता है कि सभ्यता भौतिक और बाह्य वस्तु है जिसका मूल आधार विज्ञान है। मनुष्य की शारीरिक सुख-सुविधाओं से संबंधित समस्त क्रिया-कलापों का ही नाम सभ्यता है। भारतीय दृष्टि से सभ्यता का अर्थ है सामाजिकता अथवा नागरिकता। सभा में बैठनेवाले शिष्ट नागरिक को ही सभ्य कहा जा सकता है। सभ्यता-प्रदर्शक आचार-विचार, सामाजिक मान्यता प्राप्त होते हैं। सभ्यता मानव और पशु के बीच के अंतर को स्पष्ट करनेवाली दृश्यमान या स्थूल वस्तु है। सभ्यता के विकास के साथ ही मानव संस्कृति (मनुष्य का आचार) बदलती रहती है। जिस मानव समाज में सभ्यता पूर्ण विकसित नहीं हो पाती, उसे असभ्य समाज कहा

जाता है। सभ्यता के विलोम स्वरूप 'असभ्यता' का यही मूल्यांकन और परिसीमन है। मध्यकाल में सभ्य चंवरवंशीय लोगों को गंदे कार्यों में बलपूर्वक लगाकर असभ्यता की परिसीमा में ढकेलने का प्रयास विदेशी-अरबी इसलामिक शासकों ने किया था। परिणामस्वरूप स्वाभिमानी हिंदू योद्धा जातियाँ विदेशी आक्रांता शासकों के द्वारा गाय इत्यादि मृत पशुओं को ढोने अथवा उनके खाल उतारने जैसे कार्यों में लगा दी गई। इस प्रकार वे अस्वच्छ कार्यों में लगकर समाज में स्थापित अपवित्रता के मानक पर पहुँचते ही अपनों में अनजानी होती चली गई।

संस्कृति

विदेशी आक्रांताओं मुसलिम शासकों ने वर्तमान हिंदू दलित संवर्गीय जातियों की प्राचीन जाति यानी सामाजिक एवं सांस्कृतिक पहचान समाप्त करने का पूरा प्रयास किया था, परंतु उसमें भी असफल रहे। इसका कारण था हिंदू-संस्कृति का प्रकृतिपरक सुदृढ़ संगठन, विविधता में एकता की अद्वितीय विशेषता और मूल्यपरक धार्मिक जीवनशैली एवं इसी प्रकार की अनेकानेक विशेषताएँ। संगठन के प्राकृतिक भावों पर आदृत हिंदू-संस्कृति सनातन संस्कृति है। इसी अक्षुण्ण निधियों को जब हम आधुनिक समाज में व्यवहृत करने का प्रयास करते हैं तब हमें उन संगठनात्मक मूल्यों को भी आत्मसात् करना पड़ता है जो 'वसुधैव कुटुंबकम्' को स्वीकार करते हैं, क्योंकि हिंदू-संस्कृति व्यक्तिवादी न होकर समूह की संस्कृति है[1] जिसमें व्यक्ति गौण, जबकि परिवार एवं उससे उन्नत सामाजिक संस्थाएँ मुख्य हैं और जिसमें प्राकृतिक नियमों से युक्त सामाजिक व्यवस्था के भावों को सर्वमान्य किया जाता है। यही कारण है कि अपने वास्तविक रूप में हिंदू-संस्कृति में न तो कोई अतिसंपन्न है और न ही अतिदरिद्र है। उच्चता एवं निम्नता का बोध तो भौतिकवादी संस्कृति की देन है जो पूर्णत: आयातित संस्कृति है। वर्तमान हिंदू-संस्कृति में चमार जाति का अवधारणात्मक संप्रेषण इसी का अभिशापित स्वरूप है।

मध्ययुगीन युद्धबंदियों एवं विदेशी आक्रांता शासकों द्वारा उत्पीड़ित हिंदुओं ने हिंदू-संस्कृति का तात्पर्य जीवन जीने की समस्त धारणीय कलाओं, जीवन-शैली, सामाजिक अंत:क्रियाओं एवं मानवीय हितपोषक गुणों के समुच्चय से लगाया तथा माना है कि प्रकृति के सापेक्ष मानव-प्रकृति ही मानव-संस्कृति है। मानव-संस्कृति मानव-समाज के लिए कालातीत और सर्वदा कल्याणकारी है।[2] यह कभी पुराना अथवा निष्प्रयोज्य नहीं हो सकती। मानव के स्वभाव तथा मानसिक प्रत्यक्षीकरण का निर्धारण मानव-संस्कृति

---

1. आचार्य बलदेव उपाध्याय, पृ. 426
2. डॉ. विजय सोनकर शास्त्री, हिंदू वैचारिकी: एक अनुमोदन, पृ. 20

के आलोक में किया जाता है। मानव-जीवन के इतिहास के विकास के ऊषाकाल से लेकर विकसित अवस्था तक मानवीय संस्कृति का प्रभाव दृष्टिगोचर होता है।

वर्तमान हिंदू चमार जाति में अवस्थित जाति आधारित मान्यतानुसार भी हिंदू-संस्कृति वास्तविक कल्याण के मार्ग पर ले चलने के लिए आध्यात्मिक क्रांति की प्रेरणा है। अस्वछंद वृत्ति के उपरांत भी अध्यात्म एवं आराधना उनसे दूर नहीं हो सकी थी। मनुष्य को जब तक यह सहज शक्ति प्राप्त है कि वह दूसरे मनुष्यों के हृदय तथा मानस में प्रवेश करके सुख-दुःख, उनकी भावनाओं, उनकी अनुभूतियों से एक रस हो सके तब तक अध्यात्म स्थित और अचल है। हिंदू भावना पर अवलंबित मानवीय संस्कृति इसी के सापेक्ष अपने महत्त्व को प्रकट करती है। इसी उदात्त हिंदू-संस्कृति पर मध्ययुगीन युद्धबंदी एवं चर्म-कर्म में विदेशी आक्रांता शासकों द्वारा लगाकर बलपूर्वक बनाए गए चमार जाति के लोगों को गर्व था।

संस्कृति की विविधता भी उसकी एक अपनी विशेषता है। उसमें विविधताओं को एकीकृत करने की अद्‌भुत क्षमता होती है। संस्कृति का स्वरूप विशालतम है और सूक्ष्मतम भी। प्रकृति जनीत भाव पर आधारित संस्कृति विशालतम है जो कि मानव के प्रति 'सत्यम्, शिवम्, सुंदरम्'—सत्य, शिव और सुंदर—का संदेश देती है। यही विशालतम मानव-संस्कृति राष्ट्रीय रूप में सूक्ष्म है। वह आंचलिक तथा क्षेत्रीय रूप में सूक्ष्मतम बनती गई। सूक्ष्मता से यह विशालतम की ओर अग्रसर हुई और क्षेत्रीय, जातीय, राष्ट्रीय और वैश्विक परिवार के रूप में इसका क्रमशः विकास हुआ।

वर्तमान हिंदू समाज में यह मान्यता स्थापित है कि संस्कृति और मानव एक-दूसरे के पूरक हैं। संस्कृति का उदय मानव के जनम के साथ ही हुआ और उसकी धारा मानव-जीवन के साथ ही निरंतर आगे बढ़ती गई। मानव इतिहास के निर्माण-संसाधनों में से संस्कृति भी एक रही है। अतः मानव और संस्कृति में अन्योन्याश्रित संबंध है। मानव-संस्कृति पर भौगोलिक परिवेश का प्रभाव पड़ता है। यह सभ्यता से भिन्न होती है। संस्कृति मनुष्य के आंतरिक दृष्टिकोण, चिंतनधारा और विचारों का नाम है जबकि सभ्यता का संबंध मनुष्य के बाह्य क्रिया-कलापों अथवा आचार-व्यवहार से है। जीवन की उन्नति और विकास के लिए संस्कृति आवश्यक है।

हिंदू-संस्कृति में व्याप्त कुरीतियों, ऊँच-निम्न के भेदभाव तथा अमीरी-गरीबी के अंतर, अतार्किक एवं अर्थहीन हैं। डॉ. अंबेडकर ने कहा है कि हिंदू समाज में अस्पृश्यता का एकमात्र कारण गो मांस भक्षण है।[1] बारह सौ वर्षों की लंबी गुलामी, उत्पीड़न एवं नर-संहार ने हिंदू समाज को उक्त बुराइयों के साथ स्वार्थयुक्त चरित्र की दिशा में धकेल

1. डॉ. बी.आर. अंबेडकर, अछूत कौन और कैसे?, अंतिम पृ. 106

दिया है, अन्यथा हिंदू-परंपरा तो मर्यादित आचरण, सत्यनिष्ठ व्यवहार, वैज्ञानिक दृष्टिकोण, भ्रातृत्व की भावना, पड़ोसी धर्म, विश्वशांति तथा वसुधैव कुटुंबकम् जैसी विशेषताओं पर अडिग है। इस सत्य को हिंदू धर्म में आस्था रखनेवाली चमार जाति भी अच्छी तरह समझती है कि हिंदू-संस्कृति का आधार हिंदू जीवन-पद्धति है, जो प्रकृति प्रदत्त है। यह प्रकृतिधर्मा इसलिए कहलाती है कि हिंदू धर्म प्राकृतिक मानकों पर आधारित सामाजिक व्यवस्थाओं का सिद्धांत है। उसके समस्त उपांग प्राकृतिक नियमों का अनुपालन करते हैं और अपनी सनातन आध्यात्मिक ऊर्जा को बचाए रखते हैं।

हिंदू-संस्कृति पूर्णरूपेण प्रकृति के शाश्वत सिद्धांतों पर आधारित संस्कृति है। यही कारण है कि संसार की प्राचीन सभी संस्कृतियाँ जहाँ लगभग समाप्त हो गईं, वहीं हिंदू-संस्कृति अपनी प्रकृतिपरक विशेषताओं के कारण भयानक छेड़छाड़ तथा नष्ट-भ्रष्ट करने के उद्देश्य से किए गए अनेकानेक भीषण आक्रमणों के बाद भी आज करोड़ों अनुयायियों के साथ गौरव तथा सम्मान के साथ अडिग, अमर एवं अनवरत है। हिंदू-संस्कृति में संगठन का प्राकृतिक भाव पाया जाता है। यह संस्कृति प्रकृति के शाश्वत सिद्धांत की निरंतरता तथा लयबद्ध गतिशीलता से संबंधित है। यह संस्कृति इसलिए प्रकृतिधर्मा कहलाती है क्योंकि हिंदू धर्म प्राकृतिक मानकों पर आधारित सामाजिक व्यवस्थाओं का सिद्धांत है। हिंदू-संस्कृति के समस्त उपांग प्राकृतिक नियमों का अनुपालन करते हैं और अपनी सनातन आध्यात्मिक ऊर्जा को बनाए रखते हैं।[1] इसी आधार पर आजकल कहा जा रहा है कि प्रकृति एवं जीवन के हितपोषण के लिए प्रगति के अनंत आयाम स्वतः सुलभ हो उठेंगे, यदि हिंदू सांस्कृतिक संरचना को विश्व के समस्त देशों में व्यवहृत किया जाए।

प्रकृति-प्रधान होने से हिंदू-संस्कृति सर्वोपयोगी एवं सर्वग्राह्य कही जाती है, जबकि गैर-हिंदू-संस्कृतियाँ प्रकृति पराभिमुख होने से स्वयं अपने लिए भी हितकर नहीं होती है। वर्तमान में इसलामिक एवं ईसाई संस्कृतियों के बीच छिड़े महाभारत का कारण यही है कि वे दोनों ही प्रकृतिधर्मी नहीं हैं। इतना ही नहीं, हिंदू-संस्कृति अनुमोदन के विपरीत है और ये संस्कृतियाँ अपनी-अपनी संस्थापना हेतु विश्व की समस्त संस्कृतियों को आत्मसात् कर लेने की क्षमता नहीं रखकर, बल्कि सभी को समाप्त कर देने में संलग्न हैं। अपना भला चाहना उतना अनुत्तम नहीं है जितना कि सबका अहित चाहना अनुत्तम है। प्रकृति से शक्तिशाली कोई भी संस्कृति नहीं होती है, यह जानते हुए भी अपनी सांस्कृतिक शक्ति के बल पर पूरे विश्व पर अधिकार जमाने की इसलामिक एवं ईसाई वैचारिकी का अंत इसलिए आवश्यक हो चला है,

---

1. डॉ. विजय सोनकर शास्त्री, सामाजिक समरसता दर्शन, पृ. 155

क्योंकि दोनों ही मतांधता के कारण अपनी-अपनी सांस्कृतिक शक्ति को प्राकृतिक शक्ति से अधिक शक्तिशाली मान बैठी हैं।

हिंदू-संस्कृति को सनातन और सार्वभौमिक होने के कारण संसार के समस्त लोगों के लिए व्यावहारिक रूप में स्वीकार किया जा सकता है। वास्तव में हिंदू-संस्कृति का आधार हिंदू जीवन-पद्धति है, जो प्रकृति प्रदत्त है और जो न केवल प्रत्येक व्यक्ति के लिए, प्रत्येक समुदाय के लिए या प्रत्येक देश के लिए उपयुक्त है, बल्कि यह कालातीत है और सर्वदा कल्याणकारी है। यह कभी पुरानी या निष्प्रयोज्य नहीं हो सकती। स्मरण रहे कि हजारों-लाखों वर्ष पहले हमारे ऋषियों ने इस ज्ञान को ज्ञात कर इसे संसार के समस्त मानव कल्याणार्थ संप्रेषित किया है।[1]

हिंदू-संस्कृति में धृति (धैर्य), क्षमा, दम (तपस्या), आस्तेय (चोरी न करना), शौच (पवित्रता), इंद्रिय-निग्रह (इंद्रियों पर नियंत्रण), ज्ञान, विद्या, सत्य तथा अक्रोध (अहिंसा) इन दस तत्त्वों को समाहित किया गया है। सत्य को महत्त्वपूर्ण स्थान दिया गया है। हमारे धर्म-ग्रंथों में 'सत्यं वद, धर्मम् चर' का स्पष्ट निर्देश है। 'सत्यमेव जयते' का अर्थ यही है कि विलंब भले हो, किंतु अंततोगत्वा सत्य की ही विजय होगी। सत्य अपराजेय कहा गया है। सत्य परेशान हो सकता है, किंतु पराजित नहीं हो सकता। सत्य अचल होता है जबकि झूठ का धरातल हिल उठता है। अतएव सत्यनिष्ठ व्यवहार भौतिक एवं आध्यात्मिक जीवन-शक्ति की तरह मानवोत्थान में सहायक होता है। सत्य का इतना अधिक महत्त्व है कि असत्य को भी लोग प्रकट रूप में सत्य के साथ ही प्रस्तुत करते हैं। सत्य के लिए साक्ष्य की आवश्यकता होती है। हिंदू समाज में सत्य कहने को सत्यापित करने हेतु धर्म-ग्रंथ (गीता) की शपथ लेनी पड़ती है। इसका आशय स्पष्ट है कि सत्य स्वयं में धर्म है, क्योंकि धर्म कभी असत्य नहीं हो सकता। हिंदुस्थान की कालचक्र-गणना में सत्य नाम का एक युग है। उस युग यानी सतयुग में सत्य ही पराकाष्ठा पर था। सत्यं शिवं सुंदरम् की वैचारिकी में भी सत्य का माहात्म्य दृष्टिगोचर होता है।

हिंदू-संस्कृति में हिंदू संगठन और हिंदुओं के संगठन में वही अंतर है जो हिंदू दर्शन और केवल हिंदुओं के दर्शन में है। हिंदू दर्शन और हिंदू संगठन वह है जिसे सभी मानें, जबकि हिंदुओं का दर्शन एवं संगठन वह है जिसे केवल हिंदू स्वीकारता हो। वास्तव में हिंदू एक जीवन जीने की कला है इसलिए यह केवल हिंदुओं के लिए ही नहीं अपितु संपूर्ण संसार के लिए उपयोगी है। यह स्थानादि एवं कालातीत से परे सभी प्रकार के लोगों के लिए कल्याणकारी एवं विराट् है। हिंदू शब्द स्वयं में एक संगठित

---

1. डॉ. विजय सोनकर शास्त्री, हिंदू वैचारिकी: एक अनुमोदन, पृ. 22

शब्द है, क्योंकि यह आध्यात्मिक शक्ति एवं भौतिक शक्ति के भावों का समुच्चय है। इन शक्तियों की विलगता ज्यों ही सुनिश्चित होगी, हिंदू-संस्कृति में बिखराव दिखलाई देने लगेगा। अध्यात्म एवं भौतिक तत्त्वों से ही प्रकृति का निर्माण होता है जो मानव मात्र के लिए उपयुक्त है।[1] प्रकृतिपरक संस्कृति होने के कारण ही हिंदू-संस्कृति मानव समाज के संगठन को संवहनीय विकास के आधारों से संपुष्ट करती है।

हिंदू-संस्कृति व्यक्तिवादी न होकर समूह की संस्कृति है।[2] इसमें संघ अथवा संगठन मुख्य है, जबकि व्यक्ति गौण है। हिंदू-संस्कृति में संगठन का प्राथमिक आधार परिवार एवं उससे उन्नत सामाजिक संस्थाएँ हैं। इन सामाजिक संस्थाओं का नियमन भी प्राकृतिक आधारों से ओत-प्रोत है। इस संदर्भ में यह भी उल्लेखनीय है कि कोई भी सामाजिक व्यवस्था जो उन्नत प्राकृतिक नियमों से युक्त होगी वह सर्वमान्य होगी, क्योंकि प्राकृतिक भाव सबको मान्य होते हैं। प्राकृतिक भाव पर आधारित संगठन निःसंदेह भेदभावरहित होता है। प्रकृतिपरक हिंदू-संस्कृति का संगठनात्मक आवरण इतना सशक्त एवं आकर्षणयुक्त है कि उसमें प्रत्येक संस्कृति को आत्मसात् करने की अपूर्व क्षमता विद्यमान है।[3]

हिंदू-संस्कृति के अक्षुण्ण निधियों को जब हम आधुनिक समाज में व्यवहृत करने का प्रयास करते हैं तो हमें उन संगठनात्मक मूल्यों को भी आत्मसात् करना होगा जो वसुधैव कुटुंबकम् को स्वीकार करते हैं। हिंदू-संस्कृति के अंतर्गत जो सनातनी संस्थाएँ स्थापित हैं, उनके अवलोकन से भी यह स्पष्ट होता है कि समाज के संचालन के लिए नियमों का एक समुच्चय उन संस्थाओं अथवा संगठनों से उद्भूत होता था और अपना भिन्न अस्तित्व धारण कर उन संस्थाओं की निरंतरता तथा समाज के संचालन में योगदान करता था।

हिंदू-संस्कृति के संगठनात्मक स्वरूप का विश्लेषण यह स्पष्ट करता है कि वेदों में भौतिक उत्कर्ष की उच्चतम सीमा का वर्णन है तो आध्यात्मिक उत्कर्ष की मर्यादाओं का भी उल्लेख किया गया है। हिंदू-संस्कृति के आधारस्तंभ वेद के दो विभाग हैं—एक है कर्मकांड तो दूसरा है ज्ञानकांड। कर्मकांड जहाँ अनुष्ठान विषयक विभाग है वहीं ज्ञानकांड हिंदू-संस्कृति की दार्शनिक उपलब्धियों की अक्षय निधि है। वेद का अधिकांश भाग कर्मकांड से भरा हुआ है लेकिन जो कुछ भी अल्प भाग दार्शनिक निधि के रूप में उपलब्ध है वह समस्त कर्मकांड का निष्कर्ष संवाहित करता है और वेद सिद्धांतों की

---

1. पं. दीनदयाल उपाध्याय, पृ. 134
2. आचार्य बलदेव उपाध्याय, वैदिक साहित्य और सांस्कृतिक, पृ. 426
3. डॉ. विजय सोनकर शास्त्री, हिंदू वैचारिकी : एक अनुमोदन, पृ. 23

अंतिम परिणति अथवा वेदांत है।[1]

हिंदू-संस्कृति में संगठन का महत्त्व यह है कि जब संसार के अधिकांश समाज बर्बरता और अज्ञानता में अपना जीवन बिता रहे थे तब भारतीय सामाजिक संगठन अत्यधिक विकसित रूप में विश्व के चतुर्दिक विकास में अपना योगदान दे रहा था। उसमें कर्म, ज्ञान, सामूहिकता, करुणा, दया और त्याग के आधार पर मनुष्य के व्यवहारों को नियंत्रित किया जा रहा था। उसमें समाज का निर्माण करनेवाली इकाइयाँ एक-दूसरे से संबद्ध रहकर अपना कार्य करती थीं। समितियाँ, संस्थाएँ, वर्ग, समुदाय तथा सैकड़ों सामाजिक नियम आदि वे इकाइयाँ हैं जो सांस्कृतिक संगठन का निर्माण करती हैं। इससे समाज में जिस व्यवस्था का अथवा संतुलन का निर्माण होता है उसी को संगठन कहते हैं।[2]

संगठन की प्रकृति समाजोन्मुख होती है, परंतु हिंदू लोकजीवन प्रकृति पर आधारित है, इसलिए हिंदू-संस्कृति में संगठन का भाव भी प्राकृतिक है। संस्कृति प्रकृतिपरक होती है। यह विशेषता हिंदू-संस्कृति में पाई जाती है, इसलिए हिंदू-संस्कृति में संगठन का प्राकृतिक भाव पाया जाता है। जीव-रचना में भी जैविकीय संगठन पाया जाता है। जैसे—मस्तिष्क, इंद्रियाँ, नाड़ी, रक्तचाप, कोशिकाएँ इत्यादि का संगठित रूप यह शरीर है। इन सभी इकाइयों द्वारा संगठित रूप से कार्य करने के कारण ही यह सावयवी व्यवस्था संगठित रह पाती है। प्रकृति भी स्वयं में एक संगठन है। बहुत से ग्रह, उपग्रह, तारे आदि अपनी-अपनी कक्षा में एक निश्चित गति से क्रियाशील रहकर एक-दूसरे के अस्तित्व की रक्षा करते हैं। ठीक इसी प्रकार संस्कृति का निर्माण करनेवाली विभिन्न इकाइयाँ भी हिंदू लोकजीवन में एक-दूसरे की सहायता से अपने-अपने कार्य करती हैं जिसे हम सामाजिक अथवा सांस्कृतिक संगठन कहते हैं।

हिंदू-संस्कृति में संगठन के प्राकृतिक भाव का दृश्यावलोकन हमें व्यक्तिवादिता के दोषों को दूर करनेवाले पंच-ऋणों (देव, ऋषि, पितृ, अतिथि, जीव ऋणों), पंच महायज्ञों (देव, ऋषि, पितृ, अतिथि, भूत यज्ञों), चतुर्थ पुरुषार्थ (धर्म, अर्थ, काम, मोक्ष), कर्म सिद्धांत, पुनर्जन्म-सिद्धांत इत्यादि में हो जाता है। हिंदू-संस्कृति में संगठन के प्राकृतिक भाव की सामान्य विशेषताएँ एवं उसके आधार पर अवलोकन हम हिंदू लोकजीवन के चार वर्णों में विभाजन, जाति-व्यवस्था, आश्रम-व्यवस्था, संयुक्त परिवार की परंपरा, गाँव पंचायतों का महत्त्व, विवाह के धार्मिक स्वरूप, धर्म की प्रधानता, संस्कारों द्वारा व्यक्ति का समाजीकरण, संस्कृति की प्राचीनता तथा मौलिकता, संस्कृति के स्थायित्व गुणवत्ता और अनेकता में एकता के अप्रतिम स्वरूपों में कर सकते हैं।

---

1. आचार्य बलदेव उपाध्याय, वैदिक साहित्य एवं संस्कृति, पृ.
2. डॉ. विजय सोनकर शास्त्री, सामाजिक समरसता दर्शन, पृ. 170

हिंदू-संस्कृति में मर्यादित आचरण वही होता है जो लोकजीवन में प्रत्येक को प्रिय लगे और वह सर्वस्वीकृत भी हो। किसी आचरण से यदि किसी को कोई क्षति अथवा दुःख पहुँचता हो तो वह आचरण मर्यादित नहीं कहलाएगा। मर्यादित आचरण में लज्जा और भय का भी समावेश होता है। निर्लज्ज व्यक्ति का आचरण कष्टदायक होता है। जिनको धर्म, शिष्टाचार, ज्येष्ठता, कनिष्ठता आदि का ज्ञान न हो, वह उससे भयभीत नहीं हो सकता है और जब उसके शीलगुणों के संग्रह से लज्जा और भय (अनुशासन) का इतिशेष हो जाता है तो ऐसा व्यक्ति उच्छृंखल हो जाता है और किसी के भी साथ किसी भी प्रकार का व्यवहार करने लगता है। पाश्चात्य संस्कृति में इसके उदाहरणों की भरमार देखी जा सकती है। पुत्री अपने पिता के सामने ही अमर्यादित आचरण करती है और पिता से उसको किसी तरह के लज्जा और अनुशासन का औचित्य नहीं रहता है। हिंदू-संस्कृति में इसकी छाया तक देखने को नहीं मिलती है। हिंदू परिवार की जीवनशैली के अंतर्गत माँ-पिता में अपने संतति के प्रति एक आदर्श भावयुक्त प्रगाढ़ ममता और मजबूत संबंध पाया जाता है, जो पश्चिमी परिवारों के लिए दिवास्वप्न है।

हिंदू-संस्कृति आध्यात्मिक एवं भौतिक शक्तियों के आधार पर प्रतिपादित सिद्धांतों का व्यावहारिक रूप है। ये दोनों शक्तियाँ प्रकृति की शक्ति अथवा प्राकृतिक शक्ति है। भौतिक शक्ति का स्वरूप आँखों को दिखलाई देता है एवं मन को आभास होता है।[1] प्रकृति की प्रत्येक वस्तु देखी जा सकती है, जैसे—पेड़-पौधे, जीव-जंतु, नदी-पर्वत, जल-अग्नि, मानवनिर्मित वस्तुएँ इत्यादि। इसी प्रकार प्रकृति के अंतर्गत ही हवा, उष्मा, ध्वनि इत्यादि को महसूस कर सकते हैं। स्पष्ट है कि भौतिक और आध्यात्मिक शक्तियों से प्रकृति और मानव-संस्कृति, दोनों का संचालन होता है क्योंकि हिंदू-संस्कृति भी प्रकृतिप्रधान होती है।

प्रकृति का संचालन कोई शक्ति करती है। हिंदू-संस्कृति का आधार है प्रकृति के ये विविध स्वरूप—पृथ्वी, अंतरिक्ष, प्रकाश (तीन माता), अग्नि, वायु और सूर्य (तीन पिता), छह ऋतुएँ, बारह राशियाँ, 360 दिन और उतनी ही रात्रि के वर्ष, पाँच वर्ण आदि। मेघ, वायु और किरण के योग से पृथ्वी की उत्पत्ति है।[2]

हिंदू-संस्कृति के अंतर्गत हिंदू जीवन-पद्धति का विराट् स्वरूप है—सत्, ऋत् और ब्रह्म। ये तीनों प्रकृतिपरक हैं। सत् का अर्थ है अस्तित्व। प्रकृति का अस्तित्व है अतएव प्रकृति ही सत् है। ऋत् का अर्थ है प्राकृतिक नियमन और ब्रह्म का अर्थ है अनंत

1. डॉ. विजय सोनकर शास्त्री, हिंदू वैचारिणी: एक अनुमोदन, पृ. 37
2. (ऋग्वेद 1/22/164/9-15 और के.सी. चट्टोपाध्याय—वैदिक रिलीजन, हिंदू विश्वविद्यालय, वाराणसी, 1975, पृ. 57-63)

शक्ति जिसके द्वारा संपूर्ण प्रकृति एवं प्रकृति का नियम संचालित है।[1] इस प्रकार हिंदू-संस्कृति पूर्णरूपेण प्रकृति पर आधारित है। प्रकृति पर आधारित हिंदू-संस्कृति में प्रकृति के संरक्षण, संवर्धन एवं संचय का पूर्ण बोध निहित है। हिंदू-संस्कृति के अतिरिक्त विश्व के किसी समाज की संस्कृति में प्रकृति के संरक्षण की व्यवस्थित दृष्टि नहीं है। हिंदू-संस्कृति के मौलिक अवयवों का यदि विश्लेषण किया जाए तो यह स्पष्ट होता है कि इस संस्कृति के पुरोधा अपने लोकजीवन का संचालन करने के लिए पूर्णतः प्रकृति पर आधारित थे। ऋग्वेद और उत्तरवर्ती वेदों में प्रकृति-पूजा का विशाल ज्ञान निहित है जो हिंदू-संस्कृति के मूल रहस्यों को उद्भाषित करता है। इस प्रकार हम देखते हैं कि प्रकृति-पूजक हिंदुओं में संत रैदास द्वारा अनुप्राणित समाज और हिंदू जीवन-पद्धति से जीवन जीने में निपुण जातियों में मध्यकाल में धर्माभिमानी एवं स्वाभिमानी हिंदुओं को बलपूर्वक चर्मकार्य में लगातार बनाई गई चमार जाति का विशिष्ट स्थान है।

समृद्धि

मध्यकाल के पूर्व हिंदुस्थान अपनी समृद्धि के लिए विश्वविख्यात था। यहाँ न कोई निर्धन था, न दलित और न ही जातिगत भेदभाव अथवा अस्पृश्यता का शिकार था। डॉ. बी.आर. अंबेडकर ने कहा है कि अस्पृश्यता का एकमात्र कारण गो मांस भक्षण है। गो मांस भक्षण के कारण भारत में अस्पृश्यता प्रारंभ हुई।[2] प्राचीन, वैदिक एवं मनुकाल में अस्पृश्यता नहीं थी।[3] इसकी समृद्धि को समाप्त करने का कार्य विदेशी आक्रांता मुसलिम तथा मुगल शासकों एवं अंग्रेजों ने किया। हिंदुस्थान का वर्तमान यद्यपि समृद्धि प्राप्त करने के लिए स्वतंत्रता प्राप्ति के बाद से निरंतर प्रयत्नशील है और इसके लिए कृषि, पशुपालन, पक्षी एवं जलचर पालन, औद्योगिक उत्पादन और व्यापारिक संदर्भ में निर्यात संवर्द्धन करते हुए अनेकानेक उपक्रम कर रहा है, परंतु अभी भी यहाँ से गरीबी का उन्मूलन नहीं हो पा रहा है। इसका कारण वर्तमान अर्थशास्त्री, राजनीतिज्ञ एवं समाजसेवी वर्ग यहाँ की अरबों की वृहद जनसंख्या, बेरोजगारी आय-दर में कमी, निर्यात में पिछड़ापन आदि को बतलाते रहते हैं, किंतु वास्तविक स्थिति यह है कि इस देश को सदियों से भयंकर लूटपाट का शिकार होना पड़ा और यहाँ की अर्थव्यवस्था को तार-तार करने का भी कुचक्र रचा गया, जिसके कारण यहाँ की समृद्धि बाधित है।

---

1. ऋग्वेद 1/22/164/9-15 और के.सी. चट्टोपाध्याय—वैदिक रिलीजन, हिंदू विश्वविद्यालय, वाराणसी, 1975, पृ. 57-63
2. डॉ. बी.आर. अंबेडकर, अछूत कौन और कैसे?, पृ. 106
3. वही, पृ.

हिंदू धर्मग्रंथों में इस बात के अनेक प्रमाण मिलते हैं कि यहाँ अन्नोत्पादन इतना पर्याप्त मात्रा में होता था कि इसे पास-पड़ोस के विशेषकर मुसलिम देशों को निःशुल्क दे दिया जाता था। अरबवासी बहुत दिनों तक यहाँ से रोटी प्राप्त करने के लिए याचक बने रहे और बाद में तो इंग्लैंड को भी रोटी यहीं के अन्नागारों से भेजी जाती थी। परंतु इन देशों ही ने अवसरवादिता का लाभ उठाते हुए हिंदुस्थान पर अनेक आक्रमण किए और यहाँ के मंदिरों तक को लूटा। हिंदू जनता को धर्मपरिवर्तित कर मुसलिम न बनने की विदेशी मुसलिम एवं मुगल आक्रांता शासकों द्वारा इतनी कठोर सजा दी गई कि बड़ी संख्या में हिंदुओं को मौत के घाट तक उतारा गया। उनकी सारी संपत्ति छीनकर मुसलमानों में बाँट दी गई।[1] दूध की नदियाँ बहानेवाले पूजनीय पशुओं की जघन्य हत्याएँ करके उनको खा डाला गया। लघु कुटीर उद्योगों को राज्य के अधीन कर दिया गया और व्यापार-कर, सीमा शुल्क, जजिया कर आदि के माध्यम से धनी सेठ साहूकारों को भी लूटा गया।[2] किसानों के खेत मुसलिम सैनिक खुलेआम चरा डालते थे और उनकी फसलों को काट लेते तथा आग के हवाले भी कर देते थे।

हिंदुस्थान पूर्वकाल में इतना समृद्ध था कि इसे अरब के आक्रांता मुसलिम लुटेरों द्वारा सोने की चिड़िया कहा जाता था। यहाँ से निर्यात की गई वस्तुओं के बदले बाहर से इतना सोना-चाँदी प्राप्त होता था कि लोग उसे अपने घरों में नहीं रख पाते थे और उस समृद्धि को ईश्वर की कृपा मानकर अतिरिक्त संपदा मंदिरों में रख देते थे। विदेशी मुसलिम आक्रांताओं ने केवल प्रमुख मंदिरों को लूटकर इतना अधिक सोना-चाँदी यहाँ से प्राप्त किया था जितने में उस समय का पूरा अरब देश खरीदा जा सकता था। मक्का और मदीना जैसे शहरों के मूल्य के बराबर यहाँ के किसी छोटे से मंदिर में धनराशि रखी हुई थी। मुल्तान के मंदिर से 13,2000 मन सोना लूटा गया, जबकि पुनः उससे अधिक सोना वहाँ की हिंदू जनता ने भगवान् को समर्पित कर दिया। नगरकोट से लूटे गए 70,000,000 शाही दिरहम, 700400 मन सोना, 30 गज लंबा और 15 गज चौड़ा चाँदी का एक कमरा, 4. गज लंबा और 20 गज चौड़ा (सोने चाँदी के खंभों पर टिकी लीनेन की छतरी) आदि को लूटने के बाद गजनी में उसकी प्रदर्शनी लगाई गई थी। सोमनाथ मंदिर को तो अनेक बार लूटा गया फिर भी वहाँ का खजाना कभी खाली नहीं हो पाया। वहाँ की लूटी गई एक जंजीर का वजन 200 मन सोना था। इसी से अनुमान लगाया जा सकता है कि मुगलों की लूटपाट के बाद अंग्रेजों ने भी इस देश को सैकड़ों वर्षों तक

---

1. डॉ. विजय सोनकर शास्त्री, सामाजिक समरसता दर्शन, पृ. 140
2. डॉ. विजय सोनकर शास्त्री, मध्यकालीन भारत की व्यापार व्यवस्था का ऐतिहासिक अनुशीलन, शोध प्रबंध, पृ. 65

लूटा था, फिर भी वे यहाँ की समृद्धि को जमींदोज नहीं कर पाए थे।

हिंदुस्थान में धन को लक्ष्मी देवी और खाद्यान्न को माँ अन्नपूर्णा का उपहार माना जाता है। निर्धन मानते हैं कि माता लक्ष्मी उनसे रूठी हुई हैं। प्रत्येक क्षेत्र में उत्तरोत्तर संवृद्धि होते रहने से देश में समृद्धि का अस्तित्व सदा बना रहा। इसका एक कारण यह भी है कि हिंदू-संस्कृति में अर्थ को धर्म के बाद का स्थान प्राप्त है और अर्थ का प्रयोजन धर्म-कर्म के लिए नियोजित माना जाता है। आज भी इस देश में हिंदुओं के साथ हिंदू-संस्कृति से प्रभावित अन्य समुदायों में भी भिक्षुओं और अतिथियों को सम्मान के साथ आर्थिक सहयोग और आव-भगत की वस्तुएँ प्रदान की जाती हैं।

हिंदुस्थान में समृद्धि का अर्थ केवल धन से नहीं लगाया जाता है। यहाँ समृद्धि के कई एक उदाहरण हैं कि कृषि के क्षेत्र खेतों से अच्छे उत्पादों के लिए लोग वनस्पतियों और वृक्षों तक की पूजा करते हैं। पशु-पक्षी भी पूजे जाते हैं, ताकि वे अपनी संवृद्धि से यहाँ के लोगों को समृद्ध कर सकें। यहाँ के लोग जिन वस्तुओं की आपूर्ति अन्य देशों से करते हैं, यह मानते हैं कि वे उन वस्तुओं के परिप्रेक्ष्य में समृद्ध और स्वावलंबी नहीं हैं। स्वावलंबन के लिए आवश्यक मात्रा से अधिक की प्राप्ति ही समृद्धि का सूचक है जो विदेशी शासकों द्वारा लुटे हुए हिंदुस्थान को प्राप्त करना है। इसे प्राप्त करने के साथ ही देश के सभी वर्ग के लोगों में शक्ति का संचार हो सकेगा और वे निम्न श्रेणी से ऊपर उठ सकेंगे।

उक्त कथन का प्रमाण है कि जिन जातियों को लोग कुछ समय पूर्व तक अस्पृश्य, दलित और निर्धन कहा करते थे, उनमें कुछ जातियों ने अपनी आर्थिक स्थिति सुदृढ़ कर लेने के बाद वे आज सम्मानजनक परिस्थिति को वापस प्राप्त कर चुकी हैं। हिंदू चमार जाति का नाम इस संदर्भ में विशेष रूप से उल्लेखनीय है। गर्व की बात यह है कि इस जाति के लोगों ने सामाजिक, आर्थिक, राजनैतिक आदि सभी क्षेत्रों में परिश्रम करके अपने को समृद्धि की ओर पहुँचाना आरंभ कर दिया है, जिसके फलस्वरूप समाज में उनको सम्मानजनक स्थान मिलने भी लगा है। आज उनकी वह स्थिति नहीं रह गई है जो मुसलिम और अंग्रेजों के समय में थी, जिन्होंने धर्माभिमानी, स्वाभिमानी एवं योद्धा लोगों को गंदे और अपवित्र पेशों में बलपूर्वक नियोजित करके इनकी सामाजिक और आर्थिक स्थिति को अत्यंत जर्जर बना दिया था और वे अपने ही समाज में उपेक्षित और अनादृत हो सके थे। मध्यकाल में विदेशी मुसलिम आक्रांता शासकों द्वारा बलपूर्वक गंदे कामों में लगाकर चर्मकार का आवरण दिया गया था। इसी तरह विदेशी आक्रांता शासकों द्वारा धर्माभिमान एवं स्वाभिमान भंग करने के उद्देश्य से दलित बनाई गई अन्य सभी जातियाँ भी शीघ्र अपने पूर्वकालीन गौरवपूर्ण परिस्थिति को प्राप्त करने हेतु प्रयत्नशील हैं।

गो-सेवा

गो-सेवा का संक्रमण काल मध्यकाल था और इस धर्म-कर्म से केवल वर्तमान हिंदू चमार जाति को वंचित किया गया था। चर्म-कर्म और गोचर्म-कर्म में मुसलिम आक्रांता विदेशी शासकों द्वारा बलपूर्वक लगाए गए लोगों के लिए यह सबसे दु:खद समय था। आज वह स्थिति नहीं है। हिंदुस्थान का अधिकांश हिंदू गो-सेवा को धर्म-कर्म समझता है और मृत्योत्तर जीवन की सद्गति यानी पुनर्जन्म में उत्तम योनि की प्राप्ति के लिए गोदान करता है। वस्तुत: हिंदुस्थान ही एकमात्र ऐसा देश है जहाँ पर जीव-हिंसा की निंदा की जाती है और यहाँ आमिष आहार को पोषण तत्त्वों से भरपूर मानने की विश्वव्यापी वकालत को अनसुनी एवं अग्राह्य बतलाया जाता है। सादा भोजन के साथ उच्च विचार ही यहाँ की सादगीपूर्ण संस्कृति है। हिंदू-संस्कृति के अंतर्गत हिंदू लोकजीवन की अवधारणा में प्रकृति, मनुष्य और जीव-जंतुओं का बराबर योगदान माना गया है। गाय की सेवा तो हिंदू लोकजीवन का अभिन्न क्रियाकलाप है। यही कारण है कि यहाँ जीव-जंतुओं की पूजा की जाती है। पशुओं को अपना परिवार माना जाता है। उनके निधन पर लोग रोते हैं और उसकी अंत्येष्टि क्रिया भी हिंदू रीति-रिवाज के अनुसार करने की सद्भावना व्यक्त करते हैं। हिंदुओं की दृष्टि में पशुपालन भी एक प्रकार से पशु-सेवा ही है। दूध देनेवाले पशुओं की तो बात ही अलग है, हिंदू परिवार के सभी सदस्य ऐसे पशुओं की सेवा में लगे रहकर अपने को धन्य मानते हैं।

पशुओं में गोवंश को सर्वाधिक महत्त्व दिया जाता है। गाय का बछड़ा बड़ा होकर बैल बनता है, जो हल जोतने और बैलगाड़ी चलाने के काम आता है। अकेले बैल पर बोझ लादने का भी कार्य होता है। गाय तो हिंदुओं के लिए माँ के समान है। गाय की प्रत्येक हिंदू घरों में देवी की भाँति पूजा होती है। बूढ़ी हो जाने और दूध न देने पर भी लोग गायों को किसी के हाथ बेचने की भूल नहीं करते, भले ही उसकी कीमत कई गुना अधिक प्राप्त हो। आयुर्वेद की असाध्य बीमारियों का सरल इलाज पंचगव्य के माध्यम से किया जाता है जिसमें गाय का गोबर, मूत्र, दूध, दही और घी प्रयुक्त होता है।

गाय का गोबर अपने घरों में डालकर लोग अपने आवासों को शुद्ध मानते हैं। जिस भूमि पर गाय का गोबर और मूत्र गिर जाता है वह पवित्र भूमि देवताओं को भी दुर्लभ होती है। गाय का दूध अमृत समान माना गया है। भगवान् की पूजा में इसी दूध का चरणामृत बनाया जाता है। बच्चों के अच्छे स्वास्थ्य के लिए भी लोग गाय का दूध देना उत्तम मानते हैं। गाय के दूध की दही पवित्र मानी जाती है। गाय के घी का प्रयोग नेत्र रोग में किया जाता है। गोमूत्र-पान करने से कैंसर जैसी असाध्य और जानलेवा बीमारी से मुक्ति मिल सकती है।

आदिकाल में ऋषि-मुनियों के पास भी गायें होती थीं ताकि यज्ञादि करने के लिए

उनको घी प्राप्त हो सके। राजाओं की संपदा का सम्मान गोशालाओं की संख्या से भी होता था। गोचारण एक ऐसा श्रमप्रधान उद्यम है जिससे कोई भी नहीं ऊबता है। यही कारण है कि हिंदुस्थान में गो-सेवा की संस्कृति पाई जाती है, जबकि घोड़ा और ऊँट की संस्कृतिवाले अरब और अन्य पश्चिमी देशों में गोभक्षण का दुर्भाग्यपूर्ण प्रचलन है। यह विश्व की श्वेतक्रांति में सबसे बड़ा अवरोध है।

हिंदुस्थान में गो-सेवा का महत्त्व है। गो-सेवा करनेवाले राजा दिलीप के घर में स्वयं भगवान् श्री रामचंद्र का जन्म हुआ एवं सन् 1966 में पहली बार प्रधानमंत्री बनने के बाद इंदिरा गांधी द्वारा वोट क्लब पर हो रहे एक लाख गोभक्त संतों पर गोली चलवाई गई। 66 संत गोलियों के शिकार हुए थे। बड़ी संख्या में अन्यान्य संत घायल हुए। यह गोपाष्टमी का दिन था। 31 अक्टूबर, 1984 को गोपाष्टमी के दिन इंदिरा गांधी की हत्या हुई एवं उनके शरीर पर 66 गोलियाँ दागी गई थीं। अष्टमी को गाय की पूजा हेतु विशिष्ट माना जाता है। संजय गांधी एवं राजीव गांधी की अकाल मृत्यु अष्टमी तिथि में ही हुई। इस प्रकार गोसेवा से विमुख शासक का वंश ही समाप्त हो गया था। पूर्णरूपेण हिंदू होने के कारण चमार जाति के लोगों में गाय के प्रति पवित्र भावना है। पूर्व काल में विदेशी आक्रांताओं द्वारा उन्हें बलपूर्वक ऐसे निम्न कार्य में लगाकर उनकी धार्मिक भावना को आहत किया गया एवं हिंदुओं के मध्य सामाजिक एवं आध्यात्मिक रूप से पतित बनाकर उन्हें हिंदू समाज में अस्पृश्य बनाकर अलग-थलग कर दिया गया। डॉ. बी.आर. अंबेडकर ने अपनी पुस्तक 'अछूत कौन और कैसे?' के अंतिम पृष्ठ पर व्यक्त यह किया है कि 'भारत में अस्पृश्यता का मुख्य कारण गो-मांसाहार है।'[1] यानी गो-मांसाहारी के आगमन के उपरांत हमारे देश में अस्पृश्यता प्रारंभ हुई।

1.4 हिंदू समाज में वर्ण, वंश, गोत्र एवं जातियाँ

वर्ण-जाति एवं वंश-गोत्र आदि पर मध्यकाल के पूर्व सामान्यत: कभी कोई चर्चा नहीं होती थी और न ही प्राचीनकाल में कोई किसी की जाति पूछता था। मुसलिम आक्रांताओं के शासनकाल में छुआछूत का भेदभाव भी प्रचलित हुआ और अपवित्र चर्म-कर्म तथा मल-मूत्र ढोनेवालों के साथ इन्हीं आधारों पर पवित्रता के लिए दूरी रखी गई। वर्ण एवं जाति व्यवस्था सर्वाधिक रूप से हिंदू दलित जाति के लिए अभिशाप थी, जबकि हिंदू समाज में वर्ण, वंश, गोत्र एवं जाति संबंधी अवधारणा अथवा मान्यता मात्र समाज की सुव्यवस्था के लिए आंशिक रूप से स्वीकृत थी। इस व्यवस्था को हिंदू समाज की एकता और सुदृढ़ता को छिन्न-भिन्न करने के लिए कभी स्वीकार नहीं किया गया।

1. डॉ. बी.आर. अंबेडकर, अछूत कौन और कैसे?, पृ. 106

हिंदू परिवार-प्रथा की आधारशिला वसुधैव कुटुंबकम् की वैचारिकी में प्रतिष्ठित किए जाने के अभिप्राय से ही हिंदू समाज में उपरोक्त तत्त्वों (सामाजिक व्यवस्थापरक मान्यताओं) को मान्यता प्रदान की गई है। विदेशी मुसलिम एवं मुगल आक्रांताओं और अंग्रेजों ने इसकी त्रुटिपूर्ण व्याख्या प्रस्तुत करके हिंदू समाज को कमजोर बनाने का निरंतर प्रयास किया, ताकि उनकी सत्ता बनी रहे और वे यहाँ से दाल-रोटी निरंतर पाते रहें। इसके लिए उन्होंने पवित्र हिंदू धर्म-ग्रंथों तक के साथ भयंकर छेड़छाड़ किया और उनमें उक्त सभी सामाजिक एवं पारिवारिक मान्यताओं की अवधारणा को गलत तरीके से प्रक्षिप्त कर वर्णित किया। इन मानकों के आधार पर उन्होंने हिंदू समाज की विभिन्न जातियों को गुमराह करने में सफलता प्राप्त की। अनेक स्वाभिमानी और गौरवशाली जातियों की परिस्थिति और भूमिका को भ्रामक और त्रुटिपूर्ण ढंग से चित्रित किया।

वस्तुतः आज भी हिंदू जाति-व्यवस्था के कृत्रिम आवरण में अनेक जातियाँ यही समझ पाती हैं कि उनको ईश्वर ने आदिकाल से ही वर्ण, वंश, गोत्र और जाति के आधार पर श्रेष्ठ अथवा उच्च और कनिष्ठ अथवा निम्न श्रेणी प्रदान किया है। वस्तुस्थिति यह है कि इन आधारों पर भी जातियों में किसी तरह का भेदभाव नहीं है, वह तो शासन सत्ता में रहने के कारण विदेशी मुसलिम आक्रांताओं और अंग्रेजों की देन है। आगे, इनका अलग-अलग स्पष्टीकरण किया गया है जिससे निम्न श्रेणी की मानी जानेवाली जातियों से संबंधित लोगों को भी यह जानकारी मिल सकेगी कि उनकी जातिहीनता का आधार उक्त बिंदु नहीं है, बल्कि उनको विदेशी आक्रांता तुर्क, मुसलिम, मुगल और अंग्रेज शासकों द्वारा बलपूर्वक जिन अस्वच्छ और निम्न पेशों में लगाया था, वे पेशे अथवा व्यवसाय ही अस्पृश्यता के लिए मुख्य कारण हैं। डॉ. बी.आर. अंबेडकर ने स्पष्ट रूप से कहा है कि 'भारत के दलित प्राचीन काल के यानी वैदिककालीन शूद्र नहीं हैं।'[1]

वैदिक काल में वर्ण

वैदिक युग में वर्ण-भेद अथवा वर्ण-व्यवस्था जैसी कोई चीज नहीं थी। स्वर्णिम वैदिक युग जातिविहीन था। वेदकालीन समाज पितृमूलक एवं पितृप्रधान समाज था, जहाँ पिता अपनी संतान (पुत्र एवं पुत्री) का गुरु भी था। वैदिक युग में अध्यात्म एवं आध्यात्मिकता का व्यावहारिक रूप, लोकजीवन में व्याप्त था। ऋग्वैदिक समाज में वर्ण-व्यवस्था का उल्लेख प्राप्त नहीं होता। ऋग्वैदिक समाज में किसी प्रकार की जटिलता नहीं थी। वैदिक कालखंड में स्वार्थी, अव्यावहारिक, अपहरण करनेवाले, लुटेरों एवं

1. डॉ. बी.आर. अंबेडकर, शूद्रों की खोज, प्राक्कथन का प्रथम पृष्ठ, तृतीय पैराग्राफ।

चोरों का भी विवरण प्राप्त होता है। परंतु संपूर्ण लोकजीवन धैर्य, क्षमा, इंद्रियों पर नियंत्रण, पवित्रता, चोरी न करना, बुद्धिमत्ता, ज्ञान, सत्य, क्रोध, अहिंसा, दया, करुणा जैसे मूलभूत मूल्यों से संचालित था। जातियाँ भी नहीं थीं। अतएव वैदिक परंपरागत आधार पर वर्ण-व्यवस्था की कल्पना कपोलकल्पित है।

ऋग्वेद के उपरोक्त परंपरागत अथवा दैवी अवधारणा की प्रक्षिप्तता का पता इस बात से भी चलता है कि ऋग्वेद के दशम मंडल के चतुर्थ अध्याय के सूक्त 90 के ऋचा संख्या 12 एवं 14 को एक साथ देखने से ऐसा प्रतीत होता है कि पुरुष के सूक्त को अतिरिक्त ध्यान से अध्ययन करने की आवश्यकता नहीं है। विराट् पुरुष चरण से मात्र शूद्र की उत्पत्ति नहीं है बल्कि उसी विराट् पुरुष के चरण से पृथ्वी की उत्पत्ति का भी उल्लेख है।[1] चरण से उत्पन्न शूद्र यदि अपवित्र एवं निंदनीय है, तो चरण से ही उत्पन्न पृथ्वी पूज्य एवं वंदनीय कैसे हो सकती है, यह विचारणीय है। इससे यह भी पता चलता है कि कहीं-न-कहीं हमारी सोच वैदिक काल के बाद मध्यकाल के बाद विदेशी मुसलिम एवं अंग्रेजों के दासता काल में प्रारंभ एवं दूषित हुई है। वेद में कठिन परिश्रम करनेवाले को शूद्र कहा गया है।[2]

इस संदर्भ में ये प्रश्न भी विचारणीय हैं कि ईरानी और पारसी समाज में चार जातियों का प्रसंग कहाँ से आया है? यूनान के दार्शनिक प्लेटो ने भी मानव की चार जातियों का उल्लेख किस आधार पर किया है? पश्चिमी समाज में चार वर्ग (क्लास) हिंदू समाज के चार वर्णों की ही तरह किस प्रकार से पाए जाते हैं? जैसे—इंटरलेक्चुअल क्लास (ब्राह्मण), मिलटिरी क्लास (क्षत्रिय), विजनेस क्लास (वैश्य) और सर्विस क्लास (शूद्र)? ऐसा प्रतीत होता है कि जिस अवधारणा को हमने ठुकरा दिया है, उसे विश्व के आधुनिक पश्चिमी राष्ट्रों ने वर्तमान समय में व्यवहृत किया है।

वैदिक चतुर्वर्णाश्रम-व्यवस्था की अवधारणा को स्वीकार करनेवालों के अतिरिक्त कुछ लोग ऐसी अवधारणावाले भी हैं, जो चार वर्ण के स्थान पर केवल तीन वर्णों को ही स्वीकार करते हैं। डॉ. मंगलदेव शास्त्री ने तो ऋग्वेद के पुरुष सूक्त पर शंका करके उसे उत्तर वैदिककालीन रचना माना है। कुछ लोग पुरुष सूक्त को बाद में जोड़ा अथवा प्रक्षिप्त किया गया मानते हैं। डॉ. रामधारी सिंह दिनकर ने अपनी पुस्तक 'संस्कृति के चार अध्याय' में तीन वर्णों का उल्लेख किया है। डॉ. भीमराव अंबेडकर ने भी यह आशय व्यक्त किया है कि वर्ण तीन ही थे। शूद्र अथवा वर्तमान दलित जातियाँ क्षत्रिय वर्ण की ही शाखाएँ हैं। उन्होंने अपनी पुस्तक 'शूद्र कौन?' में यह मत स्थापित करने का प्रयास किया है कि शूद्र भी उसी शाखा से हैं जिसकी मुख्य शाखा क्षत्रिय जाति के

1. ऋग्वेद, 10/4/1990
2. तप से शूद्र-ऋग्वेद 30/5/1

रूप में विकसित हुई है।[1]

वर्ण-व्यवस्था की हिंदी अवधारणा सारगर्भित, सत्य के अधिक निकट और सर्वमान्य है, क्योंकि वर्ण की उत्पत्ति को मानव की उत्पत्ति के समान ही विवेचित किया गया है। मानव की उत्पत्ति प्राकृतिक पंचतत्त्वों से निर्मित मानव शरीर और ईश्वर प्रदत्त प्राण के संयुक्त स्वरूप से संबंधित है। मनुष्य को जिस विराट् पुरुष ने उत्पन्न किया है, उसी ने अपने महत्त्वपूर्ण अंगों के आधार पर मानव-वर्ण का भी निर्धारण किया है। प्राचीन हिंदू धर्मग्रंथ ऋग्वेद के पुरुषसूक्त में यही उल्लिखित है कि विराट् पुरुष ब्रह्मा के मुख से ब्राह्मण, बाहु से क्षत्रिय, उरु से वैश्य और पैरों से शूद्र वर्ण की उत्पत्ति हुई। यह अवधारणा 'वैदिक परंपरागत अवधारणा' के नाम से जानी जाती है।[2]

हिंदू समाज-व्यवस्था में वर्ण को पुष्पों के रूप में मान्य किया गया है, जिनकी माला को संयुक्त रूप से समाज के गले में डाला गया है। दूसरा चिंतन यह है कि वर्ण का अर्थ वरणे धातु से है एवं इस प्रकार वर्ण शब्द की व्युत्पत्ति हुई है जिसका अभिप्राय है वरण करना अथवा चयन करना, अर्थात् अपनी शक्ति क्षमता तथा योग्यता के अनुरूप स्वेच्छा से कार्य का चुनाव करना। इसी परिप्रेक्ष्य में अन्यत्र यह उल्लिखित है कि वर्ण शब्द बरी धातु से बना है जिसका अर्थ है धारण करना। इसका अर्थ यह हुआ कि आरंभ में जो व्यक्ति एक निश्चित व्यवसाय को चुनते थे, वे एक विशेष वर्ण के सदस्य कहलाते थे।

तीसरे चिंतन के अनुसार, वर्ण का अर्थ है 'व्यक्ति की वृत्ति' अथवा व्यक्तियों का स्वभाव। इसका अर्थ है कि आरंभ में जो व्यक्ति समान व्यवहार प्रदर्शित करते थे अथवा जिन व्यक्तियों की स्वभाव संबंधी विशेषताएँ एक-दूसरे के समान थीं, उनसे एक-एक वर्ण का निर्माण हुआ।

वर्ण-व्यवस्था की सामाजिक अवधारणा का चौथा चिंतन यह है कि वर्ण का संबंध रंग से हुआ और जिन व्यक्तियों का रंग एक समान था वे एक वर्ण के सदस्य हो गए। इसी आधार पर आरंभ में दो ही वर्ण हुए—गौर वर्ण अर्थात् आर्य और काला वर्ण अथवा दास या अनार्य। काले और गोरे लोगों को अलग रखने के लिए आरंभ में रंग के आधार पर वर्ण की अवधारणा की गई थी। चूँकि पश्चिम में आज भी रंग-भेद की नीति पाई जाती है और काला तथा गोरा संघर्ष समाज में पाया जाता है, अतएव इस वैचारिकी को पाश्चात्य चिंतन कहा जाना उचित होगा। हिंदू-संस्कृति और समाज में रंग के आधार पर वर्ण के निर्माण की बातें मिथ्या प्रचार हैं, क्योंकि यहाँ रंग-भेद कभी भी दृष्टिगोचर नहीं हुआ। श्वेत अथवा

---

1. गुप्ता व अग्रवाल : समाजशास्त्र साहित्य भवन आगरा, 2004, पृ. 298
2. ऋग्वेद, 10/7/1990

गौर रंग के ब्राह्मण, लाल अथवा रक्त रंग के क्षत्रिय, पीत रंग के वैश्य और काले रंग के शूद्र की वैचारिकी हिंदू समाज में अनौचित्यपूर्ण चिंतन है।

ऋग्वेद के दसवें मंडल के सातवें अनुवाक के नब्बे क्रम संख्या के सूक्त को पुरुषसूक्त कहते हैं। पुरुषसूक्त में सोलह ऋचाएँ (श्लोक) हैं। ऋचा संख्या बारह में मात्र एक जगह ब्राह्मण, क्षत्रिय, वैश्य एवं शूद्र का उल्लेख है। जहाँ तक वर्ण-व्यवस्था की बात है, तो वह संपूर्ण वेद में कहीं नहीं है। उस ऋचा के अंतर्गत मुख से ब्राह्मण, भुजाओं से क्षत्रिय, पेट से वैश्य और चरण से शूद्र था, का उल्लेख किया गया है। पुनः एक ऋचा बाद यानी ऋचा संख्या चौदह में मुख से स्वर्ग, नाभि से अंतरिक्ष एवं चरण से पृथ्वी दरशाया गया है। इससे प्रतीत होता है कि वैदिक ऋषि का मंतव्य शूद्रों का अपमान करना नहीं रहा होगा। वेद स्वयंभू हैं, किंतु इसका संकलन महर्षि व्यास ने किया था इसीलिए उन्हें वेदव्यास भी कहते हैं। शूद्र शब्द की वर्तमान व्याख्या के अनुसार वे स्वयं शूद्र ऋषि थे।[1] वैसे यहाँ यह स्मरण कराना आवश्यक है कि वर्तमान दलित प्राचीन वैदिककालीन शूद्र नहीं थे।[2]

हिंदू वर्ण-व्यवस्था की अवधारणा में वैदिक काल के शूद्रों की परिस्थिति को उन्नत पाया जाता है। वैदिककालीन व्यवस्था में शूद्र तिरस्कृत नहीं थे। एलुष को कुछ विद्वानों ने शूद्र सिद्ध किया है। उन्होंने ऋग्वेद के अनेक मंडलों का दर्शन किया है। वैदिककालीन राजा सुदास शूद्र थे जबकि वे राजर्षि विश्वामित्र के संरक्षक थे। सुदास का राज्याभिषेक ब्रह्मर्षि वशिष्ठ ने किया था एवं स्वयं सुदास ने सफल अश्वमेध यज्ञ किया था।[3] वैदिक काल के इन उदाहरणों से स्पष्ट होता है कि यदि वैदिक काल में वर्ण-व्यवस्था की अवधारणा थी भी तो इतना तो अवश्य था कि वर्णों में आपस में किसी तरह का भेदभाव नहीं था और शूद्र वर्ण की स्थिति निम्न नहीं मानी गई थी। उसे पृथ्वी का सहोदर माना जाता था।

अतः कहा जा सकता है कि वैदिक युग भेदभाव रहित था। न कोई जाति थी और न ही असमानता से युक्त वर्ण बोध का कोई अलग महत्त्व था। तत्कालीन समाज में वर्ण थे, लेकिन उनमें सामाजिक समरसता थी। वे एक स्व संचालित व्यवस्था के पोषक थे। वर्ण की अपनी स्वतंत्र सत्ता नहीं थी अपितु उनका उल्लेख सामाजिक व्यवस्था के अंतर्गत ही किया जाता था।

हिंदू वर्ण-व्यवस्था की अवधारणा वैदिक काल में इसलिए भी नहीं स्वीकार की जाती है, क्योंकि उस समय वर्ण-भेद नहीं पाया जाता था। उत्तर वैदिक काल में पुरुषों

---

1. डॉ. विजय सोनकर शास्त्री, दलित हिंदू की अग्नि-परीक्षा, पृ. 70
2. डॉ. बी.आर. अंबेडकर, शूद्रों की खोज, प्राक्कथन, प्रथम पृष्ठ का तृतीय पैराग्राफ
3. डॉ. बी.आर. अंबेडकर, अछूत कौन और कैसे? पृ. 78

का ही वर्ण सुनिश्चित था। नारी का वर्ण नहीं था। वह जिस वर्ण के पुरुष के साथ विवाह संस्कार में बँधती थी उसे उसी वर्ण की माना जाता था।

त्रेता एवं द्वापर युग तक इस परंपरा का उल्लेख मिलता है। सीता-स्वयंवर एवं द्रोपदी-स्वयंवर में इस स्वरूप का दर्शन किया जा सकता है। सीताजी के पिता राजा जनक क्षत्रिय थे। जिसमें ब्राह्मण राजा रावण, क्षत्रिय, वैश्य एवं शूद्र सभी राजा आए थे। द्रोपदी स्वयंवर में ब्राह्मण भेष में अर्जुन ने द्रोपदी को प्राप्त किया था।

उत्तर वैदिक काल में विकसित वर्ण-व्यवस्था के बारे में कहा जाता है कि प्रारंभिक काल में वर्ण-व्यवस्था में काफी लचीलापन था। वर्ण-परिवर्तन भी असंभव नहीं था। इतिहास में सैकड़ों उदाहरण वर्ण-परिवर्तन के मिलते हैं। गाधि क्षत्रिय वंश में जन्मे थे, किंतु गाधि की कन्या सत्यवती से परशुराम के पितामह ऋचिक ने विवाह किया। इस प्रकार एक ही गाधि के पुत्र विश्वामित्र क्षत्रिय और जामाता ऋचिक ब्राह्मण कैसे कहे गए? अत: कहा जा सकता है कि जब समाज में नारी का वर्ण नहीं निर्धारित था तो उस समय मानव समाज में समरसता और संगठन का अलौकिक स्वरूप रहा होगा। किसी की बेटी किसी के घर जा सकती थी, जैसा कि आज पश्चिम जगत् में हो रहा है। इसमें अनेक सामाजिक समस्याओं का समाधान है। परंतु आज, जातियों में बँटकर हिंदू समाज विघटन को प्राप्त है। जाति प्रथा के उन्मूलन के लिए वर्ण-व्यवस्था के अवांछनीय एवं दूषित उपांग एवं मानसिकता को समाप्त करना होगा जिसने जातिप्रथा के साथ ही अस्पृश्यता और छुआछूत को भी बढ़ावा दिया है।

हिंदू वर्ण-व्यवस्था की अवधारणा में वैदिक काल के परंपरागत दैवी अवधारणा के साथ ही उत्तर वैदिक काल की अवधारणा और त्रि-वर्ण की अवधारणा का अध्ययन करने के बाद, अब उपनिषदों के सामाजिक उपयोगिता की अवधारणा को समझना भी आवश्यक है। उपनिषद् काल को उत्तर वैदिक काल कहा जा सकता है, जिसका समय ईसा से लगभग 800 वर्ष पहले का माना जाता है। अनेक उपनिषदों की रचना इसी काल में हुई जिसके फलस्वरूप यह समय उपनिषद्काल कहा जाता है।

वृहदारण्यक उपनिषद् में वर्णों की उत्पत्ति का विवेचन मिलता है। उल्लेख है कि ब्रह्मा ने एक साथ ही चारों वर्णों का निर्माण नहीं किया। सबसे पहले ब्राह्मणों को जन्म दिया केवल ब्राह्मणों द्वारा जब सामाजिक जीवन की समस्त आवश्यकताएँ पूरी न की जा सकीं तो क्षत्रिय को जन्म दिया, और जब क्षत्रिय वर्ण से भी समाज की समस्त आवश्यकताएँ पूरी न हो सकीं तो क्रमश: वैश्य और शूद्र वर्ण को जन्म दिया। इस अवधारणा से भी यही सिद्ध होता है कि आरंभ में भी सभी वर्णों को पृथक्-पृथक् कार्य करके सामाजिक आवश्यकताओं की पूर्ति के लिए उत्पन्न किया गया था। इस प्रकार वर्ण-विभाजन का कारण समाज की सभी उपयोगी आवश्यकताओं को सर्वोत्तम ढंग से पूरा करना रहा,

जबकि वर्ण-विभाजन का कोई दुष्परिणाम वर्ण-भेदभाव के रूप में नहीं था। छांदोग्य-उपनिषद् में रैक्व ने ज्ञानश्रुति को वेद पढ़ाया, जबकि रैक्व गाड़ीवान था। महाऐतरेय उपनिषद् के अनुसार कावषेय लोग दासी पुत्रों के वंशज हैं किंतु वे यज्ञों के आध्यात्मिक रहस्य का उद्‌घाटन करते थे।

हिंदू वर्ण-व्यवस्था के बारे में महाकाव्यों की पवित्रतावादी अवधारणा विचारणीय है। रामायण में राम-राज्याभिषेक के अवसर पर सभी वर्ण के लोग सादर आमंत्रित किए गए थे। इस आधार पर कहा जा सकता है कि उस काल में कार्यविभाजन, आजीविका विशेषीकरण करने तथा प्रवासी जीवन दूर करने के लिए वर्ण-व्यवस्था वर्ण-धर्म पर निर्भर थी। महाभारत में वर्ण-उत्पत्ति को ब्रह्मा से हुई माना गया है। यह भी माना गया है कि ब्राह्मण, क्षत्रिय, वैश्य और शूद्र क्रमशः श्वेत, पीला और काला रंग के थे। पूर्व में उनमें कोई भेद न था, बाद में कर्मों के अनुसार वर्ण-परिवर्तन होता था। गीता में भी गुण-कर्म के आधार पर चारों वर्णों की उत्पत्ति मानी गई है—'चातुर्वर्ण्यं मया सृष्टं गुण कर्म विभागशः।'

हिंदू वर्ण-व्यवस्था की अवधारणा के बारे में पौराणिक एवं स्मृतियों के उद्धरणों का अवलोकन किया जाए तो उनमें भी अधिकांशतः ने चारों वर्णों की उत्पत्ति को दैवी माना है और भेदभाव का आधार केवल कर्म-विभाजन ही माना है। कालांतर में उनमें सर्वाधिक प्रक्षिप्तता लाकर यह कहलवाया गया है कि चारों वर्णों में भेदभाव था, जो ऊँच-नीच, पवित्र-अपवित्र और ज्येष्ठता को लेकर था।

महाभारत में कहीं चार वर्णों का उल्लेख है तो कहीं पंद्रह वर्णों का। यही मनुस्मृति में भी उल्लेख है। सन् 1935 ई. में अंग्रेजों ने भारत में अछूत जातियों की संख्या 439 बतलाई थी जिसमें ब्राह्मण, क्षत्रिय, वैश्य और शूद्र सभी वर्णों के लोग थे। कृषकों, पशुपालकों और शिल्पियों को निम्न जाति की श्रेणी में रखने का कार्य उन्होंने ही किया होगा जिन्होंने इन पेशों को निम्न श्रेणी का पेशा और सरकारी गुलामी को उच्च श्रेणी का पेशा प्रचारित करने का कार्य किया था। ऐसे लोग मुसलिम शासनपरस्त अथवा इसलामिक शासक और अंग्रेज ही हो सकते थे।

वर्णाश्रम-व्यवस्था काल में जिन चार प्रकार के वर्णों का प्रादुर्भाव हुआ, उनमें भी किसी तरह का भेदभाव नहीं किया गया था। वर्णों की उत्पत्ति के काल्पनिक आधारों पर बाद में की गई उनकी व्याख्याएँ भ्रामक थीं। वास्तव में समाज की व्यवस्था को समरस बनाए रखने के लिए ब्राह्मण, क्षत्रिय, वैश्य एवं शूद्र वर्णों को समाज में स्थापित किया गया था। सामाजिक शरीर के ये चारों अंग एक-दूसरे के पूरक एवं एक-दूसरे के लिए आवश्यक थे। धार्मिक एवं साहित्यिक कार्य ब्राह्मण वर्ण के लिए, समाज की रक्षा का कार्य क्षत्रिय वर्ण के लिए, समाज के भरण-पोषण का कार्य वैश्य वर्ण के लिए और

तीनों वर्णों के साथ सभी प्रकर का सहयोग शूद्र वर्ण के लिए नियत था। किसी भी एक के अभाव में समाज की व्यवस्था चल नहीं पाती थी। अतएव सभी हिंदुओं को सवर्ण अर्थात् 'वर्ण' के साथ रहनेवाला कहा गया। जो वर्ण के साथ नहीं थे उनको अवर्ण अथवा अहिंदू कहा गया था। वर्णाश्रम काल में चारों वर्णों में कोई भेदभाव अथवा लघुता-ज्येष्ठता की दुर्भावना नहीं थी। चारों वर्णों में सामाजिक समरसता बनी हुई थी और वैदिक युग जातिविहीन स्वर्णिम युग के नाम से ख्यात था।

वर्णों में जन्म का आधार गौण था और कर्म के आधार पर लोगों के वर्ण परिवर्तित होते रहते थे। वर्णों के अनुलोम-प्रतिलोम संबंध भी समरस थे। हिंदू समाज की इस प्राचीन व्यवस्था पर कुठाराघात करनेवालों ने उपवर्णों एवं उपजातियों के अंतःसंबंधों को भेदभावयुक्त बनाने का प्रयास किया। स्वाभिमानी जातियों ने इसलाम स्वीकार नहीं किया तो उनके मान-मर्दन के लिए विदेशी आक्रांता मुसलिम शासकों ने उनको घृणित एवं निंदनीय पेशों में बलपूर्वक लगाया और उनको अपमानजनक संबोधन दिए जो कालांतर में जातिनाम बन गए। हिंदू लोकजीवन में भी पवित्रता की दृष्टि से अपवित्र पेशों में संलग्न लोग तिरस्कृत होते चले गए और उनके साथ कालांतर में अस्पृश्यता का भेद किया गया।

वर्णेतर समूह को भाषा, क्षेत्र, पेशा आदि आधारों पर सैकड़ों-हजारों जाति नाम दे डाले गए और उन पर मनमाने ढंग से साहित्य सृजन किए एवं कराए गए। हिंदू धर्म-ग्रंथों में प्रक्षिप्तता लाकर तथा उनकी कथाओं को तोड़-मरोड़कर गलत ढंग से प्रस्तुत किया गया और जातिवाद का विष समाज में फैलाया गया। ऐसे घिनौने कृत्य मध्यकालीन मुसलिम विदेशी शासकों और उत्तर-मध्य काल अथवा पूर्व आधुनिक काल के विदेशी यानी अंग्रेज शासकों द्वारा किए गए थे।

चारों वर्णों में शूद्र वर्ण कभी भी उपेक्षित नहीं रहा, बल्कि वह अन्य तीनों वर्णों से अधिक अधिकार और कर्तव्य संपन्न था। मनु काल में भी शूद्र कभी अछूत नहीं था।[1] समाज में इस वर्ण की संख्या भी अधिक थी और अधिकांश सैनिक भी इसी संवर्ग के थे और यह वर्ण कदापि दीनहीन नहीं था। ऐसे में चमार, भंगी, खटीक, खाँगर जैसी जातियों को बलात् लादे गए पेशों और प्रदत्त अशोभनीय संबोधनों के आधार पर कभी भी शूद्र वर्ण का नहीं माना जा सकता। भारत के वर्तमान दलित वैदिककालीन शूद्र नहीं हैं।[2]

वैदिक एवं अन्य धर्म-ग्रंथों में कहीं पर भी चमार नामक किसी वर्ण अथवा जाति का उल्लेख नहीं हुआ है। कुछ स्थानों पर चमड़े का काम करनेवाले लोगों को 'चर्मकार' संबोधित किया गया है, परंतु वह उनकी जाति का नामकरण नहीं है, क्योंकि

1. डॉ. बी.आर. अंबेडकर, अछूत कौन और कैसे?, पृ. 99
2. डॉ. बी.आर. अंबेडकर, शूद्रों की खोज? प्राक्कथन का प्रथम, पृष्ठ, तृतीय पैराग्राफ

इस बात के पक्के और पर्याप्त सबूत प्राप्त हो चुके हैं कि प्राचीन भारत में वस्त्र-संस्कृति विकसित अवस्था में थी वैदिक काल में वस्त्र तकनीकी का उल्लेख वेद एवं अन्यान्य धर्मग्रंथों में प्रायः प्राप्त है। ऋग्वेद में बुनाई एवं बुनकरों के संदर्भ में विस्तार से वर्णित है। वैदिक काल में बाघ एवं हिरण के चर्म का वर्णन है। जिसका उपयोग गृहस्थ नहीं बल्कि संत अथवा संन्यासी करते थे। इस प्रकार यह स्पष्ट था कि वैदिक काल या उसके उपरांत मुगलकाल की तरह चमड़े का कार्य अधिक मात्रा में नहीं होता था। ऐसा प्रतीत होता है कि वर्तमान चमार जाति के लोग क्षत्रिय राजवंश से संबंधित अवश्य थे, क्योंकि उन दिनों वंश-परंपरा का प्रचलन हिंदू समाज में था, जिसका संक्षिप्त परिचय आगे कराया गया है।

हिंदू समाज में वंश

हिंदू समाज में कार्य के स्वरूप को ध्यान में रखते हुए सर्वप्रथम वर्णों के अनुसार अलग-अलग कुटुंब अथवा कुल की रचना की गई। सभी कुटुंब अपने मुखिया सदस्य के नाम संसृजित हुआ जिसे कुल अथवा वंश कहा गया। ऋषि-कुल, राजवंशीयकुल, ब्राह्मण-कुल, क्षत्रिय-कुल, वैश्य-कुल, शूद्र-कुल की उत्पत्ति इसी प्रकार हुई। यह व्यवस्था विवाह संबंधों को स्थापित करने हेतु की गई थी और विवाह की रीतियों, अथवा प्रकारों के अनुसार किसी विवाह में इसका ध्यान रखा जाता था तो माननीय समरसता के आधार पर यदाकदा इसका ध्यान नहीं भी रखा जाता था जिसके कारण समाज में अंतरजातीय, अंतरवंशीय विवाह भी हुआ करते थे।

हिंदू समाज में कुल का निर्धारण प्रजनन के आधार पर होता था और यह माना जाता था कि संतान की उत्पत्ति कुल और वंश के अनुरूप होती है। कुलीन परिवारों को महाकुल और उसके सदस्य को महाकुलीन कहते थे। कुल अथवा वंश अपने यश, प्रतिष्ठा, सदाचार, ज्ञान, संपत्ति आदि का मानदंड होता था। जिस कुल में व्यवहार, सदाचार, विचार आदि नहीं थे, वह 'दुष्कुल' कहा जाता था और उसका सदस्य दुष्कुलीन कहलाता था। वंश में उत्पन्न व्यक्ति 'वंश्य' संबोधित था।

हिंदू लोकजीवन के सामाजिक व्यवस्था में वंश दो प्रकार के होते थे—एक विद्या से संबंधित और दूसरा योनि से संबंधित। विद्या का वंश गुरु और शिष्य की परंपरा से संबंधित था, जहाँ वेद आदि विभिन्न विषयों की शिक्षा दी जाती थी, जबकि योनि का वंश पिता और पुत्र से संबद्ध था, जहाँ मूलसंस्थापक पुरुष के नाम से वंश चलता था। पतंजलि ने महाभाष्य में गुरुकुल, पितृकुल और विवाहिता के लिए पतिकुल की अन्विति की है।

हिंदू समाज में पति अथवा पितृकुल का महत्त्व अधिक था और आज भी है।

अतएव पिता के नाम से प्रतिष्ठित परिवार का वंश भी वही हो जाया करता था, जैसे—राजा यदु का यदुवंश, चंद्रदेव का चंद्रवंश, रघु का रघुवंश, चंवरसेन का चंवरवंश, इत्यादि। प्रारंभ में लोग अपने वंश के नाम से ही जाने जाते थे। उस समय जाति शब्द व्यवहार में नहीं था इसलिए वंश ही सामाजिक परिस्थिति का संज्ञान कराता था। संत शिरोमणि गुरु रैदास पूर्व में चंवर वंश के क्षत्रिय ही जाने गए, बाद में इसलाम न स्वीकारने पर सिकंदर लोदी ने उनको चमड़े का काम करने के लिए बाध्य करके उन्हें 'चमार' संबोधित किया। उनके साथ ही जितने लोगों को 'चमार' कहकर चमड़े के कार्यों में नियोजित किया गया, वे सभी लोग अपने-अपने वंश के ही नाम से जाने जाते थे, न कि 'चमार' अथवा 'चर्मकार' कहे जाते थे।

'चमार' नाम तो मध्यकालीन मुगल आक्रांता विदेशी शासकों ने स्वाभिमानी एवं योद्धा हिंदुओं को इसलिए बलपूर्वक थोपा क्योंकि उन्होंने जीवन परित्याग कर देना उचित समझा परंतु अपने हिंदू स्वाभिमान और हिंदू धर्म को प्रतिष्ठित एवं शाश्वत बनाए रखने के लिए इसलाम को किसी शर्त पर भी स्वीकार नहीं किया। अतः वर्तमान 'चमार' कहे गए लोग निश्चित रूप से पूर्व में धर्माभिमानी, स्वाभिमानी एवं राष्ट्राभिमानी और ब्राह्मण एवं क्षत्रिय यानी Non Chamar थे और उनके अपने अलग-अलग गोत्र थे। उनके अलग वंश और गोत्र के होने से ही स्पष्ट हो जाता है कि उनको 'चमार' नामक जातीय संबोधन प्राचीनकाल में नहीं प्राप्त था, बल्कि यह विदेशी मुसलिम आक्रांताओं के काल में बलपूर्वक चर्म-कर्म में लगाकर प्रदान किया गया था। उसके पूर्व सभी वर्तमान चमार जाति के लोग अपने-अपने ब्राह्मण, क्षत्रिय या अन्य कुलों अथवा वंशों के नाम के साथ संबद्ध और समादृत थे। चमार जाति के कुल अथवा वंश का अध्याय पाँच में विस्तृत उल्लेख किया गया है।

हिंदू समाज में गोत्र

हिंदू समाज में गोत्र की मान्यता प्राचीन काल की ही भाँति आज भी मान्य है। गोत्र का अर्थ साधारणतः पूर्व पुरुष को व्यक्त करता है। यह शब्द अनेक अर्थों में प्रयुक्त हुआ है। एक स्थान पर गोत्र शब्द का अभिप्राय गोशाला (गायों का समूह) और व्यक्तियों के समूह के अर्थ में प्रयुक्त हुआ है। पाणिनि ने गोत्र शब्द की व्याख्या वंश या परिवार (कुल) के रूप में की है। गोत्र का अर्थ दुर्ग अथवा पर्वत से भी लिया गया है। उस समय सामान्य रूप से एक ही क्षेत्र अथवा स्थान में रहनेवाले व्यक्तियों को एक गोत्र का सदस्य माना गया था। वस्तुतः गोत्र उस आदिपुरुष के लिए प्रयुक्त किया गया जिन्हें कुल या वंश की संज्ञा दी गई, जो विद्या, धन, शौर्य, औदार्य, दया, करुणा आदि हिंदू धर्म के दस तत्त्वों पर आधारित गुणों के लिए विख्यात हुआ और कालांतर में जिसके नाम वे वंश

अथवा कुल का विकास हुआ।

गोत्र का विकास उत्तर वैदिक काल तक हो चुका था और उसके बाद से सगोत्र विवाद को हिंदू समाज में वर्जित कर दिया गया था। उस समय ब्राह्मणों का अपना गोत्र होता था और अन्य सभी लोगों का गोत्र उनके पुरोहितों के गोत्र पर आधृत होता था। उन दिनों ऋषियों को लोग अपना गुरु और पुरोहित बनाया करते थे, इसलिए भारद्वाज, गार्ग्य, आश्वलायन, भार्गव, कात्यायन, गौतम, कश्यप आदि ऋषियों के नाम पर गोत्रों का उल्लेख मिलता है। इन्हीं ऋषियों के नाम पर वंशगत गोत्र का विकास हुआ। विवाह में लोग अपने गोत्र में विवाह नहीं करते थे, क्योंकि इससे वंश और रक्त का सम्मान घटता था। लोग यह मानते थे कि अपने ही गोत्र में विवाह करने पर कन्या अपने ही परिवार अथवा वंश की पुत्री, बहन, माता, मौसी आदि कुछ भी हो सकती थी और इस तरह से नजदीकी संबंधों में किसी भी स्त्री को पत्नी बनाया जाना मर्यादा के विपरीत समझा जाता था।

हिंदू लोकजीवन में स्थापित धर्म एवं संस्कृति के आलोक में गोत्र का विवेचन आवश्यक है। हिंदू-संस्कृति में गोत्र का उल्लेख इस प्रकार से है—सर्वप्रथम गोत्र तीन थे। ऐसी मान्यता है कि तीन गोत्र गर्ग, गौतम एवं शांडिल्य अति प्राचीन गोत्र हैं। उक्त तीनों गोत्र सत्‌युग के ऋषियों के नाम से बने हैं। उक्त काल में वर्ण-व्यवस्था न होने के कारण इन ऋषियों को किसी वर्ण विशेष में नहीं रखा जा सका था। तत्पश्चात् तेरह गोत्र का अस्तित्व प्रकाश में आया। ये भी तेरह गोत्र तत्कालीन यानी सत्‌युग की पीठिका अथवा पूर्व वैदिक काल में महान् ऋषियों के नाम से बना है। उक्त तीन गोत्र और अन्य दस गोत्रों को जोड़कर इसकी संख्या तेरह हुई। इसके बाद सतयुग एवं त्रेतायुग यानी रामचंद्र का युग के मध्य कुछ अन्य ऋषियों के प्रादुर्भाव से यह गोत्रों की संख्या तेईस हो गई थी। इस तेईस गोत्रों की संख्या में वर्ण के अनुसार ब्राह्मण, क्षत्रिय एवं अन्यान्य ऋषियों को सम्मिलित किया गया। कालांतर में द्वापर युग यानी महाभारत के पूर्व एवं महाभारत काल में गोत्रों की यह संख्या कुल एक सौ सत्रह हो गई। आज हम यदि गोत्रों की चर्चा करते हैं, तो उनकी अधिकतम संख्या एक सौ सत्रह है।

गोत्र-व्यवस्था पूर्व मध्ययुग में अनिवार्य रूप से मानी जाती थी। अलबरूनी का कथन है कि हिंदुओं में अपनी वंशजा अर्थात् पोती या परपोती तथा अपनी पूर्वजा माता, दादी या परदादी दोनों प्रकार की सगोत्र स्त्रियों के साथ विवाह वर्जित था। धर्मशास्त्रों में सगोत्र कन्या से विवाह न करने और उनके साथ मातृवत् व्यवहार करने का निर्देश है। यदि कोई विशेष परिस्थिति में इस प्रकार का विवाह कर लेता तो उसे अनेक प्रकार के व्रत, प्रायश्चित्त आदि करने होते थे। फिर भी ऐसे व्यक्ति की समाज में निंदा होती थी। उसी व्यवस्था के अनुसार हिंदू समाज में मामा, मौसी, फूफी आदि की कन्याओं से

विवाह आज भी नहीं किया जाता है।

प्रश्न यह है कि सगोत्र विवाह की प्रथा कब और क्यों चली, जबकि हिंदू समाज में यह पूर्णत: वर्जित था? कारण स्पष्ट है कि पूर्व मध्ययुग तक जो व्यवस्था हिंदू समाज में पूर्णत: अमान्य थी, वह निश्चित रूप से मध्यकाल अथवा मुगल काल में ही स्वीकृति प्राप्त कर पाई। इसका एक कारण यह था कि विदेशी मुसलिम आक्रांताओं ने हिंदुस्थान में अपना वर्चस्व केवल लूटपाट तक ही सीमित नहीं रखा, बल्कि इसलाम न स्वीकार करनेवाले हिंदुओं की बहन-बेटियों और पत्नियों तक को उन्होंने बलपूर्वक अपनी हवश का शिकार बनाया था। अपने शीलधर्म की रक्षा में हजारों हजार नारियों ने जलती हुई अग्नि में प्रवेश के साथ ही जौहर व्रत का पालन कर लिया। उस समय गोत्रवहिर्विवाह के लिए सोचने और उसकी मर्यादा का पालन करने के लिए लोगों के पास समय तक न था।

बाल विवाह की प्रथा उसी समय जन्म ली और सगोत्र विवाह हिंदू समाज की विवशता बनी होगी। पर्दाप्रथा का हिंदू समाज में प्रचलन भी उसी समय हुआ और सतीप्रथा के स्थान पर पुनर्विवाह की प्रथा चली। हिंदुओं के भयंकर नरसंहार से उनकी संख्या दिनोदिन घटती जा रही थी और दूसरी तरफ स्त्रियों के सती होने से नारी समाज भी बिखरता जा रहा था ऐसे में सतीप्रथा के स्थान पर पुनर्विवाह की सोच हिंदू समाज की विवशता भले ही मानी जाए, किंतु उसे एक विवेकपूर्ण निर्णय भी स्वीकार करना होगा।

कुछ लोग हिंदू समाज के प्रति आक्षेप करते हैं कि उसमें उच्च वर्ग के लोगों का उच्च कुल और उच्च वंश तथा गोत्र आदि निर्धारित किया गया था, परंतु निम्न वर्ग के लिए किसी वंश और गोत्र की व्यवस्था नहीं थी। इसको एक ही उदाहरण से मिथ्या सिद्ध किया जा सकता है कि संत शिरोमणि गुरु रैदासजी चंवर वंश के थे और उनका पिप्पल गोत्र था। चंवर वंश का प्रादुर्भाव हिंदू क्षत्रिय राजा चंवरसेन के नाम से हुआ एवं चंवरसेन का पिप्पल गोत्र था जो महाभारत काल के पूर्व पिप्लादि ऋषि के नाम से जाना जाता था। वर्तमान समय में जिनको लोग चमार वर्ग की विभिन्न उपजातियों के नाम से जानते हैं, उनके भी वंश और गोत्र अवश्य पाए जाते हैं, भले ही उनके नाम अलग-अलग हों।

मुसलिम समाज में कुल-वंश और गोत्र प्रवर आदि का कोई ध्यान नहीं दिया जाता है, बल्कि केवल माता के दूध को ही आधार मानकर अपने निजी परिवार की कन्याओं से विवाह नहीं होते हैं, जबकि मामा, फूफा, चाचा आदि की कन्याओं से लोग विवाह किया करते हैं। इसका एकमात्र कारण यह है कि आक्रांताओं के समय में उनके लिए स्त्रियों की संख्या कम पड़ती थी, क्योंकि वे अपने शानो-शौकत के लिए बहुविवाह के साथ ही अपने भोगविलास के लिए प्रचुर मात्रा में स्त्रियों को अपनी बेगम और रखैल

बनाने के आदी हो चुके थे। विदेशी आक्रांता तुर्क, मुसलमान एवं उसके उपरांत विदेशी मुगल शासक अपने शासन के मध्य हिंदू स्त्रियों को लाखों की संख्या में गुलाम बनाकर अरब ले गए अथवा उन्हें अपने हरम में बेगम बनाकर रखी गईं। आक्रांताओं के शासन काल में नारी का जितना अपमान एवं उत्पीड़न संसार के इतिहास में अन्यत्र नहीं मिलता। यही कारण था कि इसलाम में नारी की अवमानना एवं उसे एक भोग की वस्तु मानकर वैवाहिक संबंधों के साथ आपसी संबंधों को मूल्यहीन समझा गया। आज भी इसलाम में एक से अधिक स्त्री रखना अवैधानिक नहीं है जिसका एक औचित्य जहाँ भोग-विलास मिलता है, वहीं दूसरा औचित्य अपनी जनसंख्या को तीव्र गति से बढ़ाकर पूरे विश्व पर छा जाना भी सिद्ध होता है। परिवार नियोजन के साथ ही जनसंख्या की वृद्धि को रोकने के प्रति उनकी उदासीनता का स्पष्ट कारण उनका यही दूसरा अभिप्राय है।

हिंदू समाज में गोत्र की ही भाँति प्रवर और पिंड को भी मान्य किया गया था और प्रवर-बहिर्विवाह तथा सपिंड-वहिर्विवाह ही समाज में प्रचलित था, जबकि सगोत्र विवाह की ही भाँति सप्रवर और सपिंड विवाह निषिद्ध किया गया था। प्रवर को आषेय के रूप में याज्ञिक कार्य से संबद्ध किया गया था और उसका अर्थ वरण करना अथवा प्रार्थनीय था। सपिंड का अर्थ एक ही शरीरांश अथवा रक्तकणों से संबद्ध था, इसीलिए इसको विवाह के समय विशेष रूप से ध्यान में रखा जाता था।

हिंदू समाज में जातियाँ

प्राचीन हिंदू समाज यानी सनातन काल में जाति अथवा जातियों का कोई उल्लेख नहीं मिलता है। उस समय वृत्ति अथवा कार्यों को नाम दिया गया था, जैसे—सोने का काम करनेवाले को स्वर्णकार, लकड़ी का कार्य करनेवाले को काष्ठकार अथवा तक्षा, वस्त्र बुनने का काम करनेवाले को तंतुवाय या बुनकर, लोहे की सामग्री बनानेवाले को लौहकार अथवा लोहार, रथ का निर्माण करनेवाले को रथकार, मिट्टी का पात्र बनानेवाले को कुंभकार आदि। ये पेशे न तो किसी जाति, वर्ण, वंश अथवा गोत्र के लिए सुरक्षित किए गए थे और न ही इनमें लगे लोगों को उस जाति का नाम प्रदान किया गया था। पशुओं के चर्म का प्रयोग वर्जित था। किंतु मृत पशुओं में बाघ एवं मृग के चर्म को बड़ी विशिष्टता के साथ विशेषज्ञों द्वारा तैयार किया जाता था। मृगचर्म और बाघंबर को पवित्र इसलिए मानते थे, क्योंकि वे मृत पशुओं से प्राप्त होते थे और उनको पवित्र मानकर उनका प्रयोग पूजा-पाठ आदि के कार्यों में ऋषि-मुनि किया करते थे।

इस आधार पर चर्म-कर्म का संपादन करनेवाले ऋषि-मुनि चर्मकार की श्रेणी के माने जा सकते थे, किंतु उनको हीनकर्मा अथवा चमार संबोधित नहीं किया गया था। हिंदू शास्त्र-ग्रंथों को प्रक्षिप्त करते समय चर्मकार के साथ 'चमार' शब्द बाद में जोड़ा

गया और चमड़े का काम करनेवाले प्रत्येक स्वाभिमानी और देश एवं धर्म के नाम पर युद्ध के लिए तत्पर लोगों को आक्रांता विदेशी शासकों द्वारा निम्न यानी चर्म-कर्म में बलपूर्वक लगाकर चमार जाति का कहा गया, जबकि इस तरह का नामकरण मुगल शासनकाल में किया गया था, जिसे अंग्रेजों ने सन् 1931 में 'दलित' नाम देकर एक अलग पहचान प्रदान करने का काम इसलिए किया, क्योंकि वे भी हिंदू समाज को ईसाई बनाने और बाँटकर कमजोर करने की कुचेष्टा करते और हिंदू संगठित शक्ति के प्रति दुर्भावना रखते थे। वस्तुतः हिंदू समाज में जाति-प्रथा प्राचीनकाल में पूर्णतः नहीं थी।

हिंदू धर्मग्रंथों अथवा वैदिक साहित्य का अध्ययन करने पर यह स्पष्ट होता है कि वैदिक युग जातिविहीन था और तत्कालीन समाज में जातियों का अस्तित्व नहीं था। मानव जीवन जीने के प्राकृतिक सिद्धांत का कड़ाई से पालन करते हुए अपने सामाजिक जीवन को सफल एवं आध्यात्मिक उत्कर्ष को प्राप्त करता था।[1] जातिविहीन स्वर्णिम वैदिक युग का विश्लेषण करने के लिए तत्कालीन समाज की संरचना, वैदिक वाङ्मय के विविध आयाम, वैश्विक चिंतन में वैदिक सिद्धांत और जीवन जीने के विविध उपादानों पर प्रकाश डालने का प्रयास किया गया है।[2]

ऋग्वेद, उपनिषद्, रामायण, महाभारत, गीता, पुराण और स्मृतियों के उदाहरणों द्वारा यह स्पष्ट करने का प्रयास किया जा चुका है कि पूर्व वैदिक युग में वर्ण नहीं था और जब वर्ण ही नहीं था तो वर्ण-व्यवस्था के प्रदूषण रूप में उत्पन्न जातिप्रथा का भला उसमें पाया जाना कैसे संभव हो सकता है? स्वर्णिम वैदिक युग को जातिविहीन स्वर्णिम युग भी कहा जाता था। 'जातिविहीन' एक अलग चिंतन है जबकि 'जाति-भेदभाव' एक अलग अवधारणा है। जातिविहीन वैदिक युग में जातिगत भेदभाव की स्थिति होने का प्रश्न ही नहीं उठता।

वैदिक, रामायण एवं महाभारत युग में सामाजिक जातिविहीनता के कई उदाहरण मिलते हैं, जैसे—गाड़ीवान रैक्व द्वारा राजा जनश्रुति को वेद पढ़ाया जाना, शूद्र ऐलुष द्वारा ऋग्वेद के कई मंडलों की रचना, राजर्षि विश्वामित्र द्वारा शूद्र राजा सुदास का संरक्षक होना, सीता स्वयंवर में सभी वर्ण एवं जातियों के भाग की कथा, द्रोपदी स्वयंवर में ब्राह्मण (वेशधारी) अर्जुन का भाग लेना, इत्यादि।

वेद की कुल 1151 शाखाओं में कहीं भी जातिवाद या जाति शब्द नहीं है। संपूर्ण वेद भेद-भाव और वर्तमान कुरीतियों से रहित हैं। वेद में जाति-व्यवस्था क्या, जाति शब्द नहीं है। ऋग्वेद के पुरुषसूक्त में जिन वर्णों की उत्पत्ति का उल्लेख है उसमें भी

---

1. वाशम, ए.एल. : दि वंडर दैट वाज इंडिया, लंडन, 1954
2. डॉ. विजय सोनकर शास्त्री, दलित हिंदू की अग्नि परीक्षा, पृ. 36

कहीं वर्ण अथवा जाति के विषय में कोई भेदभाव नहीं है। इससे भी स्पष्ट पता चलता है कि वैदिक युग में जाति-भेद का कोई औचित्य नहीं था। वैदिक मान्यताओं पर आधारित पौराणिक ग्रंथों में भी जाति-भेद का कोई उदाहरण नहीं मिलता है। सीता और द्रौपदी के वैवाहिक संस्कारोत्सव के आलोक में आयोजित स्वयंवर में भाग लेने हेतु सभी वर्ण एवं जाति के पुरुषार्थी आमंत्रित किए गए थे।

वैदिक युग सनातन धर्म यानी वर्तमान हिंदू धर्म का स्वर्णिम काल था। उस समय धर्म पराकाष्ठा पर था। ज्ञान-विज्ञान का पूर्ण व्यवहार्य स्वरूप था। वैदिक काल में आध्यात्मिक उत्सर्ग के साथ वैज्ञानिक उत्कर्ष था। तत्कालीन हिंदू लोकजीवन जातिविहीन था। जातिभेद की स्थिति वैदिक युग के बहुत बाद या यह कहा जा सकता है कि अब से लगभग एक हजार वर्ष पूर्व उत्पन्न हुई। कुंभ आदि स्नान-पर्वों में सभी स्थलों पर सभी वर्ण-जाति के लोग एक साथ स्नान कर सकते थे। बाद में जो इसके विपरीत की स्थिति उत्पन्न हुई उसके लिए हिंदूविरोधी ताकतों, मुगलों, अंग्रेज, कम्यूनिस्ट, कांग्रेस, मुसलिम लीग एवं ईसाई मिशनरियों एवं इन संगठनों में कार्यरत धूर्त लोग जिम्मेदार ठहराए जा सकते हैं, जिन्होंने हिंदू धर्म के संगठन को साहित्य और अन्य क्रिया-कलापों द्वारा अनेक प्रकार से जहर घोलकर नष्ट-भ्रष्ट करने का प्रयास किया और हिंदू जातिविहीन समाज में जाति-प्रथा को प्रायोजित किया।

उत्तर वैदिक काल में समाज के जटिल होने के साथ-साथ वर्ण के गुण-धर्म को स्वीकृति प्राप्त हुई। धीरे-धीरे वर्णों की श्रेणीबद्धता का विकास हुआ जो कालांतर में वर्ण-व्यवस्था के रूप में प्रभावी हुआ। हिंदू लोकजीवन के विषमताओं में वृद्धि, सत्ता और शक्ति की सनक के परिणामस्वरूप समाज में वर्ण-व्यवस्था के साथ-साथ विभिन्न कार्यों को संपादित करनेवाले वंशानुगत समूहों का जन्म हुआ।[1]

कार्य विशेष के लिए कौशल प्राप्त करना सामान्य जन के लिए अपने परिवार एवं कुटुंब में ही संभव था, परिणामतः वंशानुगत जातियाँ भी अस्तित्व में आईं। जातियों की संख्या कर्मानुसार सीमित थी। एक ही वर्ण में कई जातियाँ समाहित थीं। मूलतः सभी जातियाँ ब्राह्मण की कही जाती थीं, क्योंकि सभी वर्ण ब्रह्मा से उत्पन्न होने के कारण ब्राह्मण ही थे।[2]

भारतीय समाज में जातियों को सुनियोजित षड्यंत्र के अंतर्गत सत्ता के हितपोषकों द्वारा विकसित किया गया है। प्रारंभ में मात्र व्यक्ति के कर्म और गुणधर्म को इंगित करनेवाली जातियाँ धीरे-धीरे वंशानुगत समूह विरोध से संबद्ध हो गई। धीरे-धीरे हिंदू

---

1. अथर्ववेद 12/2/54, 18/3/6, 9/14/5
2. महाभारत, शांतिपर्व।

समाज में विभिन्न जातियों की श्रेणी-व्यवस्था का सृजन हुआ। जातियों के सृजन की परंपरा 20वीं शताब्दी के पूर्वार्द्ध तक दिखलाई देती है।[1]

जातियों के संस्तरण के साथ-साथ हिंदू समाज में ऊँच-निम्न की भावना का भी विकास हुआ। धीरे-धीरे वंशानुगत जातीयता एवं कर्मानुगत छुआछूत जैसी श्रेणियाँ हिंदू समाज में मान्य होती चली गईं।[2] जातियों के सीमाबद्ध स्वरूप को बनाए रखने के लिए जाति विशेष की कुछ कमजोरियों को आधार बनाया गया और इस प्रकार की भावनाएँ विकसित की गईं कि वे कमजोरियाँ वंशानुगत हैं और सदैव बनी रहेंगी। जातियों के मध्य सामाजिक संबंध भी परिसीमित करना सामान्य जन के लिए संभव नहीं था।[3]

स्वतंत्रता के बाद, हिंदुस्थान में जातियों की संख्या में कोई वृद्धि नहीं हुई है, बल्कि जाति-व्यवस्था की व्याधि उत्तरोत्तर ठीक हुई है। जातिवाद का प्रभाव होने पर भी अस्पृश्यता और ऊँच-निम्न का भेदभाव समाप्तप्राय है। अब कोई किसी की जाति नहीं पूछ रहा है। चमार जाति के व्यक्ति को 'चमार' कहकर जातिगत रूप से संबोधित कानूनी ढंग से दंडनीय अपराध घोषित हो चुका है। भारत सरकार के संविधान की धारा 17 के तहत अस्पृश्यता को देश में पूर्णरूपेण समाप्त कर दिया गया है। अस्पृश्यता का पालन करनेवाले को गंभीर सजा एवं आर्थिक दंड दोनों की व्यवस्था है। संपूर्ण अनुसूचित एवं दलितवर्ग की जातियाँ विकास पथ पर अग्रसर हैं। यायावर (दर-ब-दर जीवन-यापन करनेवाली) एवं जंगलों में रहकर जीवन-यापन करने वाली जनजातियों की स्थिति अधिक चिंतनीय है। राजनीति क्षेत्र में इनके लिए अलग से आरक्षण की व्यवस्था न होना दुःखद है। अंत्योदय-पद्धति पर जनजातियों के विकास हेतु विशेष पैकेज की व्यवस्था नहीं है, जिसके कारण नक्सलवाद का भय बढ़ता जा रहा है। नक्सलवाद की पहचान अभावग्रस्त जातियों के रूप में करके समस्या का निदान संभव है।

1.5 चंवर वंश का राजवंशीय इतिहास

हिंदू समाज को विश्व का प्रथम सभ्य, सुसंस्कृत और मर्यादित समाज माना जा चुका है, इस आधार पर राज्य और राजा की कल्पना का श्रीगणेश इसी देश से माना जाना स्वतः सिद्ध है। समाज को एक सुव्यवस्थित विधि से संचालित, संवर्धित और समृद्ध रखने के लिए एक मार्गदर्शक और अनुशासक की आवश्यकता थी, जिसके लिए हिंदुस्थान में 'राजा' का पद प्रतिष्ठित हुआ। राजा के निर्देशन और अनुशासन में सुखमय जीवन-

---

1. एन.के. बोस : कास्ट इन इंडिया, मैन इन इंडिया, भाग-31, नं. 3-4, 1951
2. एन.के. दत्तः ओरिजिन ऐंड ग्रोथ ऑफ कास्ट इन इंडिया, भाग-1 व 2, लंदन, 1931
3. अंबेडकरः एनीहिलेशन ऑफ कास्ट्, ठक्कर एंड कं., 1946

यापन करनेवाले लोगों को उस 'राजा की प्रजा' कहा गया।

क्षेत्र-विस्तार के अनुसार हिंदुस्थान में क्षेत्रपति के रूप में अनेक राजा और उनके राज्य की अवस्थिति थी। राजा के लिए किसी वर्ण अथवा जाति-विशेषण की आवश्यकता नहीं थी, बल्कि उसे केवल प्रजापालक, शक्ति और ज्ञानसंपन्न होना चाहिए था। वह अपने राज्य की रक्षा करने की दक्षतावाला होता था और प्रजा के हित के लिए अपना उत्सर्ग करने को सदैव तैयार रहता था। रामायणकाल में क्षत्रिय राजा राम थे तो ब्राह्मण राजा के रूप में रावण था। महाभारतकाल में सभी वर्ण के राजा थे। कर्ण को शूद्र वर्ण के राजा की मान्यता थी। इसीलिए यह पूर्ण प्रमाणित है कि राजा होने के लिए किसी वर्ण-विशेष की आवश्यकता नहीं थी। यही कारण है कि प्राचीन भारत में विभिन्न वर्णों में उत्पन्न लोग राजा हुए और उनका वंश राजवंशीय कहलाया। कालांतर में अथवा वर्तमान समय में इसे क्षत्रिय वर्ण की जाति भाव से जोड़कर इस अवधारणा को विभ्रमित कर दिया गया। और बाद में जन्म के आधार पर उन्हीं वंशों को मान्यता मिलती चली गई। चंवर वंश का भी राजवंशीय इतिहास इसी परंपरा का परिणाम रहा।

हिंदू धर्मग्रंथों में अनेक राजवंशों का उल्लेख मिलता है जिनका आविर्भाव कृषकवंश, पशुपालक वंश, शिल्पकार वंश, व्यापारी वंश की श्रेणी का रहा। उन दिनों गोवंश के राजा का विशेष सम्मान था। मगध के शैशुनाग वंश का अंत करके नंदवंश की स्थापना करनेवाला महापद्म भले ही शूद्र वर्ण का कहा जाता है, परंतु किसी समय मगध का शासन उसी के नंदवंश के हाथों में था। उसका अंत किया मौर्यवंश ने जो कि महानंद पद्म की राजमहिषी के पुत्र चंद्रगुप्त मौर्य के नाम से प्रतिष्ठित हुआ था। हिंदू राजवंशों में शुंगवंश, सातवाहन वंश, गुप्तवंश, महाबोधिवंश, चालुक्य वंश, चंदेल वंश, चंवर वंश, खट्क्वांक वंश (खटीक) इत्यादि का गौरवशाली इतिहास रहा है।

भारतवर्ष के सभी हिंदू राजवंश, प्रायः क्षत्रिय वर्ण से संबंधित थे और वे शूरवीर तथा राजनीति विशारद भी थे। इसलाम अस्वीकार करने के कारण विदेशी तुर्क, मुसलिम एवं मुगल आक्रांता शासकों द्वारा जब उन क्षत्रिय राजवंशों का मानमर्दन करने और उनको हिंदू समाज में हिंदू धर्मपालक के स्वाभिमान को तोड़कर अपमानित करने के उद्देश्य से गंदे और अपवित्र कार्यों में बलपूर्वक लगाया गया। उनके सामाजिक, आर्थिक एवं राजवंशीय स्थिति को नष्ट-भ्रष्ट कर उन्हें निर्धन एवं दर-ब-दर कर दिया गया। ऐसी त्रासदी सहने के उपरांत उनकी क्षत्रिय और राजवंशीय पहचान विलुप्त हो गई। इसका जीवंत उदाहरण चंवर वंश के क्षत्रिय हैं, जिनको सिकंदर लोदी ने बलपूर्वक चर्म-कर्म में लगाया और 'चमार' शब्द का संबोधन दिया जो कालांतर में उनके लिए जाति का नाम हो गया, जबकि इसके पूर्व काल में 'चमार' जाति की न तो व्युत्पत्ति हुई थी और न ही इसे जाति की संज्ञा प्राप्त थी।

हिंदू राजवंशों की अवस्थिति पूर्व में क्षेत्र-विशेष में होती थी, इसलिए चंवर वंश ने भी एक क्षेत्र-विशेष में राज्य-कार्य संपन्न किया था। इस वंश के प्रथम प्रतापी राजा ने चंवरसेन नाम से शासन किया था। वह सूर्यवंशी शाखा का क्षत्रिय-कुल विभूषित था। चंवरसेन के कमलसेन, ब्रह्मसेन, रतिसेन आदि पुत्र हुए थे। कालांतर में इस वंश में भद्रसेन नामक प्रबल प्रतापी राजा हुआ था जिसके पुत्र का नाम त्रियसेन था। उसके बाद क्रमशः सूर्यसेन और चामुंडाराय नामक बड़े बहादुर राजा इस वंश में हुए थे। चंवरावती उनकी राजधानी थी। इस राजधानी का नामकरण इसी चंवरवंश के नाम के सम्मान में किया गया था। सिसोदिया वंश के संस्थापक बाप्पा रावल (730-753 ई.) का शुभ विवाह चंवरवंश की ही राजकुमारी के साथ हुआ था। गुजरात के चंवरवंश की राजकुमारी एक देवी की मूर्ति अपने साथ लाई थी जिसे चित्तौड़ के एक मंदिर में सम्मान के साथ स्थापित किया गया था। वह मूर्ति आज भी विद्यमान है। यह भी कहा जाता है कि बाप्पा रावल ने गजनी के सुल्तान को हराकर चंवरवंश के सरदार को वहाँ का शासक नियुक्त किया था।

हिंदू राजवंश-परंपरा में प्रतिष्ठित चंवरवंश के बारे में विदेशी विद्वान् कर्नल टाड ने अपनी पुस्तक 'राजस्थान का इतिहास' में विस्तार से उल्लेख किया है। इस राजवंश का उल्लेख महाभारत के अनुशासन पर्व में भी मिलता है, जिससे स्वतः सिद्ध हो जाता है कि चंवरवंश अन्य सभी हिंदू राजवंशों से प्राचीन और महाभारतकालीन एक प्रतिष्ठित राजवंश था और उसका गौरवशाली इतिहास भी था। चंवरवंश के राजा यदि सत्ता में न होते तो वे महाभारत के युद्ध में भाग लेने के लिए सादर आमंत्रित न हुए होते, इसका प्रमाण स्वतः महाभारत ग्रंथ है जिसमें इस वंश का उल्लेख इन पंक्तियों में हुआ है—

'सौडिका दर्दा दर्वा, चंवरा शर्बर बर्बरा।'

चंवरवंश का राजवंशी इतिहास भी अन्य राजवंशों की भाँति क्रमबद्ध रूप से नहीं प्राप्त होता है। वे संपूर्ण भारतवर्ष पर एक साथ राज्य नहीं किए थे, बल्कि अन्य हिंदू राजवंशों की भाँति उन्होंने भी कुछ क्षेत्र विशेष के भू भागों पर शासन किया था। विदेशी मुसलिम आक्रांता शासकों के शासनकाल में भी यह राजवंश निश्चित रूप से देश के पश्चिमी भाग (गुजरात का वह भू-भाग जो 1947 ई. के भारत-पाक विभाजन के उपरांत आज पाकिस्तान में है) में सत्ता में था और पश्चिम दिशा से हुए तुर्कों के आक्रमण के समय इस वंश ने विदेशी आक्रांता मुसलमानों का कड़ा मुकाबला किया था, यही कारण था कि सिकंदर लोदी उस राजवंश के संत शिरोमणि गुरु रैदास से ईर्ष्या और द्वेष रखता था, परंतु उनकी हत्या करने से डरता था। निस्संदेह उसने भी अपने पूर्वजों से चंवरवंश के क्षत्रियों के साहसपूर्ण राजवंशीय इतिहास की कहानियों को सुना था, इसीलिए सदैव

डरता रहता था कि यदि उसने संत रैदास को खरोंच भी लगाया तो उस राजवंशीय जाति के लोग विद्रोह कर सकते थे। इसी भय से वह संत शिरोमणि गुरु रैदास को अधिक दिनों तक जेल में भी नहीं रख सका था।

चंवर राजवंश कभी साम्राज्यवादी नहीं था, इसलिए इतिहास के पृष्ठों में उसका किसी भी राजवंश से कोई युद्ध नहीं हुआ मिलता है। महाभारतकाल में भी उसने केवल धर्म-अधर्म युद्ध में भाग लिया था। परंतु मध्यकाल में उसने इसलामिक शक्तियों से हिंदू धर्म की रक्षा में निश्चित रूप से अपना पराक्रम दिखलाया था जिसका लोहा सल्तनतकाल तक के सुल्तान मानते थे। सिकंदर लोदी का उस वंश के एक संत महात्मा से भयभीत बने रहना इस बात का ज्वलंत प्रमाण है। यह राजवंश निश्चित रूप से जब तक सत्ता में रहा, हिंदू राजवंशों की मर्यादित परंपराओं का अनुसरण करता रहा, जिसमें सत्यनिष्ठ व्यवहार, भ्रातृत्व की भावना, पड़ोसी राज्यों के प्रति वसुधैव कुटुंबकम् और सर्वे भवन्तु सुखिन-सर्वेसंतु निरामया: की वैचारिकी को रखता रहा। मुसलिम आक्रांताओं द्वारा युद्धबंदी होने पर भी इस पराक्रमी राजवंश ने हिंदू धर्म में अपनी निष्ठा को बनाए रखा और किसी भी मूल्य पर इसलाम स्वीकार नहीं किया।

चंवर वंश के राजवंशीय इतिहास का एक अन्य उदाहरण यह भी प्राप्त होता है कि इस वंश के लोग क्षत्रिय थे और उनका वैवाहिक संबंध बाप्पा रावल के वंश के साथ था। राणा सांगा और उनकी पत्नी झाली रानी ने चंवर वंश से संबंध रखनेवाले संत शिरोमणि रैदासजी को अपना गुरु बनाकर उनको अपने मेवाड़ के राजगुरु की उपाधि देकर चित्तौड़गढ़ के किले में ही रहने की प्रार्थना भी की थी।

चंवर वंश के राजवंशीय इतिहास की ओर चंवरपुराण भी उल्लेख करता है और इस राजवंश की प्रशंसा में इसे सतयुग के आरंभ में द्विज वंश का राजवंश बतलाता है। चंवरसेन को चक्रवर्ती राजा बतलाते हुए उल्लेख किया गया है कि उनके वैवाहिक संबंध राजघरानों में होते थे। अंबारिका के राजा अंबारिष्ट देव की कन्या का चंवरसेन से विवाह, चंवरसेन के पुत्र कमलसेन को क्लीवियल देश के राजा मत्युकगेश की कन्या से विवाह, चामुंडराय का चंवर वंश की राजकुमारी विनितियाँ से विवाह आदि इसके प्रमुख उदाहरण हैं जिनसे इस वंश का राजवंशीय सिद्ध होना प्रमाणित है।

1.6 इसलामिक काल में बनी हिंदू चमार जाति

इसलामिक काल यानी विदेशी मुसलमान शासकों द्वारा हिंदुस्थान पर हुए लगभग छह सौ वर्षों का शासनकाल हिंदुओं के लिए अत्यंत दु:खदायी था। चूँकि विदेशी तुर्क एवं मुसलिम आक्रांताओं ने हिंदुस्थान पर बार-बार आक्रमण किया एवं परास्त होने के उपरांत वे अत्यंत क्रोधित होकर पुन: आक्रमण करते थे। उनके ध्यान में यह आ

चुका था कि उनके बारंबार पराजय के पीछे धर्मरक्षक ब्राह्मण एवं देशरक्षक क्षत्रियों की भूमिका प्रमुख रही। विशेषत: क्षत्रियवंशी जातियों से वे पूर्णरूपेण चिढ़े हुए थे। उनका प्रथम लक्ष्य था कि ब्राह्मण एवं क्षत्रियों को मिटाए बिना हिंदुस्थान की सत्ता उन्हें नहीं प्राप्त हो सकेगी। आक्रांताओं को जब भी अवसर मिलता था तो वे ब्राह्मण एवं क्षत्रियों पर अनवरत अत्याचार करते थे। हिंदुस्थान में अनेक छोटे-बड़े राजा थे। उनमें आपस में संगठन की भी कमी थी। परिणामस्वरूप विदेशी आक्रांता तुर्कों एवं मुसलमानों के अनेक बार आक्रमण से मुलतान एवं अन्यान्य सीमावर्ती हिंदू राजा सामरिक रूप से कमजोर होते चले गए। एक समय ऐसा भी आया कि या तो वे परास्त हो जाते थे या उनके समक्ष समर्पण कर देते थे। लाखों महिलाओं को वे सामान के रूप में लूटकर धन इत्यादि की भाँति अरब लेकर चले जाते थे। इस प्रकार जब भी बड़ी संख्या में हिंदुओं को बंदी बनाते थे तो उस समय उनके सामने इसलाम को स्वीकार करने की शर्त रखी जाती थी। स्वीकार न करने पर उनके हिंदू होने के स्वाभिमान को भंग किया जाता था। स्वाभिमानी हिंदुओं को बलपूर्वक अस्वच्छ एवं अपवित्र कार्यों में लगाया जाता था।

वर्तमान हिंदू समाज में जिनको चमार जाति की संज्ञा प्राप्त है, उसका किसी भी स्तर पर प्राचीन स्वरूप अप्राप्त है। प्राचीनकाल में न तो यह शब्द था और न ही इस नाम की कोई जाति थी। स्वाभिमानी राजवंशीय क्षत्रियों एवं ब्राह्मणों के साथ कुछ ऐसे लोग भी चर्म-कर्म में बलपूर्वक लगाए गए जो देश की अर्थव्यवस्था में महत्त्वपूर्ण थे। ऐसे एक समुदाय का उल्लेख मिलता हैं। जिनका मुख्य कार्य वस्त्र निर्माण था। हिंदुस्थान से ही वस्त्र संपूर्ण संसार को भेजा जाता था। ऋग्वेद में भी बुनाई तकनीकी का उल्लेख है।[1] ये लोग चमड़े का काम भी नहीं करते थे। इनका मुख्य पेशा बुनकर का था और उनको प्राचीन नाम 'तंतुवाय' प्राप्त था। वस्त्र-शिल्पी होने से इनकी आर्थिक स्थिति अच्छी थी। हिंदू रीति-रिवाजों के अनुसार ये अपना जीवन-यापन करते थे। शुभ-अशुभ विचार, ग्रह-नक्षत्र विचार, पूजा-पाठ, कृषि-उद्योग-वाणिज्य-व्यापार इनकी जीविका का साधन था। क्षत्रियवंशीय होने से ये सैनिक का कार्य भी करते थे। इनकी आर्थिक समृद्धि का अनुमान इसी से लगाया जा सकता है कि संत शिरोमणि गुरु रैदास के जन्म के अवसर पर उनके परिवारवालों ने भोज दिया था और दान-दक्षिणा भी बाँटा था—

धन संपत्ति की कमी न स्वामी।
दीना सबकुछ अंतरयामी।
सकल कुटुंबी मित्र जिमाए।

---

1. ऋग्वेद, अध्याय 2

भिक्षुक जन संतुष्ट कराए।
निज गुरु इष्टदेव सनमाने।
दिए दान अनुपम मनमाने।

वर्तमान चमार जाति पूर्वकालीन क्षत्रिय राजवंश के थे, यह बात पूर्व में बतलाई जा चुकी है। उन्होंने मुसलिम आक्रमणों का मुँहतोड़ जवाब भी दिया था, इसलिए वे विदेशी आक्रांताओं के आँख की किरकिरी बने हुए थे। यही कारण था कि सिकंदर लोदी ने संत रैदास सहित लाखों हिंदुओं को इसलाम धर्म स्वीकारने के लिए विवश किया और जब बलपूर्वक भी उन्हें इसलाम में धर्मांतरित करने में असफल रहा तो उनको चमड़े के कार्यों में नियोजित करके उनके स्वाभिमान को कुचलने का प्रयास किया। सत्ता से टकराकर असंख्य स्वाभिमानी हिंदुओं एवं क्षत्रियों का बलिदान अनुचित समझकर संत रैदास ने उनका नेतृत्व करते हुए चमड़े का काम करना स्वीकार किया। अतएव यह स्पष्ट है कि इसलामिक काल में ही हिंदू चमार जाति का प्रादुर्भाव हुआ।

सत्तासीन विदेशी क्रूर मुसलिम शासकों का मुख्य अभीष्ट था 'हिंदुस्थान का इसलामीकरण।' लक्ष्य की प्राप्ति के लिए सभी प्रकार के प्रयास किए गए। मुल्ला-मौलवियों द्वारा घर-घर जाकर इसलाम धर्म की प्रशंसा प्रचारित की गई। फकीरों को साधु-संतों की पद्धति पर खुदाई चमत्कारों की मनगढ़ंत कथाओं को सुनाने के लिए दरगाहों से बाहर को प्रस्थान कराया गया। इसलामिक मदरसों में उर्दू की पढ़ाई हिंदुओं के लिए अनिवार्य कर दी गई और हिंदू शिशुओं को अल्लाह और पैगंबर के महत्त्व को समझाने तथा नमाज पढ़ने में लगाया गया। जानकारी होने पर हिंदुओं ने अपने बच्चों की शिक्षा रोक दी। कुछ हिंदू गुरुकुलों में पढ़ पाए, जबकि अधिकाधिक हिंदुओं की जनसंख्या शिक्षा प्राप्त करने से वंचित रह गई। हिंदू विद्यालय में जहाँ मुसलिम अध्यापक नियुक्त थे, हिंदू बच्चों को बात-बात में इतना बुरी तरह पीट देते थे कि भय के कारण वह विद्यालय आना बंद कर देते थे। इस तरह हिंदुओं को निरक्षर, अनपढ़ और गँवार बनाकर उनकी अज्ञानता का लाभ उठाते हुए उनको इसलाम स्वीकारने और मुसलमान बनाने का विदेशी आक्रांताओं के शासनकाल में प्रयास किया गया। कट्टर हिंदुओं को गाँव और ग्राम्यभूमि तथा अन्यान्य संपदाएँ देने का लालच भी दिया जाता था। इनकार करनेवालों को पहले जेल की सख्त सजा देते और बाद में मौत के घाट उतार देते थे। इस प्रकार हिंदुओं को मुसलमान बनाने का प्रचंड दबाव मुसलिम शासकों का था जिसका उल्लेख गुरु रैदास की अद्योलिखित पंक्तियों में हुआ है—

बाढ़े यवन यहाँ योहि भाँति। हिंदू धर्म घटे दिन-राति॥
बाढ़ै दुष्ट नीच अभिमानी। जिन वेदन की सार न जानी॥
ऊँच-नीच को भेद बढ़ाए। जिसने भारत देश बनाए॥
धर्म सनातन डूबो जाई। बढ़ अज्ञान दह्यो दुखदाई॥
भयो लोभवश नर और नारी। दई धर्म की सुरति बिसारी॥

सदना कसाई को मुसलमान से हिंदू बनाने पर गुरु रैदास के प्रति सिकंदर लोदी द्वारा जो कठोर व्यवहार किया गया था उसे इन पंक्तियों में देखा जा सकता है और अनुमान लगाया जा सकता है कि विदेशी आक्रांता शासक एवं सुल्तानों को इसलाम के विरुद्ध कुछ भी असह्य था—

बादशाह ने वचन उचारा। मत प्यारा इसलाम हमारा॥
खंडन करै उसे रविदासा। उसे करौ प्राण कौ नाशा॥
बाँधहूँ जिकड़न अबहिं रविदासा। देहूँ इन्हें अति भारी त्रासा॥
बंदी गृह में डारौ जाई। कष्ट देऊ इसको अधिकाई॥
जब तक राम नाम रट लावे। दाना पानी यह नहीं पावे॥
जब इसलाम धर्म स्वीकारे। मुख से कलमा आप उचारै॥
पढ़े नमाज जभी चितलाई। दाना पानी तब यह पाई॥

इसलामिक काल में धर्मांध शासकों ने यह नीति बना रखी थी कि जो हिंदू आसानी से हिंदू धर्म का त्याग करके इसलाम स्वीकार कर लेता था उसके साथ नरमी बरती जाती थी, परंतु भेदभाव उनके साथ भी किया जाता था। भारतीय मुसलमानों को वे लोग निम्न श्रेणी का ही मानते थे, परंतु जिन लोगों ने किसी भी मूल्य पर इसलाम अस्वीकार कर दिया, उनको सर्वप्रथम मौत के घाट उतारने का ही प्रयास हुआ। जिनको मृत्युदंड दिया जाना असंभव था और ऐसा करने पर राष्ट्रीय स्तर पर एक बड़ा विद्रोह खड़ा हो सकता था, उनके साथ केवल अपमानजनक काररवाही की गई।

चूँकि उन दिनों इसलाम अस्वीकार करनेवाली अनेक क्षत्रिय स्वाभिमानी जातियाँ थीं इसलिए उनको मैला ढोने और चमड़े के अस्वच्छ एवं अपवित्र कार्यों में नियोजित किया गया। चमड़े के काम में लगाए गए लोगों को 'चमार' नाम दिया गया और वाल्मीकि क्षत्रियों को 'भंगी' संज्ञा प्रदान की गई। चमड़े का काम अधिक विस्तृत पैमाने पर कराया गया, क्योंकि मारे गए पशुओं की संख्या अधिक हुआ करती थी। ऐसे लोगों से प्रायः सभी प्रांतों में कार्य कराया गया था इसलिए चमड़े का काम करनेवालों की देशव्यापी समुदाय विकसित हुआ और चमड़े के काम से जुड़े होने के कारण उन सभी

को चर्मकार यानी चमार संबोधित किया गया, यद्यपि उनकी उपजातीय वंश एवं गोत्रों की पहचान यथावत बनी रही।

इसका प्रत्यक्ष प्रमाण है कि देश भर की सैकड़ों उपजातियाँ वर्तमान में 'चमार' नाम से जानी जाती हैं। गोत्रों के आधार पर भी इनकी अलग-अलग पहचान की जा सकती है, परंतु सामूहिक रूप में वे चमार संबोधित किए जाते हैं। उदाहरण के लिए यदि देखा जाए तो उत्तर प्रदेश गोरखपुर में पहले चमार नहीं थे, विगत चार सौ वर्षों से इनको उस जनपद में भी पाया जाता है। इसका कारण लोगों का प्रवासी होना भी हो सकता है। परंतु इसमें कोई संदेह नहीं रह गया है कि इस जाति का नामकरण विदेशी इसलामिक आक्रांताओं ने किया जो उस समय हिंदुस्थान में शक्ति के बल पर शासक बन बैठे थे।

यहाँ, यह स्पष्ट कर देना उचित प्रतीत होता है कि विदेशी आक्रांताओं द्वारा शासित इसलामिक काल में जिनको चमड़े के काम में लगाया गया और उनको जातिगत नाम चमार से संबोधित करके अपमानित किया गया। वे लोग पूर्वकाल में विभिन्न पेशों से जुड़े स्वाभिमानी हिंदू एवं अनेकानेक गोत्रस: क्षत्रिय थे। क्षत्रियों में उनकी अपनी अलग श्रेणी थी जिसे क्षत्रिय की उपजाति अथवा गोत्र के रूप में अंतर करते थे। परंतु चमड़े के काम में बलपूर्वक लगाए जाने के बाद, उनमें देश स्तर पर एकरूपता आई और वे सभी 'चमार' संबोधित किए गए। इस तरह विदेशी मुसलिम आक्रांता शासकों ने हिंदू चमार जाति के एक बड़े समूह को उत्पन्न किया जो आज भी अपनी विभिन्न उपजातियों और विभिन्न और अलग-अलग गोत्रों के साथ हिंदू समाज की एक सशक्त कड़ी हैं।

1.7 चमार जाति में 'चंवर वंश'

यहाँ स्पष्ट कर देना उचित होगा चमार जाति में अनेक क्षत्रिय वंश एवं गोत्र के लोगों को उनके धर्माभिमान, स्वाभिमान एवं राष्ट्राभिमान के लिए दंडित करके विदेशी मुसलिम आक्रांता शासकों ने बलपूर्वक शामिल किया है, जिनमें से चंवर वंश भी एक है जो पूर्वकाल में क्षत्रियकुल की एक राजवंशीय जाति मानी जाती थी और उस वंश के लोग धन-संपन्न, धर्म-संपन्न और शक्ति-संपन्न थे। प्राचीन हिंदू समाज में मुख्य रूप से चंवर वंश ही प्रसिद्धि प्राप्त था और क्षत्रियकुल से संबंधित होने के कारण उसकी जीविका (वृत्ति) सैनिक की थी। इस वंश का चर्म-कर्म से कोई संबंध नहीं था। अतएव मुसलिम शासन के पूर्व में इसको चमार जाति में माने जाने का कोई आधार ही नहीं मिलता है।

चमार जाति के संबंध में भी हिंदू धर्मग्रंथ पूर्णत: मौन है। उनमें कहीं भी इस जाति का उल्लेख नहीं मिलता है। वर्तमान में जिन-जिन प्रांतों में चमार जाति पाए जाने का

उल्लेख हमें प्राप्त होता है उनके बारे में भी हमारे शास्त्र-ग्रंथ मौन हैं। वर्तमान चमार की जो उप-जातियाँ और गोत्र पाए जाते हैं, उनसे भी स्पष्ट हो जाता है कि चमार जाति में किसी एक वंश की जातियाँ नहीं पाई जाती हैं। इससे यह बात स्वतः स्पष्ट हो जाती है कि यह चमार जाति अनेक बहादुर और स्वाभिमानी वंश एवं गोत्रों का सामूहिक नाम है और यह नाम उनको मध्यकालीन मुसलिम शासकों द्वारा बलपूर्वक चर्म-कर्म में लगाकर उन्हें दिया गया है। इसके पूर्व वे प्रत्येक प्रांतों में अपने-अपने वंश और गोत्रों के नाम से ही जाने, पहचाने और संबोधित किए जाते थे। उनकी प्राचीन पहचान धर्मरक्षक बाह्मण एवं देशरक्षक क्षत्रिय की है। इंगलैंड के एक विद्वान् प्रो. शेरिग ने स्पष्ट व्यक्त किया है कि भारत के निम्न जाति के लोग कोई और नहीं ब्राह्मण एवं क्षत्रिय ही हैं।[1]

मुसलिम इतिहासकारों ने भी स्वाभिमानी और बहादुर जातियों के उन लोगों को जिनको बलपूर्वक चमड़े के काम में लगाया गया था, 'चमार' ही लिखा है। हिंदुस्थान के लिए उनके इतिहास ग्रंथों का कोई मूल्य नहीं है, क्योंकि वे ग्रंथ केवल अपने सुल्तानों को प्रशंसा एवं चाटुकारिता में ही लिखे गए हैं। इसी तरह अंग्रेजों ने चमार जाति का जो इतिहास लिखा है वह भी उस समय का है जब मुसलिम आक्रांताओं ने स्वाभिमानी, धर्मपरायण एवं देशरक्षक हिंदुओं को विवश करके उन्हें बलपूर्वक चमड़े के कार्य में लगाकर चमार जाति को जन्म देकर उसे समाज में अत्यंत हीन अवस्था में पहुँचा दिया था। अंग्रेज पहले से ही फूट डालो और राज्य करो की नीति लेकर आए थे। उन्होंने भी इस सत्य को उजागर नहीं किया कि 'चमार' नाम पूर्णतः कृत्रिम और विदेशी मुसलिम शासकों की देन है। उन्होंने कुछ तो अपने मन से कथानक गढ़े, कुछ त्रुटिपूर्ण और गलत ग्रंथ लिखवाए तथा मिलावट करते हुए उनके ही आधारों पर अपनी ओर से भी गलत इतिहास लिखा। वर्तमान चमार जाति के लोग केवल अंग्रेजों के लिखे ग्रंथों के आधार पर यह मानने लगते हैं कि उनकी और उनकी जाति के साथ उत्पीड़न और अत्याचार तथाकथित वर्तमान उच्च जाति के हिंदुओं ने किया।

वस्तुस्थिति यह है कि चमार स्वयं सवर्ण श्रेणी के थे और उनके साथ इस तरह का भेदभाव करने की स्थिति केवल मुसलमानों ने पैदा की और अंग्रेजों ने आग में घी डालने का काम किया, परंतु इस ओर ध्यान देने और सच्चाई जानने का कष्ट कोई भी चमार नहीं करते हैं। उनको यह स्वयं सोचना है कि विभिन्न प्रांतों से विभिन्न नाम और गोत्रों से जाने गए वे सभी लोग किस प्रकार से एक ही जाति अर्थात् चमार जाति के कैसे हो सकते हैं? स्पष्ट है कि वे सभी लोग बलपूर्वक चमड़ा का काम करने के लिए लगाए जाने के कारण ही चमार नामित किए गए हैं और यह कार्य किसी हिंदू अथवा सवर्ण

1. प्रो. शेरिग, हिंदू कास्ट एंड ट्राईब्स, भूमिका, पृ. 20

ने नहीं बल्कि एकमात्र विदेशी मुसलमानों ने किया था।

वर्तमान समय में चमार और उसकी वंश-गोत्र की विभिन्नतावाली अन्य उपजातियों का वास्तविक इतिहास लिखने एवं प्रचारित करने की आवश्यकता है, ताकि लोग यह ठीक से समझ सकें कि वर्तमान में उनको चमार जाति की जो श्रेणी मिली है, उसकी जानकारी सार्वजनिक करने हेतु उन सभी उपजातियों के अलग-अलग इतिहास लेखन की नितांत आवश्यकता है। इसके लिए उन उपजातियों का हिंदू धर्मग्रंथों में जहाँ-जहाँ उल्लेख हुआ है उन स्रोतों को संकलित किए जाने की आवश्यकता है और अंग्रेजों अथवा विदेशी मुसलिम इतिहासकारों के ग्रंथों को आधार बनाना पूर्णतः त्रुटिपूर्ण है।

अंग्रेजों ने चमार जाति जैसी कही जानेवाली हिंदू स्वाभिमानी जातियों को मात्र इसलिए दलित की श्रेणी में रखा और 'दलित' संबोधन दिया कि उनको यानी जो ब्राह्मण एवं क्षत्रिय जो विदेशी मुसलमान शासकों का विरोध किए उन्हें मुसलिम काल में भयंकर लूटपाट, अत्याचार एवं व्यभिचार का शिकार होने से पूर्णतः विपन्न हो जाना पड़ा था और यह जानते हुए भी अंग्रेजों ने अपने शासनकाल में उनके लिए किसी विशेष राजाश्रय यानी पैकेज की योजना नहीं बनाई। उनको अंग्रेजी शासनकाल में दोहरी मार पड़ी। उन्हें या तो अपने उपनिवेशों में बंधुआ मजदूर बनाकर देश के बाहर मारिशस, सूरीनाम, वेस्टइंडीज इत्यादि देशों को भेजा अथवा उनके खून चूसकर उनके परिश्रम की कमाई को इंग्लैंड ले गए। जाते-जाते भी उन्होंने 'दलित' के नाम पर एक मजबूत हिंदू समाज को खंडों में विभक्त कर दिया, अतएव उनके लिखे ग्रंथों को पूर्णतः सत्य मानना स्वयं अपने को भ्रम में रखना है।

वर्तमान समय में चमार जाति के अंतर्गत आनेवाले सभी उपजातियों एवं गोत्रों के लोग यह अच्छी तरह समझने लगे हैं कि केवल चमड़े के काम के आधार पर ही उनकी अपवित्रता और अस्पृश्यता की मान्यता को ही आधार मानकर चमार जाति में रखने का त्रुटिपूर्ण प्रयास किया जा रहा है। चूँकि अस्पृश्यता गैरकानूनी घोषित है और वह अब, वर्तमान हिंदू समाज में समाप्तप्राय है और क्रमशः जाति-प्रथा भी मरने लगी है, ऐसे में अंग्रेजों के भ्रामक और मिथ्या तथ्यों के आधार पर अश्लील जैसी बातें इस जाति के इतिहास लेखन की मर्यादा का उल्लंघन करती हैं। इस संदर्भ में डब्ल्यू.एस. विग्रस नामक अंग्रेज लेखक द्वारा 1920 ई. में लिखी पुस्तक 'दी चमार' एक ज्वलंत उदाहरण है। मात्र चमार जाति पर ही अंग्रेजों द्वारा यह पुस्तक क्यों लिखी गई?[1]

---

1. डब्ल्यू.एस. विग्रस, दी चमार

ऐतिहासिक सत्यों को झुठलाया नहीं जा सकता और न ही भ्रामक तथ्यों को प्रकाशित

करके लोगों की सोच को गुमराह ही किया जा सकता है। यह सत्य है कि वर्तमान चमार जाति पर हिंदू समाज में तथा उच्च जाति के हिंदुओं द्वारा ही बड़ा अत्याचार हुआ है। यह सब इतिहास एवं ऐतिहासिक तथ्य ज्ञात न होने के कारण अज्ञानतावश होता रहा है, क्योंकि चमार जाति पूर्वकाल में थी ही नहीं। इस जाति की उत्पत्ति मुसलिम शासकों द्वारा स्वाभिमानी एवं धर्माभिमानी ब्राह्मण एवं क्षत्रियों को बलपूर्वक गोचर्म की वृत्ति में लगाकर मध्यकाल में हुआ और वह भी केवल इसलाम स्वीकार न करने के कारण। यदि चमार और उसकी समस्त उपजातियों का अलग-अलग वंश और गोत्र देखा जाए तो वे सभी ब्राह्मण एवं क्षत्रिय और स्वाभिमानी श्रेणी की अन्य जातियाँ ही प्राप्त होती हैं।

प्रश्न उठता है कि जब 'चमार' जाति की समस्त उपजातियाँ क्षत्रिय या अन्य श्रेणी की ही हैं तो उनको भला क्योंकर क्षत्रिय अथवा ब्राह्मण आदि वर्ण के लोग अपने से अलग किए और उनके साथ छुआछूत का भेदभाव रखने लगे? उत्तर स्वतः मिल जाता है कि यह व्यवस्था मुसलिम आक्रांताओं द्वारा प्रायोजित थी। मध्यकालीन शासन से पूर्व भारत में चर्म एवं सफाई कर्म का एक भी उदाहरण नहीं मिलता है। हिंदू चमड़े को निषिद्ध एवं हेय समझते थे। लेकिन भारत में मुसलिम शासकों ने इसके उत्पाद के भारी प्रयास किए थे।[1] वर्तमान में इसका सुंदर उदाहरण प्रस्तुत है कि अब किसी भी चमार अथवा उसकी उपजाति या ऐसी अन्य अनुसूचित जातियों के लोगों के साथ कोई तथाकथित सवर्ण अथवा उच्चवर्ण का हिंदू भेदभाव नहीं रखता है और न ही उनसे उनकी जाति पूछी जा रही है। सुखद बात है कि हिंदुस्थान एक बार पुनः विदेशी प्रायोजित षड्यंत्र एवं बंधनों से मुक्त होने के बाद अपने जाति-वर्णविहीन वैदिक युग की सर्वमान्य अवधारणा की ओर चल पड़ा है।

चमार जाति के विषय में एक अंग्रेज इतिहासकार जी. डब्ल्यू. ब्रिग्स ने त्रुटिपूर्ण और तथ्यहीन संदर्भों को संकलित करके और मध्यकाल में प्रचलित किंवदंतियों और प्रथाओं को आधार मानकर चमार जाति का नग्न इतिहास लिखने का प्रयास किया है। इसमें चमार जाति के बारे में इतनी मनगढ़ंत बातें प्रदूषण फैलाने के उद्देश्य से लिखी गई हैं कि उन ऐसे अश्लील विवरणों को पढ़ने के बाद किसी भी चमार और उसकी उपजाति के लिए आक्रोश और क्षोभ का विषय होना चाहिए। इनका अध्ययन करने पर अनावश्यक रूप से समाज में प्रदूषण फैलता है और हिंदू समाज में बिखराव, प्रतिहिंसा आदि के साथ स्वयं चर्मकार जाति में तीव्र हीनता के भाव उत्पन्न होते हैं।

ऐसे लेखकों ने वैदिक ग्रंथों में उद्धृत चर्म-कर्म और चर्मकार की गलत व्याख्याएँ देने में तनिक भी संकोच नहीं किया है। उन्होंने ही चमार को निम्न जन्म-परिस्थिति और

1. डॉ. हमीदा खातून, अर्वनाईजेशन, पृ. 50

वर्णसंकरता प्रदान की है। यह एक प्रकार से सुसभ्य समाज द्वारा प्रयुक्त गाली है। चमार जाति की उत्पत्ति में मृत पशु को घर से चमार जाति के द्वारा ही बाहर निकाले जाने को एक कारण दिखलाकर उन्होंने इस सत्य को झुठलाने का प्रयास किया है कि इस देश की हिंदू-संस्कृति में सभी वर्ण और धर्म के लोग पशुओं की पूजा करते हैं और उनकी मृत्यु हो जाने पर उनका अंतिम संस्कार पवित्र स्थानों और नदियों में उनको प्रवाहित करके करते हैं। उन मृत पशुओं की अंत्येष्टि आज भी लोग करते ही हैं, परंतु उनको न तो कोई चमार कहता है और न ही उनके साथ छुआछूत का कोई भेदभाव होता है।

क्षेत्र और प्रांतों के निवासियों की बोली और भाषा तथा उनके पूर्वकालिक व्यवसायों के आधार पर भी चमार जाति की अनेक उपजातियों का नामकरण है, जो अपने आप में यह स्पष्ट करता है कि चमार जाति के लोग वे ही हैं जिनको मध्यकालीन मुसलिम शासकों ने बलपूर्वक चमड़े के काम लगाया था, अपमानित किया था और उनको अपवित्र कहकर समाज की मुख्य धारा से अलग किया था। उनको दलित नाम अंग्रेजों ने दिया था। आज का संपूर्ण हिंदू समाज संत शिरोमणि गुरु रैदास को सम्मान देता है और चमार जाति तथा उसकी समस्त उपजातियों-प्रजातियों, गोत्रों आदि के साथ मैत्री एवं समरसतापूर्ण व्यवहार रखता है, क्योंकि वर्तमान हिंदू चमार जाति के कहे जानेवाले मूलत: ब्राह्मण एवं क्षत्रिय थे और हिंदू धर्म में बने रहने के लिए विदेशी मुसलिम शासकों के द्वारा अस्वच्छ वृत्ति में लगा दिए जाने के बाद एवं अपना सबकुछ हिंदुत्व के नाम पर समर्पित कर देने में अद्वितीय थे। आज भी उनकी धर्मपरायणता एवं हिंदू धर्मरक्षा की शौर्यकथाएँ सराहनीय हैं।

1.8 धर्मपरायण हिंदू चमार जाति

वर्तमान हिंदू चमार जाति आदिकाल में नहीं थी, किंतु वह जिस भी क्षत्रिय और स्वाभिमानी तथा गौरवशाली राजवंशीय स्वरूप में विद्यमान थी, सभी रूपों और स्वरूपों में वह सनातन हिंदू धर्म की प्रखर अनुयायी अवश्य थी। विदेशी मुसलिम आक्रांता शासकों द्वारा बलपूर्वक पशु-कर्म अथवा चमड़े के अस्वच्छ एवं अपवित्र वृत्ति में संलग्न किए जाने के बाद भी इस जाति के लोगों ने अपना धर्म-कर्म करना कभी बंद नहीं किया। विदेशी मुसलिम आक्रांताओं द्वारा जब प्रत्यक्ष पूजा रोकी जा रही थी और हिंदू मंदिर तथा मूर्तियों को तोड़ा तथा अपमानित किया जा रहा था, उस समय संत रैदासजी ने निरंकार भक्ति उपासना को प्रचलित करके भयंकर रक्तपात को रोकने का कार्य किया था। उनकी निरंकार पूजा उनके अधार्मिक होने का प्रतीक न थी। गुरु रैदास ने इन पंक्तियों में हिंदू चमार जाति की धर्मपरायणता को चित्रित किया है—

धर्म सनातन मानन हारे।

वेदशास्त्र हैं प्राण हमारे।
पूजा रामकृष्ण चितलाई।
गुरु द्विज संत करो सेवकाई।

विदेशी आक्रांता मुसलिम शासकों द्वारा उठी इसलामीकरण की आँधी और मृत्यु के लिए हिंदू जनता कभी हिंदू धर्म का परित्याग न कर सके और विभिन्न प्रकार की मुसलिम शासकों द्वारा हिंदुओं को दिए जा रहे यातनाओं को सहते हुए भी इसलाम को स्वीकार न कर सके, इसके लिए संत रैदास और अन्य संतों ने बड़ी दृढ़ता के साथ से प्रयास किया था। उन्होंने उत्पीड़न का शिकार हुए हिंदू धर्म और तत्कालीन हिंदू समाज का दृश्य इन शब्दों में उल्लेख किया है—

धर्म सनातन डूबो जाई। बढ़ि अज्ञान दह्यो दुःखदाई॥
भयो लोभ वश नर और नारी। दई धर्म की सुरति बिसारी॥
बाढ़ै दुष्ट नीच अभिमानी। जिन वेदन की सार न जानी॥
ऊँच-नीच को भेद बढ़ाए। जिसने गारत देश बनाए॥
घृणा करै जोई नीच विचारै। अपमानित करके दुत्कारै॥
जब अपनी अपमान विहारै। यवन (मुसलिम) धर्म जाके स्वीकारै॥
बाढ़ यवन यहाँ योहि भींती। हिंदू धर्म घटे दिन-राति॥
जाए प्रचार करो सुख साना। जाते होय लोक कल्याणा॥

धर्मपरायण हिंदू चमार जाति महान् पुरोधा संत रैदास ने लोगों को समझाते हुए यह कहा कि मानव से महामानव की चैतन्य अनुभूति का प्रत्यक्ष स्वरूप हिंदू हैं जिसमें जीव-जगत् के प्रति करुणा, कल्याण, प्रेमाशक्ति एवं आस्था स्वभूत है। यही मानवता की चाह का प्रथम प्रत्यक्ष और मानवीय संवेदनाओं को चेतना के स्तर पर प्रारूपबद्ध करने का सार्थक प्रयास है। इसी को मानवपरक हिंदू जीवन-पद्धति भी कहा जाता है। यह जीवन-पद्धति प्रकृतिजन्य विधाओं का समग्र होने के कारण रीति-रिवाज एवं पूजा-पाठ तक ही सीमित नहीं है, बल्कि यह प्रकृति के साथ सामंजस्य स्थापित करके जीवन-यापन का सिद्धांत है। इसकी यही विशेषता इसको एक अलग संस्कृति के रूप में प्रस्तुत करती है, जिसे हम हिंदू-संस्कृति कहते हैं। यह संस्कृति विश्व का मार्गदर्शन करती है। यह मानवपरक जीवन को प्राथमिकता देती है। जीव-हत्या इस धर्म में वर्जित है, जबकि अन्य संस्कृतियों में मानव-हत्याओं की वर्जना नहीं मिलती है। गुरु रैदास ने इसी एक मानवपरक हिंदू जीवन-पद्धति और संस्कृति का खुलकर प्रचार किया था। उन्होंने राजसत्ता के कठोर नियंत्रण को ध्यान में रखते हुए मानव परक हिंदू जीवन-पद्धति एवं संस्कृति की प्रशंसा करने के साथ ही मानव-हत्यारी संस्कृति की खुलेआम

निंदा तक की थी—

रैदास जऊ पोषण हेत, गऊ बकरी नित खाय॥
पढ़ी नमाजै रात-दिन, तबहू भिस्त न पाय॥
रैदास जीव कै मारिकै, कैसो मिलहि खुदाय॥
पीर-पैगंबर-औलिया, कोउ न कहहि समुझाय॥

धर्मपरायण हिंदू चमार जाति के बारे में यदि अवलोकन किया जाए, तो उसमें स्पष्ट रूप से मिलता है कि ये लोग आत्मनिग्रही होते थे और धर्म-कर्म संपादित करते हुए मोक्ष के अधिकारी हुआ करते थे। वे साकार और निराकार, दोनों ही प्रकार से हिंदू सनातन धर्म के प्रति निष्ठावान बने रहे। उनकी प्रखर आध्यात्मिक चिंतनता और साकार-निराकार पूजा-पद्धति को संत रैदास की वाणी में देखा जा सकता है।

'पूजौ रामकृष्ण चितलाई, गूरु द्विज संत करौ सेवकाई' के व्याख्याकार भ्रमवश संत रैदास को साकार ब्रह्म के उपासक मान सकते हैं, जबकि वह निराकार ब्रह्म के उपासक थे। दशरथनंदन श्रीराम के स्थान पर वह अपने आराध्य राम का परिचय इन पंक्तियों में देते हैं—

राम प्रेम है, बरजि मिमि, अब बरजत नहिं काज॥
राम राम अभि रमि गयौ, ताहि न होत इलाज॥
राम हमउ मोहि रहयौ, राम मलूक न दूरि॥

उनके निराकार राम (ब्रह्म) अज्ञेय और अनंत हैं—

शिव सनकादि अंत न पाया, खोजत ब्रह्म जनम गँवाया॥
तीरों न पाती पूजौ न देवा, सहज समाधि करो इहि सेवा॥

निरंकार भक्ति में मंदिर और मूर्ति की आवश्यकता नहीं हुआ करती है। मध्यकालीन सांस्कृतिक संकट काल में जहाँ बड़े-बड़े मंदिर विदेशी मुगल शासकों के द्वारा ध्वस्त किए जा रहे थे, गुरु रैदास ने मंदिर मूर्ति रहित निरंकार पूजोपासना (ध्यान) को प्रतिष्ठित करके टकराव की स्थिति को टाल दिया और भीषण रक्तपात से हिंदू समाज को बचाया। यह भी उनके आध्यात्मिक सोच की ही विशेषता कही जाएगी। 'तीरथ बरत न करूँ अंदेशा' का संदेश देते हुए वह 'जिह्वा सो ओंकार जप, हत्थन सों कर काम' का सुझाव देते रहे।

मध्यकालीन सांस्कृतिक संकटकाल के अकाल के गाल में जाने से हिंदू समाज को बचाने हेतु साकार मत के स्थान पर गुरु रैदास ने निराकार मत का अनुसरण किया

था, जो उचित समय पर लिया गया उचित निर्णय कहा जाएगा। 'तेज सरूपी सकल सिरोमणि, सकल निरंजन राव' से गुरु रैदास के निराकार मत का अनुयायी होने का संकेत यदि कम मिलता है तो इन पंक्तियों से वह पूर्णत: स्पष्ट हो जाता है—

गुन निरगुन कहियत नहि जाकै, कहाँ तो बात सयानी॥
या ही सों तुम जोग कहत हौ, अब लग आस की फाँसी॥
निरगुन ब्रह्म निरास भजौ किन, मनै रैदास उदासी॥
निरंजन निराकार निरलेपहि, निरविकार निरश्वासी॥
काम कुटिलता ही कहि गावै, हर हर आवै हाँसी॥

धर्मपरायण हिंदू चमार जाति की आस्था हिंदू धर्म के महान् पुरोधा गुरु रैदास में है और वे लोग उनके द्वारा बतलाए गए आध्यात्मिक रास्तों पर चलते हैं। कुछ लोग कबीर पंथ के अनुयायी हैं तो कुछ लोग रैदासीपंथ को मानते हैं। ये लोग शिवशंकरी संप्रदाय से जुड़कर आमिष आहार अपनाते हुए अध्यात्म से जुड़े हैं तो अनेक लोग शुद्ध सात्विक और शाकाहारी हैं। कुछ लोग हिंदू देवी-देवताओं की साकार-पूजा में विश्वास करते हैं जबकि कुछ लोग निरंकार वंदना करते हैं। परंतु चमार जाति किसी-न-किसी प्रकार से धार्मिक क्रिया-कलापों से जुड़ी पाई जाती है।

संक्षेप में कहा जा सकता है कि हिंदू धर्म और चंवरवंश का सापेक्ष संबंध बहुत प्राचीन है। हिंदू धर्म का स्वरूप सदैव सनातन पाया जाता है और चंवर वंश भी अपने सनातन स्वरूप में हिंदू समाज में प्रतिष्ठित और सम्मानित पाया जाता है। विदेशी आक्रांता मुसलिम शासकों द्वारा ब्राह्मण, क्षत्रियों, स्वाभिमानियों, धर्माभिमानियों, राष्ट्राभिमानियों एवं अन्य हिंदुओं को बलपूर्वक चर्म-कर्म थोपे जाने और चमार संबोधन दिए जाने से मध्यकाल तक आते-आते सनातन हिंदू धर्म का स्वरूप विरूपित हुआ और वह आज तक अभिशप्त बना हुआ है। इसे भविष्य तक पहुँचने से रोकने के लिए हिंदू धर्म और चंवर वंश के सनातन स्वरूप एवं अस्तित्व को सामाजिक पटल पर उपस्थित करने की आवश्यकता है।

वैदिक काल एवं वर्तमान हिंदू जीवन-पद्धति का सापेक्ष संबंध प्रकृति के अनुसार ही अभी तक बना हुआ है। हिंदू जीवन-पद्धति में वैश्वीकरण के प्रभाव से कुछ अंतर आया है, किंतु उसकी वैदिककालीन मौलिकता का पूर्णरूपेण लोप नहीं हो पाया है। दूसरी बात यह कि इसमें जहाँ से परिवर्तन आरंभ हुआ था उस पर ध्यान दिया जा चुका है और उसका स्वरूप विरूपित होने से बचाने के लिए प्रयास आरंभ कर दिया गया है ताकि वेदकालीन प्रकृतिपरक हिंदू जीवन-पद्धति सनातन और शाश्वत रखी जा सके। इसी तरह हिंदू सभ्यता, संस्कृति, समृद्धि एवं संवृद्धि तथा गो-सेवा आदि भी जहाँ तक

प्रभावित हुई है उसमें परिष्कार के प्रयास किए जा रहे हैं ताकि उनकी मौलिकता पुनः स्थापित हो सके।

हिंदू समाज में वर्ण, वंश, गोत्र और जातियों आदि के सापेक्ष मध्यकाल और अंग्रेजों के समय में जो भी विषबेलियाँ बोई गई हैं उनको उखाड़ने और सुखाने का कार्य आरंभ हो गया है और इसके लिए सत्य तथ्यों पर आधारित साहित्य भी सर्जित किए जा रहे हैं ताकि प्राचीन वर्ण एवं जातिविहीन हिंदू समाज को पुनरस्थापित किया जा सके। इसी के सापेक्ष चंवरवंश के राजवंशीय इतिहास का भी अवलोकन किया जा सकता है जो स्पष्ट करता है कि मुसलिम शासक एवं विदेशी आक्रांताओं ने अपने धर्म को बलपूर्वक थोपने में असफल होने के कारण ही ऐसी अनेक स्वाभिमानी एवं योद्धा वंश को अस्वच्छ, अपवित्र और निंदनीय कार्यों में लगाकर उनकी सामाजिक परिस्थिति को निम्न बनाने का प्रयास किया था। अध्ययन से यह भी स्पष्ट हुआ कि हिंदू चमार जाति को भारत की प्राचीन वर्ण और जातियों में आगणित करना त्रुटिपूर्ण है, क्योंकि वास्तव में 'चमार' नामक जाति का प्रादुर्भाव मध्यकाल अथवा मुसलिम काल में हुआ था।

अपने अध्ययन में हमने यह भी पाया कि चमार जाति किसी एक जाति का नाम नहीं है, बल्कि इसमें उन सभी अभी तक प्राप्त 410 उपजातियों एवं कुल-गोत्रों से संबंधित प्रजातियों का संयोग है जिनको मध्यकाल में इसलाम न स्वीकार करने के कारण विदेशी मुसलिम शासकों ने चमड़े के अस्वच्छ एवं अपावन कार्यों में बलपूर्वक लगाया और 'चमार' संबोधन प्रदान किया था। तभी से चंवर वंश तथा अन्य कुल, वंश, गोत्रों से संबंधित उन सभी जातियों के लोग जो बलपूर्वक विदेशी आक्रांता मुसलमान शासकों द्वारा चर्म-कर्म में लगाई गई उन्हें अन्य हिंदू जातियों के लोग चमार कहने लगे। 'चमार' कहे जाने अथवा बनाए जाने के बाद भी यह जाति सदैव धर्मपरायण रही और हिंदू सनातन धर्म में इसकी आस्था निरंतर बनी रही। विदेशी मुसलिम शक्ति से सीधी टक्कर लेने से बचने के लिए इस जाति के लोगों ने अपने पुरोधा संत रैदास आदि लोगों के सुझावों को मान्य किया और निरंकार पूजा-पद्धति को अपनाया, किंतु कभी भी हिंदू धर्मपरायणता से अपने को वंचित नहीं रखा।

□

अध्याय-2

विदेशी इसलामिक शासकों के उत्पीड़न से बनी अस्पृश्य, दलित और भारतीय मुसलमान जातियाँ

वैदिक हिंदू लोकजीवन भेदभाव एवं छुआछूत रहित था।[1] समरसता और स्वतंत्रता की सद्भावना पर आद्धृत वर्ण-व्यवस्था में अंत:क्रियाओं की विकसित विशिष्ट संरचना मानवीय मूल्यों की पोषक थी। हिंदुस्थान के कुरु, पांचाल, मद्र, महावर्ष, काशी, कोशल, विदेह, मगध, चोदि जैसे विशिष्ट महानगरीय स्थल धनधान्य से समृद्ध थे। कृषि, हस्तशिल्प और व्यापार उन्नत अवस्था में था। चाँदी-सोना बड़े-बड़े समुद्री जहाजों और बैलगाड़ियों पर लदकर आता था। सभी संपन्न और सुख-चैन से रहते थे। भारत को सोने की चिड़िया कहा जाता था। सुख, समृद्धि एवं संप्रभुता थी। ऐसे में कोई किसी का न तो उत्पीड़न करता था और न ही शोषण एवं दलन करता था। सभी वर्णों में सहिष्णुता, सहधर्मिता और समरसतायुक्त समानता स्थापित होने से अस्पृश्यता अथवा छुआछूत जैसा कोई भेदभाव न था और न ही कोई किसी का दलन करता था, न ही किसी से दलित था।

उत्तर वैदिक काल में सनातन धर्म के मौलिक गुणों के स्थान पर वैयक्तिक हितों को संतुष्ट करनेवाले मानवीय गुणों को प्रश्रय दिया जाने लगा जिससे कुछ विकृत मान्यताएँ उत्पन्न हुईं और यज्ञ की प्रधानता स्थापित होने के साथ ही हिंदू जीवनशैली में शुद्धता एवं स्वच्छता को अधिक महत्त्व दिया जाने लगा। अपवित्र और अस्वच्छ कार्यों में

1. डॉ. विजय सोनकर शास्त्री, दलित हिंदू की अग्नि परीक्षा, पृ. 56

संलिप्त लोग बहिष्कृत और अलग जीवनयापन हेतु बाध्य हुए। परंतु उस समय भी वे न तो अस्पृश्य घोषित किए गए और न ही उनका सबकुछ छीनकर उनका दलन किया गया। अतएव मध्यकाल के पूर्व तक हिंदू समाज में न तो अस्पृश्यता के प्रदूषण का प्रादुर्भाव ही पाया था और न ही किसी दलित जैसी जातियाँ अथवा समाज था।

वास्तव में अस्पृश्यता का उदय विदेशी मुसलिम आक्रांताओं के शासनकाल में हुआ, जिसका एकमात्र कारण था हिंदुओं का सबकुछ लूटकर तथा उनको मृत्युदंड आदि से डरा-धमकाकर उनको इसलाम स्वीकार कराना। उन विदेशी आततायी एवं नृशंस हत्यारों ने इसलाम पूर्णत: अमान्य करनेवाले स्वाभिमानी एवं धर्म-रक्षक, देश-रक्षक योद्धा प्रजाति के युद्धबंदियों को अपमानित और अस्तित्वविहीन करने के अभिप्राय से उनको अपवित्र और अस्वच्छ कार्यों में बलपूर्वक लगाया, उनको अपमानजनक संबोधनों तथा जातिसूचक नामों से उपेक्षित और बहिष्कृत बनाया। पवित्रता के आलोक में अपवित्र वृत्तियों में बलपूर्वक योजित किए गए दृढ़निश्चयी धर्माभिमानी एवं स्वाभिमानी हिंदू युद्धबंदी कालांतर में अपने ही समाज में अस्पृश्य हो गए। आगे चलकर सत्ता का हस्तांतरण हुआ और अंग्रेजों ने उन विदेशी मुसलिम शासकों से हिंदुस्थान का शासन छीनकर अपने हाथों में ले लिया। शासन को चिरस्थायी बनाने के लिए उन्होंने फूट डालो और राज्य करो की नीति अपनाई, विदेशी मुसलिम आक्रांताओं द्वारा भारी संख्या में अस्पृश्य बनाए गए लोगों के प्रति घड़ियाली आँसू बहाए और उनके हित के नाम पर उनको हिंदू समाज से अलग करके 'दलित' श्रेणी प्रदान किया। इस प्रकार हिंदू समाज को अपमानित और विखंडित करने के अभिप्राय से विदेशी आक्रांताओं और विदेशी शासक अंग्रेजों ने क्रमश: अस्पृश्य और दलित नामक जाति-संवर्गों की रचना की।

मध्ययुगीन हिंदुस्थान में विदेशी इसलामिक आक्रांताओं के उत्पीड़न से स्वाभिमानी, गौरवशाली, राजवंशीय क्षत्रिय-कुल के हिंदुओं का समूह कई एक जाति-वर्गों में बलपूर्वक परिवर्तित कराया गया। जिन्होंने किसी भी मूल्य पर इसलाम स्वीकार नहीं किया उनको मलमूत्र ढोने का कार्य देकर भंगी जाति (वाल्मीकि) का बनाया गया। कुछ को चर्म-कर्म में लगाकर चमार जाति में कर दिया गया। कुछ लोग विदेशी आक्रांता शासकों के अत्याचार एवं उत्पीड़न के समक्ष टूट गए। साथ ही डराने-धमकाने से भयभीत हो गए थे, उन्होंने इसलाम स्वीकार कर लिया और परिणामस्वरूप वे आज भारतीय मुसलमान नामक जाति में हैं। इनको भारतीय मुसलमान इसलिए कहा गया था कि उनकी अरबी और ईरानी कुलीन तुर्कों जैसी परिस्थिति न थी। हिंदू भंगी जाति और हिंदू चमार जाति के लोग विदेशी मुसलिम शासकों द्वारा निरंतर प्रताड़ित होते रहते थे, परंतु भारतीय मुसलमान विदेशी आक्रांताओं के उत्पीड़न एवं मार-काट से धर्मांतरण के कारण बचे

रहते थे। इनको विदेशी तुर्क एवं मुसलमानों के समुदाय में भी उपेक्षित रखा गया था गृहसेवकों की तरह। इनकी स्थिति न घर की न घाट की हो गई थी।

विदेशी आक्रांताओं ने अपने लूटपाट और इसलाम थोपने के उद्देश्य से हिंदुस्थान पर घात लगाकर आक्रमण करते हुए अनेक असफल प्रयास किए और भारी संख्या में मारे भी गए। यहाँ के वीर सपूतों और वीरांगनाओं ने उनका मुँहतोड़ उत्तर दिया। बंदी बनाए जाने पर वे विदेशी मुसलिम आक्रांता के पैरों पर गिरकर क्षमा और अपने प्राणों की भीख माँगते थे और मुक्त कर दिए जाने पर फिर अधिक संख्या में भूखे और लुटेरों को लेकर आते थे। आने के पूर्व अपने गुप्तचरों को भिखारियों एवं सूफी संतों के वेष में भेजकर जानकारी प्राप्त करते थे और जिस समय हिंदू सैनिक विश्राम में होते, वे लुटेरे पुनः आक्रमण करते थे।

सैकड़ों वर्षों तक इस प्रकार की लुकाछिपी करते रहकर उन्होंने आपदकालीन परिस्थितियों में एक बार सफलता प्राप्त की और हिंसावृत्ति से विरत रहनेवाली असैनिक हिंदू जनता की नृशंस हत्याएँ कर डालीं। हजारों हजार अबलाओं की अस्मत लूटी और उनके अबोध बच्चों तक को गुलाम बना डाला। उन्होंने योद्धा तथा लड़ाकू जातियों का भयानक उत्पीड़न किया और युद्धबंदियों के साथ अमानवीय व्यवहार किया।

यहाँ के बहादुर और स्वाभिमानी हिंदुओं ने विदेशी इसलामिक आक्रांताओं तथा शासकों का सामाजिक-आर्थिक उत्पीड़न एवं भयानक अत्याचार अत्यंत धैर्यपूर्वक सहन किया, परंतु इसलाम को पूर्णतः अस्वीकार कर दिया। विदेशी इसलामिक शासकों के अत्याचारों से उनको दर-ब-दर होना पड़ा और स्वाभिमान की रक्षा के लिए जंगलों में पलायन करना पड़ा। अतः कहा जा सकता है कि दर-बदर जीवन एवं दलित पहचान के लिए मूल रूप से विदेशी आक्रांता इसलामिक काल का सुनियोजित षड्यंत्र था। भारतीय मुसलमान जाति भी इसलामिक उत्पीड़न एवं बलपूर्वक इसलाम स्वीकार करने का ही शिकार थी। इस प्रकार मध्यकाल के उपरांत भारत में पाँच नए वर्गों का उदय हुआ जिनमें मुसलमान वर्ग, अस्पृश्य वर्ग, जनजाति वर्ग, सिख एवं ईसाई वर्ग था। प्रस्तुत अध्याय में इस चिरसत्य को मुख्य रूप से वर्तमान हिंदू चमार जाति के संदर्भ में प्रकाशित किया गया है, क्योंकि इस जाति का नामकरण विदेशी आक्रांताओं द्वारा ही किया गया था।

2.1 विदेशी इसलामिक आक्रमण

हिंदू चमार जाति की उत्पत्ति हिंदुस्थान पर हुए मध्यकालीन विदेशी इसलामिक आक्रमणों का परिणाम है, क्योंकि अपने आक्रमणों के अनवरत असफल होने का कारण वे मुख्यतः ब्राह्मण एवं राजवंशीय क्षत्रिय संवर्ग के लोगों एवं सैनिकों को मानते थे और

इसलिए वे उनसे प्रचंड रूप से क्रुद्ध थे। अतएव ज्योंही उनको एक सफलता मिली, उन्होंने स्वाभिमानी एवं योद्धा हिंदू लोगों को युद्धबंदी बनाया और जिन गाय एवं अन्य जानवरों का मांस वे विदेशी आक्रांता लोग भक्षण कर चुके थे उनके अवशेष चमड़ों से संबंधित अपने उपयोग की वस्तुओं को बनाने के लिए उन्होंने उन्हीं युद्धबंदियों को लगाया जो प्राय: ब्राह्मण एवं क्षत्रिय संवर्ग के धार्मिक एवं बहादुर और योद्धा थे और जिन्होंने किसी भी मूल्य पर इसलाम स्वीकार नहीं किया था। अपने क्रोध की ज्वाला में जलते हुए विदेशी अरब के मुसलिम आक्रांता उन स्वाभिमानी हिंदुओं को तहस-नहस करने के बाद भी शांत नहीं हुए। इतिहास इस बात का प्रमाण है कि उन आक्रांताओं ने अपने प्रत्येक आक्रमणों में लूटपाट के साथ इन बहादुर लोगों को युद्धबंदी बनाया तथा चर्म-कर्म मुख्यत: गोचर्म में नियोजित करके उनको 'चमार' शब्द से संबोधित किया। इस अवस्था को समझने और उस पर गंभीरतापूर्वक विचार करने के लिए विदेशी इसलामिक आक्रमणों की श्रृंखलाबद्ध निरंतरता से परिचित होना उचित होगा।

हिंदुस्थान में लगभग दो हजार साल से भी अधिक समय से लगातार विदेशी आक्रमण होते रहे। प्रारंभकाल के विदेशी आक्रमणों का उद्‌देश्य इस देश की समृद्धि को लूटना था, किंतु बाद के आक्रमणों में इस देश पर शासन करने की कुत्सित मानसिकता का पुट था। यूनानी आदि विदेशी आक्रांताओं की लूटपाट के बाद, अरबी और ईरानी नस्ल के मुसलिम आक्रांताओं ने तो गजनी और गोर जनपद की अपनी सीमा को हिंद सिंध तक विस्तृत करके अपना शासन तक स्थापित कर लिया। उन विदेशी मुसलिम शासकों के शासनकाल में हिंदुओं पर भयानक अत्याचार हुआ। डरा-धमकाकर बलपूर्वक बड़ी संख्या में विवश एवं लाचार हिंदुओं का धर्म-परिवर्तन कराया गया। वर्तमान समय में शत-प्रतिशत भारतीय मुसलमान मात्र पाँच पीढ़ी पूर्व में हिंदुओं के वंशज हैं। ये विदेशी नहीं, अपितु हमारे ही भाई-बंधु हैं। ठीक यही स्थिति ईसाइयों की भी है। इनमें अंतर इतना ही है कि ईसाइयों द्वारा धर्म-परिवर्तन मुसलमानों के पूर्व से ही प्रारंभ रहा। विदेशी मुसलमान आक्रांताओं ने बलपूर्वक हिंदुओं को इसलाम स्वीकार कराया एवं ईसाइयों ने भोले-भाले एवं निर्धन हिंदुओं को छलपूर्वक सेवा एवं शिक्षा का लोभ देकर उन्हें भ्रमित करके ईसाई बनाया था। इस प्रकार प्रखर धार्मिक एवं योद्धा जातियों के हिंदू ज्यादातर मुसलमान हैं एवं श्रमिक, कृषक या अन्यान्य कार्यों से जीविका चलानेवाले सामान्य लोगों को ईसाई बनाया गया है।

पूर्व मध्ययुग में चक्रवर्ती सम्राटों ने देश की विकेंद्रित शासन-व्यवस्था को समाप्त करके हिंदुस्थान में हिंदुओं के ध्रुवीकरण के साथ ही एक सशक्त राज्य की स्थापना के अनेक प्रयास किए थे, किंतु उनकी भावी पीढ़ियों ने अपनी अक्षमताओं के कारण उनके प्रयासों पर सदैव पानी फेरने का कार्य किया था जिसके परिणामस्वरूप देश में छोटे

राज्यों की संख्या अधिक होने के कारण उनमें राज्य-विस्तार, स्वाभिमान और संप्रभुता को लेकर आपस में शत्रुता के भी दुर्गुण पाए जाते थे। इससे देश की शक्ति बँटी होने से निर्बल थी। इसका लाभ विदेशी आक्रामकों को अधिक मिलता था। हर्षवर्धन के निधनोपरांत 648 ई. में हिंदुस्थान का सुदृढ़ साम्राज्य छोटे-छोटे राज्यों में बँट गया। सिंध का शासक दाहिर पारिवारिक संबंधों में घिरा था। उसके राज्य में ब्राह्मण-बौद्ध समरसता इसलामिक जेहादियों के कारण समाप्त हो चुकी थी। अरबों के आक्रमण के समय में दोनों धर्मावलंबियों पर विश्वासघात का आरोप लगता है।[1] 711 ई. में अरबों का नेतृत्व मुहम्मद बिन कासिम को मिला। दाहिर से असंतुष्ट सिंध के मेद भी कासिम से मिल गए। उनके अनेक प्रतिद्वंद्वी भी थे। अतएव विदेशी आक्रमण द्वारा पहली पराजय भारत को सन् 711 ई. में मिली और सिंध प्रांत अरबों के अधीन हो गया।

इसलाम के बलपूर्वक आगमन के पूर्व हिंदुस्थान के पश्चिमी तट पर एक शरणार्थी के रूप में रोजी-रोटी प्राप्त करने के लिए अरब देशों की मूर्तिपूजक एवं हिंदू-प्रकृति की आबादी हिंदू परोपकार के सम्मुख नतमस्तक थी। परंतु कालांतर में ईमान पर कुर्बान होने का ढोंग करनेवाले विदेशी अरबवासी इसलामी जेहाद में इतने अंधे हो गए कि आस्तीन के साँप की तरह इस देश को ही डँसने लगे। उन्होंने अपने अन्नदाता पर ही आक्रमण कर दिया। अरब की फौजों ने संपूर्ण विश्व को जीतकर उसे इसलाम में परिवर्तित करने का जब जेहादी निर्णय लिया तब उनके आक्रमण हिंदुस्थान पर भी होने लगे और भारतीय व्यापारिक जहाज युद्ध जहाजों में बदल गए। अरब की फौजों ने अत्यल्प समय में सीरिया, फिलिस्तीन, मिस्र, अफ्रीका का उत्तरी भाग, स्पेन और फारस आदि देशों पर विजय प्राप्त कर वहाँ इसलामी शासन स्थापित कर दिया जिसकी सीमाएँ विस्के की खाड़ी से लेकर सिंध नदी और चीन की सीमाओं तक एवं अरब सागर तथा नील नदी के उत्तरी झरने तक थीं। आतंक और लूटपाट के लिए धर्म की ओट में साम्राज्य विस्तृत करनेवाली अरबी इसलामिक फौजों को पहली पराजय हिंदुस्थान में ही मिली थी। लगभग 75 वर्षों तक वे हिंदुस्थान के हाथों पराजय का मुँह देखते रहे और 8वीं शताब्दी के प्रथम दशक तक वे हिंदुस्थान विजय में पूरी तरह असफल रहे।

750 ई. में ईरानी क्रांति के फलस्वरूप उमय्यद खलीफाओं का अंत हो गया और उनके स्थान पर अब्बासी खलीफाओं की स्थापना हुई जिसके कारण इसलामी साम्राज्य में अरबों का वर्चस्व समाप्त हो गया और उनके स्थान पर ईरानियों का प्रभाव बढ़ने लगा। इसलाम की इस राजनैतिक दौड़ में शीघ्र ही एक नई शक्ति का अभ्युदय हुआ जिसको हम 'तुर्क' जाति के नाम से जानते हैं। तुर्कों का भारत पर आक्रमण दसवीं

---

1. डॉ. विजय सोनकर शास्त्री, दलित हिंदू की अग्नि परीक्षा, पृ. 103

शताब्दी से ही प्रारंभ हो चुका था। गजनी पर अधिकार करने के बाद अल्पतिगीन ने भारत पर अनेक हमले किए। वह मुल्तान और लमघान को लूटकर बहुत सा धन और हिंदू नर-नारी को गुलाम बनाकर अपने साथ ले गया। परंतु उसके पुत्र अयोग्य निकले, फलस्वरूप उसका दामाद सुबुक्तिगीन 20 अप्रैल, 977 ई. को गजनी का शासक बना। उसने काबुल के हिंदूशाही शासक जयपाल पर अनेक आक्रमण किए। अंधविश्वास के कारण जयपाल पराजित हुआ। लमघान और पेशावर के बीच का बड़ा भू-भाग तथा अपार धन-संपदा सुबुक्तिगीन के हाथ लगा।

सुबुक्तिगीन के पुत्र सुल्तान महमूद ने भी गजनी का शासक बनने के बाद भारत पर आक्रमण किया और यहाँ के अपार संपदा को लूटा। उसमें भी सर्वप्रथम जयपाल पर ही आक्रमण किया। 27 नवंबर, 1001 ई. को उसने जयपाल को बंदी बना लिया। लगभग पाँच लाख स्वाभिमानी एवं योद्धा प्रजाति के हिंदू स्त्री-पुरुष भी बंदी एवं गुलाम बना लिए गए। अपार संपदा लूटी गई। जयपाल से हरजाना वसूला गया। अपमान सहन न करने के कारण जयपाल ने आत्मदाह कर लिया। उसके स्थान पर उसका पुत्र आनंदपाल राजा बना। सुल्तान महमूद ने दूसरी ओर बीजाराय के भटिंडा नगर पर भी आक्रमण करके अपार संपत्ति लूटी थी। मुलतान पर आक्रमण करके वहाँ के सूर्यकुंड एवं सूर्य मंदिर को नष्ट किया और अपार संपदा प्राप्त की। उसने पुनः मुल्तान, नगरकोट, थानेश्वर, नंदना आदि को जीता एवं लूटा। कश्मीर पर असफल आक्रमण करने के बाद उसने दोआब तथा मध्य भारत पर भी आक्रमण किया। उसने कालिंजर पर आक्रमण किया तथा सोमनाथ को लूटा।[1]

सुल्तान महमूद के बाद उसका पुत्र मुहम्मद गद्दी पर बैठा परंतु उसे अपदस्थ करके महमूद का भाई मसूद प्रथम गजनी का शासक बना। उसने नियाल्तगीन के नेतृत्व में बनारस पर आक्रमण करके इस नगर को लूटा। पंजाब पर अधिकार किया और सोनीपत को भी लूटा। दुबारा भारत की ओर उन्मुख होने पर उसे अपनी जान गँवानी पड़ी। उसके प्रतिनिधि शासक हिंदू राजा परमार भोज और कलचुरी कर्ण से इतने भयभीत रहे कि पंजाब से बाहर किसी अन्य प्रांतों पर आक्रमण करने का साहस न कर सके। गजनवी वंश के अंतिम शासक खुसरू मलिक के समय तक भारत पर तुर्कों द्वारा छिटपुट आक्रमण एवं लूटपाट होते रहे। तदुपरांत मुहम्मद गौरी ने गजनी की गद्दी पर अधिकार कर लिया।

उस समय हिंदुस्थान में शक्तिशाली राज्यशक्ति यानी मिलजुलकर विदेशी आक्रांता लुटेरों को जवाब देनेवाली मानसिक शक्ति का लोप हो गया था। उत्तर भारत के हिंदू राज्य

---

1. फिलिप के. हिट्टी : ए शार्ट हिस्ट्री ऑफ दी अरब्स का हिंदी अनुवाद अरब का संक्षिप्त इतिहास, पृ. 9

कन्नौज के प्रतिहारों का पतन हो गया और मालवा के परमार, बुंदेलखंड के चंदेल, उत्तरी बंगाल का पाल वंश, बंगाल के सेन, गुजरात के चौलुक्य, कन्नौज के गहड़वाल राज्य, अजमेर का चहमान राज्य तथा उत्तर भारत के अन्य प्रमुख हिंदू राज्यों की आपसी प्रतिस्पर्द्धा ने उनके मध्य की समरसता को समाप्त कर दिया था और वे एक-दूसरे के शत्रु बन गए थे। इसका लाभ उठाते हुए शहाबुद्दीन मुहम्मद गौरी ने 1175 ई. में भारत पर अपना पहला आक्रमण किया। 1178 ई. में वह गुजरात के चौलुक्यों के हाथों पराजित हुआ। बाद में पुन: प्रयास किया और सफल रहा। 1192 ई. में उसने भारत में अपने विजित प्रदेशों का प्रतिनिधि कुतुबुद्दीन ऐबक को नियुक्त किया और स्वयं गजनी वापस लौट गया। अतएव कहा जाता है कि मुहम्मद बिन कासिम से लेकर मुहम्मद गौरी तक के तुर्क आक्रामकों को केवल विदेशी आक्रमणकर्ता ही माना जाता है, शासक नहीं। मुहम्मद गौरी का गुलाम कुतुबुद्दीन ऐबक ने हिंदुस्थान में स्थायी रूप से शासन स्थापित किया था। अतएव उसके बाद के सभी सुल्तान एवं विदेशी मुगल वंश के बादशाह, केवल लुटेरे आक्रांता ही नहीं अपितु विदेशी शासक भी कहे जाते हैं। इस प्रकार हिंदुस्थान के इतिहास में विदेशी तुर्क आक्रांता मुहम्मद गौरी के विदेशी गुलाम कुतुबुद्दीन ऐबक से प्रारंभ गुलाम वंश का शासन संत शिरोमणि गुरु रैदास के साथ दुर्व्यवहार करनेवाला शासक सिकंदर लोदी यानी 1192 ई. से 1526 ई. तक चला। रैदासजी के श्राप से ही गुलाम वंश का शासन एवं शासकों का भयावह अंत हो गया। संत सिरोमणि गुरु रैदास के साथ दुर्व्यवहार करनेवाला विदेशी मुसलिम शासक सिकंदर लोदी गुलाम वंश का अंतिम शासक सिद्ध हुआ।

सुल्तानों का शासन 1206 ई. से प्रारंभ हुआ था। दिल्ली को राजधानी बनाकर शासन करनेवाले सुल्तानों में कुतुबुद्दीन ऐबक, आरामशाह, इल्तुतमिश, रुकुनुद्दीन फिरोजशाह, रजिया सुल्तान, बलवन, कैकुबाद, जलालुद्दीन फिरोजशाह खिलजी, अलाउद्दीन खिलजी, मुबारकशाह, गयासुद्दीन तुगलक, मुहम्मद बिन तुगलक, फिरोजशाह तुगलक, तैमूर, खिज्र खाँ, मुबारकशाह, मुहम्मदशाह, अलाउद्दीन आलमशाह, बहलौल लोदी, सिकंदर लोदी आदि थे जिन्होंने 1526 ई. तक राज्य किया था।

1526 ई. में मुगलवंश का पहला विदेशी शासक बाबर हुआ। उसके बाद क्रमश: हुमायूँ, शेरशाह सूरी एवं उसके उत्तराधिकारी, अकबर, जहाँगीर, शाहजहाँ और औरंगजेब आदि विदेशी मुगल शासक हुए, जिन्होंने 1707 ई. तक राज्य किया। अंतिम मुगल शासक बहादुरशाह जफर को अंग्रेजों ने 1757 ई. में हराकर कंपनी राज्य स्थापित किया। तदुपरांत 1947 ई. में देश विदेशी शासकों से स्वतंत्र हुआ।

अरब के तुर्कों के आक्रमण के पूर्वकाल में भारत पर कुछ अन्य विदेशी आक्रमण भी हुए थे। यूनानी सिकंदर एवं सैल्यूकस का नाम इसमें उल्लेखनीय है। तुर्कों के बाद इस देश पर अंग्रेजों ने भी शासन किया और किसी अत्याचारी आक्रांता से भिन्न आचरण

इनका भी नहीं था। इन्होंने भी पुर्तगाली, फ्रांसीसी और नीदरलैंड के लोगों की भाँति पहले व्यापार के लिए कुछ जमीनें माँगी थीं और अपना राज्य स्थापित करने के लिए मुगल–वंश के विदेशी शासकों को बहुतेरे भेंट–उपहार भी दिए थे। इन सबके लंबे समय तक शासन प्रभाव के कारण भारतवर्ष में हिंदू–जीवन, जीवन–पद्धति, संस्कृति के साथ हिंदू धर्म को भारी क्षति उठानी पड़ी।

2.2 विदेशी मुसलिम आक्रांताओं का मुँहतोड़ उत्तर

हिंदू स्वाभिमान और मर्यादा की रक्षा में हिंदुस्थान के सम्राटों, सैनिकों, वीरांगनाओं और नवयुवकों ने सदैव निर्भीक होकर और बढ़–चढ़कर भाग लिया था। उन्होंने पीठ कभी नहीं दिखाई और सारे प्रहार अपने सीने पर झेले। पतियों के वीरगति प्राप्त करने के बाद उनकी अर्द्धांगनियों ने अपने सिंदूर पोंछे और सिर पर कफन बाँधकर युद्धक्षेत्र में नेतृत्व सम्हाला। नन्हे–मुन्ने हिंदू बालक–बालिकाओं ने अपनी गरदन कटा दी परंतु मुसलिम आक्रांताओं के धर्म–परिवर्तन की अपेक्षाओं का मुँहतोड़ उत्तर दिया। युद्ध क्षेत्र में अपने पति का ध्यान एकाग्र रखने के लिए सुहागिन नारियाँ अपना सिर अपने हाथों काटकर पति के सम्मुख भेज दिया करती थीं और हजारों हजार की संख्या में एकत्रित होकर जौहर व्रत करके अपने पवित्र शरीर को भस्म कर देती थीं, ताकि मुसलिम आक्रांताओं के हाथों वे जीवित न पड़ सकें और वे आक्रांता अपनी भोगविलासपूर्ण आकांक्षाओं का मुँहतोड़ उत्तर पा सकें। उन वीरांगनाओं के अनेक उदाहरण हिंदुस्थान की वीरोचित संस्कृति कहानियाँ बन चुके हैं। युद्ध से भागकर घरों अथवा दुर्गों में शरण पाने आए हुए पुत्रों को माताओं की कड़ी फटकार मिलती थी और पत्नी अपने कमरे का दरवाजा तक नहीं खोलती थी। जालौर के राजा कान्हड़देव के विरुद्ध अलाउद्दीन खिलजी को भेद देने के कारण दहिया राजपूत बीका की पत्नी हीरादेवी ने अपने हाथों से अपने पति की हत्या कर दी और अपने राजा में निष्ठा व्यक्त की थी। मुसलिम आक्रांताओं का मुँहतोड़ उत्तर देने की यह भी एक त्यागपूर्ण प्रक्रिया थी।

मुसलिम आक्रांताओं द्वारा प्रायोजित उत्पीड़न की पराकाष्ठा को हिंदुओं ने भी चुनौती दे डाली और प्रचंड विरोध भी किया। उनके द्वारा धार्मिक कर दिए गए किंतु धर्मयात्राएँ निरंतर होती रहीं। आर्थिक दंड अथवा अन्य किसी भी भय के आगे लोगों ने तीर्थों में जाने की परंपरा को अविच्छिन्न रखा। छल–कपट से छीनी गई संपत्तियों के लिए कोई भी हिंदू महाजन कभी आँसू नहीं बहाया बल्कि और भी अधिक उत्साह से अर्थोपार्जन में लगे रहे।[1] कृषि–भूमि छिन जाने पर भी लोग हतोत्साहित नहीं हुए

1. डॉ. सुमन शास्त्री, मध्यकालीन भारत की व्यापार व्यवस्था का ऐतिहासिक अनुशीलन, शोध प्रबंध, पृ. 85

बल्कि दुर्गम पठारी क्षेत्रों एवं जंगलों को साफ करके कृषियोग्य भूमि तैयार करने का काम करते रहे। गाय, भैंस, भेड़, बकरियों की हत्याएँ होती रहीं, फिर भी हिंदू समाज पशु-पालन की गौरवशाली परंपरा को सजीव बनाए रखने में जुटा रहा और दूधो नहाओ, पूतो फलो की कहावत को मिटने नहीं दिया। धर्मप्राण हिंदू अपनी आस्था के प्रतीक अपने मंदिरों और मूर्तियों के विध्वंस को रोकने में आत्माहुति देने से भी कभी पीछे नहीं रहे। हिंदू धर्म और संस्कृति की रक्षा में संलग्न रहे और विदेशी मुसलिम आततायियों में विद्रोह हो जाने का भय उत्पन्न करने में सफल भी रहे। उनके प्रचंड विरोध का ही परिणाम था कि आज भी हिंदू धर्म और संस्कृति की अपनी विजय पताका पूरे विश्व में लहरा रही है।

मध्ययुगीन सांस्कृतिक संकट के संक्रमणकाल में इसलाम स्वीकारने हेतु हिंदुओं पर प्रचंड बल प्रयोग किया गया। विदेशी मुसलिम आक्रांताओं एवं शासकों ने उनका भयंकर उत्पीड़न किया। लोगों को खुलेआम फाँसी दी गई। हजारों-लाखों हिंदू उन विदेशी मुसलिम आक्रांता रक्तपिपासुओं की तलवारों के शिकार हुए। स्वाभिमानी एवं धर्माभिमानी हिंदुओं ने इसका प्रबल विरोध किया। विद्रोह की भयानक आशंकाओं को ध्यान में रखकर तलवारें तो म्यान में रख ली गईं किंतु शासन एवं सत्ता से टकरानेवालों के साथ अमानवीय व्यवहार जारी रहे। परिणामस्वरूप स्वाभिमानी हिंदुओं को सामाजिक, आर्थिक एवं धार्मिक रूप से दमन करके उन्हें निर्धन एवं उनको दलित बनाया गया। मुसलमान बनाने के भारी दबाव को रोकने के लिए संत शिरोमणि गुरु रैदास ने अहिंसक क्रांति का नेतृत्व किया। यही कारण था कि धर्मरक्षक गुरु रैदास द्वारा धर्मरक्षा का आह्वान किया गया और मुसलिम शासकों द्वारा तोड़े जा रहे मंदिरों के मुद्दे पर टकराव टालने हेतु निरंकार भक्ति का प्रादुर्भाव किया गया और इसलाम पूर्णरूपेण अमान्य कर उनके धर्मांतरण की महत्त्वाकांक्षा पर पानी फेर दिया गया।

विदेशी मुसलिम आक्रांताओं का मुँहतोड़ उत्तर वर्तमान तथाकथित हिंदू चमार जाति यानी पूर्वकालीन जिन धर्माभिमानी ब्राह्मणों एवं बहादुर क्षत्रियों ने दिया था उसके अनेकानेक उदाहरण स्वयं मुसलिम इतिहासकारों ने भी उजागर किए हैं। आक्रांता जिस भी क्षेत्र में उत्पीड़न का प्रयास करते थे, वे हिंदू रणबाँकुरे उन सभी क्षेत्रों में अपनी पराधीनता की स्थिति और मुसलिम नृशंसता से बचाव को ध्यान में रखते हुए उनका मुँहतोड़ प्रत्युत्तर दिया करते थे। जब विदेशी मुसलिम आक्रांता शासकों ने युद्धबंदी ब्राह्मणों, क्षत्रियों एवं अन्य विभिन्न जातियों को चमड़ा के कार्यों में बलपूर्वक लगाया तथा मैला ढोने पर विवश किया तो उन्होंने अपनी सामाजिक प्रतिष्ठा को भले ही खो दिया और अपने को अस्पृश्य श्रेणी में पहुँच जाने दिया, परंतु अपनी सामाजिक एवं जातीय पहचान खो देने के बाद भी उन्होंने इसलाम स्वीकार नहीं किया। यह उनका

दृढ़तापूर्ण प्रत्युत्तर विदेशी आक्रांताओं के मंसूबों का अहिंसात्मक विधि से किया गया उपहास था।

मुसलिम आक्रांताओं ने जब हिंदू मंदिरों और देव प्रतिमाओं को तोड़कर उनके मलवे से मसजिदों का निर्माण कराया[1] और देवशिलाखंडों के विग्रह उन मसजिदों की सीढ़ियों में लगवाया तथा देवालयों में मल-मूत्र और गोरक्त आदि प्रवाहित करके उनको गंदा और अपवित्र करना चाहा, साथ ही धर्मयात्राओं पर प्रतिबंध लगाने और पूजा-पाठ को रोकने हेतु कर लगाया तो धार्मिक उत्पीड़न का उत्तर भी उन हिंदुओं ने अहिंसात्मक विधि से देकर आततायियों के मनोबल को तोड़ दिया। विदेशी मुसलमानों के शासनकाल में हिंदुओं के शिखा रखने पर लगे टैक्स[2] को आज तक हिंदू स्मरण करता है। इसके पश्चात् तब हिंदुओं ने प्रत्यक्ष पूजा-पद्धति के स्थान पर निराकार उपासना के माध्यम से अपनी दैवी निष्ठा को शाश्वत रखा। इस पूजा-पद्धति के प्रणयन और उन्नयन में भी चंवर वंश के संत शिरोमणि गुरु रैदासजी का नाम सम्मान के साथ लिया जाता है। मुसलिम आक्रांताओं के धार्मिक उत्पीड़न का मुँहतोड़ उत्तर देनेवाले वह प्रथम हिंदू संत थे जिनको सिकंदर लोदी ने बलपूर्वक चर्म-कर्म में नियोजित करते हुए 'चमार' शब्द से संबोधित और अपमानित किया था।

हिंदू चमार जाति के संपूर्ण गोत्रवाले आज संत रैदास के प्रति आस्थावान हैं। हिंदू सनातन धर्म की रक्षा में उन सभी धर्माभिमानी एवं स्वाभिमानी हिंदुओं ने अपने संत रैदासजी से प्रेरणा ली और किसी ने भी किसी भी मूल्य पर इसलाम स्वीकार नहीं किया। संत रैदास ने सार्वजनिक मंच पर शास्त्रार्थ करके मुल्ला सदना फकीर को परास्त किया और वह हिंदू सनातन धर्म के प्रति पूर्णतः आश्वस्त और नतमस्तक हुआ तथा हिंदू बना। यह विदेशी आक्रांता सुल्तान सिकंदर लोदी के मंसूबों पर एक कठोर प्रहार और इसलाम के लिए मुँहतोड़ उत्तर था। अपने संत ऋषि रैदास के समर्थन में जिस समय चंवर वंश के क्षत्रियों ने दिल्ली को घेर लिया था, सिकंदर लोदी को भयभीत होकर रैदासजी को जेल से मुक्त करना पड़ा था। मुसलिम इतिहासकारों ने आर-पार की पहली लड़ाई के लिए दिल्ली को घेरनेवाले वर्तमान हिंदू चमार जातियों के बारे में अपनी लेखनी बंद रखकर पूरा पक्षपात किया है, जबकि यह सच है कि यदि संत रैदास तुरंत मुक्त न किए गए होते तो दिल्ली के सिंहासन पर लोदी वंश को नेस्तनाबूत करके चंवर वंश प्रतिष्ठित हो गया होता।

---

1. देखें, 30 सितंबर, 2010 का इलाहाबाद उच्च न्यायालय का फैसला, अयोध्या राम मंदिर विवाद।
2. जजिया कर।

विदेशी मुसलिम आक्रांताओं ने आर्थिक आधार पर भी धर्माभिमानी एवं स्वाभिमानी जातियों (ब्राह्मण एवं क्षत्रिय वर्ग) का दमन कर अस्वच्छ वृत्ति में बलपूर्वक लगाकर दलित यानी चर्मकार एवं वाल्मीकि बनाई गई। जातियों का विशेष रूप से दोहन, शोषण और दलन किया था। इस श्रेणी के कृषक, पशुपालक, तंतुवाय (बुनकर), शिल्पी, मजदूर-श्रमिक, दुकानदार एवं सेठ महाजन आदि तत्कालीन हिंदुओं के साथ धर्मरक्षक ब्राह्मण एवं देशरक्षक क्षत्रिय विशेष रूप से लूटे गए थे। इन जातियों के लोगों को उनके स्वभाव के आधार पर आसानी से पहचान लिया जाता था इसलिए वे जिस भी वृत्ति में होते थे, उनसे उनकी वृत्ति छीन ली जाती थी। उनको तथा उनके स्त्री-बच्चों को दो जून की रोटी के लिए प्रताड़ित किया जाता था। उनकी बस्तियों को अलग बसाया जाता था ताकि उनको लूटना एवं जलाना आसान रहे। इस चिरसत्य को अंग्रेज इतिहासकारों ने गलत ढंग से लिखा कि पवित्र हिंदुओं ने अपवित्र हिंदुओं अर्थात् दलित एवं तथाकथित चमार जातियों को अस्पृश्यता का दोष थोपकर गाँव से अलग रहने को विवश किया था। जबकि वस्तुस्थिति यही है कि उनको लूटने एवं प्रताड़ित करने की सुविधा के लिए साथ ही हिंदू समाज से अलग-थलग पड़ जाने के लिए उन स्वाभिमानी एवं धर्माभिमानी हिंदुओं को विदेशी मुसलिम शासकों ने आदेश जारी करके गाँवों से अलग बसने पर मजबूर किया था।[1] क्षत्रिय-कुल के चंवर आदि वंशों के वर्तमान चमार हिंदुओं ने इस इसलामिक भेदभाव को भी विवश होकर स्वीकार किया, उजाड़े जाने पर जंगलों में शरण ली और जंगलों में आग लगाए जाने पर दर-बदर का जीवन व्यतीत किया, परंतु किसी भी मूल्य पर इसलाम स्वीकार न करके मुसलिम आक्रांताओं को अहिंसक विधि से अदम्य धैर्य का परिचय देते हुए उनका मुँहतोड़ उत्तर दिया।

राजनैतिक उत्पीड़न का भी मुँहतोड़ उत्तर वर्तमान दलित वर्ग की चर्मकार जाति (तत्कालीन ब्राह्मण एवं क्षत्रिय) के वीर-योद्धा हिंदुओं ने अद्‌भुत पराक्रम और साहस के साथ दिया था, जिसका उल्लेख इतिहास के पन्नों पर स्वर्णाक्षरों में लिखा पाया जाता है। सिकंदर के सम्मुख नतमस्तक ईरानियों का हौसला हिंदुकुश के हिंदू राजा शशिगुप्त ने बुलंद किया और सिकंदर की सेना के दाँत खट्टे कर दिए थे। कपिशा की अश्वक नामक पर्वतप्रदेशीय जनजातियों ने भी सिकंदर का मार्ग अवरुद्ध किया था। कैकेय देश के हिंदू राजा पोरस को छलपूर्वक बंदी बनाने के बाद भी सिकंदर ने उससे जब यह पूछा कि उसके साथ किस प्रकार का व्यवहार किया जाए तो वह हिंदू राजा पोरस ने बिना विचलित हुए सहजभाव से मुँहतोड़ उत्तर दिया—'जैसे एक राजा दूसरे राजा के साथ व्यवहार करते हैं।' पुरु की निर्भीकता, उसके पौरुष, साहस और स्वाभिमान की उच्च

1. डॉ. सुमन शास्त्री, मध्यकालीन भारत की व्यापार व्यवस्था का ऐतिहासिक अनुशीलन, शोध प्रबंध, पृ. 71

भावना के आगे विश्वविजय के अभियान पर निकला सिकंदर नतमस्तक हो गया और अन्य हिंदू राज्यों पर आक्रमण करने का साहस त्याग दिया। कठ (खटीक) जाति के रावी तटवासी हिंदुओं ने सिकंदर के सैनिकों का साहस तोड़ डाला और वे अपने सेनापति की आज्ञा को अस्वीकार करके हिंदुस्थान से वापस चलने की जिद करने लगे थे। वर्तमान हिंदू दलित वर्ग यानी पूर्ववर्तीय धर्माभिमानी ब्राह्मण एवं स्वाभिमानी (खोरूर जाटों) क्षत्रिय योद्धाओं द्वारा सिकंदर इतना अधिक पीटा गया था कि उसे बुखार हो गया और घर भागते समय वह रास्ते में ही उसकी मृत्यु हो गई।

हिंदू सैनिकों ने अरबवासियों के आक्रमणों को निरंतर विफल किया और सैकड़ों वर्षों तक उनको हिंदुस्थान की पावन भूमि पर पैर रखने नहीं दिया। देवल के स्त्री-बच्चे तक ने मृत्यु को स्वीकार किया किंतु इसलाम स्वीकार नहीं किए। तुर्कों के आक्रमण का प्रत्युत्तर सिंध के शासक जयपाल ने सुबुक्तगीन के राजदूतों की हत्या करवाकर दिया। लुटेरे महमूद का धन हिंदू जाटों और खोखरों ने देश की समृद्धि को बाहर न जाने देने की भावना से ललकारकर युद्ध करके छीना और सोमनाथ, नगरकोट आदि मंदिरों के लूटने का बदला लिया। उन्होंने महमूद को युद्ध में इतना थकाया कि अपने घर (गजनी) भागते-भागते उसकी मृत्यु हो गई। पृथ्वीराज चौहान, परमाल और आल्हा-ऊदल आदि ने लुटेरे मुहम्मद गौरी को अनेक बार क्षमादान प्रदान किया, यद्यपि उनकी इस उदारता को मुहम्मद गौरी ने कभी भी उनका उपकार नहीं मान्य किया।

विदेशी मुसलिम आक्रांता बलवन 1257 ई. में झाँसी के युद्ध में एक मेवाती हिंदू महिला के नेतृत्व में हुए युद्ध में पराजित हुआ और लूटा गया था। कटेहर के राजपूतों ने रामगंगा नदी के तट पर अवस्थित तिक्रलावबनी स्थान पर विदेशी मुसलिम आक्रांताओं को बुरी तरह परास्त करने के साथ ही उनके सेनापति मलिक रवीउलमुल्क इज्जुद्दीन दुर्मशी की हत्या कर दी थी। हिंदू राजा हम्मीरदेव भट्टी राजपूत दूदा, गुहिल राजा रत्न सिंह आदि को भला कौन नहीं जानता है कि उन्होंने विदेशी मुसलिम आक्रांताओं को कभी चैन से रहने नहीं दिया और उनके प्रत्येक उत्पीड़न का प्रत्युत्तर बहादुरी के साथ दिया। हिंदू राजा सुहेलदेव (पासी जाति) ने मुहम्मद गौरी के भाँजे सलार मसूद को उसकी एक लाख सेना के साथ फैजाबाद (उ.प्र.) में घेरकर मार डाला। उन्हें कब्र तक नहीं मिली एवं उनके शव को चील-कौवे खा गए। किंतु हिंदू समाज का भारी दुर्भाग्य है कि आज उसी विदेशी आक्रांता सलार मसूद की कब्र पर पूजा के लिए मुसलमानों से अधिक हिंदुओं की भीड़ उमड़ती है।

2.3 लड़ाकू जातियों का उत्पीड़न एवं युद्धबंदियों से अमानवीय व्यवहार

विदेशी इसलामिक आक्रांताओं द्वारा युद्ध करने वाले योद्धा तथा लड़ाकू क्षत्रिय एवं धर्म रक्षक ब्राह्मणों का भयानक उत्पीड़न करने के साथ ही युद्धबंदियों के साथ अमानवीय व्यवहार हुआ था। वास्तव में विदेशी आक्रांता तुर्क, मुसलमान एवं मुगल शासकों के उत्पीड़न, अत्याचार, व्यभिचार तथा अमानवीय व्यवहार के समक्ष संसार की मानवता लज्जित थी। हिंदुओं के साथ हुए उक्त लज्जाजनक व्यवहार का अलग-अलग किंतु क्रमशः अध्ययन निम्नलिखित है।

उत्पीड़न

विदेशी मुसलिम आक्रांताओं के बार-बार पराजित करके खदेड़ने का अदम्य साहस जिन हिंदू राजाओं ने किया था, उनकी सैन्य शक्ति का सशक्त केंद्र बिंदु मुख्यतः देश के भौगोलिक सीमा रक्षक क्षत्रिय वंश में उत्पन्न योद्धा और लड़ाकू लोग थे। क्षत्रिय कुलोत्पन्न बहादुर हिंदू सैनिकों ने विदेशी लुटेरों और आक्रांताओं के छक्के छुड़ा दिए थे। यही कारण था कि विदेशी मुसलिम आक्रांता इनसे अत्यंत क्रुद्ध थे और उनको जैसे ही अवसर प्राप्त हुआ उन्होंने युद्धकला में प्रवीण एवं युद्धवृत्ति सैनिकों का भयानक उत्पीड़न किया। उन्होंने उनका सामाजिक सम्मान समाप्त करने हेतु और उनकी आर्थिक स्थिति को दयनीय बनाने हेतु अनेक कुचक्र रचे, धार्मिक आस्थाओं पर घृणित प्रहार किए और उनके सांस्कृतिक मूल्यों को तोड़ने का भी प्रयास किया।

इस प्रकार चमार जाति एवं उपजातियों के बहादुर योद्धा (पूर्व में धर्म रक्षक ब्राह्मण एवं राजवंशीय क्षत्रिय) तथा लड़ाकू जातियों के प्रति विदेशी आक्रांताओं के मन में उत्पन्न हुआ प्रतिशोध-भाव उनके साथ ही हिंदुस्थान के समस्त हिंदू वर्गों के पुरुष, महिलाओं और अबोध बच्चों के लिए कहर बनकर अभिशप्त हुआ जिनका नग्न स्वरूप देखकर लज्जा भी शर्मसार हो जाती थी। इस उत्पीड़न को रोकने का एक ही उपाय था कि वे हिंदू योद्धा तथा लड़ाकू लोग इसलाम स्वीकार कर लें, परंतु वह किसी भी मूल्य पर धर्माभिमानी, स्वाभिमानी एवं बहादुर हिंदू सैनिकों तथा युद्धबंदियों को स्वीकार नहीं था। इसके बदले उन्होंने अपना उत्पीड़न अत्यंत साहस के साथ स्वीकार किया।

मध्ययुगीन शासन हिंदुओं का उत्पीड़न युग था। 712 ई. से 1206 ई. तक के मध्य ही इस देश की अर्थ-व्यवस्था को विदेशी आक्रांता एवं अरब और ईरान के लुटेरों द्वारा लूटपाट करके छिन्न-भिन्न किया गया था और जो कुछ शेष रह गया उसे 1206 ई. से 1761 ई. तक के अरब के विदेशी सुल्तानों एवं बादशाहों ने समाप्त कर डाला। हिंदू

किसानों की जमीनें छीन ली गईं और उसे मुसलमानों में बाँट दिया गया।[1] हिंदू किसानों को जो रद्दी (बंजर, ऊसर, पथरीली, जंगली, ढालू आदि) जमीनें दी भी गईं उन पर अधिकाधिक कर लगाया गया।[2] हिंदू होने मात्र का भी उनको अलग से कर देना पड़ता था। अकाल एवं अन्य आपदाओं से क्षतिग्रस्त कृषि-व्यवसाय में उपज न होने पर भी हिंदुओं को कर देने पड़ते थे और कर देने में असमर्थ हिंदुओं को कठोर यातनाएँ दी जाती थीं।[3] जब वे इससे भयभीत होकर जंगलों में भाग जाते थे तो उनको जानवरों की तरह ढूँढ़कर उनका शिकार किया जाता अर्थात् जान से मार दिया जाता था।[4] जंगल काटने भी पड़ते थे तो उनको काटकर और वहाँ की लकड़ियों को मुसलमानों में निःशुल्क बाँटने का काम किया जाता था। भागे हुए लोगों के कर उनके पड़ोसियों से वसूले जाते थे।[5] हिंदू व्यापारियों पर मूल्य नियंत्रण, आयात एवं निर्यात के कठोर नियंत्रण लगाए गए थे। उन पर कालाबाजारी करने का मिथ्या दोषारोपण करके उनकी संपत्ति छीन ली जाती थी, ताकि वे कंगाल हो जाएँ। हिंदुओं को कंगाल बनाए रखने के पीछे उन विदेशी इसलामिक लुटेरों की यह नीति थी कि इससे हिंदू कभी विद्रोह नहीं कर सकेंगे।

विदेशी इसलामिक लुटेरों के आक्रमण भारतीय युद्ध नीति के विपरीत हुआ करते थे। हिंदू राजा युद्ध में बंदी स्त्री-बच्चों एवं सैनिकों के साथ मानवीय व्यवहार करते थे, किंतु इसलामिक आक्रामक लुटेरे एवं शासक बच्चों और युद्धबंदियों को मौत के घाट उतार देते थे अथवा इसलाम स्वीकारने पर विवश किया करते थे। स्त्रियों को वह भोगविलास की वस्तु समझकर आपस में बाँट लेते थे। खड़ी फसलों में आग लगा दी जाती थी। नदियों, कूप-तालाबों तथा झील-झरनों के जल में विष मिला देते थे। किलों की घेरेबंदी करके लोगों को भूखों मरने पर विवश कर देते थे। संधि के प्रस्तावों को स्वीकार करने के बाद भी छल करके संधिकर्ताओं की हत्या करा देते थे। सतीत्व की रक्षा के लिए संभ्रांत स्त्रियाँ आत्मरक्षा में आत्महत्या कर लेती थी। महारानी पद्मिनी जैसी अनेक वीरांगनाओं ने जौहर-व्रत वरण किया था।

विदेशी इसलामिक लुटेरे केवल अपने वंश-परिवार के बारे में ही विशेष प्रयास करते थे। जियाउद्दीन बरनी ने जिस फिरोजशाह तुगलक के बारे में अनेक झूठे बयान अपनी पुस्तक में लिखकर उसकी प्रशंसा की थी उसको भी उस सुल्तान ने भूख से मरने पर विवश किया

1. डॉ. सुमन शास्त्री, मध्यकालीन भारत की व्यापार व्यवस्था का ऐतिहासिक अनुशीलन, शोध प्रबंध, पृ. 76
2. वही, पृ. 89, 188
3. वही, पृ. 76
4. वही, पृ. 76
5. वही, पृ. 76

और फूटी कौड़ी भी अपनी ओर से नहीं दी थी। शराब मुसलिम धर्म में निषिद्ध थी, किंतु सभी सुल्तान शराबखोर थे। कामोपभोग के नग्न दृश्य उनके समय को शर्मशार कर देते हैं—महलों की प्रत्येक सीढ़ियों पर सुंदर युवतियों को दोनों तरफ खड़ा किया जाता था और ये सुल्तान-बादशाह उनके स्तनों को पकड़कर ऊपर चढ़ते और नीचे उतरते थे। ऐसी स्त्रियों में विशेषकर हिंदू राजवंशीय क्षत्रिय, ब्राह्मण एवं अन्य बहादुर जातियों की युवा महिलाएँ हुआ करती थीं। इसके पीछे विदेशी मुसलिम नवाबों, बादशाहों एवं आक्रांता शासकों का मूल उद्देश्य धर्माभिमानी तथा स्वाभिमानी हिंदुओं को नीचा दिखाना था।

विदेशी मुसलमानों ने हिंदू से मुसलमान बनाए गए लोगों के साथ भी घृणास्पद व्यवहार किया था। मुसलिम परिवारों को भी वे सुल्तान गरीब बनाए रखे थे ताकि वे भी उनके विरुद्ध विद्रोह न कर सकें और सत्ता छीन न लें।[1] उन्होंने भी वंश-परंपरागत सत्ता को ही चलाए रखा था और सदैव निरंकुश राजतंत्र की पराकाष्ठा को पार किया था।

विदेशी मुसलमान आक्रांताओं के आक्रमण का कारण हिंदू जीवन-पद्धति का इसलामीकरण था। आक्रमणकारी तुर्कों की इच्छा थी कि पूरे हिंदू समाज को मुसलिम सभ्यता एवं संस्कृति में परिवर्तित कर दिया जाए। इसके लिए उन्होंने अनेक हत्याएँ कीं, निर्दोष एवं भोले-भाले लोगों को डराया और धमकाया, उन्हें गुलाम बनाकर उनका शोषण किया, उनकी धन-संपदा को लूटकर उनको भिखारी बना दिया, उनके धार्मिक आस्था के प्रतीक देवी-देवताओं को अपमानित किया और मंदिरों तथा मूर्तियों को आस्था का प्रतीक होने के कारण ही तोड़ा भी था।

वर्तमान हिंदू चमार जाति (तत्कालीन ब्राह्मण एवं क्षत्रिय वर्ग) के लोगों पर उस समय धर्म-परिवर्तन का अधिक दबाव बढ़ाया गया था। इतना ही नहीं, दबाव में कुछ हिंदू राजा तक मुसलमान बन जाते थे किंतु पुनः वे हिंदू धर्म अपना लेते थे। दक्षिण भारत में हिंदू राज्य के संस्थापक हरिहर और बुक्का इसके एक ज्वलंत उदाहरण थे।

इतिहास इस बात का साक्षी है कि विदेशी मुसलमान सुल्तानों ने हिंदुओं को धर्म-परिवर्तन कर इसलाम स्वीकारने हेतु अनेक यातनाएँ दीं, धन-संपत्ति छीनकर निर्धन बनाया, जंगलों में जान बचाने को छिपे लोगों को जंगल कटवाकर मरवाया और मनमाना कर वसूली करने में असमर्थ होने पर उनको जानवरों की तरह मार डाला।[2] विदेशी मुसलिम आक्रांता शासकों ने हिंदुओं की बहू-बेटियों को लूट लिया, व्यापारियों पर अधिकाधिक कर लगाया और धार्मिक शोषण किया। मुगलों के समय में भी हिंदुओं का सामाजिक और

1. डॉ. सुमन शास्त्री, मध्यकालीन भारत की व्यापार व्यवस्था का ऐतिहासिक अनुशीलन, शोध प्रबंध, पृ. 64
2. डॉ. सुमन शास्त्री, मध्यकालीन भारत की व्यापार व्यवस्था का ऐतिहासिक अनुशीलन, शोध प्रबंध, पृ. 60

आर्थिक उत्पीड़न होता रहा। बहुमूल्य भेंट प्राप्त करके व्यापार पर विदेशियों को एकाधिकार दे दिया जाता था और हिंदुओं को वह अवसर नहीं दिया जाता था।[1]

मध्यकाल में हिंदुओं का भयंकर उत्पीड़न एवं शोषण हुआ। परिणामस्वरूप वर्तमान हिंदू चमार-कुल सामाजिक तथा आर्थिक रूप से कमजोर हुए। गंदे कार्यों में बलपूर्वक लगाए गए लोग सामाजिक एवं आर्थिक रूप से गिरकर दलित के रूप में स्थापित होते चले गए। अस्वच्छ व्यवसाय विशेषत: मल-मूत्र ढोने, गोचर्म एवं लाचार होकर बहू-बेटियों की अस्मत को मुसलमान आततायियों से बचाने हेतु सूअर पालन इत्यादि के कार्य में लगे लोगों को सामाजिक रूप से तिरस्कृत किया गया। सामान्यतया उन्हें पवित्रता की दृष्टि से हिंदू समाज ने अपवित्र मानकर उनके साथ छुआछूत का व्यवहार स्थापित किया गया।

मुगलकाल में हिंदुओं की स्थिति अत्यंत दयनीय बनाई जा चुकी थी। दिल्ली के आस-पास के नगर मुसलमान बाहुल्य थे। बाबर ने स्वयं एक जगह स्वीकार किया है कि हिंदुओं से संपूर्ण नगर एक या डेढ़ दिन में इस प्रकार खाली करवा लिए जाते थे कि मानो वहाँ कभी वे रहे ही न हों। मुसलमान सिपाही नगरों के आस-पास के गाँवों पर धावा बोलकर हिंदुओं को पकड़ते एवं उनकी बहू-बेटियों को अपनी हवस का शिकार बनाते थे। उस समय मुसलमान नगरों में और हिंदू आस-पास के गाँवों में ही रहते थे।[2] सिपाहियों के भय से कभी-कभी गाँव पूर्णरूपेण खाली हो जाते थे। वे जंगलों में भाग जाते थे। इतना ही नहीं, हिंदुओं का जंगली जानवरों की तरह शिकार किया जाता था।[3]

इन अत्याचारों से हिंदुओं की एक बड़ी संख्या अपनी बहू-बेटियों एवं स्वयं की रक्षा हेतु घने जंगलों में चली गई और अन्न-वस्त्रविहीन जीवन व्यतीत करने को बाध्य हुई। समाज की मुख्यधारा से लंबे अरसे तक अलग रहने के कारण शारीरिक नग्नता उनकी संस्कृति बन गई और उनका जीवन जंगली एवं आदिमानवयुगीन बन गया। प्राचीनकाल के अत्यंत उन्नत एवं संबद्ध हिंदू, मध्ययुगीन इसलामिक उत्पीड़न का शिकार होकर आज आधुनिक मानव के लिए अजीबोगरीब शक्ल-सूरत के बन गए हैं। वर्तमान जनजातियों को मध्ययुगीन मुगल अत्याचार के भय से पलाइत उन्हीं हिंदुओं के वंशज के रूप में चिह्नित किया जाता है।[4]

प्रारंभिक विदेशी मुसलिम आक्रांताओं ने हिंदुस्थान की विपुल संपदा को लूटकर ले जाने का कार्य किया था। इतने से संतुष्ट न होने पर उन्होंने यहाँ स्थायी शासन तक

1. बरनी, तारीख-ए-फिरोजशाही, पृ. 316-18
2. बाबरनामा, अनुवाद, ए.एस.बेवरिज, जिल्द-2, पृ. 488
3. ईश्वरी प्रसाद, हिस्ट्री ऑफ करौना टकर्स, पृ. 67-74
4. डॉ. विजय सोनकर शास्त्री, सामाजिक समरसता दर्शन, भूमिका।

स्थापित कर डाला। लूट-खसोट करने के उपरांत भी जो कुछ शेष रहा, वह हिंदुओं से छीन लिए और जब वे यानी हिंदू भूखों मरने पर विवश हो गए तो उन्हें इसलाम स्वीकार करने अथवा मृत्यु को गले लगाने की शर्तें रखी गईं। उनकी आर्थिक दशा दयनीय बनाने के लिए उन पर अनेकानेक कर लगाए गए, कृषि-भूमि छीनकर उसे राज्य की संपत्ति घोषित किया गया। अनुपयुक्त भूमि देकर अकालादि के समय भी अधिकाधिक अंश में कृषि-कर लिए गए। असमर्थ हिंदू अपने घरों से पलायित होकर जंगलों में चले गए।[1] आज के वनवासी इसके ज्वलंत प्रमाण हैं। पलायित लोगों के कर उनके पड़ोसियों से वसूले गए और जब वे भी भाग गए तथा गाँव का गाँव वीरान हो गया तो बस्ती में आग लगा दी गई, साथ ही उनको जंगलों में ढूँढ़कर मार डाला गया। उनकी तलाश में जंगल काट एवं जला दिए गए। ऐसे नृशंस उन्मादियों के दिल और दिमाग में केवल हिंदुओं का पूर्णरूपेण उत्पीड़न ही बसा हुआ था।[2]

अमानवीय व्यवहार

मानव-मानव एक समान के सिद्धांत का मूलस्थान हिंदुस्थान अपने मानवीय व्यवहार के लिए सारे संसार में आज भी प्रसिद्ध है। 'वसुधैव कुटुंबकम्' और 'सर्वे भवन्तु सुखिनः सर्वे संतु निरामयाः' की सद्भावनापूर्ण वैचारिकी यहाँ की सभ्यता और संस्कृति के मानव-प्रेम को प्रदर्शित करती है। शरणागत की रक्षा और द्वार पर आए शत्रु के साथ भी मित्रवत् व्यवहार केवल हिंदुओं में ही देखने को मिलता है। सत्य और अहिंसा पर आद्धृत हिंदू जीवनशैली में किसी के भी साथ अमानवीय व्यवहार पूर्णतः वर्जित है। यह विशेषता प्रत्येक जीव-जंतुओं के विषय में भी देखी जाती है। यही कारण था कि बलवन ने जब तुगरिल के विरुद्ध सहयोग हेतु सुनारगाँव के हिंदू शासक दानुजराय (रायदानुज) से अनुरोध किया तो उस हिंदू राजा ने उसकी पूरी मदद की थी, जबकि बलवन भी सदैव हिंदू विरोधी कार्यों में लिप्त रहा और हिंदू लोगों के साथ सदैव अमानवीय व्यवहार किया था।

मुसलिम आक्रांता किसी भी दशा में हिंदुओं के प्रति हितकर नहीं थे, फिर भी उन्होंने जब भी किसी हिंदू से मानवीय व्यवहार की अपेक्षा की हिंदुओं ने उन पर दया की। मुहम्मद गौरी अनेक बार युद्धबंदी होने पर पृथ्वीराज चौहान से क्षमा माँगकर मुक्त किया गया था। मुहम्मदशाह (1434-45 ई.) के विरुद्ध विद्रोह करने की अवस्था में सरवरुमुल्क ने हिंदू वीर सिद्धपाल और सुधारन कागू से भरपूर सहायता प्राप्त की थी।

---

1. इरफान हबीब, दो एग्र रियन सिस्टम ऑफ मुगल इंडिया, पृ. 249-50
2. ईश्वरी प्रसाद, हिस्ट्री ऑफ करौना टकर्स, पृ. 67-74

रणथंभौर के हिंदू राजा हम्मीरदेव ने तत्कालीन सुल्तान अलाउद्दीन खिलजी से वैमनस्य इसलिए प्राप्त किया क्योंकि उसने भारतीय मुसलमान (नव मुसलमान) के विद्रोही और पलायित नेता मुहम्मदशाह को अपने यहाँ पनाह दे रखी थी और अलाउद्दीन द्वारा मुहम्मदशाह को दंडित करने हेतु माँगने पर उसे देने से इनकार कर दिया था। इसी तरह शेरशाह द्वारा भयभीत होकर भाग रहे हुमायूँ को वर्तमान हिंदू चमार जाति के ही एक व्यक्ति ने भिश्ती उपलब्ध कराके नदी पार कराई और उसकी प्राण-रक्षा की थी जबकि हुमायूँ भी हिंदू विरोधी था, परंतु उस समय शरणार्थी था।

ऐसे अनेक उदाहरण मिलते हैं, जो हिंदुस्थान के दयावान निवासियों द्वारा दूसरों के प्रति मानवीय व्यवहार किए जाने का उदाहरण प्रस्तुत करते हैं। इसका मुख्य कारण यह है कि यहाँ पर प्रत्येक व्यक्ति को उसने बचपन से ही हिंदू-संस्कृति में व्याप्त दया, करुणा तथा समरसता के साथ परिवार, पड़ोस, मित्र-समूह, विद्यालय आदि संस्थाओं से मर्यादाओं के अनुपालन की शिक्षा प्राप्त होती है जिसे वह अपने जीवनपर्यंत व्यवहृत करता है। हिंदू धर्मग्रंथों में भी सत्यनिष्ठ व्यवहार एवं मर्यादित आचरणों के बारे में पर्याप्त उल्लेख है। वेदों में जीवन जीने के सिद्धांत, श्रीमद्भागवत एवं श्रीरामायण में जीवन जीने के व्यावहारिक पक्ष तथा भगवद्गीता में व्यक्ति के लिए साधना, तपस्या एवं योग की सरलतम प्रविधियों का संकेत प्राप्त होता है। स्पष्टत: भौतिक पक्षों के साथ-साथ आध्यात्मिक जीवन-दर्शन का समग्र भाव सनातन हिंदू ग्रंथों में निहित है, जो सत्यनिष्ठ व्यवहार तथा मर्यादित आचरण के लिए प्रेरित करता है, जैसे—ऊर्जा एवं शक्ति के लिए अग्नि की पूजा, वृष्टि के लिए इंद्र की पूजा, संपत्ति के लिए सोम की साधना इत्यादि।[1]

हिंदू-संस्कृति में लोकजीवन के व्यवस्थापन हेतु मर्यादाओं को प्रमुख स्थान दिया गया है। प्रत्येक व्यक्ति समाज द्वारा निर्धारित मर्यादाओं के अनुसार एवं उसके अंतर्गत ही अपना जीवन सुचारु रूप से संचालित कर सकता है। स्थापित मर्यादाओं का उल्लंघन मनुष्यता एवं मानवोचित व्यवहार के विपरीत माना जाता है। वस्तुत: समाज द्वारा न केवल वैयक्तिक संबंधों अपितु सामाजिक संबंधों को गतिशील और प्रभावी बनाए रखने के लिए मर्यादाओं की व्यवस्था की जाती है।

विदेशी आक्रांताओं को धर्म-परिवर्तन कराने में एक बार भारी मुसीबत उठानी पड़ी थी। उस समय हिंदू चमार जाति के प्रख्यात संत रैदास को बलपूर्वक मुसलमान बनाया जा रहा था। असफल होने पर सिकंदर लोदी ने संत रैदास को जेल में डाल दिया। सूचना आग की तरह फैली। फलस्वरूप पूरी राजधानी को वर्तमान हिंदू दलितों (बलपूर्वक

1. आर.एम. रोज : ह्यूमन बिहेवियर एंड सोशल प्रोसेस : ऐन इंटरैक्शनिस्ट अप्रौच हाउटन मिफिन कंपनी, बोस्टन, 1962

अस्वच्छ कार्यों में लगातार अस्पृश्य बनाए गए लोगों) ने घेर लिया था। सिकंदर लोदी के सैनिक उस समय पूर्णतः हतप्रभ और असहाय से हो गए थे। सिकंदर लोदी ने भयभीत होकर संत रैदास को मुक्त किया और अपनी भूल के लिए हिंदू दलित (चर्मकार जाति) के एकत्रित जनसैलाब के समक्ष उपस्थित होकर क्षमा माँगी। हिंदू धर्म में आस्था रखनेवाले उन बहादुर हिंदुओं ने सुल्तान को क्षमा कर दिया। अन्यथा सिकंदर लोदी मुसलिम काल का अंतिम शासक रहा होता। हिंदुस्थान के जिन बहादुर युद्धबंदियों को सिकंदर लोदी ने सत्ता की शक्ति के बल पर चमड़ा के अपवित्र कार्यों में लगाया और मैला ढोने हेतु विवश किया उन्हीं लोगों से अपने जीवन के लिए दया की भीख माँगते उसे लज्जा नहीं आई थी, परंतु लोदी के अमानवीय व्यवहार के शिकार होने पर भी हिंदू चमार जाति के लोगों ने सुल्तान के क्षमा माँगने पर हिंदू मूल्यों का अद्‌भुत उदाहरण प्रस्तुत करते हुए उसे क्षमा कर दिया था।

हिंदू मानवीय व्यवहार की विशेषता विदेशी मुसलिम आक्रांताओं में नहीं मिलती है, क्योंकि यह गुण उनको संस्कार में नहीं मिला था और उनके जीवन के अनुभव एवं लगातार युद्ध के व्यावहारिक नीतियों की जगह अव्यावहारिक नीतियों के कारण सहयोग के स्थान पर अवसरपरस्ती का व्यवहार करना सिखलाया था। इसका ज्वलंत उदाहरण स्वयं उनकी सत्ता-प्राप्ति की पद्धति है जिसमें पुत्र अपने भाइयों और पिता को परिवारसहित मार डालता था, सगे-संबंधियों के वंश मिटा दिए जाते थे और वात्सल्यपूर्ण रक्त-संबंधों पर भी ध्यान नहीं दिया जाता था। ऐसे शासकों द्वारा हिंदू युद्धबंदियों के प्रति अमानवीय व्यवहार किया जाना आश्चर्यजनक नहीं कहा जा सकता है।

हिंदू युद्धबंदियों एवं विदेशी आक्रांता शासकों द्वारा हिंदू धर्म के लिए दंड दिए गए। दंडित वर्ग में सर्वाधिक संख्या उन्हीं बहादुरों की थी जिनको वर्तमान में हिंदू चमार के रूप में चिह्नित किया जाता है और जिनको धर्म-युद्ध में अधार्मिक विधि से बंदी बनाया गया था। मुसलिम आक्रांता युद्ध करने में अपनी पराजय सुनिश्चित समझकर युद्ध करने के पूर्व ही सर्वप्रथम हिंदू स्त्रियों, बच्चों और गायों का अपहरण करके युद्धभमि में उनको ही आगे रखते थे ताकि हिंदू सैनिक उन पर प्रहार न कर सकें और वे उनको आसानी के साथ कत्ल कर सकें और जब उनकी संख्या कम हो जाए तथा वे शस्त्र न उठाने की स्थिति में आ जाएँ तो उनको बंदी बना लिया जाए। एकमात्र इसी रणनीति से उन्होंने सदैव हिंदू राजाओं पर विजय प्राप्त की और भारी संख्या में हिंदू सैनिकों को युद्धबंदी बनाया तथा उनके साथ अमानवीय व्यवहार किया। यह विदेशी इसलामिक आक्रांताओं की युद्धनीति कायरतापूर्ण एवं घिनौनी थी, इसलिए मुसलिम तथा अंग्रेज इतिहासकारों ने इस तथ्य को सदैव छिपाया है। आधुनिक लेखक भी दुर्भाग्यवश हिंदुओं को बंदी बनाने की इस इसलामिक युद्धनीति की कभी भी निंदा नहीं करते।

मुसलिम आक्रांताओं ने हिंदू योद्धाओं को जो कालांतर में चमार जाति यानी दलित युद्धबंदियों को विशेष रूप से सताया था, उनकी स्त्रियों को गुलाम एवं उनके अबोध बच्चों को उनके ही सम्मुख मुसलमान बनाया। उन युद्धबंदियों को चर्म-कर्म जैसे अस्वच्छ कर्म में बलपूर्वक लगाया तथा मैला ढोने का भी काम कराया। उनको अलग पहचान और आवास प्रदान किया गया तथा गाँव के बाहर इसलिए रहने को विवश किया ताकि जब चाहे उनका शोषण करने और उन पर अत्याचार करते समय किसी मुसलमान के परिवार को उसकी आँच न जा सके। गाँव और नगरों से बाहर रहने के ही कारण उनको अस्पृश्यता के प्रथम सोपान पर पहुँचना पड़ा और बस्ती के लोगों ने उनके साथ भेदभाव करना प्रारंभ किया।

मध्यकाल में देश के लिए विदेशी मुसलिम शासकों से स्वतंत्रता संग्राम हेतु दंडित हिंदू युद्धबंदियों को बलपूर्वक मंदिरों में जाने से रोका गया और पूजा-पाठ यज्ञादि से वंचित किया गया ताकि वे विवश होकर अपने अध्यात्म-तुष्टि के लिए मसजिदों में जाएँ और अल्लाह के नाम पर नमाज अदा करें। किंतु हिंदू दंडित वर्ग के लोगों एवं युद्धबंदियों ने मंदिर प्रवेश निषेध और पूजा-पाठ संबंधी मुसलिम अवरोधों का दृढ़तापूर्वक सामना किया और घर बैठे ही निरंकार पद्धति से ईश्वर के प्रति अपनी धार्मिक और आध्यात्मिक भावनाओं को समर्पित किया। धर्म पर आधारित यह अमानवीय मुसलिम शासकों का व्यवहार ही हिंदू चमार एवं अन्य अस्पृश्य बनाई गई जातियों के लिए अभिशाप बना रहा और जब स्वतंत्र भारत में उनको मंदिर प्रवेश की अनुमति प्राप्त हुई तब जाकर उस मध्ययुगीन क्षति की पूर्ति हो सकी।

मध्ययुगीन हिंदू दंडितवर्गीय युद्धबंदियों के साथ न केवल सामाजिक बल्कि आर्थिक स्तर पर भी अमानवीय व्यवहार किए गए थे। मुसलिम आक्रांताओं ने हिंदू युद्धबंदियों का सबकुछ लूटकर मुसलमानों में निःशुल्क बाँट दिया[1] और उनको भूखों मार डालने का प्रयास किया था। जीविका का जब कोई भी साधन उन युद्धबंदियों के पास नहीं रहा और प्राण बचाने के लिए उनको इसलाम स्वीकारने की विवशता सम्मुख उपस्थित हुई तब उन्होंने जंगलों की ओर प्रयाण किया और वृक्षों के पत्तों को खाकर झरनों तथा नदियों के जल पर जीवनयापन करना शुरू किया, परंतु इसलाम सदैव अस्वीकार किया। ऐसे लोगों को आखेट के बहाने मुसलिम आक्रांताओं ने जंगलों में ढूँढ़-ढूँढ़कर जानवरों की भाँति मार डाला[2] और जंगलों को कटवाकर उन लकड़ियों को मुसलिम बस्तियों में निःशुल्क वितरित कराया। वृक्षों की कटाई के कारण ही उनके और अंग्रेजों के शासनकाल में सर्वाधिक अकाल पड़े थे और

1. डॉ. सुमन शास्त्री, शोधप्रबंध, मध्यकालीन भारतीय व्यापार व्यवस्था का ऐतिहासिक अनुशीलन, पृ. 59
2. ईश्वरी प्रसाद, हिस्ट्री ऑफ करौना टकर्स, पृ. 67-74

महामारी से लाखों लोग मृत्यु की गोद में सो गए थे।

युद्धबंदियों एवं हिंदुत्व के लिए विदेशी शासकों के द्वारा दंडित हुए स्वाभिमानी हिंदुओं को सदैव गुलाम अथवा दर-ब-दर जीवन व्यतीत करनेवाला ही बनाए रखा गया था। इतना ही नहीं, विदेशी मुसलिम आक्रांताओं ने अपनी सेना एवं राजसेवा में नियुक्त लोगों की निरंतर जाँच भी कराई थी और यदि उनको कहीं से भी यह प्रमाण मिल जाता कि वह व्यक्ति पूर्वकाल में हिंदू था तो उसको सेना एवं राजसेवा से बाहर कर दिया जाता और उसे दंडित भी किया जाता था। इल्तुतमिश को ज्योंही पता चला कि उसके वजीर और सेनापति पूर्वकाल में बलपूर्वक चर्म-कर्म में लगाकर चमार बनाए गए थे और वस्त्र बुनाई का काम भी करते थे, उसने ऐसे 33 महत्त्वपूर्ण धर्मांतरित मुसलमानों एवं राजभक्तों को पदच्युत करके दंडित किया था, जबकि वे कतिपय परिस्थितियों में इसलाम स्वीकार करके मुसलमान बन चुके थे और सुल्तान के प्रति पूरी तरह से निष्ठावान थे।[1]

इससे स्पष्ट होता है कि विदेशी आक्रांताओं ने भारतीय मुसलमानों को कभी भी स्वीकार नहीं किया था और न ही अपने समान सामाजिक परिस्थिति (स्टेटस) ही प्रदान किया था। उन हिंदुओं को मुसलमान केवल इसलिए बनाकर छोड़ दिया था ताकि वे उनके लूटपाट, राज्यविस्तार और सुखोपभोग के प्रति कभी बाधा न उत्पन्न करें।

युद्धबंदी दंडित वर्ग के हिंदुओं के साथ अमानवीय व्यवहार का उदाहरण सांस्कृतिक क्षेत्रों में भी पाया जाता है। हिंदू सैनिकों से मल्लयुद्ध की कला का प्रशिक्षण विदेशी मुसलमानों को पहली बार हिंदुस्थान में ही प्राप्त हुआ था। शिक्षा प्राप्त करने के बाद उस हिंदू प्रशिक्षक को जान से मार दिया जाता था ताकि वह किसी और हिंदू को प्रशिक्षित न कर सके। लाठी केवल हिंदुस्थान में पाई जाती है और बनकठी-विद्या (लाठी भाँजना) में केवल हिंदू ही विज्ञ थे। वर्तमान हिंदू चमार आज भी अपने घरों में लंबी-लंबी लाठी रखते हैं और आग्नेयास्त्रों में कम विश्वास करते हैं।

स्पष्ट है कि मुसलमानों में बनकठी-विद्या हिंदू क्षत्रिय, जो बाद में बलपूर्वक विदेशी मुसलमान शासकों द्वारा चमार बनाए गए, उनकी देन है। नाव और जलपोत बनाने की कला भी उन्होंने बलपूर्वक हिंदू युद्धबंदियों से ही सीखी थी, क्योंकि उसके पूर्व उनके पास न तो नावें थीं और न ही पानी में चलनेवाली बड़ी जहाजें थीं। इनके अभाव में ही वे पहली बार समुद्री मार्ग से हिंदुस्थान पर आक्रमण का साहस नहीं जुटा पाए थे। उन्होंने हिंदू चमार शिल्पियों द्वारा निर्मित अनेक नावों और पानी के जहाजों को छीना था और उनको बनाने की विधि युद्धबंदियों से आहरित की थी।

युद्धबंदियों को बलपूर्वक मुसलिम वेश-भूषा धारण करने, अरबी-फारसी पढ़ने,

1. फिलिप के.ए., शार्ट हिस्ट्री ऑफ दी अरब, (अरब का संक्षिप्त इतिहास), पृ. 147

मुसलिम पर्वोत्सवों में भाग लेने और मुसलिम सभ्यता तथा संस्कृति के प्रतीकों को अपनाने हेतु विवश किया गया। इससे स्पष्ट है कि विदेशी आक्रांताओं ने हर प्रकार से हिंदू युद्धबंदियों के साथ अमानवीय अत्याचार किया था। हिंदू चमार जाति में अपने शवों को गाड़ने की प्रथा मुसलिम संस्कृति की देन है। सफेद लूँगी, चादर तथा अन्य वस्त्रों को मुसलिम विधि से पहनने का प्रभाव भी हिंदू चमार जाति में उसे थोपी गई मुसलिम संस्कृति की देन हैं।

2.4 विदेशी इसलामिक उत्पीड़न एवं अत्याचार स्वीकार्य किंतु इसलाम अस्वीकार्य

इसलामिक काल में मुख्यत: उन्हीं धर्माभिमानी एवं स्वाभिमानी हिंदुओं का विदेशी मुसलिम आक्रांता शासकों द्वारा अधिक उत्पीड़न किया गया जिन्होंने इसलाम अस्वीकार करने के साथ ही हिंदू सनातन धर्म में अपनी निष्ठा बनाए रखी थी। ऐसे लोगों पर तरह-तरह के अत्याचार किए गए। वे लोग नाटकीय विधि से युद्धबंदी बनाकर प्रताड़ित किए जाते थे। बुर्का ओढ़कर, भिखारी बनकर, लहूलुहान वस्त्र पहनकर कपटी शरणार्थी बनकर इत्यादि विधि से विदेशी आक्रांता नगरों एवं किलों में प्रवेश कर जाते और रात में द्वारपालों की हत्याएँ करके द्वारा खोल देते थे। युद्ध करते समय कुछ सैनिकों को हिंदुओं के घरों की ओर भेजकर उनके स्त्री, बच्चे एवं गायों को पकड़ लाते और हिंदुओं के सामने करके पीछे से स्वयं चलते थे। हिंदू सैनिक उन पर अस्त्र नहीं चलाते थे। इस प्रकार के छल-कपट करके युद्ध जीतने के बाद विदेशी आक्रांता भयानक लूटपाट और हत्याएँ करते थे और अपने विरुद्ध भावी विद्रोही को रोकने के लिए सबको इसलाम स्वीकारने हेतु विवश करते थे।

मुसलिम आक्रांताओं द्वारा हिंदुस्थान के इसलामीकरण के लिए मुख्यत: दो प्रकार के कुत्सित कार्य किए गए थे—एक था सामाजिक अत्याचार एवं उत्पीड़न से संबंधित कार्य और दूसरा था आर्थिक उत्पीड़न और अत्याचार से संबंधित कार्य। इसके लिए वे सर्वप्रथम पात्रों का चयन बड़ी सूझबूझ के साथ करते थे। जिन हिंदुओं की संख्या कम होती थी और उनकी विशाल जनसंख्या के विद्रोह की संभावना नहीं होती थी उनको ये लोग मौत के घाट उतार दिया करते थे, परंतु जिनकी आबादी अधिक होती थी, केवल उनको ही मुसलिम धर्म स्वीकारने को विवश करते थे। हिंदू चमार-कुल के लोग संख्या में अधिक थे। वे बहादुर सैनिक वृत्ति के थे। वस्त्र बुनाई एवं अन्य शिल्पों में उनकी दक्षता विश्वप्रसिद्ध थी। ढाका का विश्वप्रसिद्ध मलमल और बनारस के रेशमी वस्त्रों की अद्‌भुत बुनाई में सारा संसार उनका लोहा मानता था। उनकी शस्त्र प्रहारक क्षमता के आगे बड़े-बड़े शूरमा भी नतमस्तक होते थे। अतएव इनको अधिक संख्या में युद्धबंदी बनाया गया तथा इनको इसलाम स्वीकारने हेतु सामाजिक और आर्थिक आधार पर अधिक प्रताड़ित किया गया।

इसलाम स्वीकार कराने हेतु विदेशी आक्रांताओं द्वारा बलपूर्वक दमन एवं दलन करके बनाई गई हिंदू दलित जातियों के लोगों को उनके दलित बनाए जाने के पूर्व की उनकी परंपरागत व्यवसायों (पूजा-पाठ एवं सैनिक कार्य) से अलग किया। उनको राजनैतिक और धार्मिक क्षेत्र से विलुप्त करने के लिए योजना बनाई गई और उनकी सामाजिक परिस्थिति पर सीधा प्रहार किया गया। विशेषत: उनको बलपूर्वक मरे हुए पशुओं के चमड़ों से अपने उपयोग की वस्तुओं को बनाने का कार्य सौंपा गया और कहा गया कि जिस प्रकार से वे खूबसूरत वस्त्रों का निर्माण करते हैं उसी प्रकार से चमड़े की वस्तुएँ बनाएँ। कुछ लोगों को मल-मूत्र ढोने और सफाई के कार्यों में लगाया गया। उनको व्यंग्य भी सुनाया गया कि जिस प्रकार से वे धार्मिक परिवेश में स्वच्छता, सफाई और पवित्रता की झलक देखना पसंद करते हैं उसी प्रकार से गंदगी साफ करके प्रसन्न हों। यह सब कार्य उनके स्वभाव के विपरीत था, किंतु उनको मार-मारकर वह सभी कार्य बलपूर्वक कराया गया। आततायियों ने बल का प्रयोग करते हुए यह कार्य संपन्न कराया और जिन स्वाभिमानी एवं धर्माभिमानी हिंदुओं ने अरुचि दिखलाई उनको इन शब्दों में धमकी भी दिया—'मार-मारकर चमार बना देंगे और मार-मारकर भंगी बना देंगे।' ये शब्द इतना अधिक प्रचारित हुए कि आज गाली के रूप में इसका अभिशाप समाज में देखा जा सकता है।

पशु-चर्म और मल-मूत्र सफाई से संबंधित अस्वच्छ और अपवित्र कार्यों को विवश होकर करने के बाद उन विदेशी मुसलिम शासकों द्वारा दंडित हिंदू दलित जाति के लोगों को भोजन-पानी के लिए तरसाया गया। उन्होंने अपने तथा अपने परिवार के लिए जब भी रोटी-पानी की माँग किया, उनके सामने मरे हुए जानवरों के (विशेषकर गाय और बैलों के) मांस परोसे गए और मार-मारकर खिलाया भी गया। जो लोग होश में न खा सके और उलटी आदि करने लगे उनको खिलाने के पूर्व शराब पिलाई गई और नशे में मदहोश करके खिलाया गया। जो हिंदू चमार-कुल के लोग कभी मांस-मदिरा छुए तक न थे, वे उसको नित्य अपनाने हेतु विवश किया गया। इसका प्रत्यक्ष परिणाम सामने देखा जा सकता है कि वर्तमान समय में हिंदू चमार जाति के लोग मांस-मदिरा की लत से इतने प्रभावित हैं कि अपने घर-खेत आदि बेचने में उनको कोई कष्ट नहीं होता जबकि मदिरा पीने में उनको अधिक आनंद आता है।

चर्म-कर्म में संलग्न लोगों ने जब आत्मनिर्भरता प्राप्त कर ली और विदेशी आततायियों ने भी जब उनको मांस-मदिरा का आदी बना जान लिया तथा उनके खान-पान की ओर से उनका ध्यान हट गया तब पुन: धार्मिक वृत्ति के हिंदू चमार जाति के लोगों ने मांस-मदिरा का सेवन बंद कर दिया। संत गुरु रैदासजी एवं अन्य हिंदू भक्तों के उपदेशों को आत्मसात् करके निराकार-पूजा-पद्धति को अपनाया, परंतु इसलाम को कभी स्वीकार नहीं किया। आज भी अनेक रैदासी और कबीरपंथी आदि भक्तजन मांस-मदिरा से अपने को दूर रखते

हैं और अपने सनातन हिंदू धर्म पर कायम हैं।

अपवित्र वृत्ति (पेशा) और अपवित्र खान-पान वाले लोगों को गाँव और नगरों से बाहर रखने की व्यवस्था मुसलिम आक्रांताओं ने कर रखी थी ताकि धीरे-धीरे वे लोग हिंदू समाज से कटकर पूर्णत: अलग-थलग हो जाएँ। मृत्युदंड पाए लोगों के वध का काम भी उनसे कराया गया ताकि लोग उनको राक्षस और चांडाल कहने लगे और उनको देखकर घृणा करने लगे। उनको अरबी-फारसी पढ़ने के लिए मदरसे की ओर भेजने का असफल प्रयास किया गया किंतु हिंदू पाठशालाओं में उनका जाना प्रतिबंधित कर दिया गया, ताकि भविष्य में वे अनपढ़-गँवार बनकर राजनीति और धर्म के क्षेत्र में नीचे गिर सकें। हिंदू चमार जाति के लोगों ने यह सारी दुर्गति बड़े धैर्य एवं साहस से सहा परंतु इसलाम को कभी स्वीकार नहीं किया।

इसलाम धर्म स्वीकार करने हेतु विदेशी इसलामिक शक्तियों ने बलपूर्वक बनाए गए। हिंदू चमार एवं अन्य हिंदू धर्म के लिए दंडित वर्ग तथा युद्धबंदियों का आर्थिक शोषण भी अत्यधिक मात्रा में किया। उन्होंने अर्थविहीन अवस्था में असहाय हिंदुओं की सामाजिक, धार्मिक, राजनैतिक और सांस्कृतिक दशाओं को एक साथ प्रभावित करने का प्रयास किया, परंतु प्रभावित करने के बाद वे उसका आंशिक लाभ नहीं उठा सके और एक भी हिंदू चमार को धर्मांतरित करके मुसलमान नहीं बना सके।

विदेशी आक्रांता मुगल शासकों ने हिंदुओं पर कृषिकर का बोझ इतना अधिक लादा कि आधा से अधिक उत्पाद सुल्तान और उसके सैनिकों के लिए लिया जाता था। अकाल, बाढ़ और महामारी के समय में जब किसानों के पास अन्न का एक दाना भी नहीं होता था, विदेशी मुसलिम शासक उनसे कृषि-लगान के रूप में उनकी स्त्रियों, बच्चे और पशु तक ले लेते थे। कभी-कभी विद्रोह का आरोप लगाकर उनकी फसलों को अपने घोड़ों से चरा डालते और सूखी तथा पककर तैयार फसलों में आग लगवा देते थे। उनके घरों को आग के हवाले कर दिया जाता था।

उत्पीड़न से त्रस्त्र होकर जब हिंदू लोग जंगलों-पर्वतों में भागकर छिप जाते थे तो उनके ऊपर थोपे गए कर उनके पड़ोस के हिंदू से वसूले जाते थे। वहीं पड़ोस में बसे किसी मुसलमान के साथ ऐसा व्यवहार नहीं किया जाता था। जब वह हिंदू पड़ोसी भी उत्पीड़ित होकर घर छोड़कर भाग जाता था तो भागे हुए उन दोनों की अचल संपत्ति पड़ोसी मुसलमान को दे दी जाती और चल संपत्ति सैनिक उठा ले जाते थे, जिसके बदले में उनको उन भागे हुए हिंदुओं को मार डालने का काम सौंपा जाता था।

इस कार्य के बहाने मुसलिम सैनिक जंगल की संपदा को अर्जित करते, विदेशी आक्रांताओं से दुर्गम स्थानों एवं जंगलों में मोरचा लिए वनवासी लोगों को सताते और उनको भी मारते। वे जंगलों की लकड़ियाँ काट लाते और उनमें आग लगाकर जली

लकड़ियों से कोयले प्राप्त करते थे। इस तरह काम एक और दाम अनेक के लाभ की सोच ने लालच जैसे आर्थिक अपराधों को जन्म दिया। बड़ी संख्या में भागे और छिपे लोग पकड़कर मार डाले जाते या गुलाम बना लिए जाते, परंतु लाख प्रयास के बाद भी वे इसलाम धर्म में परिवर्तित नहीं किए जा सके थे।

इसलामिक आक्रांताओं ने कृषि के साथ ही पशु-संपदा पर भी आघात पहुँचाया। पशु-मांस उनका दैनिक आहार था। अरब में वे अपने पालतू ऊँटों को काटकर खा जाते थे। हिंदुस्थान में आने पर उनको विभिन्न प्रकार के पशु प्राप्त हुए। गायों को हिंदू धर्म का प्रतीक देखकर वे जानबूझकर गायों और बैलों की हत्या करते थे ताकि उनका विरोध करनेवाले हिंदुओं के यहाँ दूध और हल जोतने की समस्या उत्पन्न हो। इससे त्रस्त्र होकर लोगों ने गाय-भैंस पालना बंद कर दिया और भेड़-बकरियाँ तथा मुर्गे आदि पालने लगे। इस तरह हिंदुओं के पशु-संपदा का भी विनाश मुसलिम आक्रांताओं ने किया, फिर भी किसी गरीब हिंदू दलित वर्ग के बने चमार जाति के लोगों को मुसलमान नहीं बना सके।

विदेशी इसलामिक आर्थिक उत्पीड़न का शिकार भारतीय लघु कुटीर उद्योग-धंधों को भी होना पड़ा। हिंदू चमार जाति से वस्त्र बुनने का प्रशिक्षण प्रायः मुसलिम परिवारों के लिए अनिवार्य कर दिया गया ताकि वस्त्र-संस्कृति का ज्ञान अरब देशों तक पहुँचाया जा सके। इससे संबंधित कुशल हिंदू कारीगरों को गुलाम बनाकर अरब और ईरान में भेजा गया। वहाँ उनसे काम लेकर उनको भूखों मार डाला गया। जो जीवित बचे उनके हाथ काट दिए गए। हिंदुस्थान में हाथ कटे लोगों की संख्या उन दिनों बहुत अधिक हो गई और उसमें लगभग 90 प्रतिशत लोग हिंदू चमार जाति से संबंधित थे। हिंदू चमार-कुल के ऐसे लोगों ने संत रैदास के आराध्य प्रभु 'राम' को ध्यान में रखकर अपने नाम के साथ 'राम' शब्द लगाना आरंभ किया।

हिंदू व्यापारियों का भी आर्थिक उत्पीड़न किया गया। उन पर चोरबाजी, कालाबाजारी, मिलावट, कम तौल आदि के अनावश्यक आरोप लगाकर उनकी वस्तुओं को दंडस्वरूप उठवा लिया जाता था।[1] विदेशों से लाई गई वस्तुओं को सीमा-शुल्क न अदा करने के अपराध लगाकर निःशुल्क ले लिया जाता था। मुसलमानों को उधार में वस्तुएँ देना सभी हिंदू दुकानदारों के लिए अनिवार्य करके गोदाम खाली करा दिए जाते थे।[2] आज जो गड़ा हुआ धन लोग पाया करते हैं, वे धन उसी समय के हिंदू व्यापारियों द्वारा छिपाए गए हैं।

विदेशी आक्रांता शासकों द्वारा इस प्रकार उत्पीड़न का भी एक ही उद्देश्य था कि लोग आर्थिक आधार पर त्रस्त किए जाने से इसलाम स्वीकार कर लेंगे। परंतु हिंदू

---

1. डॉ. सुमन शास्त्री, मध्यकालीन भारत की व्यापार व्यवस्था ऐतिहासिक अनुशीलन, पृ. 107
2. वही, पृ. 108

व्यापारियों ने इस प्रयास को निष्फल कर दिया तथा कंगाल बना दिए जाने के बाद भी उन्होंने इसलाम स्वीकार नहीं किया। सेठ महाजनों के लिए ऋण देने हेतु विवश किया गया था। वस्तुस्थिति यह थी कि उधार और कर्ज के रूप में धन लेने के बाद भी मुसलमानों को वह वापस करना अनिवार्य नहीं था। इसका प्रभाव धनवान हिंदू वैश्य समाज एवं हिंदू स्वाभिमानी वर्ग के छोटे व्यापारियों को इससे भारी आर्थिक क्षति उठानी पड़ी। फिर भी उन्होंने इसलाम स्वीकार नहीं किया।

2.5 विदेशी इसलामिक शासकों के अत्याचार से दर-ब-दर एवं जंगलों में पलायन

विदेशी आक्रांता इसलामिक शासकों के अत्याचार किसी एक प्रकार के नहीं होते थे। उन्होंने हिंदुओं को जीवन के प्रत्येक क्षेत्र में उत्पीड़ित किया था जिससे त्रस्त होकर एक भारी हिंदू जनसंख्या दर-ब-दर होकर एवं जंगलों में पलायन को विवश हुई थी। अधिक जनसंख्यावाले हिंदुओं पर वे और भी अधिक अत्याचार करते थे ताकि वे बहुसंख्यक लोग इसलाम स्वीकार कर लें अथवा जंगलों में भागकर दर-ब-दर हो जाए और उनकी संपत्ति लूटी जा सके। हिंदुओं पर अत्याचार करने से उनको दोनों ही प्रकार से लाभ मिल सकता था।

हिंदू समाज में सर्वाधिक संख्या में उत्पीड़ित किए गए चमार अथवा चंवर वंश एवं अन्यान्य वंशों के साख विशेषत: क्षत्रिय वंश के वे लोग थे जो सैनिक-वृत्ति और बुनाई-कला में दक्ष थे। वे धर्माभिमानी, स्वाभिमानी एवं गौरवशाली क्षत्रिय संवर्ग के थे तथा हिंदू सनातन धर्म में मरते दम तक आस्था रखनेवाले थे। वे लोग संत रैदास के अनुयायी थे और मांस-मदिरा छूते तक न थे। गाय और बैल उनके पवित्र पशु माने जाते थे। वे विपुल समृद्धि और दानवीर प्रकृति के थे। अतएव विदेशी इसलामिक शासकों के अत्याचार का प्रभाव सर्वाधिक रूप से उन पर ही पड़ा था।

युद्ध में पराजित होने अथवा अपने कायर नेतृत्व के संधि कर लेने पर युद्धबंदी और दास बनाए जाने के भय से बहादुर और स्वाभिमानी सैनिक जंगलों में चले जाते थे और समय आने पर स्वयं मोरचा लेकर गोरिल्ला युद्ध करते तथा किसी अन्य हिंदू राजा के साथ मुसलिम आक्रांताओं से युद्ध करते थे। जब तक कोई हिंदू राज्य-शक्ति संगठित नहीं हो पाती थी, वे एक स्थान पर सुख-चैन से न रहकर दर-ब-दर का जीवन व्यतीत करते थे। सत्ता-शक्ति के विरुद्ध संघर्ष इनकी नियति थी और शासकों द्वारा धर-पकड़ एवं अत्याचार-उत्पीड़न का प्रयास उनके विरुद्ध लगातार चला। वे कभी भी विचलित नहीं होते थे, भले ही उनको जंगल-पर्वतों और गुफाओं में अपने परिवार और नन्हे शिशुओं को लेकर दर-ब-दर की जिंदगी जीना पड़ता था।

हिंदू सैनिकों को तो उपरोक्त प्रकार की परिस्थितियों में उत्पीड़ित होने पर दर-ब-दर होना और जंगलों में रहना पड़ता था, परंतु सामान्य हिंदू जनता भी शासकों के अत्याचारों से अपने बचाव के लिए दर-ब-दर का जीवन व्यतीत करती एवं जंगलों में पलायन करती थी। इस अवस्था का सजीव चित्रण स्वयं मुसलिम इतिहासकारों ने विस्तारपूर्वक किया है। विलासितापूर्ण जीवनयापी वस्तुओं के लालच में सुल्तान फिरोजशाह को समर्पित अपने प्रशस्तिपूर्ण ग्रंथ तारीख-ए-फीरोजशाही में जियाउद्दीन बरनी ने लिखा है कि मुसलिम सेनाओं में उन सैनिकों को विशेष अवसर दिए जाते थे जो वेतन के बदले केवल लूट का माल 25 अथवा 50 प्रतिशत तक प्राप्त करके संतुष्ट रहते थे। अपने पशुओं से हिंदू कृषकों के खेत उजाड़ना उनकी दिनचर्या थी। वे युद्ध में कम परंतु लूटपाट में अधिक रुचि रखते थे। रास्ते में पड़नेवाले गाँवों को लूटने की उन्हें पूरी आजादी थी। इसलामिक शासकों के काल में एक-डेढ़ दिनों में बसे हुए गाँव उजाड़ दिए जाते थे और वहाँ के निवासी हिंदू सबकुछ लुट जाने के बाद दर-ब-दर और जंगलों को पलायित कर जाते थे।[1]

विदेशी इसलामिक शासकों ने यह नीति अपनाई थी कि जो भी हिंदू इसलाम स्वीकार कर लेते उनको साधारण रूप में जीवनदान दिया जाता था, परंतु मुसलमान बन जाने के बाद भी उनको आर्थिक दृष्टि से समृद्ध नहीं रहने दिया जाता था, क्योंकि आगे चलकर उनके विदेशी मुसलिम शासकों के विरुद्ध विद्रोही बन जाने की संभावना होती थी। दूसरी ओर जो हिंदू इसलाम स्वीकार नहीं करते थे उनकी हत्या नृशंसतापूर्वक कर दी जाती थी। उनके सामने ही उनकी स्त्रियों के साथ पशुवत् व्यवहार किया जाता और उनके शीलांगों तक को काट दिया जाता था। उनके दूध पीते बच्चे मार दिए जाते थे ताकि भयभीत होकर वे स्वाभिमानी एवं धर्माभिमानी हिंदू इसलाम स्वीकार कर लें। उन दिनों गाँव और नगरों को अपने अधिकार में ले देने के बाद, कुछ दिनों तक हिंदू लोगों को लूटने का जश्न मनाया जाता था। उसके बाद हिंदू स्त्रियाँ मुसलिम सैनिकों को दासी बनाकर भेंट कर दी जाती थीं तथा उनके 11 वर्ष तक के बच्चों को छोड़कर शेष को मौत के घाट उतार दिया जाता था। इस भय से भी हिंदू धर्म के प्रति दृढ़ संकल्पित लोग अपनी पराजय होने की संभावना में अपने मूल निवास स्थानों का परित्याग करके जंगलों में चले जाते थे।[2]

वर्तमान समय में जंगलों में रहनेवाले लोगों की स्थिति का पता लगाया जाए तो मालूम हो जाता है कि आरंभ में वे लोग बहादुर और स्वाभिमानी एवं धर्माभिमानी हिंदू थे। अपने नाम के साथ वे भी क्षत्रियों की उपाधि लगाते हैं और अपना गोत्र आदि वही बतलाते हैं

---

1. बाबरनामा, अनुवाद—ए.एस. वेवरिज, जिल्द-2, पृ. 488
2. के.एस. लाल, स्टजीज इन मेडिवल इंडियन हिस्ट्री, पृ. 90-91, जियाउद्दीन वरनी, तारीख-ए-फिरोजशाही, पृ. 430

जो वर्तमान क्षत्रिय जातियों के हैं। युद्ध-वृत्ति, स्वाभिमान और हिंदू राज्य परिवार कभी भी गाँवों अथवा जंगलों में केवल उसी समय रहने के लिए विवश हुआ जब उसके नगर स्थित दुर्गों पर आक्रांताओं का अधिकार हो गया होता था। उसी प्रकार से सामान्य लोग भी गाँवों अथवा नगरों में ही रहना अधिक पसंद करते थे। जंगलों एवं दुर्गम स्थानों पर रहना केवल मुसलिम आक्रमण काल में ही हुआ, क्योंकि उनके साथ युद्ध में पराजित होने के बाद इसलाम स्वीकार करना अनिवार्य हो जाता था और जो लोग उसे स्वीकार नहीं करते थे उनको तरह-तरह के उत्पीड़न और अत्याचार का शिकार होना पड़ता था। इससे बचने के लिए ही मध्यकाल में हिंदू समाज के अधिकांश लोगों ने जंगलों में रहने की आदत डाली और आज वे अनुसूचित जाति और जनजाति यानी दलित जातियों के माने जाते हैं।

जंगलों में वानस्पतिक आधारों पर ही कुछ मिलना संभव होता है। कहीं-कहीं तो दुर्गम स्थानों पर केवल पर्वत और गुफाएँ ही होती हैं, जिनमें हिंसक पशु रहा करते हैं। झरनों और नदियों का जल भी सर्वत्र सुलभ नहीं होता जबकि बरसात में चट्टानों के खिसकने से जीवन को हर क्षण खतरा बना रहता है। ऐसे दुर्गम स्थानों पर निवास करने के लिए निश्चित रूप से स्वाभिमानी हिंदू स्वेच्छा से नहीं गए होंगे, बल्कि मैदानी भागों में विदेशी मुसलिम आक्रांता शासकों के उत्पीड़न और अत्याचारों से अपने बचने के लिए ही गए होंगे। वर्तमान में इनका परिचय अधिकाशतः कोल, भील, चेरो, सान्याल, मुंडा, खरवार, गोंड, शवर, वियार आदि के रूप में मिलता है। निश्चित रूप से यह कहा जा सकता है कि इन जातियों के लोग इसलामिक शासकों द्वारा मात्र इसलिए अधिक सताए गए होंगे क्योंकि उन्होंने इसलाम को अस्वीकार कर दिया होगा और हिंदू धर्म में अपनी निष्ठा को बनाए रखा होगा।

वर्तमान घुमंतू जातियों, जैसे—नट, नर्तक, गंधर्व, मदारी, सपेरा, मंगता, चमार आदि का भी वही इतिहास है कि पूर्वकाल में वे भी स्वाभिमानी, गौरवशाली और क्षत्रिय संवर्गीय जातियों के लोग थे और वे भी अपने बहू-बेटियों की शील-रक्षा और हिंदू धर्म की रक्षा के लिए जंगलों में चले गए और छोटे-छोटे समूहों में यत्र-तत्र विचरण करते हुए रोजी-रोटी कमाते रहे। पत्थर का काम करनेवाले उत्कृष्ट शिल्पियों को सड़कों के किनारे झोंपड़ियाँ बनाकर रहते देखा जा सकता है। बाँस और अन्य वनस्पतियों के मनमोहक खिलौनों और गृहोपयोगी वस्तुओं का निर्माण करके गाँव-गाँव, गली-गली घूमकर बेचनेवाले लोगों को आज भी देखा जा सकता है। चेहरों पर झुर्रियाँवाली लंबी-चौड़ी काया को मलिन वस्त्रों में लिपटी हुई सिल-बट्टा कूटनेवाली स्त्रियों को एवं खेल-मदारी का काम दिखानेवाले नट-नर्तकों को सड़कों पर करतब दिखलाते देखा जा सकता है।

प्रश्न है कि ये कौन हैं और कहाँ से आए हैं? उत्तर स्वतः मिल जाता है कि हिंदू धर्म और हिंदू स्वाभिमान के सच्चे प्रतिमूर्ति वे ही लोग हैं जिन्हें हम आज हेय दृष्टि से

देखते हैं और आरक्षण का लाभ देने अथवा न देने की वकालत करते हैं। ये लोग यदि इसलाम स्वीकार कर लिए होते तो आज ये भी लाखों रुपए का अनुदान प्राप्त करके मक्का में हज कर आते, जहाजों पर यात्राएँ करते और किसी विदेशी रेस्टोरेंट में बैठकर स्वादिष्ट व्यंजन प्राप्त करते, परंतु आज भी वे हिंदू धर्म में बने रहकर अभावों के साथ जीवन व्यतीत कर रहे हैं। इनको भी इनके राष्ट्राभिमान, धर्माभिमान एवं स्वाभिमान के लिए स्वतंत्रता सेनानियों की तरह पेंशन, पारिवारिक पेंशन और निःशुल्क आवास, शिक्षा, रोटी, कपड़े पाने का अधिकार है। इनके दर-ब-दर जीवन और जंगली जीवन को एक नवीन दिशा में ले जाने और समाज की आधुनिक जीवनशैली के साथ जोड़ना आवश्यक है। इनके मध्यकालीन उत्पीड़न एवं अत्याचार के कारण सामाजिक और आर्थिक रूप से पिछड़ जाने का मुआवजा मिलना चाहिए। इसके लिए विशेष पैकेज की व्यवस्था और इनका पुनर्वास अब अपरिहार्य हो गया है।

2.6 दर-ब-दर जीवन एवं दलित पहचान के जिम्मेदार इसलामिक शासक

वसुधैव कुटुंबकम् की वैचारिकी से यह स्पष्ट है कि हिंदू समाज कभी अलग-थलग नहीं था। यत्र-तत्र चारिका केवल शिक्षा प्राप्ति के लिए संन्यासी अथवा गुरुकुलों के शिष्य करते थे अथवा तीर्थयात्री यत्र-तत्र बने पवित्र स्थानों को आते-जाते थे। दर-ब-दर का जीवन हिंदुस्थान में था ही नहीं। अंतिम दंड के रूप में किसी को वनवास दिया जाता था, परंतु उनको दर-ब-दर नहीं किया जाता था। हमारे देश में संयुक्त परिवार प्रथा थी जिसमें सैकड़ों सदस्य एक साथ रहते थे। दर-ब-दर का कबायली जीवन रेगिस्तान की धरती अरब आदि में ही था। वहाँ के लोगों का भरण-पोषण उनके राजाओं पर निर्भर नहीं होता था। बादशाह लोग केवल अपने सुख-सुविधा का ध्यान रखते थे और प्रजा के सुख-दुःख से उनका कोई लेना-देना नहीं था। यही परंपरा हिंदुस्थान में भी विदेशी मुसलिम आक्रांताओं ने अपनाई थी। यहाँ के सीधे-सादे लोगों को कंगाल बनाकर दर-ब-दर जीवन व्यतीत करने के लिए विवश किया और उनका सबकुछ लूटकर सुख-सुविधाओं का भोग किया। हिंदुस्थान में दलित जातियों के निर्माण एवं हिंदुओं के निर्धनता लिए पूर्णतः वे विदेशी मुसलिम आक्रांता शासक ही उत्तरदायी पाए जाते हैं।

क्रूर विदेशी इसलामिक शासकों का अपने सगे-संबंधियों पर विश्वास नहीं होता था और सत्ता में आते ही वे उनको वंशसहित मार डालते थे ताकि उनकी गद्दी को छीननेवाला कोई न रह जाए। गद्दी का मोह होने से वे क्रूरतम व्यवहार करने से भी नहीं चूकते थे। उनकी सोच थी कि प्रजा यदि सुख-सुविधाएँ देकर संतुष्ट रखी जाएगी तो वह कभी भी संगठित होकर उनके विरुद्ध विद्रोह कर देगी और यदि लोग क्रूरतम व्यवहारों से भयभीत

करके यहाँ-वहाँ भगाए जाते रहेंगे तो वे कभी भी संगठित नहीं हो पाएँगे और न ही कभी शासन-सत्ता से टकराने का साहस जुटा सकेंगे। ऐसे में हिंदुओं को संगठित होकर निवास करने से रोका गया और उनको बेघर और बेसहारा करके दर-ब-दर का जीवन व्यतीत करने के लिए स्वयं इसलामिक विदेशी शासकों द्वारा विवश किया गया। गाँवों को उजाड़ने, लूटने और वहाँ के लोगों की हत्याएँ कर डालने के लिए उन्होंने अपने सैनिकों को खुली छूट दे रखी थी। हिंदुओं को दर-ब-दर करने के लिए पर्याप्त पुरस्कारों को भी मुसलिम सैनिकों में वितरीत कराया गया था।

इसलामिक शासकों का लक्ष्य जब तक हिंदुस्थान में केवल लूटपाट करने तक सीमित था तब तक वे केवल अपने अभाव की वस्तुएँ ही लूटते थे, जैसे—सोने, चाँदी, हीरे, जवाहरात आदि। उनके यहाँ स्त्रियों और बच्चों की संख्या कम थी, इसलिए उन्होंने हिंदू स्त्रियों और बच्चों को भी पकड़ा और अपने देश के बाजारों में ऊँचे मूल्यों पर बेच दिया। पैसों के लिए पूजनीय नारियों और भविष्य की धरोहर बच्चों का शोषण जितना इसलामिक शासकों द्वारा किया गया उतना ईसाई एवं अन्य किसी भी देशों में नहीं किया गया। इसलाम के कट्टर समर्थक और ईमान की दुहाई देनेवालों ने इसलाम धर्म को जिस तरह कलंकित किया उसकी सोच ही मुहम्मद साहब के पैगाम को चुनौती दे डालती है। स्त्री और बच्चे सदैव अवध्य रहे हैं, किंतु इसलाम एवं इसलामिक सिद्धांतों पर चलनेवाले विदेशी आक्रांता शासकों ने इनको ही सर्वाधिक प्रताड़ित किया। अनेक प्रकार के अमानवीय अत्याचार इन पर किए गए। विदेशी मुसलिम खलीफाओं के व्यभिचारी जीवन-शैली का अनुमान इसी से लगाया जा सकता है कि हिंदू राजा दाहिर की कन्याओं को बगदाद के खलीफा ने विशेष रूप से अपने भोग-विलास के लिए पकड़ लाने का हुक्म मुहम्मद बिन कासिम को दिया था।

अकबर को महान् कहने के लिए यह साक्ष्य दी जाती है कि वह हिंदू परिवारों से घनिष्ठ संबंध रखता था और अपनी प्रशासनिक व्यवस्था में भी हिंदुओं को महत्त्वपूर्ण पद प्रदान करता था। प्रश्न है कि क्या वह भी इस बात के लिए महत्त्वाकांक्षा नहीं रखता था कि कोई भी हिंदू उसके सामने सिर उठाकर बात न कर सके? महाराणा प्रताप से उसका कौन सा बैर था? उनके एक किले को न छीनने से उसे कौन सी हानि थी? उसने उन पर अत्यधिक अत्याचार और उत्पीड़न करके उनको दर-ब-दर जीवन व्यतीत करने को क्यों बाध्य किया? उत्तर स्पष्ट है कि अपनी राजनीतिक स्थिरता के लिए उसने हिंदू राजाओं को अपने अधीन करके अत्यंत कूटनीति से विदेशी इसलामिक सत्ता को स्थापित रखा था, जबकि निरंतर युद्धों में लिप्त रहकर हिंदू राज्यों को तहस-नहस करना और वहाँ के लोगों को दर-ब-दर जीवन व्यतीत करने के लिए विवश करना उसकी अभिरुचि से बाहर कभी न था।

हिंदुओं को दर-ब-दर करने के साथ ही उनकी संपूर्ण संपदा लूटकर उनको निर्धन, गरीब और दीनहीन बनाने के लिए एकमात्र विदेशी मुसलिम शासक जिम्मेदार थे। उन्होंने हिंदू के रूप में मानवता का हर प्रकार से दलन किया था। उनको चर्म-कर्म जैसे घिनौने और मैला (मल-मूत्र) ढोने जैसे अस्वच्छ एवं अपवित्र कार्यों में लगाकर उनके धर्माभिमान एवं स्वाभिमान को समाप्त किया गया था जिसे एक प्रकार से उनका सामाजिक दमन एवं दलन कहा जाएगा। उनका सबकुछ छीनकर आर्थिक आधार पर भी दलन किया गया था। उनके राज्य और आवास छीनकर उनको दर-ब-दर का जीवन देना भी एक प्रकार से दलन ही था। उनके उद्योग धंधों के उत्पादों को सस्ते दामों में और बिना मूल्य दिए भी छीन लेना उनका आर्थिक शोषण एवं दलन करना ही था।

सभी प्रकार से दमन एवं दलन करके विदेशी मुसलिम शासकों ने हिंदुओं को इस तरह बना दिया कि अंग्रेजों ने उनको परिभाषित करने के लिए 'दलित' शब्द ढूँढ़ निकाला। उक्त अभावों और समस्याओं से जूझ रहे लोगों की पहचान निर्धारित कर दी गई और जो भी उस स्थिति में पाया जाता उसे दलित मान लिया जाता था। इस तरह दलित की पहचान और इस शब्द की सामाजिक स्वीकृति का अवसर मुसलिम विदेशी शासकों ने अंग्रेजों को प्रदान किया। इसी आधार पर कहा जा सकता है कि हिंदुस्थान में हिंदुओं और विशेषकर वर्तमान हिंदू चमार जाति एवं उसके संवर्ग की जातियों को दर-ब-दर जीवन और दलित पहचान के लिए एकमात्र उत्तरदायी विदेशी मुसलिम शासक ही थे।

दलित न तो शूद्र थे और न ही दास थे। हिंदुस्थान में मध्ययुग के पूर्व कोई दलित न था। दलित के विषय में यह कहना भी त्रुटिपूर्ण होगा कि जो अस्पृश्य, शूद्र और दास थे वही दलित थे। वस्तुतः दलित शब्द का नियोज्न और उसकी व्याख्या अंग्रेजों ने भी फूट डालने के उद्देश्य को ध्यान में रखकर ही की थी।

दलित का वास्तविक अर्थ है—वे लोग जो कभी हिंदू धर्म को मरते दम तक न त्यागनेवाले, वीर, साहसी, धर्माभिमानी, राष्ट्राभिमानी और स्वाभिमानी थे और जिनका विदेशी तुर्क, मुसलमान एवं मुगल आक्रांता शासकों द्वारा सामाजिक, धार्मिक, आर्थिक, राजनैतिक और सांस्कृतिक आदि सभी स्तरों पर क्रूरतापूर्वक दमन एवं दलन किया गया था और जो अभावग्रस्त होने के कारण सदैव के लिए दीनहीन बन गए थे। यह स्थिति एकमात्र विदेशी मुसलिम शासनकाल में हिंदुओं को प्राप्त थी, इसलिए दलित वे सभी हिंदू थे जिनका दमन, दलन और उत्पीड़न विदेशी आक्रांताओं द्वारा किया गया था। प्राचीन काल के शूद्र राजा, दासीपुत्र, विदुर महामंत्री, शूद्र ऋषि जावालि, शंबर, चुमुरि इत्यादि कभी भी दलित की श्रेणी में नहीं थे। संत रैदासजी और उनके चंवर वंश के चमार जाति इत्यादि अन्य सभी लोग कभी अपवित्र चर्म-कर्म के आधार पर दलित नहीं कहे जाते थे। केवल जिनका विदेशी इसलामी शासकों ने सभी प्रकार से दलन किया था,

वे ही लोग अंग्रेजों की दृष्टि से दमित एवं दलित थे। जो लोग विदेशी आक्रांताओं के दमन एवं दलन से बचे रह गए, वे आज भी दलित नहीं हैं।

अत: यह स्पष्ट रूप से समझना होगा कि दर-ब-दर जीवन भी यहाँ-वहाँ जाकर नौकरी या व्यवसाय करने को नहीं कहेंगे और न ही अस्वच्छ कार्यों में संलग्न होकर अस्पृश्य बने लोगों को ही दलित कहना उपयुक्त होगा। बल्कि जिनको मिटा देने के लिए प्रयास हुए और जिनके घर-परिवार उजाड़ दिए गए वे लोग ही दर-ब-दर की श्रेणी में आए और जिनका हर स्तर पर दलन हुआ वे ही लोग दलित कहलाए। इस तरह के दोनों कार्य विदेशी मुसलिम शासकों द्वारा किए गए थे इसलिए एकमात्र उनको ही इन अवस्थाओं के लिए उत्तरदायी माना जाता है। जैसा कि कहा जाता है कि दलित समस्या के लिए ब्राह्मण एवं क्षत्रिय उत्तरदायी है। यदि ऐसा होता तो 400 वर्ष के मुसलमानों एवं 200 वर्ष के अंग्रेजों के शासन में दलितों ने विदेशी मुसलमान या अंग्रेज शासकों से मिलकर ब्राह्मण एवं क्षत्रियों से बदला क्यों नहीं लिया? इसका उत्तर स्पष्ट है कि दलित तो स्वयं ही ब्राह्मण और क्षत्रिय ही है। प्रो. शेरिंग ने लिखा है कि भारत के निम्न एवं जनजाति के लोग ब्राह्मण और क्षत्रिय ही हैं।[1]

वास्तव में दर-ब-दर लोगों को ही दलित नाम देकर अंग्रेजों ने अपनी सहानुभूति का पात्र बनाने का कुत्सित प्रयास किया था ताकि दलित वर्ग के समर्थन से वे लोग कुछ वर्षों तक और हिंदुस्थान का राज्य और रोटी पर अपना स्वामित्व बनाए रख सकें। डॉ. अंबेडकर ने उनकी इच्छाओं को ठीक से पहचानने के कारण ही मि. जिन्ना की वैचारिकी से भिन्न मत व्यक्त किया और पाकिस्तान की नवीन व्यवस्था के अंतर्गत ही उन्होंने रहने को प्रेरित किया। उन्होंने स्वयं एक आक्रोश और पूर्व निर्णय के कारण ही बौद्ध धर्म ग्रहण किया, क्योंकि वह प्रायोजित तत्कालीन ब्राह्मण व्यवस्था से क्षुब्ध थे। सूच्य है कि वह प्रायोजित व्यवस्था भी इसलामिक शासकों और अंग्रेजों की ही देन थी। उनका मानना था कि घोषणा के बाद यदि वे पंथ परिवर्तन नहीं करते हैं तो भारत भूमि के बाहर के पंथ को दलित हिंदू अंगीकार न कर लें। दलित लोग मुसलमान या ईसाई पंथ में न चले जाएँ, इसके लिए वे बौद्धिष्ट बनें।

2.7 इसलामिक उत्पीड़न से बनी भारतीय मुसलमान जाति

प्रकृतिपरक विश्व जीवन-पद्धति ही हिंदू जीवन-पद्धति है, क्योंकि हिंदू प्रकृतिधर्मी हैं। हिंदू उतना ही प्राचीन है जितना प्रकृति। प्रकृतिपरक हिंदू धर्म ही मूल है। जैसे—ब्रह्मांड में सौरमंडल का नेतृत्व सूर्य करता है, भू-मंडल का प्रतिनिधित्व हिंदू करता

---

1. प्रो. शेरिंग, 'हिंदू कास्ट एंड ट्राई; भूमिका, पृ. 21

है। जैसे—नवग्रहों का नियामक सूर्य है। विश्वधर्मों का उद्गम हिंदू है। मक्का (अरब) का मक्केश अथवा अरबेश (अरबईश) ही इसलाम (ईशलाम) है। 'ईश' यानी 'ईश्वर' शब्द केवल महादेवजी के लिए प्रयुक्त होता है। ईश्वर शब्द ब्रह्मा और विष्णु के लिए कभी भी प्रयोग नहीं किया जाता है। जैसे—विशेश्वर, महाकालेश्वर, ओंकारेश्वर, रामेश्वर इत्यादि। इस प्रकार ईश यानी ईश्वर का तात्पर्य हुआ बाबा महादेव का समुदाय यानी उनके उपासक या अनुयायी। जैन, बुद्ध, सिख ये भी हिंदू ही हैं। हिंदू प्रत्यक्ष है, अन्य सभी अप्रत्यक्ष अथवा परोक्ष है। प्रारंभ में जब केवल हिंदू ही था और ये सभी उसी में केंद्रित अथवा अंतर्भूत थे, उस समय सबकुछ प्रत्यक्ष था और साकार ही धर्म था। हिंदू का विपरीत ही आकाररहित है। व्यापार चक्र परंपरा हिंदू को जैसे बिखेरी है, वैसे ही एक दिन एकत्रित करेगी और उस समय सबकुछ फिर से हिंदू में विलीन होकर पूर्ववत् हो जाएगा। संप्रति सबकुछ अलग-अलग है—जैन, बौद्ध, सिक्ख, पारसी, ईसाई, इसलाम इत्यादि।

आरंभ में जब हिंदुस्थान असीमित था, विश्व भी वही था। अरब के लोग हिंदुस्थान के पश्चिमी तटों पर क्षुधा शांत करते और अपने गृहदेवताओं से हिंदुस्थान के समृद्धिशाली बने रहने की कामनाएँ किया करते थे। हिंदू व्यापारियों के साथ हिंदू धर्मगुरुओं का भी चक्रमण होता रहता था, क्योंकि महीनों-वर्षों तक की व्यापारिक यात्राओं में पूजा-पाठ की नित्यता उन्हीं धर्मगुरुओं द्वारा बनी हुई होती थी। हिंदू धर्मगुरु जहाँ भी जाते, हिंदू धर्म की छाप छोड़ आते थे। उन्हीं के प्रभाव और माध्यम से संसार में पूजा-पाठ पद्धति का प्रचलन हुआ और हिंदू धर्म के सर्वोच्च देवाधिदेव महादेव (ईश) मक्का में मक्केश्वर और अरब में अनेक लिंगेश्वर के रूप में पूजे गए। हिंदुस्थान का हिंदी नाम यशोदा-कृष्ण जर्मन भाषा के जसुआ-कृष्ट एवं अंग्रेजी भाषा के जेसर-क्राइस्ट के संज्ञा से प्रचलित होता चला गया। शायद जेसर-क्राइस्ट का नाम यशोदा-कृष्ण के नाम से प्रेरित होगा। यूरोप में ईश ही ईशा (ईसा) हुए। विश्व में धर्म और पूजा-पाठ की पद्धति एक ही थी इसलिए हिंदू धर्म को कोई आपत्ति न थी।

प्रकृतिपरक परिवर्तन आया तो हिंदू से हिंदुस्थान में जैन-बौद्ध, यूरोप में ईसाई और अरब में इसलाम नामक वामपंथ प्रादुर्भूत हुआ। सभी ने हिंदू धर्म के दस तत्त्वों[1]—(धृति) अथवा धैर्य, क्षमा, दम (तपस्या), अस्तेय (चोरी न करना), शौच (पवित्रता), इंद्रिय निग्रह, ज्ञान, विद्या, सत्य तथा अक्रोध (अहिंसा) के कुछ एक अथवा एक से अधिक तत्त्वों को अपने-अपने ढंग से साधा और सिद्धि प्राप्त किया। किसी ने ईश्वर को माना तो किसी ने नहीं माना और किसी ने एक ईश्वर में आस्था व्यक्त की तो किसी ने अनेक स्वरूपों को

---

1. मनुस्मृति, 6/92

आत्मसात् किया। परंतु सभी ने हिंदू से अपने को विपरीत ही प्रस्तुत किया। उनके अलग होने और अलग मत प्रतिपादित करने के साथ ही हिंदू भी अलग हुआ तथा लंबे समय तक अलग-अलग रहने से उसका भौतिक एवं आध्यात्मिक स्वरूप अलग-अलग प्रकार का हो गया। यूरोप में ईसाईयत और अरब में इसलाम के अलग स्वरूप के उत्पन्न होने के कारण हिंदुस्थान में अवस्थित धर्म को उसे अलग विवेचित करने की दृष्टि 'हिंदू' कहा गया।

अरब में हिंदू पूजा-पद्धति के अनुमोदन में विविध देवी-देवताओं की मूर्ति-पूजा प्राय: 600 ई. तक प्रचलित रही। इसलाम धर्म के प्रस्तावक एवं संस्थापक पैगंबर मुहम्मद साहब का जन्म 570 ई. में, विवाह 25 वर्ष की आयु में प्राय: 595 ई. में हुआ तथा मृत्यु 8 जून, 632 ई. को उल्लिखित है। मुहम्मद साहब की मूर्ति-पूजा में कोई रुचि नहीं थी। वह सदैव ही मूर्ति-पूजा का विकल्प सोचते रहे। कुछ दिनों तक दांपत्य सुख के उपरांत वह मक्का के बाहर स्थित 'हीरा' पहाड़ी की गुफा में गए और साधना की प्रेरणा हिंदुस्थान के सिद्धार्थ गौतम से मिली थी। बुद्ध ने ईश्वर की सत्ता नहीं मानी तो मुहम्मद साहब ने ईश्वर के मात्र एक स्वरूप (अल्लाह/खुदा) को मान्य किया, परंतु मूर्ति-पूजा को अस्वीकार किया। प्रचलित व्यवस्था के विपरीत चिंतन स्वाभाविक होते हैं और आरंभ में ऐसे चिंतनों को भारी समर्थन मिलता है। बुद्ध को देश-विदेश में जो सफलता अहिंसा के सूत्र चिंतन द्वारा प्राप्त हुई, वही सफलता मुहम्मद साहब को धनबल तथा शस्त्रबल के उपरांत धैर्य एवं ईमान से अल्लाह के चिंतन से प्राप्त हुई।

मुहम्मद साहब ने अपनी साधना पूरी होने पर इसलाम धर्म प्रतिपादित किया। उन्होंने मूर्ति-पूजा का विरोध किया। ईश्वर की सत्ता को माना परंतु पुनर्जन्म अस्वीकार किया। अरब के मूर्तिपूजक मुहम्मद साहब का विरोध किया और उनके इसलाम धर्म को नहीं माना। मूर्तिपूजक उपासकों ने पैगंबर मुहम्मद की हत्या करने पर उद्धत हुए। मुहम्मद साहब अपने परिवार तथा कुछ गरीब एवं निम्न श्रेणी के दासों (जिनको आर्थिक सहयोग देकर मुसलमान बनाए और इसलाम धर्म स्वीकार कराए थे) के साथ समीपस्थ अबीसिनिया के ईसाई शासक नेगस के यहाँ भागकर शरण लिए। हिंदू धर्म-पद्धति से मूर्तियों की पूजा करनेवाले अरबवासियों ने उनको वहाँ भी घेरा तो वह भागकर मदीना (अपनी ननिहाल) पहुँचे। मक्का के निवासियों का मदीना के लोगों से उन दिनों अच्छा संबंध नहीं था, इसका लाभ मुहम्मद साहब को प्राप्त हुआ। मदीना में रहते हुए उन्होंने भूखों मर रहे लोगों को रोटी दी और उसे अल्लाह की कृपा बतलाया। 'विभूक्षितं किम् न करोति पापम्'—भूखों मरनेवाले मुहम्मद साहब के पास आते गए और रोटी के साथ ही इसलाम धर्म स्वीकार करते गए।

अरब के भूखे लोगों ने मुहम्मद साहब से धन अथवा रोटी प्राप्त कर मूर्ति-पूजा

का परित्याग कर दिया। अर्थात् इसलाम के संस्थापक और पैगंबर मुहम्मद ने सर्वप्रथम गरीबों को धन और रोटी देकर उनको मूर्ति-पूजा वाले धर्म से अलग होकर इसलाम धर्म में परिवर्तित किया। धन के बल पर ही उन्होंने कुछ बलिष्ठ लोगों को अपने अंगरक्षक पद पर नियुक्त किया और उनके सहयोग से स्वाभिमानी लोगों की गरदन पर तलवार लगाकर बलपूर्वक इसलाम स्वीकार कराया। यहीं से बाद के खलीफाओं को दिशा-निर्देश मिला कि इसलाम धर्म को विश्वव्यापी बनाने के लिए किसी अनुरोध के स्थान पर भयंकर लूटपाट, उत्पीड़न, अत्याचार और मार-काट ही लाभप्रद उपाय है। इस प्रचार-पद्धति से जीने अथवा जीतने पर धन-संपत्ति (राज्य) और मरने पर जन्नत (स्वर्ग) अर्थात् दोनों ही विधि से लाभ-ही-लाभ था। इसी अवधारणा को मन में रखकर मदीना के दबंगों और मुहम्मद साहब के अनुयायियों ने इसलाम धर्म को सर्वप्रथम संपूर्ण अरब पर थोपा। तदुपरांत सीरिया, फिलिस्तीन, मिस्र, अफ्रीका का उत्तरी भाग, स्पेन, फारस और हिंदुस्थान जैसे देशों पर बलपूर्वक थोपा गया। इसी बहाने लोगों को लूटा, मारा, गुलाम बनाकर कौड़ियों के मोल बेचा, मैले एवं अपवित्र कार्यों में नियोजित करके बलपूर्वक उनकी सामाजिक प्रतिष्ठा को धूल में मिलाया। इन संपूर्ण बातों पर ध्यान देने से इसलाम धर्म के धर्मविमुख स्वरूप का ज्ञान स्वत: हो जाता है।

इसलाम मजहब में मुसलिम सामाजिक संरचना आधारित है। इसमें विश्वबंधुत्व और समानता पर बल दिया गया है। विश्वबंधुत्व की हिंदू अवधारणा संसार में भाईचारा का वातावरण चाहती है, जबकि मुसलिम अवधारणा है—चाहे जैसे भी विश्व अपना यानी मुसलमानों का हो। इसी तरह समानता की हिंदू वैचारिकी सामाजिक समरसता (सर्वे भवन्तु सुखिन:) का पोषण है, जबकि इसलामिक समानता का अभिप्राय है—चाहे जैसे भी प्रत्येक लोग मुसलिम बनकर एक ही तरह के हों। इसलाम के संस्थापक मुहम्मद साहब ने अपने पंथ के इन दोनों ही सिद्धांतों के लिए धन-बल और शस्त्र-बल का सहारा लिया था। ये दोनों शस्त्र हिंसापोषित हैं, जबकि धर्म में हिंसा होती ही नहीं। अतएव धर्म की परिभाषा से इसलाम बाहर है। इस आधार पर इसलामिक उत्पीड़न की त्रासदी भी अन्यायपूर्ण और अधर्म है। इसलाम, 'भय बिनु होत न प्रीति' की संस्कृति और 'मूँदहूँ आँख कतहूँ आँख कतहूँ कुछ नाही' की वैचारिकी पर आधारित एक मजहब है—आजाद मजहब, जिसमें उन्माद का भावबोध, उच्छृंखल क्रिया-प्रक्रिया (संकल्प) एवं उन्मुक्त प्रतिशोध यानी जेहाद का पुट है।

स्पष्ट है कि इसलाम का एकमात्र उद्देश्य है विश्व का इसलामीकरण अर्थात् संसार को मुसलमान बनाना। भारतीय मुसलमान जाति की रचना हिंदू के इसलामीकरण यानी बलपूर्वक हिंदुओं को मुसलमान बनाने का ही परिणाम है। अन्य देशों में भी जहाँ इसलाम स्थापित है, भारतीय विधि से ही यानी प्रचंड अत्याचार, महिलाओं के साथ व्यभिचार, आतंक

से आक्रांत करके दमन एवं दलन के उपरांत वहाँ के लोग भी मुसलमान बनाए गए हैं। ईसाई देशों में भी इसलाम के प्रभाव का प्रदर्शन आतंकवाद के माध्यम से निरंतर प्रस्तुत हो रहा है। अर्थ एवं शस्त्र संपन्न ईसाई देश इसका जोरदार प्रतिकार कर रहे हैं। अतएव उनके आर्थिक तंत्र पर विशेष प्रहार आतंकवाद का प्रमुख लक्ष्य है। प्रत्युत्तर की काररवाही में अभी तक अर्थ-शस्त्रसंपन्न ईसाई देश मजबूत स्थिति में है, अन्यथा जिस गति से इसलामिक जेहाद द्वारा प्रयास हो रहा है, ईसाई देशों का पूरी तरह से इसलामीकरण संभव था। इसलाम और ईसाई पंथों के द्वंद्वयुद्ध का परिणाम विनाशकारी है। दोनों ही अपने उद्देश्यों में असफल होंगे और न तो विश्व का ईसाईकरण हो सकेगा और न ही इसलामीकरण किया जा सकेगा। अधिक संभावना यही है कि दोनों समाप्त होंगे और किसी दिन मूल स्थान पर वापस आकर हिंदू धर्म में विलीन हो जाएँगे। रक्त-सिद्धांत, लूटपाट की गतिविधियों एवं जेहाद पर आधारित इसलाम विश्व के लिए सर्वाधिक खतरनाक है। विश्व-विध्वंस का भय एकमात्र उसी से है क्योंकि मानव जगत् के इसलामीकरण हेतु उसके साधन भी हिंसक हैं। हिंसक साधनों से सामाजिक समरसता की अपेक्षा दिवास्वप्न है।

इसलाम में धर्म-परिवर्तन कराने के लिए आतंक और उत्पीड़न के अतिरिक्त धन के अलावा और कुछ है भी नहीं। दूसरी बात यह कि उत्पीड़न और आतंक से इसलामीकरण के उसके प्रयास प्राचीन समय में कुछ सफल भी रहे हैं अतएव उन सफलताओं का परीक्षण समीचीन है। भयाक्रांत विश्व अब पूर्व की भाँति भयभीत नहीं है, इसलिए आज भय (उत्पीड़न) से उत्पन्न भारतीय मुसलमान जाति की उत्पत्ति का सिद्धांत जिज्ञासा का विषय है।

इसलामिक समानता का सिद्धांत यहाँ मौन हो जाता है जब उसको लोग मौलिक मुसलमान और धर्मांतरित मुसलमान नामक दो भागों में विभक्त करते हैं। दोनों प्रकार के मुसलमानों की तीन श्रेणियाँ विद्यमान हैं—(1) उच्च जाति के अशरफ मुसलमान, जो अपने को मूल विदेशी वंशावली का तथा सबसे ऊँचा मानते हैं। (2) हिंदुओं की ब्राह्मण एवं क्षत्रिय जातियों से बलपूर्वक धर्मांतरित मुसलमान हैं। (3) मुसलमान व्यावसायिक जातियाँ, जो विविध हिंदू के वर्णों एवं जातियों से बलपूर्वक मुसलमान बनाई गईं। सामाजिक सोपानक्रम में मुसलमान के चार मौलिक वर्ग हैं जो क्रमशः सैयद, शेख, मुगल और पठान कहलाते हैं। इनके बाद राजपूत मुसलमान और व्यावसायिक जातियाँ आती हैं। सबसे निचले स्तर पर लालबेगी मेहतर आते हैं। इसलाम के 72 संप्रदायों में शिया और सुन्नी, दो मुख्य हैं। इनके अलावा सूफी, अहमदिया, कादियानी भी हैं। ईमान, इबादत, इहसान के सिद्धांतों तथा जप, नमाज, जकात, रोजा, हज (धर्मयात्रा), अल्लाह (खुदा) एक और सर्वोपरि, पुनर्जन्म नहीं, मूर्तिपूजा नहीं, कयामत, स्त्री-पुरुष समानता, बहुपत्नी प्रथा, समूह प्रेम, मानव-सेवा, अपराधों के लिए कठोर दंड, जातिविहीन सामाजिक संरचना आदि इसलाम के सैद्धांतिक एवं व्यावहारिक पक्ष हैं, यद्यपि इसलाम का प्रसार करने में इन पर

ध्यान नहीं दिया गया तथा केवल मार-काट और लूटपाट की पद्धति अपनाते हुए एकसूत्रीय कार्यक्रम के अंतर्गत किसी भी तरीके से हिंदुओं को मुसलमान बनाया गया। इसमें लोगों का भयानक उत्पीड़न किया गया। भारतीय मुसलमान जाति इसलामिक उत्पीड़न, दमन एवं दलन का ही परिणाम है।

इसलामिक उत्पीड़न से बनी भारतीय मुसलमान जाति के प्रति न्यायसंगत व्यवहार स्वयं विदेशी मुसलमानों ने भी नहीं किया। विदेशी मुसलमान अपने को मूलवंश का मुसलमान मानते हैं। वे अपने को उच्च और कुलीन वंश का मानते हैं। वे भारतीय मुसलमानों को निम्नकोटि का मुसलमान मानते हैं, जबकि भारतीय मुसलमान जब हिंदू थे तब वे स्वाभिमानी, देशरक्षक, राजवंशी क्षत्रिय वर्ग या धर्मरक्षक ब्राह्मण वर्ग के थे। हिंदू धर्म में इनकी परिस्थिति अत्यंत सम्मानजनक थी, जबकि मुसलमान बनने के बाद उसको निम्न श्रेणी का मुसलमान माना जाता है। इसलामिक समानता का सिद्धांत इनके साथ खुला भेदभाव प्रदर्शित करता है।

इसलाम के जितने भी सिद्धांत मानवता के पोषक दृष्टिगोचर होते हैं, वास्तविक स्थिति में उनको पूर्णत: नजरअंदाज कर दिया जाता है। दान देने के स्थान पर दाम (मूल्य) दिया जाता है और हर तरह की मनमानी (भ्रष्टाचार) की जाती है। सूदखोरी निषिद्ध है किंतु किसी का खून पी जाना विहीत है। अरब देशों में रोजी-रोटी कमाने गए भारतीय मुसलमान पर अधिक ध्यान रखा जाता है। सबसे अधिक अविश्वास उन्हीं पर किया जाता है और छोटी सी भूल होने पर भी कड़ी सजा दी जाती है—हाथ-पैर काट दिए जाते हैं, कोड़े मारे जाते हैं, खुलेआम सूली पर चढ़ा देते हैं। दूसरी तरफ अरब का मुसलमान जब भारतीय मुसलमान के घर आता है तो ये लोग उसे देवता की तरह पूजते हैं क्योंकि भारतीय मुसलमान 'अतिथि देवोभव' की हिंदू वैचारिकी एवं हिंदू-संस्कृति उसके वास्तविक व्यवहार में अनुप्राणित है।

मुसलिम देशों में भारतीय मुसलमान को वहाँ के धनवान घरेलू नौकर से भी निम्न समझते हैं। वहाँ जाकर भारतीय मुसलमान दर-ब-दर हो जाता है। उसे मुसलिम मुसाफिरखानों में जगह नहीं मिलती और वह सड़कों तथा फुटपाथों पर शरण लेता है। हिंदुस्थान में भारतीय मुसलमान को सामाजिक समरसता और सामाजिक न्याय के आधार पर बिना किसी भेदभाव अथवा पक्षपात के अनेकानेक प्रकार का पुरस्कार दिया जाता है। इस क्षेत्र में वह सदैव सुरक्षित भी है किंतु मुसलिम देशों में वह उपेक्षित और असुरक्षित, दोनों हैं।

जीवन के किसी भी क्षेत्र में जितनी प्रगति पर विदेशी मुसलमान हैं, उनकी तुलना में भारतीय मुसलमान कुछ भी नहीं हैं। विदेशी मुसलमानों को हर प्रकार की ऊर्जा भारतीय मुसलमान ही देते हैं, जबकि बदले में उनको धन्यवाद तक नहीं मिलता। उदाहरण के लिए, हॉकी या क्रिकेट अथवा कोई भी मैच ले लें। बांग्लादेश या पाकिस्तान जीतता है तो भी भारतीय

मुसलमान इसलिए जश्न मनाते हैं कि दोनों ही देश भारत के अपने अच्छे पड़ोसी हैं और समानता के आधार पर दोनों स्थानों के खिलाड़ी भी अपने ही हैं। भारतीय मुसलमानों की यह सोच जहाँ एक तरफ भाईचारा से भरी होती है, वहीं विदेशी मुसलमान जब किसी भी खेल में भारत विजयी होता है तो वे मातम (दु:ख) अथवा शोक मनाते हैं और भारतीय मुसलमानों को बधाई तक नहीं देते हैं। उनकी जीत की खुशी में भारतीय मुसलमानों द्वारा व्यक्त की गई प्रत्येक प्रकार की प्रसन्नता को विदेशी मुसलमान अपनी चाटुकारिता मानते हैं और यह सोचते हैं कि वे बड़े और ऊँचे हैं इसलिए भारतीय मुसलमान जो कुछ भी श्रद्धासुमन अर्पित कर रहा है, उसे लघु या कनिष्ठ (छोटा) होने के कारण करना ही चाहिए।

समस्या यह है कि भारतीय मुसलमान क्या करें? उनके सामने एक तरफ उनके इसलाम धर्म माननेवाले विदेशी मुसलमान हैं और दूसरी ओर उनके ही पूर्वकालिक वंश-गोत्र के हिंदू भाई-बंधु हैं। विदेशी मुसलमान जब तक हिंदुस्थान में थे, भारतीय मुसलमानों को अपने साथ केवल संख्या गिनाने और हिंदुओं को पीड़ित करने तथा मारने के ही काम में लगाए जबकि उनके साथ कभी भी भाई जैसा व्यवहार नहीं किए। इसके अनेक उदाहरण इतिहास ग्रंथों में मिल जाते हैं, जैसे—सुल्तान इल्तुतमिश ने भारतीय मुसलमान को भूल से वजीर बना दिए जाने पर अपने लोगों को कड़ी फटकार सुनाया तथा उस वजीर को दंडित किया था। इसी तरह भारतीय मुसलमान इमादुद्दीन रैहान की हत्या कर दी गई क्योंकि उसने भारतीय मुसलमानों के साथ समानता का व्यवहार करने हेतु विदेशी मुसलमानों से माँग किया था। मुसलिम देशों में भारतीय मुसलमान इतने उपेक्षित और प्रताड़ित होते हैं कि रोजी-रोटी के लिए हिंदुस्थान में ही रहना पसंद करते हैं। विदेशी मुसलमान यहाँ जब भी आते हैं, भारतीय मुसलमान उनका खुले हृदय से स्वागत करते हैं और उनको खुदा की तरह इज्जत देते हैं, परंतु वे विदेशी मुसलमान उनके घरों में रहकर उनके ही घरों को बम से उड़ा देते हैं, आतंक फैलाते हैं, उनके बच्चों को बहका-फुसलाकर आतंकवादी बनाने के लिए नौकरी का लालच देकर अपने साथ ले जाते हैं।

भारतीय मुसलमानों को अब यह आभास होने लगा है कि उनके अस्तित्व की सुरक्षा में जितना बड़ा योगदान कोई हिंदू कर सकता है, उतना विदेशी मुसलमान नहीं कर सकता है। इनके सामने अनेक ऐसे उदाहरण हैं जिनसे हिंदुओं द्वारा मुसलमानों की सुरक्षा और सहायता प्रदर्शित होती है, जैसे—हुमायूँ की रक्षा हिंदू दलित कुल के भिश्ती ने की थी। हिंदुओं का सहयोग लेकर ही मुसलिम विदेशी शासक अनेक हिंदू राज्यों को अपने अधिकार में किए और लूटे थे और उनको मौत के घाट उतार दिया था। हिंदू राजा हम्मीरदेव ने सुल्तान अलाउद्दीन से लोहा लेकर अपना विनाश करा डाला। हिंदू वीर सिद्धपाल एवं सुधारन कागू ने सरवरुलमुल्क का जान देकर भी सहयोग किया था। भारतीय मूल के खुसरोशाह को गद्दी से इसलिए हटा दिया गया कि वह भारतीय मुसलमान था और उसके पूर्वज हिंदू थे।

भारतीय मुसलमान उन विदेशी मुसलमानों के उत्पीड़न और शोषण को संभवत: अभी तक नहीं भूल सके हैं कि उनको इसलाम धर्म स्वीकार करने के लिए उनका विविध प्रकार से दमन, दलन एवं उत्पीड़न किया गया था। उनके सामने उनकी स्त्रियों और बच्चों की हत्या कर दी गई। उनके घरों को आग के हवाले कर दिया गया और उनका सबकुछ छीनकर भिखारी और निर्धन बना दिया गया था। उनके हाथ-पैर काट दिए गए थे ताकि वे कमा-खा न सकें। पिता की दुर्दशा करके बच्चों को मुसलमान बनाया गया। अरब में भेजकर उनको वस्तुओं के रूप में दास बनाकर बेचा गया और पीढ़ी-दर-पीढ़ी गुलामी के लिए वहीं छोड़ दिया गया। अपने वतन से दूर किए गए वे बेचारे भला कौन सा अपराध किए थे? क्या इसलाम का विश्वबंधुत्व और समानता का सिद्धांत यही आदेश देता था कि जितने भी निरीह मिले उनको मार-मारकर बलपूर्वक इसलाम में परिवर्तित करो?

भारतीय मुसलमान अपने उत्पीड़न की यादों को स्मरण करें तो उन्हें भारी दुख और आत्मग्लानि का आभास होगा। उन्होंने विदेशी मुसलमानों के धोखे में आकर बहुत दु:ख झेले हैं, परंतु हिंदुओं के साथ रहकर अनंत सुख प्राप्त किए हैं। ऐसे में उनको समझाने की आवश्यकता नहीं है कि विदेशी आक्रांता मुसलमानों के साथ रहकर वे विश्व भर में इसलाम का प्रचार-प्रसार खूनी तलवारों के बल पर करेंगे और अपना तथा अपने बच्चों का प्राण संकट में डालेंगे अथवा रक्तविहीन मैत्री और करुणा के साथ हिंदू-संस्कृति की विशेषताओं को अंगीकर करके अपना भारतीयकरण करके सुखी रहेंगे। किसी भी प्रकार की सुख-सुविधा और शांति जितना भारतीय मुसलमानों को हिंदुस्थान में मिल सका है, वह किसी भी मुसलिम अथवा ईसाईयतवाले देशों में मिलना पूर्णत: असंभव है। इसलामिक उत्पीड़न का दर्द वे हिंदुओं के साथ रहकर भूल सकते हैं। ऐसे में हिंदुस्थान की सुरक्षा में पूर्ण निष्ठावान बने रहना भारतीय मुसलमानों के लिए मानवीय धर्मिता है जिसे किसी भी विदेशी मुसलिम देशों के बहकावे में आकर अपने ही घोंसले को जलाना अपनी तथा अपने परिवार की हत्या करने के समान होगा। सामाजिक समरसता का भारतीय तंत्र आज समस्त भारतीय मुसलमानों के लिए ग्राह्य हो चुका है।

2.8 अस्पृश्यता इसलामिक काल का सुनियोजित षड्यंत्र

वर्ण एवं जातिविहीन वैदिक काल में अस्पृश्यता जैसे शब्द का कहीं भी उल्लेख नहीं मिलता है। नियम विरुद्ध किसी कार्य को अशौच-कार्य (अपवित्र) और उसके प्रायश्चित्त को अपरिग्रह कार्य कहनेवाले दिनों तक अस्पृश्यता का जन्म नहीं हुआ था। कालांतर में यानी मध्यकाल में विदेशी आक्रांता मुसलिम शासकों के शासन के उपरांत कुछ कार्यों को पुनीत अथवा पवित्र माना गया और कुछ को अपवित्र। ऐसे पवित्र कार्य करनेवाले स्पृश्य और अस्वच्छ कार्य करनेवाले अस्पृश्य कहे गए। परंतु पूर्व मध्य युग तक अस्वच्छ कार्य करनेवाले भी स्थायी अस्पृश्य अथवा अछूत संबोधित और मान्य नहीं

होते थे। मध्ययुग में मुसलिम शासकों ने इसलाम अस्वीकार करनेवालों को जब बलपूर्वक चर्म-कर्म और मैला ढोने के कार्यों में लगाया उस समय भी हिंदू समाज केवल उनको अस्वच्छ-कर्मी ही मानता था। मुसलमानों ने अस्वच्छ कर्मों में लगे लोगों को चर्मकार, भंगी, मेहतर, जमादार इत्यादि अनेक नाम देते हुए उनके साथ छुआछूत का भेदभाव किया। ऐसे लोगों को नगरों और गाँवों में न रखकर अलग बस्तियों में रखा गया ताकि वे धीरे-धीरे हिंदू समाज से अलग-थलग पड़ जाएँ और यह भूल जाएँ कि वे हिंदू हैं। उनकी सोच यह भी थी कि कुछ दिनों में सामान्य पेशों में संलग्न हिंदू भी यह भूल जाएँगे कि वे अस्वच्छ पेशे में बलपूर्वक विदेशी आक्रांता शासकों द्वारा नियोजित किए गए लोग उनके ही अपने भाई-बंधु हैं।

यह एक सुनियोजित षड्यंत्र था, क्योंकि धर्म के नाम पर सभी हिंदू एकजुट थे और जिनको अस्वच्छ कार्यों में लगाया गया था उनकी संख्या सर्वाधिक थी। वे लोग अत्यंत बहादुर और स्वाभिमानी भी थे। उनकी सामरिक शक्ति अत्यंत प्रखर और अद्भुत थी तथा वे मुसलिम आक्रांताओं के छक्के छुड़ाया करते थे। अतएव ऐसे लोगों का उत्पीड़न, दमन एवं दलन के उपरांत उनको बलपूर्वक अस्वच्छ कार्यों में लगाकर उनके साथ अस्पृश्यता और छुआछूत का भेदभाव करके एक नवीन व्यवस्था को जन्म देने का कार्य किया गया। यह कार्य पूर्णरूपेण एक सुनियोजित विदेशी मुसलिम शासकों द्वारा रचे गए षड्यंत्र के अंतर्गत किया गया था। प्राचीन हिंदू समाज में छुआछूत अथवा अस्पृश्यता के दोष नहीं पाए जाते थे। शूद्र राजा होते थे और उनको राजसूय यज्ञों में सादर आमंत्रित किया जाता था। वे यज्ञ भी संपादित करते थे। इसी आधार पर उनको यह पता था कि हिंदू समाज किसी भी आधार पर भेदभावयुक्त बनाए जाने योग्य नहीं है, इसलिए हिंदुओं की संगठित शक्ति को तोड़ने का कोई अन्य प्रयास असफल रहेगा। अतएव उन्होंने एक षड्यंत्र के अंतर्गत हिंदुओं की एक बहुत बड़ी और अपने लिए खतरनाक जनसंख्या को बलपूर्वक अस्वच्छ तथा मैला ढोनेवाले कार्यों में लगाया और गाँवों के बाहर रहने को बाध्य करके हिंदुओं से अलग-थलग किया। अस्पृश्यता का व्यवहार स्वयं उन्होंने ही किया, इसका जीवंत प्रमाण यह है कि इल्तुतमिश ने अपने मुसलिम वजीर और सेनापति को मात्र इसलिए पदच्युत और दंडित किया था कि वह पूर्वकाल में हिंदू बुनकर की वंशावली का था। हिंदू से मुसलमान बनाए गए रेहाना के नेतृत्व में भारतीय मुसलमानों ने तुर्कों के विरुद्ध गृहयुद्ध भी किया था जो इसी भेदभाव और अस्पृश्यता को लेकर उनके तथा तुर्कों के बीच उत्पन्न हुआ था।

यह एक मनोवैज्ञानिक सत्य भी है कि जो जैसा होता है, वैसा ही वह सोचता और समझता तथा करता भी है। तुर्क सुल्तान विदेशी थे और भारतीय मुसलमान हिंदुस्थान के मूल निवासी थे। इनको हेय दृष्टि से देखना उनकी स्वाभाविक मानसिकता थी। इसको वह प्रकट इसलिए नहीं कर पाते थे क्योंकि तब अपनी अल्पसंख्या के आधार पर वे

हिंदुस्थान में एक क्षण भी नहीं टिक सकते थे। इसीलिए उन्होंने भारतीय मुसलमानों को भ्रम में रखकर उनके सहयोग से यहाँ के हिंदुओं को भी अपने अधिकार में बनाए रखा और उनका दमन, दलन, शोषण तथा उत्पीड़न किया। उनके भेदभावपूर्ण विचारों का ही परिणाम अस्पृश्यता जैसी अभिशप्त स्थिति थी जो निस्संदेह उनके ही द्वारा हिंदुस्थान में प्रायोजित की गई थी। इसके लिए उन्होंने जिस विधि का प्रयोग किया वह एक षड्यंत्र ही कहा जाएगा।

उपरोक्त तथ्यों पर सम्यक् रूप से विचार करने पर हम पाते हैं कि इसलामिक उत्पीड़न से बनी अस्पृश्य और दलित जातियों में अधिकाशतः वे ही लोग हैं जिनको वर्तमान में हिंदू चमार जातियों की अलग-अलग वंश और गोत्रवाली जातियों के रूप में जाना जाता है तथा जिनको हिंदुस्थान में मध्यकाल के पूर्व तक सम्मानजनक पद-परिस्थिति प्राप्त थी। उस समय वे स्वाभिमानी और गौरवशाली सैनिक थे, उच्चकोटि के शिल्पकार थे और राजवंशी क्षत्रिय परंपरावाले कुलों से संबंधित थे। उन्होंने विदेशी इसलामिक आक्रांताओं का मुँहतोड़ उत्तर दिया था, यद्यपि युद्धबंदी की स्थिति में उनका भयानक उत्पीड़न, दमन एवं दलन किया गया और उनके साथ अमानवीय व्यवहार भी हुए थे कि उन धर्माभिमानी, स्वाभिमानी एवं राष्ट्राभिमानी, हिंदू योद्धाओं ने इसलामिक सामाजिक, आर्थिक उत्पीड़न एवं अत्याचार को दंडस्वरूप धैर्य से सहा था, परंतु किसी मूल्य पर इसलाम को स्वीकार नहीं किया था। इसलामिक शासकों के अत्याचार से उनका जीवन दर-ब-दर हो गया और वे जंगलों में पलायन कर जाने को विवश हुए। इसके आधार पर यह कहना पूर्णतः उचित होगा कि उनके दर-ब-दर जीवन और दलित की पहचान देने की जिम्मेदारी पूर्णतः विदेशी इसलामिक शासकों की है। उनको जिस विधि से अस्पृश्य बनाया गया वह भी इसलामिक काल यानी मध्यकाल के विदेशी शासकों का सुनियोजित षड्यंत्र ही था। सामाजिक, आर्थिक एवं शैक्षणिक रूप से दमन एवं दलन करके बलपूर्वक अस्वच्छ कार्यों, जैसे—चर्म-कर्म इत्यादि में लगाकर बनाई गई दलित जातियाँ हैं, इन्हें इनके तत्कालीन विदेशी मुसलिम आक्रांता शासकों के विरुद्ध लड़ने के स्वभाव के कारण मध्यकाल की स्वतंत्रता सेनानी कहना अत्यधिक उचित होगा। इस प्रकार यह पूर्ण प्रमाणित है कि भारत में मुसलिम, अनुसूचित जाति एवं जनजाति वर्ग तथा सिख मध्यकाल में विदेशी मुसलिम आक्रांता शासकों के क्रूरता, निर्ममता, अत्याचार, उत्पीड़न, दमन एवं दलन के परिणामस्वरूप उत्पन्न हुई जातियाँ एवं पंथ हैं।

□

अध्याय-3

धर्म के मूल्य पर चर्म-कर्म

विश्व की प्रत्येक मानव संस्कृति अपने आर्थिक मूल्यों पर अवलंबित पाई जाती है। हिंदू जीवन-पद्धति का सर्वोच्च पक्ष 'पुरुषार्थ' भी अपने चारों आयाम में 'धर्म' को ही प्रथम स्थान पर मान्यता प्रदान करता है। अर्थ, काम और मोक्ष के क्रम में धर्म प्रथम क्रम पर प्रतिष्ठित है। हिंदुस्थान में प्रत्येक प्राणी का प्राण धर्म है। धर्म ही संपूर्ण जीवन है। यहाँ धर्म के नाम पर आत्मोत्सर्ग की व्यवस्था है। हिंदू जीवन में त्याग, तपस्या, दया, करुणा और बलिदान स्वाभाविक रूप से धर्म के अंग हैं। अतएव सबकुछ तो त्यागा जा सकता है परंतु धर्म किसी भी मूल्य पर अत्याज्य है। हिंदू लोकजीवन में अर्थ यानी जीवन-यापन के लिए रोजगार इत्यादि भी धर्म पर ही आधारित है। धर्मपरायण बने रहने के लिए एक हिंदू कुछ भी कष्ट उठाने को सदैव तैयार रहता है। हिंदू चमार जाति के रूप में चंवर एवं अन्यान्य क्षत्रिय वर्गीयवीरोचित भावनाओंवाले धर्माभिमानी, राष्ट्राभिमानी, स्वाभिमानी एवं गौरवशाली राजवंशीय लोगों ने मध्यकालीन मुसलिम आक्रांता शासकों के समक्ष हिंदुस्थान की परंपरागत धर्मिता का ऐसा ही आदर्श प्रस्तुत किया था।

हिंदुस्थान की धर्मादृत धरती पर इसलामिक जेहाद के आवरण में लूटपाट की नीयत से छलकपटपूर्वक घुसपैठ कर आई विदेशी मुसलिम संस्कृति एवं सभ्यता के क्रूरता एवं दुष्कृत्यों (हिंदू नरसंहार, उत्पीड़न, व्यभिचार, अत्याचार, दमन एवं दलन) का मुँहतोड़ उत्तर देने का मध्यकाल में प्रथम साहस वर्तमान हिंदू दलित जातियों के वीर सपूतों ने किया था तो भावी स्वतंत्रता संग्राम यानी अंग्रेज शासकों के विरुद्ध युद्ध के लिए प्रशंसनीय पृष्ठभूमि एवं प्रेरक प्रसंग बना। हिंदू सभ्यता और संस्कृति के विपरीत और विरुद्ध मूल्योंवाली मुसलिम संस्कृति एवं सभ्यता को अस्वीकृत करते हुए धर्माभिमानी

एवं देशभक्त युद्धबंदियों ने हिंदू धर्म के मूल्य पर कोई समझौता नहीं किया और बलपूर्वक चर्म-कर्म में लगाया जाना स्वीकार किया, भले ही इस कार्य को स्वीकार कर लेने से उनकी सामाजिक परिस्थिति न्यून हुई एवं उन्हें अस्पृश्य चर्मकार अथवा चमार संबोधन कर लेने से उनकी सामाजिक परिस्थिति गिर गई एवं उन्हें चर्मकार अथवा चमार संबोधन प्राप्त हुआ, तथा कालांतर में आज उन्हें दलित कहा जाता है। आज भी भारत में चमड़े को हेय एवं घृणा की दृष्टि से देखा जाता है।[1] 'मुगलकाल में लाल चमड़ा काबुल के मार्ग से फरगाना बुखारा और बदखशॉ से हिंदुस्थान में आता था।'[2]

इसलामिक काल में चमड़े की माँग अधिक थी, जबकि चर्मकर्मियों की संख्या कम थी। इस कमी को पूरा करने हेतु स्वाभिमानी हिंदुओं तथा विभिन्न क्षत्रिय वंश के लोगों को जैसे चंवरवंशीय क्षत्रियों को युद्ध में परास्त होने के उपरांत बंदी बनाए जाने के कारण बलपूर्वक चर्मकर्मी बनाया गया तथा अनेक धर्म और देशभक्त युद्धबंदियों से शाही महलों एवं हरमों के मल-मूत्र साफ कराने जैसे निम्नकोटि के कार्य कराए गए। धर्माभिमानी तथा स्वाभिमानी लोगों एवं जातियों को बलपूर्वक चर्मकार्य में लगाए जाने के पूर्व एक घिनौनी शर्त रखी गई कि वे चर्मकार्य अथवा इसलाम में से एक चुन लें। धर्म की रक्षा अंतिम इच्छा का निर्णय उद्घोषित करनेवाले युद्धबंदियों और स्वाभिमानी लोगों ने धर्म-परिवर्तन के किसी भी प्रयास और प्रलोभन को अस्वीकार कर दिया और हिंदू धर्म की रक्षा हेतु अस्वच्छ कार्य यानी चर्म-कर्म करना स्वीकार करके चर्मकार बनना स्वीकार किया। हिंदू चमार जाति अपने इस महान् एवं स्तुत्य त्याग के लिए हिंदू धर्मग्रंथों में अमर और हिंदू धर्मावलंबियों के लिए वंदनीय बन गई।

हिंदू धर्म में पशु-पूजा और गोमाता के प्रति धार्मिक आस्था संपूर्ण संसार के लिए एक पवित्र उदाहरण है। हिंदू-संस्कृति में अपने मृत पशुओं को सम्मानपूर्वक कंधा देकर श्रद्धांजलि अर्पित की जाती है। यह कार्य आज भी हिंदू लोक जीवन में प्रायः देखा जा सकता है। परंतु यही कार्य जब किसी घृणित विचार के अंतर्गत किसी के मान-सम्मान को घटाने और उनको अपमानित करने के लिए किसी बाहरी व्यक्ति द्वारा बलपूर्वक थोपा जाता है तो वह चिंता का विषय बन जाना स्वाभाविक होता है। हिंदू धर्मरक्षक, देशरक्षक, धर्माभिमानियों, स्वाभिमानियों और युद्धबंदियों को बलपूर्वक मृत पशुओं को ढोने और उनके चमड़े निकालने तथा अन्य चर्म-कर्म करने यानी अस्वच्छ कर्म हेतु विदेशी मुसलिम आक्रांता शासकों ने विवश कर दिया और विशेष रूप से गोचर्म को सार्वजनिक रूप से

1. डॉ. हमीदा खातून, अर्वनाईजेशन, पृ. 50
2. डॉ. राधे शरण, भारत की सामाजिक एवं आर्थिक संरचना और संस्कृति के मूल तत्त्व, पृ. 247-250

अन्य हिंदुओं के सामने निकालने का अस्वच्छ कार्य कराया तथा अपमानजनक 'चमार' संबोधन प्रदान किया जिसके कारण स्वाभिमानी युद्धबंदी क्षत्रिय बलपूर्वक चर्मकार बन गए। प्रस्तुत अध्याय में इसे यथार्थ साक्ष्यों के साथ विवेचित किया गया है।

3.1 मुसलिम संस्कृति एवं सभ्यता

मुसलिम संस्कृति एवं सभ्यता इसलाम धर्म पर आधारित है। इसलाम की स्थापना अरब में पैगंबर मुहम्मद साहब ने की थी। उनका जन्म मक्का के एक कबीले 'कुरैश' में सन् 570 ई. में हुआ था। यह कबीला काबे का एक प्रमुख तीर्थस्थान था जहाँ असंख्य मूर्तियाँ रखी हुई थीं। आस-पास के लोग यहाँ तीर्थयात्रा करने आते थे। उनके पिता का नाम स्व. अब्दुल्लाह और माता का नाम बेगम अमीना (विधवा) था। 25 वर्ष की आयु में उनका विवाह एक धनी व्यापारी की विधवा स्त्री बीबी खदीजा से हुआ था। उनको दो पुत्रियाँ थीं, जिनमें से एक पुत्री फातिमा का विवाह पैगंबर मुहम्मद के चाचा के पुत्र हजरत अली (656-661 ई.) से हुआ था और जो पैगंबर मुहम्मद के बाद चौथे खलीफा थे। हसन इन्हीं हजरत अली के पुत्र थे। मुहम्मद साहब प्रारंभ में एक अत्यंत निर्धन परिवार के थे। जीविका की समस्या से मुक्ति पाने के बाद बाबा मक्केश्वर की असंख्य मूर्तियोंवाले मक्का के मूर्तिपूजकों द्वारा अपने उपेक्षा और अपमान के प्रतिशोध में मूर्ति-पूजा के विरुद्ध (बौद्ध धर्म प्रणेता गौतम बुद्ध की भाँति ही) उनको मक्का के बाहर स्थित 'हीरा' नामक पहाड़ी की गुफा में अनेकेश्वर के स्थान पर एकेश्वर का चिंतन उचित प्रतीत हुआ। मुहम्मद साहब ने महाकाल (ईश) की सत्ता को मान्य करते हुए 'अनेक' ईश के स्थान पर 'एक ईश' के सापेक्ष अपने चिंतन (धर्म दर्शन) का नाम 'इसलाम' (ईसलाम) रखा, यानी ईस को माननेवाले। देखा जाए तो हिंदू अध्यात्म चिंतन में यह प्रक्रिया हिंदू अद्वैत-दर्शन जैसी ही थी, लेशमात्र भी भिन्न नहीं थी। इस आधार पर इसलाम को बौद्ध पंथ की ही भाँति हिंदू धर्म का आधार प्राप्त है। हिंदू सनातन धर्म के पुरोधा संत रैदास एवं उनके अनुयायियों ने इसी एकेश्वरवादी चिंतन को 'निरंकार पूजा' का नाम प्रदान किया था जिसे हिंदू चर्मकार जाति में 'रैदासी मत' भी कहा जाता है।[1]

मक्का में जोरदार विरोध होने के कारण मुहम्मद साहब ने अपने परिवार सहित अबीसीनिया के ईसाई शासक नेगस के यहाँ शरण ली। यदि वे ऐसा नहीं किए होते तो बाबा मक्केश्वर एवं मूर्ति-पूजा में विश्वास रखनेवाली मक्का की जनता उनको मार डाली होती। आरंभ में इसलाम को अव्यावहारिक पंथ की संज्ञा स्वयं मक्का के निवासियों ने ही दी थी और इसे मानने से इनकार करते हुए इसके प्रवर्तक के साथ दुर्व्यवहार किया

1. डॉ. विजय सोनकर शास्त्री, हिंदू धर्मरक्षक संत शिरोमणि गुरु रैदास, पृ. 49

था। इस पंथ को जीवित रखने की जिद के कारण मुहम्मद साहब को विपुल संपदा पानी की तरह बहानी पड़ी थी और निर्धन दास और निम्न श्रेणी के भूखों मरनेवाले और अभावग्रस्त कबीलों को पैसे का लालच देकर इसलाम उन पर थोपा गया था। उन दिनों मक्का और मदीना (मुहम्मद साहब की ननिहाल) में अनबन था, अतः मक्का से अपने लिए संकट की संभावना होने पर मुहम्मद साहब अबीसीनिया से कड़ी सुरक्षा व्यवस्था के साथ भूमिगत रहकर 2 जुलाई, 622 ई. को मदीना चले गए। उन्होंने युद्ध का सहारा लिया और संपूर्ण अरब को इसलाम धर्म में परिवर्तित कर दिया। अबीसीनिया के ईसाई शासक नेगस यानी अपने शरणदाता को भी मुहम्मद साहब ने बलपूर्वक मुसलमान बनाया। अपने अनुयायियों के लिए उन्होंने कुरान ग्रंथ की रचना की। रक्तपात करके भी इसलाम को पूरे विश्व पर थोपने एवं एकक्षत्र इसलामवाद[1] का आदेश देते हुए पैगंबर मुहम्मद साहब मस्तिष्क ज्वर होने से 8 जून, 623 ई. को दिवंगत हो गए।

वर्तमान में मुसलिम संस्कृति एवं सभ्यता उन्हीं मुहम्मद साहब के कुरान और हदीश (शरीयत) के इर्द-गिर्द चक्रमण करती हुई प्रत्येक देश की संस्कृति और वहाँ की क्षेत्रीय सभ्यता से प्रभावित होकर उन जैसी जीवनशैली को अपनाए हुए है। जिसके परिणामस्वरूप उसकी संस्कृति और सभ्यता में विविधता का आना स्वाभाविक है। यही कारण है कि केवल वस्त्र-संस्कृति में एकरूपता स्थापित कर दी जाए तो भारतीय मुसलमानों को हिंदू समझने में कोई भूल नहीं होगी। हिंदुस्थान में भी भारतीय मुसलमानों पर बलिया, बिहार, भोजपुर, बंगाल, मद्रास, दिल्ली, मुंबई आदि क्षेत्रों का प्रभाव उनके रहन-सहन, खान-पान, बोलचाल आदि पर स्पष्ट दिखलाई देता है। वे कुछ ही विषमताओं के आधार पर अहिंदू अथवा भारतीय मुसलमान के रूप में पहचान लिए जाते हैं।

मुसलिम संस्कृति और सभ्यता का मुख्य स्वरूप वही है जिसे ऊपर संकेत के रूप में दिया गया है कि इसलाम को भारत के हिंदुओं और यूरोप के ईसाइयों आदि पर बलपूर्वक थोपा गया और जिन लोगों ने इसे अस्वीकार किया उनको मृत्युदंड दिया गया अथवा गंदे-मैले, अस्वच्छ एवं अपवित्र कार्यों में लगाया गया।

मध्यकालीन भारतीय इतिहास के पृष्ठों पर इसलामिक सभ्यता और संस्कृति के क्रूरतम कारनामों का काला चिट्ठा देखकर एक हिंदू की आत्मा काँप उठती है और मन आक्रोश से भर उठता है। यही स्थिति आज भी अमेरिका, ब्रिटेन, इंग्लैंड, फ्रांस, हिंदुस्थान आदि देशों के विरुद्ध आतंकवादी हरकतों के रूप में निरंतर जारी रखी गई है। और इसी आधार पर वर्तमान में कुछ लोग यह कहने लगे हैं कि इसलाम का अभिप्राय एकमात्र आतंक एवं रक्तपात के बल पर सारे संसार पर अपना वर्चस्व यानी एकच्छत्र इसलामवाद

1. डॉ. कृष्ण गोयल, बाबा साहब, वक्तव्य और विचार, पृ. 125

प्रदर्शित करने के अतिरिक्त और कुछ भी नहीं है। भारत एवं अन्यान्य देशों से लूटी गई और वर्तमान में तेल के निर्यात से प्राप्त अथाह संपदाओं को अनेक देशों में आतंकवादी प्रशिक्षण शिविर चलाने एवं एकच्छत्र इसलामवाद के प्रयासों पर व्यय किया जा रहा है। हिंदुस्थान में भारतीय मुसलमानों तथा हिंदू दलित, अनुसूचित जातियों तथा जनजातियों के गरीब और बेरोजगार नवयुवकों को अस्त्र-शस्त्र तथा पैसा देकर उन्हें आतंकवादी और नक्सलवादी बनाने का भी कार्य विदेशी इसलामिक देशों द्वारा बड़े पैमाने पर विविध रूपों में संपादित किया जा रहा है। वर्चस्व की मानसिकता पर अवलंबित ईसाई देशों के प्रत्युत्तर से इनका विनाश हो रहा है, परंतु ईसाई राष्ट्र को मिटा देने के लिए इसलाम भी कृतसंकल्प है और अपनी जनसंख्या तीव्रगति से बढ़ा रहा है। इसे देखकर ऐसा प्रतीत होता है कि हिंदू-संस्कृति और सभ्यता ही अंत में शेष रह जाएगी जो विश्व मानवता का पोषण करेगी।

रसातल को जानेवाली हिंसा के मार्ग को अपनाने के कारण ही मुसलिम संस्कृति एवं सभ्यता का अनादर होता रहता है। यदि इस दुर्गुण को हटा दिया जाए तो यह संस्कृति हिंदू धर्म का अंग ही मानी जा सकती है। आज आवश्यकता है कि मुसलमान वर्ग के नवयुवकों को यह बताया जाए कि भारत के मुसलमान कोई और नहीं बल्कि पाँच पीढ़ी पूर्व के हिंदू हैं जिन्हें विदेशी आक्रांता शासकों ने तलवारों की नोंक पर धर्मांतरित करके हिंदू से मुसलमान बनाया है। अब तो विगत पाँच पीढ़ी से इस धर्म में बलपूर्वक नियोजित किए गए भारतीय मुसलमान भी अपने हिंदू भाइयों के साथ मिल-जुलकर जीवन के सभी क्षेत्रों में हिंदू जीवन-पद्धति के अनुसार अपनी दिनचर्याओं को प्रकृतिपरक बनाने लगे हैं। हिंदू धर्मोत्सवों में उनकी भागीदारी मनमोहक लगती है। मंदिरों में हनुमान चालीसा का विशुद्ध पाठ उनके मुखारबिंदों से प्रिय और मधुर लगता है। संस्कृत की देवभाषा में वैदिक मंत्रों का विशुद्ध उच्चारण भारतीय मुसलिम स्त्रियों को ऋषि कन्याएँ मान लेने को विवश करती हैं।

भारतीय मुसलमानों के हिंदू संबंधों का एक अद्भुत दृश्य उनका उनके व्यवहारों में देखा जा सकता है। बुनकर मुसलमान को बुनकर हिंदू व्यावसायिक आधार पर अपनाने लगे हैं। यह विदेशी और धर्मांध इसलामिक संस्कृति तथा सभ्यता के लिए एक चुनौती है। आज हिंदुस्थान में भारतीय मुसलमान इस सत्य को जान और पहचान चुका है कि वास्तविक इसलाम जिसमें विश्वबंधुत्व और समानता की बात को सर्वमान्य किया गया है, वह केवल हिंदुस्थान में ही है और अरब आदि विदेशों में नहीं है। अतएव ऐसे सुविज्ञ लोगों को इसलाम का अर्थ, स्वरूप, संप्रदाय, संस्कार आदि की जानकारी कराना अप्रासंगिक प्रतीत होता है। परिवर्तित परिवेश, साथ ही देश और विदेश में इसलाम की विविधता ही इसकी विशेषता है। यह वह संस्कृति एवं सभ्यता है, जिसमें कभी भी

विश्वबंधुत्व भाव तथा समानता (अर्थात् भेदभावरहित मानसिकता) पर आधारित मूल्यों के अनुसार व्यवहार नहीं किया गया।[1] इसके अनेक उदाहरण अकेले भारतवर्ष में ही मिल जाते हैं, जिसमें भारतीय मुसलमानों के साथ भेदभाव और हिंदुओं के साथ क्रूरतम व्यवहारों को विदेशी मुसलमानों द्वारा किया गया था।[2]

मुसलिम संस्कृति और सभ्यता को विश्वबंधुत्व और समानता के संदर्भ में सम्मानित करनेवालों के पास इसका क्या उत्तर है कि पैगंबर मुहम्मद साहब के उत्तराधिकारी खलीफा ने मुहम्मद बिन कासिम को बिना किसी कारण के हिंदुस्थान को लूटने और हिंदू राजा दाहिर की अवयस्क कन्याओं को अपनी वासना का शिकार बनाने के लिए एक बड़ी फौज के साथ अधर्मयुद्ध के लिए भेजा था? खलीफा के उद्देश्यों को पूरा करने हेतु मुहम्मद बिन कासिम ने अपनी जान जोखिम में डाल दी थी, परंतु बदले में खलीफा ने उसे बैल की खाल में ठूँसकर तीन दिनों की कठोर यातना देकर मार डाला था। क्या यही इसलाम धर्म है?

देवल के निरीह हिंदू बच्चों और अबलाओं का क्या दोष था जो उनको कत्ल किया गया, नगरकोट, सोमनाथ आदि मंदिरों को तोड़ने और उनको लूटने की हत्यारी और दस्यु संस्कृति[3] क्या इसलाम के मूल्यों को प्रदूषित नहीं करती है? अनेक युद्धों में पराजित और क्षमाप्रार्थी होनेवाले मुहम्मद गौरी के लिए पृथ्वीराज चौहान की आँखें क्योंकर बुरी लगी थीं, इसका कोई भी उत्तर इसलाम के पास नहीं है।

हिंदू बुनकर पेशा के युद्धबंदी पूर्वज की संतान होने के कारण सुल्तान इल्तुतमिश ने अपने निष्ठावान वजीर निजामुलमुल्क जुनैदी को तथा अन्य 32 भारतीय मुसलमानों को अपने राज्य प्रशासन से हटा दिया था और दरबार में सबके सामने उनको अकुलीन तुर्क कहकर अपमानित किया था। उसने उनकी नियुक्ति करनेवाले कुलीन तुर्क अधिकारियों को भी दंडित किया था, क्योंकि कार्य और गुणवत्ता के साथ ही उन्होंने यह नहीं जाँच किया था कि भारतीय मुसलमान जो प्रारंभ में कभी हिंदू थे इसलिए वे कुलीन तुर्क कभी नहीं हो सकते थे। कुछ स्थानों पर वर्तमान हिंदू और भारतीय मुसलमान में इसी कारण से आंतरिक संबंध होते देखे जाते हैं, क्योंकि प्रायः पाँच-छह पीढ़ी पूर्वकाल में ये भारतीय मुसलमान हिंदू कुल के ही सदस्य और परिवार थे। यह कार्य मुसलिम संस्कृति और सभ्यता के मानकों के विरुद्ध था।

सीदी मौला ईरान से अजोधन आकर बस गए थे और कभी नमाज तक नहीं पढ़ते

1. K.S. Lal, Twarights, P. 265
2. ईश्वरी प्रसाद, मध्य युग का इतिहास, पृ. 255
3. 'दस्यु शब्द का प्रयोग ईरानियों (अरब के निवासियों) के लिए अपशब्द के रूप में प्रयोग करते थे।' डॉ. पी.आर. अंबेडकर, शूद्रों की खोज, पृ. 116

थे, परंतु परोपकार और दान देना अपना परम कर्तव्य और धर्म समझते थे। यह कार्य इसलाम के बिलकुल अनुकूल था, परंतु उनको केवल नमाज न पढ़ने के लिए आग में जलाकर मार डाला गया, जबकि वह कुलीन मुसलमान थे। क्या यही इसलामिक भाईचारा और समानता का उदाहरण है?

मुसलिम सामंतों के भय से धनी हिंदू नगरों में निर्धनों की तरह रहते थे।[1] गयासुद्दीन की सोच थी कि हिंदू ग्रामीणों के पास केवल उतनी ही संपत्ति रहे जिससे वे दीन-हीन बनकर रहें।[2] जबकि उन्हीं हिंदुओं से कभी प्राण की रक्षा के लिए शरणागत प्राप्त किया था। हुमायूँ ने हिंदू चमार (भिश्ती) की मदद से नदी पार कर अपनी जान बचाई थी, परंतु अपने शासनकाल में उसने ही सबसे अधिक इसी जाति के लोगों को सताया। एक दिन के लिए चमड़े के सिक्के चलाने के उसके अपने लाभ भरे उद्देश्य ही थे और उसने अपने जमा किए गए भारी मात्रा में चमड़ों को भारी कीमत पर बेचना चाहा था।

3.2 इसलामिक काल में चमड़े की माँग अधिक और चर्मकर्मी कम

प्राचीन काल में हिंदुस्थान एक समृद्धशाली देश था। यहाँ से अन्न तो अरब, एशिया एवं यूरोप आदि देशों में निर्यात किया जाता था। जूट, सन, कपास, सेमर, रेशम, ऊन इत्यादि भारी मात्रा में सुलभ थे और उनसे ग्रीष्म, वर्षा और शरद ऋतुओं के लिए अलग-अलग प्रकार के वस्त्र तैयार होते थे। कश्मीर के पश्मीना शाल, कंबल तथा गरम कपड़े, ढाका का मलमल (जिसका एक थान लंबा कपड़ा एक अँगूठी के छिद्र से आर-पार हो सकता था), बंगाल के रंग-बिरंगे वस्त्र, सूरत के सूती वस्त्र और साड़ियाँ, काशी के रेशमी वस्त्र एवं सोने-चाँदी के तार एवं रत्नजड़ित बनारसी साड़ियाँ आदि सारे संसार में अद्वितीय और महत्त्वपूर्ण स्थान रखते थे। हिंदुस्थान अपनी वस्त्र संस्कृति के लिए आत्मनिर्भरता और निर्यातकर्ता की भूमिका निर्वहन करता था। अतएव यहाँ चमड़े और उससे निर्मित वस्तुओं की कोई आवश्यकता नहीं थी। मृग, व्याघ्र आदि के पवित्र चर्म यती मुनियों और हिंदू संन्यासियों के लिए विशेष पूजा-पाठ के काम में आते थे जिससे संबंधित चर्मकर्म अथवा उनके शिष्य स्वत: कर लेते थे। 'चर्मकार' का आशय किसी वर्ण अथवा जातिविशेष से न था। खालों का उपयोग केवल जंगलों में ऋषि-मुनियों द्वारा किसी सांस्कारिक अनुष्ठान अथवा धार्मिक कार्यों में किए जाने से स्पष्ट है कि खालें चूँकि हिंस्र पशुओं की होती थीं इसलिए वे अपवित्र नहीं मानी जाती थीं और चमड़े का

1. के.एस. लाल, ट्वाईलाईट, पृ. 265
2. K.S. Lal, Studies, p. 90-91.

प्रयोग व्यावसायिक स्तर पर नहीं होता था, क्योंकि यहाँ पशुओं का मांस खाना निषिद्ध था। तत्कालीन हिंदू समाज में चमड़े का कार्य करनेवाले घृणित या हेय दृष्टि से नहीं देखे जाते थे। अत्रि एवं वेद व्यास ने इन्हें अंत्यज श्रेणी में रखा था। अंत्यजों के बारे में डॉ. अंबेडकर का विचार अंतिम मान्य है। उन्होंने उल्लेख किया है कि 'जहाँ तक अंत्यजों की बात है, उनके बारे में जो कुछ हम जानते हैं, वह उन्हें अछूत होने की बात का खंडन के लिए पर्याप्त है।'[1] हिंदू समाज में पशु-पूजा प्रचलित थी और गाय भी माँ की तरह पूजी जाती थी। इन पवित्र जानवरों की मृत्यु होने पर इनको हिंदू विधि से नदी में प्रवाहित कर दिया जाता अथवा जमीन में गाड़ दिया जाता था।

हिंदुस्थान में चमड़े की माँग अचानक मध्ययुग में बढ़ी जिसे इसलामिक काल भी कहा जाता है। विदेशी आक्रांता जिस अरब के रेगिस्तान से आए थे वहाँ जल का पूरा अभाव था एवं कृषि योग्य भूमि न होने से खेती होती ही नहीं थी। ऊबड़-खाबड़ तथा झाड़ी प्रदेश होने के कारण उनको भेड़, बकरी, ऊँट इत्यादि के दूध एवं बाद में उन्हीं पशुओं के मांस पर निर्भर रहना पड़ता था। भूख लगने पर अपने पालतू पशुओं का मांस खाने की उनकी आदत बन चुकी थी। अतएव जब वे हिंदुस्थान में आकर बस गए तो यहाँ के पालतू पशुओं को निसंकोच एवं निर्दयता के साथ मारकर खाने लगे। भोजन में उनको दोनों समय गाय का मांसाहार आवश्यक था।

अत्यधिक जानवरों के काटे जाने का दो अभिप्राय था—पहला यह कि विदेशी मुसलमानों को दोनों समय मांसाहार की आवश्यकता होती थी और दूसरा यह कि अपने देश में वे अपने उपयोग के लिए चमड़े की जिन-जिन वस्तुओं का उपयोग कर उनके आदी हो चुके थे उसकी उनको आदत पड़ी हुई थी जिसके कारण उनको हिंदुस्थान में भी चमड़े से निर्मित उन वस्तुओं की आवश्यकता हुई। यही कारण था कि इन वस्तुओं के निर्माण के लिए उनको अत्यधिक मात्रा में चमड़ा और चर्मकर्मी, दोनों की आवश्यकता थी। अच्छी प्रजातियों की गायों एवं अन्य पशुओं की अधिकता से उनको चमड़ा तो यहाँ अधिक मिल जाता था और जितनी माँग थी उतने की पूर्ति आसानी से हो जाती थी, परंतु चमड़े की वस्तुओं को बनाने हेतु चर्मकर्मियों की संख्या बहुत कम थी।

विदेशी आक्रांताओं को चर्म-संस्कृति से वंशगत मोह हो गया था। अपने पशुओं को वे चमड़े की डोरी से बाँधते थे। घोड़ों पर चमड़े की जीन चढ़ाई जाती थी और उनके लिए चाबुक भी चमड़े से ही बनती थी। चमड़े से ढाल और तलवार रखने के लिए उसकी खोल (म्यान) बनती थी। चमड़े के अधोवस्त्र बनते थे जिसे सैनिक शरीर ढँकने के काम में लाते थे। उसे ही कवच भी कहते थे। हाथी और ऊँट पर हौदा कसने के

1. डॉ. बी.आर. अंबेडकर, अछूत कौन और कैसे, पृ. 94

लिए चमड़े की रस्सी प्रयोग में लाई जाती थी। पानी, तेल और अन्य तरल पदार्थ भी चमड़े की थैली में रखे जाते थे। जाड़े के दिनों में चमड़े से बने वस्त्र पहने जाते थे। चमड़े से विविध प्रकार के जूते बनते थे जिनको पहनकर लोग बालू में आसानी से चल लेते थे जबकि हिंदू लोग जूतों के स्थान पर काष्ठ निर्मित खड़ाऊँ पहनते थे। मुसलिम संस्कृति में खाना और जल को संग्रह करने हेतु भी चमड़े की थैलियाँ प्रयोग में लाई जाती थीं। अन्नागारों में चमड़े के बोरे होते थे जो सालों साल चलते थे। नदियों को पार करने हेतु मशक भी चमड़े से ही बनती थी। इस तरह से चर्म-निर्मित वस्तुओं की सर्वाधिक आवश्यकता विदेशी आक्रांताओं को थी जिसके कारण उनके शासनकाल में हिंदुस्थान में चमड़े की माँग बढ़ी थी। जहाँ तक हिंदुओं के संदर्भ में स्पष्ट है कि वे नहीं के बराबर चर्म का प्रयोग करते थे। प्रसिद्ध इतिहासकार डॉ. हमीदा खातून ने उल्लेख किया है कि 'हिंदू चमड़े को निषिद्ध एवं हेय समझते थे। लेकिन भारत के मुसलिम शासकों ने उत्पादन के लिए और अधिक प्रयास किए।'[1]

मध्यकाल में भी हिंदुस्थान में चर्मकर्मी नहीं थे। कभी-कभी लोग अपनी आवश्यकता के अनुसार हिंस्र पशुओं के मर जाने पर उनके चमड़ों से आसन आदि बनाने का ही साधारण ज्ञान स्वयं रखते थे और काटे-मारे गए पशुओं का चमड़ा तो छूना तक पसंद नहीं करते थे। ऐसे चमड़ों का स्पर्श मात्र ही हिंदुओं को अपवित्रता और अशौच की स्थिति में ला देता था। चमड़े के वस्त्र और जूते पहनना पाप समझा जाता था। हिंदू लोग पैदल अथवा सवारी पर भी नंगे पाँव अथवा खड़ाऊँ पहनकर चलते थे। अयोध्या से चित्रकूट तक श्रीराम भी केवल खड़ाऊँ ही पहनकर गए थे। हिंदू धर्म-ग्रंथों में जहाँ भी चर्म-कर्म का उल्लेख हुआ है, वहाँ उसका उद्देश्य मात्र यही बतलाना रहा है कि प्राचीन काल में लोग हिंस्र पशुओं के मर जाने पर उनकी खालें सूखने की प्रतीक्षा करते थे और जब वे सूख जाती थी तो उनको विशुद्ध जल से साफ करके पूजा-पाठ के आसन अथवा वसन के रूप में प्रयोग में लाते थे। ऐसे पशु चूँकि घनघोर वनों में पाए जाते थे इसलिए उनका उपयोग केवल ऋषियों और मुनियों तक ही सीमित होता था। गाँवों और नगरों में रहनेवाले हिंदू न तो चर्मवस्त्र धारण करते थे और न ही किसी चर्मविज्ञान के शिल्पी थे। ग्रंथों में चर्मकार शब्द का प्रयोग किसी वर्ण अथवा जाति विशेष के लिए न होकर केवल उनके लिए हुआ है जो उपरोक्त ऋषियों और मुनियों के रूप में यदा-कदा हिंस्र पशुओं के मर जाने पर उनकी सूखी हुई खालों को विशेष कार्य हेतु उपयोग में लाते थे। आज भी देश में अनेक मंदिरों में चमड़े से निर्मित महिलाओं द्वारा प्रयुक्त पर्स अथवा बैग एवं सामान्य रूप से पहने जानेवाले चमड़े के

1. डॉ. हमीदा खातून, अर्बनाईजेशन, पृ. 50

बेल्ट इत्यादि को लेकर जाने पर प्रतिबंध है।

मध्यकाल में भारी मात्रा में एकत्रित किए गए चमड़े की वस्तुएँ बनाने के लिए चर्मकर्मी सर्वप्रथम अरब से मँगाए जाते थे और उनसे ही कार्य लिया जाता था। वे चर्म-कर्म में दक्ष थे। कालांतर में भारी संख्या में हिंदुओं को जब युद्धबंदी और गुलाम बनाया गया, सर्वप्रथम उनको इसलाम धर्म स्वीकार करने के लिए ही विवश किया गया था। उनको चर्म-कर्म में लगाने की कोई आवश्यकता मुसलिम शासकों को नहीं थी। परंतु जब स्वाभिमानी और गौरवशाली राजवंशी जाति के हिंदुओं ने इसलाम अस्वीकार कर दिया तो उनको अपमानित करने और उनकी सामाजिक प्रतिष्ठा को समाप्त करने के तथा उनके धर्माभिमान, राष्ट्राभिमान एवं स्वाभिमान को कुचलने के लिए उनको बलपूर्वक चमड़े की वस्तुएँ बनाने और मरे हुए अथवा मारे हुए पशुओं को ढोकर ले जाने तथा उनकी खालें उतारने में लगाया गया। ऐसे लोगों को प्रशिक्षित करने हेतु उन्हीं लोगों को लगाया गया जो अरब से लाए गए और चर्म-कर्म में दक्ष चर्मकर्मी थे।

यहाँ, एक बात स्पष्ट होती है कि आरंभ में मुसलमानों की संख्या कम थी इसलिए चमड़े की माँग भी कम थी और कम चर्मकर्मियों से काम चलाया जाता था, परंतु जब बड़ी संख्या में हिंदुओं को अत्याचार, व्याभिचार के उपरांत उन्हें विवश करके बलपूर्वक मुसलमान बनाया जाने लगा और उनको भी मांसाहारी बनाने के साथ चर्म-वस्त्र पहनने को विवश किया गया तो उस अवस्था में चमड़े की आवश्यकता अधिक हुई और चर्मकर्मियों की कमी पड़ी। इस कमी को देखते हुए विदेशी शासकों ने हिंदू युद्धबंदियों को उनके हिंदू धर्माभिमान एवं क्षत्रिय धर्म का स्वाभिमान के लिए दंडस्वरूप बलपूर्वक चर्म-कर्म में लगाया और 'चर्मकार' के स्थान पर सीधे-सीधे 'चमार' कहकर संबोधित किया। उन लोगों को गाँव और नगरों के बाहर उन्हीं स्थानों पर रहने को विवश किया गया जहाँ मरे हुए पशुओं की खालें उतारी जाती थीं। इस तरह कार्य और आवास को एक स्थान पर उनकी सुविधा के लिए व्यवस्थित किया गया था। इसका दूसरा कारण यह भी था कि गाँवों अथवा नगरों में रहने की व्यवस्था करने पर वे हिंदू युद्धबंदी अपने को पुनः संगठित कर सकते थे और इन विदेशी आक्रांता शासकों के प्राप्त विद्रोह की स्थिति उत्पन्न हो सकती थी। आज भी हिंदुस्थान में चर्मकर्मियों की बस्तियाँ मुख्य गाँव के दक्षिण दिशा में अवस्थित हैं। इसका कारण मुख्य रूप से यही था कि मरे हुए जानवरों के चमड़े से दुर्गंध उठती थी। हवा की मुख्य दिशा पूरब, पश्चिम एवं उत्तर प्रायः अधिक होती है। दक्षिण दिशा से हवा अत्यंत अल्प मात्रा में यदाकदा उठती है। इसलिए चर्मकर्मियों को गाँव के दक्षिण में बसाया जाता था कि उनकी अलग पहचान एवं चमड़े की दुर्गंध से बचा जा सके। यह सब मध्यकाल में विदेशी आक्रांता मुसलिम शासकों के शासनादेश से हुआ करता था।

हिंदू युद्धबंदियों को गाँव-नगरों से बाहर निवास कराने को इसलिए भी विवश

किया गया ताकि वे अपने समाज में पूर्णतः अलग-थलग पड़ जाएँ और अपवित्र एवं अस्वच्छ कार्यों में लगे होने से उनसे अपने ही हिंदू लोग उनके साथ किसी भी प्रकार का संबंध न रख सकें। इससे क्षुब्ध होकर वे हिंदू युद्धबंदी बाद में इसलाम स्वीकारने को विवश हो सकते थे। आक्रांताओं की पहली सोच तो सफल रही और 'चमार' संबोधित तथा चर्म-कर्म में नियोजित हिंदू युद्धबंदी अपने ही वर्ग और समाज से अपवित्रता एवं अस्वच्छता के कारण अलग-थलग पड़ गए और हिंदू समाज में सामान्य लोगों ने उनको अपवित्र मानकर उनके साथ सामाजिक संबंध अलग अथवा समाप्त कर लिए। विदेशी शासक मुगलों ने उनको अस्पृश्य घोषित किया तो हिंदुओं ने भी उनके साथ अज्ञानतावश छुआछूत का भेदभाव करना आरंभ किया। परंतु, इसलामिक शासकों का दूसरा उद्देश्य पूरा नहीं हो सका और अनेक प्रताड़नाओं को झेलते हुए भी हिंदू युद्धबंदी स्वयं को कट्टर हिंदू ही बनाए रखा एवं इसलाम स्वीकार नहीं किए।

कुछ इतिहासकारों ने त्रुटिपूर्ण उल्लेख किया है कि प्राचीन काल में हिंदुस्थान में चर्म-कर्म में संलग्न चर्मकार लोग चर्म-कर्म-शिल्प में दक्ष थे। वास्तविकता तो यह है कि उनको अरब के चर्मकर्मियों से प्रशिक्षित कराया गया था। इसका एक ज्वलंत और सत्य साक्ष्य यह है कि जिस समय चंवर वंश के क्षत्रिय संत रैदासजी को चर्म-कर्म में सिकंदर लोदी ने नियोजित किया उस समय उनको किसी भी प्रकार के चर्म-कर्म का ज्ञान नहीं था। संत शिरोमणि गुरु रैदास ने स्वयं कहा भी है—

गाँठ ना जाने गठहीं।
लोग गठावैं पनही॥

उनके पूर्व व्यवसाय कुछ और ही थे जिनके बारे में उन्होंने स्वयं ही कहा है—

जाको कुटुंब सब ढोर ढौवत आज बानारसी आस-पासा।
आचारसहित विप्र करहि दंडवत तिनतिनै रैदास दासानुदासा॥

अतः कहा जा सकता है कि मध्यकाल के पूर्व न तो यहाँ चमड़े की कोई माँग थी और न ही कोई चर्मकर्मी यहाँ थे। इसलामिक काल में चमड़े की माँग अधिक हुई और अरब से लाए गए चर्मकर्मी जब कम हुए तो हिंदू युद्धबंदियों को 'चमार' कहकर बलपूर्वक उन स्वाभिमानी योद्धाओं एवं शौर्य वीरों को चर्म-कर्म में लगाकर उनके धर्माभिमान एवं राष्ट्र स्वाभिमान के लिए उन्हें दंडित किया गया। उन स्वाभिमानी योद्धाओं एवं शौर्य वीरों को चर्म-कर्म में लगाकर उत्पीड़न, अत्याचार, दमन एवं दलन के उपरांत उन्हें दलित बना दिया गया।

3.3 युद्धबंदियों से कराए गए निम्नकोटि के अस्वच्छ कार्य

हिंदू धर्मग्रंथों की त्रुटिपूर्ण व्याख्या करते हुए विदेशी मुसलिम आक्रांता शासकों के चाटुकारों और अंग्रेज लेखकों ने मनगढ़ंत आधारों पर लिखा है कि युद्धबंदी केवल वे ही थे जो युद्ध में पराजित होने अथवा संधि हो जाने पर पकड़ लिए जाते थे, बल्कि गाँवों अथवा नगरों में रहनेवाले उन लोगों को भी पकड़ा जाता था जो युद्ध में भाग नहीं लिए होते थे। यह तो सत्य है कि मध्ययुग में इसलामिक आक्रांताओं ने सामान्य पुरुषों, स्त्रियों और बच्चों को इसलाम स्वीकार कराने हेतु बंदी बनाया और जब उन्होंने इसलाम अस्वीकार कर दिया तो उनको मार डाला अथवा दास बनाकर अरब ले गए तथा वहाँ कौड़ियों के मोल उनको बेचकर धन अर्जित कर लिया। उनके धन वे आक्रांता शासक पूर्व में ही लूट चुके होते थे। ऐसे लोगों को सामान्य बोलचाल में युद्धबंदी भले कह दिया जाए क्योंकि वे भी युद्धकाल में ही बंदी बनाए गए होते थे, परंतु वास्तव में वे केवल बंदी कहलाते थे।

युद्धबंदी केवल वे कहे जाते थे जिनको इसलामिक आक्रांताओं द्वारा युद्ध में किसी प्रकार से बंदी बनाया जाता था। इस श्रेणी में केवल हिंदू सैनिक ही होते थे। वे वीरोचित भावना, उदात्त साहस, योद्धावृत्ति और स्वाभिमानी प्रवृत्ति के धर्माभिमानी एवं राष्ट्राभिमानी होते थे। इतिहासकारों ने अज्ञानतावश जहाँ पर शूद्र राजा और शूद्र सैनिकों का उल्लेख किया है, वे भी क्षत्रिय संवर्ग के ही बहादुर योद्धा थे। वे रणक्षेत्र में न तो ब्राह्मण, क्षत्रिय थे और न ही वैश्य अथवा शूद्र बल्कि वे केवल सैनिक थे। हिंदू सेना की यही विशेषता थी कि उसमें सभी भाग लेनेवाले सभी देशप्रेमी, स्वाभिमानी और क्षत्रिय-संवर्ग तथा क्षत्रिय प्रवृत्ति के थे। चंवर वंश के राजा क्षत्रिय ही थे। वर्तमान हिंदू चमार जाति में इस वंश के होने से यह स्पष्ट हो जाता है कि युद्धबिंदयों में उन हिंदुओं की संख्या अधिक थी जो बाद में बलपूर्वक चर्म-कर्म में लगाकर उन्हें चमार बना दिया गया। जिनके लिए जाने-अनजाने इतिहासकारों ने शूद्र सैनिक शब्द प्रयुक्त किया है। डॉ. बी.आर. अंबेडकर ने स्पष्ट लिखा है कि 'भारत के दलित वैदिककालीन शूद्र नहीं थे।'[1]

मध्यकाल में युद्धबंदी कभी मुक्त नहीं किए जाते थे। विदेशी आक्रांताओं ने उनको बलपूर्वक मुसलमान बनाया एवं उन्हें दास बनाकर बाजारों में खुलेआम बेचा, गंदे और अपवित्र कार्यों में नियोजित करके उन हिंदू स्वाभिमानी एवं धर्माभिमानी लोगों को उनके ही हिंदू समाज में अस्पृश्य बनाया अथवा नरसंहार किया गया। अंतिम व्यवहार होने तक उन पर कड़ी निगरानी रखी जाती थी। इतने पर भी यदि कोई हिंदू युद्धबंदी किसी युक्ति से बचकर निकल जाता तो उसे हिंदू समाज में स्वीकार किया जाता था और उसको सम्मानित किया जाता था।

---

1. डॉ. बी.आर. अंबेडकर, हूँ वेयर शूद्राज, प्राक्कथन के प्रथम पृ. का तृतीय पैराग्राफ।

विदेशी आक्रांताओं की मूल संस्कृति और उनका इसलाम धर्म पूर्णतः नियम विरुद्ध कार्यों को संपादित करने लगा था। जो इसलाम के नियमों को ठीक से समझते हैं उनके पास भी इन प्रश्नों का उत्तर नहीं है कि इसलाम धर्म में अथवा कुरान या शरीयत में कहीं भी स्त्री-बच्चों और बंदियों के साथ अत्याचार और उत्पीड़न का उल्लेख नहीं है, जबकि मध्यकालीन विदेशी मुसलिम आक्रांताओं द्वारा यह कार्य खुलेआम किया गया था। किसी अवयस्क कन्या का शीलहरण और किसी अबला के शीलांगों का उच्छेदन किसी अधार्मिक संस्कृति और सभ्यता में भी देखने को नहीं मिलता है जबकि इसलाम आधारित संस्कृति और सभ्यता में इस प्रकार के कलंकपूर्ण कार्य हिंदुस्थान की धरती पर खुलेआम किए गए और किंतु ऐसा करनेवाले विदेशी शासकों की निंदा तक किसी इतिहासकार ने नहीं की।

हिंदू धर्म में ऐसे वापस लौटे युद्धबंदी को गंगा माता के पवित्र जल और गौमाता के पवित्र एवं आरोग्यप्रद पंचगव्य, साथ ही पवित्र तुलसी पत्र के स्पर्श और उपभोग द्वारा शुद्ध करने की हिंदू विधि उपहास के योग्य नहीं है, जैसे कि अलबरूनी के नाम दोष मढ़ते हुए एक मुसलिम इतिहासकार ने इन पंक्तियों को लिखकर हिंदू जीवन-पद्धति को नहीं अपितु मुसलिम संस्कृति और इसलाम धर्म को ही गाली दी है—

'मुझे बार-बार यह सूचना दी गई कि जब हिंदू दास भागकर अपने देश और धर्म में लौटते हैं तो लोग उन्हें प्रायश्चित्त के रूप में उपवास करने का विधान करते हैं, तत्पश्चात् वे उन्हें गोबर, गोदुग्ध आदि में कुछ दिनों के लिए दबाते हैं, जब तक कि वे चीजें सड़ न जाएँ। उसके बाद वे उन्हें खाने के लिए वही गंदगी देते हैं। मैंने ब्राह्मण से पूछा कि क्या यह सूचना ठीक है, तो उन्होंने इसका विरोध किया और कहा कि ऐसे व्यक्ति के लिए कोई प्रायश्चित्त संभव नहीं है और उन्हें कभी जीवन में वह स्थान नहीं मिल सकता जो उन्हें बंदी होने के पूर्व प्राप्त था।'[1]

उक्त कथन में कोई हिंदू युद्धबंदी किसी भी प्रकार से शुद्ध नहीं हो सकता था, यह कथन उतना ही सत्य है जितना यह सत्य है कि अनेकानेक निंदनीय एवं इसलाम विरुद्ध कार्य करनेवाला शासक कभी इसलाम-बहिष्कृत नहीं हो सकता। जहाँ तक गोबर और गोदुग्ध की बात है, हिंदू आयुर्वेद के पंचगव्य को पूरा विश्व असाध्य रोगों की औषधि के रूप में मान्यता प्रदान कर चुका है। यह औषधि यदि अलबरूनी को सड़ी-गली वस्तु समझ में आती हो तो उसके लिए उस विदेशी और ज्ञान-विज्ञान से शून्य एकच्छत्र इसलामवाद की वैचारिकी के पोषक इतिहासकार को दोष देना अप्रासंगिक होगा। वस्तुतः दोष तो उस लेखक का है जिसने हिंदू-संस्कृति और हिंदू आयुर्वेद के महत्त्व को नजरअंदाज किया है।

1. अलबरूनी इंडिया, पृ. 162-63

ऐसे एकांगी चिंतन कुत्सित भावनाओंवाले इतिहासकारों को केवल अलबरूनी ही नहीं बल्कि इलियट और डाउसन के भी इन विचारों पर ध्यान देना चाहिए। 'मुहम्मद बिन कासिम द्वारा बलपूर्वक बंदी और मुसलमान बनाए गए ऐसे स्त्री-पुरुष भारतीय समाज में लौटने के पश्चात् पुनः शुद्ध कर लिए गए थे।'[1]

अत: हिंदू युद्धबंदियों को गंगाजल और पंचगव्य आदि से शुद्ध किए जाने की व्यवस्था जो हिंदू धर्म में थी उसका संबंध बिना किसी भेदभाव के सभी युद्धबंदियों से था, भले ही वे हिंदू दलित युद्धबंदी हों अथवा ब्राह्मण, क्षत्रिय, वैश्य इत्यादि वर्ण से संबंधित हों। हिंदू दलित समुदाय को चारों वर्णों के सापेक्ष प्रस्तुत करने का आशय यही है कि इसी कुल के चंवर वंश में उत्पन्न संत रैदास के पूर्वजों को उच्चकोटि के विप्र तक का उल्लेख प्रमाणित करते थे और उनके पास दास-दासियों तथा धनधान्यपूर्ण समृद्धि भी थी।

मृत्युदंड से मुक्त इसलाम अस्वीकार करनेवाले युद्धबंदियों से बलपूर्वक अनेक प्रकार के निम्नकोटि के अपवित्र एवं अस्वच्छ कार्य कराए गए थे। इसलामिक शासकों ने अपनी शान-शौकत के ही लिए हजारों हजार बेगमों को हरमों में कैद कर रखा था जिनकी वास्तविक संख्या तक की उनको जानकारी भी नहीं होती थी। शौच हेतु बहिर्गमन के साथ ही उन्हें परपुरुषों से कामवासना की पूर्ति एवं सहानुभूति प्राप्त हुई। इससे नाराज होकर नवाबों ने उन्हें यानी बेगमों को नियंत्रित करने के उद्देश्य से उन्हें बाहर जाने से अवरुद्ध करने हेतु उनको महलों और हरमों में कैद किया और उनका कहीं भी जाना बंद कर दिया। शाही सदस्यों के मल-मूत्रों की सफाई का गंदा कार्य पूर्व में अरब से लाए गए मुसलिम मेहतर करते थे और जब सभी बेगमों, रखैलों, नर्तकियों, वेश्याओं तथा दासियों का भी शौच के निमित्त बहिर्गमन निषिद्ध कर दिया गया तो अत्यधिक सफाईकर्मियों की आवश्यकता हुई। इस अस्वच्छ और अपवित्र कार्य में धर्माभिमानी एवं स्वाभिमानी हिंदू युद्धबंदियों को बलपूर्वक लगाया गया। यह कार्य निश्चित रूप से निम्नकोटि का था।

युद्धबंदियों को मृत पशुओं को ढोने, उनकी खाल उतारने और उन खालों से अपनी यानी समस्त आवश्यकताओं की वस्तुएँ बनाने के लिए भी बल प्रयोग किया गया। उस समय हिंदुओं को धार्मिक आघात पहुँचाने के उद्देश्य से विशेषकर उनकी धार्मिक आस्थावाले पशुओं जैसे गाय और बैल की अधिक हत्याएँ की गईं और उनका मांस तक खाने हेतु चर्म-कर्म में लगाए गए स्वाभिमानी हिंदुओं को बाध्य किया गया। गाय को माता माननेवाले बलपूर्वक चमार बनाए गए लोग इस कार्य को करने के पूर्व ही मूर्च्छित

1. इलियट और डाउसन, भाग-1, पृ. 126

होकर गिर जाते थे तब उनको मदिरा पिलाई जाती थी और बेहोश करके गोमांस उनके गले के नीचे उतारा जाता था। यही कारण है कि चमार जाति के लोगों में मांस एवं मद्य के प्रति कालांतर में प्रचलन देखा गया था। चमार जाति में परिलक्षित मांस एवं मद्य उपयोग जैसी बुराइयों के पीछे उनकी राष्ट्रभक्ति एवं उनके साथ मध्यकाल में हुए उत्पीड़न रूपी त्रासदी का सजीव प्रमाण है। इतनी घृणित विधि किसी भी धर्मप्रचारक तथा उसके धर्म के लिए पूर्णत: अमर्यादित ही मानी जाएगी। इस संदर्भ में इसलाम धर्म भला किस प्रकार से प्रशंसनीय माना जा सकता है? कोई भी धर्म ऐसे जघन्य कृत्य के लिए अनुमति नहीं देता है।

हिंदू युद्धबंदी प्राय: किसी-न-किसी शिल्प में प्रवीण होते थे। मुसलिम आक्रांताओं के पास केवल चर्म-कर्म का ही शिल्प था। उन्होंने चर्म-कर्म का प्रशिक्षण जिन युद्धबंदियों को दिया, वे लोग वस्त्र बुनने के शिल्प में दक्ष थे। इसलामिक शासकों ने भारतीय धर्मांतरित मुसलमानों को वस्त्र-शिल्प का प्रशिक्षण देने के लिए बलपूर्वक बुनकर जाति के युद्धबंदियों को लगाया और उनको जुलाहा नाम प्रदान किया। भारतीय मुसलमानों की अधिकांश आबादी इसी विशेषता के कारण आज भारी संख्या में वस्त्र बुनाई के काम में लगी हुई पाई जाती है और उत्तर भारत के उच्च जातियों से बलपूर्वक बनाई गई हिंदू चमार जाति एवं उनके लोग भी वस्त्र बुनाई के कार्य में पूर्णरूपेण कुशल पाए जाते हैं।

हिंदू युद्धबंदियों यानी स्वाभिमानी क्षत्रियों एवं धर्माभिमानी ब्राह्मणों का सामाजिक उत्पीड़न हेतु उनके हाथों में झाड़ू दिए गए और उनको गाँव तथा नगरों की गलियों की सफाई करने के लिए लगाया गया। इनकी स्त्रियों को प्रसूति-गृह में प्रसूता की मालिश करने और उसके तथा बच्चे की गंदगी साफ करने हेतु नियुक्त किया गया। नाले काटने का काम बलपूर्वक बनाई गई चर्मकार जाति की स्वाभिमानी महिलाओं को उसी समय से विरासत में प्रदान किया गया था जिससे आज उनको वर्तमान समय में मुक्ति मिल चुकी है।

हिंदू युद्धबंदी चमार कुल के लोगों को मुसलिम घुड़सवारों की सफाई तथा घोड़ों की मालिश के काम में लगाया गया। कुलीन तुर्कों के पीकदान पकड़ने और उनके सफाई करने तथा उनके हुक्कों पर चिलम भरने का भी काम उनको सौंपा गया। वे दिन भर खड़े रहकर हाथों में बड़े-बड़े पंखे लेकर हवा करते रहते थे। उनको उपहास करते हुए मुसलिम शासक कहते थे—'यह चंवर वंश का क्षत्रिय है, इसे चंवर (पंखा) डुलाने का बड़ा अभ्यास है।' ज्ञात हो पंखा का चंवर नामकरण उसी युग की देन है।

3.4 चर्म-कार्य में स्वाभिमानी लोगों एवं जातियों को बलपूर्वक लगाया गया

हिंदू से मुसलमान बनाए गए, अरब के बाजारों में कौड़ियों के मोल बेचे गए और नृशंसतापूर्वक मार दिए गए ऐसे हिंदुओं के अतिरिक्त कुछ स्वाभिमानी लोग और जातियों को विदेशी मुसलिम शासक आक्रांताओं ने चर्म-कर्म में बलपूर्वक लगाया था जिससे कि उनका स्वाभिमान एवं मान-मर्दन करके सामाजिक एवं आर्थिक रूप से उन्हें कुचल दिया जाए और वे अपने पारंपरिक व्यवसाय से अलग-थलग हो जाए।

मध्ययुग में भी हिंदुओं के लिए चर्म-कार्य अपवित्रता और अशुद्धता का पर्याय था। चमड़ा छूना, मृत पशुओं के ही नहीं बल्कि मांसाहार के लिए मारे गए पशुओं का भी वर्जित था। हिंदू धर्म में मारे गए पशुओं को छूने में दोष लगता था। लोग पशुओं को काटनेवालों को 'वधिक' संबोधित करते थे। दूसरी बात यह हिंदू बलि-कर्म में एक झटके से पशु-बलि की जाती थी ताकि पशु को अत्यधिक देर तक कष्ट न सहन करना पड़े। परंतु इसलाम धर्म में पशुओं को धीरे-धीरे हलाल करके मारा जाता है। इस विधि से पशु तड़प-तड़प कर मरता है। मांसाहारी हिंदू कभी भी हलाल किया हुआ ही पशु-मांस नहीं खाता है, और मुसलमान किसी मूल्य पर झटका से काटा गया पशु का मांस नहीं खाता है। आज भी मुसलिम मजहब में ऐसा ही है। हिंदुओं में सांस्कृतिक एवं धार्मिक गिरावट के कारण हलाल किया गया मांस का सेवन हो रहा है किंतु एक मुसलमान झटका का मांस किसी मूल्य पर नहीं सेवन कर सकता है। जबकि हिंदुओं के लिए हलाल का मांसाहार उचित नहीं है।

मुसलिम आक्रांताओं ने मध्यकाल में हिंदू स्वाभिमानी शाकाहारी लोगों को उनके स्वाभिमान को समाप्त करने हेतु हलाल करके मारे गए पशुओं के चर्म-कर्म में लगाया और जिन लोगों ने इससे इनकार किया उनके साथ बल प्रयोग किया गया था। उन स्वाभिमानी लोगों में अधिकांशतः लोग या धर्माभिमानी ब्राह्मण या स्वाभिमानी राज वंश के क्षत्रिय जाति के थे जो वर्तमान में चमार जाति के 410 उपनाम से जाने जाते हैं।[1]

कुछ लोगों की सोच है कि मल-मूत्र फेंकने से लोग सबसे निम्न श्रेणी के हो जाते हैं और चर्म-कर्म में नियोजित किए गए लोग उनसे कुछ ऊँची परिस्थिति रखते हैं। हिंदुओं के लिए परंतु मारे गए पशुओं के चमड़ों को साफ करना और उनसे विविध प्रकार की वस्तुएँ बनाना, साथ ही गोमांस और मृत पशुओं का मांस होश-हवाश में गले के नीचे उतारना अत्यधिक कठिन है। अतएव मध्ययुग में चर्म-कर्म सबसे निम्न कार्य माना जाता था और इस कार्य में केवल धर्माभिमानी एवं स्वाभिमानी हिंदुओं और उनकी

---

1. देखें, पुस्तक परिशिष्ट-1

अन्यान्य जातियों को लगाया जाता था। वर्तमान हिंदू चमार जाति में वे ही धार्मिक एवं स्वाभिमानी प्रवृत्ति के हिंदू अधिकतम हैं।

चर्म-कर्म में हिंदू स्वाभिमानी लोगों एवं जातियों को बलपूर्वक लगाते समय यह सावधानी भी रखी जाती थी कि प्रत्येक व्यक्ति चमड़ा से संबंधित हर प्रकार के कार्यों को सीख ले। यही कारण है कि एक व्यक्ति चमड़ा सुखाना, छीलना, रंगना और उससे विविध प्रकार की वस्तुओं को बनाना भली-भाँति जान गया था। बलपूर्वक चर्मकार बनाने के प्रारंभिक काल में सबको अलग-अलग कार्यों में प्रशिक्षण न देकर एक ही साथ उन्हें हरेक प्रकार के चर्म-कर्म सिखलाए गए थे। इसमें यह भी ध्यान रखा गया था कि प्रशिक्षित व्यक्ति यदि किसी कारण से मृत्यु को प्राप्त हो जाए अथवा चर्म-कर्म करने के योग्य न रह जाए तो उसके स्थान पर उसके परिवार के सभी सदस्य काम पूरा कर सकें। अत: प्रशिक्षण देते समय ही उस हिंदू स्वाभिमानी व्यक्ति को आदेश दे दिया जाता था कि वह इस व्यवसाय को अपने पूरे परिवार को सिखला देगा अन्यथा उसे दंडित किया जाएगा एवं शासक के कोपभाजन का शिकार बनना पड़ेगा।

उपरोक्त शासनादेश का ही परिणाम है कि चर्म-कर्म में नियोजित स्वाभिमानी लोगों के पूरे परिवार के लोग इस व्यवसाय का पूरा ज्ञान रखते हैं और वर्तमान समय में इसी से अपनी रोजी-रोटी चलाते हैं। कालांतर में आक्रांताओं का यह बर्बर प्रयास परंपरागत व्यवसाय का स्वरूप ले लिया। इस कार्य में संलग्न होने से उनकी जाति विशेष का मुसलिम शासकों द्वारा प्रदत्त नाम उनकी नवीन सामाजिक परिस्थिति का निर्धारक तत्त्व बन गया है। विशेषता यह है कि मध्ययुग में चर्म-कर्म में संलग्न की गई हिंदू चमार जाति वर्तमान में चर्म-कर्म छोड़कर कहीं-कहीं अपने पूर्वकालिक शिल्प व्यवसाय बुनाई में लगी हुई हैं, परंतु मुसलिम शासकों द्वारा उसे प्रदत्त जाति नाम अभी भी उनके क्षत्रियत्व के लिए मील का पत्थर अथवा मजबूत विभाजक दीवार बना हुआ है। वर्तमान में चर्म-कर्म से विमुख हुए हिंदुओं को उनकी पूर्व पहचान वापस मिलनी ही चाहिए।

इसलाम धर्म की ही एक विडंबना यह भी थी कि मध्य युग में कुलीन तुर्क (विदेशी मुसलमान) गोमांस तो चाव से खाते थे परंतु गोचर्म अथवा अन्य पशु-चर्म किसी भी अवस्था में नहीं छूते थे। चमड़े से बनी वस्तुओं में अपनी आवश्यक आवश्यकता की उत्कृष्ट नमूनोंवाली वस्तुओं को वे अपनाते थे। अपने घरों में वे विभिन्न प्रकार के हिंस्र और पालतू पशुओं के सींग, खाल आदि सजावट के रूप में भी लगाते थे, परंतु चर्म-कर्म से संबंधित किसी प्रकार की दुकान नहीं लगाते थे और न ही चमड़े का व्यापार करते थे। वर्तमान में चर्म-कर्म से संबंधित सारे कार्य मुसलमान स्वयं करते हैं। मांस से संबंधित सभी प्रकार के लघु कुटीर उद्योग-धंधों पर एकमात्र उनका ही एकाधिकार है और कसाईबाड़ों के मालिक भी वे हैं, परंतु चमार के रूप में उनके साथ अस्पृश्यता

अथवा छुआछूत भेदभाव भी कोई नहीं करता है, जबकि मध्यकाल में चर्म-कर्म के ही आधार पर जाति-निर्धारण का भी कार्य हुआ था और क्षत्रिय एवं ब्राह्मणों को दंडित करके उन्हें चर्म-कर्म में निरुक्त करके उन्हें विदेशी मुसलिम आक्रांताओं ने 'चमार' नाम एवं संबोधन दिया था।

3.5 धर्म-परिवर्तन या चर्म-कार्य

धर्म-परिवर्तन के पार्श्व में साध्य एवं साधन की भूमिका अत्यंत महत्त्वपूर्ण है। मानव सर्वथा बुद्धियुक्त तथा चिंतनशील जीव की श्रेणी में रखा गया है। धर्म और उसके अनुसरण में हिंदुओं के आस्था का प्रसंग केवल जन्म से नहीं अपितु धर्म में अंतर्भूत उस गुण से है जो मानव को निरंतर एवं गतिशील रखता है। इतना ही नहीं, प्रकृति संरक्षण एवं मानवीय अस्तित्व को बचाए रखना हिंदू धर्म की यही विशेषता है। विदेशी आक्रांता शासकों ने बलपूर्वक हिंदुओं को धर्मच्युत करके इसलाम मजहब के दुर्भावपूर्ण जेहाद के दलदल में धकेल दिया था।

हिंदुस्थान में जिस समय जैन और बौद्ध धर्मों का उदय हुंआ था, अनेक ब्राह्मण हिंदू अपना धर्म-परिवर्तन करके जैन और बौद्ध बन गए थे। उस समय धर्म-परिवर्तन करने के लिए कोई जोर-जबरदस्ती नहीं की गई थी। सम्राट् अशोक के शासनकाल में जीव हिंसा निषिद्ध थी, परंतु बौद्ध धर्म राजधर्म घोषित किए जाने के बाद भी किसी पर बौद्ध पंथ बलपूर्वक थोपा नहीं गया था। अशोक आदि बौद्ध धर्म के अनुयायी राजाओं ने स्तूप बनवाए और चैत्यों तथा विहारों का भी निर्माण कराया, परंतु इसके लिए निर्माण सामग्री न तो अरब की मसजिदों को गिराकर लाई गई थी और न ही इसके लिए किसी हिंदू के भव्य भवन और दुर्ग ही तोड़े गए थे। इसका अर्थ है कि हिंदुस्थान ने कभी तोड़-फोड़ में विश्वास नहीं किया बल्कि सदैव निर्माण का ही काम किया। हिंदुस्थान में मध्यकाल के पूर्व धर्म-परिवर्तन के नाम पर किसी ने बलपूर्वक कोई अप्राकृतिक कार्य भी नहीं किया। परंतु मध्ययुग में विदेशी मुसलिम शासक आक्रांताओं ने संपूर्ण गैर मुसलिम जनसंख्या को मुसलिम धर्म अपनाने हेतु बल प्रयोग किया और जो नहीं माने उनको जान से मार दिया। बलपूर्वक धर्म-परिवर्तन के इस दौर में पहली बार पुरुषों और स्वाभिमानी हिंदुओं के साथ उनकी स्त्रियों और उनके दूध पीते बच्चे तक विदेशी मुसलिम आक्रांताओं द्वारा मार दिए गए थे। धर्म-परिवर्तन का यह उन्माद जैसा तत्कालीन मुसलिम आक्रांताओं में देखा गया था वैसा विश्व में कहीं और कभी भी नहीं देखा गया था।

धर्म-परिवर्तन के बाद, लोगों को अपने पूर्व धर्म में वापसी को भी धर्म-परिवर्तन कहते थे। धर्म में वापसी के लिए प्रयत्न करने पर भी हिंदुओं के प्रति दो प्रकार के कार्य किए जाते थे। यदि कोई हिंदू इसलाम धर्म स्वीकार करके मुसलमान बन जाता और पुनः

मुसलमान से हिंदू धर्म ग्रहण करना चाहता तो हिंदू धर्म में उसकी अनुमति थी, परंतु इसलाम धर्म में उस प्रकार के मुसलमान को मार देते थे। हिंदू, केवल पवित्र गंगाजल और गोमाता के पंचगव्य पिलाकर शुद्धिकरण सहित किसी हिंदू को पुनः मुसलिम से हिंदू धर्म में ले लिया करते थे।

हिंदू से मुसलमान बनाए गए खुसरोशाह को जब कुछ समय के लिए दिल्ली का सुल्तान घोषित किया और वह 1320 ई. में दिल्ली की गद्दी पर बैठा तो उस समय महलों में फिर से मूर्ति-पूजा आरंभ कर दी गई थी। इसी आरोप में खुसरोशाह को पदच्युत कर दिया गया था। परंतु हिंदू से मुसलमान बनाए गए इमादुद्दीन रैहान को उस समय भारी उपेक्षा का शिकार इसलिए होना पड़ा क्योंकि वह अरब से न आकर हिंदू से बलपूर्वक धर्मांतरित हुए भारतीय मुसलमान श्रेणी का था, ऐसे में उसने अपनी उपेक्षा का प्रतिशोध लेने के लिए भारतीय मुसलमानों के साथ विद्रोह कर दिया था। तब इस प्रकार के विद्रोहियों को प्रताड़ित करके मार दिया गया, परंतु पुनः हिंदू बनने नहीं दिया गया। जबकि बलपूर्वक हिंदू से मुसलमान बनाए गए हरिहर-बुक्का ने ज्योंही मुसलिम प्रभावों से अपने को अलग किया, फिर से हिंदू धर्म को अंगीकार कर लिया और दक्षिण भारत में एक बार पुनः हिंदू राज्य के संस्थापक बने।

इस प्रकार धर्म-परिवर्तन को लेकर कोई विशेष समस्या हिंदू धर्म में न थी, जबकि इसलाम में थी। इसलाम मजहब उस समय चूँकि लोगों पर बलपूर्वक थोपी जा रही थी, इसलिए कुछ लोगों के लिए धर्म-परिवर्तन अर्थात् इसलाम स्वीकार अथवा मृत्यु में से किसी एक को चुन लेने का आदेश दिया गया तो कुछ लोगों को धर्म-परिवर्तन या चर्म-कर्म स्वीकार करने का प्रस्ताव विदेशी मुसलिम आक्रांताओं ने प्रस्तुत किया। चंवर वंश के क्षत्रिय संत रैदास ने खूँख्वार विदेशी आक्रांता शासकों द्वारा अनावश्यक खून-खराबा को रोकने के उद्देश्य से चर्म-कर्म स्वीकार कर लिया, परंतु इसलाम अस्वीकार करके धर्म-परिवर्तन के उन विदेशी आक्रांताओं के मंसूबों पर पानी फेर दिया। उनके साथ उनकी वंशावली के संपूर्ण हिंदू चमार भी चर्म-कर्म स्वीकार कर लिए परंतु अपना हिंदू धर्म कदापि नहीं छोड़े।

चर्म-कार्य किसी भी हिंदू के लिए मध्यकाल को छोड़कर शेष किसी भी काल में बाध्यकारी नहीं रहा। प्राचीन वैदिक काल में तो इस कार्य की कोई आवश्यकता ही न थी और न ही चर्म-कार्य का जन्म हुआ था। परंतु मध्यकाल में विदेशी आक्रांताओं द्वारा हिंदुस्थान के हजारों पशुओं का प्रतिदिन वध किया जाता था और भारी मात्रा में चमड़े की आवश्यकता को पूरा किया जाता था। इसके लिए चर्मकर्मी कम पड़ते थे। उन विदेशी शासकों ने इसलिए यह निश्चय किया कि जो हिंदू इसलाम न स्वीकार करें और धर्म-परिवर्तन अस्वीकार करें तो उनको चर्म-कर्म में लगा दिया जाए। उस समय जीवन

बचाए रखना ही बुद्धिमानी थी और मार-काट से बचने के लिए चर्म-कर्म कर लेना उचित था। यही कारण है कि संत रैदासजी के साथ ही अनेकानेक लोगों ने धर्म-परिवर्तन अथवा चर्म-कार्य में से धर्म-परिवर्तन को अस्वीकार कर दिया और चर्म-कार्य स्वीकार कर अपने आपको चमार बना लिया किंतु विधर्मी नहीं होने दिया। धर्मांधों से जान बचाने के लिए उचित समय पर लिया गया सही निर्णय इस प्रकार लाखों लाख हिंदू क्षत्रिय वंश के प्राण रक्षा का कारण बना, अन्यथा युद्धबंदी बनाकर उस समय सभी लोगों को मार दिया गया होता और यह क्षत्रिय कुल की बहादुर जाति अपने भाई, बंधु, वंश, गोत्रों के साथ हिंदू जाति की सूची से मिट गई होती।

3.6 धर्म की रक्षा अंतिम इच्छा

विदेशी मुसलिम आक्रांताओं के शासनकाल में धर्मरक्षक एवं देशरक्षक तथा अन्य सभी बंदी हिंदुओं के लिए कुछ शर्तें रखी जाती थीं। यह शर्तें उस समय रखी जाती थीं जब उन्हें बलपूर्वक अथवा छलपूर्वक युद्ध में पराजित करके बंदी बना लिया जाता था। उनसे पूछा जाता था कि वे हिंदू धर्म के बदले में क्या चाहते हैं? इस पर विदेशी आक्रांताओं को दो टूक उत्तर उन धर्माभिमानी, स्वाभिमानी एवं राष्ट्राभिमानी हिंदुओं की ओर से दिया जाता था कि उनकी अंतिम इच्छा न तो आवास, कृषि-पशुपालन व्यवसाय की है और न ही वे सुख-चैन के अपने संसाधन वापस चाहते हैं। ये सभी कुछ भले ही लूटकर अरब उठा ले जाएँ या नवाब उन्हें अपने खजाने में भर लें उनको कोई कष्ट न होगा। परंतु उनकी अंतिम इच्छा अपने हिंदू धर्म की रक्षा से है। धर्म की रक्षा ही उनकी अंतिम इच्छा है।

हिंदू पुरुष, स्त्रियों और बच्चों ने उन विदेशी मुसलिम आक्रांताओं के समक्ष एक ऐसी प्रतिबद्धता को प्रस्तुत किया था कि उनकी क्रूर आत्मा भी एक बार काँप उठी थी और दाँतों तले अंगुली दबाने को बाध्य हुए। हिंदू धर्म की रक्षा ही उनकी अंतिम इच्छा है।

इसलाम अस्वीकार करते हुए हिंदू धर्म में बने रहने की अंतिम इच्छा रखनेवालों का मकान, निवास, किला इत्यादि उजाड़ दिया गया और उनके आवासों में आग लगा दी जाती थी। आवासीय स्थानों को किसी अन्य धर्मांतरित मुसलमान को देकर वहाँ उसे आवास बनाने का आदेश दे दिया जाता था। क्षत्रियत्व धारण करनेवाले हिंदुओं की फसलें काट ली गईं और जो तैयार नहीं थीं उनको अपने घोड़ों से रौंद दिया जाता था। काट ले जाने से बची फसलों को जो खलिहानों में रखी थी उनको भी आग के हवाले कर दिया जाता था। हिंदुओं के दुधारू पशु छीन लिए जाते थे तथा अन्य पशुओं को काटकर खा डाला जाता था। लघु-कुटीर उद्योगों के संसाधन नष्ट करके और दुकानों को लूटकर खाली कर दिया जाता था। घर में रखे सोने, चाँदी एवं अन्य बहुमूल्य वस्तुएँ

लूटकर बाँट लिए जाते थे। इस तरह से हिंदुओं की आर्थिक स्थिति विनष्ट करके उनको निर्धन बनाया जाता था। फिर भी हिंदू लोगों ने धैर्यपूर्वक अपना आर्थिक शोषण और उत्पीड़न स्वीकार किया, परंतु अपनी अंतिम इच्छा हिंदू धर्म की रक्षा में ही अभिव्यक्त की थी।

इसलामिक शासनकाल में जो भी हिंदू इसलाम स्वीकार नहीं करते थे उनको बंदी और गुलाम बनाकर उनके स्त्री-पुत्रों और पुत्रियों के साथ दास बनाकर अरब भेज दिया और कौड़ियों के मोल वस्तुओं के रूप में उनको अरब की गलियों एवं चौराहों पर नीलाम कर दिया जाता था। वे लोग पुनः लौटकर कभी भी अपने देश नहीं आ पाते थे। विदेशी आक्रांता मुसलिम शासकों के ऐसे भयानक उत्पीड़न को भी धर्माभिमानी एवं स्वाभिमानी योद्धा हिंदुओं ने धैर्य से सह लिया परंतु हिंदू धर्म में बने रहने की अपनी इच्छा को अंतिम इच्छा के रूप में ही प्रस्तुत किया।

इसलामिक शासकों की वीभत्स वासना-प्रवृत्ति का शिकार हिंदू नारियों को बनना पड़ता था। वे शासक शराबी और विलासी प्रवृत्ति के थे। उनके दरबार में नर्तकियों, वेश्याओं और हिजड़ों की भीड़ रहती थी। कुछ सुल्तान तो स्वयं को भी नारी-वेश में रखना पसंद करते थे। सुल्तान इल्तुतमिश का उत्तराधिकारी सुल्तान रुकुनुद्दीन फीरोजशाह (1236 ई.), सत्ता के लिए याकूत, नूरतुर्क एवं अल्तूनिया से प्रेमालाप एवं विवाह रचाने वाली सुल्तान रजिया (1236-1240 ई.), मद्य एवं विलासप्रिय बलवन (1266-87 ई.), वेश्या लाल कुँवर के लिए राज्य से संन्यास लेनेवाला औरंगजेब का उत्तराधिकारी, पतित कैकुवाद हिंदू राजा हम्मीरदेव की पुत्री देवल्ल, अल्प खाँ की बहन माहरू, देवगिरि के शासक रामचंद्र की सुंदर पुत्री छिताई, गुजरात के राजा रायकरण की रूपवती पत्नी कमलादेवी, चित्तौड़ के राजा रत्नसिंह की रूपवती पत्नी पद्मावती आदि के प्रति वासनायुक्त दूषित मनोवृत्ति रखनेवाला अलाउद्दीन ख़िलजी (1296-1316 ई.), उसका उत्तराधिकारी कुतुबुद्दीन मुबारकशाह (1316-1320 ई.) इत्यादि ऐसे ही भोग-विलास प्रिय विदेशी मुसलिम शासक थे। इन्होंने हिंदुओं पर इसलाम थोपने हेतु राजा एवं जमींदारों की पुत्रियों और पत्नियों तक को अपना शस्त्र बनाया था। सत्यव्रत धारण करनेवाली महान् हिंदू महिलाओं ने अपना शरीर जौहर व्रत के माध्यम से धधकती अग्नि में जला डाला परंतु पिताओं और पतियों को कभी झुकने तक नहीं दिया। धर्म की रक्षा अंतिम इच्छा से सफल बनाने में अनेक हिंदू नारियों के आत्मबलिदान की कहानी हिंदुस्थान के इतिहास में स्वर्णाक्षरों में लिखी गई है।

हिंदुओं के संकल्प यानी उनके हिंदू धर्म की रक्षा अंतिम इच्छा को असफल बनाने के लिए विदेशी इसलामिक शासकों ने विविध प्रकार के कार्यक्रम संचालित किए थे। हिंदुओं को अंधा, लूला, लँगड़ा और विकलांग बनाया जाता था, सबकुछ छीनकर उनको

गाँव और नगर से बाहर निकाल दिया जाता था, हिंसक पशुओं के समक्ष डाला जाता और जमीन में गाड़कर कुत्तों तथा गीदड़ों से नोंचवाया जाता था। लोगों के नाक-कान काटकर कुरूप बनाया जाता था। हाथ की अंगुलियों को काटकर उनके शिल्पगुण नष्ट किए जाते थे। उनका चरित्र भ्रष्ट करने हेतु उनको हिजड़ों और वेश्याओं के बीच भेजा जाता था। पेड़ों में बाँधकर उन पर निशाने लगाए जाते थे। भोजन और जल उनके सामने रखकर हटा लिए जाते थे तथा महीनों भूखा रखा जाता था। खाने के लिए गाय का मांस एवं मदिरा उपलब्ध कराया जाता था ताकि वे खा न सकें और भूख के छटपटाते रहें। उनसे मैला साफ कराया जाता, और चर्म-कर्म जैसे अपवित्र एवं अस्वच्छ कार्यों में भी लगाया जाता था। स्वाभिमानी योद्धाओं को गृहसेवक के रूप में रखा जाता था। कहार, माली, नाई, पनेरी, भूजा आदि इसी प्रकार उनके द्वारा उत्पन्न की गई दासवर्गीय जातियाँ हैं। हिंदुओं को बेघर करके दर-ब-दर भटकने तथा जंगलों में छिपकर रहने हेतु विवश किया गया था। अंत में क्रुद्ध होकर उनको मार दिया जाता था। मृत्युदंड सार्वजनिक रूप से और क्रूरतापूर्वक विधियों से दिया जाता था, ताकि भयभीत होकर हिंदू लोग इसलाम धर्म स्वीकार कर लें। यह गौरव की बात है कि हिंदुओं ने सारे उत्पीड़न, दमन एवं दलन सहन किया परंतु अपनी प्रतिबद्धता धर्म की रक्षा अंतिम इच्छा पर कायम रहे।

3.7 चर्म-कार्य में भी गोचर्म निकालना तथा मृत पशुओं को ढोना

चर्म का आशय 'खाल' है। अतएव जैसे चर्म-कार्य (कर्म) से चर्मकार शब्द का अभिप्राय है—चमड़े का काम करनेवाला, उसी प्रकार खाल से बने खालकार का भी अर्थ है—खाल का काम संपन्न करनेवाला। वस्तुतः चर्म-कार्य का अर्थ है चमड़े से संबंधित सभी प्रकार का कार्य, जबकि खालकार का अर्थ है केवल खाल से संबंधित कार्य, जैसे खाल छुड़ाना, खाल साफ करना, खाल सुखाना, खाल रंगना आदि। चर्म-कार्य में खाल कार्य भी आता है, साथ ही चमड़े से विभिन्न प्रकार की वस्तुओं के निर्माण का भी कार्य आता है। हिंदुस्थान में चर्म-कार्य और खाल कार्य पूर्णतः निषिद्ध था। यहाँ चर्म-संस्कृति के स्थान पर वस्त्र-संस्कृति विकसित थी। सूती, रेशमी और ऊनी वस्त्र पर्याप्त मात्रा में एवं अत्यधिक कुशलता और कारीगरी के साथ बनाए जाते थे। चमड़ा अपवित्र माना जाता था इसलिए चमड़े से कोई वस्तु बनती ही नहीं थी, क्योंकि उसका प्रयोग अपवित्र होने से वर्जित था। ऐसी परिस्थिति में चमड़े की माँग और पूर्ति (उत्पादन) औचित्यहीन था। हिंदुस्थान में चमड़े का उत्पादन न होने का ज्वलंत उदाहरण है कि यहाँ पशु स्वतः भले ही मरते थे परंतु उनको किसी भी अभिप्राय से मारा नहीं जाता था। चर्म-कार्य और चर्म उत्पादन के लिए पशुओं का मारा जाना अपरिहार्य होता है। चमड़े का

उत्पादन भी माँग की अपरिहार्यता को ध्यान में रखकर किया जाता है। अनुत्पादन की स्थिति मध्यकाल के पूर्व के समय और उत्पादन की स्थिति मध्यकाल से प्रारंभ पाई जाती है, जब हिंदुस्थान में विदेशी मुसलिम आक्रांताओं का शासन स्थापित हो चुका था।

इसलामिक शासकों ने अपनी आवश्यकता की वस्तुओं का निर्माण पशु-चर्मों से कराने के लिए सर्वप्रथम भारी मात्रा में पशुओं की हत्याएँ कराई थीं। तदुपरांत उनके शरीरों से खालें उतरवाने, मांस को अलग करने, हड्डियों को एकत्रित करने, आँतों को साफ करने, चर्बियों को अलग करके उनको पकाने, अभिप्राय से पशुओं के कटे हुए स्थानों से जहाँ रक्तस्राव रक्त एकत्रित करने, माँसों को बेचने, चमड़ों को पकाने और उनसे विविध प्रकार की वस्तुएँ निर्मित कराने के लिए अलग-अलग कर्मियों को बलपूर्वक नियुक्त किया था। इनमें मांस विक्रय और वस्तुओं के निर्माण में अपने विश्वासपात्रों, अरब के शिल्पियों तथा हिंदू स्वाभिमानी लोगों को बलपूर्वक चर्म के निषिद्ध कार्यों में लगाया गया था। जबकि गोचर्म निकालने तथा मृत पशुओं को ढोने का कार्य अकेले ही केवल स्वाभिमानी हिंदू से बलपूर्वक बनाए गए हिंदू चमार जाति के लोगों से लिया जाता था। ऐसा कराने का उद्देश्य यही था कि हिंदू क्षत्रिय जाति के लोग जो गाय को अपनी माँ कहते और पूजनीय मानते थे, इस व्यवहार से क्षुब्ध होंगे एवं हिंदुओं में घृणित होकर अलग-थलग हो जाएँगे।

मध्ययुग में प्रायोजित चर्म-कार्य इसलामिक आक्रांताओं की आवश्यकता थी, परंतु यह हिंदू समाज के लिए एक घृणात्मक एवं कलंकपूर्ण अभिशाप था। पराजित हिंदू इस प्रकार के कार्य करने के लिए बलपूर्वक विवश किए गए थे। हिंदू समाज में ऐसे लोग जो इस कर्म में नियोजित किए गए थे, अस्वच्छ, अपवित्र और असामाजिक माने जाते थे। हिंदू समाज के वे लोग जो इस कर्म में नहीं थे, अपने को पवित्र और धार्मिक मानकर चर्म-कार्य में लगे अपने हिंदुओं एवं स्वाभिमानी लोगों से दूरी रखते थे। वास्तव में हिंदू समाज अपवित्रता एवं अस्पृश्यता में अंतर नहीं कर पाया जो कालांतर में घातक सिद्ध हुआ था। उनके साथ वे खान-पान, बोल-चाल तथा अन्य किसी प्रकार का सामाजिक संबंध नहीं रखते थे। उनके आवास यानी गाँव भी दूरी पर बनाए जाते थे। पवित्र हिंदू को अस्वच्छकर्मी हिंदुओं से अलग रखने का पूरा प्रबंध किया गया था। अस्वच्छ यानी गंदा कार्य करनेवाले हिंदुओं को गाँव और नगर से बाहर रहने के लिए कालांतर में आग्रह किया गया था और बाद में अज्ञानतावश उन्हें समाज से अलग करके उनके शिक्षा इत्यादि पर प्रतिबंध लगाकर उनके विकास को अवरुद्ध किया गया। इसमें विदेशी आक्रांता शासकों का सहयोग भी मिला। ताकि वे तथाकथित सामाजिक भेदभाव को कूटनीतिक ढंग से हिंदू समाज में स्थापित कर सके। दुर्गंधयुक्त कार्यों में लगे होने से उन्हें मिचली आती थी और वे थूकने को विवश होते थे। इसके लिए आक्रांताओं ने

उनकी अपने गले में हाँडी जैसा बरतन बाँधकर चलने का नियम निर्धारित किया था। वे लोग हिंदू धर्मग्रंथों को न छू सकते थे और न पढ़ सकते थे। वैदिक मंत्रों और धार्मिक कथाओं को सुनने पर भी पाबंदी थी। ऐसा चोरी-छिपे करनेवाले दलित हिंदू लोगों के हाथ-जिह्वा काट दिए जाते और उनके कानों में पिघला हुआ सीसा डाल दिया जाता था। ऐसे क्रूरतापूर्ण कार्य हिंसा से दूर रहनेवाली स्वभाव की हिंदू प्रजाति से कैसे संभव था। ऐसी योजनाओं के पीछे उन्हीं विदेशी आक्रांता शासकों का हाथ था एवं उनका एक उद्‌देश्य यह भी था कि अपवित्र कार्यों में लगाए गए लोग अपनी दुर्दशा से मुक्ति के लिए इसलाम स्वीकार कर लेंगे। अंग्रेजों ने हिंदू धर्मग्रंथ मनु-याज्ञवल्यक्यादि स्मृतियों में इन्हीं मध्ययुगीन मुसलिम शासन की व्यवस्थाओं को प्रक्षिप्त किया और उनका दोषी हिंदू समाज-व्यवस्था को बनाकर हिंदू समाज की सुदृढ़ शक्ति को तोड़ने का कुचक्र किया था। इसका जीता-जागता यथार्थ पक्ष स्वत: स्पष्ट है कि किसी भी हिंदू धर्मग्रंथों के प्राचीन संस्करणों में वे बातें नहीं पाई जाती हैं, जो अंग्रेजों द्वारा 1828 ई. से 1888 ई. के मध्य संपादित और प्रकाशित संस्करणों में मिलती हैं। सच तो यह है कि जिन ग्रंथों में भेदभाव और अस्पृश्यता आदि का उल्लेख नहीं था उनको अलाउद्‌दीन जैसे शास्त्रद्रोही ने जलाकर राख कर दिया था और जो बच रहे थे उनको हिंदुस्थान से दूर हटाने की प्रक्रिया में अंग्रेजों ने समुद्र में डुबो दिया। वर्तमान संस्करणों में वही पाया जाता है जिसे अंग्रेजों और ईसाई मिशनरियों ने प्रक्षिप्त करके प्रकाशित कराया है।

धर्मग्रंथों को अलग करके भी देखा जाए तो करुणा, मैत्री, परिवार, विश्वबंधुत्व, परोपकार, शरणागत की रक्षा, अतिथि देवो भव, दया, सहयोग, शुभचिंतन आदि की प्राचीन भारतीय वैचारिकी आज भी हिंदुस्थान में यथावत् पाई जाती है। चलते समय पाँव फूँक-फूँककर रखे जाते हैं, ताकि किसी जीव का दु:खद अंत न हो सके। आस-पास के लोगों के साथ मिलकर रहना और आपस में अपने सुख-दु:ख बाँटकर एक-दूसरे की मदद करने का जन्मजात व्यवहार किसी हिंदू में आज भी देखा जा सकता है। मध्यकालीन इसलामिक आक्रांताओं ने हिंदुओं को अलग-थलग करने के लिए जो नीति अपनाई थी उसी का परिणाम था कि अंग्रेजों के शासनकाल में और कुछ समय तक बाद में भी हिंदुस्थान में जातिगत भेदभाव और अस्पृश्यता तथा छुआछूत को लेकर एक-दूसरे का बहिष्कार होता रहा। परंतु कृत्रिम और प्रायोजित छुआछूत का भेदभाव अधिक समय तक टिक न सका। यदि यही धारणा और समाज-व्यवस्था हिंदू समाज में पहले से रही तो अन्य व्यवस्थाओं की तरह आज भी यह विद्यमान होती और वह किसी भी प्रयास से समाप्त न हो पाती। परंतु ऐसा नहीं हुआ। अपना राज्य होते ही हिंदू समाज ने अपने भेदभाव और छुआछूत आदि के दोष समाप्त कर लिए हैं। इसका प्रत्यक्ष प्रमाण यह है कि वर्तमान में कोई जाति-पाँति का नाम नहीं लेता है जो इस परिस्थिति का संकेत है

कि भारत में प्रायोजित की गई भेदभावपूर्ण जाति–व्यवस्था अतिशीघ्र स्वतः समाप्त हो जाएगी। अस्पृश्यता को संविधान के अनुच्छेद 17 के माध्यम से पूर्णरूपेण निषिद्ध कर दिया गया है। अनुच्छेद 17 के उल्लंघन को दंडनीय अपराध घोषित किया गया है।[1]

जहाँ तक गोचर्म निकालने और मृत पशुओं को ढोकर प्रदूषित होने का अभिशाप हिंदू चमार जाति को लगा है, वह उनकी विवशता थी, क्योंकि हिंदू धर्म की रक्षा के लिए और मृत्युदंड से अपने तथा अपने परिवारों की सुरक्षा के लिए उन दिनों गोचर्म निकालना और मृत पशुओं को ढोना, हिंदू चमार जातियों की विवशता थी। वे इस कार्य में विदेशी आक्रांता मुसलिम शासकों द्वारा दमन, अत्याचार, उत्पीड़न एवं दलन के उपरांत विवश करके चर्म–कर्म में मध्यकाल से ही बलपूर्वक लगाए गए थे। लंबे समय तक इस क्षेत्र में कार्य संलग्नता का परिणाम था कि वह कार्य उनका वंशगत पैतृक व्यवसाय समझा जाने लगा। वर्तमान समय में गोवध निषिद्ध है और मरे हुए पशुओं को ढोने का कार्य किसी के लिए अनिवार्य नहीं किया गया है। अतएव हिंदू चमार जाति की प्रजातियों और उपजातियों पर मध्यकाल से लगा चला आ रहा कलंक अब धुल चुका है। परंतु इसलामिक काल में केवल गोचर्म निकालने का कार्य बलपूर्वक केवल हिंदू चमार जातियों को दिया गया था और मृत पशुओं को ढोने का कार्य भी उन्हीं धर्माभिमानी एवं स्वाभिमानियों से ही लिया जाता था।

हिंदू चमार जाति के लोग अधिक स्वाभिमानी और हिंदू धर्म के प्रति सर्वाधिक निष्ठावान थे, साथ ही किसी भी अवस्था में इसलाम को उन्होंने स्वीकार करने से पूर्णतः इनकार कर दिया था, इसी कारण से मुसलिम शासक उनसे अधिक बैरभाव रखते थे। वे समझते थे कि जो लोग गाय को माँ की तरह मानते हैं, उनसे ही गोचर्म निकालने और मृत पशुओं को ढोने के कार्यों में लगाकर उनको अत्यधिक उत्पीड़ित और अपमानित किया जा सकता है। वे यह भी समझते थे कि ऐसे कार्यों में संलग्न किए जाने से बलपूर्वक बनाए गए चमार लोग पुनः कभी भी हिंदू समाज से जुड़ नहीं सकेंगे। **हिंदू** चमार जाति के लिए यह गौरवयुक्त था कि इसलामिक शासकों ने उनकी आर्थिक एवं सामाजिक स्थिति को कमजोर बनाने के जितने भी प्रयास किए थे, वे सभी विफल रहे और कोई भी कुत्सित योजना उनके काम में नहीं आ सकी और वे सर्वदा स्वाभिमानी एवं धर्माभिमानी हिंदू बने रहे।

यहाँ, यह भी स्पष्ट कर देना उचित है कि विदेशी मुसलिम आक्रांताओं द्वारा बलपूर्वक बनाए गए हिंदू चमार जाति के लोगों से गोचर्म निकालने तथा मृत पशुओं को ढोने के साथ ही जूते बनाने का भी कार्य कराया गया था। हिंदू समाज के महान् संत

1. देखें, भारत का संविधान एवं अनुच्छेद 17

शिरोमणि गुरु रैदासजी ने स्वयं जूता बनाने का कार्य किया, जबकि उनको यह कार्य नहीं आता था। यही नहीं, हिंदू चमार जातियों से चमड़ा पकाने और रँगने का भी कार्य लिया गया था। अतः कहा जा सकता है कि चर्म-कार्य में गोचर्म निकालना तथा मृत पशुओं को ढोना हिंदू चमार जाति के लिए मध्ययुग में बाध्यकारी कर दिया गया था, परंतु वर्तमान हिंदुस्थान में ऐसा नहीं रह गया है। यही कारण है कि आज हिंदू चमार जाति की सामाजिक और आर्थिक परिस्थिति निरंतर प्रगति और विकास पर है।

चर्म-कार्य से संबंधित कुछ उद्धरण हिंदू धर्मग्रंथों में प्रक्षिप्त किए गए हैं और उनके आधार पर वर्तमान इतिहासकारों को यह भ्रम होता रहता है कि प्राचीन भारत में भी चर्म-कर्म होते थे और चर्मकार शब्द एक जाति के लिए प्रयुक्त हुआ था जिसे वर्तमान में 'चमार' जाति मानते हैं। इस संदर्भ में सर्वप्रथम यह बतलाया गया है कि वर्तमान हिंदू ग्रंथ अपने मूल रूप में नहीं है, क्योंकि जिन लोगों ने हिंदू-संस्कृति को मिटाने के लिए भयंकर नरसंहार और लूटपाट किया, वे लोग भला हिंदू धर्मग्रंथों को कैसे छोड़ सकते थे। दुनिया के किसी भी व्यक्ति को यह सोचना और सत्य को स्वीकार करना होगा कि इसलामिक शक्तियों ने जिस प्रकार हिंदू मंदिरों को लूटा तथा तोड़ा, मूर्तियों को विखंडित और अपमानित किया, यहाँ के हिंदुओं को हजारों हजार की संख्या में गुलाम बनाया और जो बिके, उनको कौड़ियों के मोल बेचा तथा जो शेष रह गए उनको रोटी न दे सकने पर तप्त रेगिस्तान में मरने के लिए छोड़ दिया, लोगों से मैले-गंदे यानी अस्वच्छ कर्म और चर्म-कर्म कराया तथा उनका सामाजिक, धार्मिक, आर्थिक, राजनैतिक तथा सांस्कृतिक उत्पीड़न किया, वे इसलामिक आततायी भला हिंदू धर्मग्रंथों को कैसे छोड़ सकते थे। वस्तुतः वे लोग संपूर्ण हिंदू धर्मग्रंथों को ढूँढ़-ढूँढ़कर जला डाले थे। संपूर्ण साहित्य की एक-एक प्रतियाँ जो नालंदा के महाग्रंथागार में सुरक्षित रखी गई थीं उनकी अंतिम किस्त भी अलाउद्दीन ने आग के हवाले कर दिया था। वर्तमान हिंदू धर्मग्रंथों के नवीन संस्करणों को अंग्रेजों ने 1828-1888 ई. के मध्य अपने हितसाधन में प्रकाशित कर लिया एवं इस देश के संगठित हिंदू शक्ति को 'बाँटो और राज करो' की नीति के आधार पर दलित एवं उच्च जाति बोध के आग के हवाले कर दिया। वर्तमान में उन्हीं प्रकाशित पुस्तकों में जहाँ प्रशिक्षप्ता यानी मिलावट पाई जाती है, उसकी ओर हिंदुओं का ध्यान आकृष्ट किया जाता है और प्रभावित किए गए लोगों को समझाया जाता है। जिन लोगों को वे ग्रंथ कंठाग्र थे, और जो लोग अपने ज्ञान-संज्ञान के बल पर उसे ठीक से समझते थे, उन्होंने प्रक्षिप्तता (मिलावट) की ओर निरंतर ध्यान दिलाया है।

हिंदुस्थान में चर्म-कार्य की प्राचीनता को त्रुटिपूर्ण विधि से कुछ शब्दों की संयोजना के आधार पर सिद्ध करने का प्रयास ही हुआ है। चर्म-शोधन (मलंद), चर्मशोधक

(चरमन), पट्टे (उकत्र), प्रत्यंचा (ज्याँ), थैले (दृति या धमत्), परिकरमयाँ, लगाम (स्योमं), कवच, ढाल, पिटारे, बंब, ढोल, म्यान, सदरी, धुरी आदि शब्दों को वेद, ब्राह्मण तथा सूत्र आदि ग्रंथों से आहरित करके इनके आधार पर कुछ लोगों ने यह सिद्ध करने का प्रयास किया है कि चर्म-उद्योग प्राचीन भारत में भी था। ऐसे लोगों की सोच मात्र यह बतलाना है कि हिंदुस्थान का ज्ञान-विज्ञान पर्याप्त ढंग से लोगों में समाहित था और यहाँ के लोगों को चमड़े से बनाई जानेवाली वस्तुओं की जानकारी थी। सत्य बात यह है कि हिंदुस्थान का व्यापारिक संबंध प्राचीन काल से ही देश-विदेशों के साथ था और यहाँ से अन्नादि भेजकर बाहर से सामरिक एवं अन्यान्य वस्तुएँ जैसे अरबी घोड़े आदि आयात किए जाते थे तो उसी के साथ वे वस्तुएँ भी आवश्यकतानुसार आयात की जाती थीं और उनके प्रचलित नामों को संस्कृत में भी नाम प्रदान कर दिए जाते थे। अन्यथा सदरी को कवच, लगाम को स्योम, थैले को दृति, पट्टे को उकत्र जैसे नाम नहीं दिए गए होते। चर्मनिर्मित उन वस्तुओं का हिंदुस्थान में होना यहाँ के विकसित अंतरराष्ट्रीय व्यापार का परिणाम था न कि चर्म-कार्य के यहाँ कल-कारखाने थे। हिंदुस्थान में प्राय: उन्हीं वस्तुओं अथवा उत्पादों को उद्योग का दरजा दिया गया जिनसे संबंधित कच्चे माल यहाँ आसानी से मिल जाया करते थे। चमड़ा यहाँ पर्याप्त मात्रा में मध्यकाल में ही उपलब्ध हो पाया, न कि प्राचीन काल में। 'इसीलिए सल्तनत काल में गुजरात कच्चे चमड़े का महत्त्वपूर्ण निर्यात केंद्र था।'[1] उस समय तो एक-एक मृगचर्म और बाघंबर के लिए ऋषियों और मुनियों को वर्षों तक प्रतीक्षा करनी पड़ती थी। मृगचर्मों की भरमार होती या किसी जाति विशेष द्वारा चर्म-कर्म कराया जाता तो सीताजी उसके लिए अत्यधिक उत्सुक होकर यह कर्म करने हेतु श्रीराम से कही नहीं होतीं।[2] दूसरी बात यह भी है कि हिंदुस्थान में अपवित्र व्यवसाय कभी स्थापित हो ही नहीं सकता था, यदि मुसलिम आक्रांताओं द्वारा इसे बलपूर्वक प्रायोजित नहीं किया गया होता। आज भारत में अनेक कारखाने लगातार लाखों गाय इत्यादि पशुओं को काटने में जुटे हुए हैं। क्या प्राचीन हिंदुस्थान में यह संभव हो सकता था। क्या गोवध के लिए कोई राजा राज्यादेश जारी किया था या कर सकता था। गोपूजकों के प्रति गोवधिकों यानी मुसलमान शासकों द्वारा गोचर्म एक अमोघ अस्त्र के रूप में प्रयोग में लाया गया था। अत: धर्म-ग्रंथों में प्रक्षिप्त चर्म-संस्कृति के आधार पर हिंदुस्थान को अपवित्र एवं अस्वच्छ वस्तुओं का वाणिज्यिक देश कहना अनुचित होगा, जबकि यह कहना सर्वथा उपयुक्त होगा कि चर्म-उद्योग विदेशी इसलामिक शासकों द्वारा मध्यकाल की देन है।

---

1. चौबे एवं श्रीवास्तव, मध्ययुगीन भारतीय समाज एवं संस्कृति, पृ. 502
2. महर्षि वाल्मीकि कृत रामायण, अरण्यकांड, सीताहरण

3.8 चमार बने चर्म-कार्य से

किसी भी अनुसंधान के लिए स्पष्ट और यथार्थ प्रतीत होनेवाले उदाहरण ही उपयुक्त माने जाते हैं, जबकि काल्पनिक और अनुमानित संदर्भों की प्रस्तुति से शोध में असत्यता, भ्रामकता और विवादास्पदता उत्पन्न होती है। हिंदुस्थान में चर्म-कार्य की प्राचीनता के पक्ष में दिए सभी तर्क वस्तुतः तर्कहीन और तथ्यहीन पाए जाते हैं। 'चर्म-कर्म' का शाब्दिक अर्थ होगा चमड़े का काम अथवा 'चमड़ा काम'। इसका यह अर्थ चर्मकार कदापि नहीं हो सकता है। चर्म-कर्म का अभिप्राय भी 'चमड़े के काम' से ही है। अतः मध्यकाल एवं उससे कुछ पहले भारतीय व्यापारियों द्वारा चमड़े की वस्तुओं का आंशिक रूप में आयात घोड़ों आदि के आयात के रूप में हुआ और चर्म उद्योग से संबंधित सभी शब्दों की जानकारी अपरिहार्य हुई जिनको उन्होंने सीखा और स्मृतिपरक बनाने के लिए कुछ ग्रंथों में लिखा। यदि घोड़े अरब से भारत में आते थे, उसी प्रकार घोड़े से संबंधित रकाव, ढाल, कवच इत्यादि भी अरब से ही आए। चूँकि यह सर्वविदित है कि 'चमार' शब्द का प्रयोग गाली के रूप में सर्वप्रथम मध्यकालीन इसलामिक शासकों ने धर्माभिमानी एवं स्वाभिमानी क्षत्रिय युद्धबंदियों के प्रति व्यवहृत किया था जिनको वे इसलाम न स्वीकारने पर दंडित करने के अभिप्राय से चर्म-कर्म में बलपूर्वक नियोजित किए। अतएव मध्यकाल में सृजित 'चमार' शब्द को प्राचीन ग्रंथों में प्रक्षिप्त करना उनकी चोरी का परदाफाश कहा जाता। अतएव उन्होंने इस शब्द को लेकर किसी प्रकार की छेड़छाड़ नहीं की,. बल्कि तार्किक आधार पर विवश होकर इस सत्य को स्वीकार कर लिया कि हिंदुस्थान में मध्यकाल के पूर्व तक 'चमार' शब्द का प्रयोग न तो किसी जाति के लिए हुआ था और न ही किसी व्यक्ति के लिए हुआ था। बल्कि चमार शब्द मुसलिम आक्रांताओं ने प्रथम बार अपने मुँह से बलपूर्वक चर्म-कर्म में लगाए गए स्वाभिमानी हिंदुओं के लिए उच्चारित किया था।

ऐसा मानना कदापि अनुचित न होगा कि अरब देशों में चर्म-कर्म में लगे लोगों को चमार भाव में निम्नतासूचक संबोधन के रूप में कहा जाता था इसीलिए इसलामिक शासकों ने यहाँ पर जिन लोगों को चर्म-कर्म में लगाया उनको 'चमार' कहा। यह संबोधन ही कालांतर में हिंदू समाज कट्टर हिंदू लेने के कारण उसे वर्तमान हिंदू चमार के लिए एक जाति के रूप में जान और मान लिया गया। अतएव यह कथन युक्तिसंगत है कि चर्म-कार्य करनेवालों को एक ही सभ्यता और संस्कृति के लोगों ने सर्वप्रथम अरब और बाद में हिंदुस्थान में भी 'चमार' संबोधित किया इसलिए संदर्भगत शब्द 'चमार' का आशय जो अरब में था, वही हिंदुस्थान में भी रहा। इससे यह बात स्पष्ट हो जाती है कि चर्म करनेवाले मुसलमान को अरब में 'चमार' कहकर गाली दिया जाता है।

हिंदू-संस्कृति में प्रतिशोध को भी अहिंसक विधि से ही प्रस्तुत किया गया है। जो लोग काँटा बोते हों उनके लिए फूल बोने का सामाजिक आह्वान है। इसी स्मृतिकाम्य का अनुपालन हिंदू 'चमार जाति' ने किया है। इसलाम न स्वीकारने पर जिन मुसलिम शासकों ने उनको स्वाभिमान भंग करने एवं हिंदू समाज से अलग-थलग करने के उद्देश्य से बलपूर्वक चर्म-कर्म में लगाया और 'चमार' कहकर अपमानित किया, साथ ही चर्म-शिल्प की आंशिक रूप से शिक्षा, उनको हिंदू चमार-कुल के लोगों ने वस्त्र-संस्कृति की महत्त्वपूर्ण विद्या 'वस्त्र बुनना' सिखलाया। अरब में और हिंदुस्थान में भी बुनकर मुसलमानों की सामाजिक प्रतिष्ठा न्यून है और कुलीन शिया-सुन्नी उनको अपने लिए अनचाहा मुसलमान मानते हैं।

मुसलिम संस्कृति और सभ्यता में बुनकर की परिस्थिति अच्छी नहीं मानी जाती है, किंतु हिंदू वस्त्र-संस्कृति में बुनकर को सम्मानजनक पद-परिस्थिति प्रदत्त है। इल्तुतमिश ने अपने प्रधान वजीर जुनैदी को इसी आधार पर पदच्युत करके राज्य प्रबंधन से अलग कर दिया था क्योंकि उसके पूर्वज हिंदू बुनकर थे। इससे स्पष्ट है कि जिन्होंने चर्म-कार्य किया था वे ही चमार बने, पहले अरब में और बाद में हिंदुस्थान में भी। हिंदुस्थान में उनको 'चमार' नामक जाति-संबोधन दे दिया गया परंतु अरब में वे केवल मुसलमान ही कहे गए। हिंदू चमार चूँकि किसी भी तरह से मुसलिम धर्म स्वीकार नहीं किए इसलिए उनकी संख्या आज तक मुसलमानों में नहीं के बराबर है।

उपसंहार

प्रस्तुत अध्याय में विस्तृत विवेचना के बाद यह तथ्य प्राप्त होता है कि धर्म के मूल्य पर चर्म व्यवसाय हिंदुस्थान में प्रयोजित उद्योग है। मध्यकाल के पूर्व कभी भी यह व्यवसाय हिंदुस्थान में नहीं था। हिंदुस्थान के मध्यकालीन चर्म-व्यवसाय का इतिहास यह है कि हिंदू अपने हिंदू धर्म के मूल्य पर कट्टरता के साथ अडिग रहे, भले ही उनको उत्पीड़न, दमन, दलन इत्यादि के उपरांत विदेशी आक्रांता शासकों द्वारा बलपूर्वक चर्म व्यवसाय में लगाया गया।

मुसलिम संस्कृति और सभ्यता के विषय में यह पाया गया कि इसलाम अथवा मुसलिम के लिए सैद्धांतिक रूप से भले ही संस्कृति और सभ्यता का कोई तात्पर्य हो सकता है, परंतु व्यावहारिक रूप से इस धर्म के सापेक्ष संस्कृति और सभ्यता का कोई औचित्य ही नहीं है। किसी भी संस्कृति में हत्या, लूटपाट, अत्याचार, उत्पीड़न और स्त्री-बच्चों का उन्मुक्त शोषण के साथ धार्मिक वर्चस्व के लिए जेहाद को परिभाषित करना असभ्यता का प्रतीक है। वर्तमान इसलामिक संस्कृति इसका अपवाद है।

इसलाम में भोक्ता-संस्कृति भी अपवित्र और अमर्यादित है। विवेकरहित मांसाहार

और अपवित्र चर्मवस्तुओं का प्रयोग, दोनों ही हिंसा पर आधारित होने से इसलामिक विश्वबंधुत्व और समानता के सिद्धांत को अमर्यादित करते हैं। चर्म-संस्कृति पर आधारित भारत में इसलामिक काल के समय चमड़े की माँग अधिक होने से[1] चर्मकर्मी कम पड़ने लगे, ऐसे में स्वाभिमानी धार्मिक एवं महान् योद्धा हिंदू युद्धबंदियों से गंदे, अपवित्र और चर्म-कर्म जैसे निम्नकोटि के कार्य बलपूर्वक कराए गए। इस कार्य में स्वाभिमानी लोगों एवं जातियों को बलपूर्वक लगाया गया और उनके सामने यह प्रश्न रखा गया कि वे चर्म-कार्य करें अथवा धर्म-परिवर्तन करके इसलाम धर्म स्वीकार कर लें। हिंदू समाज में कट्टर एवं धर्म को अपना सबकुछ माननेवाले धार्मिक हिंदुओं ने धर्म की रक्षा ही अपनी अंतिम इच्छा अभिव्यक्त किया।

हिंदू-संस्कृति में गो माता का चिंतन मर्यादित है, इसलिए गोचर्म निकालना तथा मृत पशुओं को ढोना अपवित्र और निम्न स्तर का कार्य माना जाता है। मृत्यु के उपरांत मानव शरीर यानी शव भी अस्पृश्य माना जाता है। शवयात्रा के उपरांत हिंदू-संस्कृति में गंगा स्नान या स्नान करके स्वच्छ एवं शुद्ध होने का प्रावधान है। यही खेदजनक है कि हिंदू समाज ने भी अपवित्रता एवं अस्पृश्यता में अंतर न करने संबंधित भारी भूल किया। तथाकथित हिंदू चमार जाति के लोगों को अपवित्र और निम्न बनाने के लिए उक्त ये दोनों ही कार्य विदेशी आक्रांताओं द्वारा बलात् अनिवार्य किए गए थे। उनसे विविध प्रकार के चर्म-कार्य कराए जाने से ही वे लोग कालांतर में चमार जाति के बने और हिंदू समाज में चर्म-व्यवसाय आधारित भेदभाव की स्थिति उत्पन्न हुई जिसके फलस्वरूप मध्यकाल में विदेशी मुसलिम आक्रांता शासकों द्वारा बलपूर्वक बनाई गई वर्तमान हिंदू चमार जाति अस्पृश्य यानी अछूत, अपवित्र, अपमानित एवं तिरस्कृत जीवन के लिए विवश हुई।

□

1. डॉ. हमीदा खातून, अर्बनाईजेशन, पृ. 50

अध्याय-4

चर्म-व्यवसाय आधारित भेद-भाव

(अछूत, अपवित्र, अपमानित एवं तिरस्कृत जीवन)

मध्यकालीन हिंदुस्थान में चर्म-व्यवसाय आधारित भेदभाव का आविर्भाव न केवल स्वाभिमानी, धर्माभिमानी एवं राष्ट्राभिमानी कट्टर हिंदुओं को अलग-थलग करने बल्कि हिंदू समाज को तोड़कर निर्बल बनाने के परिप्रेक्ष्य में एक अभिशाप सिद्ध हुआ। हिंदू स्वाभिमान एवं गौरव की प्रतीक राजवंशीय क्षत्रिय संवर्ग की जातियाँ बलपूर्वक चर्म-व्यवसाय में लगाकर सामाजिक आधार पर अछूत, अपवित्र, अपमानित एवं तिरस्कृत जीवनवाली तथाकथित दलित जातियों की श्रेणी की जाति बना दी गई। डॉ. बी.आर. अंबेडकर ने प्रश्न उठाया है कि 'अछूतपन प्रथा इतनी पुरानी है, जितनी कही जाती है? धर्म-सूत्र का अछूतपन आज के अछूत नहीं हैं यानी आधुनिक भारत के?'[1] हिंदू धर्म में पवित्रता की अवधारणा ने अपवित्र कार्यों में लगाए गए हिंदुओं को सामाजिक आधार पर पतित मान लिया और उनके सामाजिक पतन का कारण मृत पशुओं को ढोना एवं गोचर्म निकालना बतलाया। गाय को अपनी माता माननेवाले हिंदुओं ने गोचर्म कार्य में लगे लोगों के प्रति अपनी घृणा-प्रदर्शित किया, जो स्वाभाविक था। परंतु मुसलिम आक्रांताओं ने इसे एक शस्त्र के रूप में निरंतर प्रयुक्त किया, क्योंकि वे यह समझने लगे थे कि गाय के प्रति सभी हिंदू धार्मिक रूप से आस्थावान हैं, अतएव एक गाय की हत्या करने पर हजारों हिंदू-आत्माओं का स्वतः हनन हो सकेगा। मुसलिम आक्रांताओं द्वारा मध्ययुग में बड़ी संख्या में गो-वध कराने का यह भी एक औचित्य था।

---

1. डॉ. बी.आर. अंबेडकर, शूद्र की खोज, प्राक्कथन, पृ. 1

हिंदू लोकजीवन में ज्ञान-विज्ञान की पराकाष्ठा के अतिरिक्त आध्यात्मिक ज्ञान एवं दर्शन का भी पूर्ण स्थापित स्वरूप था। धर्म के धृति, क्षमा, दम, अस्तेय, शौच (पवित्रता), इंद्रिय निग्रह, धी, विद्या, सत्य और अक्रोध (अहिंसा) नामक दस तत्त्वों में 'पवित्रता' तत्त्व भी एक तत्त्व है। अस्पृश्यता का पवित्रता से कोई तात्पर्य नहीं है। पवित्रता एवं अस्पृश्यता दोनों अलग है। हिंदू धर्म में पवित्रता सनातन काल से ही है किंतु अस्पृश्यता का एक भी उदाहरण हमारे देश में ग्यारहवीं सदी के पहले का नहीं प्राप्त है। ऐसा प्रतीत होता है कि अस्पृश्यता एवं पवित्रता को एक मान लिया गया। यह हिंदुओं की एक भारी भूल थी। जिसका प्रतिफल हिंदू समाज आज तक झेल रहा है।

हिंदुस्थान में वस्त्र-संस्कृति से प्रतिस्पर्द्धा हेतु पहली बार चर्म-संस्कृति की प्रतिष्ठापना करने का इसलामिक शासकों का उद्‌देश्य एक प्रायोजित षड्‌यंत्र था। इस षड्‌यंत्र में वे सफल भी रहे। सामाजिक घृणा एवं तिरस्कार के कारण गोचर्मकर्मी अपने ही हिंदू समाज से पूरी तरह अलग-थलग पड़ गए। गोचर्मकर्मियों के साथ छुआछूत एवं अपवित्रता का व्यवहार किया गया जो अलगाव के रूप में स्पष्ट था। इस प्रकार अलगाव का मुख्य कारण छुआछूत एवं अपवित्रता की भावना ही रही। यह भावना चर्म-कार्य में लगी जातियों के प्रति ही थी जिनको कतिपय आधारों पर अलग से पहचाना भी जा सकता था। वे जातियाँ योद्धा, स्वाभिमानी और प्राय: क्षत्रिय-कुलों से संबंधित थीं और युद्धबंदी बनाए जाने पर भी सारे उत्पीड़न सहते हुए इसलाम को किसी मूल्य पर अस्वीकार कर चुकी थीं, जिसके कारण उनका सामाजिक उत्पीड़न करने हेतु बलपूर्वक चर्म-कर्म में लगाया गया था। उन्हीं उत्पीड़ितों को अंग्रेजों ने दलित नाम देकर और भी दीनहीन स्थिति में पहुँचाया तथा दोहरी मार झेलने को विवश किया। प्रस्तुत अध्याय में कतिपय उपशीर्षकों के अंतर्गत यही जानकारी कराई गई है।

4.1 हिंदू धर्म एवं पवित्रता की अवधारणा

हिंदू धर्म में पवित्रता ग्राह्य तथा अपवित्रता त्याज्य है। अपवित्रता अस्पर्शणीय एवं अदर्शनीय मानी गई है। पवित्रता और अपवित्रता का निर्धारण धार्मिक मान्यताओं पर आद्‌धृत है। एक पंथ में जिसे अपवित्र माना जाता है, दूसरे पंथ में वह अपवित्र नहीं भी हो सकता है। यहाँ दूसरे पंथों के स्थान पर केवल हिंदू धर्म में पवित्रता की अवधारणा अध्ययन का विषय है। हिंदू समाज में चर्म-कर्म, मृत पशुओं को ढोना और मल-मूत्र की सफाई को अपवित्र माना गया है। चर्म-कर्म में गोचर्म और गोमांस की अपवित्रता से हिंदू चमार जाति एवं मैला की अपवित्रता से भंगी जाति, दोनों ही पवित्रता के संदर्भ में अस्पृश्य मानी गई थीं और इनके साथ छुआछूत का भेदभाव किया गया था। इस भेदभाव को अज्ञानतावश कुछ लोग प्राचीन हिंदू समाज की देन कहते हैं, जबकि साक्ष्यों

के आधार पर प्रमाणित है कि यह अवस्था मध्ययुग में विदेशी मुसलिम आक्रांताओं द्वारा प्रायोजित और अंग्रेजों द्वारा पोषित हुई थी।

हिंदुस्थान में मृगचर्म, बाघंबर (व्याघ्र-चर्म) प्राचीन ऋषियों-मुनियों द्वारा व्यवहृत पवित्र आसन था। इसके सापेक्ष हिंदू धर्मग्रंथों में उल्लिखित चर्म शब्द का विवरण कहीं भी अपवित्र नहीं माना गया है। उस समय पशु-हत्याएँ वर्जित थीं और चर्म-निर्मित वस्तुएँ व्यवहृत न थीं। सूती, रेशमी, ऊनी वस्त्रों के लिए क्रमशः सूरत, ढाका, कश्मीर विख्यात थे। इसलामिक देशों में वनस्पतियों का अभाव था और पालतू पशु मारकर खाए जाते थे तथा उनके चर्म-निर्मित वस्त्रों से तन ढके जाते थे। वह मांस और चर्म पर आधारित संस्कृति जब भारत में आई तो यहाँ उपलब्ध पशुओं को मारा गया और उनके मांस-चर्म उपयोग में लाए गए। चर्म-कर्म में बलपूर्वक उन स्वाभिमानी एवं धर्माभिमानी हिंदू लोगों को लगाया गया जिन्होंने इसलाम अस्वीकार किया। उनको ही 'चमार' नाम दिया गया। अपवित्र एवं अस्वच्छ कार्यों में लगे होने से उनके साथ छुआछूत का भेदभाव उत्पन्न हुआ। पवित्रता एवं स्वच्छता की अवधारणा के परिप्रेक्ष्य में इस सत्य को कोई अस्वीकार नहीं कर सकता है।

हिंदू धर्म में पवित्रता का आधार वर्ण अथवा जाति नहीं, बल्कि अस्वच्छ एवं अपवित्र कर्म ही है। अस्वच्छ एवं अपवित्र कर्मों में लगाए जाने के कारण ही हिंदू चमार और हिंदू भंगी (वाल्मीकि) को अपवित्र मानकर उनके साथ मध्ययुग में अस्पृश्यता यानी छुआछूत का भेदभाव किया गया जिसका पोषण अंग्रेजों के शासनकाल तक चला। आजादी मिलने के बाद ऐसे भेदभाव को असामाजिक और आपराधिक घोषित कर दिया गया है।

हिंदू धर्म में स्वच्छता एवं पवित्रता की अवधारणा नैतिकता के संदर्भ में भी पोषित है। अनैतिक आचरण को अपवित्र और नैतिक आचरण को पवित्र यानी स्वच्छ माना जाता है। हिंदू चमार और भंगी जाति के लोग अपने नैतिक आचरणों के कारण पवित्र हैं और उनके साथ भेदभाव वर्जित है। वाल्मीकि रामायण में वर्णित व्याघ्र की कथा से स्पष्ट होता है कि कर्म की अवधारणा पर आधारित व्यवसाय अस्वच्छ एवं अपवित्र नहीं होता है। धर्म के विरुद्ध मांस का व्यवसाय करते हुए भी ब्राह्मणों से मंत्रादि के साथ गुरुदीक्षा लेते रहे। इसलाम में सूअर के मांस को अपवित्र एवं गाय के मांस को पवित्र माना जाता है। हिंदू धर्म में गाय को पवित्र तथा गो मांस भक्षियों को अपवित्र, राक्षस तथा म्लेच्छ की संज्ञा दी गई है।

पुरुषार्थ चतुष्ट्य में धर्म, अर्थ, काम और मोक्ष के विषय में पवित्र विचारों को हिंदू धर्म ने स्वीकार किया है, जबकि अधर्म, धर्मरहित अर्थ, धर्मरहित काम और धर्मरहित मोक्ष के प्रयास को अपवित्र माना गया है। धर्म पर आधारित होने से ही धर्म-ग्रंथ भी

पवित्र माने जाते हैं। धर्मसंगत अथवा धर्म पर आधारित सामाजिक नियम-कानून, परंपराएँ, प्रथाएँ और रीति-रिवाज पवित्र माने जाते हैं। जाति-आद्धृत भेदभाव की दुर्भावना भी अपवित्र मानी जाती है। स्वकल्याण की भावना अपवित्र और सर्वकल्याण की भावना पवित्र मानी जाती है। देवी-देवताओं, पितरों, पशु-पक्षियों, जीव-जंतुओं, जड़-चेतन आदि के प्रति निवेदन पवित्र हैं। वसुधैव कुटुंबकम्, सर्वे भवंतु सुखिनः, परोपकार परमो धर्मः इत्यादि पवित्र वैचारिकी है। संकीर्णता, अतिक्रमण, उत्पीड़न, हिंसा, क्रोध आदि अपवित्र है।

हिंदू धर्म के 10 तत्त्व पवित्र हैं।[1] धृति यानी धैर्य का संबंध पवित्र मन से होता है। धर्म पवित्र मन की वस्तु है। धैर्य है तो धर्म सुरक्षित है। पवित्र मन है तो धैर्य भी है। धर्म में धैर्य है तभी वह धर्म है और पवित्र है। अधैर्य से अधर्म और अधर्म से अस्वच्छता एवं अपवित्रता स्वतः उत्पन्न होने योग्य है। हिंदू चमार जाति में परिवर्तित राजवंशीय क्षत्रिय युद्धबंदियों के धैर्य को भला कौन नहीं जानता है कि अनेक प्रकार से उत्पीड़ित किए जाने और अस्वच्छ तथा अपवित्र व्यवसायों में बलपूर्वक लगाए जाने पर भी उन्होंने (दलितों ने) अपना धैर्य कभी नहीं खोया। इसलिए हिंदुत्व के प्रथम तत्त्व यानी धैर्य की अधिकता उनके शुद्ध हिंदू होने का एक ठोस प्रमाण है।

हिंदू धर्म का दूसरा तत्त्व 'क्षमा' भी पवित्र माना गया है। यह धार्मिक पवित्रता उनमें अधिक पाई जाती है, जो धैर्यवान होते हैं। इसमें प्रत्युत्तर और हिंसा जैसी अपवित्रता नहीं पाई जाती है। क्षमा-धर्म का दृश्यावलोकन मध्ययुग में अधिक होता है। चंवर वंश के क्षत्रिय युद्धबंदियों को जब सिकंदर लोदी द्वारा बलपूर्वक चर्म-कर्म में नियोजित करके उन्हें 'चमार' संबोधन दिया जा रहा था, उस समय हिंदू चमार जाति के राजवंशीय क्षत्रियों ने धैर्य धारण करते हुए किसी प्रकार का हिंसात्मक प्रत्युत्तर नहीं दिया और उन आततायियों को क्षमा कर दिया। सूच्य है कि क्षमाभाव का प्रदर्शन केवल बहादुर लोग ही करते हैं, जबकि निर्बल लोग धैर्यपूर्वक कष्ट सहन करते हैं। सहन करना और क्षमा करना, दोनों अलग बातें हैं। हिंदू चमार जाति ने युद्ध जीतने पर भी क्षमाप्रार्थी आक्रांताओं को क्षमा कर देने का प्राकृतिक स्वभाव प्राप्त किया था। इसलिए वह भी उनके हिंदू होने का एक महत्त्वपूर्ण प्रमाण है।

हिंदू धर्म में तीसरा तत्त्व दमः यानी तपस्या की पवित्रता से संबंधित अनेक उदाहरण पाए जाते हैं। साधना, तपस्या इत्यादि का हिंदू धर्म में अभिप्राय केवल धार्मिक क्रियाओं तक सीमित नहीं हैं, बल्कि त्याग के साथ भी तपस्या प्रतिष्ठित होती है। हिंदू धर्म के सनातन स्वरूप को सम्मानपूर्वक स्थायी रखने के लिए बलपूर्वक बनाए गए हिंदू चमार

1. मनुस्मृति, 6/92

जाति के लोगों ने अपनी सामाजिक प्रतिष्ठा को दाँव पर लगा दिया और सबकुछ का त्याग कर दिया था उनका सर्वस्व त्याग भला किस प्रकार की तपस्या से कम था? त्याग, तपस्या और बलिदान के लिए प्रख्यात हिंदू चमार जाति पूर्णतः पवित्र है।

हिंदू धर्म का चतुर्थ तत्त्व अस्तेय यानी चोरी न करना है। चोरी करना अपवित्र माना गया है, अतएव अस्तेय की बात कही गई है। चोरी का अभिप्राय किसी वस्तु अथवा वस्तुओं की अनधिकृत और अव्यावहारिक प्राप्ति है। इसमें क्रिया प्रदर्शित नहीं होती बल्कि छिपे ढंग एवं दूषित भाव से होती है। यह क्रिया परोक्ष न होने के साथ ही प्रदूषित भी होती है अतएव इसे अस्वच्छ एवं अपवित्र पाप भी कहते हैं। चोरी मन से, वचन से, कर्म से भी करते हैं। सभी प्रकार की चोरी अपवित्र है। संत रैदासजी ने किसी भी प्रकार की चोरी न करने का सुझाव दिया था, वैसे हिंदू चमार कुल के लोगों को ऐसे कार्य और व्यवसाय में लगाया गया था जिसमें अपवित्रता एवं अस्वच्छ कर्म का चोरी से कोई औचित्य ही न था। फिर भी अपवित्र शब्दों से राजवंशीय क्षत्रिय योद्धाओं और युद्धबंदियों को इसलामिक आक्रांताओं ने गाली देकर उनको मानसिक कष्ट दिया था।

हिंदू धर्म का पंचम तत्त्व शौच यानी पवित्रता से है। अशौच-काल के कुछ विशेष अवसर मान्य किए गए थे, जैसे—जन्मसूतक, मृत्युसूतक, ब्रह्महत्यासूतक, मासिक धर्म (रजस्वलासूतक), मलमूत्र त्याग के बाद स्नानादि से पहले, शवयात्रा में शामिल होना इत्यादि। अपवित्रता का संबंध इन सभी अवस्थाओं में कुछ समय तक के लिए नियत था और क्रिया विशेष के बाद अशौच (अपवित्रता) काल स्वतः समाप्त हो जाती थी। यह अवस्था स्थायी नहीं थी। कुछ अवस्थाओं में ही अशौच यानी अस्वच्छता से प्रतिबंधित किए गए थे, जिसके कारण सदियों तक उनके साथ छुआछूत का भेदभाव होता रहा और लोग उनसे स्थायी अस्वच्छता अथवा अपवित्रता मानकर सदैव के लिए अस्पृश्य बना उनसे हर प्रकार की दूरी बनाए रखे थे। विदेशी आक्रांताओं और अंग्रेजों, दोनों ही ने अस्वच्छता यानी अशौच को हिंदू समाज के विभाजन की दीवार बना दिया था जिसे स्वतंत्रता मिलने के बाद हिंदू-पवित्रता की सोच को कानून द्वारा ढहा दिया। आज देश के संविधान की धारा 17 के तहत अस्पृश्यता को संवैधानिक अपराध घोषित करके इसे सदैव के लिए मिटा दिया गया है। फिर भी यदा-कदा अस्पृश्यता की घटना होती है, जिसमें कानून उल्लंघन के तहत संज्ञेय अपराध मानकर सजा दी जाती है।

हिंदू धर्म में षष्ठम् तत्त्व इंद्रिय निग्रह यानी आत्म-नियंत्रण के रूप में पाया जाता है। इंद्रिय निग्रह तत्त्व ब्रह्मचारी और यती-संन्यासी के लिए नियत है। इसे मानव व्यवहृत होने पर अपरिमित लाभप्रद माना गया है। मध्ययुग में इंद्रिय-निग्रह का ज्वलंत उदाहरण हिंदू क्षत्रिय वंश के योद्धाओं ने प्रस्तुत किया था। लूटी गई मुसलिम संपदा मंदिरों में अर्पित करना और मुसलिम स्त्रियों को बंधक बनाने के बाद भी ससम्मान उनके घरों

को भेज देना, उस अवस्था में महान् इंद्रिय-निग्रही भावना थी, जबकि इस अवस्था में विजेता विदेशी शासक और इसलामिक शक्तियों द्वारा हिंदू स्त्रियों का शीलहरण आम बात थी।

हिंदू धर्म में ज्ञान, विद्या, सत्य और अहिंसा (अक्रोध) भी इसी तरह से पवित्रता अन्यान्य दस तत्त्वों के अंतर्गत प्रतीक माने जाते हैं। इन प्रतीकों को सत्यापित व्यवहार से प्रयुक्त करने में हिंदू समाज सदैव अग्रणी रहा। वर्तमान हिंदू चमार जाति आज भी इन तत्त्वों का आश्रय प्राप्त कर पवित्रता का इतिहास अंकित कर रहे हैं।

4.2 सामाजिक पतन का कारण : मृत पशु को ढोना एवं गोचर्म निकालना

हिंदू समाज स्वच्छता एवं पवित्रतता के धरातल पर खड़ा है। अपने पवित्र और सर्वमान्य नियम कानूनों के अंतर्गत हिंदू समाज की व्यवहार शैली पल्लवित और पुष्पित है। उन नियमों से च्युत होने पर कोई भी अस्वच्छ एवं पतित माना जाता है। साधारण नियमों से च्युत लोग सामान्य रूप से पतित होते हैं और उनको पतन के मुख से बाहर लाया जाना संभव होता है, परंतु कठोर नियमों से च्युत होने पर पूर्णत: पतित लोगों का पतन रोकना असंभव होता है। पतन की स्थिति स्थायी नहीं होती है, लंबे समय तक बाधित भले ही करती हैं। हिंदू स्वाभिमानी जातियों के लोगों को जिन्हें बलपूर्वक चर्म-कर्म में लगाकर चर्मकार या मैला ढुलवाकर स्वाभिमान भंग करके भंगी बनाया गया, उन्हें हिंदू समाज ने स्थायी अपवित्र या अस्पृश्य नहीं माना था, अन्यथा वे हिंदू कैसे मान्य होते? मध्यकाल के अंतिम समय एवं अंग्रेजी हुकूमत के प्रारंभ काल में योजनापूर्वक इन्हें अस्पृश्य बनाकर अपवित्र भाव में स्थापित किया गया था। निस्संदेह इस अनैतिकता में तथाकथित कुछ भ्रमित एवं अज्ञानी हिंदुओं ने साथ दिया।

हिंदू चमार जाति को मध्य युग में ऐसे ही सामाजिक पतन के दिन देखने पड़े थे। हिंदू चमार जाति का सामाजिक पतन भी अरब के क्रूर विदेशी आक्रांताओं द्वारा इसलाम को ठुकराने अथवा अस्वीकार करने के कारण प्रायोजित किया गया था, जो उनके लिए दंडस्वरूप था। पूर्वकाल में वे लोग राजवंशीय क्षत्रिय वंश के थे और अपने योद्धा-प्रवृत्ति तथा स्वाभिमानी व्यक्तित्व के लिए ख्यात थे। युद्ध में पराजित होने पर जब उन्होंने धर्म-परिवर्तन के नाम पर इसलाम अस्वीकार कर दिया तो मुसलिम विजेताओं ने सर्वप्रथम उनको इसलाम स्वीकारने हेतु अत्याचार, उत्पीड़न, दमन एवं दलन करके विवश किया। असफल होने पर उन्होंने दंडस्वरूप उनको चर्म-कर्म में बलपूर्वक लगाया, मृत अथवा मारे गए पशुओं को ढोने का कार्य उनको दिया, और विशेष रूप से गोचर्म निकालने का काम कराया।

हिंदू धर्म में चर्म-कर्म अपवित्र माना जाता है। गोचर्म तो और भी अधिक अपवित्र एवं अस्वच्छ होता है। गाय माँ के चमड़े उतारने का कार्य किसी भी हिंदू के लिए हृदय विदारक कार्य होता है। हिंदू समाज गाय काटने या गोमांस भक्षियों का यानी ऐसे लोगों का सामाजिक स्तर पर आज भी बहिष्कार करता है। धार्मिक अतिवाद के आधार पर ऐसे लोगों के साथ खान-पान, उठना-बैठना तो दूर, कोई उनसे बात तक नहीं करना चाहता। ऐसे लोगों को स्पर्श करना पाप माना गया। वे जिस भी मार्ग से आते-जाते थे, वह सब अपवित्र माना गया है। ऐसे लोग न तो स्नान, दान, तीर्थाटन और पूजा-पाठ से पवित्र हो सकते और न ही किसी भी अन्य प्रकार से उनको समाज अपना सकता था। एक दीर्घकालिक षड्यंत्र के लिए इस प्रकार के विचार मुगल शासक एवं बाद में अंग्रेज शासकों ने हिंदू समाज में स्थापित कर इसे अस्पृश्यता के रूप में सर्वदा के लिए स्थायी बना दिया। मध्यकालीन शासकों द्वारा ऐसी व्यवस्था हिंदू समाज में तब लाई गई थी जब विदेशी आक्रांताओं ने हिंदू समाज के एक बहुत बड़े भाग को अपवित्रता की इस अवस्था में ला दिया था।

बलपूर्वक बनाई गई हिंदू चमार जाति के साथ इतना प्रतिबंध लगाकर विदेशी आक्रांताओं ने यह बताने का प्रयास किया था कि ऐसे लोग यदि मुसलमान नहीं हैं तो वे हिंदू भी नहीं हैं, क्योंकि वे गोचर्मकर्मी हैं। अतएव हिंदू और मुसलमानों के हित में उनको सभी प्रकार के प्रतिबंध लगाए गए हैं, ताकि मानव समाज के मूल्यों की रक्षा हो सके और उनकी पवित्रता बनी रहे। लंबे समय तक कर लगाए गए। इन प्रतिबंधों का ही परिणाम था कि मध्ययुगीन हिंदू चमार जाति के लोग समाज की मुख्यधारा से अलग-थलग पड़ गए और चर्म-कर्म के कारण उनका सामाजिक पतन हो गया। धर्म-कर्म से वंचित होने पर वे स्वतः अधार्मिक, अस्वच्छता और अपवित्र भाव से ग्रसित होते चले गए। आर्थिक आधार पर दीनहीन बना दिए जाने के कारण वे धर्म-कर्म और सामाजिक कर्म, दोनों ही करने में असमर्थ हो गए जिसके परिणामस्वरूप उनका सामाजिक समायोजन हिंदू धर्म में असंभव हो गया।

हिंदू चमार जाति के सामाजिक पतन का मुख्य कारण मृत पशुओं को ढोना और गोचर्म निकालना रहा। यह कार्य उनके लिए पैतृक व्यवसाय तक बना दिया गया और यही कारण है कि अंग्रेजों ने अपने व्यावसायिक हित के तहत उनको इस कार्य के लिए पर्याप्त प्रोत्साहित किया, पर्याप्त वेतन दिए किंतु सामाजिक सम्मान को वापस नहीं करा सके। आजादी मिलने के बाद तक विवश होकर जो भी लोग इस पेशे में लगे रहे, समाज की मुख्यधारा से जुड़ नहीं पाए। ऐसे कार्यों की अनिवार्यता समाप्त होते ही स्वतंत्र हिंदुस्थान में हिंदू चमार जाति के लोग मृत पशुओं को ढोना तथा गोचर्म निकालना बंद कर दिए हैं। यह कार्य मशीनों द्वारा मुख्यतः मुसलिम कसाई करने लगे हैं। हिंदू चमार

जाति के लोगों को वे सारी सुविधाएँ उपलब्ध करा दी गई हैं, जिन्होंने विदेशी आक्रांताओं ने प्रतिबंधित किया था। परिणाम सामने है कि उन लोगों की सामाजिक दशा निरंतर उन्नत होती जा रही है। यह अवस्था उन लोगों के मुँह पर एक जोरदार तमाचा है, जो यह कहते फिरते हैं कि हिंदू चमार जाति को अवनत अवस्था में पहुँचाने का कार्य हिंदू समाज के तथाकथित ब्राह्मण एवं क्षत्रियों ने किए थे।

4.3 गोचर्म कार्य से हिंदुओं में घृणा

हिंदू समाज और हिंदू धर्म में पशु-पूजा की पद्धति अति प्राचीन है। पशुओं में भी गाय एक विशेष पशु है, जिसे हिंदू समाज अपनी माँ के समान मानता है। जन्म देनेवाली मां, आवास प्रदान करनेवाली धरती माँ और दुग्धपान कराके जीवन को पालनेवाली गऊ माँ सदैव पूजनीय रही हैं। गो माँ की शपथ ली जाती है ताकि लोग कथन पर विश्वास कर लें। पवित्रता के रूप में गाय को उदाहरणस्वरूप प्रस्तुत किया जाता है। देवताओं के देवता बाबा भोलेनाथ के अलावा बैल की पीठ पर कोई बैठता नहीं, सामान भले लादता है और बैलगाड़ी में उपयोग तक करता है।

देवी-देवताओं को गाय का दूध, घी, दही प्रसाद के रूप में चढ़ाने की प्रथा है। चिकित्सक लोग पंचगव्य का प्रयोग असाध्य रोगों को मिटाने में करते हैं। मृत्योत्तर जीवन वैतरणी आदि पार करने हेतु गाय का सहारा चाहता है जिसके लिए लोग गोदान करते हैं। गोहत्या का पाप ब्रह्महत्या के समान माना जाता है। कामधेनु की पुत्री नंदिनी की सेवा से राजा दिलीप संतानवान ही नहीं हुए थे अपितु उनके वंश में भगवान् श्रीराम ने जन्म लिया। आज भी गोसेवा से बढ़कर कोई सेवा नहीं मानी जाती। किसी भी धर्म-कर्म को न करनेवाला यदि गोसेवा कर लेता है तो उसको कोई दोष नहीं लगता है। गो-सेवा संबंधित एक वर्तमान उदाहरण है। स्व. इंदिरा गांधी जब प्रथम बार प्रधानमंत्री बनी थीं उस वर्ष यानी सन् 1966 में गोपाष्टमी के दिन एक लाख साधु-संतों ने वोट क्लब पर धरना दिया था। उन बेचारे गोसेवक संतों पर गोलियाँ चली थीं। छियासठ संत मारे गए थे। यह मात्र आकस्मिक नहीं था कि जिस दिन श्रीमती इंदिरा गांधी की हत्या हुई थी वह दिन गोपाष्टमी था। उनकी हत्या के लिए छियासठ गोलियाँ चली थीं। गो-पूजा अष्टमी को ही होती है। संजय गांधी की एक विमान दुर्घटना में मृत्यु अष्टमी के दिन हुई एवं राजीव गांधी की भी हत्या गोपाष्टमी की तिथि पर ही हुई थी।

इतने महत्त्वपूर्ण पशु की नृशंस हत्या केवल उसका मांस खाने के लिए करनेवाले मुसलमान और ईसाई, भले ही मसजिदों अथवा गिरजाघरों में दिवंगत हों, किंतु उनको कभी मुक्ति (मोक्ष) नहीं मिल सकती है। गोचर्म को इसलाम में परोक्ष रूप से महत्त्वपूर्ण माना गया है, हिंदुओं को आक्रोशित करने हेतु उसके प्रयोग का प्रदर्शन भी किया जाता

रहा है। बगदाद के खलीफा ने अपने सेनापति मुहम्मद बिन कासिम को बैल की खाल में भरकर तीन दिनों तक कठोर यातना दी और मार डाला था। मंदिरों को तोड़ने एवं लूटने के बाद उनमें गो-बैल काटकर उनके रक्त पूरे देवकक्षों में फैलाए जाते थे और उसमें पैर रखकर विदेशी आक्रांता शासकों द्वारा हिंदुओं की गो-आस्थाओं पर प्रहार किया जाता था।

ऐसे पूजनीय पशु की खाल से संबंधित कार्य हिंदू चमार जाति के लोगों पर थोपकर मुसलिम आक्रांताओं ने सीधे-सीधे हिंदू आस्था पर प्रहार किया था और इस कार्य में लगे हुए लोगों को कार्य करते हुए सार्वजनिक रूप से स्वयं को प्रदर्शित करने के लिए भी बाध्य किया था, जिसे देखकर हिंदुओं के मन में घृणा का भाव उत्पन्न हुआ और शेष हिंदू बलपूर्वक चर्मकार बनाए हिंदू चमार जाति के लोगों के साथ घृणापूर्ण भावना रखने लगे। गोचर्म निकालनेवालों से उनको हिंदू मानते हुए उनसे घृणाभाव अवश्य रखते थे। इतिहासकार डॉ. हामीदा खातून के अनुसार हिंदू आज भी गाय के प्रति हिंदू आस्था और सूअर के प्रति मुसलिम आस्था का पूरा ज्ञान ईसाइयों को था, इसलिए विदेशी इसलामिक सुल्तान इसलाम अस्वीकार करनेवाले हिंदुओं को क्षुब्ध करने के लिए जिस तरह गायों की हत्या करके उन हिंदुओं से गोचर्म कार्य करने हेतु बाध्य करते थे, उसी प्रकार मसजिदों में सूअर काटकर फेंकनेवाले ईसाई मुसलमानों को क्षुब्ध करते और उनके आस्था को आघात पहुँचाते थे। यह कार्य आज भी ईसाई मिशनरियाँ करके हिंदू-मुसलिम सांप्रदायिक दंगा करवाती हैं। मुसलमान यह समझते हैं कि उनकी मसजिदों को कोई हिंदू द्वारा अपवित्र किया गया होगा।

इसलामिक लुटेरे जब भी किसी लूटपाट और मार-काट के कार्यों के लिए चलते थे उस समय अपने आगे-आगे गाय-बैलों का झुंड लेकर चलते थे ताकि हिंदू उन पर आक्रमण न कर सकें। गोवंश को बचाकर जब तीरों की वर्षा की जाने लगती तो वे मुसलमान गायों के बीच में छिप जाते थे। उनकी इस चालाकी से निपटने के लिए मध्ययुग में खटीक जाति की बस्तियों में आवासों के चारों ओर सुअरों को बाँधा जाता था, ऐसे में वे विदेशी आक्रांता मुसलमान आक्रमणकारी उलटे पाँव लौट जाते थे। जैसे मुसलमानों ने हिंदुओं को दिखाकर गायों को काटना प्रारंभ किया था, उसी प्रकार खटीक एवं वाल्मीकि जाति के हिंदुओं ने सूअर को काटकर बेचना एवं खाना आरंभ किया था।

हिंदू धर्म में घृणा का प्रयोग केवल अपवित्र वस्तुओं अथवा अपवित्र विचारों के प्रति घृणा मान्य है। किसी को अपवित्र मानकर उसको स्पर्श न करना भी एक प्रकार से घृणा की ही अभिव्यक्ति है। किसी-न-किसी भी प्रकार का व्यवहार उस समय समाप्त कर लिया जाता है, जब किसी कारण से ऐसे व्यक्ति के प्रति किसी के मन में घृणा का

भाव उत्पन्न होता है। स्वाभिमानी हिंदुओं को जिस समय गोचर्म के कार्य में बलपूर्वक लगाया गया था उस समय उनको भूलवश हिंदुओं ने विदेशी आक्रांताओं की ही श्रेणी का माना और जिस प्रकार से विदेशी इसलामिक शासकों से उन्होंने घृणा का बरताव किया, उसी तरह चर्म-कर्म अथवा गोचर्म-कर्म में लगे हुए हिंदू चमार जाति से भी जाने-अनजाने अस्पृश्यता का व्यवहार किया गया।

मृत पशुओं की खाल का उपयोग हिंदुस्थान में कभी हुआ ही नहीं था, इसलिए यहाँ के हिंदू चमड़े के उपयोग को अपवित्र मानते थे। तीर-धनुष को सुरक्षा हेतु अंगीकार किया गया था, किंतु प्रत्यंचा (धनुष-डोर) सन अथवा सूत या सिल्क की रस्सी से बनाते थे। तलवार की म्यान और ढाल सदैव लकड़ी के बने होते थे। रथ और घोड़े के जीन भी मजबूत रेशम या सूत के होते थे क्योंकि युद्धभूमि में उन रस्सियों को मुँह से पकड़कर कभी-कभी दोनों हाथों से तलवार-तीर आदि चलाया जाता था। अतएव चमड़े से लोगों को घृणा थी। मुसलिम आक्रांताओं ने जब गोचर्म के कर्म में स्वाभिमानी हिंदुओं को बलपूर्वक चर्म-कर्म में लगाया। चमार जाति का बनाया तो शेष हिंदुओं को उनसे दूर होना स्वाभाविक था।

गोवंश-वृद्धि में हिंदुओं को हर प्रकार से सुख मिलता था। गाय यदि बछड़ा जनती तो वह बड़ा होकर खेती के काम आता और बछिया जन्मती तो वह गाय बनकर माँ के रूप स्थापित हो जाती थी। इसलामिक तथा ईसाई संस्कृति में दूध से अधिक पौष्टिक तत्त्व मांस में माना जाता है, इसलिए वे लोग बछड़ा और बछिया का मांस विशेष अवसरों पर प्राप्त करने हेतु उनको काट दिया करते थे। गाय उन बछिया-बछड़ों के अभाव में दूध नहीं देती थी तो हिंदू शिशुओं को कुपोषण का शिकार होना पड़ता था, क्योंकि उनको मांसाहार वर्जित था। दूसरी ओर कृषि-कार्य के लिए बैलों का अभाव होता था। बछड़ों को सांड़ के रूप में गो प्रजाति संवर्धन हेतु छोड़ने की भी प्रथा हिंदुओं में थी और दान में भी प्रायः बछिया ही दी जाती थी। उनकी हत्या हो जाने पर ये दोनों ही कार्य बाधित होते थे, जबकि ये कार्य मुख्यतः धर्म से जुड़े होते थे। गाय से दूध पाने के लिए उन बछड़ों और बछियों के चमड़े में भूसा भरकर उन पर गुड़ अथवा शीरा लगाया जाता था ताकि गाय उसे चाटते हुए अपने बच्चे की अनुभूति करे ताकि उसका दूध सरलता से निकाला जा सके। गोचर्म में भूसा भरकर बेचने का कार्य मुसलमानों एवं ईसाइयों द्वारा बड़े पैमाने पर किया जाता था। चूँकि उस गोचर्म को साफ करके उसमें भूसा भरने-का कार्य हिंदू चमार जातियों से कराया जाता था, इसलिए शेष हिंदू उनसे दूरी बनाते, घृणा एवं अस्पृश्यता का व्यवहार करते थे।

गाय और सुअर की चरबी का राइफलों की गोली या कारतूस में प्रयोग अंग्रजों ने किया और हिंदू तथा भारतीय मुसलमानों को एक ही साथ विधर्मी बनाने का कार्य

किया। उन राइफलों की कारतूसों का पिन दाँतों से खींचकर खोलते थे और उसमें गाय तथा सुअर की चरबी होने से वह मुँह से छू जाती थी। इस रहस्य का पता चलने पर सन् 1857 ई. में अंग्रेज सरकार के विरुद्ध सैनिक क्रांति हुई थी। मध्ययुग में गोचर्म से हिंदुओं में किसी रक्त क्रांति का तो प्रादुर्भाव नहीं हो पाया, परंतु गोचर्म कर्म में संलग्न किए गए हिंदू अपने ही जाति-गोत्र द्वारा अपने ही हिंदू समाज में परित्यक्त हो गए और उनके साथ घृणा एवं अस्पृश्यता का व्यवहार किया जाने लगा। वाद्य-यंत्रों में चमड़े का प्रयोग होता था किंतु कभी भी गोचर्म का कोई वाद्य नहीं बनाया जाता था। इसमें प्रयुक्त चमड़ा आखेट योग्य पशुओं का होता था। मुसलिम आक्रांताओं ने वाद्य यंत्रों का निर्माण कार्य मुसलिम वर्ग के हाथों में इसलिए अधिग्रहीत कर लिया क्योंकि वे सरलता से गोचर्म का उपयोग करते थे। शहनाई में उन्होंने चर्म की पत्ती को लगाया जबकि बाँसुरी में नहीं लगा पाना उनकी विशेषता थी। यही कारण है कि हिंदू केवल बाँसुरी बजाते थे, परंतु कभी शहनाई नहीं बजाई। परिणाम उसका आज भी देखा जा सकता है कि हिंदू समाज से पद्मविभूषण हरि प्रसाद चौरसिया एवं मुसलिम समाज से श्रद्धेय भारतरत्न बिसमिल्लाह खान एक ही स्थान वाराणसी से हैं। गोचर्म को लेकर घृणा के भाव का यह सब ज्वलंत उदाहरण है।

4.4 मुसलिम आक्रांताओं द्वारा बड़ी संख्या में गो-वध

हिंदुस्थान में कहावत कि दूध की नदियाँ बहने का एक कारण यह था कि प्राय: सभी हिंदू सैकड़ों की संख्या में गऊ माताएँ पालते थे। आरण्यों में बने गुरुकुलों को चक्रवर्ती सम्राट् हजारों गाय दान में देते थे। गायों के लिए वनों को हिंसक पशुओं से सुरक्षित रखने हेतु राजा लोग हिंस्र पशुओं का आखेट करते थे। गायों के चरागाह पवित्र स्थान के रूप में मान्य किए गए थे। भारतीय जीवन संस्कृति में गायों का दान सबसे बड़ा दान माना जाता था। उसे कन्यादान तथा स्वर्णदान से भी अधिक समादृत किया गया था।

गाय वस्तु-विनिमय का माध्यम थी। वैदिक काल में तो मुद्रा के स्थान पर गायों का ही प्रयोग होता था। क्षतिपूर्ति में भी लोग गायों का ही आदान-प्रदान किया करते थे। यह गाय हिंदुस्थान की चल संपदा थी और लोग गौरी, भूरी, काली, सुरभि, मैनी, कामधेनु, सुखिया आदि नामों से उनको पुकारते हुए स्नेह और सम्मान देते थे। गायें दिन भर चरागाहों में रहतीं और सायंकाल रम्हाती और धूल उड़ाती हुई अपने घरों को वापस आती थीं। हिंदुओं ने उस समय का नाम सम्मान के साथ 'गोधूलि वेला' रखा था। आज भी हिंदुओं का सर्वाधिक पवित्र स्थान काशी एवं काशी स्थित बाबा विश्वनाथ का पवित्र मंदिर गोधुलिया यानी गोदौलिया पर ही अवस्थित है।

गाय का गोबर, पंचगव्य औषधि और गोमंडप पवित्र माने जाते थे। गायों के ही सत्संग में रहने के कारण गोप-गोपी शब्द का जन्म हुआ था। लोग अपने बच्चों का नामकरण गोपाल शब्द से करना पसंद करते हैं। गाय किसी भी हिंदू के लिए सामाजिक, धार्मिक, आर्थिक और सांस्कृतिक आस्था का प्रतीक मानी जाती है। गोचारण का कार्य भाग्यशाली हिंदुओं को सुलभ माना जाता था। हिंदू परिवारों में आज भी श्रद्धा के अवसरों पर तथा नित्यमेव भी, घर में बने भोजन का प्रथम ग्रास किसी गाय को खिलाने की प्रथा है।

मुसलिम आक्रांताओं को पता था कि हिंदुओं में गाय के प्रति सम्मानजनक भाव पाए जाते हैं, इसलिए सामने से आती हुई सेना के सम्मुख वे स्वयं को खड़ा न कर गायों को ही खड़ा करते थे। रास्ते में गायों का रक्त प्रवाहित करके हिंदुओं का मार्ग कूटनीतिक विधि से रोकते थे। हिंदू अपने मंदिरों में प्रवेश न कर सकें, अतएव वहाँ भी गायों को काटकर उनका रक्त दरवाजों के भीतर एवं बाहर फैला दिया जाता था। गोदुग्ध के अभाव में पूजा-पाठ हेतु प्रभु का चरणामृत तैयार होना कठिन था, अतएव भारी मात्रा में गायें विदेशी मुसलिम आक्रांता शासकों के आदेश से मार दी जाती थीं। गाय का दूध पीकर कोई भी हिंदू बलिष्ठ न बन सके, इसलिए भी योजनाबद्ध गायों की हत्या अधिक संख्या में की जाती थी। गायों की मृत्यु से मुद्रापान की समस्या उत्पन्न हो सकती थी और लोग वस्तुविनिमय के लिए घोड़ों आदि पर निर्भर हो सकते थे जिससे अरबी घोड़ों की बिक्री बढ़ी थी जबकि उसका लाभ सीधे इसलामिक देशों को मिला था, अतएव गायों को मारने का कार्य तीव्रतर किया गया। बैलगाड़ियों में बैलों से काम चलता था। गाय-बैल मारे जाने से उन गाड़ियों में घोड़ों को लगाने की विवशता हुई थी, इसलिए भी अधिक मात्रा में गोहत्याएँ कराई गईं, ताकि मुसलमानों को घोड़े बेचकर अधिकाधिक लाभ प्राप्त हो सके।

पशु-मांसों में गोमांस और पशु चर्म में गोचर्म, दोनों से ही अधिक लाभ अर्जित करने का लक्ष्य अरब के विदेशी इसलामिक आक्रांताओं का था। गोमांस की भेंट वे ईसाइयों को प्रदान करते थे और उनसे उस मांस और चमड़े के बदले विदेशी वस्तुएँ प्राप्त करते थे। बाद में अंग्रेजों ने भी अपने व्यवसाय में गोमांस एवं गोचर्म की बनी वस्तुओं का निर्यात ही अपना मुख्य व्यवसाय सुनिश्चित किया। गोचर्म के बने वस्त्र अरब के निवासियों को ऊँचे मूल्यों पर उपलब्ध कराया जाता था। चमड़ों से बने थैलों में मुसलिम आक्रांता खाद्य और अखाद्य, दोनों ही तरह की जीन्सें (वस्तुएँ) रखते थे। चमड़ा के थैला में भरा हुआ पानी पीने के काम में आता था और इसकी मशक से नालियों की धुलाई की जाती थी। इस प्रकार चमड़े से अनेक वस्तुओं के निर्माण के कारण भी चमड़े की खपत मध्ययुग में अधिक हुई थी। भारत में मुसलिम शासकों ने चमड़ा उत्पादन के बहुत

अधिक प्रयास किए थे।[1] जिसकी पूर्ति के लिए गोवंश की हत्या कराकर मुसलिम आक्रांताओं ने दोहरा लाभ अर्जित किया था। एक तो चर्म से मूल्य प्राप्त होता था, दूसरा हिंदुओं की आस्था भी गोवध से प्रभावित होती थी।

गायों की हत्या अधिक मात्रा में कराने के पीछे गोवंश की समाप्ति का इसलामिक उद्‌देश्य घृणास्पद था, परंतु उनको दंडित किए जाने के लिए आज जैसा नियम उन दिनों न था। गोमांस का मूल्य सबसे महँगा था, इसलिए उसको काटकर मुसलिम लोग अधिकाधिक लाभ कमाना चाहते थे। गायों को माँ की भाँति माननेवाले हिंदुओं को गोहत्या की धमकी देकर मुसलिम व्यापारी धन की ठगी करते थे। इसके लिए वे हिंदू बहुल स्थानों पर जाते और यह घोषित करते कि वहाँ कोई गाय काटी जानेवाली है, ताकि उसका मांस बेचकर उसके पैसे से किसी का विवाह अथवा किसी की चिकित्सा की व्यवस्था की जाए। गोवध रोकने के लिए भारी संख्या में हिंदू वहाँ एकत्रित होते थे और गाय काटनेवाले को अधिकाधिक पैसा यह कहकर देते थे कि वे गाय को न काटे और उसके बदले में प्राप्त पैसे से अपना काम चला ले। यही कारण था कि उन्होंने बड़े पैमाने पर गोवध कराया था। अधिक हिंदुओं को एक साथ समाजच्युत करने के लिए अधिक गोचर्म की आवश्यकता होती थी जिसकी पूर्ति के लिए भी विदेशी आक्रांताओं द्वारा भारी मात्रा में गोवध कराया गया था।

हिंदुओं की दृष्टि में गायें इस धरती का आभूषण थीं। खेती की हरियाली उतनी सुखद न थी जितनी गायों से आच्छादित भूमि सुंदर लगती थी। गोबर से बनी कंपोस्ट खाद खेतों की उर्वराशक्ति बढ़ाती थी। गोबर के उपले ईंधन के काम आते थे। इनके अभाव से फसलें कमजोर हो सकती थीं और ईंधन के लिए लोग अपने वृक्षों को काटने हेतु विवश किए जा सकते थे। हिंदू अपने भोजन पकाने हेतु पवित्र गायों के गोबर अधिक प्रयोग में लाते थे और पूर्व काल में प्रत्येक घर का एक सदस्य दिन भर गायों का गोबर संकलित करने में लगाया जाता था। इसमें अभाव की स्थिति उत्पन्न करने के लिए भी मुसलमानों ने अधिक मात्रा में गायों की हत्या कराई थी।

हिंदू अध्यात्म चिंतन के अनुसार गायों में लक्ष्मी, सरस्वती और अन्नपूर्णा—इन तीनों देवियों का एक साथ निवास होना माना जाता है। विदेशी मुसलिम आक्रांताओं द्वारा गायों की हत्या करके इन तीनों देवियों के मंदिर और मूर्ति तोड़ने के बराबर का लाभ मानते थे। विदेशी आक्रांताओं का एक ही उद्‌देश्य था—हिंदुओं की संपत्ति छीनकर उनको निर्धन कंगाल बनाना और इसलाम स्वीकार कराना। अतएव कंगाल बनाने के लिए भी उन्होंने अतुल्य हिंदू निधि गायों की निर्मम हत्या कराई और इससे हिंदुओं का

1. डॉ. हामीदा खातून, अर्वनाईजेशन, पृ. 50

धार्मिक और आर्थिक उत्पीड़न किया।

मध्ययुग तक आते-आते हिंदुस्थान में पशुपालन एक व्यवसाय बन चुका था और लोग कृषि के साथ-साथ पशुपालन द्वारा भी अधिकाधिक लाभ अर्जित करते थे। पशुपालन में पशुवध एवं गोहत्या करके धन कमाने की अवधारणा मुसलिम शासन की देन हैं। उक्त पापमय सोचों के कारण भारी मात्रा में गायों की हत्या हुई थी। गोवंश का नाश हिंदू वंश के नाश के समान था। गोवंश की हत्या करके हिंदुओं को उत्तेजित किया जाता था ताकि वे लड़ाई-झगड़ा की स्थिति उत्पन्न करने का अवसर दे सकें। और उनको किसी भी तरह से मार-काट का शिकार बनाया जा सके।

4.5 सामाजिक घृणा एवं तिरस्कार से गोचर्म-कर्मी पड़े अलग-थलग

हिंदू लोकजीवन में सामाजिक घृणा का आधार जाति, धर्म, वर्ग, वर्ण, कुल, वंश, गोत्र प्रवर एवं सामाजिक मान्यताएँ आदि कुछ भी नहीं थीं। हिंदू समाज सभी प्रकार से सुदृढ़ और संगठित था। परंतु हिंदू जीवन-पद्धति में गाय के प्रति धार्मिक आस्था का प्रश्न सदैव ही गोचर्म-कर्मियों के साथ भेदभाव करने हेतु प्रभावकारी रहा। हिंदू चमार जाति में परिवर्तित राजवंशीय क्षत्रिय जब बलपूर्वक गोचर्म-कर्मी बनाए गए उसी समय उनको अपवित्र मानकर उनका सामाजिक बहिष्कार एवं उन्हें असामाजिक तक कहा गया और अज्ञानतावश सभी क्षेत्रों में उनके साथ घृणा और तिरस्कार उत्पन्न किया गया।

हिंदू समाज का संगठन गोवंश के समान ही वर्ण अथवा जाति पर आधारित न होकर स्वच्छता एवं पवित्रता पर आधारित था। गाय जन्मजात धर्म का प्रतीक थी तो हिंदू जन्मजात धार्मिक था। गोवंश के सापेक्ष मानव समाज कुछ नहीं था, जबकि हिंदू समाज तो निरंतर गो संवर्धन हेतु सर्वदा श्रद्धावनत था। यही कारण था कि हिंदुओं की एक बड़ी जनसंख्या जब विदेशी आक्रांताओं द्वारा बलपूर्वक गोचर्म-कर्म में लगाई गई एवं अन्य पवित्र हिंदुओं से दूरी पर रखी गई और हिंदू आचार-व्यवहारों से वंचित की गई तब सामान्य पवित्र हिंदुओं ने मुगलों द्वारा उनके उत्पीड़न की अनदेखी कर दी। यहीं पर हिंदू समाज ने भारी भूल की, परिणामस्वरूप भारी संख्या में स्वाभिमानी एवं धर्माभिमानी लोग अलग-थलग अस्पृश्य एवं अपमानित हुए।

गोचर्म-कर्मी हिंदू समाज से अलग किए गए। उनके साथ खान-पान का संबंध अपवित्र घोषित किया गया और तथाकथित अज्ञानियों द्वारा स्थिति-परिस्थिति का चिंतन किए बिना उनका धार्मिक कार्य प्रतिबंधित भी किया गया। अपने जन्म से लेकर मृत्युपर्यंत तक के संस्कारों में आबद्ध हिंदू उन अपवित्र हिंदुओं को साथ रखने से इनकार कर दिए। मेले, उत्सवों और त्योहारों के अवसरों पर भी अस्पृश्य एवं अलग

रखे जाते थे। यह क्रिया सदियों तक चली इसलिए धीरे-धीरे अस्पृश्य एवं अस्वच्छ वृत्ति में लगे हिंदू लोग सामान्य हिंदुओं से घृणित और तिरस्कृत एवं पूर्णतः अस्पृश्य होकर अलग-थलग पड़ गए।

गोचर्म-कर्मी क्षत्रिय कुल के हिंदू चमार पूर्व में क्षत्रिय कुलों से वैवाहिक संबंध रखते थे, परंतु अपवित्र हो जाने की स्थिति में उनका वह संबंध भी प्रभावित हुआ। उनसे उत्पन्न संतानें वर्णसंकर मानी गईं और उनको जन्मना अपवित्र मानने की प्रथा चल पड़ी। सामाजिक घृणा एवं तिरस्कार ने क्षत्रिय कुलों को चमार जाति में परिवर्तित कर दिया। क्षत्रिय कुलों एवं राजवंशों की पहचान समाप्त हो गई और हिंदू समाज में चमार जाति नामक एक नए कुल-वंश की उत्पत्ति हो गई। उनका हुक्का-पानी बंद कर दिया गया। सहानुभूति में उनसे संबंध रखनेवाले भी परित्यक्त हुए। ऐसे अपवित्र लोगों को शोषित होने दिया गया और उसका विरोध किसी भी हिंदू ने नहीं किया। इसके कारण भी सामान्य और दलित हिंदुओं के मध्य तिरस्कार और घृणा का बीजारोपण हुआ और वे दलित हिंदू इस स्थिति की जिम्मेदारी विदेशी आक्रांताओं पर न डालकर सीधे सामान्य हिंदुओं पर ही डालने लगे। यह भ्रम आज तक हिंदू समाज में दो सगे भाइयों के बीच खाई बनाए हुए हैं। इससे प्रभावित एक हिंदू अपने को अपवित्र मानता है तो दूसरा पवित्र मानता है। पवित्रता के नाम पर समाज में घृणा एवं तिरस्कार का उत्पन्न किया गया वातावरण पूर्णतः प्रदूषित है जिस पर ध्यान देना आज की माँग है और हिंदू को एक सुदृढ़ समाज के रूप में स्थापित करने की नितांत आवश्यकता भी है। सामान्य हिंदू अथवा ब्राह्मण या क्षत्रिय लगभग तेरह सौ वर्षों से कभी शासक नहीं थे इसलिए दलित बनाए गए हिंदू जातियों के लिए वे उत्तरदायी नहीं माने जा सकते हैं। किंतु वर्तमान समय में जाति पर आधारित राजनीतिक व्यवस्था ने वोट बैंक के लिए हिंदू समाज को बाँटकर दलितों के मन में ब्राह्मण, क्षत्रियों एवं अन्य के प्रति दुर्भाव पैदा करके इसके लिए इन्हें दोषी ठहराया जा रहा है।

घृणा और तिरस्कार को जन्म देनेवाले कुछ कार्य होते हैं, जैसे—सामाजिक मूल्यों से दूर हो जाना, सामाजिक नियमों और कानूनों को मानने की बाध्यता से मुक्त होना, किसी पापमय कार्यों में लिप्त होना, शारीरिक गंदगी को बनाए रखना, मानसिक रुग्णता का शिकार होना, धर्मच्युत होकर अर्थ, काम और मोक्ष के साधनों का बहिष्कार करना, देवी-देवताओं की पूजा और अतिथियों की सेवा से वंचित न होगा इत्यादि। इन सभी आधारों पर वर्तमान हिंदू चमार जाति के लोग मध्ययुग तक इसलामिक शक्तियों के प्रभावों में होने से बाधित किए जा चुके थे, अतएव उनके साथ सामाजिक घृणा एवं तिरस्कारपूर्ण व्यवहार स्वाभाविक था।

गोचर्म-कर्म जैसे अपवित्र कार्यों में बलपूर्वक लगाए गए लोगों की वस्तुस्थिति से

शेष हिंदू समाज पूर्णरूपेण अवगत नहीं था, इसलिए हिंदू चमार जाति के लोगों को उनसे कोई सहानुभूति प्राप्त नहीं हो पाई थी। उन तथाकथित सामान्य हिंदुओं ने दलित लोगों से अपने को इसलिए दूर रखा, क्योंकि इसलामिक आक्रांताओं ने भी उनका तिरस्कार किया था। अर्थात् सामान्य हिंदुओं ने विदेशी आक्रांताओं का अंधानुकरण किया, जबकि उनको अपने विवेक से काम लेना चाहिए था और अपवित्र कार्यों में लगाए लोगों की वास्तविक परेशानियों को ठीक से समझकर उनके साथ सहानुभूति रखनी चाहिए थी।

सामान्य हिंदू इसलामिक शक्तियों से घृणा करते थे और उनको अपवित्र मानकर उनका तिरस्कार भी करते थे। ऐसे घृणित और तिरस्कृत लोगों ने जब दलित हिंदुओं से घृणा करनी आरंभ की तो सामान्य हिंदुओं को भी लगा कि वे दलित हिंदू संभवत: विदेशी आक्रांताओं से भी अधिक अपवित्र हैं, इसलिए उनके साथ घृणास्पद व्यवहार स्वाभाविक बन गया। उन्होंने हिंदू चमार जाति के साथ सामाजिक संबंध स्थापित करने से इनकार कर दिया, क्योंकि वे लोग गोचर्म से संबंधित कार्य करके अपवित्र एवं दलित हो चुके थे।

हिंदू समाज कालांतर में जन्म पर आधारित व्यवस्था को मानने लगा था इसलिए हिंदू चमार कुल में उत्पन्न शिशुओं से भी तथाकथित उच्च वर्ग के लोग घृणा करते थे और उनको जन्मना मानकर सामाजिक स्तर पर उनसे भी घृणा करते और उनका तिरस्कार करते थे। इसका कारण यह नहीं था कि वह बालक भी गोचर्म-कर्म करता था बल्कि उसके पिता-पितामह ऐसा कार्य करते थे इसलिए उसके साथ घृणा और तिरस्कार किया गया, जो पूर्णरूपेण शास्त्र विरुद्ध एवं मूर्खतापूर्ण था।

हिंदुस्थान में जिन दिनों स्वाभिमानी जातियों के हिंदू लोगों को अपवित्र कार्यों में लगाते हुए उनका शोषण एवं उत्पीड़न किया जा रहा था, ठीक उन्हीं दिनों मुसलिम, ईसाई और मुसलिम फकीरों एवं गिरिजाघरों में षड्यंत्र रच रहे मिशनरियों ने उनके विषय में अफवाहें फैलाईं कि हिंदू गोचर्म-कर्मी स्वेच्छा से गोमांस तथा गोचरबी का उपयोग कर रहे हैं और गोचर्म संबंधी कार्यों के बदले अधिक मजदूरी प्राप्त कर रहे हैं। इन भ्रामक अफवाहों का प्रभाव हिंदू समाज पर पड़ा और बिना वस्तुस्थिति की जानकारी प्राप्त किए ही हिंदू समाज ने बलपूर्वक बनाई गई हिंदू चमार जाति के साथ सामाजिक स्तर पर भेदभाव करना आरंभ कर दिया।

हिंदू समाज ने मध्ययुग में धार्मिक पवित्रता के आधार पर कुछ अधिक कठोर नियमों को बना लिया था ताकि कोई भी हिंदू इसलाम अथवा अन्य गैरहिंदू धर्मों में कुछ समय तक रह लेने के बाद, चाहकर भी हिंदू धर्म में वापस न लौट सके। इसके पीछे भी उन्हीं गैर-हिंदू शक्तियों के द्वारा रचे षड्यंत्र का ही हाथ था। क्रूर इसलामिक शासन काल में हिंदू समाज के नियम हिंदुओं के लिए कुछ अधिक उदार होने चाहिए थे, ताकि मुसलिम

और अंग्रेज आक्रांताओं द्वारा बलपूर्वक मुसलमान, ईसाई आदि बनाए गए लोग यदि पुनः हिंदू धर्म में वापस लौटना चाहें, तो उन्हें वह अवसर प्राप्त हो सके। हिंदू धर्मरक्षकों ने पवित्रता का आधार सदैव ऊपर रखा इसलिए अपवित्र हो चुके दलित जाति के लोगों के साथ सामाजिक स्तर पर भेदभाव, घृणा एवं तिरस्कार का भाव बनाए रखा। संत रैदासजी ने हिंदू धर्मरक्षकों और तथाकथित ब्राह्मणों को बार-बार समझाया कि विदेशी इसलामिक आक्रांता शासकों द्वारा उत्पीड़न के शिकार बने हिंदू चमार जाति की मूल राजवंशीय एवं देशरक्षक की परंपरा को ध्यान में रखकर उनके साथ सहानुभूति रखी जाए और सामाजिक स्तर पर उनका तिरस्कार न करके उनको अपनाया जाए अन्यथा अपने ही लोगों द्वारा घृणा किए जाने पर वे टूटकर बिखर जा सकते हैं। हिंदू धर्म से अलग होने की सोच उनके मन में भी उत्पन्न हो सकती है और ऐसे में हिंदू समाज की आंतरिक बल शून्य हो जाएगा। उनकी ये पंक्तियाँ इस संदर्भ में एक अनुरोध थीं—

"मैं ते ममता देखि सकल जग, मैं से मूल गँवाई।
जब मन ममता एक एक मत, तबगिं एक हैं भाई॥[1]

उन्होंने अपवित्र एवं अस्पृश्य बनाए गए लोगों की विवशता पर ध्यान दिलाया और कहा कि पराधीन (युद्धबंदी) होने पर विदेशी आक्रांताओं द्वारा बलपूर्वक थोपे गए कार्यों का निष्पादन किसी के लिए भी अपरिहार्य हो सकता है, अतएव यह समझकर कि सभी हिंदू पराधीन हैं, संक्रमण एवं आपदकाल में सामाजिक स्तर पर सबको एकजुट होना चाहिए और किसी के साथ किसी को भी घृणा अथवा तिरस्कार का भाव प्रदर्शित नहीं करना चाहिए। पराधीन लोगों की दशा का चित्रण उन्होंने इन शब्दों में किया था—

पराधीन का दीन क्या, पराधीन बैदीन।
रैदास दास पराधीन को, सभी समझें हीन॥[2]

4.6 छुआछूत एवं अपवित्रता अलगाव का मुख्य कारण

हिंदू धर्म में पवित्रता की अवधारणा तो प्राचीन काल से थी, हिंदू छुआछूत का भेदभाव केवल अशौच की अवधि तक के लिए ही किसी व्यक्ति के भी साथ किया जाता था। वर्ण अथवा जाति के साथ किसी व्यवसाय अथवा अन्य आधारों पर हिंदू समाज में कहीं छुआछूत का भेदभाव नहीं था। वर्ण-व्यवस्था काल में भी सभी वर्ण एक साथ रहते थे। सवर्ण का अर्थ था—'जो वर्ण के साथ हो।' शूद्र भी वर्ण के साथ था

1. डॉ. विजय सोनकर शास्त्री, हिंदू धर्म रक्षक संत रैदास, पद-12
2. वही, पद-53

इसलिए उसे सवर्ण कहते थे। तत्कालीन संपूर्ण हिंदू समाज छत्तीस जातियों में ही मात्र विभक्त है और ये सभी जातियाँ चार वर्णों एवं एक सौ सत्रह गोत्रों में सिमटी थी। जो हिंदू नहीं थे वे किसी वर्ण में न होने से सवर्ण नहीं थे। ब्राह्मण, क्षत्रिय, वैश्य की भाँति शूद्र भी एक वर्ग में थे। शूद्र अत्यधिक पौरुषेय होने से अत्यधिक उत्तरदायित्वों का निर्वहन करने हेतु अनुरोधित थे। धूप-वर्षा में कठोर श्रम करनेवालों की भाँति उनका रंग श्याम हो गया था जिसका आशय यह नहीं कि वे अवर्ण हो गए थे। अवर्ण का तात्पर्य यह कि जो हिंदू नहीं हैं यानी ईसाई, मुसलमान, पारसी इत्यादि अवर्ण थे।

समाज में सबसे कम संख्या उन लोगों की थी जो ज्ञान-विज्ञान के क्षेत्र में पारंगत थे, उसके बाद पराक्रमी लोगों की संख्या थी। व्यापारियों और महाजनों की संख्या तीसरे स्तर पर थी परंतु शूद्र शिल्पियों और श्रमिकों की संख्या सर्वाधिक थी। उनका शोषण किसी भी स्तर पर किसी के द्वारा नहीं हो सकता था। वे दास भी नहीं बनाए जा सकते थे। श्रमिक आंदोलन की शक्ति से संपन्न शूद्रों को शासन में राज्यपति, प्रांतपति तक के स्थान प्राप्त थे और जो ज्ञान-विज्ञान के क्षेत्र में अपना वर्चस्व रखते थे, वैदिक ऋचाओं के साथ ही रामायण तथा महाभारत जैसे ग्रंथों की रचना तक कर सकते थे। हिंदू धर्मग्रंथों में शासक शूद्र, विद्वान् शूद्र, राजवैद्य शूद्र, ग्रंथकार शूद्र, व्यापारी शूद्र, श्रमिक शूद्र के उदाहरण भरे पड़े हैं; जिनके साथ छुआछूत का भेदभाव धर्मग्रंथों में दुर्भावनावश विदेशी शासकों द्वारा प्रक्षिप्तता के कारण भले ही कहीं लिखा हुआ पाया जा सकता है, परंतु व्यवहार में ऐसा सोचने के लिए न तो गैरशूद्र वर्णों के पास समय था और न ही साहस था।

हिंदू लोकजीवन की सनातन अवस्था में शूद्र ब्राह्मण हो सकता था और ब्राह्मण अपनी वृत्ति परिवर्तित करके शूद्र बन सकते थे। यह भी अनिवार्य अथवा अपरिहार्य नहीं था। सभी लोग अपने-अपने पौरुष तथा रुचि के अनुसार अपना-अपना वर्ण चयन कर लेते थे, परंतु सदैव एक साथ ही रहते थे। हिंदुओं में व्यक्तिगत रूप से जिनके भी कार्य वर्ण विरुद्ध होते थे, उनके साथ पवित्रता तथा अपवित्रता के आधार पर व्यवहार हेतु नियम बनाए जाते थे। चांडाल आदि के लिए उन दिनों जो कठोर नियम बनाए गए थे, उसका उद्देश्य समाज की पवित्रता को बनाए रखने की ही थी, परंतु चांडाल केवल शूद्र वर्ण के ही लोग होते थे, यह मान्यता कपोलकल्पित थी। ब्राह्मण भी अपवित्र कार्यों को करने के कारण चांडाल हो सकता था। यही कारण है कि धर्मग्रंथों में चांडाल को वर्ण-व्यवस्था से अलग रखकर उसे कठोर हिंदू सामाजिक नियमों से अवरुद्ध कर दिया गया था ताकि वह हिंदू धर्म में पवित्रता की आवधारणा का उल्लंघन न कर सके। मनुकाल में चांडाल एवं अंत्यज भी अस्पृश्य नहीं थे।[1]

1. डॉ. बी.आर. अंबेडकर, अछूत कौन और कैसे?, पृ. 99

वर्णों का नामकरण उनके व्यक्तित्व, विचार-भाव, विशेषताओं के आधार पर हुआ था। उसमें उनकी वृत्ति (व्यवसाय) और प्रवृत्ति (एटीच्यूट) को भी आकलित किया गया था। तद्नुसार जो सामाजिक नियमों के निर्माण का कार्य लिए वे ब्राह्मण, जो सामाजिक नियमों का अनुपालन कराने का कार्य लिए वे क्षत्रिय और जो सामाजिक नियमों के प्रभाव, परिवर्तन एवं प्रसार-प्रचार संबंधी सुझाव का कार्य लिए वे वैश्य और जो उन नियमों का सही ढंग से पालन करके दिखलाने का कार्य किए वे शूद्र कहे गए। 'शूद्र' शब्द शुद्ध का अपभ्रंश है। यही कारण था कि शूद्र को जन्म से श्रेष्ठ माना जाता था।[1] अन्य तीन वर्ण जन्म से श्रेष्ठ नहीं होते थे। उन्हें द्विजत्व की प्राप्ति हेतु उपनयन की आवश्यकता थी। द्विजत्व यानी दूसरा जन्म की अवधारणा के अंतर्गत था। एक अन्य संदर्भ में शूद्र का आशय छुद्र नहीं, अपितु 'संपूर्ण छूटे हुए' से होता है। इनको 'शेष वर्ण' भी कह सकते हैं। अतएव प्राचीन हिंदू समाज में छुआछूत एवं भेदभाव लेशमात्र भी नहीं था। यही कारण था कि चार वर्णों में विभक्त होने पर भी हिंदू समाज में अलगाव की स्थिति नहीं थी। यहाँ शूद्र का अर्थ दलित कदापि नहीं माना जाए। क्योंकि विदेशी आक्रांताओं द्वारा सामाजिक और आर्थिक उत्पीड़न एवं दलन से बनी दलित जातियों में सर्वाधिक क्षत्रिय तत्पश्चात् ब्राह्मण एवं उसके बाद अन्यान्य वर्ण की जातियाँ थीं।

मध्ययुग हिंदू अलगाव-काल कहा जाता है, क्योंकि बलपूर्वक आक्रांताओं द्वारा कराए जा रहे अस्वच्छ एवं अपवित्रता के आधार पर लोग छुआछूत को वंशगत व्यवसाय तथा जाति-धर्म संप्रदाय इत्यादि के आधारों पर व्यवहार में लाने लगे थे। बलपूर्वक प्रयुक्त किए गए दुर्गंधयुक्त चमड़े के व्यवसाय से समाज में भी चर्मकर्मियों को अलग रहने का आग्रह किया। यह स्थिति विदेशी मुसलिम आक्रांताओं द्वारा पूर्णतः प्रायोजित थी। यह स्थिति लाने के लिए हजारों युद्धबंदियों को उनके क्षत्रिय-स्वभाव के विपरीत चर्म-कर्म एवं मल-मूत्र जैसे अपावन कार्यों में उनके स्वाभिमान एवं धर्माभिमान को भंग करने के उद्देश्य से बलपूर्वक लगाया गया था, हर प्रकार से उनको मलिन रखकर गाँव तथा नगरों के बाहर अपवित्र स्थानों पर प्रायः गाँव की दक्षिण दिशा में निवास करने के लिए बाध्य किया गया था, क्योंकि दक्षिणी दिशा की ओर से हवा कम उठती थी, जिसके कारण दुर्गंध से बचाव था और उनके अस्वच्छ वृत्ति के कारण 'चमार', 'भंगी' जैसे अपमानजनक तथा अपवित्रतासूचक संबोधन प्रदान किया गया था। इनके प्रति तरह-तरह के भ्रामक कथन प्रसारित किए गए थे ताकि उनको हिंदू समाज का शेष भाग अस्वीकार कर दें और वे अलग-थलग पड़ जाएँ। उनकी यह गंदी नीति कुछ समय तक के लिए सफल रही और अपवित्रता को लेकर हिंदू समाज में छुआछूत जैसा दोष आया

1. मनुस्मृति, 2/155

और चर्म-कर्म में संलग्न किए गए हिंदू चमार जाति के लोग हिंदू समाज से अलग-थलग पड़ गए।

अपवित्रता के आधार पर प्रादुर्भाव छुआछूत की दुर्भावना ने हिंदू चमार जाति के साथ खान-पान, बात-व्यवहार इत्यादि सभी क्षेत्रों में दूरी स्थापित करने का कार्य किया। अपने को पवित्र समझनेवाले हिंदू, उनके साथ सभी प्रकार के संबंध समाप्त कर लिए थे, ताकि उनकी पवित्रता बनी रहे और वे हिंदू धर्म के परिप्रेक्ष्य में अधर्मी अथवा विधर्मी न समझे जाएँ। जब प्रत्येक क्षेत्र में दूरी बनाई गई और सदियों तक अलग-अलग रहकर दोनों प्रकार के हिंदुओं ने अपना जीवन व्यतीत कर लिया, तो उनमें हर स्तर पर अंतर दृष्टिगोचर होने लगा। हिंदू चमड़े को निषिद्ध एवं हेय समझते थे। लेकिन भारत में मुसलिम शासकों ने इसको बढ़ावा दिया।[1]

4.7 चर्म-कार्य में लगी जातियों की अलग पहचान

यह आश्चर्यजनक नहीं है कि लोग अपने कर्म के आधार पर अपनी अलग पहचान रखते हैं। अध्यापक और छात्र का अंतर उनके कार्यों के आधार पर ज्ञेय है। ऋषियों और मुनियों, ब्रह्मचारियों तथा गृहस्थों, राक्षस तथा देवताओं, साथ ही ब्राह्मण, क्षत्रिय, वैश्य एवं शूद्रों आदि सभी की पहचान उनके कार्यों का अवलोकन करने के बाद हो ही जाती है। अपने मनोभावों के आधार पर भी लोग जाने-पहचाने जाते हैं। कर्म तो इतना प्रभावकारी आधार है कि उसके अंतर्गत लोगों की वास्तविक पहचान तक समाप्त हो जाती है और कर्म के आधार पर लोग उनको एक नवीन पहचान दे डालते हैं। हिंदू चमार जाति के लोगों के साथ भी यही स्थिति देखने को मिलती है।

यह सर्वविदित है कि चंवर वंश के लोग क्षत्रिय वर्ण और पिप्पल गोत्र के थे, परंतु इसलामिक काल यानी मध्य काल में जब उनको तथा अन्यान्य क्षत्रिय राजवंशीय कुलोत्पन्न लोगों को इसलाम अस्वीकार करने के बाद विदेशी आक्रांता शासकों द्वारा बलपूर्वक चर्म-कर्म में लगाया गया तो उनका खान-पान, रहन-सहन, आदि सभी कुछ हिंदू समाज से भिन्न होता चला गया। अनेक हिंदू-कर्म से वे अस्वच्छ कार्यों के कारण वंचित कर दिए गए जिसके परिणामस्वरूप उनकी सामाजिक, धार्मिक और सांस्कृतिक गतिविधियाँ मध्यकालीन उत्पीड़न से बचे हुए हिंदुओं से भिन्न हो गईं। कालांतर में वे हिंदू धर्म की अनेक विशेषताओं से बिछुड़ गए। मृत पशुओं को ढोने संबंधित कार्यों से उन्हें मैले और फटे वस्त्रों को निरंतर पहने रहने की उनकी आदत बन गई। अस्वच्छ कार्यों में निरत उन्हें नित्यमेव दोनों समय स्नान करने की आवश्यकता नहीं रही। अभावग्रस्तता और अशिक्षा

1. डॉ. हमीदा खातून, अर्बनाईजेशन, पृ. 50

ने उनको अज्ञानांधकार में ढकेल दिया। उनको देखने से पता चल जाता था कि वे अभाव तथा निर्धन परिवार के सदस्य हैं। धीरे-धीरे लोग यह भूल गए कि वे राजवंशीय क्षत्रिय कुलोत्पन्न ऐसे स्वाभिमानी हिंदू हैं जिन्होंने चर्म-कर्म स्वीकार किया परंतु इसलाम अस्वीकार किया है।

चर्म-कार्य में लगी जातियाँ अभाव एवं निर्धनता के कारण नंगे पाँवों रहती थीं। उनके हाथ में रस्सी, बाँस और चर्म-शोधक चाकू उनके व्यवसाय में सहायक औजार होते थे। आँखें लाल किंतु विदेशी आक्रांताओं द्वारा दिए गए अपमान के भार से झुकी होती थीं। उनकी बलिष्ठ भुजाएँ फड़कती रहती थीं और हाथ की मुट्ठी वे प्राय: खोलते और बंद करते रहते थे। ऐसा लगता है कि वे अपने दुर्भाग्य के दिन गिना करते थे या विदेशी आक्रांता शासकों से प्रतिशोध की सोच आने पर मसोसकर रह जाते थे। दुश्मनों की आँख निकालने में सक्षम अंगुलियाँ विदेशी इसलामिक आतंकवाद के अंतिम दिनों की गणना करती रहती थीं। मस्तक की खिंची रेखाएँ और तनी भौंहें उनकी विवशता को व्यक्त करती थीं, जैसे द्यूतक्रीड़ा में पराजित पांडवों के समक्ष द्रौपदी का चीत्कार सुनना उनकी विवशता बन गया हो।

मध्यकाल में चर्म-कर्म में लगी जातियों की अलग पहचान इस आधार पर भी कर ली जाती थी कि उनके आवास नगरों और गाँवों के बाहर होते थे। उनके आवास घास-फूस के होते थे। घरों के आस-पास चर्मादि का अंबार होता था और उनसे भीषण दुर्गंध उठती थी। वे अपने घरों में निराकार पूजा-पद्धति अपना सकते थे, परंतु घरों के पास कोई मूर्ति अथवा पिंडी आदि भी नहीं रख सकते थे। यज्ञोपवीत के स्थान पर मृत पशुओं को बाँधनेवाली रस्सी उनके गले में सदैव लटकती रहती थी।

मध्यकाल में मृत पशुओं को ढोने के अलावा उनको किसी अन्य कार्य न करने का मुसलिम आक्रांता शासकों की ओर से कठोर निर्देश था। अस्वच्छ कार्य के कारण उनके बच्चे विद्यालय और देवालय में जाने से रोक दिए गए थे। क्षुधातृप्ति के लिए मृत पशुओं का मांस खाना उनकी नियति बन गई थी। उनकी स्त्रियाँ हिंदूघरों में केवल प्रसूत के समय ही जाकर सेवा करने का काम कर सकती थीं, जबकि अन्य समयों में वे उनके घरों की ओर देख भी नहीं सकती थीं। हिंदू चमार जाति के साथ सैकड़ों अन्य दलित वर्ग को जातियों के मानस में सदियों से यह बातें बैठाई गई थीं कि उनका शोषण तथाकथित सवर्ण हिंदुओं ने किया, परंतु वस्तुस्थिति इसके विपरीत थी, क्योंकि गत सात सौ वर्षों से तो हिंदुओं की कोई भी जाति शासन में नहीं थी।

हिंदू चमार जाति के जन्म से मृत्यु तक के सभी संस्कार-क्रियाओं में भी कुछ विशेषताएँ आ गई हैं। उनके वैवाहिक कार्य इत्यादि उनके गाय के चर्म जैसे अपवित्र कार्य में लगे होने के कारण किसी ब्राह्मण पुरोहित द्वारा संपन्न नहीं होते। सभी संस्कारों

में चर्म-पूजा के रूप में मानव-पूजा होती है। जिस आयोजन में प्रसाद वितरण होता है, वह कार्य ये लोग नहीं करते, क्योंकि चर्म-कर्म एवं अस्वच्छता के विचार के कारण कोई नहीं खाता। अपने लोगों में वे जिस प्रसाद को वितरित करते हैं, वह मिश्रित होता है। स्वतंत्रता प्राप्ति के उपरांत प्राप्त हुए मानवाधिकार एवं संवैधानिक अधिकार के कारण अब चमार जाति के लोग भी हिंदू पद्धति से पुनः पूजा-पाठ एवं प्रसाद वितरण आदि करने लगे हैं।

मध्ययुग में बलपूर्वक आक्रांता विदेशी शासकों द्वारा चर्म-कर्म में लगी जातियाँ अपनी लंबी-चौड़ी काया और मूँछों के आधार पर भी जानी-पहचानी जाती थीं। अभावग्रस्त होने के कारण वे किसी से कुछ भी माँगने में संकोच नहीं करते थे और प्रायः महाजनों के कर्ज-बोझ से दबे होते थे। प्राचीन समय में विशेष अवसरों पर उनसे ढोल और नगाड़ा बजाने का कार्य लिया जाता था।

चर्म-कर्म में लगी जातियों की एक अलग पहचान यह भी थी कि वे लोग अपने संतों एवं गुरुओं में अधिक निष्ठा रखते थे। गुरु को भगवान् मानते थे। संत रैदास को उन्होंने अपना इष्टदेव तक मान्य किया था। उनके आचार-नियम आदि उनके गुरु के आदेश-निर्देश होते थे। उनकी बस्ती के पास एक चौधरी होता था जो किसी भी विवाद की अवस्था में अपनी बिरादरी की पंचायत का प्रमुख होकर न्याय करता था। अर्थदंड और थोड़ा शारीरिक दंड देकर समाज के मध्य कटुताओं के निपटारे एवं छोटी-छोटी घटनाओं से संबंधित अपराधी क्षमा कर दिए जाते थे।

चर्म-कर्म में लगी जातियाँ शिल्प-प्रवीण थीं, यद्यपि उनसे चर्म-कर्म ही लिया जाता था। बुनाई कला में वे अधिक दक्ष थे। ढाका का मलमल उन्होंने ऐसा बनाया था जिसका एक थान कपड़ा (मलमल) अँगूठी के बीच से पार कर दिया जाता था। आज भी हिंदू चमार जाति के लोगों के घरों में हथकरघा लगा पाया जाता है जो यह स्पष्ट करता है कि मुसलमानों ने इनको चर्म-कर्म में लगाने के पूर्व धर्मांतरित मुसलमानों को बुनाई कला सिखाने का भार भी डाला था। ऐसी ही अनेक विशेषताएँ विद्यमान थीं जिनसे चर्म-कर्म में लगाए गए हिंदू चमार जाति के लोग मध्यकाल में अपनी अलग पहचान रखते थे।

4.8 विदेशी मुसलिम आक्रांताओं द्वारा उत्पीड़ितों को दलित नाम देकर अंग्रेजों द्वारा दोहरी मार

'दलित' शब्द 'दलन' शब्द से बना है। अर्थात् जिनका दमन एवं दलन किया गया, वे दलित हुए। इसलामिक काल में सर्वाधिक दलन हिंदू ब्राह्मण एवं क्षत्रियों जाति का हुआ था। विदेशी आक्रांताओं ने इसलाम अस्वीकार करनेवाले स्वाभिमानी राजवंशीय

क्षत्रिय एवं धर्माभिमानी ब्राह्मणों को युद्धबंदी बनाने के बाद बलपूर्वक चर्म-कर्म तथा मलमूत्र-कर्म में लगाया और समाज से अलग-थलग रखकर उनकी पहचान बदल दी। वे क्षत्रिय, ब्राह्मण एवं अन्यान्य हिंदू धर्माभिमानी, स्वाभिमानी जातियों से चमार और भंगी बलपूर्वक बनाए गए। उनको उनके ही जाति एवं हिंदू समाज ने अस्वीकार कर दिया। वे हिंदू रहकर भी हिंदू धर्म में अपवित्र एवं निम्न थे और आक्रांताओं ने उनके साथ छुआछूत का भेदभाव करके उनको और भी घृणित और तिरस्कृत बना दिया था। समाज का सबसे निम्न कार्य चर्म-कर्म और मैला ढोना होने से उक्त संवर्ग के लोगों को समाज का सबसे निम्नस्तर का प्राणी माना गया, जबकि उनके हिंदू स्वाभिमान रक्षा के कार्य पर उनको सम्मानजनक स्थान और सर्वोच्च सामाजिक भूमिका मिलनी चाहिए थी। परंतु ऐसा नहीं हुआ और गुलामी काल तक विदेशी आक्रांता शासकों द्वारा बलपूर्वक बनाए गए। हिंदू चमार और हिंदू भंगी, दोनों नई जातियाँ अवनत अवस्था में पड़े रहे।

ब्रिटिश शासन काल में छुआछूत और भेदभाव को और भी बढ़ावा दिया गया। समाज को बाँटकर नियमित रूप से राज्य की चाह करनेवाले अंग्रेजों ने सन् 1931 में ऐसे सभी अस्वच्छ एवं अपवित्र कर्मों में लगे हुए लोगों को एक नाम अंग्रेजी भाषा में 'डिप्रेस्ड' प्रदान किया जिसे सर्वप्रथम मराठी भाषा में अनुवाद 'दलित' शब्द से किया गया। हिंदू चमार और हिंदू भंगी संवर्गीय जातियों के लोगों ने अंग्रेजों की इस चाल को ठीक से नहीं समझा और अपने लिए दलित संबोधन प्राप्त करके बहुत प्रसन्न हुए। परंतु जब अंग्रेजों की सरकार ने चमार और भंगी जैसी अनेक जातियों के लोगों के लिए अस्पृश्यता और आर्थिक दशा सुधार की दृष्टि से संबंधित कोई कार्यक्रम अथवा कठोर नियम नहीं बनाया तब उन अंग्रेजों की मंशा समझ में आने लगी। चमार और भंगी जातियों के लोग अपने पूर्व कर्म में नियोजित रखे गए और घड़ियाल के आँसू की तरह अंग्रेजों के मुँह से निकला दलित शब्द उनके संबोधनों का पर्याय बन गया। ऐसे में राष्ट्रपिता महात्मा गांधी ने उनको ईश्वर-पुत्र अर्थात् 'हरिजन' कहकर सम्मान दिया।

चमार और सफाईकर्मी जैसी हिंदू जातियों के लिए प्रयुक्त 'दलित' शब्द का अर्थ और अभिप्राय समझना इसलिए यहाँ प्रासंगिक होगा कि इन जातियों के लिए दलित शब्द का प्रयोग अनुत्तम था, जबकि गांधीजी द्वारा प्रयुक्त शब्द 'हरिजन' उत्तम था। अगस्त 1932 में विधानमंडलों के चुनाव में कुछ सीटें अल्पसंख्यकों के लिए आरक्षित की गई थीं। उसमें दलित वर्ग को भी अल्पसंख्यक कहा गया और हिंदू समाज से अलग कर दिया गया था। परंतु इसका जोरदार विरोध प्रायः सभी राष्ट्रवादी नेताओं ने किया। गांधीजी उस समय यरवदा जेल में थे। उन्होंने इस कार्य के विरोध में 20 सितंबर, 1932 से अपना आमरण अनशन आरंभ कर दिया। अंत में पूना समझौता के नाम से 18 प्रतिशत के हिसाब से 147 सीटें तथाकथित दलितों को आरक्षित की गईं। गांधीजी ने अपनी

हरिजन यात्रा 7 नवंबर, 1933 से वर्धा से प्रारंभ की, 29 जुलाई, 1934 तक 9 माह में 20 हजार किलोमीटर तक की यात्रा कर ली थी, जिसका एकमात्र उद्‌देश्य था अस्पृश्यता (छुआछूत) का उन्मूलन। गांधीजी ने छुआछूत को उच्च और निम्न के कृत्रिम बँटवारे का प्रतिफल कहा, जबकि अंबेडकरजी ने कहा कि अछूत जाति-प्रथा की देन है। अंग्रेजों के द्वारा दिए गए नाम दलित को राष्ट्रपिता महात्मा गांधी ने 'हरिजन' कहकर सम्मान प्रदान करने का प्रयास किया था। इसे महात्मा गांधी का दुर्भाग्य ही कहा जा सकता है कि आज उनका दिया हुआ यह नाम उनके सपनों के स्वतंत्र भारत में संवैधानिक रूप से प्रतिबंधित है।

इसलामिक शासनकाल में जिन लोगों को हर प्रकार से उत्पीड़ित किया गया था, उनको अंग्रेजों ने अपने शासनकाल में 'दलित' नाम देकर दोहरा उत्पीड़न किया था। अंग्रेजों द्वारा हिंदू समाज के बहुसंख्यक वर्ग को अल्पसंख्यक कहकर 'दलित' नाम इस आधार पर प्रदान किया गया था कि विदेशी मुसलिम आक्रांताओं द्वारा वे तन-मन-धन सभी प्रकार से उत्पीड़ित एवं उनका दलन किया गया था। उन्हें अपवित्र कार्यों में लगाए जाने के कारण हिंदू धर्म में पवित्रता के मापदंड से वे अहिंदू की श्रेणी में पहुँचा दिए गए थे। यद्यपि उन लोगों ने न तो इसलाम स्वीकार किया था और न ही वे ईसाई बने थे, फिर भी उनके प्रति अंग्रेजों ने यह सहानुभूति इसलिए दिखलाई थी ताकि वे लोग हिंदू न माने जाएँ और इस आधार पर उनके लिए हिंदुस्थान को विभाजित करके एक अन्य राज्य स्थापित कर दिया जाए। यह प्रशंसनीय है कि हिंदू चमार एवं अन्य दलित जातियों के लोगों ने इसका जमकर विरोध किया और मध्यकाल के उत्पीड़न, दमन एवं दलन के परिणाम सामाजिक एवं आर्थिक रूप से पिछड़ गए ऐसे लोग आरक्षण का लाभ प्राप्त करने के साथ ही हिंदुओं के साथ रहते रहे। आज भी ऐसे हिंदू लोगों को विकसित समाज की मुख्यधारा से जोड़ने की आवश्यकता है, अन्यथा राष्ट्र की मुख्यधारा से न जुड़ सकने की स्थिति में वे देश और समाज के लिए एक खतरनाक समस्या बन सकते हैं। ऐसी समस्या का एक स्वरूप नक्सलवाद सामने है जिसे कम्यूनिस्ट विचारधारा एवं उसके राजनेता और शासन संरक्षण देने में लगा है। ईसाई मिशनरियाँ तथा मुल्ला-मौलवी लोग उन भोलेभाले वनवासियों को हिंदू धर्म से अलग करके अपनी-अपनी ओर आकर्षित करने में संलग्न हैं।

अतः कहा जा सकता है कि इस हिंदू धर्मपरायण एवं स्वाभिमानी जाति के गौरवशाली एवं स्वर्णिम इतिहास पर एक आवरण की तरह जो अवसाद पाया जाता है, वह है—चर्म आधारित आनुवांशिक व्यवसाय, जो वर्तमान में नहीं रह गया है और प्राचीनकाल में भी यह नहीं था। वह केवल मध्ययुग में विदेशी आक्रांताओं द्वारा बलपूर्वक चर्म-कर्म में लगाए जाने के कारण से प्रारंभ होकर अंग्रेजों के शासनकाल तक विद्यमान था। चर्म-

कर्म में भी लगकर अपने हिंदू धर्म की रक्षा करने में सफल होनेवाले इन धर्माभिमानी, स्वाभिमानी एवं राष्ट्राभिमानी हिंदू चमार जाति का संपूर्ण हिंदू समाज को नमन करना चाहिए।

हिंदू चमार जाति एकमात्र हिंदू धर्म में पवित्रता की अवधारणा से प्रभावित हुई थी, परंतु उसका कारण मात्र यही था कि लोग बलपूर्वक अपवित्र कार्यों (चर्म-कर्म) में विदेशी आक्रांता शासकों द्वारा लगाए गए थे। उसमें भी गोचर्म निकालने को लेकर उनसे सामान्य हिंदुओं ने घृणात्मक व्यवहार किया था। उनको इस कार्य से मुक्त न करने को कृतसंकल्पित विदेशी आक्रांता मुसलमान निरंतर गोवध करते जा रहे थे, इसलिए गो-चर्म-कर्मी के रूप में हिंदू चमार सामाजिक घृणा एवं तिरस्कार के शिकार हो गए थे। हिंदू समाज से उनके अलगाव का मुख्य कारण मात्र अस्वच्छ वृत्ति छुआछूत और अपवित्रता ही था। ये मध्यकाल में विदेशी आक्रांता शासकों द्वारा दमन एवं दलन करके बनाई गई दलित जातियाँ अपने-अपने निर्धारित कार्य-व्यवहारों के अनुसार पहचानी जा सकती थीं, क्योंकि इनके उत्पीड़न के प्रकार और प्रभाव अलग-अलग जैसे थे। अंग्रेजों ने इनको अस्पृश्य और दलित नाम देकर इनके साथ और भी अन्याय किया था और उसके कारण वे लोग अस्वच्छ व्यवस्था एवं निम्न पहचान यानी दोहरी मार के शिकार हो गए थे। स्वतंत्रता प्राप्ति के बाद ही उनके प्रति भेदभाव समाप्त हुआ और वे समानता पर आधारित जीवन प्राप्त कर सके।

□

अध्याय-5

हिंदू चमार जाति का वंश, गोत्र एवं राजवंशीय इतिहास

सामाजिक संस्तरण से प्रभावित हिंदुस्थान की अनेक जातियों ने अपने उत्थान, पतन और परिवर्तित स्वरूप का आश्चर्यजनक इतिहास प्रस्तुत किया है। वर्तमान हिंदू चमार जाति इस कथन को अनुमोदित करती है। इसमें विविध वंश एवं गोत्रोंवाली अनेक उपजातियों का समन्वय पाया जाता है। कुछ जातियाँ तो राजवंशीय परंपरा का निर्वहन कर चुकी मिलती हैं। इसमें चंवर राजवंश का नाम विशेष रूप से उल्लेखनीय है, क्योंकि इसमें परम प्रतापी राजा चंवरसेन और संत शिरोमणि गुरु रैदासजी का जन्म हुआ था।

चंवर वंश तथाकथित वर्तमान चमार जाति के लिए एक उच्चतम स्थान प्राप्त करनेवाला उदाहरण है। इस वंश के अंतर्गत चमार जाति में अनेक ख्यातिप्राप्त व्यक्तियों, शासकों और संत-महात्माओं का जन्म हुआ था जिन्होंने अपने प्राचीन वंश की महान् परंपरा का निर्वहन किया था। हिंदू चमार जाति में अनेक गोत्रों का पाया जाना यह स्पष्ट करता है कि हिंदू चमार जाति अनेक हिंदू कुटुंबों का संयुक्त परिवार है। इस जाति के प्राचीन वंशों का राजवंशीय इतिहास वर्तमान समय में कुतूहल का विषय हो सकता है। चमार जाति के वंशजों की प्राचीन पहचान निर्विवाद रूप में प्राप्य है, यद्यपि कुछ विदेशी इतिहासकारों ने उसे भ्रामक और विवादित विधि से प्रस्तुत करने का प्रयास किया है। अपने क्षत्रियत्व एवं राजवंशों को प्राचीन काल में प्रतिष्ठित करनेवाली स्वाभिमानी जातियों के युद्धबंदी जब मध्यकालीन हिंदुस्थान में विदेशी मुसलिम आक्रांता शासकों द्वारा बलपूर्वक चर्म-कर्म में लगाकर चमार जाति में परिवर्तित किए गए तो भी वे युद्धबंदी अपनी हिंदू-

संस्कृति एवं परंपरा का पूर्णरूपेण निर्वहन करते रहे।

सदियों तक 'चमार' संबोधित होते रहने के कारण उनका प्राचीन जाति-नाम विस्मृत हो गया। इतना ही नहीं, उनका आविर्भाव-काल मध्यकाल प्रमाणित है। हिंदू समाज के कुछ अनभिज्ञ विद्वत एवं इतिहासकार वर्तमान चमार जाति को भ्रमवश प्राचीन काल की जाति मान बैठते हैं, जबकि प्राचीन काल में वर्तमान चमार जाति नहीं थी। मध्यकाल में लाखों-लाख धर्माभिमानी ब्राह्मणों एवं स्वाभिमानी क्षत्रियों को चमार जाति में विदेशी आक्रांता तुर्क, मुसलमान एवं मुगल शासकों द्वारा बलपूर्वक परिवर्तित किया गया और वह भी मात्र इसलिए कि उस जाति ने हिंदू धर्म में अपनी आस्था बनाए रखी और किसी भी मूल्य पर इसलाम स्वीकार नहीं किया। हिंदू समाज वर्तमान चमार जाति के गौरवशाली इतिहास से जब तक सुपरिचित नहीं था, उसे एक अस्पृश्य जाति के रूप में मानता रहा, परंतु अब संपूर्ण स्थिति की जानकारी हो गई इसी कारण हिंदू समाज में चमार जाति को सम्मानजनक स्थान प्राप्त हो रहा है एवं आज हिंदू समाज को सत्य का आईना दिखाने का एक प्रयास है। प्रस्तुत अध्याय में इसी कथानक को विविध उदाहरणों एवं तथ्यों से स्पष्ट किया गया है।

5.1 चंवर वंश एवं चमार जाति

वर्तमान चमार जाति अपने विविध वंशों एवं गोत्रों के लिए प्रसिद्ध है। इसमें कई जातियों का समन्वित स्वरूप पाया जाता है। उन जातियों के अलग-अलग वंश और गोत्र भी मिलते हैं। चंवर वंश का संबंध पिप्पल गोत्र से होना प्रमाणित है। चंवर वंश एक राजवंश एवं पिप्पल गोत्र को पिप्पल ऋषि से उत्पन्न माना गया है। हिंदू राजवंशीय परंपरा के संवाहक के रूप में राजा चंवरसेन इसी वंश में हुए थे और मध्ययुगीन धार्मिक संक्रमण काल में संत शिरोमणि गुरु रैदासजी भी इसी वंश में अवतीर्ण हुए थे। प्राचीन काल में चंवर वंश की सामाजिक परिस्थिति क्षत्रिय वर्ण के साथ थी। इस वंश के लोग राजा और योद्धा होते थे। युद्ध इनकी प्रवृत्ति थी और हिंदू धर्म इनका स्वाभिमान था। ये कट्टर हिंदू थे। इन पर जैन, बौद्ध जैसे धर्म-पंथों का भी कोई प्रभाव नहीं पड़ सका था। मध्य युग में चमार कुल के अन्य वंशों में चंवर वंश सर्वाधिक प्रतिष्ठित था।

चंवर वंश का उल्लेख महाभारत के अनुशासन पर्व[1] में इस प्रकार हुआ है—

शौडिका दरदा दावांश्चौरा: शबर बर्बरा:।
किराता यवनाश्चैव तास्ता: क्षत्रियजातय:॥

1. महाभारत, 35.17.180

इसमें उच्चारण दोष निहित है, इसलिए चंवर को चंवरा लिखते समय चौरा लिखा गया है। इन क्षत्रिय जातियों को ब्राह्मण-विमुख होने से वृषल (निम्न) श्रेणी प्राप्त करना भी लिखा गया है। स्पष्ट है कि एकलव्य कथा की भाँति ही यहाँ भी प्रक्षिप्तता (मिलावट) का दोष पाया जाता है। ब्राह्मण विमुख होने का आशय है हिंदू धर्म विमुख, क्योंकि ब्राह्मण धर्म का अर्थ हिंदू धर्म ही होता है जिसमें पवित्रता की अवधारणा के आधार पर अपवित्र कर्म (चर्म-कर्म) में योजित होने पर चंवर वंश के लोगों को मध्ययुग में इसलामिक उत्पीड़न के अंतर्गत चमार बनना पड़ा था। अतएव यह कहना गलत होगा कि वर्तमान चमार जाति का एक वंश चौरा नाम का अलग से था, जो क्षत्रिय श्रेणी का था और जो महाभारतकाल में विद्यमान था। वस्तुत: चौरा ही चंवर अथवा चंवरा होगा, परंतु चंवर की भाँति चौरा को चौर नहीं कहा जा सकता है।

इतिहास ग्रंथों में चंवर वंश का स्पष्ट उल्लेख हुआ है। यह राजवंश सूर्यवंशी क्षत्रिय कुल से संबंधित था। गुजरात स्थित चंवरावती नगरी इस वंश के प्रथम प्रतापी राजा चंवरसेन की राजधानी थी। चंवरसेन को कमलसेन, ब्रह्मसेन, रतिसेन आदि पुत्र हुए थे। कालांतर में इस वंश में भद्रसेन नामक प्रबल प्रतापी राजा हुआ था, जिसके पुत्र का नाम श्रियसेन था। उसके बाद क्रमश: सूर्यसेन और चामुंडराय नामक शूरवीर राजा भी इसी वंश में हुए थे।[1] सिसोदिया वंश के संस्थापक बाप्पा रावल (734-753 ई.) का शुभ विवाह चंवर वंश की ही राजकुमारी के साथ हुआ था। वह राजकुमारी अपने साथ एक देवी की मूर्ति भी लाई थी जिसे चितौड़ के एक मंदिर में सम्मान के साथ स्थापित किया गया था। वह मूर्ति आज भी विद्यमान है। यह भी कहा जाता है कि बाप्पा रावल ने गजनी के सुल्तान को हराकर चंवर वंश के सरदार को वहाँ का शासक बनाया था। कर्नल टाड महोदय ने अपनी पुस्तक 'राजस्थान का इतिहास' में इस राजवंश का विस्तार से उल्लेख किया है।

संत शिरोमणि गुरु रैदासजी के पितामह हरिनंदन और पिता रग्घु का वंश यही चंवर वंश ही था, जिसका उल्लेख संत रैदासजी ने स्वयं ही किया है—

चंवर वंश हरिनंदन नामा।
काशीपुरी नाथ मम धामा॥

एक किंवदंती है कि गंधर्व कन्या देवयोनि भगवान् को चंवर डुलानेवाली देवदासी थी। उसके गर्भ से उत्पन्न वंशज को चंवर वंश कहा गया। दूसरी पौराणिक कथा के अनुसार कुमार, सनक, सनंदन, सनत—ये चार भाई थे। यज्ञ में पशु बलि की। यज्ञोपरांत

1. आचार्य चतुरसेन शास्त्री, सोमनाथ, पृ. 145

पशु को जीवित किया। उसका एक भाग कटा था। कुमार की गर्भवती पत्नी को वह मांस खिलाया गया था। अत: कुमार मांसाहार के कारण चंवर हुए।

चंवरपुराण का उद्धरण देते हुए लिखा है कि चंवरसेन ने लाखों वर्षों तक सतयुग में राज्य किया था। चंवरसेन ने 434 वर्ष तक राज्य किया था। अंबारिका के राजा अंबारिष्टदेव की कन्या चंवरसेन की पत्नी थी। इनसे 56 पुत्र और 13 पुत्रियाँ पैदा हुई थीं। इस वंश के अंतिम राजा चामुंडराय थे।

एक लेखक ने उल्लेख किया है कि अंग्रेजों द्वारा चंवर को चमर लिखा गया परंतु अन्य लोगों द्वारा चमार पढ़ा गया। अंग्रेजों ने 1872 ई. में जनगणना कराई थी, उसी समय 'चमार' शब्द का उल्लेख हुआ था। अत: अंग्रेज ही चमार शब्द के जनक हैं—ये सभी बातें भ्रामक हैं। वास्तव में चंवर वंश प्राचीन काल में था, जबकि मध्यकाल में इसलामिक आक्रांताओं ने इस वंश को भी चर्म-कर्म थोपा और 'चमार' संबोधन दिया। वास्तव में अंग्रेजों ने तो उनको दलित शब्द से संबोधित किया था।

चमार जाति की उत्पत्ति के संबंध में भी उक्त प्रकार की ही पौराणिक कथाएँ प्रदर्शित की गई हैं, जबकि वे कथाएँ कल्पित हैं। चमार शब्द का प्रथम प्रयोग इसलामिक आततायियों ने किया था। चमार जाति की उत्पत्ति का आधार चंवर वंश नहीं, बल्कि चर्म-कर्म ही मुख्य आधार था। यह कर्म स्वेच्छा से न तो चंवर वंश ने अपनाया था और न ही चमार जाति में सम्मिलित किसी क्षत्रिय या अन्य वंश ने अपनाया था। यह कार्य पूर्णत: विदेशी आक्रांता शासकों के बलप्रयोग के साथ कुछ राजवंशीय क्षत्रिय संवर्ग की जातियों पर उनके हिंदू होने के धर्माभिमान एवं स्वाभिमान भाव को रौंदने हेतु थोपा गया था। मध्ययुग में सभी जातियाँ चर्म-कर्म में नियोजित नहीं हुआ करती थी, बल्कि कुछ राजवंशीय जातियाँ ही अपने-अपने वंश, गोत्र के साथ प्रकाश में थीं और वे मध्ययुग में विदेशी मुसलिम आक्रांताओं द्वारा चर्म-कर्म में लगाए जाने पर भी विद्यमान थीं। सैकड़ों वर्षों तक चर्म-कर्म में संलग्न रहने के कारण ही अर्थात् एक ही जैसा कार्य करने के आधार पर उन सभी को एक नवीन जाति 'चमार' नाम प्रदान किया गया।

चमार जाति के बारे में भी किसी प्राचीन धर्मग्रंथ अथवा चर्मकार शब्द पर ध्यान देने की आवश्यकता नहीं है, क्योंकि चर्म-कर्म करनेवाले को चर्मकार जानना युक्तिसंगत तो है, किंतु प्रत्येक चर्मकार को चर्मशिल्पी न कहकर 'चमार' जाति का कह देना त्रुटिपूर्ण है। उसी प्रकार यह भी कहना पूर्णत: त्रुटिपूर्ण है कि चमार जाति प्राचीन काल में थी और उसकी उपजातियों में से एक उपजाति का वंश चंवर वंश था। अर्थात् चमार जाति शूद्र थी, अस्पृश्य थी, परंतु चंवर वंश क्षत्रिय श्रेणी का था, यह पूर्णत: तर्कसंगत नहीं है। बल्कि यह कहना उचित होगा कि चंवर वंश तथा अन्य राजवंश के लोग

मध्यकाल में विदेशी आक्रांता मुसलिम शासकों द्वारा बलपूर्वक चर्म-कर्म में लगाए जाने के कारण बलपूर्वक कर्म के आधार पर चमार जाति में परिवर्तन कर दिए गए।

5.2 चमार जाति के पूर्वज एवं प्राचीन वंश-परंपरा

हिंदू चमार जाति का नामकरण मध्ययुगीन इसलामिक शासकों के क्रूरतम उत्पीड़न का परिणाम है, परंतु शूद्र वर्ण की सम्मानजनक परिस्थिति में तथाकथित चर्मकार, दलित आदि के रूप में वह अपनी प्राचीन वंश-परंपरा का प्रामाणिक अनुमोदन है। जिस प्रकार अन्यान्य वर्ण के लोग जब अपने वर्ण की व्याख्या करने में असमर्थ होते थे, तो उन्हें मूल आधारित वर्ण यानी शूद्र वर्ण में मान लिया जाता था, उसी प्रकार बलपूर्वक दलन करके बनी अनेक दलित जातियाँ वर्णानुगतक्रम में अपने आपको शूद्र वर्ण का मान बैठी। डॉ. अंबेडकर ने भी अपने विचारों में शंका व्यक्त की है कि वर्तमान दलित जातियाँ शूद्र वर्ण की जातियाँ हैं या कोई अन्य?[1] हिंदू धर्म की अभिन्न तथाकथित चमार जाति को यदि हम शूद्र वर्ण का मान लें तो भी इस वंश परंपराओं में अनेक महत्त्वपूर्ण विभूतियों ने जन्म लिया था जिनका उल्लेख, वेद, पुराण और अनेक इतिहास ग्रंथों में पाया जाता है। उन्होंने शासक, सैनिक, संत, साहित्यकार, समाजसेवी, राजनेता, धर्मशास्त्र, चिकित्सक, आदि सभी रूपों में समय-समय पर अपने को प्रतिष्ठित किया था।

हिंदू शूद्र वर्ण के राजाओं में राजा बैन का नाम सम्मान के साथ लिया जाता है। राजा चुमुरि और देवराज इंद्र का युद्ध हिंदू धर्मग्रंथों में उल्लिखित है। राजा सुदास ने अकेले ही दस राजाओं के साथ रणभूमि में अपना पराक्रम दिखाया था। उस ऐतिहासिक युद्ध में भाग लेनेवाले राजाओं का नाम निम्नलिखित था—राजा अणु, द्रहु, यदु, तुर्वसु, पुरु, कुरु, त्रित्सु, क्रिवि, मद्र, दुरु।[2] सैधव-सभ्यताकालीन राजा चंवरसेन के वंशजों ने हजारों वर्षों तक राज्य किया था। राजा रणजीत सिंह का नाम इतिहास के अमर पृष्ठों पर अंकित है। यूनान के प्रवासी शूद्र राजा मिनांडर (मिलिंद) ने भारत में शुंगवंश के बाद अपना शासन स्थापित किया था। वह बौद्ध धर्म का अनुयायी हो गया था। इस राजा को चमार-राजा इस आधार पर कहते हैं कि मिलिंद का अर्थ चर्मशोधन की आध्यात्मिक रूप से सिद्ध प्रक्रिया से है। बहराइच के वर्तमान दलित वर्ण की जाति पासी राजा सुहेलदेव ने सैयद सालार मसूदी गाजी को डेढ़ लाख सेनाओं के साथ युद्धभूमि में मारकर एक नया इतिहास बनाया था। दक्षिण में विजयानगर राज्य की स्थापना विद्यारण्य स्वामी ने की थी, जो दलित जाति से ही संबंधित थे। राजा सुहेल वंश के पूर्वज राजा बिजली

1. डॉ. बी.आर. अंबेडकर, शूद्रों की खोज, प्राक्कथन का तृतीय पैराग्राफ
2. ऋग्वेद, अध्याय-8, 55, 2

पासी का किला आज भी लखनऊ में विद्यमान है। महाराजा सातन पासी का राज्यकाल 1180 ई. से 1206 ई. तक का था। उनके 12 किलों में से पाँच ये मुख्य थे—सातनकोट, सोहनिया सादेर, नाहेर, काकोरागढ़ तथा बिजनौर। इस राजा ने मुहम्मद गोरी की सेना को हराने तथा विद्रोह को दबाने के लिए अपने प्राणों की आहुति दे दी।

शूद्र वर्ण के पूर्वजों में ऋग्वेद वर्णित सात महारथियों के नाम ये हैं—वृत्र, कृष्ण, बल, मणि, शुष्ण, शुंबर (चुंबर) और नमुचि। महाभारतकालीन द्रोणाचार्य शिष्य एकलव्य का नाम भी गर्व से लिया जाता है। एकलव्य ने सुन रखा था कि धनुर्विद्या में अर्जुन के समान कोई नहीं है, अतएव द्रोणाचार्य ने जब उसे आशीर्वाद देते हुए वरदान माँगने हेतु पूछा कि वह उनसे क्या चाहता है तो उत्तर में एकलव्य ने यही कहा था—'गुरुदेव, मुझे अर्जुन के बराबर कर दीजिए।' अर्जुन शव्य-साँची थे अर्थात् दाएँ हाथ से धनुष पकड़ते और बाएँ हाथ से तीर चढ़ी प्रत्यंचा खींचते तथा तीर छोड़ते थे। एकलव्य ठीक उल्टा यानी दाएँ हाथ से धनुष साधता था। उसे अर्जुन के बराबर करने के लिए अर्थात् उसे भी शव्य-साँची बनाने के लिए उसके दाएँ हाथ का अँगूठा हटाया जाना आवश्यक था ताकि वह दाएँ हाथ से धनुष पकड़ने का और बाएँ हाथ से बाण साधने का कार्य कर सके। राजकुल को ही शिक्षा देने की बाध्यता के कारण द्रोणाचार्य को यह सब कार्य संकेत में करना पड़ा था। अंग्रेजों ने इसी सत्य को एक झूठी कथा के रूप में जन सामान्य में यह प्रचारित कराया कि द्रोणाचार्य की मूर्ति बनाकर जिस एकलव्य ने उनकी पूजा की थी उसी मूर्ति से प्रशिक्षण प्राप्त किया, उसी आचार्य ने एकलव्य की विद्या समाप्त करने हेतु उसका दायाँ अँगूठा गुरुदक्षिणा में माँग लिया। यदि ऐसा था तो गुरु द्रोणाचार्य उसका सिर भी माँग सकते थे अथवा दोनों हाथ कटवा देते। द्रोणाचार्य यह भी जानते थे कि एकलव्य मगधराज जरासंध के सेनापति का पुत्र था और कृष्ण-शत्रु जरासंध से हस्तिनापुर का भी वैर था, अतएव द्रोणाचार्य इसी आधार पर शत्रु पक्ष के बालक एकलव्य को प्रशिक्षण देने से रोक सकते थे, परंतु उनके सम्मुख मात्र यही प्रश्न था कि वे हस्तिनापुर के लिए संधि कर चुके थे। उनकी संधि थी कि जीवनपर्यंत वह केवल कौरव-पांडवों को ही प्रशिक्षण देंगे। फिर भी उन्होंने एकलव्य को आशीर्वाद देते हुए अस्वीकार किया था। यदि उन्होंने डाँटकर भगाया होता तो एकलव्य उनकी ही मूर्ति को साक्षी बनाकर क्यों अभ्यास करता?

हिंदू चमार जाति के पूर्वज बहादुर सैनिक भी थे। एक ऐतिहासिक कथा में उल्लेख है कि राजस्थान में ददरेडा नगर के राजा जेबर सिंह और उनकी पत्नी बाछल रानी को बाबा गोरखनाथ की कृपा से जो पुत्र हुआ उसका नाम जवाहर सिंह (जाहर वीर या गोगा वीर) रखा गया। रानी बाछल के साथ (गुरु गोरखनाथजी के दर्शन हेतु) उसकी सहेली लूना भी गई थी जो तथाकथित चमार जाति की थी, जिसके पुत्र का नाम भज्जू

सिंह (भज्जू कोतवाल) था। जाहर वीर जब राजा बना तो भज्जू सिंह उसका सेनापति बना। विदेशी आक्रांता मुगलों के साथ एक युद्ध में उसे छलपूर्वक मार दिया गया था। शोक में राजा ने भी जीवित समाधि ले ली। दोनों की समाधियों को सावन मास में सम्मान देने के लिए लोग गुंगामेडी राजस्थान जाते हैं।

भाई संत सिंह शक्ल-सूरत से गुरु गोविंद सिंहजी की ही तरह के थे। एक बार विदेशी आक्रांताओं औरंगजेब की सेना ने अचानक आक्रमण कर दिया। भाई संत सिंह स्वयं आक्रमण का प्रत्युत्तर देने निकल पड़े और बहादुरी से लड़ते हुए वीरगति को प्राप्त हुए। परंतु तब तक गुरु गोविंद सिंह सुरक्षित पटना साहिब पहुँच गए थे। अपनी जान देकर गुरु गोविंद सिंह की रक्षा करनेवाले भाई संत सिंह का नाम आज भी सिक्ख हिंदू पंथ के लोग सम्मान के साथ लेते हैं।

मध्ययुग में तैमूर की तलवार ने विदेशी इसलामिक शक्तियों को भी तोड़कर रख दिया था और हिंदू राजाओं का राज्य छीन-छीनकर लूटपाट मचा रखी थी, परंतु हिंदुस्थान की बहादुर कठ और पर्शिया जातियों ने उसे नाकों चने चबाने को विवश कर दिया था। इस संवर्ग के लाख से भी अधिक सैनिकों ने आत्मोत्सर्ग किया था। उनके साहस को देखकर तैमूर वापस भागने को विवश हुआ था। यहाँ उल्लेख कर देना उचित होगा कि कठराजवंश से संबंधित जाति खटिक और पर्शिया-राजवंश से संबंधित जाति पासी के रूप में आज भी स्वाभिमान से जीवनयापन कर रहे हैं।

इसी प्रकार से मध्ययुगीन मुसलिम शासकों को जमकर विरोध करनेवालों में हरिहर-बुक्का, बंदा बैरागी और वाल्मीकि कुंबन का नाम गर्व से लिया जाता है। औरंगजेब ने गुरु तेगबहादुर सिंह को जब इसलाम अस्वीकार करने पर मृत्युदंड देने का निश्चय कर लिया, उसने अन्य तीन चमार-कुल के लोगों को भी उसी समय इसलाम अस्वीकार करने पर क्रूरतापूर्वक मारने का आदेश जारी कर दिया था। ताकि वह दृश्य देखकर गुरु तेगबहादुर सिंह डरकर इसलाम स्वीकार कर लें। शाही फरमान के अनुसार दयास दास को खौलते हुए पानी के कंडाल में डाल दिया गया। वह हिंदू चमार कुल का हिंदू धर्मानुयायी परमवीर दयाल दास उबलकर मर गया, परंतु इसलाम स्वीकार नहीं किया। उसी समय मती दास को आरा मशीन से हाथ से धीरे-धीरे चीरकर तड़पते हुए मारा गया। मती दास को कपड़ा लपेटकर जिंदा जला दिया गया। अंत में गुरु तेगबहादुर सिंह की गरदन तलवार से काट दी गई। विदेशी आक्रांता दुर्दांत मुसलिम शासक औरंगजेब का यह क्रूरता भरा कुकृत्य इतिहास के पन्नों पर आज भी अवस्थित है।

हिंदुस्थान में अंग्रेजों के दमनकारी कार्यों का विरोध करने में भी अनेको हिंदू दलित जाति के पूर्वजों ने अपने जान की बाजी लगा दी थी। महारानी लक्ष्मीबाई की अंगरक्षिका झलकारी बाई हिंदू दलित महिला थी। उसने महारानी लक्ष्मीबाई की ही तरह

सैन्य-वस्त्र धारण किया था और भयंकर युद्ध करते हुए शहीद हुई थी। हरिया मोची ने मंगल पांडेय को ताना देते हुए कहा था कि वह जिस बंदूक की धमकी देते हैं उसमें गोमाता की चरबी लगी होती है। सत्य जानने के बाद मंगल पांडेय ने अपने इंचार्ज को गोली मारकर बगावत कर दी थी और फाँसी पर लटकाए गए थे। हरिया मोची ने भी अंग्रेजों का डटकर मुकाबला किया था। ऊधम सिंह ने जलियाँवाला बाग में अंग्रेजों द्वारा गोली चलाकर हजारों लोगों की जो हत्या कराई थी उसका बदला लंदन में जाकर लिया और हजारों निर्दोष लोगों पर गोली चलवानेवाले जनरल डायर को इंग्लैंड की एसेंबली में घुसकर उसके सीने पर गोली मारी थी। वर्षों का प्रतिशोध पूरा करने के बाद उस वीर हिंदू चमार सपूत ने मौत की सजा को हँसते-हँसते अपने गले लगाया था। इसी प्रकार दलित वर्ग का योद्धा वनवासी बिरसा मुंडा ने अंग्रेजों के दाँत खट्टे कर दिए थे।

शूद्र वर्ण के ऋषियों और मुनियों का भी गौरवशाली इतिहास पाया जाता है। महाभारतकालीन सूपा ऋषि ने कभी भी अपनी विद्वत्ता पर गर्व नहीं किया था। भक्त चैता ने भी आचार्य द्रोणाचार्य को अपनी भक्ति के आगे झुका दिया था। ऐसे ही नानू भगत, धन्ना भगत और नरसी भगत भी ख्याति प्राप्त धार्मिक पुरुष तथाकथित आज के दलित संवर्ग से थे। संतों की परंपरा में बाबरकालीन गुरु नानकदेव, औरंगजेबकालीन अमर शहीद गुरु तेगबहादुर सिंह, समर्थ गुरु रामदास (जिन्होंने छत्रपति शिवाजी द्वारा हिंदू पादपदशाही की स्थापना कराई थी), संत रैदास (जिन्होंने फकीर सदना कसाई को मुसलमान से हिंदू बनाकर उसका नाम रामदास कर दिया था), संत बाबा गज्जन शाह, भाई धर्मदास, घासीदास (जिनके नाम पर छत्तीसगढ़ में एक विश्वविद्यालय है), जगजीवनदास (जिन्होंने सतनामी संप्रदाय की स्थापना की थी), महात्मा श्रवणदास, हरिदास, समनदास, अछूतानंद, स्वामी अयोध्यानाथ दंडी, दादू तथा उनके शिष्य गरीबदास गोकुलदास, कल्याण भारती आदि का नाम दलित संवर्गीय उल्लेखनीय है।

दलित वर्ग में संतों और भक्तों के साथ ही अद्वितीय प्रतिभावाले साहित्यकार भी हुए। इनमें कवि बक्सीराम बेधड़क मुसाफिर, मलूकदास, लालगिरि और घीसा संत थे। शूद्र वर्ण के रामायणकालीन महर्षि वाल्मीकि और महाभारतकालीन वेदव्यास का नाम सम्मान के साथ लिया जाता है। वाल्मीकि ने रामायण और वेदव्यास ने महाभारत की रचना की। महर्षि वाल्मीकि ने सर्वप्रथम भगवान् श्रीराम-कथा को प्रकाश में लाकर तथा भगवान् श्रीकृष्ण की लीलाओं से ओत-प्रोत कथा महाभारत के प्रणेता महर्षि वेदव्यासजी ने शूद्र समाज को सम्मान दिलाया। ये दोनों ही ग्रंथ आधारस्वरूप बनकर अगणित राम और कृष्ण कथाओं पर आधारित ग्रंथों के उद्गम स्रोत बन चुके हैं। रामायण और श्रीमद्भागवत हिंदू समाज के पवित्र धर्मग्रंथ माने जाते हैं। गीता जिसे माननीय न्यायालयों में शपथपूर्वक अपनी बात कहने के लिए मान्य किया गया है।

हिंदू शूद्र वर्ण ने चिकित्सा विज्ञान के क्षेत्र में भी अद्वितीय पूर्वजों को जन्म दिया था। महर्षि चरक, महाराजा बिंबिसार के राजवैद्य एवं आम्रपाली के पुत्र जीवक, अयोध्या के राजवैद्य शंबूक आदि को भला कौन नहीं जानता है। कहा जाता है कि श्रीरामकालीन अयोध्या के प्रमुख चिकित्साधिकारी शंबूक थे। इनके बारे में रामायण में मिलावट करते हुए अंग्रेजों ने लिखा है कि जब शंबूक जो तपस्या कर रहे थे, राम ने उनको इसलिए मार दिया क्योंकि शूद्रों को उस समय धर्म-कर्म वर्जित था। श्रीराम ने भक्ति में लीन शबरी को नहीं मारा और अनेक शूद्र ऋषियों के आश्रम में जाकर उनका सम्मान तक किया, साथ ही केवट को गले लगाया और कोल-भीलों के सहयोग से अपने वनवास काल के कठिन समय को व्यतीत किया, तो शंबूक ही वध क्यों किया?

5.3 चमार जाति के गोत्र

हिंदू वर्ण एवं जाति-व्यवस्था को हिंदू धर्म के सनातन स्वरूप से आबद्ध हिंदू चमार जाति ने भी स्वीकार किया। यही कारण है कि जब बहिर्विवाह को समाज में अमान्य किया गया, हिंदू चमार जाति ने भी उसका अनुमोदन किया और वैवाहिक संबंधों में जाति, उपजाति, कुल, वंश, गोत्र, प्रवर, पिंडादि का ध्यान भी रखा। अनेक उपजातियों का संकुल वर्तमान हिंदू दलित वर्ग जैसे अपनी 1208 उपजातियों के लिए प्रख्यात हैं, वैसे ही अपने अनेक गोत्रों के लिए भी जाना जाता है। इन विविध गोत्रों से ही पता चल जाता है कि हिंदुस्थान के विभिन्न क्षेत्रों में निवास करनेवाले मध्यकालीन युद्धबंदियों को जब इसलाम अस्वीकार करने का दोषी ठहराया गया, उन सभी को जो चर्म-कर्म में लगाए गए थे, चमार कहा गया। परंतु उनकी उपजातियों और गोत्रों के आधार पर उनमें अंतर बना रहा। चमार जाति के गोत्रों को जानने के पूर्व गोत्र-प्रवर को समझना उचित होगा।

गोत्र शब्द के अनेक अर्थ मिलते हैं। यह शब्द गोशाला और व्यक्तियों के समूह के अर्थ में भी प्रयुक्त हुआ है।[1] पाणिनि ने गोत्र शब्द की व्याख्या वंश या कुल के अर्थ में की है। गोत्र का अर्थ दुर्ग अथवा पर्वत भी होता है। गोत्र का साधारण अर्थ पूर्व पुरुष को व्यक्त करता है। वस्तुत: गोत्र उस आदिपुरुष के लिए प्रयुक्त किया गया जिन्हें कुल या वंश की संज्ञा दी गई, जो विद्या, धन, शौर्य, औदार्य एव हिंदू तत्त्वों आदि गुणों के लिए विख्यात हुआ और कालांतर में जिसके नाम से वंश अथवा कुल का विकास हुआ। दूसरी ओर, प्रवर का शाब्दिक अर्थ है 'वरण करने या आह्वान करने योग्य (प्रार्थनीय)।'[2]

1. ऋग्वेद 2/23/18, 6/65/6, अथर्ववेद 5/21/31
2. शब्दकल्पद्रुम, द्वि.ख., पृ. 355

प्रवर की धारणा प्राचीन काल से ही गोत्र के साथ जुड़ी हुई हैं। प्रवर का समानार्थक शब्द है आर्षेय या आष[1] गृहसूत्र एवं धर्मसूत्रों के अनुसार हमारे कतिपय घेरलू उत्सवों एवं आचारों में प्रवर का प्रयोग होता है। गोत्र के विषय में सामान्य धारणा यही है कि इससे किसी एक पूर्वज से चली आई हुई पंक्ति ज्ञात होती है, जिसमें सभी लोग आ जाते हैं। जब कोई अपना जमदग्नि-गोत्र कहता है तो इसका तात्पर्य यह है कि वह जमदग्नि ऋषि का वंशज है। प्रत्येक गोत्र के साथ 1, 2, 3 या 5 (किंतु 4 नहीं और न 5 से अधिक) ऋषि होते हैं जो उस गोत्र के प्रवर कहलाते हैं। गोत्र मुख्यत: आठ हैं—गौतम, वात्स्य, कौत्स, कौशिक, काश्यप, वाशिष्ठ, मांडव्य, आत्रेय। महावस्तु में कौडिन्य गोत्र का भी उल्लेख है। कुल लोगों के अनुसार मातृज गोत्र भी होते हैं, जैसे—आत्रेय गोत्री राजा त्रिशंकु मातंग का मातृज गोत्र व व्यास का पाराशरी गोत्र था। हिंदू चमार जाति के प्रमुख गोत्रों का परिचय इसी प्रसंग में है।

वर्तमान में हिंदू चमार जाति में अनेक गोत्र पाए जाते हैं। कुछ गोत्र ऐसे हैं जो ब्राह्मण, क्षत्रिय, वैश्य और शूद्र वर्णों में भी पाए जाते हैं। इस आधार पर हिंदू चमार न तो पूर्वकाल में, न मध्यकाल में और न ही वर्तमान में किसी भी जाति से भिन्न हैं। गोत्र के आधार पर वह किसी भी जाति के संदर्भ में सगोत्र हैं। कुछ लोगों ने अज्ञानतावश हिंदू चमार को वर्णसंकर जाति का मानते हुए अनेक जातियों से अनुलोम-प्रतिलोम सिद्ध करते हुए उसे अनेक गोत्रोंवाला कहा है।

गोत्र पिप्पल, नीम, कदंब, कर्दम, केम, केन, बड, सूर्यवंशी, चंद्रवंशी, नाग आदि गोत्र जो चमार जाति में प्राप्त हैं, यह सभी गोत्र प्राचीन क्षत्रियवंशीय गोत्र हैं। ये गोत्र प्राचीन काल में थे तो इसका आशय यह भी नहीं कि चमार जाति इन गोत्रों के आधार पर प्राचीन जाति है। सत्य यह है कि उक्त गोत्रों के लोग मध्ययुग में विदेशी आक्रांता शासकों द्वारा बलपूर्वक चर्म-कर्म में लगाकर चमार बनाए गए थे। तब भी वे अपने उपरोक्त गोत्रों के आधार पर अपनी उपजातियों के साथ पहचान बनाकर अस्तित्व में थे इसलिए वर्तमान हिंदू चमार जाति उपरोक्त गोत्रों में पाई जानेवाली जाति मानी जाती है।

प्राचीन वर्ण-व्यवस्था काल में चारों वर्णों में कोई भेद नहीं था। जो वर्ण के साथ था, वह सवर्ण था।[2] जो हिंदू सनातनी धर्मवाहक नहीं था, वह अवर्ण था। वर्तमान में भी संपूर्ण हिंदू समाज की साढ़े छह हजार जातियाँ इन्हीं चार वर्णों में है और सभी जातियाँ सवर्णीय जातियाँ हैं। अतएव चमार के गोत्र के अलावा अन्य के गोत्र कोष्ठकों में लिखी अन्य जातियों के भी पाए जाते हैं, जैसे—भभोरिया (ब्राह्मण, गौड़), वसिष्ठ

1. याज्ञवल्क्य स्मृति 1/52
2. डॉ. बी.आर. अंबेडकर, अछूत कौन और कैसे, पृ. 100

(जम्मू में ब्राह्मण एवं मेघ), खंडेसवाल (ब्राह्मण, वैश्य, मेहतर—दिल्ली, जयपुर में), झंझोटिया (ब्राह्मण, गौड, भंगी), बावलिया (ब्राह्मण), चोपड़ा (क्षत्रिय, राजपूत), गोयला (वैश्य), खत्री (क्षत्रिय), सेंगल (वैश्य), ब्राह्मिया (ब्राह्मण), मायल (गूजर), चाँदीला (गूजर, सुनार), बोयत (जाट, भंगी, धाणक), निब्रान (जाट), मेहता (ब्राह्मण, जाट), बाहज (सुनार), सिंहमार (कुम्हार, जाट), दैया गढ़वाल (जाट), लांबा (क्षत्रिय, जाट), तूणीवाल (अहीर), ऑफरियाँ (अहीर), गोंड़ (ब्राह्मण, राजपूत), गहलौत (राजपूत, जाट), राठौर (राजपूत), भट्टी (राजपूत), सोलंकी (राजपूत), तंवर (राजपूत), चौहान (राजपूत), पनवार (राजपूत), हाडा (राजपूत), खेची (राजपूत), चायल (राजपूत), संखला (राजपूत) इत्यादि। इससे स्पष्ट पता चल जाता है कि जो गोत्र राजपूतों, ब्राह्मणों या अन्य के हैं, वे ही चमार जाति एवं उसकी उपजातियों के भी हैं। यह इसलिए है कि मध्यकाल में मुसलिम आक्रांताओं द्वारा उन क्षत्रिय राजवंशों तथा ब्राह्मण कुलों एवं अन्यान्य वर्णों के स्वाभिमानी और धर्मपरायण लोगों को बलपूर्वक चर्म-कर्म में लगाकर चमार बनाया गया था।

हिंदू चमार-कुल को कश्यप गोत्र का भी कहा जाता है। ब्राह्मण, क्षत्रिय, वैश्यों को अंति, मरीचि, कात्यायन, शांडिल्य, परासर, भारद्वाज, अंगिरा और वशिष्ठ के गोत्र का कहते हैं, परंतु उन्हें कश्यप गोत्र का नहीं कहते हैं। कश्यप गोत्र वस्तुतः उनको कहा गया जो ऋषि कश्यप से संबंधित थे। कुछ लोग कुतर्क के सहारे कश्यप गोत्र का नामकरण हिरण्यकश्यप (दैत्य असुर वंश) से कराते हैं। यही नहीं, स्वर्गीय स्वामी अछूतानंदजी द्वारा प्रशस्त गोत्र 'मानव गोत्र' और डॉ. भीमराव अंबेडकर द्वारा मतांतरित बौद्ध पंथ के अनुरक्षण के आधार पर उत्पन्न हिंदू बौद्ध समुदाय के लोगों को 'बौद्ध गोत्र' एवं उसको भी लोग हिंदू चमार जाति का गोत्र सिद्ध करने का सिद्धांतहीन प्रयास करते हैं।

हिंदू चमार जाति के गोत्रों की लंबी सूची बतलाई गई है। डॉ. देवी सिंह ने कहा है कि केवल उन गोत्रों का नामोल्लेख किया जाए तो वह स्वयं में एक ग्रंथ बन जाएगा। वास्तव में उन गोत्रों का इतिहास सहित नामोल्लेख ग्रंथ हो सकता है, क्योंकि ये गोत्र भी कम नहीं हैं—रामराणा, राणा, कटारिया, बालिया, सहगल, संथाल, पालीवाल, परालिए, पुरालिए, पारले, राठौर, रठारिए, खेवरिए, खोबर, पातियान्, झिझारिया, कुरील, जवालिया, मुनखियाँ, पटेल, नौटियाल, डाबरे, दावसे, सिद्देपादरे, जोशिया, जैजानिया, मौर्य, गोड़, सिंध, सिंधवा, शक्करवाल, मालियान, चावरेलिए, पतालिए, लक्कड़पाड, लांबा, कठाले, मोरचवेस भूखडे, भास्कर, कपड़वाल, कपाले, मिठारिया, बमणियाँ, पैगूवाल, करनूताड़िये, बाबरे, बरसवाल, कालियान, अदलियान, चादेहल, पुंडीर, कुरियान, जाटव, बुलियान, सानवाल, जिंदवान, धोधानि्या, सतपरिया, ठप्परवाल, बलिबान, भिस्तीयान, रावत,

डहरवाल, मटूरे, भैसवाल, कुचालिया, घिरवानियाँ, बड़ौदिए, हिरणवाल, सिंहमार, कालियान, दतियाँ, मूगरे, दीवाना, चपेड़िया, जंतरपरिया, मैनवाल, तेजयवान, गूपड़े, मढतले, मंढेल इत्यादि। ये सब वंश हिंदू जातियों के गोत्र के ही अंतर्गत हैं।

हिंदू चमार जाति के गोत्र अन्य हिंदू जातियों में भी पाए जाते हैं, उदाहरण के लिए हरियाणा मे अहीर, जटिया और चमार जाति के गोत्र एक जैसे हैं, गुड़गाँव में कटारिया गोत्र के जाट तो दिल्ली में इसी गोत्र के चमार हैं, दिल्ली में रंगपुरी ग्राम में लोहमोड़ गोत्र के गुजर हैं तो छारा ग्राम में इसी गोत्र के चमार जातियों के गोत्र भी हैं, रोहतक जिलांतर्गत झज्झर तहसील के बादली गाँव में जाट और चमार, दोनों के एक ही 'दहिया' गोत्र हैं, महेंद्रगढ़ जनपद में ढोकवाल गोत्र के जाट और चमार दोनों जातियाँ हैं। इसी तरह के अनेक चमार-गोत्र विविध हिंदू जाति-गोत्रों से मेल खाते हैं। ये सभी यह व्यक्त करते हैं कि वर्तमान हिंदू चमार जाति के जितने भी गोत्र हैं उन सभी का संबंध प्राचीन राजवंशीय क्षत्रिय-ब्राह्मण या इतर वर्ण की जातियों से रहा है। विदेशी आक्रांता मुसलिम शासकों द्वारा विभिन्न गोत्रों एवं जातियों के लोगों का दमन एवं दलन करके उन्हें चर्म-कर्म में नियोजित करके चमार बना दिया गया।

5.4 चमार जाति के प्राचीन वंशों का राजवंशीय इतिहास

हिंदू चमार जाति के प्राचीन वंशों का राजवंशीय इतिहास प्राचीन हिंदू धर्मग्रंथों पौराणिक कथाओं और इतिहास ग्रंथों में भी पाया जाता है। कुछ लेखकों ने चमार जाति का संबंध राजा बैन और इंद्र के प्रतिद्वंद्वी राजा चुमुरि के अतिरिक्त राजा सुदास का नाम 'दासराज युद्ध' से जुड़ा हुआ माना है, जिसने अकेले ही एक साथ दस राजाओं से युद्ध किया था। मान्यता है कि ब्रह्मा के बाद जब उनके वंश के लोगों ने वंशावली चलाई तब 52 पीढ़ी में आकर सुदास पीढ़ी की गणना की जाती है। किंतु यह अपर्याप्त प्रमाणों पर अवस्थित लेखकों द्वारा अपनी व्यक्तिगत चिंतनों को प्रखरता से प्रस्तुत करने का प्रयास है।

चंवर वंश का वर्णन ईसा पूर्व छठीं शताब्दी के आस-पास 295 भिक्षुओं की लिखी हुई एक कविताओं का संग्रह हमें खुद्दक निकाय के थेरगाथा ग्रंथ में मिलता है। इस ग्रंथ के प्रारंभ में ही कहा गया है कि गिरि गह्वर में दहाड़नेवाले, सिंहों की भावना वाले, स्थविरों की गाथाओं को सुनी अर्थात् यह कविता संग्रह चंवर वंश की प्रामाणिकता सिद्ध करता है—

न जार जातस्य ललाट श्रृगें, कूले प्रसूतस्य न पाणि पदमम्।
यदायदा मुचति वाक् वाणं, तदा-तदा जाति कुल प्रमाणम्॥

अर्थात् निम्न कुल में पैदा होनेवाले व्यक्ति के मस्तक पर सिंग नहीं होते और न ही श्रेष्ठ कुल में पैदा होनेवाले के हाथ में कमल का फूल ही होता है। जैसे-जैसे व्यवहार में वे अपनी बोलचाल एवं क्रिया-कलाप करते हैं, वैसे-वैसे उनकी जाति और कुल स्वतः प्रमाणित हो जाते हैं।

श्री चंवर पुराण में इस वंश को सूर्यवंशी माना गया है। महाभारत में भी इसका उल्लेख 'चांवरा' के सापेक्ष चौरा उल्लिखित है। चंवर पुराण में ब्रह्म के पुत्र नारद ने इस वंश का परिचय कराते हुए लिखा है कि सतयुग के आदि में द्विज वंश में चंवर वंश राजा चंवरसेन शासन करता था। इस वंश ने दो करोड़ छप्पन लाख नौ सौ पच्चीस वर्ष तक राज्य किया था। राजा चंवरसेन चक्रवर्ती राजा थे। इन्होंने चार सौ चौंतीस वर्ष नौ महीने सत्तर दिन राज्य किया था। अंबारिका के राजा अंबारिष्ट देवकी कन्या के साथ चवंरसेन का विवाह हुआ था, जिससे कमलसेन, ब्रह्मसेन, रतिसेन इत्यादि छप्पन पुत्र और तेरह कन्याएँ पैदा हुईं। कमलसेन का क्वीविलय देश के राजा मृत्युकगेश की कन्या के साथ विवाह हुआ था। मृत्युकगेश महान् तपस्वी था। वह शिवभक्त था।

चंवरपुराण में लिखा है कि चंवर वंश के अंतिम राजा चामुंडराय थे, जिनके पिता का नाम सूर्यसेन और माता का नाम सुनिता था। चामुंडराय की पत्नी का नाम राजकुमारी विनितियाँ था। इनको चामुंड ऋषि कहकर पुकारा गया। चामुंड ऋषि ने 79 वर्ष तक वेद का प्रचार किया तथा 189 वर्ष तक विष्णुयोग भक्ति की थी। बाद में विष्णु के शाप से चंवर वंश का नाश हो गया। सूर्य भगवान् इससे नाराज हो गए तब विष्णु ने उनको समझाते हुए कहा कि कलयुग में इस वंश का पुनः जन्म होगा। कलयुग में भक्त चेता, हरिनंदन, राहूभक्त, रैदास इसी वंश में उत्पन्न हुए। किशनचंद्र गांधी द्वारा लिखित पुस्तक में रैदासजी का गोत्र शीशदास लिखा गया है? जिसे स्वीकार नहीं किया जा सकता है।

हिंदू चमार जाति के प्राचीन वंशों का राजवंशीय इतिहास व्यवस्थित क्रम से नहीं मिलता है, केवल चंवर वंश का ही कुछ व्यवस्थित विवरण प्राप्त होता है। दिवोदास के पुत्र सुदास, चुमुरि, राजा बैन, बलि, हिरण्यकश्यप पुत्र प्रह्लाद, राजा सातनपासी, बिजली पासी, राजा सुहेलदेव, महाराष्ट्र थाणे जनपद स्थित जन्हारसंस्थान के महाराज श्रीमंत मुकणे, जाटव आल्हा-ऊदल, दक्षिण में हिंदू राज्य के संस्थापक हरिहर बुक्का, गुहिल राजा रत्नसिंह आदि वर्तमान अन्यान्य दलित जातियों का भी अलग-अलग राजवंशीय इतिहास मिलता है, परंतु इनकी राजवंशावली अनुपलब्ध है। नंदवंश, मौर्यवंश, शुंगवंश, सातवाहन, गुप्तवंश आदि ऐतिहासिक राजवंशीय विवरण तो प्राप्त हैं, परंतु उनका वंशीय विवरण दिया जाना अनावश्यक विस्तृत होगा। अतएव संक्षेप में यही कहना उचित होगा कि हिंदू चमार जाति के प्राचीन राजवंशों में चंवर राजवंश का चंवरपुराण में विवरण विशेष महत्त्वपूर्ण है। राजा चंवरसेन द्वारा 434 वर्षों तक राज्य करना भी असत्य प्रतीत

होता है। संभव है कि चंवरसेन और उनके पुत्रादि ने मिलकर कुल 434 वर्षों तक राज्यप्रशासन चलाया होगा।

यहाँ यह उल्लेख करना अनावश्यक न होगा कि विदेशी मुसलिम आक्रांता शासकों द्वारा मध्यकाल में बलपूर्वक बनाई गई हिंदू चमार जाति में जितने भी गोत्र और राजवंशीय इतिहास पाया जाता है, प्राचीन काल के परिप्रेक्ष्य में उनके राजवंशों की स्पष्ट पहचान प्राप्त होती है। वे सभी जब चर्म-कर्म के कारण चमार जाति की उपजातियाँ बनी तो, उसके बाद उनका राजवंशीय इतिहास दूसरी ओर मुड़ जाने से अव्यक्त रह गया। यही कारण है कि वर्तमान में उनके प्राचीन राजवंशीय इतिहास को प्रत्यक्ष महत्त्व नहीं दिया जाता है, परंतु उसे महसूस अवश्य किया जाता है।

5.5. चमार जाति के वंशजों की प्राचीन पहचान

विदेशी मुसलिम शासकों एवं आक्रांताओं के प्रभाव में आने एवं उन्हें बलपूर्वक चर्म-कर्म में नियोजित करने के पूर्व हिंदू चमार जाति के वंशजों की प्राचीन पहचान हो सकती थी और वे वंशज पूर्णत: अलग-अलग थे। वे स्वाभिमानी एवं धर्माभिमानी ब्राह्मण, क्षत्रिय या अन्य हिंदू थे। परंतु, मध्ययुग में जब वे युद्धबंदी बनाए गए, उनके सम्मुख दो ही शर्तें रखी जाती थीं। इसलाम या मृत्यु अथवा अस्वच्छ, अपवित्र तथा निम्न कार्य। दूसरा विकल्प भी मृत्यु जैसा ही था, क्योंकि इसमें लोगों को गंदे कार्यों में बलपूर्वक लगाकर उनका स्वाभिमान भंग करके उनकी अपनी उच्च जाति के सम्मान को मिलाकर उनकी सामाजिक हत्या की जाती थी। चर्म-कर्म और मैला ढोना दोनों ही अस्वच्छ और अपवित्र कार्य थे, अतएव हिंदू धर्म में पवित्रता की अवधारणा के आलोक में अस्वच्छ तथा अपवित्र कार्य करनेवाले स्वत: समाज से बहिष्कृत हो जाते अथवा अपने को समाज से बहिष्कृत मान लेते थे। समाज में सामान्य हिंदू उन अपवित्र लोगों के साथ किसी प्रकार का संबंध नहीं रखते थे। प्रभावित लोग समाज से अलग-थलग पड़ जाते और अछूत कहे जाते थे। जहाँ तक चमार जाति का प्रश्न है, इसमें वे लोग आ जाते थे जिनसे बलपूर्वक चर्म-कर्म कराया जाता था। चूँकि अनेक जातियों से यह कार्य कराया गया इसलिए वे सभी जातियाँ मिलकर संयुक्त रूप से 'चमार' नाम से ही संबोधित की गईं। यही कारण है कि अपने-अपने गोत्र, वंश, कुल आदि के आधार पर अपनी उपजातियों के नाम के साथ इनका स्वतंत्र अस्तित्व आज भी बना है। उनके प्राचीन वंशजों की पहचान मिट नहीं पाई। इसके अनेक उदाहरण पाए जाते हैं।

संत रैदासजी मध्ययुग में हिंदू चमार जाति में रूपांतरित हो गए थे, परंतु वह पिप्पलगोत्र के सूर्यवंशी चंवरवंशी क्षत्रिय थे। और इसी आधार पर उनके वंशजों की प्राचीन पहचान की जाती है। दिल्ली में कटारिया गोत्र की जाट जाति है और इसी

गोत्रनाम की चमार जाति भी है। दिल्ली में रंगपुरी ग्राम के लोहमोड़ गोत्रवाली गूजर जाति हैं, जबकि इसी गोत्रनाम के छारांग्रामवासी चमार जाति के हैं। इसी तरह दहिया गोत्र के जाट और चमार, सहरावत गोत्र के भी जाट एवं चमार, सांझरिया गोत्र के जाट एवं चमार, तंवर गोत्र के जटिया चमार, खटिक, कोली और गुर्जर जातियाँ भी पाई जाती हैं।

हिंदू चमार जाति के वंशजों की प्राचीन पहचान गोत्र के आधार पर तो की ही जाती है, परंतु और भी कई एक आधार हैं जिनके आधार पर उनकी पहचान की जा सकती है। उनमें खान-पान का अंतर पाया जाता है। कुछ चमार जाति की उपजातियाँ शाकाहारी होते हैं तो कुछ मांसाहारी और मद्यप भी होते हैं। दोनों के भोजन पकाने की विधियों, खाने की विधियों आदि में भी अंतर पाया जाता है। इसके आधार पर पता चल जाता है कि शाकाहारी हिंदू चमार जाति का प्राचीन वंशज यानी ब्राह्मण सात्विक रहा होगा। इसी तरह उनके वस्त्राभूषण, आवास, मनोरंजन के साधन, दैनिक क्रियाएँ यथा—आखेट, स्नान करना, पूजा-पाठ करना और मेला-उत्सव में भाग लेना, तंत्र-मंत्र में आस्था रखना, परिश्रम करना, बहादुरी दिखलाना इत्यादि आधारों पर भी सभी वंशजों एवं उपजातियों की अलग-अलग पहचान कर ली जाती थी।

हिंदू चमार जातियों में उनके विविध गोत्रों एवं वंशों की पहचान का एक और भी महत्त्वपूर्ण आधार था विवाह जिसमें कुल, वंश, गोत्र, प्रवर, पिंड आदि का विचार किया जाता था। जिसमें इन आधारों पर विचार होता था और विवाह कार्य किसी ब्राह्मण पुरोहित द्वारा संपन्न कराया जाता था, उन वंश को ब्राह्मण एवं क्षत्रिय जाति से बनी चमार जाति का माना जाता था। वर्तमान चमार जाति की समस्त उपजातियों में वैदिक रीति-रिवाज और परंपराओं की मान्यताएँ पूर्णरूपेण प्रतिष्ठित हैं।

हिंदू चमार जाति में जो लोग योद्धा प्रवृत्ति के होते हैं उनका प्राचीन वंश क्षत्रियों से संबंधित है और वे मूलतः क्षत्रिय ही होते थे। इसी प्रकार से जो लोग संत प्रवृत्ति के अथवा भगत (भक्त) होते हैं वे ऋषि-कुल अथवा ऋषि-वंश से संबंधित होते हैं। संत रैदास, दादू, गज्जनशाह, घासीदास, घीसा संत गरीबदास, गोकुलदास इत्यादि द्विज वंश से संबंधित थे। कुछ लोग केवल रैदास को चंवर वंश का मानते हैं तो कुछ लोग सभी संतों को चंवर वंश का ही मानते हैं। भाई संत सिंह, भज्जू सिंह, हरिहर-बुक्का, बंदा बैरागी, ऊधम सिंह, झलकारी बाई, दयालदास, मतीदास, सतीदास आदि सैन्य-भावना के वीर तथा अमर शहीद थे। इनमें क्षत्रिय वंशीय पौरुष प्रवाहित था। इस प्रकार मध्यकाल के धर्माभिमानी एवं स्वाभिमानी योद्धाओं को बलपूर्वक चर्म-कर्म में नियोजित करके उनकी पहचान को बदलकर उन्हें चमार जाति की पहचान दे दी गई थी।

हिंदू चमार जाति के आर्थिक रूप से कमजोर एवं ग्रामीण पृष्ठभूमिवाले लोगों की

एक बड़ी संख्या ओझाई, चमत्कार-प्रदर्शन, तंत्र-मंत्र में विश्वास करती थी। इनके देवी-देवता भी ऐसे होते थे जिनको बलि-कर्म प्रिय था। पूर्वांचल यानी पूर्वी उत्तर प्रदेश एवं पश्चिम बिहार के चमार जाति के कुछ वंशों में बलि-कर्म पूर्णत: वर्जित पाया जाता है और लोग मांस-मदिरा का सेवन पाप समझते हैं। ये लोग देवी-देवताओं को फल-फूल, मिष्ठान्न आदि चढ़ाते हैं। इनके नृत्य, गीत आदि तथा बोलचाल और भाषाओं में भी अंतर पाया जाता है। इस आधार पर इनके वंशीय भेद पाए जाते हैं।

5.6 चमार जाति का मध्यकालीन इतिहास

लेखक और पाठक, कदाचित् दोनों ही कभी-कभी यह भूल कर बैठते हैं और हिंदू चमार जाति का प्राचीन इतिहास ढूँढ़ने का प्रयास करते हैं। इसका कारण यह है कि प्राचीन ग्रंथों में अनेक स्थानों पर चर्म-कर्म जैसे शब्द का उद्धरण मिल जाता है। ये उद्धरण वर्तमान चर्मकार जाति के संदर्भ में होने का प्रश्न ही नहीं उठता, क्योंकि जिस काल के उद्धरण होते हैं उस काल में चमार जाति थी ही नहीं। जहाँ तक शूद्र वर्ण की बातें हैं तो एक ही परिवार में चारों वर्ण के लोग रहा करते थे।[1] ऐसे लेखकों और पाठकों को इस तथ्य पर विचार करना होगा कि चर्म-कर्म और चर्मकार शब्द यदि प्रायोजित और प्रक्षिप्त न होकर वास्तव में प्राचीन समय से व्यवहृत है तो इन दोनों ही शब्दों से कहीं भी चमार शब्द की व्युत्पत्ति नहीं होती है। चमड़े और चमड़े का काम करनेवाला शूद्र हो सकता था। किंतु मध्यकाल में विदेशी मुसलिम आक्रांता शासकों द्वारा हिंदुओं के साथ दुर्भावना के कारण बलपूर्वक चर्म-कर्म कराने के कारण वर्ममान चमार जाति एवं उसकी सैकड़ों उपजातियों के गोत्र, प्रवर, वंश इत्यादि ब्राह्मण एवं क्षत्रिय वर्ण के साथ कुछ-कुछ अन्यान्य वर्ण के हैं। यही कारण है कि चमार जाति में सभी वर्णों की उपजातियाँ प्राप्त हैं। दूसरी बात यह कि वर्णों में कोई भेदभाव नहीं था और सभी वर्णों के लिए कुछ निश्चित कार्य आवंटित थे।

उपरोक्त अवस्था में चमार जाति का प्राचीन इतिहास के स्थान पर मध्यकालीन इतिहास ही प्रासंगिक एवं उचित है। क्योंकि 'चमार' शब्द का प्रादुर्भाव उसी समय में उन लोगों के प्रति सामूहिक रूप से किया गया था, जिनको बलपूर्वक चर्म-कर्म में इसलिए विदेशी आक्रांता मुसलिम शासकों द्वारा लगाया गया था, क्योंकि उन लोगों ने इसलाम मजहब को ग्रहण करना अस्वीकार कर दिया था। यह धर्मांतरण कार्य हिंदू धर्म में अपवित्र माना गया था। चर्म-कर्म में भी गोचर्म-कर्म और भी अधिक अपवित्र था, क्योंकि गाय प्रत्येक हिंदू परिवार में माता के समान पूजित थी। बैल को अन्नदाता मानते

---

1. मनुस्मृति, 3/197-198, ऋग्वेद 9/112/3

थे, क्योंकि वह कृषि-कार्य में प्रयुक्त होता था। ऐसे में गोचर्म-कर्म से भी बदतर था गोमांस खाना किंतु विदेशी मुसलिम आक्रांता शासकों द्वारा इसे हिंदुओं को बलपूर्वक खिलाया जाता। मध्ययुग में हिंदू चमार कुल की सामाजिक परिस्थिति को पूर्णतः निम्न स्तर पर पहुँचा देने के लिए विदेशी आक्रांताओं ने ऐसे भरपूर प्रयास किए थे ताकि वे लोग हिंदू समाज से बहिष्कृत हो इसलाम की ओर विवश होकर झुक जाएँगे, यद्यपि इसमें उनको लेशमात्र भी सफलता नहीं मिली। हिंदू चमार जातियों का मध्यकालीन सामाजिक इतिहास का संक्षेप यही है।

मध्ययुग में उच्च राजवंशीय जातियों को युद्धबंदी बनाकर भी जब उनसे विदेशी मुसलिम आक्रांता शासकों द्वारा भारी दबाव के बाद भी इसलाम स्वीकार नहीं कराया जा सका तो उनको बलपूर्वक चर्म-कर्म जैसे अस्वच्छ कर्म में नियोजित किए जाने से उनकी पूर्व की स्थिति को लोग क्रमशः विस्मृत करते गए और नवीन परिस्थिति उनके गले की हड्डी बनकर रह गई। सैकड़ों वर्षों बाद अभाव, विपन्नता एवं अशिक्षा में जीवन-यापन के उपरांत वे स्वाभिमानी एवं धर्माभिमानी लोग भी यह भूलने लगे कि वे ब्राह्मण या क्षत्रिय और कट्टर हिंदू थे। संत रैदासजी चंवर वंश के स्थान पर चमार वंश के माने जाने लगे। भक्त चैता चमार की पूजा अपर्याप्त मानी जाने लगी। यह सब मध्ययुगीन मुगल काल के सामाजिक उत्पीड़न का परिणाम था जिसकी स्थापना विदेशी मुसलिम आक्रांताओं ने कर रखी थी।

मध्ययुग में धर्म-कर्म निषिद्ध करने का प्रयास कई तरह से किया गया था। तीर्थ-यात्राओं में भाग लेनेवाले हिंदुओं पर प्राणघातक आक्रमण किए जाते थे। उनके पवित्र मंदिर एवं आस्था के प्रतीक देवी-देवताओं की मूर्तियों को खंडित किया जा रहा था। धर्मग्रंथों में आग लगाई जा रही थी। हिंदू अन्यान्य वर्णों के स्वाभिमानी लोगों को बलपूर्वक चर्म-कर्म में लगाए जाने से अस्वच्छ एवं अपवित्र माने जाते थे और उनको पूजा करने एवं हिंदू बने रहने पर जजिया कर लादते थे। संत रैदासजी ने निराकार पूजा का आश्रय वैसे ही समय में लिया था। इसलाम न स्वीकारनेवाले मौत के घाट उतारे जा रहे थे। विदेशी मुसलिम आक्रांता शासकों ने गुरु तेगबहादुर सिंह का गला काट दिया था। उसके पूर्व उनके ही सम्मुख दयालदास को खौलते हुए पानी में, मतीदास को आरा से चीरकर और सतीदास को जिंदा जलाकर मौत के घाट उतार दिया गया था। इससे पता चलता है कि मध्यकाल में बलपूर्वक बनाए गए हिंदू चमार जाति के लोग धार्मिक आधार पर भी पर्याप्त उत्पीड़ित किए गए थे। विदेशी मुसलिम शासकों के बर्बरता का यह भी एक रूप था।

मध्ययुगीन हिंदू चमार जाति का आर्थिक इतिहास भी श्रवण योग्य नहीं है। चर्म-कर्म में योजित लोगों का आवास मृत जानवरों के प्रचंड दुर्गंध के कारण गाँव और नगरों

से बाहर कर दिया गया था। हिंदू धर्म में ब्राह्मणवाद का वर्चस्व हो जाने के कारण उनके निर्देश से वे केवल चर्म-कर्म एवं मृत पशुओं को ढोने का ही कार्य कर सकते थे। गंदे कार्यों में लगाकर कृषि, उद्योग और वाणिज्य आदि से वे वंचित कर दिए गए थे। उन्हें किसी भी प्रकार की नकद धनराशि अथवा अन्न-खाद्यान्न मजदूरी में नहीं दिया जाता था, इसलिए वे अपने उपभोग की वस्तुएँ क्रय नहीं कर पाते थे। खाने के लिए मृत पशुओं का मांस मिल जाता था। 'विभुक्षितम् किम् न करोति', क्षुधापीड़ित मांस क्या गोमांस तक खाने को विवश हुए। जिन्हें ऐसा आरंभ करना कठिन था, बलपूर्वक मद्यपान कराके गोचर्म के कार्यों में लगाकर चर्मकर्मी बनाए गए। हिंदू चमार जाति को मद्यपान कर गाय का मांसाहार करते और मदहोश होकर गिरते-पड़ते देख विदेशी मुसलिम आक्रांता बहुत प्रसन्न होते और अपना मनोरंजन करते थे।[1]

हिंदू चमार जाति की आर्थिक स्थिति दयनीय बनाने के लिए उन पर करों के बोझ लादे जाते और निर्दयतापूर्वक वसूले जाते थे। कर चुकता न कर पाने पर उनके घर नीलाम कर दिए जाते और स्त्री-बच्चों को गुलाम बना दिया जाता था। यदि वे भयभीत होकर भाग जाते तो उनके कर की वसूली उसके पड़ोसी से की जाती थी। जब वह भी भाग जाता तो शेष बचे हिंदू चमार जाति के लोगों से वसूला जाता था। इस तरह तंग आकर जब सभी भाग जाते तो उनको जंगलों-पर्वतों में ढूँढ़कर मार दिया जाता था। उनको ढूँढ़ने के लिए जंगल काट दिए जाते अथवा उनमें आग लगा दी जाती थी। कटे जंगलों की लकड़ियाँ हिंदू से मुसलिम बने परिवारों में निःशुल्क बँट जाती थीं। आर्थिक उत्पीड़न कर एक उद्देश्य यह था कि निर्धन होने से चमार जाति के लोग कभी विद्रोह का साहस तथा साधन नहीं जुटा पाएँगे।[2]

हिंदू चमार जाति के लोगों को किसी भी महत्त्वपूर्ण राजनैतिक पद पर नियुक्त नहीं किया जाता था। यदि भूल से भी किसी की नियुक्ति हो जाती तो बाद में पता चलने पर उसे पदच्युत करने के साथ ही दंडित भी किया जाता था। इल्तुतमिश ने अपने 33 राजस्व-कर्मी तथा प्रधान वजीर को इसलिए हटाकर दंडित किया था, क्योंकि पाँच पीढ़ी पूर्व उनके वंशज हिंदू चमार जाति के बुनकर थे। मध्यकाल में भारतीय मुसलमानों को भी हेय दृष्टि से देखा जाता था, ठीक आज की ही भाँति वे विदेशी मुसलिम आक्रांता केवल अरब और ईरान के तुर्कों को ही कुलीन मुसलिम मानते थे और भारतीय मुसलमानों को नवमुसलमान की संज्ञा देते थे। ऐसे में विदेशी आक्रांता मुसलिम शासकों द्वारा बलपूर्वक बनाए गए हिंदू चमार जाति की राजनैतिक स्थिति अच्छी होने का प्रश्न ही न था।

1. मोरलैंड और पी.गोल, जहाँगीर इंडिया, पृ. 60-61
2. डॉ. विजय सोनकर शास्त्री, सामाजिक समरसता दर्शन, पृ. 34

हिंदू चमार की सांस्कृतिक निधि पर भी आघात किया गया था। विदेशी आक्रांताओं ने सभी हिंदू चमार जाति के बच्चों का विद्यालय जाना रोक दिया था। उनके बच्चे यदि मुसलिम मदरसों में पढ़ना चाहते तो उसकी अनुमति थी। मुसलिम इतिहासकार राज्याश्रय प्राप्त थे। उनसे इसलाम और मुसलिम शासन की प्रशंसा लिखवाई जाती थी। हिंदू धर्मग्रंथों को नष्ट किया जाता और गली तथा सड़कों पर उनके पन्ने फाड़कर इसलिए फेंक दिया जाते थे कि राहगीर उनको पैरों तले कुचल सकें और उन ग्रंथों का अपमान हो। हिंदुस्थान में गाँव, पुरवा और नगर एक क्षण में विरान बना दिया जाता था। किसी बड़े नगरों से लोग ऐसे भाग जाते थे कि एक-डेढ़ दिन में उनके वहाँ रहने का कोई चिह्न भी नहीं रहता।[1] किसी भी प्रकार की कला अथवा शिल्प का हस्तांतरण केवल मुसलिम वर्ग के लिए अनिवार्य बना दिया गया था। हिंदू चमार शिल्पी अपनी कला को अपने पुत्रों के लिए हस्तांतरित नहीं कर पाता था। जो ऐसा करते पाया जाता उसको राजाज्ञा के उल्लंघन का दोषी ठहराते हुए मृत्युदंड दे देते थे।[2] अतः कहा जा सकता है कि मध्यकालीन इतिहास-काल हिंदू चमार जाति के लिए सभी प्रकार से अभिशाप बनकर रह गया था।

5.7 हिंदू-संस्कृति एवं परंपरा के पूर्ण वाहक

हिंदू चमार जाति के लोग हिंदू-संस्कृति एवं परंपरा के पूर्ण वाहक थे। प्राचीन काल में चर्म-कर्म में बलपूर्वक विदेशी आक्रांता मुसलिम शासकों द्वारा लगाए जाने के पूर्व जब वे अलग-अलग जातियों के नाम से जाने जाते थे, अपने गौरवशाली राजवंशीय क्षत्रिय धर्म का अनुपालन पूर्णतः हिंदू क्षत्रियों की ही भाँति करते रहे और मध्ययुग में जब वे किसी प्रकार से विदेशी मुसलिम आक्रांताओं द्वारा युद्धबंदी बनाए गए तब भी अपने स्वाभिमान को सदैव उन्नत ही रखे। अपने प्राणों के लिए कभी भी दया की भीख नहीं माँगी। हिंदू-संस्कृति एवं परंपरा में सर्वप्रथम अपने स्वाभिमान के लिए लोगों को सबकुछ न्योछावर कर देने की जो स्थिति पाई जाती रही है, वही स्थिति हिंदू चमार जाति में भी पाई गई है। आज भी चमार जाति किसी भी प्रकार से अपने स्वाभिमान को बेचकर किसी प्रकार के लाभ को पाना नहीं चाहती है।

हिंदू-संस्कृति के बारे में कहा जाता है कि वह सिंधु घाटी और सरस्वती सभ्यता, दजला-फरात की सभ्यता, मध्य एशिया के काला सागर तट की सभ्यता, सिथियन, यूनान, असीरियन, सुमेरियन, खाल्डियन, रोमन आदि संस्कृतियों की भाँति मानव समाज के संवहन हेतु मात्र अभिजात्य संस्कृति नहीं है, बल्कि यह पूर्णरूपेण प्रकृति के शाश्वत सिद्धांतों पर

1. बाबरनामा, अनुवाद—ए.एस. वेवरिज, जिल्द-2, पृ. 488
2. ईश्वरी प्रसाद, हिस्ट्री ऑफ करौना टकर्स, पृ. 67-74

आधारित है जिसके परिणामस्वरूप संसार की प्राचीन सभी संस्कृतियाँ जहाँ लगभग समाप्त हो गईं वहीं हिंदू-संस्कृति अपनी प्रकृतिपरक विशेषता के कारण विदेशी मुसलिम शासकों द्वारा भयानक छेड़छाड़, नष्ट-भ्रष्ट करने के उद्देश्य से किए गए अनेकानेक भीषण आक्रमणों के बाद भी आज करोड़ों अनुयायियों के साथ गौरव तथा सम्मान के साथ अडिग, अमर एवं निरंतर है, ठीक उसी प्रकार से हिंदू चमार जाति भी अपने संपूर्ण क्षत्रिय, ब्राह्मण या अन्य उपजाति एवं उपनामों के साथ इन विशेषताओं से संयुक्त पाई जाती है।

हिंदू-संस्कृति अर्थहीन भेदभाव की विशेषताओं से युक्त है, ठीक उसी तरह से हिंदू चमार भी अपने संपूर्ण उपजातियों के साथ बिना किसी भेदभाव के सुदृढ़ है। यह अपने साथ किए गए अथवा किए जा रहे भेदभाव पर कोई ध्यान दिए बिना ही आपस में एकता के साथ स्थापित है। हिंदू-संस्कृति की भेदभावरहित विशेषता का, बलपूर्वक बनाई गई हिंदू चमार जाति पूरी तरह से निर्वाह करने में संलग्न है।

हिंदू-संस्कृति में सहिष्णुता, समरसता और समन्वयधर्मिता के गुण पाए जाते हैं। हिंदू चमार जाति आपस में और सबके साथ भी सदैव सहिष्णु रही है, उसमें पूरी आत्मीय समरसता पाई जाती है और अनेकानेक संस्कृतियों के समन्वयवादी विशेषता स्वयं में धारण किए हुए हैं। वर्तमान हिंदू चमार जाति पूर्वकालिक विभिन्न राजवंशीय क्षत्रिय एवं धर्माभिमानी ब्राह्मण जातियों का समन्वित रूप है। इस महान् हिंदू जाति में भी विविधता में एकता की विशेषता पाई जाती है। इस तरह यह जाति हिंदू-संस्कृति की उपरोक्त विशेषता की पूर्ण वाहक के रूप में प्राप्त है।

हिंदू-संस्कृति में जिस प्रकार से स्वतंत्रता की भावना मर्यादित है, मध्यकाल में विदेशी शासकों द्वारा बलपूर्वक बनी हिंदू चमार जाति भी स्वतंत्रता और स्वाभिमान की प्रतिमूर्ति है। हिंदू-संस्कृति की ही भाँति हिंदू चमार जाति भी सदैव प्रकृतिपरक रही और जिस समय जिस भी प्रकार व्यवस्था उसके सम्मुख एक चुनौती बनकर खड़ी हुई, उसने धैर्यपूर्वक उसे आत्मसात् किया और सदैव अडिग बनी रही। हिंदू-संस्कृति का महत्त्व जिस प्रकार से प्रत्येक समुदाय और देश के लिए है, और वह कालातीत तथा सर्वदा मंगलकारी है, हिंदू चमार जाति भी अपने अंदर विद्यमान सर्वकल्याणकारी भाव के आधार पर सबके लिए ग्रहणीय है। हिंदू-संस्कृति ने जिस तरह से अनेकानेक उत्थान और पतन देखे हैं, बलपूर्वक चमड़े के कार्य में नियोजित कर बनाई गई स्वाभिमानी हिंदू चमार जाति ने भी उस परंपरा का पूर्ण वहन किया है।

हिंदू-संस्कृति सनातन है तो मध्यकाल में विदेशी आक्रांता मुसलिम शासकों द्वारा दमन एवं दलन करके बलपूर्वक बनाई गई हिंदू चमार जाति भी सनातन संस्कृति की अनुगामी है। हिंदू-संस्कृति में हिंदू के दस तत्त्वों धृति, क्षमा, दम, अस्तेय, शौच (पवित्रता), इंद्रिय निग्रह, ज्ञान, विद्या, सत्य, अक्रोध (अहिंसा) का अनुशासन है तो हिंदू चमार जाति इन सभी के अनुपालन में संलग्न है। इसके पालन में ही यह समाज का उपेक्षित और उपहास का

पात्र है और हिंदू जीवन का सबसे बड़ा अभिशाप भी है, फिर भी उसे कोई पश्चात्ताप नहीं है क्योंकि उसने हिंदू धर्म में अपनी निष्ठा को शाश्वत बनाए रखने के कारण ही अधिकांशतः विदेशी मुसलिम आक्रांताओं द्वारा और कुछ हद तक अपने लोगों यानी ब्राह्मणवादी व्यवस्था द्वारा भी सदैव उत्पीड़ित होता रहा है। यही कारण है कि जिस तरह हिंदू-संस्कृति को विनष्ट करने के लिए उस पर सभी दिशाओं से कुठाराघात किए गए और आज भी किए जा रहे हैं, ठीक उसी प्रकार से बलपूर्वक बनाए गए हिंदू चमार जाति पर भी अनेक प्रकार के कुठाराघात हुए और अंग्रेजों के काल तक होते रहे। हिंदू चमार जाति ने इस परिस्थिति का भी पूर्ण रूप से संवहन किया।

हिंदू-संस्कृति में उसकी विविधता के कारण एवं धर्म के स्थान पर ब्राह्मणवाद के कारण अनेकानेक कुरीतियाँ भी व्याप्त हुई जिसके कुप्रभाव का शिकार संपूर्ण हिंदू समाज को होना पड़ा और इसका कुप्रभाव हिंदू चमार जाति पर भी पड़ा, परंतु उसने कभी पश्चात्ताप नहीं किया। अपनी कुरीतियों के चलते जिस तरह हिंदू-संस्कृति में क्षणिक ह्रास की स्थिति उत्पन्न हुई, उसी तरह हिंदू चमार जाति भी परिवर्तित परिवेश में कुरीतियों का शिकार हुआ और उसके प्रति समाज का जो समादर-भाव था उसमें ह्रास हुआ। इस तरह दयनीय स्थिति में होते हुए भी हिंदू चमार जाति ने हिंदू-संस्कृति की इस विशेषता का भी पूर्णरूपेण संवहन किया है। हिंदू-संस्कृति की परंपरा का विदेशी आक्रांता मुसलिम शासकों द्वारा निर्मित चमार जाति पूर्ण वाहक है।

हिंदू परंपरा मर्यादित आचरणों का समन्वय है तो हिंदू चमार जाति भी अपने सदाचरणों के लिए लोकप्रिय है। हिंदू परंपरा की ही भाँति वह भी सत्यनिष्ठ व्यवहार आधारित जीवन-शैली का अनुशीलन हैं। चमार जाति भ्रातृत्वभाव की हिंदू परंपरा को अमिट बनाए हुए है। यह जाति हिंदू परंपरा के अनुसार ही अपने पड़ोसी धर्म का सम्मान करने में संलग्न है। विदेशी आक्रांताओं ने इतना अधिक उत्पीड़न किया था कि हिंदू चमार कुल के लिए वे जानी दुश्मन ही होते, परंतु ऐसा नहीं हुआ और हिंदू चमार जाति ने उनको कभी शापित नहीं किया।

हिंदू परंपरा में वसुधैव कुटुंबकम् के भाव हैं तो हिंदू चमार जाति ने भी इस भावना का कभी अनादर नहीं किया। हिंदू परंपरा की भाँति यह भी एक स्वस्थ परंपरा का पालक है। हिंदू परंपरा लोकजीवन को दिशा देने का विधिक रूप है तो हिंदू चमार जाति उस विधिक प्रक्रिया का अनुपालन करनेवाली है। परंपराएँ पारिवारिक जीवन के साथ-साथ लोकजीवन को संतुलित रखने का अभिकरण रही हैं। बड़ों का आदर करना, नारी का सम्मान एवं रक्षा करना, बच्चों को स्नेह, वृद्धों की देख-रेख, अतिथि देवो भव, असहाय एवं अन्याय पीड़ित को न्याय, दान देने की परंपरा, शिक्षकों को सम्मान, पर्व, त्योहार तथा उत्सव को मिलकर मनाना, पराजित को जीवनदान, असहायों एवं शरणागत को अभयदान आदि हमारी परंपराओं के प्रमुख उपांग है। हिंदू चमार जाति सदैव इन परंपराओं का सम्मान करते हुए एक आदर्श

तथा समरस समाज की स्थापना किया।

हिंदू परंपराओं का कठोरता से पालन किया जाता है ताकि इसकी मर्यादा सुरक्षित रह सके। हिंदू चमार जाति ने सदैव कठोर नियमों का अनुपालन धैर्य के साथ किया ताकि हिंदू परंपरा की रक्षा हो सके। चमार जाति किसी को देखकर भय के कारण अपनी चारपाई से खड़ा नहीं होता था बल्कि वह आनेवाले को पास बैठाने हेतु खड़ा होता था, यह प्रक्रिया अतिथि देवो भव की वैचारिकी से ओत-प्रोत थी। वह लोगों को सम्मान देने के हेतु ऐसा करता था, यद्यपि इसे गलत प्रचारित किया गया कि द्विजवर्ण ने उसे भयभीत कर रखा था इसलिए किसी द्विज के सम्मुख हिंदू चमार अपनी चारपाई पर बैठ भी नहीं सकता था। वस्तुत: भीड़वाले स्थान पर या बस इत्यादि में वृद्ध पुरुष या स्त्री अथवा किसी भी आयु की महिला को तत्काल स्थान देने की परंपरा हिंदू परंपरा में पाई जाती है, उसी का अनुमोदन है हिंदू चमार द्वारा किसी को आते देखकर अपने आसन से उठकर खड़ा होना था। हिंदू धर्म आधारित परंपराओं को पालन करनेवाला व्यक्ति समाज में श्रद्धा एवं सम्मान का पात्र होता है। चमार जाति के भी वृद्ध-वृद्धा भी इस आधार पर सम्मान का पात्र थी।

हिंदू परंपरा अपने सांस्कृतिक मूल्यों के अनुतोष में निरंतर प्रवाहित है और उसी के अनुसार हिंदू चमार जाति भी गतिमान है। हिंदू लोकजीवन में रीति-रिवाज विभिन्न स्थलों पर प्रकृति की विविधता के अनुरूप भिन्न-भिन्न हो सकते हैं। वस्त्रों की प्रकृति, उसके धारण करने के नियम, आहार-विहार, सामाजिक शिष्टाचार की प्रविधि, धार्मिक कृत्यों की प्रविधि और दिन-प्रतिदिन के जीवन की सामान्य मान्यताएँ ही रीति-रिवाज के कुछ प्रमुख उपादान हैं। हिंदू चमार जाति के लोग इन रीति-रिवाजों का अनुसरण वंशानुक्रम और लोकजीवन की मर्यादाओं के अनुपालन में स्वत: करने के लिए तत्पर रहते हैं।

हिंदू लोकजीवन में पर्व का कारक खगोलीय घटनाओं पर आधारित है। इसको अन्य त्योहारों एवं उत्सवों के साथ जोड़कर व्यापक बनाया गया है। इनमें धार्मिक एवं आध्यात्मिक अनुष्ठानों को भी प्रश्रय दिया गया है। हिंदू परंपरानुसार ही मुसलिम आक्रांताओं द्वारा बलपूर्वक बनाई गई हिंदू चमार जाति भी अपने रीति-रिवाजों, पर्वोत्सवों एवं त्योहारों, अनुष्ठानों आदि को संपन्न करते हैं। हिंदू विवाह परंपरा, खान-पान एवं रहन-सहन परंपरा, लोकगीतों एवं धार्मिक कथाओं की परंपरा, धार्मिक आयोजन एवं पूजा-पद्धतियों, समस्त संस्कारों, वेषभूषा आदि सभी में हिंदू परंपरा का निर्वाह सदैव हिंदू चमार जाति करती आई हैं। यदि कहीं वे सिक्ख मतानुयायी हैं तो हिंदू परंपरा में गुरु नानकदेव की मान्यता का ही अनुमोदन करते हैं। यदि कहीं वे बौद्ध हैं तो भी वे विष्णु के बुद्धावतार का पोषण करते हैं।

अत: कहा जा सकता है कि हिंदू-संस्कृति एवं परंपरा का पूर्ण वाहक हिंदू चमार जाति निरंतर हिंदू रहा है, यह हिंदुस्थान के लिए गौरव की बात है। उनकी तुलना में कुछ जातियाँ दिग्भ्रमित हुई भी, परंतु हिंदू चमार जाति कभी भी हिंदू विरोधी प्रभावों से प्रभावित

नहीं रही। यह उसकी अद्‌भुत और अद्वितीय विशेषता किसी भी भारतीय हिंदू और भारतीय मुसलमान के लिए एक प्रेरणास्रोत रही है।

5.8 वर्तमान चमार जाति एवं हिंदू समाज

हिंदू धर्म में समाज की अवधारणा की जगह लोकजीवन का सिद्धांत था। समाज शब्द पश्चिमी जगत् की देन है, जिसका तात्पर्य तो केवल मानवीय सामाजिक संस्थाओं का समुच्चय है। हिंदू लोकजीवन का अंग न केवल मानव अपितु जीव-जंतु, पेड़-पौधे एवं संपूर्ण प्रकृति होती है। हिंदू लोकजीवन बिना उनकी गाय एवं खेत-खलिहान के अपूर्ण माना जाता है। पश्चिमी समाज की आधुनिकवादी मान्यताओं ने स्वयं को केवल मानव और उसके कल्याण तक सीमित कर लिया है। उनके द्वारा प्रकृति के शोषण के पीछे यही सिद्धांत कार्यरत है। जबकि वर्तमान हिंदू चमार जाति पूर्णतः हिंदू समाज की वैचारिकी पर आद्‌धृत है और उसका पश्चिमी समाज-परिभाषा से कोई समन्वय नहीं है।

हिंदू समाज में समूह, समुदाय, समिति, संस्था, संप्रदाय, वर्ग आदि सभी के प्रति जो दृष्टिकोण है, वह दृष्टिकोण भारत का अपना है, इसको पश्चिमी दृष्टिकोण से नहीं देखा जा सकता है। वर्तमान चमार जाति इनके बारे में भारतीय दृष्टिकोण को अपनाती है। हिंदू समाज पर विदेशी सभ्यता और संस्कृति का प्रभाव किसी-न-किसी रूप में अवश्य पड़ा है, परंतु हिंदू समाज का मौलिक स्वरूप पूर्णरूपेण अपरिवर्तित ही रहा है। इसलाम और ईसाई धर्मों ने हिंदू समाज में कुरीतियों, भेदभाव, अमीरी-गरीबी आदि के अतार्किक एवं अर्थहीन व्याख्या करके उनकी भावनाओं को भड़काने का पर्याप्त प्रयास किया भी और यह भी चाहा कि किसी भी प्रकार से वर्तमान चमार जाति को हिंदू समाज से भिन्न अथवा अलग कर दिया जाए, परंतु अपने कुत्सित प्रयास में वे सफल नहीं रहे।

वर्तमान चमार जाति का संक्षिप्त परिचय यह स्पष्ट करेगा कि वह हिंदू समाज का आज भी एक महत्त्वपूर्ण अंग किस प्रकार से है और उसे हिंदू समाज से अलग करने के लिए कितने प्रकार से प्रयास किए गए थे। डब्ल्यू.एस. विग्रस नामक अंग्रेज विद्वान् ने ब्राह्मण, क्षत्रिय एवं अन्य किसी हिंदू समाज को बाँटने की मानसिकता से उन्होंने 1920 ई. में 'दी चमार' नामक पुस्तक की रचना की। यह पुस्तक संगठित होकर संपूर्ण हिंदू समाज द्वारा लड़ी जानेवाली स्वतंत्रता की लड़ाई को नई दिशा देने एवं विघटिक करने के लिए पर्याप्त थी किंतु चमार जाति ने राष्ट्रवादी भावना का प्रदर्शन करते हुए दुर्भावना के भाव से लिखी गई इस पुस्तक को अस्वीकार कर दिया था। चमार जाति के लोगों ने जब भी और जो भी पथ अपनाया, किंतु सदैव ही हिंदू रहे। उदाहरण के लिए, जब वे सिक्ख बने तो भी मजहबी नाम से उसकी अलग पहचान बनी रही। लेकिन ईसाई बनाकर उनको मसीह, दास शब्दों को अपने नामों के साथ लगाने की अनिवार्यता थी। इसलाम धर्म थोपे जाने पर उनको अंसारी, मोची, सक्का, लालबेगी आदि कहकर अलग रखा जाता था और इसलाम और ईसाईयत

के 'समानता के सिद्धांत' की धज्जी उड़ाई जाती थी। जब वे राधास्वामी और निरंकारी बने तो वहाँ भी वे अपने को उसमें खपा नहीं पाए। इसका मूल कारण यही था कि वर्तमान चमार जाति सदैव हिंदू देवी-देवता पूजक रही, इसलिए हिंदू समाज से अलग उसका अस्तित्व ही नहीं था।

वर्तमान चमार जाति को हिंदू समाज के परिप्रेक्ष्य में परिभाषित करते हुए उसे 'मानव' के रूप में मान्य किया गया है और इसी के अनुरूप च का अर्थ चर्म, म का अर्थ मज्जा, अ का अर्थ अस्थि और र का अर्थ रक्त बताया गया है। परंतु चर्म-कर्म अथवा चर्मकार को चमार का पर्याय नहीं माना गया है। चर्मकार चूँकि कोई भी चर्म-कर्म करनेवाला किसी भी वर्ण का व्यक्ति हो सकता है। वैसे भी चमार जाति में प्राचीन अनेक जातियों के विभिन्न वंश एवं गोत्र के लोग हैं। किंतु चर्म-कर्म करने के कारण तथा चमार शब्द से संबोधित किए जाने के कारण ही आज वे धर्माभिमानी एवं स्वाभिमानी योद्धा धर्मज्ञ लोग चमार जाति के माने जाते हैं। चर्मकार शब्द किसी पेशे को व्यक्त करता है, किसी जाति को नहीं। इसी भ्रम से कुछ लोगों ने चमार को वर्णसंकर जाति का बतलाया है तो कुछ लोगों ने चार्वाक (नास्तिक), बौद्ध (श्रमण) और यदुवंशी भी कहा है। जबकि चंवरवंश के सूर्यवंशी और चंद्रवंशी भी चमार जाति में पाए जाते हैं। ये ही तथ्य स्पष्ट करते हैं कि वर्तमान चमार जाति हिंदू समाज का ही अंग है। इसमें हिंदू समाज की अनेक गौरवशाली और राजवंशीय जातियाँ आक्रांता मुसलिम शासकों द्वारा बलपूर्वक चर्म-कर्म में लगाकर चमार बनीं सम्मिलित हैं, यद्यपि चर्म-कर्म व्यवसाय में अन्यान्य जातियों के हो जाने से आज उनको चमार जाति कहा जाता है, तो भी वे अपनी प्राचीन मूल जाति का नामोल्लेख न करनेवालों से रोष प्रकट नहीं करते हैं।

वर्तमान चमार जाति लगभग 410 उपजातिंयों में विभक्त हैं। यहाँ इस प्रकार से कहा जाना उचित होगा कि 410 उपजातियों से मध्ययुग में चर्म-कर्म कराया गया था और उनको चमार जाति का नाम प्रदान किया गया था। ये सभी राजवंशीय क्षत्रिय संवर्ग की जातियाँ एक साथ जुटकर चर्मकार के रूप में अपनी प्राचीन उपस्थिति को अंकित नहीं कराई रही होंगी, बल्कि विदेशी आक्रांता मुसलिम शासकों ने बलपूर्वक युद्धबंदियों एवं निरीह हिंदुओं को चमड़े के काम में लगाकर उन्हें चमार बनाया। इसलिए यह स्पष्ट है कि अन्य दलित जातियों की तरह चमार जाति भी मध्यकाल की एक दंडित जाति किंतु प्रखर हिंदू है। धर्म कर्म के रूप में यह दंड उसे स्वाभिमानी हिंदू होने के लिए मिला था। इसी आधार पर कहा जाता है कि चर्म-कर्म करने के अर्थ में 'चर्मकार' शब्द प्रयुक्त हुआ है।

चमार शब्द की सर्वमान्य परिभाषा यही हो सकती है कि मध्यकालीन हिंदुस्थान के मुसलिम शासकों ने जिन कुल एवं वंशवाले स्वाभिमानी तथा गौरवशाली युद्धबंदियों को दंडस्वरूप बलपूर्वक मृत पशुओं को ढोने, उनकी खाल छुड़ाने तथा अन्य चर्म-कर्म संपन्न करने के लिए बाध्य करते हुए 'चमार' शब्द से संबोधित एवं अपमानित किया था, वे ही

चमार कहलाए यद्यपि अपनी प्राचीन जाति, कुल-वंश और गोत्र के आधार पर उनकी स्वतंत्र पहचान आज भी बनी हुई रह गई थी।

वर्तमान चमार जाति की अनेक उपजातियाँ अपने प्राचीन वंश एवं गोत्र के अनुसार आज भी विद्यमान हैं। जिससे पता चलता है कि चमार जाति का निर्माण दो ब्राह्मण एवं 25 क्षत्रिय जातियों की कई एक शाखाओं द्वारा किया गया था जो इस प्रकार से द्रष्टव्य है—

प्रस्तुत अध्याय का सारांश हिंदू चमार जाति के राजवंशीय इतिहास को समादृत करनेवाला प्राप्त होता है। चंवर वंश का प्राचीन क्षत्रिय वर्ण से संबंध होना ही चमार जाति के लिए गौरव का विषय है। चमार जाति के पूर्वज अपनी-अपनी प्राचीन वंश परंपराओं के साथ सम्मानित थे। उनकी जातीय परिस्थिति सदैव उच्च श्रेणी की थी, जैसा कि चमार जाति के कुलीन गोत्रों का अवलोकन करने पर पाया जा सकता है। इस जाति में अनेक प्राचीन वंशों का राजवंशीय इतिहास प्राप्त होता है। मध्यकाल और आधुनिक काल में भी इस जाति का महत्त्वपूर्ण इतिहास है। विदेशी आक्रांता मुसलिम शासकों द्वारा बलपूर्वक बनाई गई चमार जाति में सदियों से रहने के बाद भी चमार जाति के प्राचीन वंशजों की स्पष्ट पहचान हो जाती है। चमार जाति का नामकरण जिस समय हुआ उस मध्यकाल में उसकी समस्त उपजातियों का उत्पीड़न हुआ था और सभी को बलपूर्वक चर्म-कर्म में लगाया गया था। वर्तमान हिंदू समाज में चमार जाति पूर्णतः समादृत है, क्योंकि पवित्रता के प्रश्न पर भी अब उसके साथ छुआछूत का कोई भेदभाव नहीं किया जाना चाहिए। इतना ही नहीं, हिंदू समाज को अपवित्रता एवं अस्पृश्यता में अंतर करने की आवश्यकता है। यह स्थिति न केवल चमार जाति के लिए, अपितु संपूर्ण हिंदू समाज के लिए उत्तम है। अपनी 410 उपजातियों के साथ चमार जाति हिंदू धर्म के सनातन मूल्यों पर विश्वास करके आज तक अस्तित्व में बनी हुई है और सभी जातियों द्वारा समादृत है, जबकि हिंदू विरुद्ध अथवा हिंदू धर्म से बाहर निकलने पर उसे कहीं भी अपेक्षित सम्मान नहीं मिल पाया था। यह जाति राधास्वामी-निरंकारी बनी परंतु वहाँ भी खप नहीं पाई। जब वे सिक्ख बने तो रैदासी एवं मजहबी नाम से उनकी अलग पहचान बनकर रह गई। ईसाई बने तो मसीह, दास नाम के साथ जोड़ा गया। इसलाम बने तो अंसारी, मोची, सक्का, लालबेगी। स्पष्ट है हिंदू चमार केवल हिंदू समाज में ही सुखी एवं सम्मानित रहा और किसी के भी प्रलोभन अथवा लड़ाने की बात पर ध्यान नहीं दिया। यदि हिंदू धर्म को ब्राह्मणवाद से मुक्त किया गया तो विदेशी मुसलिम आक्रांता शासकों द्वारा मध्यकाल में चमार बनाई गई इस जाति के चमार बनने से पहले की गौरवशाली पहचान पुनः प्राप्त हो सकेगी। सामाजिक शांति के इस हस्तांतरण से चमार जाति पुनः अपनी गौरवशाली स्थिति को पाएगी।

□

अध्याय-6

महर्षि रैदास एवं हिंदू धर्म-रक्षा

हिंदू संस्कृति की संकटकालीन बेला में जब इसलाम अथवा मृत्यु में से किसी एक को अंगीकार करना अनिवार्य कर दिया गया था, ऐसे समय में अनेक हिंदू धर्मरक्षकों का आविर्भाव हुआ। महर्षि रैदास उनमें से एक थे। वह हिंदू धर्म के संरक्षक और महान् संत थे। उनका आविर्भाव मध्यकालीन उस हिंदुस्थान में हुआ था जहाँ विदेशी इसलामिक शासक आक्रांताओं, लुटेरों द्वारा छल-कपट तथा डरा-धमकाकर, बलपूर्वक मुसलमान बनाया जा रहा था। हिंदू समुदाय सामाजिक, आर्थिक रूप से शक्तिहीन हो गया था। विवश एवं लाचार हिंदुओं को लालच में फाँसकर धर्म-परिवर्तन करवानेवाले पाखंडी फकीरों ने भी हिंदुओं को अपनी मुट्ठी में जकड़ रखा था। बड़ी क्रूरता एवं निर्लज्जता के साथ हिंदुओं को आर्थिक, सामाजिक एवं सांस्कृतिक रूप से दयनीय बनाने की प्रक्रिया आरंभ की गई थी। हिंदू होने और शिखा रखने पर 'जजिया' कर के साथ स्वाभिमानी हिंदुओं को अनेक प्रकार के अन्य कर देने को विवश किया गया और उनको अपने धार्मिक स्थानों तक जाने से रोका गया था। हिंदुओं की भूमि एवं व्यवसाय छीनकर उनको दर-ब-दर का जीवन व्यतीत करने हेतु विवश किया जा रहा था। मैला और मृत पशुओं को ढोने के लिए उन पर बल प्रयोग किया जा रहा था, ताकि वे सामाजिक प्रतिष्ठा से हाथ धोकर अपने ही समाज में अस्वच्छ कर्म के कारण अस्पृश्य की संज्ञा प्राप्त कर ले। साथ ही हिंदू समाज में अपनी आत्म-प्रतिष्ठा खोकर दमन एवं दलन के उपरांत दलित और दयनीय स्थिति को प्राप्त हो जाए। इन कुकृत्यों के पीछे मात्र यही उद्देश्य था कि हिंदू समाज को विखंडित करने से हिंदू धर्म को निर्बल करने के साथ इसलाम को बिना हिंसा के स्थापित करना था।

महर्षि रैदास विदेशी मुसलमान शासक आक्रांताओं की इस मनोभावना को समझते

थे। उन्होंने जन्म से मृत्युपर्यंत हिंदू धर्म के सनातन स्वरूप की सुरक्षा के लिए अपने को समर्पित कर दिया। अपने स्वजातीय बंधुओं को भी उन्होंने इसलाम और ईसाईयत को पूर्णरूपेण अस्वीकार्य करने हेतु प्रेरित किया। यही कारण है कि चमार जाति के लोग आज भी धर्म, संस्कृति और नैतिकता में अग्रणी पाए जाते हैं। उन्होंने संत परंपरा का सदैव निर्वाह किया, इसलिए उनके पदानुयायी संपूर्ण हिंदू हैं। कालांतर में उनके रैदासी मत को हिंदू समाज द्वारा आत्मसात् किया गया है। क्षत्रिय कुलशिरोमणि महाराणा सांगा और उनकी पुत्रवधू मीरा उनके शिष्य थे। विदेशी आक्रांता मुसलमान शासकों द्वारा बलपूर्वक बनाई गई चमार जाति के गौरवशाली इतिहास को स्वर्णाक्षरों में अंकित करानेवाले महर्षि रैदास को हिंदू धर्म के पुरोधा के रूप में प्रतिष्ठित करते हुए प्रस्तुत अध्याय में उपरोक्त संदर्भों को पर्याप्त प्रमाणों के साथ स्पष्ट करने का प्रयास किया गया है।

6.1 धर्म, संस्कृति एवं नैतिकता में अग्रणी चमार जाति

हिंदुस्थान में धर्म, संस्कृति और नैतिकता पर आदिकाल से ध्यान दिया जाता रहा है और आज भी हिंदू धर्म की पृष्ठभूमि में इन तत्त्वों का विशेष महत्त्व है। विदेशी आक्रांता शासकों के दमन, दलन एवं उत्पीड़न से बनी हिंदू चमार जाति प्रारंभ से ही हिंदू धर्म, हिंदू-संस्कृति और नैतिकता को अपनाए रखने में सदैव अग्रणी रही। धर्म में अटूट आस्था रखने के कारण तथा कथित हिंदू चमार जाति के लोग इस मान्यता को स्वीकार करते थे कि वेदकाल में धर्म के ही आधार पर मानव समाज ने आध्यात्मिक उत्कर्ष को प्राप्त किया था और भौतिक, वैज्ञानिक एवं आर्थिक उन्नति की थी।

हिंदू चमार जाति की बौद्धिक प्रतिबद्धता के आधार का चिंतन आवश्यक है। उनकी मान्यता है कि धर्म पृथ्वी पर स्वयंभू एवं पूर्णतः प्रकृतिमार्गी है और इसका आधार वेद हैं जो धर्म को इन शब्दों में परिभाषित करता है—'धारयः इति धर्मः'। यह भी मान्य किया है कि प्राचीन हिंदू धर्म के इतिहास को काल-सीमा में आबद्ध करना अत्यंत दुष्कर है, क्योंकि हिंदू धर्म प्रकृतिमार्गी होने के कारण जिस प्रकार प्रकृति बोधगम्य नहीं है उसी प्रकार धर्म भी किसी ज्ञेय काल-सीमा से परे है। हिंदू चमार जाति के लोगों ने सदैव नियम-कानून एवं सामाजिक मूल्यों को अपनी जीवनशैली बनाए रखा, क्योंकि वे मानते थे कि सामाजिक नियम-कानून एवं जीवन-मूल्यों को धारण करना धर्म है, क्योंकि इससे एक व्यवस्थित समाज का स्वयमेव संचालन संभव होता है।

हिंदू चमार जाति के मिश्रित समाज का धर्म के सभी दस तत्त्वों (धृति, क्षमा, दम, आस्तेय, शौच, इंद्रिय-निग्रह, ज्ञान, विद्या, सत्य तथा अक्रोध) में विश्वास था और वे यह मानते थे कि धर्म का प्रवर्तन हिंदुस्थान के प्राचीन ऋषियों, मुनियों तथा देवताओं ने किया है। इसी विश्वास पर संत रैदासजी ने भी इसलाम अस्वीकार किया और उनके अनुयायी

एवं विदेशी मुसलिम आक्रांताओं द्वारा दमन एवं दलन करके हिंदुओं से बनाए गए तथाकथित चमार जाति के लोगों ने भी हिंदू धर्म में बने रहने के लिए मुसलिम आक्रांताओं द्वारा अपना उत्पीड़न-शोषण भले ही स्वीकार किया किंतु इसलाम स्वीकार नहीं किया। इससे स्पष्ट होता है कि धर्म के प्रति अपना समर्पण करने में हिंदू चमार जाति के लोग सदैव अग्रणी रहे।

हिंदू-संस्कृति को अपनाए हुए उसे अक्षुण्ण बनाए रखने में भी हिंदू चमार जाति सदैव अग्रणी रही। हिंदू-संस्कृति में प्रकृति-संरक्षण की भावना का अनुमोदन अन्य हिंदू दलित जातियों के साथ-साथ हिंदू चमार जाति ने भी किया है। इस जाति ने हिंदू-संस्कृति के मूल्यों पर आधारित सत्यनिष्ठ व्यवहार एवं मर्यादित आचरणों पर ही जीवन निर्वाह किया और कभी भी अशिष्टाचरण एवं अभद्र व्यवहार का सहारा नहीं लिया। मुसलिम उत्पीड़न का प्रत्युत्तर भी इस जाति के लोगों ने सदैव सत्य और अहिंसा पर आधारित एवं पवित्र हिंदू जीवन-मूल्यों के धरातल पर खरा उतरकर दिया।

धर्म हिंदू-संस्कृति आधारित है। धर्म में सत्य को सर्वोपरि स्थान दिया गया है। सत्य का अभिप्राय है—सत्य बोलना, सत्य सुनना और सत्य ही देखना। व्यवहार में जब सत्य को धर्म के आलोक में मानव समाज के अन्य लोगों के प्रति प्रस्तुत किया जाता है, वह सत्यनिष्ठ व्यवहार बन जाता है। अन्य संस्कृतियों में जहाँ अपने स्वार्थ-सिद्धि के लिए मिथ्याचारिता का सहयोग लेकर अपनी संस्कृति को जीवित रखने का प्रयास किया जाता है, हिंदू-संस्कृति इसके विपरीत ठीक इसलिए आज तक जीवित है कि इसमें कुछ स्वार्थपरक ब्राह्मणवादी व्यवस्थाओं को छोड़ दिया जाए तो मिथ्याचारिता का लेशमात्र अवगुण नहीं पाया जाता है। इस संदर्भ में यदि देखा जाए तो संत रैदासजी एवं हिंदू चमार जाति पूर्णरूपेण सत्याचारी पाए जाते हैं। उन्होंने किसी भी अवस्था में असत्य का सहारा नहीं लिया।

हिंदू-संस्कृति की विशालतम् सहृदयता का भाव हिंदू चमार जाति में भी पाया जाता है। जिस प्रकार से हिंदू-संस्कृति ने अपने अंतर्गत अनेक संस्कृतियों को समाहित कर रखा है उसी प्रकार से मुसलिम आक्रांता शासकों द्वारा बलपूर्वक बनाई गई तथाकथित हिंदू चमार जाति ने भी अपने तथाकथित चमार-कुल में अनेक गौरवशाली राजवंशीय क्षत्रिय जातियों को समाहित कर रखा है। इसमें हिंदू-संस्कृति की भाँति ही सर्वे भवन्तु सुखिनः, सर्वे संतु निरामयाः और वसुधैव कुटुंबकम् की भावना भी पाई जाती है। संत रैदासजी का व्यक्तित्व पूर्णतः सांस्कृतिक विशेषताओं से युक्त था और उन्होंने अपने स्वजातीय हिंदुओं को भी इसी प्रकार का बना रखा था।

धर्म और संस्कृति के गुणों से ओत-प्रोत कोई भी व्यक्ति सदैव नैतिक ही होगा, इसमें संदेह नहीं है। महर्षि रैदास एवं उनके स्वजातीय हिंदू चमार जाति के लोग आज

भी नैतिकता को आत्मसात् किए हुए पाए जाते हैं। नैतिकता समाज-स्वीकृति है। नैतिक नियमों का अनुपालन कर्तव्य-भावना से किया जाता है। उसके लाभ-हानि को बुद्धि एवं तर्क द्वारा जाना भी जा सकता है। नैतिकता आवश्यकता एवं परिस्थिति के अनुसार परिवर्तनशील है। उसका संबंध वर्तमान से है। नैतिकता का लाभ इसी जीवनकाल में मिलता है। नैतिकता सामाजिक समरसता की बाधाओं को नियंत्रित करने में सहयोग प्रदान करती है। यह कभी रूढ़िवादी भी नहीं होती। यह एक प्रकार से आत्मा की आवाज होती है। उसमें उचित और अनुचित को समझने का अवसर होता है तथा क्षमता भी। महर्षि रैदासजी ने इसी नैतिकता का उदाहरण प्रस्तुत करते हुए इसलाम धर्म को अस्वीकार करने के फलस्वरूप प्राप्त दंड 'चर्म-कर्म' को पूरी निष्ठा से किया था और अपनी धैर्य रखने की नैतिकता को कभी असंतुलित नहीं होने दिया था। उनका अनुकरण करनेवाली हिंदू चमार जाति का संपूर्ण समाज आज अपनी नैतिकता के लिए विश्व-विख्यात है।

धर्म और संस्कृति की तुलना में नैतिकता (मोरिलिटी) कुछ अधिक व्यवहृत होती है, क्योंकि सामाजिक व्यवहारों के आदान-प्रदान में उसका विशेष महत्त्व होता है। इसका नियंत्रण भी एक अनुरोध ही होता है। नैतिकता कर्तव्य की भावना, अर्थात् उचित और अनुचित पर बल देती है। नैतिकता का तात्पर्य नियमों की उस व्यवस्था से है जिसके द्वारा व्यक्ति का अंतःकरण अच्छे और बुरे का बोध प्राप्त करता है। नैतिकता का संबंध किसी अलौकिक शक्ति से नहीं होता है। जिस समय के लिए जो भी व्यवहार कल्याणकारी होते हैं, क्रमशः वे ही नैतिकता का रूप ले लेते हैं। संत रैदासजी ने सदैव कल्याणकारी नैतिकता का अवलंबन किया और उनके अनुयायी हिंदू चमार जाति के साथ अन्यान्य जातियों के लोग भी उनके नैतिकता संबंधी प्रस्तुत उदाहरणों का अनुकरण करते रहे। आज भी जीवन के प्रत्येक क्षेत्र में कोई भी हिंदू चमार जाति के लोग बिना सोच-विचार किए और बिना उचित-अनुचित का अंतर ज्ञात किए कोई भी अनैतिक कार्य नहीं करते हैं।

हिंदू चमार जाति ने अपने संयमित और नियमित जीवन-शैली को आत्मसात् किए हुए आज तक जिस भी क्षेत्र में प्रयास किया, सदैव अग्रणी रही। उसे हिंदू धर्म से अलग करने का मध्ययुगीन विदेशी मुसलिम आक्रांता शासकों का बर्बर प्रयास भी असफल रहा। वह इसके लिए उत्पीड़ित और प्रताड़ित होने में भी अग्रणी रही। इसलाम अस्वीकार करनेवाली जातियों में भी वह अग्रणी रही। हिंदू धर्म की रक्षा में आत्मोत्सर्ग करनेवाली सभी जातियों में यह जाति अग्रणी रही। हिंदू धर्म के सम्मान को न झुकने देने के लिए विभिन्न राजवंशों एवं धर्म के पुरोधाओं से बलपूर्वक बनाई गई चमार जाति अपना तन-मन-धन लुटा देने में भी अग्रणी रही। मुसलिम संस्कृति की छाया से भी दूर रहनेवाली

हिंदू जातियों में यह जाति सबसे आगे रही। ऐसे कार्यों में इसने बढ़-चढ़कर भाग लिया और सफलता भी अर्जित की। अपनी राजवंशीय संस्कृति को इस जाति ने दीनहीन संस्कृति में बदल लिया और दर-ब-दर का जीवन भी स्वीकार किया परंतु इसलामिक गुलामी के लड्डू खाने तथा मुसलमान बनकर सत्ता का सुख भोगने से इनकार कर दिया। वैसे देखा जाए तो संपूर्ण दलित समाज ने ब्राह्मण, क्षत्रियों एवं अन्य का जूठन खाना स्वीकार किया, किंतु मुसलमानों के हाथ का पानी भी पीना स्वीकार नहीं किया। भारतीय संस्कृति में समायोजन की विशेषता के कारण आज विश्व की अनेक संस्कृतियाँ इसमें समाहित देखी जाती हैं, परंतु हिंदू चमार जाति में हिंदू-संस्कृति पूर्णतः विशुद्ध पाई जाती है। इसी तरह से नैतिकता से परे किसी भी काम को न करनेवाले लोगों में हिंदू जाति समाज के लोग चमार सदैव अग्रणी माने जाते हैं। अतः कहा जाता है कि धर्म, संस्कृति एवं नैतिकता में हिंदू चमार जाति हर प्रकार से और हर समय अग्रणी पाई जाती है।

6.2 इसलाम एवं ईसाईयत पूर्णरूपेण अस्वीकार्य

इसलाम का आधार निराकार ब्रह्म (अल्लाह) है। उसका कोई आकार-प्रकार नहीं है। परंतु वह सर्व शक्तिमान है। खुदा के बंदे (इनसान) किसी रूप अथवा स्वरूप की अवधारणा नहीं करते। हिंदू धर्म में भी निर्गुण-निराकार ब्रह्म की उपासना है। अतः इसलाम हिंदू धर्म के मात्र एक पक्ष का समर्थन करता है। इसलाम सगुण-साकार ब्रह्म को नहीं मानता, क्योंकि उसकी आराधना उसकी मूर्ति बनाकर की जाती है। किंतु यह तथ्य विस्मयकारी है कि जहाँ मूर्तिपूजन वर्जित है, वहाँ कब्र को प्रतीक मानकर उसी स्थान पर संपूर्ण रीतिरिवाज को इसलाम मजहब में संपन्न किया जाता है। हिंदू धर्म के ही वामपंथ, जैन, बौद्ध, चार्वाक ने भी ईश्वर को अस्वीकार किया है। इस प्रकार ये भी इसलाम के समान ही हिंदू धर्म के कट्टर आलोचक हैं। मध्ययुग में हिंदू धर्म त्यागने के लिए शासकों के दबाव से उन्हीं द्वारा पूर्व में चर्म-कर्म में लगाई हुई चमार जाति के लोगों को जब उन्हीं विदेशी आक्रांताओं ने पुनः भयंकर रूप से उत्पीड़ित किया तो वे लोग अपनी प्राण रक्षा के लिए हिंदू धर्म त्यागकर जैन, बौद्ध आदि पंथों का आश्रय ले सकते थे, परंतु उन्होंने ऐसा नहीं किया। हिंदू धर्म में ही अडिग रहने में उन्होंने अपनी प्रतिबद्धता एवं अपना कल्याण समझा अन्यथा जैन-बौद्धादि की ओर झुकने पर उनको इसलाम की ओर बलपूर्वक ला दिया गया होता। परंतु ऐसा नहीं हुआ और हिंदू चमार जाति के लोगों ने अपने महान् संत रैदासजी के दिशा-निर्देश पर इसलाम को पूर्णरूपेण अस्वीकार कर दिया। उनकी यह उक्ति आज भी स्मरणीय है—'एको धर्म, हिंदू धर्म। हिंदू अस्ति, अन्यान्य नास्ति।'

दलित हिंदू चमार जाति का उपरोक्त दृढ़निश्चय इसलाम के लिए एक चुनौती था।

वह इसलाम जो मुहम्मद साहब ने तलवार के बल पर संसार के अनेक देशों में स्थापित किया था और भूख से मर रहे लोगों को मात्र एक रोटी देकर विवशतावश इसलाम स्वीकार कराया था, हिंदुस्थान के धर्माभिमान युक्त ब्राह्मण एवं वीरोचित राजवंशीय जातियों से भले ही बनी चमार जाति को एक तिल भी हिला न सका था। यह साधारण बात न थी। शासन विदेशी आक्रांताओं के हाथ में था। हिंदू मंदिर और मूर्तियों को तोड़कर और देवी-देवताओं को अर्पित हीरे-मोती एवं सोने-चाँदी को लूटकर अपनी बहादुरी को नग्न रूप में प्रदर्शित करनेवाला इसलाम स्वीकृत विदेशी मुसलिम आक्रांताओं ने मानव संवेदना का दम भरनेवाले अपने धार्मिक सिद्धांतों को दरकिनार करके निरीह हिंदू स्त्रियों एवं बच्चों को तलवार से मौत के घाट उतारा और पूरी ताकत लगा दी थी कि वह हिंदुस्थान को इसलाम-देश बना दे, किंतु उसे लेशमात्र भी सफलता नहीं मिली। कुछ लालची, कायर और सुखोपभोगी जैन और बौद्ध समुदाय के एवं कुछ अन्य हिंदू समुदाय के लोगों को छोड़कर शेष एक भी धर्माभिमानी एवं स्वाभिमानी हिंदू इसलाम स्वीकार नहीं किया। यह हिंदुस्थान के हाथों इसलाम की सबसे बड़ी पराजय थी। उसके सारे प्रयास एवं प्रयोग असफल हो गए थे।

हिंदुस्थान में इसलाम की अस्वीकृति के कुछ शक्तिशाली एवं महत्त्वपूर्ण कारण थे। वहाँ के युद्धबंदियों ने दास बनकर अरब और ईरान के बाजारों में बिक जाना पसंद किया परंतु अपने स्वाभिमान को झुकने नहीं दिया। पशु जगत् का भक्षण करनेवाले तथा गाय की हत्या करनेवाले चूँकि शस्त्र और रक्त संस्कृति के अपवित्र विदेशी आक्रांता शासक थे इसलिए उससे शासित होकर भी पशु-धर्म में निष्ठा रखनेवाले हिंदू समाज के लोग इसलाम से सदैव घृणा करते रहे। नारी का सम्मान न करके उसको विषय-वासना का शिकार बनानेवाले इसलामिक विदेशी आक्रांता उन हिंदुओं को रास नहीं आए जिनकी संस्कृति में 'यत्र नार्यस्तु पूज्यते रमंते तत्र देवता' की भावना प्रवाहित थी। विदेशी इसलामिक शासकों में केवल दिखावा एवं कहने के लिए ही विश्वबंधुत्व और समानता का सिद्धांत था, व्यवहार में उसे कहीं भी नहीं पाया गया। हिंदुस्थान में भारी संख्या में हिंदू समाज के अबोध एवं निरीह बच्चों की नृशंस हत्या ने इसलाम की क्रूरता को व्यक्त किया। हिंदुओं के लूटपाट एवं उत्पीड़न और केवल मुसलमानों के संरक्षण ने इसलाम के समानतावाले सिद्धांत की पोल खोल दी थी। अपने कार्यों और व्यवहारों से विदेशी मुसलिम शासक यमराज और कसाई जैसे दीख पड़ते थे। अतएव इसलाम को अस्वीकार किया जाना स्वाभाविक था।

इसलाम को हिंदुस्थान में प्रवेश करने का अवसर निश्चित रूप से बौद्धों के हिंदू-विरोधी कारणों से प्राप्त हुआ था, क्योंकि हिंदू राजाओं के विरुद्ध बौद्धों ने अनेक अवसरों पर गुप्तचरी की थी, परंतु इसलाम ने बौद्ध-पद्धति का अवलंबन नहीं लिया।

यदि वे बौद्ध-पद्धति पर अहिंसा और प्रेम के माध्यम से इसलाम का प्रचार-प्रसार किए होते तो बहुत कुछ संभव था कि उनके अनुरोध को स्वीकार करके कुछ और गैर-हिंदू भी मुसलमान बन जाते, परंतु उनके पैशाचिक एवं दमनकारी आदेशों का विपरीत परिणाम हुआ और युद्धबंदी तथा गुलाम बनाए गए हिंदुओं ने भी बलपूर्वक इसलाम को स्वीकार कराने का प्रचंड एवं अप्रत्याशित विरोध किया। विदेशी आक्रांता यदि युद्ध जीतकर पोरस के प्रति सिकंदर जैसा व्यवहार भी करते तो हिंदुओं के मन में उनके प्रति उतनी अधिक घृणा न फैलती, परंतु अबोध बच्चों, स्त्रियों, निःशस्त्र युद्धबंदियों की जिस तरह से हत्याएँ कराई गईं और लाखों महिलाओं को जौहरव्रत अपनाने पर विवश किया गया, उससे हिंदुओं के अंदर ज्वाला धधका डाली और उन्होंने मृत्यु स्वीकार की, परंतु इसलाम को ठुकरा दिया।

इसलाम में गोहत्या और गोमांस-भक्षण प्रोत्साहित था और हिंदू धर्म के अनुयायी गाय को माँ के समान मानते थे। अपने देवी-देवताओं के अपमान को वे किसी तरह सह भी लेते, परंतु गाय का अपमान उन्होंने अस्वीकार कर दिया तथा गोवंश को समाप्त करनेवालों का कड़ा प्रतिकार किया था। महर्षि रैदास ने हिंदुओं की अनावश्यक हत्याओं को रोकने के लिए अत्यंत सुंदर मार्ग अपनाया और विदेशी आक्रांता मुसलमान शासकों द्वारा बलपूर्वक चर्म-कर्म में लगाए जाने पर उस कर्म को करना स्वीकार कर लिया। यदि हिंदू चमार समुदाय के लोग उस समय ऐसा न करता तो इसलाम अस्वीकार करने के आरोप में सभी को जान से मार दिया गया होता। इसलामिक नृशंसता को संत रैदासजी भली-भाँति समझते थे। उन्होंने निरंकार-पूजा और चर्म-कर्म में बलात् नियोजन, यानी दोनों पक्षों को एक साथ स्वीकार करके एक तरफ तो हिंदुओं को बचाया और दूसरी ओर इसलाम को अस्वीकार भी किया।

इसलाम अस्वीकार करनेवालों के समक्ष उस समय ईसाई धर्म एक अवलंबन हो सकता था, परंतु शांति एवं सहिष्णुता के संदेशवाहक ईसाई गोमांसभक्षी ही नहीं अपितु गोमांस के आदी भी थे, और किसी को अपने साथ तभी लेते थे जब वह व्यक्ति उनके धर्म को स्वीकार कर लेता था। मक्का से निर्वासित पैगंबर मुहम्मद को ईसाई धर्म के राजा ने ही शरण दी थी, परंतु ईसाई धर्म की अवहेलना करने पर ईसाई राजा ने स्थायी रूप से शरण देने के लिए मुहम्मद साहब के आवेदन-पत्र को अस्वीकार कर दिया था। यही स्थिति हिंदुस्थान में स्थापित चर्चों की भी थी। ईसाई लोग उत्पीड़ित हिंदुओं को सुरक्षा प्रदान करने हेतु गोमांस खाना प्रस्तावित करते थे, जो कदापि संभव न था। संत रैदासजी और उनके स्वजातीय हिंदू चमार जाति के लोग यह अच्छी तरह जानते थे कि ईसाई लोग अपनी शर्तों पर कुछ समय के लिए सुरक्षा एवं सहयोग देने की व्यवस्था करेंगे, परंतु जो हिंदू ईसाई नहीं बनेंगे उनको वे सेवा एवं सहयोग से वंचित कर देते थे।

यही कारण था कि कट्टर धर्माभिमानी एवं स्वाभिमानी हिंदू लोगों ने कभी भी ईसाई चर्चों में पनाह नहीं ली और जंगलों में भाग जाना अधिक पसंद किया।

ईसाई धर्म यदि वास्तव में हिंदुओं के अनुकूल रहा होता तो विदेशी मुसलिम आक्रांताओं से उत्पीड़ित लोग चर्चों में ही निवास करते, उनको दोनों ही विधर्मी प्रतीत हुए और दोनों ही गोहत्याओं में लिप्त मिले, इसलिए उन्होंने ईसाईयत की ओर कभी पलटकर भी नहीं देखा और मुसलिम उत्पीड़न से बचने के लिए सीधे जंगलों की राह ली। मानवता के रक्षक और विश्वशांति एवं विश्वप्रेम का दंभ भरनेवाले ईसाई समाज के लिए एक कलंक था। निर्वाचित हिंदुओं के धर्मांतरण की सोच से वे उनको गोमांस खाने के लिए बाध्य करना चाहते थे। हिंदू समाज के तथाकथित पंथ निरपेक्ष एवं आधुनिक विचारधारा के लोग आज उन दिनों को भूल चुके हैं और इसलाम तथा ईसाई, दोनों को पुनः प्रश्रय देने लगे हैं किंतु संत रैदासजी और उनके वंश-कुल के लोग आज भी उन दिनों को याद किए हुए हैं जिसका प्रत्यक्ष प्रमाण यही है कि वे लोग तत्कालीन शोषकों एवं गोमांस-भक्षियों के साथ मैत्री करने से कतराते रहते हैं। धर्म-परिवर्तन ही जिनका एकमात्र उद्देश्य हो, ऐसे इसलाम और ईसाई समाज के साथ किसी हिंदू का संबंध हो ही नहीं सकता, इसे जितनी अच्छी तरह से तथाकथित हिंदू चमार जाति का बुद्धिजीवी समझता है, उतनी ही अच्छी तरह से समस्त हिंदू समाज को समझने की आवश्यकता है।

6.3 संत शिरोमणि गुरु रैदास

हिंदू चमार जाति की राजवंशीय एवं गौरवशाली क्षत्रिय वंश-परंपरा में संत शिरोमणि गुरु रैदासजी का आविर्भाव इस जाति के लिए सम्मानवर्धक रहा। वह चंवर वंश के क्षत्रिय और पिप्पल गोत्र के कुलीन कुटुंब में जन्म लिए थे। उनका कुटुंब विदेशी आक्रांताओं के बार-बार होनेवाले आक्रमणों एवं उत्पीड़न से अपनी सुरक्षा के लिए गुजरात से चलकर दर-ब-दर यानी अपने तथा अपने परिवार की रक्षा करते हुए काशी में आकर स्थायी रूप से रहने लगा था। उनके पितामह हरिनंदन को धौलागढ़ जंगल में सनंदन ऋषि के आशीर्वाद से पुत्र-रत्न की प्राप्ति हुई थी। उस पुत्र का नाम रैदासजी के पितामह हरिनंदन ने रग्घु (रघु) रखा। संत रैदास इन्हीं रग्घु के पुत्र थे। जन्म के समय तक संत रैदास का परिवार धन-संपत्ति से भरा-पूरा था इसलिए उनके जन्मोत्सव में सभी को प्रीति-भोज कराया गया तथा साधु-संतों एवं ब्राह्मणों को मनोवांछित वस्तुएँ दान-दक्षिणा में प्रदान की गई थीं।

संत रैदासजी का जन्म संवत् 1433 वि. के माघ मास की पूर्णिमा को मान्य किया गया है। उस दिन रविवार था, इसी आधार पर उनका नाम माता-पिता ने रविदास (सूर्य का दास) रखा था। संत रैदास कालांतर में सृष्टि के रचयिता (रय) से जुड़े और रैदास

(ईश्वर के दास) कहलाए। उनका जन्म स्थान काशी स्थित मॉडुर माना जाता है। मॉडुर किंतु वर्तमान में जहाँ संत रैदास का जन्मस्थली के रूप में बना हुआ भव्य मंदिर है, वह मंदिर सीरगोवर्धन नामक स्थान पर है जो वाराणसी (वरुणा एवं अस्सी नदी के बीच का स्थान) यानी काशी क्षेत्र के अंतर्गत नहीं प्रतीत होता है। गाँव में एक इमली के वृक्ष के नीचे उनका जन्म हुआ था। जीवन के अंतिम समय में उन्होंने मेवाड़-कुल के चित्तौड़गढ़ में निवास किया और वहीं पर संवत् 1584 वि. की चैत्र कृष्ण-चतुर्दशी तिथि को उन्होंने अपनी महासमाधि प्राप्त की।

अपना परिचय संत शिरोमणि गुरु रैदास ने इन पंक्तियों में दिया है—[1]

चौदस सै तैतीस की माघ सुदी पंदरास।
दुखियों के कल्याण हित प्रगटे श्री रैदास।
पंद्रह सो चऊअसी, चीतौरे भई भीर।

जर-जर देह कंचन भई, रवि रवि मिल्यो शरीर।
चंवर वंश हरिनंदन नामा। काशीपुरी नाथ मम धामा॥
धन-संपत्ति की कमी न स्वामी। दीना सबकुछ अंतर्यामी॥
पुत्र रत्न जन्म घर माही। पती पत्नी दोऊ सिहाही॥
सकल कुटुंबी मित्र जिमाए। भिक्षुक जन संतुष्ट कराए॥
निज गुरु इष्टदेव सनमाने। दिए दान अनुपम मनमाने॥

हिंदू चमार कुलोत्पन्न संत रैदास पहले व्यक्ति थे, जिन्होंने मृत्यु की चिंता किए बिना इसलाम को अस्वीकार कर दिया था, तत्पश्चात् वे विदेशी शासक सिकंदर लोदी द्वारा जेल में बंद करके उत्पीड़ित किए गए थे। इसलामिक शासक ने उनको चर्म-कर्म में लगाकर 'चमार' शब्द से संबोधित किया। संत रैदास ने अपने स्वभाव के अनुसार पूरा धैर्य धारण करते हुए सारे अपमान एवं अपवित्र कर्म का बोझ सहन किया, परंतु किसी भी दशा में इसलाम स्वीकार न करते हुए उसे ठुकरा दिया। उन्होंने अपने पूर्वजों से विरासत में प्राप्त संत परंपरा को जीवित रखा। रामानंदजी का शिष्य बनकर उन्होंने सनातन हिंदू धर्म के सचेतक के रूप में कार्य किया। क्षत्रिय से विदेशी आक्रांताओं द्वारा बलपूर्वक दमन, दलन एवं उत्पीड़ित करके चर्म-कर्म में लगाकर चमार बनाए जाने और अस्वच्छ कार्यों में लगाए जाने पर भी उन्होंने अपने संत के आचरण का परित्याग कभी नहीं किया। यहाँ तक कि कट्टरपंथी मुसलिम सदन कसाई को भी उन्होंने अपने संत

1. डॉ. विजय सोनकर शास्त्री, हिंदू धर्मरक्षक गुरु रैदास, प्रथम अध्याय

वचनों के वशीभूत करके हिंदू धर्म में उसे दीक्षित करके सिकंदर लोदी के समक्ष एक चुनौती प्रस्तुत कर दी थी।

संत शिरोमणि गुरु रैदासजी ने रामकृष्ण के भक्त होने के बावजूद निराकार ब्रह्म के दार्शनिक चिंतन को स्थापित किया और निरंकारी संत समाज के माध्यम से उन्होंने सनातन हिंदू धर्म के सम्मान को बचाए रखा। अनेक कष्ट दिए जाने पर भी उन्होंने अपनी संत-प्रवृत्ति को कभी भी नहीं छोड़ा, बल्कि एक हिंदू संत के प्रभाव का प्रदर्शन करके सुल्तान सिकंदर लोदी के चतुर्दिक हर व्यक्ति के रूप में अपना स्वरूप दिखलाकर उसे विस्मय में अवश्य डाल दिया था। वह हतप्रभ था कि यदि तलवार से काटा भी जाए तो कितने रैदास को काटा जाए, क्योंकि उसे सर्वत्र रैदास ही दिखलाई देते थे। संत प्रकृति रैदास ने अपने अनुयायियों को कभी भी शासन-सत्ता से टकराने की सलाह नहीं दी और बिना रक्तपात के ही देश के लाखों हिंदुओं के इसलामीकरण को रोकने में सफल रहे।

संत शिरोमणि गुरु रैदासजी अपने संपूर्ण जीवन-काल में हिंदू-संस्कृति के नैतिक एवं धार्मिक पक्ष से जुड़े रहे। उनका व्यक्तित्व धार्मिक, नैतिक और सांस्कृतिक मूल्यों से अनुप्राणित रहा। उन्होंने संत-क्रांति को प्रतिष्ठित किया। वह भक्ति-मार्ग पर अग्रसर होकर हिंदू धर्म के प्रमुख तत्त्व अहिंसा के माध्यम से बिना किसी रक्तपात के हिंदू-संस्कृति के इसलामीकरण को अपनी संत-प्रकृति के बल पर रोकने में सफल रहे। वस्तुतः उनको संत-प्रवृत्ति उनके पूर्वजों से विरासत में प्राप्त हुई थी। उनके पितामह और पिता, दोनों ही सनातन हिंदू धर्म के संरक्षक संतों के प्रति समर्पित थे। हिंदू-संस्कृति में उनकी भी अविच्छिन्न आस्था थी। गुरु रैदास के जन्म के लिए उनको संतों से ही आशीर्वाद मिला था और पुत्र-रत्न की प्राप्ति के बाद उन्होंने संतों का बहुविधि सम्मान किया था। अतएव तथाकथित बलपूर्वक विदेशी मुसलिम शासक आक्रांताओं द्वारा चर्म-कर्म में लगाकर बनाई गई चमार जाति में उत्पन्न रैदासजी को संत शिरोमणि कहकर सम्मानित किया जाना पूर्णतः उचित है। उनकी संत प्रकृति को अन्यान्य हिंदू अत्यंत आदर दृष्टि से देखते एवं सम्मान भी देते थे। उनकी दृष्टि में कर्म अपवित्र हो सकता था, कर्मी नहीं। महात्मा गांधी भी इसी आलोक में कहते थे—पाप से घृणा करो, पापी से नहीं।

संत शिरोमणि गुरु रैदासजी दूरदृष्टि रखते थे। सांस्कृतिक संकटकाल में हिंदू संतों की नियति हिंदू धर्म एवं संस्कृति की रक्षा करने हेतु साकार और निराकार उपासना से जुड़ी हुई तो दृष्टिगोचर होती है, किंतु उसके पीछे एक अहम् भाव यह छिपा हुआ था कि वे हिंदू समाज का सभी प्रकार से कल्याण भी चाहते थे। यह संत रैदासजी में भी था। यही कारण है कि उनको राजघरानों में भी एक संत और गुरु के रूप में सम्मान प्राप्त

हो सका था। संत रैदासजी अंत तक मेवाड़ जैसे हिंदू राज्य में राजगुरु के पद पर प्रतिष्ठित रहे और उनकी सेवा में राजघराने के लोग लगे रहकर अपने को कृतार्थ मानते थे। आज भी उनके आचार्यत्व को सभी लोग स्वीकार करते हैं। रैदासी मत आज एक संत संप्रदाय के रूप में विख्यात है।

संत रैदासजी में वह विशेषताएँ पाई जाती थीं, जो एक संत में होनी चाहिए थीं। अपने जीवन में उन्होंने अनेक उतार-चढ़ाव देखे, परंतु कभी भी विचलित नहीं हुए। शस्त्र की भाषा का उत्तर भी वह सहज भाव से दिया करते थे जिसे सुनकर बादशाह सिकंदर लोदी परेशान हो जाता था, जबकि संत रैदासजी उसके समक्ष निर्भीक खड़े रहते थे। सुल्तान का साहस उनके आगे नतमस्तक था। अंत में उसने रैदासजी का लोहा मान लिया और जेल से मुक्त कर दिया। क्योंकि संत रैदास के संत स्वरूप का प्रचंड भय सिकंदर लोदी को भी था। यदि ऐसा न होता तो वह उनको सदैव बंदीगृह में ही रखता अथवा मार डाला होता। सदना कसाई ने भी उनके संत स्वभाव से प्रभावित होकर ही हिंदू धर्म स्वीकार किया था।

संत रैदासजी ने हिंदू और मुसलिम, दोनों ही धर्मों की बुराइयों की खुलेआम और प्रबल रूप से आलोचना की, परंतु किसी भी पक्ष की ओर से उनको कुछ भी प्रत्युत्तर देने का साहस नहीं हुआ, क्योंकि उन्होंने सदैव सही बातें ही आलोचना में कही थीं। उन्होंने मध्यकाल में हिंदू समाज में व्याप्त बुराइयों पर तीखा प्रहार किया और चेतावनी दी कि हिंदू समाज यदि पवित्रता और अपवित्रता के आधार पर आपस में भेदभाव रखता है तो वह निरंतर टूटता जाएगा और हिंदू शक्ति के क्षीण होते ही हिंदू समाप्त हो जाएगा। रैदासजी ने धर्म के नाम पर ढोंग करनेवालों को भी कोसा और परोपकार तथा मानव सेवा को ही धर्म का मुख्य अंग मान्य किया। एकेश्वरवादी इसलाम के लिए उनका निराकार अध्यात्म बुद्धि-विवेक के परे था। मुसलिम शासक समझ नहीं पाए कि संत रैदास ने किस तरह से उनको वैचारिक रूप से पराजित करने का कार्य किया है। हिंदू चमार जाति में उत्पन्न संत शिरोमणि गुरु रैदासजी ने अपने को हिंदुस्थान में प्रतिष्ठित कर दिया और विश्व के सामने एक उदाहरण प्रस्तुत किया कि अपवित्र कर्म में लगे होने पर भी एक हिंदू मनसा-वाचा-कर्मणा पवित्र ही रहता है, क्योंकि उसका स्वभाव सदैव संतमय रहता है।

6.4 गुरु रैदास के पदानुयायी संपूर्ण हिंदू समाज

विदेशी शासकों एवं आक्रांताओं ने हिंदू समाज को कमजोर करने और हिंदुओं को इसलाम स्वीकारने हेतु पवित्रता, अपवित्रता एवं अस्वच्छ कर्म के आधार पर छुआछूत का भेदभाव उत्पन्न कर दिया, जिसके परिणामस्वरूप मल-मूत्र साफ करने और चर्म-

कर्म तथा मृत पशुओं को ढोने में विदेशी मुसलिम शासकों द्वारा बलपूर्वक लगाए गए हिंदुओं को अस्पृश्य मानकर उनके साथ भ्रमवश हिंदू समाज ने भी दूरी बनाई। इसके कारण समाज में दो वर्ग बन गए—स्पृश्य वर्ग और अस्पृश्य वर्ग। संत रैदासजी ने स्वयं ही चर्म-कर्म करना स्वीकार किया और कहा कि विवश होकर इस कार्य में नियोजित किए गए चंवर वंश के क्षत्रिय युद्धबंदी कभी भी अहिंदू नहीं हैं, इसलिए उनके साथ भेदभाव न रखा जाए, अन्यथा हिंदू समाज टूट जाएगा और उपेक्षित एवं परित्यक्त हिंदू इसलाम स्वीकारने को विवश हो जाएँगे और यह परंपरा यदि चल पड़ी तो एक दिन कोई भी हिंदू नहीं रह जाएगा, बल्कि सभी मुसलमान हो जाएँगे। उनके इस सुझाव को सभी हिंदुओं ने मान्य किया और इस आधार पर वे उनके पदानुयायी भी बने।

संत रैदासजी ने हिंदू धर्म में व्याप्त कुरीतियों एवं अनाचारों की खुली भर्त्सना की तथा धर्म के मठाधीशों एवं तथाकथित ब्राह्मण को सावधान किया कि वे अपने कर्मकांडीय आडंबरों से हिंदू समाज को जकड़ना बंद कर दें अन्यथा साधारण हिंदू बाह्याडंबरों से त्रस्त होकर एक दिन हिंदू धर्म से अलग हो जाएँगे और फिर मठाधीशों को समाप्त करके विदेशी मुसलिम आक्रांता शासक हिंदुस्थान को भी इसलाम देश बनाने में सफल हो जाएँगे। इसका भारी प्रभाव रहा और रैदासजी के आक्षेपों और सुझावों को तत्काल मान्य किया गया तथा हिंदू धर्म के सनातन स्वरूप को पुनः प्रचलित किया गया तथा बाह्याडंबरों को अस्वीकार कर दिया गया। संत रैदास के मार्गदर्शन का परिणाम था कि तत्कालीन हिंदू समाज ने धैर्य के साथ विदेशी आक्रांता शासकों का दमन, दलन एवं उत्पीड़न को सहा, इससे बहुसंख्यक हिंदू जो निराश होकर हिंदू धर्म का त्याग करने की सोच बनाने लगे थे, रुक गए और फलस्वरूप हिंदू समाज आज भी सशक्त बना हुआ है। इस आधार पर भी हिंदू समाज संत रैदासजी का पदानुयायी सिद्ध होता है।

जिन दिनों इसलामिक शासक साकार पूजा-पद्धति के विरोध में मूर्तियों और मंदिरों को तोड़ने में संलग्न थे तथा उन देवताओं की मूर्तियों एवं मंदिरों की रक्षा में अनेक हिंदू अपने रक्त बहाने को भी उद्यत थे। उस समय भयंकर मार-काट से हिंदू समाज के विलुप्त हो जाने का खतरा आसन्न था। हिंदू अपने धर्म पर मर मिटने को तैयार थे किंतु अपने धर्म-कर्म को त्यागकर इसलाम ग्रहण करने हेतु तैयार न थे। ऐसे में संत रैदासजी ने मुसलमानों के एकेश्वरवाद और मूर्तिरहित पूजा की ही भाँति 'हिंदू निराकार पूजा-पद्धति' को प्रचलित किया। हिंदू सनातन विधि से प्रारंभ यह निराकार पूजा-पद्धति मुसलिम शासकों की समझ में नहीं आई। निराकार पूजा-पद्धति वाले एवं मूर्ति पूजा न करनेवालों को अपने जैसा मानकर और इस तरह के धर्माचरण करनेवाले हिंदुओं का उत्पीड़न बंद हुआ।

संत रैदासजी ने हिंदू समाज को यह संदेश देना चाहा था कि कर्म से कोई पवित्र

या अपवित्र नहीं होता और कर्म कोई भी हो, वह सबसे महत्वपूर्ण होता है। इसलिए सभी को कर्म करके अपनी जीविका चलानी चाहिए। हिंदू चमार जाति ने भी ऐसे अस्वच्छ कर्म को करके दिखलाया और अपने जाति-वर्ग के लोगों का साहस बढ़ाया। उस समय यदि उनके वंश के लोग चर्म-कर्म करना अस्वीकार कर देते तो उनको विदेशी मुसलिम आक्रांता शासकों द्वारा मौत के घाट उतार दिया गया होता। संत रैदास ने समय के अनुसार वह कर्म कर लेने की सलाह दी जो समयोचित थी और हिंदू समाज भयानक नरसंहार को रोकने में सहायक थी। इसे भी स्वीकार किया गया और स्वीकार करनेवाले संत रैदास के पदानुयायी कहे गए।

इसलामीकरण के लिए मिथ्यापवादों का प्रचार भी होता रहता था। प्रत्येक युद्ध के बाद विदेशी इसलामिक शासकों द्वारा यह प्रचार कराया जाता था कि सभी हिंदू युद्धबंदियों ने इसलाम स्वीकार कर लिया है और उन सभी को जागीरें इनामस्वरूप प्रदान कर दी गई हैं, इसलिए सामान्य हिंदू जन समुदाय भी इसलाम स्वीकार करके लाभ उठाए। गुरु रैदासजी पहले ही लोगों को समझा देते थे कि कोई भी हिंदू इस तरह की अफवाहों को सुनकर प्रभावित न हो और हिंदू धर्म का परित्याग न करे। यदि सबके सामने भी किसी युद्धबंदी से इसलाम स्वीकार कराया जाता तो इसके पीछे कोई भेद या षड्यंत्र है, ऐसा समझा जाए। हिंदू समाज ने संत रैदासजी के इस सुझाव को मान्य किया और किसी भी धर्म-परिवर्तन संबंधी समाचार की सच्चाई को जानने में रुचि दिखलाई, परंतु अपने द्वारा इसलाम स्वीकार करने हेतु कोई कदम नहीं उठाया। इस आधार पर लोग यह भी कहते हैं कि अफवाहों से अपना बचाव करनेवाले भी संत रैदास के अनुयायी थे।

संत रैदासजी सदैव विदेशी शासक आक्रांताओं के विरोधी थे। उन्होंने भारतीय मुसलमानों के साथ कभी भी और किसी भी प्रकार का दुराव भाव नहीं रखा था। हिंदुओं से भी वे यही कहते थे कि दिग्भ्रमित अथवा विदेशी आक्रांता शासकों द्वारा दलन एवं दमन पूर्वक मुसलमान बनाए गए भारतीय मुसलमानों को हिंदू अपना भाई समझें और उनके लिए उचित यही होगा कि भारतीय मुसलमानों और उनके स्त्री तथा बच्चों के साथ सहिष्णुता का भाव रखें। जाने-अनजाने यदि वे किसी हिंदू के विरुद्ध कोई कार्य कर दें तो भी उनको क्षमा कर दिया जाए। इससे उनके मन में हीनता का भाव नहीं रहेगा और वे भी अपने को पवित्र मानकर हिंदू धर्म में पुनः वापस आने का प्रयास करेंगे। हिंदू चमार जाति के लोगों ने भारतीय मुसलमानों के साथ सदैव परोपकार की भावना से युक्त व्यवहार किया। आज भी बुनकर मुसलमान और बुनकर हिंदू चमार एक साथ व्यवसाय में संलग्न पाए जाते हैं। भारतीय मुसलमानों के प्रति स्नेहिल स्वभाव रखने का संत रैदास का सुझाव हिंदू समाज द्वारा सर्वमान्य किया गया, जिसके आधार पर यह कहा जा सकता है कि संपूर्ण हिंदू समाज उनका मतानुयायी था।

संत रैदासजी ने लोगों को समझाया कि कटुता से कटुता शांत नहीं होती है, जिस प्रकार आग से आग भी बुझाई नहीं जा सकती है। इसलामिक कत्लेआम के विरुद्ध शस्त्र उठाने पर हिंदू सफल नहीं हो सकते हैं, क्योंकि सत्ता से टकराने या प्रतिरोध के लिए उनके सभी साधन छीन लिए गए हैं। किसी के भी नेतृत्व में हिंदू सैनिक भूखों रहकर युद्ध नहीं कर सकते हैं। ऐसी दशा में टकराव की राजनीति त्यागकर सत्य और अहिंसा की नीति लाभप्रद होगी अर्थात् अहिंसक विधि से सभी हिंदू इसलामिक आदेशों का अनुपालन करके सर्वप्रथम अपने तथा अपने परिवार के प्राणों की रक्षा करें। विदेशी मुसलिम आक्रांताओं द्वारा जितना भी अस्वच्छ या अपवित्र व्यवसाय प्रदान किया जाता है, उन सभी को सहर्ष करना स्वीकार करें। इससे इसलामीकरण की आँधी रुकेगी और नरसंहार का दौर समाप्त होगा। हिंदू शेष रहेगा तो आगे चलकर पुनः प्रतिष्ठित हो सकेगा। हिंदू समाज ने उनका यह सुझाव भी स्वीकार किया। परिणाम सामने है कि विदेशी शासक आक्रांताओं का समय समाप्त हो गया और हिंदुस्थान एक बार पुनः अपने हिंदू धर्म के साथ उन्नतभाव से खड़ा है।

संत रैदास ने देखा कि हिंदू समाज के लाखों लोगों को अस्वच्छ और अपवित्र कार्यों में लगा दिया गया है और लाखों-लाख हिंदू दलन एवं दमन के उपरांत दरिद्र बनाकर दर-ब-दर कर दिए गए हैं। ऐसे सभी लोगों को दलित की संज्ञा देकर हिंदू समाज उनको अपने में रखने के लिए तैयार नहीं हो रहा है। उसकी सोच है कि ऐसे दलित लोगों को साथ रखने से हिंदू समाज अपवित्र हो जाएगा। रैदासजी ने समझाया कि दलितों के साथ भेदभाव बरतने से उनका धैर्य समाप्त हो सकता है और अपनी उपेक्षा बरदाश्त न कर सकने की स्थिति में वे सभी लोग इसलाम ग्रहण कर लेने की बात सोच सकते हैं। अतः विदेशी आततायियों द्वारा बलपूर्वक बनाए गए दलितों का उत्साहवर्धन किया जाए, उनको अपना समझा जाए तथा समाज में सम्मान दिया जाए। इसे हिंदू समाज ने उचित समझकर स्वीकार किया। अतएव कहा जा सकता है कि हिंदू समाज निश्चित रूप से संत रैदासजी का मतानुयायी एवं आभारी था।

6.5 चमार जाति एवं रैदासी मत

संतों की कोई जाति नहीं होती है, अतः संत परंपरा में किसी भी जाति के लोग गुरु और शिष्य हुआ करते हैं। रामानंदजी ने प्रयाग के कान्यकुब्ज ब्राह्मण परिवार में जन्म लिया था, परंतु उनके सभी शिष्य ब्राह्मण नहीं थे। रैदास (चमार) कबीर (जुलाहा), धन्ना (जाट), सेन (नाई), पीपा (राजपूत) की शिष्य परंपरा यह सिद्ध करती है कि संतों की संगति और उनके मतों की प्राप्ति किसी भी व्यक्ति के लिए संभव और सुलभ हुआ करती है। रैदास मत के विषय में भी यही कहा जा सकता है कि उस मत के

अनुयायी केवल वर्तमान हिंदू चमार जाति के लोग ही नहीं हैं, बल्कि विविध जातियों के लोग भी रैदासी मत के अनुयायी हैं। संत रैदासजी के समय में चित्तौड़ राजवंश के राणा सांगा, उनकी पत्नी झाली रानी तथा पुत्रवधू मीराबाई तक ने रैदासी मत को स्वीकारा था। यह विशेषता अवश्य पाई जाती है कि संत रैदासजी को अपने कुल-वंश का होने के कारण चमार जाति के लोग रैदासी मत के अनुयायी अधिकाधिक संख्या में पाए जाते हैं।

इतिहास लेखन में एक परंपरा ऐसी भी पाई जाती है, जो अर्थ का अनर्थ करके नवीन को प्राचीन सिद्ध करने का प्रयास करती रहती है। हिंदू चमार जाति के विषय में भी कुछ इसी तरह के प्रयास हुए हैं। चर्म-कर्म और चर्मकार में अंतर तो नहीं बतलाया गया है, किंतु यह सिद्ध किया गया है कि चर्मकार का अर्थ चमार है और इस आधार पर चमार जाति की उत्पत्ति प्राचीनकाल में हो गई थी। यह त्रुटिपूर्ण है। चर्मकार का आशय चमड़ा का काम करनेवाला होता है, चमार नहीं। चमड़े का काम किसी एक जाति या वर्ण का नहीं था। मृगचर्म, व्याघ्रचर्म आदि को स्वयं स्वच्छ करके उसका उपयोग ऋषि-मुनि किया करते थे, इसका आशय यह नहीं कि वे चर्मकार होने से चमार जाति के भी माने जाएँगे। इसी प्रकार शूद्र राजाओं को भी कुछ लोग दलित शासक (राजा) मानने की भूल कर बैठे हैं। डॉ. अंबेडकर ने विचार व्यक्त किया है कि भारत के वर्तमान दलित प्राचीन या वैदिककालिक शूद्र नहीं हैं।[1] शूद्र वर्ग के ही अनेक लोग ऋषि-महात्मा भी हुए जिन्होंने ज्ञानोपदेश किए और वैदिक ऋचाओं के संकलन का कार्य किया, इसलिए उन्हें वेदव्यास भी कहा जाता था। व्यास भी शूद्र ही थे, किंतु व्यवसाय से वह ऋषि थे और उनकी पहचान भी ऋषि के ही रूप में होती है, शूद्र अथवा दलित जाति के रूप में नहीं। यदि शूद्र वर्ग में कोई चमार जाति रही होती तो उसी समय कोई चमार-मत, चमार-वाद, चमार-धर्म आदि का भी सृजन हो गया होता। इससे पता चल जाता है कि चमार जाति प्राचीनकाल में नहीं थी, बल्कि वर्तमान चमार जाति में कुछ जो राजवंशीय क्षत्रिय जातियाँ पाई जाती हैं, जैसे—चंवर वंश, केवल वे ही अस्तित्व में थीं। चंवर वंश का महाभारत में उल्लेख इस कथन को पुष्ट करता है कि चंवर वंश क्षत्रिय श्रेणी का था और उस वंश को चमार जाति में मध्ययुग में इसलामिक शासकों द्वारा सम्मानित किया गया था।

वर्तमान हिंदू चमार जाति में कई एक वंश और गोत्र की राजवंशीय क्षत्रिय जातियाँ सम्मिलित हैं जिन्होंने इसलाम स्वीकार नहीं किया तो उनको बलपूर्वक चर्म-कर्म में लगाया और 'चमार' नाम से संबोधित किया गया। चूँकि वे सभी जातियाँ अथवा वंश-

2. डॉ. वी.आर. अंबेडकर, शूद्र कौन? पाक्थ्थन के प्रथम पृष्ठ का थौथा पैराग्राफ।

गोत्र के लोगों ने चर्म-कर्म अपनाया था, इसलिए 'चमार' का संबोधन उन सभी पर लागू हो गया और वे सभी एक ही साथ अपवित्र व्यवसायवाले माने गए। उसी आधार पर कुछ लोग चमार जाति की अनेक उपजातियों का नामोल्लेख करते पाए जाते हैं।

हिंदू चमार जाति के बारे में एक और यथार्थ उदाहरण यह है कि हिंदुस्थान में पशु-हत्या और जीव-हत्या, दोनों ही वर्जित थी। पशु-यज्ञों का प्रचलन हुआ था या किसी ने ग्रंथ में उस अंश को प्रक्षिप्त कर दिया, यह स्पष्ट नहीं है, परंतु प्राचीन ग्रंथों में पशु-वध निषिद्ध होने से यही माना जाना उचित होगा कि पशु-यज्ञ बाद में किसी द्वेषवश प्रक्षिप्त ही है। अर्थात् पशु-हत्याओं के अभाव में चमड़े का अभाव स्वत: सिद्ध है। जब चमड़ा ही नहीं, तो चर्म-कर्म कहाँ? और फिर चमार कहाँ? स्पष्ट है कि मध्ययुग में जब हिंदुस्थान में इसलामिक आक्रांताओं का शासन हुआ और भारी मात्रा में भक्षण कर जाने के लिए उन्होंने पशुओं को काटना आरंभ किया उस समय यहाँ चमड़े का भंडार बन गया और तब उस चमड़ा जैसी अपवित्र वस्तु से विविध प्रकार की वस्तुएँ बनाने की आवश्यकता हुई। डॉ. बी.आर. अंबेडकर ने अपनी पुस्तक 'दी अनटचेबल' में लिखा है कि अस्पृश्यता का एकमात्र कारण गोमांस भक्षण है। वह चौथी शताब्दी में उत्पन्न हुई।[1] चमड़े से बनी वस्तुएँ हिंदू कभी स्वीकार नहीं करते थे, बल्कि उसका उपयोग केवल मुसलिम वर्ग ही करता था, इसलिए उस चर्म-कर्म का प्रारंभ सर्वप्रथम मुसलमानों ने ही किया। चमड़ा अधिक होने और कर्मी कम होने के कारण बाद में बलपूर्वक उन क्षत्रिय वर्ग के स्वाभिमानी युद्धबंदियों को भी लगाया गया जिन्होंने इसलाम अस्वीकार कर दिया था। यह कार्य सर्वप्रथम संत रैदास को दिया गया और उनको ही चमार संबोधित किया गया। उसी के बाद से चर्म-कर्म में लगे हिंदू 'चमार' कहे गए जो पेशा के आधार पर पहचान बदली तो क्षत्रिय से चमार जाति के हो गए अथवा माने गए।

चमार जाति में कुछ जातियाँ उच्च वर्ग की थीं और विदेशी आक्रांता मुसलिम शासकों द्वारा द्वेषवश चर्म-कर्म में लगाए जाने से इस श्रेणी में आईं। जबकि दूसरी ओर कुछ शिल्पकर्मी जो प्राचीनकाल में शूद्र वर्ण में थे, वे भी चमार जाति में आईं। बनौधिया, उज्जैनी, चंधरिया, सरवरिया, चौहान, चंदेल, सक्सेना, सकरवार, भदरौडिया, बुंदेला, कोरी, तुर्किया, जटिया, चमार डोम, कंजर, हबूरा, कोल, जैसवार आदि ऐसे ही जाति नाम हैं। हिंदुस्थान में प्रांतों के अनुसार भी चमार की अनेक उपजातियों के नामोल्लेख हुए हैं, जैसे—चमार, मोची, चापड, कुरील, कोरी या कोली, अहरवार, धुसिया, झुसिया, चमकेटिया, दोसाध, सतनामी, मंगतिया, चंदौर, करोल, धगगढ़, भिश्ती इत्यादि।

अंग्रेज लेखकों ने इस विषय में अधिक प्रयास किया है और लगभग एक हजार

---

1. डॉ. बी.आर. अंबेडकर, दी अनटचेबल, अंतिम।

से भी अधिक जातियों को चमार जाति की श्रेणी में पहुँचाकर चमार को परोक्ष रूप से तो समृद्ध करने का भरपूर प्रयास किया है, परंतु उनका उद्‌देश्य मात्र यही रहा है कि अधिक-से-अधिक हिंदुओं को चमार नाम देकर उन्हें अस्पृश्यता का शिकार बना दिया जाए और फिर उन लोगों को हिंदू धर्म से अलग करके हिंदू समाज को इतना कमजोर कर दिया जाए कि हिंदुस्थान छोटे-छोटे राज्यों में विभक्त हो जाए और हिंदू राष्ट्र के रूप में हिंदुस्थान का क्षेत्रफल किसी प्रांत से अधिक का न रह जाए। विघटित होकर हिंदू चमार जाति ईसाईयत को स्वीकार करके अपना धर्म-परिवर्तन न कर सके। इस प्रकार मुसलिम समुदाय की जनसंख्या बढ़ाना भी उनका उद्‌देश्य था। पाकिस्तान का निर्माण करके उनका आधा सपना पूरा हो गया, परंतु हिंदू चमार जाति को उनके पूर्वज संत रैदासजी ने पहले ही मानसिक रूप से तैयार कर रखा था कि टूटने पर वे कहीं के नहीं रहेंगे। डॉ. भीमराव अंबेडकरजी को भी अंग्रेजों ने दलितों के लिए अलग स्थान की माँग हेतु प्रोत्साहित किया था, परंतु उन्होंने अंग्रेजों की मंशा पर पानी फेर दिया जिसके कारण अंग्रेजों को यहाँ से वापस इंग्लैंड जाना पड़ा।

उपरोक्त चमार जाति के आलोक में रैदासी मत इसलिए प्रासंगिक है कि इसने हिंदू चमार जाति की सभी उपजातियों को एकता के एक सूत्र में बाँधे रखा और हिंदू सनातन धर्म के ही अंतर्गत निराकार उपासना को प्रचलित किया, जिसे कालांतर में रैदासी मत कहा गया। रामानंदजी साधु-संतों के परिप्रेक्ष्य में वर्णाश्रम व्यवस्था को नहीं मानते थे, उनके बाद, इन्हीं दो तरह की मान्यताओं के कारण उनका रामानंदी संप्रदाय दो भागों में विभक्त हो गया। संत रैदासजी वर्णाश्रम धर्म को नहीं माननेवालों में से थे। वे भी राम के ही उपासक थे। उनके राम निराकार ब्रह्म-स्वरूप थे। उनके निराकार राम (ब्रह्म) अज्ञेय और अनंत हैं।

रैदासी मत का आशय है वह मत जिसका प्रतिपादन संत रैदास ने किया। अत: यह कहा जा सकता है कि रैदासी मत गुरु रैदास का निराकार-पूजा करने के आदेश से संबंधित है। मंदिर-मूर्ति तोड़े जाने के समय में टकराव की स्थिति टालने हेतु उन्होंने यह निरंकार पूजा प्रचलित की और 'तीरथ बरत न करूँ अंदेशा' का संदेश देते हुए 'जिह्वा सों ओंकार जप, हत्थन सो कर काम' का सुझाव दिया। यही उनका रैदासी मत था। लोगों में भक्तिभाव भरना, समाज में व्याप्त कुरीतियों की कटु आलोचना करना और व्यावसायिक आधार पर किसी को अपवित्र न मानना, यही उनका संदेश था। यही रैदासी मत था।

वर्तमान हिंदू चमार जाति अनेक उपजातियों की प्रवृत्ति विशेष के अनुसार ही अलग-अलग वैचारिकीयुक्त पाई जाती है। कुछ लोग नानकपंथी हैं तो कुछ सतनामी हैं, अनेक कबीरपंथी हैं तो अनेक रैदासी मत के भी हैं। अनेक चमार जाति की शाखाएँ मात्र

हिंदू हैं और सभी चमार अलग-अलग पंथों और मतों के अनुयायी होने के बाद भी पूर्णरूपेण हिंदू हैं। इसका मुख्य कारण उनकी व्यक्तिगत रुचि और आस्था ही है। रैदासी मत को माननेवालों की संख्या अधिक है। रैदासी मत के बारे में कहा जाता है कि यह अपनी धार्मिक भावना की परिणामदायी परिणति है। गुरु रैदास ने जैसा कहा और उपदेश दिया, उनके अनुयायियों ने उसे आत्मसात् किया और संत शिरोमणि गुरु रैदास के अवसान के बाद भी उन उपदेशों को निरंतर गतिशील रखा। वही रैदासी उपदेश कालांतर में 'रैदासी मत' कहलाया। इस मत ने हिंदू धर्म, हिंदू समाज और हिंदू-संस्कृति के शाश्वत स्थायित्व के लिए अपनी आध्यात्मिक अभ्यर्चना को गतिशील रखा। हिंदू आध्यात्म-दर्शन का संबंध सूक्ष्मातिसूक्ष्म आध्यात्मिक ज्ञान अथवा विद्या से है जो पृथ्वी, जीव, ब्रह्मांड, आत्मा, परमात्मा, माया, सृष्टि, बंधन, मुक्ति, मोक्ष, प्रलय, स्वर्ग, नरक जैसे अति विशिष्ट विषयों का स्थूल, सूक्ष्म, अतिसूक्ष्म आधार पर शास्त्रीय अध्ययन करता है। रैदासी मत हिंदू अध्यात्म-दर्शन के परिप्रेक्ष्य में निरंकारी मत (निराकार-उपासना) है। इसकी मान्यता का संक्षेपण कुछ इस तरह है—

गुन निरगुन कहियत नहि जाके, कहाँ तो बात सयानी॥
या ही सौ तुम जोग कहत हौ, जब लग आस की फाँसी॥
निरगुन ब्रह्म निरास भजो किन, मनै रैदास उदासी॥
निरंजन निराकार निरलेपहि, निरविकार निरश्वासी॥
काम कुटिलता ही कहि गावै, हर हर आवै हाँसी॥
जिह्वा सौ औंकार जप, हत्थन सों कर कार॥
राम मिलहि घर आइके, कहि रैदास विचार॥

स्पष्ट है कि रैदासी मत जनहित से जुड़ा हुआ हिंदू लोकधर्म का एक ऐसा अधिष्ठान है जो जगत् के कण-कण में भगवान् को मान्यता प्रदान करता है और बहुजन हिताय बहुजन सुखाय होने के फलस्वरूप अपनी गतिशीलता को बनाए हुए आज भी हिंदू समाज में निरंतर विद्यमान है।

6.6 हिंदू धर्म के महान् पुरोधा संत रैदास

संत रैदासजी सनातन हिंदू धर्म को माननेवाले कोई साधारण व्यक्ति न थे। जिस समय इसलामिक उत्पीड़न से त्रस्त होकर भारी संख्या में हिंदू इसलाम अस्वीकार करने पर मौत के घाट उतारे जा रहे थे, शूली पर लटकाए जा रहे थे और जान बचाकर जंगलों में भाग रहे थे, उन दिनों बंदी बनाकर कारागार में डाल दिए जाने और घोर उत्पीड़न का शिकार बनाए जाने पर भी संत रैदास मुसलिम आक्रांता सुल्तान सिकंदर के सम्मुख

निर्भीक होकर खड़े थे और उसके पूछने पर बार-बार यही कह रहे थे कि उनको मृत्यु का भय नहीं है, परंतु इसलाम अस्वीकार्य है। एक संत स्वभाव के व्यक्ति में हिंदू धर्म के प्रति इस प्रकार की निर्भीक आस्था सामान्य बात नहीं है। इसी एक उदाहरण से यह सिद्ध हो जाता है कि संत रैदासजी हिंदू धर्म के महान् पुरोधा थे।[1]

सिकंदर लोदी ने संत रैदासजी को पाँच गाँव की जागीर और सभी प्रकार की सुख-सुविधाएँ देने का लिखित आश्वासन दिया था और बदले में केवल एक ही माँग की थी कि रैदास इसलाम स्वीकार कर लें, परंतु हिंदू धर्म के महान् पुरोधा संत रैदास ने उसकी जागीर और सुख-सुविधाओं को ठोकर मार दी और जो कार्य उनके मान-सम्मान के विरुद्ध तथा धर्म के विरुद्ध था, वही अस्वच्छ चर्म-कर्म तथा मरे पशुओं को ढोने का काम उनको सौंपकर उनकी निंदा के रूप में 'चमार' शब्द से संबोधित किया गया। संत रैदास ने यह सब हिंदू धर्म के रक्षार्थ सहन किया, परंतु हिंदू धर्म का परित्याग नहीं किया। इसीलिए उनको हिंदू धर्मरक्षक पुरोधा कहा गया है।

संत रैदास ने हिंदू धर्म की इतनी सजीव व्याख्या की थी कि उनके सामने मुल्ला फकीर सदना कसाई थोड़ी देर भी टिक न सका और हिंदू धर्म स्वीकार लिया। हिंदू धर्म का डंका बजते ही सिकंदर लोदी क्रोध में भर आया और सदना को बुरी तरह दंडित किया और यह आदेश जारी किया कि हिंदू से मुसलमान बने लोग यदि पुनः हिंदू बनेंगे तो उनको मृत्युदंड दे दिया जाएगा। उसके बाद भी अनेक भारतीय मुसलमान संत रैदासजी के पास हिंदू बनने के लिए आए जिन्हें आक्रांताओं ने रैदासजी के सामने ही मौत की नींद सुला दिया। इससे रैदासजी को बड़ा क्षोभ हुआ। उन्होंने भारतीय मुसलमानों के प्राणों की रक्षा करना अपना धर्म समझा इसलिए वह अज्ञातवास पर चले गए। उनको न पाकर भारतीय मुसलमानों ने हिंदू बनने का क्रम रोक दिया और इस तरह उनकी हत्या भी बंद कर दी गई। उन भारतीय मुसलमानों ने भी संत रैदास को हिंदू धर्म का महान् पुरोधा स्वीकार किया था।[2]

संत रैदास ने हिंदू समाज में व्याप्त कुरीतियों के विरुद्ध स्वर उन्नत किया कि हिंदू समाज की सुदृढ़ता के लिए सभी प्रकार की विषमताएँ और कुरीतियाँ समाप्त कर दीं जाएँ, अन्यथा भेदभाव, अस्पृश्यता और छुआछूत को लेकर समाज कई टुकड़ों में बँट जाएगा और हिंदू धर्म टूटकर बिखर जाएगा।

संत रैदासजी किसी भी प्रकार से हिंदू धर्म को अस्तित्व में बनाए रखना चाहते थे और यह भी चाहते थे कि धर्म के नाम पर मंदिरों तथा मूर्तियों की रक्षा करते हुए कोई

---

1. डॉ. विजय सोनकर शास्त्री, हिंदू धर्मरक्षक : संत शिरोमणि गुरु रैदास, पृ. 118
2. वही, 107

हिंदू मारा न जाए। इसके लिए उन्होंने साकार-पूजा के स्थान पर निराकार-पूजा आरंभ कराई और अपनी सूझ-बूझ से हिंदुओं को भयंकर मार-काट से बचा लिया। एक नवीन पूजा-पद्धति विकसित करने और हजारों-लाखों हिंदुओं को अनावश्यक मृत्यु की गोद में सोने से बचाकर संत रैदासजी हिंदू धर्म के वास्तविक पुरोधा बन गए।

गुरु रैदास ने भी अपने को सनातन हिंदू धर्म के प्रति सदैव समर्पित बतलाया है। चंवरवंशीय क्षत्रिय होने के बाद भी उनमें दूरदर्शितावश हिंसा और युद्ध में आस्था नहीं थी। नृशंस इसलामिक राजसत्ता से सीधा संघर्ष करके समाप्त हो जाने का उनको पूरा आभास था। यही सोच उनको भक्ति की ओर ले गई थी और उन्होंने अहिंसक क्रांति की परिणति संत-क्रांति के रूप में की। उन्होंने निरंकार ब्रह्म की उपासना के माध्यम से इसलामीकरण की दुर्भावनापूर्ण नीति को भंग किया और एक महान् हिंदू संत की उत्कृष्ट सूझबूझ से हिंदू-संस्कृति को समाप्त होने से बचा लिया। गुरु रैदास के हिंदू संत कहलाने के औचित्य पर विचार करने की आवश्यकता ही नहीं है, क्योंकि वह तो जन्मजात हिंदू संत थे ही। उनके मुखारबिंदों से भी यही संवाद प्रस्फुटित हुआ है—

धर्म सनातन मानन हारे। वेद शास्त्र हैं प्राण हमारे॥
पूजौं रामकृष्ण चितलाई। गुरु द्विज संत करौ सेवकाई॥[1]

हिंदू धर्म मानवजीवन के सभी पक्षों से संबंधित है। उसमें धार्मिक, दार्शनिक, आर्थिक, सामाजिक, राजनैतिक आदि सभी विषयों का भारतीय दृष्टिकोण से चित्रण हुआ है। हिंदू धर्म अपने साकार और निराकार, दोनों ही उपासना-पद्धतियों से समाज की सेवा में समर्पित रहा है। वैष्णव, शैव, शाक्त आदि उपधर्मों एवं लोकधर्म आदि सभी को एक साथ अपने में समन्वित कर रखा है। किंतु सभी का लक्ष्य है मानव समाज का कल्याण। सत्य बोलो, धर्म का आचरण करो, माता-पिता, गुरु के प्रति अपनी श्रद्धा समर्पित करो, अतिथियों की सेवा करो, जीवों पर दया करो, मुक्तहस्त दान करो, परमपिता परमेश्वर के प्रति विनम्रतापूर्वक अभ्यर्चना करो, स्वयं सुखी रहो और दूसरों को भी सुखी रखो, परोपकार, दया, करुणा, ज्ञान, धैर्य ही सबसे बड़ा धर्म तत्त्व है, दूसरों का कष्ट निवारण करो, बुराइयों से बचो, इंद्रियों को अपने वश में करो, राष्ट्र के प्रति समर्पण भाव रखो आदि जितने भी हिंदू धर्म के सामाजिक स्वरूप से संबंधित विचार तत्त्व थे, गुरु रैदास ने उन सभी को अपनी वाणी से उजागर किया, साथ ही अपने उपदेशों के माध्यम से भी व्यक्त किया। सांस्कृतिक संकटकाल में हिंदू धर्म के सामाजिक स्वरूप को उन्होंने कुछ इस प्रकार से उजागर किया था—

1. डॉ. विजय सोनकर शास्त्री, हिंदू धर्मरक्षक : संत शिरोमणि गुरु रैदास, पृ. 255

धर्म सनातन डूबो जाई। बढ़ि अज्ञान दह्यो दुःखदाई॥
भयो लोभ वश नर और नारी। दई धर्म की सुरति बिसारी॥
बाढ़ै दुष्ट नीच अभिमानी। जिन वेदन की सार न जानी॥
ऊँच-नीच को भेद बढ़ाए। जिसने गारत देश बनाए॥
घृणा करे जोई नीच बिचारै। अपमानित करके दुत्कारै॥
जब अपनी अपमान निहारै। यवन धर्म जाके स्वीकारै॥
बाढ़ै यवन यहाँ योहि भांती। हिंदू धर्म घटे दिन-राति॥
जाए प्रचार करो सुख सान। जाते होय लोक कल्याण॥[1]

गुरु रैदास एक आध्यात्मिक पुरोधा थे। उनके ब्रह्म का स्वरूप विराट् है जिसका चरण पाताल और शीश आकाश है (चरन पताल सीस असमाना, सो ठाकुर कर न संपुट समाना)। वह पूर्ण है (पूरण ब्रह्म बसै सब ठाहीं)। वह सर्वजीवी एवं सर्वकालिक है (धावर जंगम कीट पतंग पूरि रह्यो हरि राई)।[2] उनके इष्ट राम, गोविंद, विट्ठल, वासुदेव, हरि, विष्णु, प्रभु, कृष्ण, केशव, कमलापति, भगवान्, माधव, गोपाल, महेश, दामोदर, निरंजन, मुरारी, रघुनाथ, मुकुन्द आदि सभी हैं। रैदास ने व्यावहारिक रूप से माया के ही अंग पाँच पच्चीस के द्वारा प्राप्ति का मार्ग दिखाने का सांकेतिक आभार अभिव्यक्त किया है। उन्होंने माया के विधेयात्मक और कल्याणकारी स्वरूप पर अधिक ध्यान नहीं दिया है। जगत् की स्वप्नावस्था के प्रति उसके शाश्वत होने का भ्रम ज्ञान से दूर होता वह मानते हैं।

जीव ईश्वर का ही अभिन्न रूप है, वह सभी जीवों में व्याप्त है (सब में हरि है, हरि में सब है, हरि अपने जिन जाता)[3]। उनकी साधना में अभ्यांतरिकता, समन्वय, समंजन और मौलिकता है। नवधाभक्ति, षट्प्रपत्ति और प्रतिकूलस्य वर्जनम् उनके अध्यात्म की विशेषता हैं।

धर्मरक्षक एवं हिंदू धर्म के पुरोधा संत शिरोमणि गुरु रैदास द्वारा धर्मरक्षा का आह्वान भी किया गया था। पुरुषार्थ-चतुष्टय में धर्म को अर्थ, काम और मोक्ष इन तीनों से प्रथम स्थान पर अवस्थित करने का तात्पर्य है कि धार्मिक विधि से अर्थोपार्जन, कामोपभोग और मोक्षलब्धि उत्तम होती है। यही अभिप्राय भक्तों एवं संतों को धर्म की रक्षा के लिए सदैव अनुप्राणित रखता है। धर्मच्युत होने पर मनुष्य की सामाजिक परिस्थिति निम्न हो जाती है। समाज में नाना प्रकार के अनाचार व्याप्त हो जाते हैं और सामाजिक

1. रैदास वाणी, पद संख्या 106
2. वही, पद संख्या 106
3. वही, पद संख्या 18

व्यवस्था छिन्न-छिन्न हो जाती है। धर्म की समाप्ति के साथ ही अधर्म व्याप्त होकर जीवन को अस्त-व्यस्त कर देता है।

गुरु रैदास इस रहस्य को भली-भाँति जानते थे कि यदि हिंदू धर्म की रक्षा नहीं की गई तो जीव-हिंसा, मानव-हत्या, लूटपाट, व्यभिचार आदि से लोगों का जीवन दूभर हो जाएगा। क्योंकि ये सभी अवगुण इसलाम धर्म में विद्यमान देखे गए थे। इस पर विशेष रूप से ध्यान देते हुए गुरु रैदास ने हिंदू धर्म की रक्षा के लिए लोगों का आह्वान किया और अपने इन संदेशों को प्रसारित किया था—धर्म-रक्षा ही ईश्वर पूजा है। धर्म-रक्षा ही ईश्वर भक्ति है। धर्म-रक्षा ही राष्ट्र-रक्षा है। धर्म की नींव, निष्ठा और बलिदान से सुदृढ़ हो सकती है। टकराव में शासन-सत्ता मजबूत पड़ रही है, अतएव निराकार-उपासना से विदेशी मुसलिम शासकों की आँखों में धूल झोंको और हिंदू धर्म की रक्षा बिना रक्तपात के करने पर ध्यान दो।'

6.7 महाराणा सांगा और संत रैदास

वंश एवं गोत्र के भेद पर आधारित क्षत्रियों एवं राजपूतों की अनेक श्रेणियाँ पाई जाती हैं। इसी प्रकार का अंतर देखा जाए तो राणा सांगा और रैदासजी राजपूत क्षत्रिय थे। क्षत्रिय इसलिए कि दोनों राजवंशीय क्षत्रिय कुल से संबंधित थे। राजपूत इसलिए कि इनके वंश के लोग राजा रह चुके थे। संत रैदासजी के वंशज गुजरात के क्षत्रिय चंवरसेन राजा के वंशज थे। राणा सांगा चित्तौड़ से राजा थे। संत गुरु रैदास को राणा सांगा, उनकी पत्नी झाली रानी और पुत्रवधू मीराबाई ने अपना राजगुरु बनाया था और उनको अपने दुर्ग में सम्मानसहित लाकर रखा था, ताकि उनके दर्शन-पूजन का प्रत्यक्ष लाभ वे प्राप्त कर सकें। चित्तौड़ में संत रैदास की समाधि शिष्य और गुरु के अनन्य स्नेह को प्रदर्शित करती है।[1]

महाराणा संग्राम सिंह ने गुरु रैदास को इष्टदेव के समान पूजनीय माना था। तत्कालीन राजागण संतों को दान दिया करते थे। किंतु महाराणा ने गुरु रैदास से दान लिया था। वह दान था समरसता का दान। संग्राम सिंह अपनी प्रजा के प्रति इसी सामाजिक समरसता के साथ सदैव समर्पित रहे और प्रजा भी उनको देवता की तरह पूजती रही। महाराणा में यह भाव गुरु रैदास ने प्रस्फुटित किया था। महारानी झाली उनसे इतना अधिक प्रभावित थीं कि उनका शिष्यत्व ग्रहण करने के बाद से उनको ही अपना आराध्यदेव मानने लगी थीं। चित्तौड़ जाकर उन्होंने अपने आराध्यदेव को सादर आमंत्रित ही नहीं किया अपितु अंत तक अपने परिवार के साथ उनको रखा था। उनकी आराधना से गुरु

1. संत शिरोमणी गुरु रैदास की चित्तौडगढ़ में मीराबाई के मंदिर के सामने अवस्थित समाधि

रैदास इतना अधिक संतुष्ट हुए कि उनको अपने लिए 'काश्याँ मरणात् मुक्तिः' का भी ध्यान नहीं रहा और वह चित्तौड़ में रहते हुए ही महासमाधि को प्राप्त हुए। भक्ति के प्रति तो भगवान् तक समर्पित हो जाते हैं, गुरु रैदास फिर भी तो एक मानव ही थे। महारानी के अनुरोध ने उनको चित्तौड़ में ही स्वर्ग की अनुभूति करा दी थी। वह भी अपनी शिष्या की निष्ठा को ब्राह्मण-भोज के समय निरर्थक कहलाने से बचाया। उनके साथ पंक्ति में बैठकर भोजन करने से इनकार करनेवाले ब्राह्मणों एवं नाते-रिश्तेदारों को उस समय नतमस्तक और शर्मिंदा होना पड़ा, जब अलग पंक्ति में बैठने की व्यवस्था करने पर भी गुरु रैदासजी उन सभी के बगल में बैठे भोजन करते पाए गए थे। एक से अनेक का स्वरूप धारण करना किसी चमत्कार का प्रदर्शन ही नहीं, बल्कि सामाजिक समरसता का संदेश भी था।

संत रैदास को मीराबाई के सास-श्वसुर राजाओं के राजा महाराणा संग्राम सिंह एवं उनकी रानी झाली द्वारा विनम्र निवेदन के साथ मेवाड़ की राजधानी चित्तौड़ लाया गया था। उनके आगमन से हिंदू राज्य मेवाड़ धन्य हो गया था। संत सिद्ध श्री गुरु रैदासजी को हिंदू राज्य मेवाड़ का राजगुरु बनाए जाने और उधर संपूर्ण राज्य द्वारा उनको अपना गुरुश्री मान लिए जाने पर संत रैदास की छत्रछाया में वह हिंदू राज्य सदैव अविछिन्न रहा। आज भी चित्तौड़गढ़ के विराट् एवं भव्य किले में परमपूज्य राजगुरु श्री संत रैदासजी की समाधि विद्यमान है।

मीराबाई मंदिर एवं भगवान् श्रीकृष्ण के मंदिर के ठीक सामने संत रैदास की भव्य समाधि हिंदू राज्य मेवाड़ में उनकी परिस्थिति एवं भूमिका का ऐतिहासिक उदाहरण है।

किसी भी राजा के लिए राजपुरोहित और राज्यमंत्रियों की आवश्यकता होती है, क्योंकि राजा का कार्य केवल राज्य का संचालन करना होता है। राणा सांगा ने सुन रखा था कि काशी में संत रैदासजी एक महान् संत हैं और जो भी लोग उनके शिष्य हैं उनको हिंदू धर्म की पराकाष्ठा प्राप्त होती है, जिसे मोक्ष भी कहते हैं। महाराणा संग्राम सिंह अति विनीतभाव से रैदास के पास आए और उनका आशीर्वाद प्राप्त किया। महाराजा ने काशी में रहते हुए चित्तौड़ का शासन-प्रबंध सँभालने की अपनी असमर्थता बतलाई और यह भी कहा कि वह स्वयं अपने गुरुदेव के ही पास रहना चाहते हैं, ऐसे में रैदास के सामने धर्मसंकट उत्पन्न हुआ। उन्होंने सोचा कि यदि वह काशी नहीं छोड़ेंगे तो राणा सांगा भी काशी में ही रहेंगे और फिर वहाँ चित्तौड़ का राज सिंहासन खाली रहेगा और वहाँ की प्रजा बेहाल होगी। अतः जनकल्याण की बात सोचकर संत रैदास ने अपना घर छोड़ दिया और शिष्य के घर चले गए। यह भारतीय परंपरा में शिष्य और गुरु का अगाध प्रेम का एक सर्वोच्च उदाहरण था।

6.8 भक्त शिरोमणि मीरा के गुरु रैदास

संत केवल संत होते हैं, उनकी कोई जाति नहीं हुआ करती है। संत गुरु दुर्लभ होते हैं। गुरु में संतभाव अथवा संतभाव का गुरु किसी के लिए भी सौभाग्य की बात है। मेवाड़ के मान-सम्मान को उन्नत रखनेवाले चित्तौड़ के महाराणा सांगा और महारानी झाली रानी की पुत्रवधू और राजवधू मीराबाई ने संत रैदास को अपना गुरु बनाकर इस उक्ति को चरितार्थ किया था। उसने राजकुमारी, राजरानी और महारानी के गौरव को ठोकर मारकर उनके सामाजिक समरसता के मंत्र को आत्मसात् किया और केवल 'मीराबाई' के संबोधन से ही संतुष्ट हो गईं। ऐसी निष्ठा और त्याग के ही बल पर वह अपने गुरुदेव की श्रेणी में पहुँचकर 'भक्त शिरोमणि' कहलाईं। सामाजिक समरसता का स्वाद प्राप्त कर लेने के बाद उनके लिए विष का प्याला भी अमृत बन गया था। संत रैदास का शिष्यत्व प्राप्त करके मीराबाई जहाँ भक्त शिरोमणि कही गईं, वहीं अपने समरसताशास्त्र की उक्त आचार्या का पूजनीय गुरुदेव कहलाकर संत रैदासजी भी आह्लादित हुए थे।

गुरु रैदास और शिष्या मीराबाई की गुरु-शिष्य परंपरा भारतीय भक्ति साहित्य में एक उच्चकोटि का उदाहरण प्रस्तुत करती है। यह चिंतन का विषय है कि यदि गुरु रैदास में किसी विशेष प्रकार की प्रतिभा न होती तो राजस्थान से चलकर मेवाड़ की बहूरानी काशी तक नहीं आई होती और रैदासजी का शिष्यत्व ग्रहण न करती। किंतु निश्चित रूप से मीराबाई ने गुरु रैदास के जीवन-व्यक्तित्व से प्रभावित होकर ही उनको अपना गुरु बनाया था। और दूसरी तरफ यह भी स्पष्ट है कि संत रैदास ने भी मीराबाई में संतवृत्ति की उच्चकोटि की विशेषता का आभास किया था और उनके संत भावों को ठीक से समझा था, इसीलिए उन्होंने भी उनको अपनी शिष्या स्वीकार किया था।

यहाँ यह भी उल्लेखनीय है कि मध्ययुग में जब स्त्रियाँ केवल भोग-विलास की वस्तुएँ मानी जाती थीं और मुसलिमों के भय से वे जौहरव्रत धारण करती अथवा पति के साथ ही चिता-रोहण (अन्वारोहण) कर जाती थीं उस समय निश्चित रूप से उनकी सामाजिक स्थिति अच्छी नहीं थी। परंतु रैदास ने ऐसे कालखंड में मीरा को अपनी शिष्या बनाकर उस सामाजिक रूढ़िवादी विचारों पर प्रहार किया था, जिसे कट्टरपंथियों एवं धर्म के कुटिल ठेकेदारों ने त्रुटिपूर्ण मानसिकता के माध्यम से हिंदू समाज में स्थापित किया था। नारी जगत् संत रैदास के प्रति श्रद्धावनत् है। संत रैदासजी में मीराबाई का अटल विश्वास था। वह उनके लिए आत्मविश्वास के साथ पूज्य गुरुदेव के रूप में स्वीकृत हो चुके थे।

चित्तौड़ नरेश महाराणा सांगा एवं उनकी महारानी झाली रानी का विश्वास गुरु रैदास में इतना अधिक था कि वे लोग तन-मन-धन से गुरु रैदास के प्रति समर्पित हो गए थे। उन्होंने अति विनम्रतापूर्वक संतशिरोमणि गुरु रैदास को एक बार चित्तौड़ आमंत्रित

किया था। मात्र आमंत्रण नहीं अपितु काशी आकर उन्हें सादर पालकी में बैठाकर लगभग पंद्रह सौ किलोमीटर दूर स्थित मेवाड़ राज्य की राजधानी चित्तौड़गढ़ ले गए। चित्तौड़ में संत रैदास का भव्य स्वागत हुआ। इतना ही नहीं, उन्हें हिंदू राज्य मेवाड़ का राजगुरु घोषित करके पूर्ण प्रतिष्ठा के साथ उनका पदारोहण उत्सव संपन्न हुआ। भव्य उत्सव एवं पूर्ण प्रतिष्ठा देते हुए मेवाड़ के राजा ने अनेक अनुष्ठानिक कार्यक्रमों का आयोजन किया। इसी क्रम में संत रैदासजी के सम्मान में एक सामूहिक भोज का भी आयोजन हुआ। भोज में गुरु रैदास के साथ भोजन करने से जब ब्राह्मणों ने अपनी असहमति प्रकट की तो महारानी ने रैदास के ही कहने पर उनको अलग पंक्तियों में बैठने की व्यवस्था करा दी। भोजन करने बैठे ब्राह्मण यह देखकर आश्चर्यचकित हो उठे कि उन प्रत्येक ब्राह्मण के बगल में गुरु रैदासजी बैठकर भोजन कर रहे थे।

राजपरिवार की राजबहू मीराबाई जब प्रभुकृष्ण की अहर्निश भक्ति में लीन होकर छटपटा रही थी और एक योग्य गुरु की खोज में मथुरा, वृंदावन से भटकते हुए काशी पहुँची थीं तो वहाँ पर उनको मात्र संत रैदास ही गुरु बनाने योग्य दिखाई पड़े थे। मीरा ने उनकी शरण में पहुँचकर उन्हें अपने गुरु के रूप में अपना लिया। काशी की गुरु-शिष्य परंपरा की कड़ी में एक भव्य उदाहरण के रूप में रैदास-मीरा के संबंधों को माना जाता है। मीरा के गुरु रैदास ने अपनी शिष्या सिद्धा मीरा को भगवान् कृष्ण से मिलाकर मीराबाई के जीवन को धन्य कर दिया। जब मीरा को जहर का प्याला पकड़ा दिया गया और मात्र गुरु के एक स्मरण से जहर का प्रभाव नष्ट हो गया तो सभी को महान् आश्चर्य हुआ था। मीरा की गुरुभक्ति एवं विश्वास का वह चरम समय था। गुरु रैदास के ही चमत्कार का यह भी परिणाम था, जब मीराबाई के गले में पड़ा जहरीला साँप फूलों के हार के रूप में परिवर्तित हो गया। मीराबाई द्वारा भजन एवं स्तुति के रूप में अपने गुरु के लिए उद्गार निम्नलिखित थे—

मीरा सतगुरु देव की, करें वंदना आप।
जिन चेतन-आतम कहया, धन भगवान् रैदास।
मेरो मन लागो तरि सूं, अब न रहूँगी अटकी।
गुरु मिला रैदास जी, दीन्हीं ज्ञान की गुटकी।

महर्षि रैदास एवं हिंदू धर्म के परिप्रेक्ष्य में धर्म, संस्कृति, नैतिकता इन तीनों ही क्षेत्रों में अग्रणी जाति के रूप में हिंदू चमार जाति को पाया गया है। जिसने चर्म-कर्म और मृत पशुओं को ढोने का अस्वच्छ एवं अपवित्र कार्य इसलामिक शासकों द्वारा अपने लिए अनिवार्य किया जाना स्वीकार किया, परंतु किसी भी मूल्य पर इसलाम धर्म को स्वीकार नहीं किया। इस जाति के लोगों ने अन्य हिंदुओं के साथ स्वच्छता तथा पवित्रता

के परिप्रेक्ष्य में सामाजिक दूरी तो पाई फिर भी वे इसलिए संतुष्ट थे कि उनको इसलाम और ईसाईयत को अपनाने से बच जाना पड़ा। उन लोगों ने संत शिरोमणि गुरु रैदासजी में अपनी निष्ठा व्यक्त की और उनके निर्देशों का सदैव अनुपालन किया। कालांतर में संत रैदासजी के निर्देशों का अनुगमन संपूर्ण हिंदू समाज ने किया।

हिंदू चमार जाति का उदय प्राचीनकाल में नहीं हुआ था। ऋग्वेद आदि के आधार पर जिन लोगों ने चर्म-कर्म का शब्दार्थ चमार जाति से लगाया है वह त्रुटिपूर्ण है, क्योंकि चर्मकार का आशय चमड़े का काम करनेवाला होता है, न कि चमार जाति होता है। उस समय न तो हिंदुस्थान में अत्यधिक मात्रा में चमड़ा ही था और न ही चमड़ा का कोई विकसित उद्योग धंधा ही था। हिंदुस्थान में वस्त्र संस्कृति प्राचीनकाल से ही विद्यमान थी और देश में उच्चकोटि का सूती कपड़ा, उच्चकोटि का सिल्क (ढाका का मलमल), बनारसी साड़ी (सिल्क, रेशम) और उच्चकोटि का ऊनी कश्मीरी शाल (पश्मीना) लोगों को सुलभ थे। प्राचीन समय में हिंदू चमड़े को निषिद्ध एवं हेय समझते थे। लेकिन भारत के मुसलिम शासकों ने इसके उत्पादन के अधिक प्रयास किए।[1] प्राचीनकाल में जानवरों की हत्याएँ नहीं होती थीं, इसलिए न तो चमड़ा था, न चमड़ा उद्योग था और न ही चमार जाति थी। मध्ययुग में यह जाति मध्यकाल में निर्मित की गई और हिंदुओं को उत्पीड़ित करने के लिए चर्म-कर्म में लगाया गया, ताकि कालांतर में उनकी सामाजिक स्थिति निम्न स्तर की हो जाए और अस्वच्छ कार्यों में लगने से उनको अन्य हिंदू अछूत मान लें। संत शिरोमणि गुरु रैदासजी ने अपने अनुभवों को जिन शब्दों में व्यक्त किया वे शब्द जीवन को एक दिशा प्रदान करते हैं। अतः उनके विचारों को रैदासी मत के रूप में स्वीकार किया जाता है।

रैदासी मत के प्रवर्तक संत रैदासजी हिंदू धर्म के महान् पुरोधा के रूप में हिंदू चमार जाति के गौरव को बढ़ाने के लिए एक उदाहरण माने जाते हैं। संत रैदासजी को प्राप्त यह सम्मान पूरे वर्तमान तथाकथित दमन एवं दलन करके मध्यकाल में बनी दलित जातियों के साथ ही हिंदू चमार जाति के लिए गर्व का विषय है।

□

1. डॉ. हमीदा खातून, अर्वनाईजेशन, पृ. 50

अध्याय-7

हिंदू चमार जाति का राष्ट्रीय योगदान

राष्ट्रीय योगदान का अभिप्राय राष्ट्रोन्नति में तन-मन और धन के साथ सहभागिता से है। राष्ट्रीय योगदान प्रत्येक व्यक्ति का पुनीत कर्तव्य है। राष्ट्रीय योगदान व्यक्ति एवं समाज और राष्ट्र को महान् बनाता है। हिंदू चमार जाति अपने महान् राष्ट्रीय योगदान के लिए प्रशंसनीय एवं स्तुत्य है। हिंदू सामाजिक व्यवस्था को संतुलित बनाए रखने में उसके त्याग और तपस्या को भुलाया नहीं जा सकता है। हिंदू धर्म को समाप्त कर देने के लिए समय-समय पर होनेवाले विदेशी आक्रांता मुसलिम शासकों के बर्बर प्रहारों को निष्प्रभावी बनाने में हिंदू चमार जाति ने एक तरफ तो आकर्षित करनेवाली भोग-विलास की समस्त वस्तुओं का परित्याग किया, वहीं दूसरी तरफ विदेशी आक्रांताओं के भयानक एवं क्रूर दमन, दलन एवं उत्पीड़नों को भी बड़े ही धैर्य से सहन किया, किंतु हिंदू धर्म का कभी परित्याग नहीं किया और उसका अभिन्न अंग बनी रही।

हिंदू दलित जातियों के संरक्षण के नाम पर विदेशी अंग्रेज शासकों के घड़ियाली आँसू का एकमात्र उद्‌देश्य था—'फूट डालो और राज्य करो', जिसे ठीक से पहचानने का कार्य करते हुए हिंदू दलित जातियों ने पूना-समझौता के माध्यम से हिंदुस्थान का अंग बने रहने का निर्णय लेकर विदेशी शासकों की इच्छा पर पानी फेर दिया। उनकी आँखों में आँसू नहीं अपितु क्रोधाग्नि की लपटों के रूप में खून के कतरे हैं, जो विदेशी मुसलमान एवं ईसाई शासकों के दमन, दलन एवं उत्पीड़न के उपरांत अस्वच्छ वृत्ति में लगाकर अस्पृश्य एवं अपनों में ही निम्न बन जाने का प्रतिशोध बनकर दृष्टिगोचर हो रहे हैं।

हिंदू चमार जाति ने मुसलिम आक्रांताओं को मध्यकाल में भी प्रत्युत्तर दिया था,

जब उसके राजवंशीय गौरवशाली देशरक्षक योद्धा सैनिक अनवरत् जारी युद्धों से थककर युद्धबंदी बना लिए गए थे। उन्होंने बगदाद की सड़कों पर कौड़ियों के मोल बिकना स्वीकार किया, गुलाम बनकर हर प्रकार की सेवा में संलग्न होना स्वीकार किया, मृत पशुओं को ढोना और चर्म-कर्म में लगना स्वीकार किया, मल-मूत्रों की गंदगी को साफ करना स्वीकार किया, विदेशी आक्रांता शासकों द्वारा अपने घरों को लूटने एवं जलाने के साथ ही भूखों मरने की स्थिति में जंगल-पर्वतों में दर-ब-दर जीवन-यापन अंगीकार किया, और यहाँ तक कि स्त्री बच्चों के साथ ही अपनी गरदन को भी कट जाना तक चुन लिया, परंतु किसी भी मूल्य पर इसलाम को स्वीकार नहीं किया। संत रैदास ने स्पष्ट शब्दों में कह दिया कि 'चाहे जो कुछ भी हो जाए, चाहे स्वयं की जान भी जाए, मरते दम तक यही कहेंगे, मुसलिम धर्म हमें ना भाए।'[1]

हिंदू चमार जाति की महान् विभूतियों ने स्वतंत्रता संग्राम में भी अपनी महत्त्वपूर्ण भूमिका का निर्वहन किया था। विदेशी मुसलिम, तुर्क एवं मुगल आक्रांता शासकों के शोषण, सार्वजनिक रूप से डकैती और अंग्रेजों की लूटपाट से खोखला हो चुके हिंदुस्थान के आर्थिक ढाँचे की मेरुदंड को मजबूत करना इस देश के आदर्श नागरिकों की प्रथम आवश्यकता थी। हिंदू चमार जाति कृषि-पशुपालन और शिल्पोद्योगों के माध्यम से स्वयं को आगे रखकर यहाँ की अर्थ-व्यवस्था का मेरुदंड बनी। स्वतंत्रता प्राप्ति के उपरांत इस वर्ग के लोगों ने कठोर प्रयास किया और हिंदुस्थान की घाटे की अर्थव्यवस्था को अपने कठोर परिश्रम से लाभ में परिवर्तित कर दिखाया। कृषि क्षेत्र में भूमिहीन किसानों के रूप में ही किंतु अपने कठोर श्रम से खाद्यान्न के क्षेत्र में भारत को आत्मनिर्भर बनाया। यह इस जाति के लिए प्रशंसनीय है। इस जाति ने हिंदुस्थान के सांस्कृतिक धरोहरों को भी अपने स्तर से सुरक्षित किया। प्रस्तुत अध्याय में हिंदू चमार जाति के इन्हीं राष्ट्रीय योगदानों का परिचय कराया गया है।

7.1 हिंदू सामाजिक व्यवस्था में चमार जाति

हिंदू चमार जाति अपने प्राचीन स्वरूप में हिंदू सामाजिक व्यवस्था के अंतर्गत वर्ण-व्यवस्था पर अवलंबित थी। इसके अधिकांश गोत्र एवं राजवंश क्षत्रिय संवर्ग में प्रतिष्ठित थे। इसकी पुष्टि इनके वर्तमान क्षत्रियजन्य गोत्रों से हो जाती है। इस जाति के लोग आश्रम-व्यवस्था के अंतर्गत नियोजित थे। अनेक विद्वान् और शास्त्र इस जाति की मर्यादा संवर्द्धन करते हुए सर्वदा उत्पन्न हुए हैं।

हिंदू सामाजिक व्यवस्था में संपादित होनेवाले प्रायः सभी संस्कार कार्य हिंदू चमार

1. डॉ. विजय सोनकर शास्त्री, हिंदू धर्म धर्मरक्षक : संत शिरोमणि गुरु रैदास

जाति की प्राचीन परंपरा में अनुमोदित थे। वैवाहिक संबंधों में वर-कन्या का चयन करते समय इस जाति के लोग कुल अथवा वंश, गोत्र, प्रवर और पिंड आदि का ध्यान रखते थे। विवाह के उत्तम प्रकार ग्रहण किए जाते थे। जन्मोत्सव धूमधाम से मनाया जाता था और इसमें जाति-बिरादरी के लोगों को प्रीतिभोज कराते थे, ब्राह्मण और रिश्तेदारों तथा पास-पड़ोस के लोगों को भोजन कराते थे तथा दान-दक्षिणा भी बाँटे जाते थे। संत रैदास के जन्मोत्सव पर इसी तरह का आयोजन हुआ था—

जाने करी याचना जोई। दयो राहू हर्षित सोई॥
भूषन-वसन दिए विधि नाना। सबको किए अमित सनमाना॥

हिंदू सामाजिक व्यवस्था में मृतक-संस्कार की जो परंपरा थी, हिंदू चमार जाति में उसी व्यवस्था का प्रचलन था। संप्रदाय भेद के कारण बाद में इस जाति के शिव-शंकरी जैसे संप्रदायों के अनुयायी दिवंगत शरीरों को समाधि भी देने लगे। इस आधार पर कुछ लोग अनावश्यक रूप से हिंदू चमार जाति को बौद्ध धर्मानुयायी मानते हुए कहा करते हैं कि चमार जाति अति प्राचीनकाल से ही बौद्ध धर्म का अनुपालन करती रही और वह कभी हिंदू नहीं रही। कुछ लोगों को यह भी भ्रम है कि चमार जाति ने कुछ अंशों में इसलाम स्वीकार कर लिया था, इसीलिए मृत शरीर को दफन करने की प्रथा उनमें आई।

उपरोक्त दोनों ही कुतर्क हो सकते हैं, तर्क नहीं। यथार्थ का अवलोकन करने पर हम पाते हैं कि आरंभ से ही मनुष्य की यह प्रवृत्ति रही है कि वह वाम-विचारधाराओं से भी प्रभावित रहा। प्रकृतिपरक हिंदू जीवन-पद्धति के विरोध में अप्राकृतिक जीवन-पद्धति भी कुछ लोगों द्वारा अपनाई गई थी। ईश्वरवादी लोगों से अलग कुछ लोगों ने अनीश्वरवादी संस्कृति का भी आश्रय लिया। भेदभाव का एक कारण यह भी था। ब्राह्मण और श्रमण दो वैचारिकी उपस्थित हुई जिसके चलते जैन, बौद्ध आदि ने अनीश्वरवादी चिंतन की दिशा में प्रयास किया। हिंदू धार्मिक क्रिया-कलाप की जगह अनावश्यक कर्मकांड, वितंड्रावाद के साथ स्वार्थयुक्त ब्राह्मणवाद प्रभावी हो गया था। आर्थिक दृष्टि से विपन्न लोगों ने सर्वप्रथम अपनी रोटी की समस्या को इसमें हल होते देखा। विदेशी आक्रांताओं के काल में भी ऐसे ही सुविधाभोगी लोगों को आकर्षित किया गया और जो नहीं आए उन पर बल-प्रयोग तक किया गया। अर्थात् धर्म-परिवर्तन केवल पैसा अथवा प्रभाव (शक्ति) के बल पर ही संभव हुआ, परंतु कभी प्रभावी नहीं रहा। अवसर पाते ही लोग बौद्ध धर्म से अलग हुए और ब्राह्मण बने और आजादी पाते ही इसलाम तथा ईसाई धर्मों को छोड़कर पुनः हिंदू धर्म अपना लिया। हिंदू चमार जाति तो कभी बौद्ध बनी ही नहीं और न ही उसने इसलाम अथवा ईसाई धर्म ही कभी स्वीकार

किया। इस जाति का प्राचीन राजवंशीय इतिहास यह सिद्ध करता है कि हिंदू धर्म की रक्षा में इन लोगों ने अपना प्राणोत्सर्ग किया। यदि इन्होंने धर्म-परिवर्तन स्वीकार किया होता तो उनको चमार बनाए जाने या बनने की स्थिति ही नहीं आई होती।

अत: कहा जा सकता है कि हिंदू सामाजिक व्यवस्था के साथ हिंदू चमार जाति के लोगों ने सदैव अनुकूलन बनाए रखा। केवल मध्यकाल में इसलाम अस्वीकार करने पर उनको बलपूर्वक विदेशी शासकों ने जब अस्वच्छ यानी चर्म-कर्म और ढोर (मृत पशु) ढोने में लगाया गया तो उनकी पवित्रता निरंतर नहीं बनी रही, जिसके कारण वे अस्पृश्य बने रह गए। अशौचकाल की अपवित्रता का दोष सभी को लगता था परंतु कुछ समय के बाद पवित्र क्रियाओं को करने से अशौच-काल समाप्त हो जाता था, जबकि चर्म-कर्म तथा मृत पशुओं को ढोते रहने का कार्य उन लोगों से निरंतर लिया गया जिसके कारण सदियों तक वे अस्वच्छ एवं अपवित्र बने रहे। यही कारण था कि मध्यकाल में हिंदू चमार जाति के लोग अपने प्राचीन गौरवशाली पवित्र जीवन-शैली से पदच्युत हो गए और कालांतर में अपने ही हिंदू समाज में स्थायी रूप से अस्पृश्य यानी अछूत भी हो गए।

हिंदू सामाजिक व्यवस्था स्वत: कहीं भी संस्तरित नहीं हुई, बल्कि उसमें संस्तरण यानी ऊँच-नीच का दोष प्रायोजित किया गया। जितने भी विदेशी आक्रांता शासक रहे, सभी ने हिंदुस्थान की समाज-व्यवस्था को विघटित करने का प्रयास किया। इसी के कारण हिंदू चमार जाति के लोगों को गाँव तथा प्रचंड दुर्गंधयुक्त चर्मकर्मी के कारण नगरवासियों से अलग रखा गया तथा इनकी दिनचर्याओं में भी परिवर्तन कर दिया गया ताकि वे स्वत: ही हिंदू समाज के साथ अन्य समाज से अलग-थलग पड़ जाए। ये सारे कार्य बलपूर्वक विदेशी आक्रांता मुसलिम शासक और बाद में अंग्रेजों ने किया था, जबकि इसका दोष अंग्रेज शासकों द्वारा उन हिंदुओं पर डाला गया जिन्होंने मात्र धार्मिक पवित्रता के कारण ही अपवित्र एवं अस्वच्छ कार्यों में लगे लोगों से दूरी बनाई थी। अंग्रेजों ने हिंदू धर्मग्रंथों में ऐसे-ऐसे उद्धरण समाविष्ट किए जिनका अध्ययन करने पर हिंदू चमार जाति के लोगों का सीधा आक्रोश अपने ही हिंदू समाज एवं तथाकथित उच्च वर्ग पर बढ़ता रहा, जबकि वास्तविक रूप से उनके शोषक विदेशी मुसलिम आक्रांता और अंग्रेज ही थे। इतिहास साक्षी है कि लगातार हजार वर्षों से ब्राह्मण और क्षत्रिय यानी तथाकथित उच्च जातियाँ तो शासन में नहीं थीं, इसलिए इसके लिए उन्हें कैसे उत्तरदायी ठहराया जा सकता है। दलित साहित्यकार और वामपंथी (कम्यूनिस्ट) तथा भाग्य एवं भगवान् की सत्ता को अस्वीकार करनेवालों ने इसे और भी तूल दिया तथा हिंदू सामाजिक व्यवस्था को ही दोषपूर्ण बतलाने तथा भ्रम फैलाने का कुत्सित प्रयास किया। यदि यह स्थिति यथार्थ होती कि हिंदू चमार जाति के वास्तविक शोषक स्वयं हिंदू थे, तो हिंदू

चमार जाति के लोगों ने विदेशी शासक मुसलिम या अंग्रेजों से मिलकर तथाकथित उच्च जातियों के विरुद्ध संघर्ष किया होता, किंतु इसका हमारे इतिहास में एक भी प्रमाण नहीं प्राप्त है। अतः सिद्ध है कि हिंदू सामाजिक व्यवस्था में हिंदू चमार जाति के लोग सदैव समायोजित और संतुष्ट थे और आज भी हैं। भेदभाव की स्थिति जो विदेशी आक्रांताओं और अंग्रेजों द्वारा पैदा की गई थी, आजादी मिलने के बाद से निरंतर घट रही है।

7.2 हिंदू धर्म की अभिन्न चमार जाति

भारतवर्ष में धर्म के इतिहास को काल सीमा से आबद्ध करना अत्यंत दुष्कर है। यह भी प्रश्न अनुचित है कि धर्म का निर्माण किसने किया। प्राकृतिक संस्कृति के निर्माण का कार्य क्या मानव के वश की बात है? ब्रह्मांड के सृजन के साथ ही प्रकृति और प्राकृतिक नियमन अस्तित्व में आए। यह सब ब्रह्म-सत्ता के अधीन है। ऐसे में प्रकृति की क्रिया तथा प्रतिक्रिया ही स्वयं में सिद्धांत बनकर मानव समाज के समक्ष दृष्टिगोचर हुई है। वर्तमान चमार जाति हिंदू होने से ही इस रहस्य को सही ढंग से समझ सकी है और आज तक इसका अभिन्न अंग बनी हुई है। हिंदू चमार जाति ने हिंदू धर्म के अतिरिक्त अन्य किसी भी धर्म की ओर कभी दृष्टि नहीं डाली, उसके ऊपर हिंदू धर्म को त्यागकर अन्य धर्म अपनाने का आरोप अस्वीकार्य है।

धर्म पृथ्वी पर स्वयंभू है। हिंदू धर्म पूर्णतः प्रकृतिमार्गी है। धर्म नाम भारतीय ऋषियों, मुनियों एवं देवताओं ने दिया है। धर्म का तात्पर्य धारण करने से है। इसीलिए वैदिक ऋषियों ने प्रकृतिजन्य वेद में 'धारयः इति धर्मः' का उल्लेख किया है। वास्तव में अन्यान्य भाषाओं के अनुवाद को लेकर भयानक भूल होना प्रारंभ हुई। धर्म को अंग्रेजी भाषा में अनुवाद करके 'रिलीजन' कर दिया गया। स्मरण रहे कि संज्ञा का अनुवाद किसी भाषा में नहीं होता। धर्म शब्द संज्ञा है। धर्म का अनुवाद किसी भी राष्ट्रीय अथवा अंतरराष्ट्रीय भाषा में धर्म ही होना चाहिए। हिंदू चमार जाति के किसी भी धर्मपुरोधा ने सनातन हिंदू धर्म को भिन्न प्रकार से परिभाषित करने का प्रयास नहीं किया। संत रैदास ने भी हिंदू सनातन धर्म की त्रुटिपूर्ण व्याख्या पर अपना रोष जताया था—

> धर्म सनातन डूबो जाई। बढ़ अज्ञान दह्यो दुखदाई॥
> भयो लोभवश नर और नारी। दई धर्म की सुरति बिसारी॥

ऋग्वेद में धर्म शब्द का प्रयोग हुआ है। महर्षि दयानंद भाष्य के अनुसार ऋग्वेद में धर्म शब्द का अर्थ 'वस्तु का स्वभाव' से किया गया है।[1] धर्म शब्द का अर्थ है जिसके द्वारा संसार का धारण एवं रक्षण किया जाए। महर्षि कणाद ने वैशेषिक दर्शन के प्रथम

1. ऋग्वेद 1.22.28

सूत्र में लिखा है कि धर्म वह है जिससे अभ्युदय, श्रेय एवं सिद्धि प्राप्त हो सके। महर्षि दयानंद सरस्वती और कणाद ने धर्म का भाव को क्रियाभाव में देकर यह तो स्पष्ट कर दिया है कि समाज में रहकर कुछ विशिष्ट कार्य करने के फलस्वरूप ही धर्म का अनुपालन होगा। यानी धर्म मनुष्य की वह धारण करने योग्य जीवन-पद्धति है जिससे उसे लौकिक भोगों एवं मृत्यु के उपरांत पारलौकिक कामनाओं की पूर्ति होती है। हिंदू चमार जाति ने सदैव इस सिद्धांत का अनुपालन और समाज में रहते हुए सदैव धर्मोचित विशिष्ट कार्यों का संपादन किया।

हिंदू धर्म का आधार शाश्वत वेद हैं। वैदिक लोकजीवन धर्मप्रधान था। उनका देवताओं की सत्ता, प्रभाव एवं उनकी व्यापकता में दृढ़ विश्वास था। उनकी विधा में यह जगत् पृथ्वी, अंतरिक्ष और आकाश के रूप में तीन लोकों में विभक्त है। अन्यान्य ग्रहों का पूर्ण प्रभाव पृथ्वी पर है। प्रकृति के इन्हीं रहस्यों को हिंदू ऋषियों ने प्रारंभ में ही जान लिया था। यही कारण था कि सनातन काल से ही इसे विकसित करके धर्म का नाम एवं स्वरूप दे दिया गया था। इस आधार पर तो प्रश्न ही नहीं उठता, किंतु 'हिंदू' नाम पर आधुनिक विद्वानों की त्वरित प्रक्रिया प्राप्त हो जाती है कि यह शब्द प्राचीन नहीं है। इसी आधार पर यह प्रश्न उठता है कि फिर चमार शब्द कैसे प्राचीन हुआ? चर्म-कर्म में प्रयुक्त उन जातियों से है जिनको मध्यकाल में चर्म-कर्म में बलपूर्वक मुसलिम आक्रांताओं ने आरोपित किया और चमार नाम से संबोधित किया। हिंदू चमार-कुल के प्राचीन गौरवशाली राजवंशीय क्षत्रिय धर्मानुयायी ब्राह्मण तथा अन्यान्य थे, जो आक्रांता शासकों का दमन, दलन एवं अत्याचार सहते रहे। फिर भी हिंदू धर्म में बने रहे और वेदों को अपना धर्मग्रंथ मानते रहे। इस कथन की पुष्टि संत रैदासजी की इन पंक्तियों से हो जाती है—

धर्म सनातन मानन हारे।
वेद शास्त्र हैं प्रान हमारे॥
पूजौ रामकृष्ण चितलाई।
गुरु द्विज संत करौ सेवकाई॥

हिंदू धर्म विधि-विधान (नियम, आचार, स्वीकृति) को धर्म और निषेध (विधान विरुद्ध, अनियम, अनाचार, अस्वीकृति) को अधर्म कहते हैं। समाज द्वारा मान्य नियम धर्म है, जबकि समाज द्वारा निषिद्ध नियम (कार्य एवं व्यवहार) अधर्म है। हिंदू धर्म केवल हिंदू लोकजीवन के मान्य नियमों से ही संबंधित है, क्योंकि हिंदू समाज के मान्य नियम सदैव प्राकृतिक होते हैं। हिंदू समाज कभी अप्राकृतिक सामाजिक नियमों की स्वीकृति को स्वीकार नहीं करता है। जैसे—अमेरिकी समाज में समलैंगिकता को सामाजिक

स्वीकृति प्राप्त है, जबकि हिंदुस्थान में इसे अप्राकृतिक होने के कारण समाज द्वारा स्वीकृत नहीं किया गया है। यह स्थिति यदि दुर्भाग्य से हिंदुस्थान के ईसाई समाज में कदाचित् प्राप्त होती भी है तो इसे असामाजिक और अप्राकृतिक होने से अवैधानिक ही माना जाता है। हिंदू चमार जाति का इतिहास सदैव प्रकृतिपरक सामाजिक नियमों के आधार पर हिंदू धर्म अनुपालन में ही रहा और इसीलिए वह सदैव हिंदू धर्म का अभिन्न अंग बना रहा।

हिंदू धर्म प्रकृति के साथ सामंजस्य स्थापित करके दिनचर्या तथा ऋतुचर्या के अनुरूप आचरण के संदर्भ बोध में अवस्थित है। सत्, ऋत तथा ब्रह्म रूपी महत्त्वपूर्ण कारकों पर आधारित संपूर्ण रीति-रिवाज, परंपरा, पर्व, त्योहार, उत्सव और धार्मिक एवं आध्यात्मिक अनुष्ठान, दिनचर्या, ऋतुचर्या के साथ सत्यनिष्ठ व्यवहार तथा मर्यादित लोकाचार ही हिंदू जीवन-पद्धति है। हिंदू जीवन-पद्धति की इस व्यापक अवधारणा के साथ संबद्ध होकर धर्म, अर्थ, काम और मोक्ष के चारों पुरुषार्थ के सम्यक् कल्याणकारी रूप को ही हिंदू धर्म कहते हैं। हिंदू चमार जाति सदैव हिंदू धर्म के अनुसार ही अपने उपरोक्त आचार-व्यवहार संपादित करती रही है, इसलिए वह सदैव हिंदू धर्म का अभिन्न अंग रही है।

हिंदू धर्म के दस तत्त्वों में सत्य, अहिंसा, क्षमा, चोरी न करना, तपस्या, इंद्रियों पर नियंत्रण, ज्ञान, विद्या, पवित्रता आदि का संपुट पाया जाता है। जो सत्य है, वही धर्म है। जो पवित्र है, वही हिंदू धर्म है। विदेशी इसलामिक आक्रांताओं ने हिंदू चमार जाति को सदैव अपवित्र बनाने का इसलिए प्रयास किया ताकि वे लोग हिंदू धर्म से अपने आप पदच्युत हो जाएँ। उन्हें चर्म-कर्म में लगाया गया और मृत पशुओं को ढोने के लिए बलपूर्वक आदेश निर्गत किया गया। गाय हिंदू धर्म में सबसे पवित्र और पूजनीय पशु है इसलिए हिंदू चमार जाति के लोगों को गोचर्म-कर्म में अधिक लगाया गया। यह कार्य कुछ आपदाकालीन न होकर नित्यमेव के लिए नियोजित कर दिया गया था, इसलिए अपवित्रता निरंतर बनी रही और हिंदू चमार जाति के लोग मध्ययुगीन अस्पृश्यता के अभिशाप से प्रभावित रहे, परंतु इसी आधार पर यह कहना न्यायसंगत नहीं है कि वे अस्वच्छ एवं अपवित्र होने के कारण हिंदू ही नहीं रह गए थे। चूँकि उस अवस्था में भी उन्होंने कभी इसलाम अथवा ईसाई आदि अन्य पंथों को स्वीकार नहीं किया इसलिए वे लोग सदैव हिंदू थे और हिंदू हैं। अतएव हिंदू धर्म से उनकी अभिन्नता स्वत: सिद्ध है।

7.3 हिंदू दलित जातियों से सहानुभूति के घड़ियाली आँसू

दलित का शाब्दिक अर्थ उन लोगों से है जिनका सामाजिक रूप से, आर्थिक रूप से, धार्मिक रूप से विदेशी आक्रांता मुसलिम शासकों द्वारा दमन एवं दलन हुआ।

राजनैतिक रूप से और सांस्कृतिक रूप से दलितों के प्रति सहानुभूति के आँसू बहानेवाले सीधे प्राचीन हिंदू समाज-व्यवस्था को इसका दोष देते हैं। उनका दुर्भावनापूर्ण मत है कि हिंदू लोकजीवन में शूद्र को चतुर्थ श्रेणी प्रदान करके उसे ब्राह्मण, क्षत्रिय और वैश्य की सेवा के लिए नियत किया गया था, अतएव इन तीनों ने मिलकर शूद्रों का दलन किया और शूद्र ही दलित बन गए। इस अवधारणा के त्रुटिपूर्ण होने से संबंधित अनेक साक्ष्य प्रस्तुत हो चुके हैं। डॉ. बी.आर. अंबेडकर ने कहा है कि शूद्र कभी भी एवं किसी भी काल में भी अस्पृश्य नहीं थे। यहाँ तक कि मनु काल में भी वे अछूत नहीं थे।[1] शूद्र कभी भी किसी काल में भी दलित नहीं थे बल्कि सभी के भरण-पोषण का उत्तरदायित्व उन पर ही था। कृषि-भूमि, पशु-संपदा इत्यादि से वे संपन्न थे। जब इनकी आर्थिक स्थिति मजबूत थी तो इनको शासन-सत्ता में आने से, धर्म-कर्म संपादित करने से, और सामाजिक नियमों के अनुसार जीवन-यापन करने से भला कौन रोक सकता था? प्राचीन शूद्रों में राजा, धर्मपुरोधा, विद्वान् ऋषि-मुनि, चिकित्सक, वैज्ञानिक, शिल्पकार क्या इतिहास के पन्नों पर अंकित नहीं पाए जाते? यह सब उक्त कार्य शूद्रों द्वारा संपन्न होता था। यही कारण है कि सनातन हिंदू-संस्कृति में दलित समुदाय का उल्लेख प्राप्त नहीं होता।

हिंदू दलित जातियों की उत्पत्ति के विषय में एक दोषपूर्ण अवधारणा यह भी है कि आरंभ में कृषि-भूमि पर स्वामित्व शूद्रों का था जिनको कृषक कहते थे। कृषि-भूमि एवं सिंचाई की सुलभता की दृष्टि से कृषकों का स्थानांतरण होता रहता था। हर्षोत्तर काल में कृषि-भूमि पर राज्य प्रशासन और सैन्य अधिकारियों को स्वामित्व प्राप्त हुआ तथा जो कृषक थे उनको कृषक-मजदूरों और दासों का स्तर प्रदान कर दिया गया। विदेशी आक्रांताओं (मुसलिम एवं अंग्रजों) ने हिंदू कृषकों का पर्याप्त शोषण किया। कृषि-कर के रूप में आधी उपज ले लिया करते थे। शेष को घोड़ों द्वारा चरा डालते और प्रायः आग लगाकर जला देते थे, ताकि भूखों मरने की स्थिति में पहुँचकर हिंदू किसान इसलाम स्वीकार कर लेंगे।[2]

विदेशी आक्रांताओं ने हिंदू समाज के सभी वर्ग को बिना किसी आधार के आर्थिक रूप से कमजोर किया। उनका सबकुछ लूट लिया। दो जून की रोटी के लिए लोग भागकर जंगलों में शरण लिए तो वहाँ भी उनको ढूँढ़-ढूँढ़कर मार दिया गया।[3] उनके स्त्री-बच्चे छीनकर बगदाद की सड़कों पर नीलाम कर दिए गए। घरों में आग लगा दी गई। पशुओं

1. डॉ. बी.आर. अंबेडकर, अछूत कौन एवं कैसे, पृ. 99
2. ईश्वरी प्रसाद, मध्ययुग का इतिहास, पृ. 255
3. ईश्वरी प्रसाद, हिस्ट्री ऑफ करौना टकर्स, पृ. 67-74

को काटकर खा डाला गया। क्रूरतम उत्पीड़न के आगे भी जो नहीं झुके और इसलाम ठुकराया उन लोगों को चर्म-कर्म, मृत पशुओं को ढोने और मल-मूत्र साफ करने में लगाया गया। जो किसी भी प्रकार से राज्य-सेवा में किसी भी पद पर पहुँच चुके थे, उनका भी पूर्व विवरण प्राप्त करके उन्हें पदच्युत और दंडित किया गया। धर्म न स्वीकारने पर कोड़े मारना, पशुओं की खाल में जीवित ही बंद कर देना, हिंसक पशुओं के सामने डाल देना, जिंदा खाल खिचवाना, खौलते हुए पानी एवं तेल के कड़ाह में जिंदा डाल देना, खुलेआम सूली और फाँसी देकर मारना, गरदन काट देना, सबकुछ इस तरह चलता रहा जैसे वह किसी भी हिंदू के लिए सामान्य दंड हो।[1] इससे स्पष्ट है कि आर्थिक आधार पर हिंदू लोकजीवन में धनवान एवं निर्धन की परिस्थिति का निर्माण विदेशी आक्रांताओं ने किया और जो बाद में निर्धन थे उनका उन्होंने क्रूरतम दलन भी किया।

शूद्र समाज कभी दलित नहीं था। सनातन लोकजीवन में शूद्र मूलतः समाज के लिए उपयोगी शिल्पकार थे। शूद्र का शाब्दिक अर्थ है—लाभप्रद, अच्छा, शिल्पकार। तत्कालीन समाज में शूद्र वर्ण के कई ऋषि थे। उनमें कुछ मनीषी एवं कर्मकार थे। शूद्र अपने शिल्पप्रधान गुण के कारण ब्राह्मण, क्षत्रिय, वैश्य किसी से भी संबंधित हो सकते थे। तात्पर्य यह कि वे तीनों वर्णों में समाहित थे। चूँकि अन्य तीनों वर्णों की तुलना में इनमें शिल्पकार का गुण प्रधान था इसलिए इन्हें तीनों वर्णों से अलग चौथे वर्ण के रूप में मान्यता प्राप्त हुई। वेद अथवा वेद की किसी शाखा में ब्राह्मण, क्षत्रिय, वैश्यादि की स्तुति नहीं की गई है। एकमात्र शूद्र यानी शिल्पकारों की वंदना अथर्ववेद में प्राप्त है।[2] ऋग्वेद में प्रदत्त ऋचाओं का यदि सूक्ष्म विश्लेषण किया जाए तो यह कहा जा सकता है कि कृषि कार्य, शिल्प, तकनीकी चिकित्सा एवं विद्यालयों में ब्राह्मण शिक्षकों को अन्न उपलब्ध कराना शूद्र वर्ण के तपस्वी लोगों का कार्य था। दसवीं और ग्यारहवीं शताब्दी तक शूद्रों की स्थिति अत्यंत उच्च थी। अन्य वर्णों की ही भाँति उन्हें भी समाज में अपने कला-कौशल के अनुरूप सम्मान प्राप्त था। वे न तो अस्पृश्य थे और न ही समाज से अलग-थलग थे। उनका किसी भी वर्ण द्वारा शोषण, उत्पीड़न और दलन किया जाना संभव ही नहीं था।

शूद्र शब्द का अपमानजनक अर्थबोध अलाउद्दीन खिलजी और उसके उत्तरवर्ती मुसलिम शासकों के कुशासन से व्युत्पन्न है। हिंदुओं का बड़े पैमाने पर शोषण और दलन कार्य विदेशी आक्रांता मुसलिम शासनकाल में ही हुआ था। जातियों की संख्या वृद्धि भी उनके ही समय की देन है। 8वीं शताब्दी के प्रारंभ तक हिंदू समाज में केवल 36 जातियों

---

1. ईश्वरी प्रसाद, मध्ययुग का इतिहास, पृ. 236
2. यजुर्वेद, 16/17

का ही उल्लेख प्राप्त होता है, परंतु अरबों के आक्रमण और उसके बाद मुसलिम आक्रांताओं के अत्याचार के कारण हिंदू समाज में जातियों की संख्या निरंतर बढ़ती गई। अंग्रेजों के शासनकाल में तो जातियों की संख्या हजारों में पहुँच चुकी थी। मध्यकालीन संक्रमण काल में अपनी तथा अपनों की सुरक्षा की भावना से लोग छोटे-छोटे समुदायों का नाम उपनाम भी रखा गया। हिंदू समाज की 36 जातियाँ लगभग 6500 जातियों एवं पचास हजार अधिक उपजातियों में बँट गई। इन्हीं हजारों जातियों में अस्वच्छ वृत्ति में अभियोजित होने के कारण अस्पृश्य बनी जातियाँ जिनका दमन एवं दलन मुसलिम आक्रांताओं ने किया था, उनको ही अंग्रेजों ने 'दलित' नाम दिया।

हिंदू दलित का नामकरण अंग्रेजों द्वारा किया गया। मुगलों ने जहाँ बलपूर्वक इसलाम स्वीकारने हेतु हिंदुओं को अपने दमन एवं उत्पीड़न का शिकार बनाया, वहीं अंग्रेजों ने भी सहानुभूतिपूर्वक ईसाई बनाने हेतु दमन, दलन एवं उत्पीड़न किए गए लोगों को दलित नाम देकर उनके प्रति सहानुभूति में अपने घड़ियाली आँसू बहाए। उनका उद्देश्य था कि ऐसे लोगों के प्रति कुछ कार्य किए जाएँ जिसमें सबसे मुख्य काम चुना गया उन तथाकथित दलितों को यह महसूस कराना कि उनका दमन अथवा दलन हिंदू धर्म अथवा हिंदू समाज के कट्टरपंथियों द्वारा किया गया है। अंग्रेजों ने ऐसा इसलिए नहीं किया कि उनका दमन एवं दलन विदेशी आक्रांता शासक मुसलमानों ने किया है क्योंकि कहीं हिंदुओं में विदेशी होने के कारण उनके भी प्रति घृणा न पैदा हो जाए। इससे दलित समाज में अपने ही हिंदुओं के प्रति घृणा पैदा हुई। अंग्रेजों ने अपनी सहानुभूति दिखलाई तो वे उनको अपना भगवान् तक मानने लगे। हिंदू चमार जाति का इतिहास लिखनेवाले कई विद्वानों ने इस तथ्य को समझने की भूल की है और उन्होंने भी अज्ञानता के कारण यह लिख डाला है कि चमार जाति एवं अन्य दलित जातियों का शोषण और उत्पीड़न केवल उच्च वर्ण के हिंदुओं ने ही किया। ऐसे लेखक अंग्रेजों को धन्यवाद देते हैं और कहते हैं कि यदि अंग्रेज नियम-कानून बनाकर दलितों को संरक्षण प्रदान न करते तो आज तक कोई भी हिंदू चमार और दलित समुदाय कभी प्रगति नहीं कर सकता था और न ही उच्च हिंदुओं द्वारा उनको स्वीकार किया गया होता।

हिंदू दलित जातियों के संरक्षण के नाम पर अंग्रेजों ने भारत में लंबे समय तक शासन करने की जो सोच रखी थी, वह असफल इसलिए रही कि हिंदू चमार जाति एवं अन्य दलित संवर्ग की जातियों ने वस्तुस्थिति को ठीक से समझ लिया और अंग्रेजों के अपने प्रति घड़ियाली आँसू को भी पहचान लिया। दलितों को संरक्षण देने के नाम पर अंग्रेजों ने भारी मात्रा में हिंदुस्थान की धन-संपदा अपने हित में खर्च की थी। जबकि ऐसे दलितों के लिए विकास के सारे संसाधन आजादी मिलने के बाद प्राप्त हुए। धीरे-धीरे ये तथाकथित दलित जातियाँ अपने प्राचीन गौरवशाली परिस्थिति को प्राप्त करने लगी हैं। भारतीय

अर्थव्यवस्था में उनको फिर से सम्मानजनक स्थान प्राप्त होने लगा है। श्रमसंघों का सम्मान ही व्यक्तिवादी अथवा पूँजीवादी अर्थव्यवस्था का अवसान था। दलित जातियाँ राजनीति की दिशा तय करने लगी हैं। दलित राजनीति अब खेल की वस्तु नहीं रह गई है। अतएव भारतीय संस्कृति में दलित उत्थान को राजनीतिक रंग देना गलत है।

वर्तमान समय में दलित उत्थान के नाम पर लोग अपना हितसाधन कर रहे हैं। बार-बार डॉ. भीमराव अंबेडकर आदि का नाम लिया जाता है, परंतु उनके सिद्धांतों पर चला नहीं जाता है। सन् 1970 के दशक में पश्चिम भारत में हुए अस्पृश्यता विरोधी आंदोलन को अंग्रेजी पत्रकारिता द्वारा दलित पैंथर एवं दलित साहित्य के रूप में प्रस्तुत किया गया था। अमेरिकी ब्लैक पैंथर एवं ब्लैक लिटरेचर के समतुल्य उपरोक्त पदों को रखकर यह प्रदर्शित करने का प्रयास किया गया था कि भारत के निम्नवर्गीय लोगों की भी वही समान स्थिति है। स्पष्टतः यह निम्न भावयुक्त शब्द ब्रिटिश मानसिकता और हिंदू धर्मविरोधी मार्क्सवादी वैचारिकी की देन है।

वर्तमान लोकतांत्रिक व्यवस्था के अंतर्गत दलित नेतृत्व तथा दलित साहित्य को अनुसूचित जातियों एवं जनजातियों के संदर्भ में प्रस्तुत किया जा रहा है। आधुनिक संचार माध्यमों ने भी दलित शब्द को इसी संदर्भ में प्रयुक्त किया है। अनुसूचित जनजातियों से संबंधित अधिकांश साहित्य लेखक भी स्वयं को दलित साहित्यकार के रूप में प्रस्तुत करते हैं। मराठी शब्द दलित मूलतः अस्पृश्यों के लिए प्रयुक्त किया जाता है। डॉ. अंबेडकर ने तो गांधीजी द्वारा प्रयुक्त हरिजन शब्द पर भी आपत्ति की थी। उनका मानना था कि समाज के अति पिछड़े वर्गों के लिए किसी भी ऐसे शब्द का प्रयोग नहीं किया जाना चाहिए, जो उनमें विलगता या निम्नता का भाव उत्पन्न करें। परंतु आज के राजनेता जो दलितों के समाज का नेतृत्व कर रहे हैं, बार-बार दलित-दलित शब्दों का प्रयोग करते हुए दलितों के वोट माँगते फिरते हैं। ऐसे लोग दलित समुदाय से संभ्रांत वर्ग की श्रेणी में आ चुके हैं। उन्होंने दलितों के हित-चिंतन का दायित्व ओढ़ लिया है, लेकिन अपने हित-चिंतन की पूर्ति में ही उनका जीवन समाप्त होता जा रहा है। इन विषमताओं के बावजूद आधुनिक भारतीय समाज में दलित समुदाय से सामाजिक, आर्थिक एवं राजनैतिक स्थिति में गुणात्मक परिवर्तन की एक धारा चल रही है। परिवर्तन के आधार बिंदुओं पर सावधानीपूर्वक विचार की आवश्यकता है, जिससे इस धारा की दिशा और दशा को समझा जा सके। तथाकथित दलितोत्थान पर अंग्रेजों ने पर्याप्त धन पानी की तरह बहाया और दलित संरक्षण के नाम पर अपनी रोटी सेंकने का काम किया। वही कार्य आज कुछ दलित सेवक संघों और दलित राजनीतिज्ञों द्वारा भी किया जा रहा है जिससे दलितों को लाभ तो नहीं हो रहा है, परंतु उनका अहित अवश्य हो रहा है। इसका प्रभाव हिंदू चमार जाति एवं अन्य दलित जातियों पर अधिक पड़ रहा है।

7.4 इसलाम अस्वीकार्य

हिंदू चमार जाति के महान् राष्ट्रीय योगदानों में से सबसे बड़ा योगदान यही है कि इस जाति ने निर्भीक भाव से इसलाम को अस्वीकार कर दिया था। इसका मुख्य कारण था हिंदुस्थान में हिंदुओं द्वारा इसलाम के सिद्धांतों यानी प्रकृति-विरुद्ध हिंसा, कट्टरता, उन्माद एवं परपीड़ा पर आधारित संस्कृति को किसी भी मूल्य पर न मान्य करना। इसलाम धर्म में विश्वबंधुत्व भाव निरंतर उपेक्षित रहा। किसी भी मुसलिम आक्रांता ने किसी भी हिंदू के साथ कभी भी विश्वबंधुत्वभाव सा व्यवहार नहीं किया। विश्वबंधुत्वभाव हिंसा और निर्दयता, दोनों से सदैव दूरी रखता है, परंतु इसलाम में ये दोनों निकट से पाए गए थे। हिंदुओं का निर्दयतापूर्वक दमन जितना मुसलिम आक्रांताओं ने किया, वैसा इतिहास में कहीं अन्य नहीं मिलता है। कालांतर में जर्मनी का हिटलर एवं फ्रांस का मुसोलिनी भी मुसलिम आक्रांता शासकों के क्रूरता भरे कुकृत्यों के समक्ष न के बराबर थे। सात वर्ष तक के हिंदू बच्चे तलवारों से दो टुकड़े कर दिए जाते थे। स्त्रियों के शीलांग उच्छेदित करके उन्हें अपमानित किया जाता था। अवयस्क हिंदू बालाएँ भोग-विलास के लिए पैगंबर के खलीफाओं को उपहार में दी जाती थीं। हजारों हिंदू महिलाएँ अरब की सड़कों एवं गलियों में कौड़ियों के मोल बेचकर और प्राप्त पैसों से भोग-विलास की वस्तुएँ क्रय की जाती थीं। अनेक आक्रमण एवं लूटपाट सहित नरसंहार तो केवल दूसरों की धर्मपत्नियों को छीनकर रखैल बनाने के लिए किए गए थे। यही कारण था कि आक्रांताओं द्वारा बलपूर्वक बनाई गई तथाकथित हिंदू चमार जाति ने इसलाम को सदैव अस्वीकार ही नहीं अपितु अमानवीय घोषित किया।

डॉ. बी.आर. अंबेडकर के चिंतन को मधु लिमये ने अपनी पुस्तक में इस प्रकार प्रस्तुत किया—मुझे लगता है कि अंबेडकर ने इसलामिक बंधुत्व का शुद्ध सैद्धांतिक पक्ष ही दिया।...मुसलमानों की निष्ठा अपने देश से नहीं बल्कि अपने धर्म से होती है।[1]

इसलाम का दूसरा महत्त्वपूर्ण और अंतिम सिद्धांत है समानता। इसका एकमात्र आशय है दूसरों के साथ वही व्यवहार करना जैसे व्यवहार की अपेक्षा अपने लिए की जाए। यही समानता की सद्‌भावना है। परंतु विदेशी मुसलिम आक्रांता शासकों द्वारा हिंदुस्थान में इसलाम का अर्थ ही पलट दिया गया और सबको अपने समान मुसलमान बनाने की सोच व्याप्त हुई। यानी जैसे भी संभव हो पृथ्वी के सभी मनुष्यों को मुसलमान बना दिया जाए। मार-काट, पशु-हत्या, मांस-मदिरा आदि हिंदुओं को रास नहीं था। उसके विपरीत उक्त तथ्यों पर अपने में समेटे इसलाम समर्थक मुसलमानों के साथ समानता के धरातल पर खड़े होना भला किस प्रकार से संभव था? बलपूर्वक चर्म-कर्म अथवा अस्वच्छ या अपवित्र कार्य

1. मधु लिमये, डॉ. अंबेडकर, पृ. 61

किसी भी हिंदू के लिए ग्राह्य नहीं थे, अतएव हिंदू चमार जाति ने भी समानता की इसलामिक अवधारणा को सदैव अस्वीकार किया।

हिंदू चमार जाति ने अत्यंत नजदीक से देखा था कि विदेशी आक्रांता अकारण ही किसी हिंदू का कुछ भी इसलिए छीन लिया करते थे, क्योंकि वे विजेता थे। उनके सैनिक केवल लूटपाट की खुली छूट पर युद्ध में भाग लेते थे। जिन हिंदुओं के घर और खेत-खलिहान आग के हवाले कर दिए गए, जिनके हरे-भरे खेतों को मुसलिम आक्रांताओं के घोड़ों के लिए चरागाह घोषित कर दिया गया, जिनकी भूमि छीनकर कायरता एवं लालच में बने मुसलमानों में निःशुल्क बाँट दी गई, जिनके दुधारू पशुओं को मारकर खा डाला गया, जिनको खौलते हुए कड़ाहों में जिंदा भून दिया गया, जिनकी गरदन काटकर मृत शरीर को कुत्तों और गीदड़ों के लिए फेंकवा दिया गया और जिनको जंगल-पर्वतों में बहू-बेटियों की अस्मत मुसलमान आततायियों से रक्षा के लिए दर-ब-दर जीवन व्यतीत करने पर विवश किया गया[1], उन लोगों द्वारा भला इसलाम कैसे स्वीकार किया जा सकता था। हिंदू चमार जाति ने ऐसे सभी अत्याचारों को धैर्य से सहा था, परंतु सदैव इसलाम अस्वीकार किया था।

विदेशी आक्रांताओं ने जब छीनने पर सफलता नहीं पाई तो प्रलोभन देने का भी प्रयास किया। संत रविदासजी को कई गाँवों की जागीर देने तक का प्रलोभन दिया गया ताकि वह इसलाम स्वीकार कर लें, परंतु उन्होंने सदैव यही कहा कि जिस धर्म में गौ माताएँ खा डाली जाती हैं, उस धर्म को भला कैसे स्वीकार किया जा सकता है। उन्होंने जेल की कैद का कष्ट झेला, मरे हुए पशुओं को ढोना मंजूर किया और चमड़े से संबंधित सभी प्रकार के कार्य करने मंजूर किए, परंतु इसलाम को ठुकरा दिया।

हिंदू चमार जाति का जीवन सदैव पवित्रता में विश्वास करता रहा, जबकि मुसलिम आक्रांताओं के संपूर्ण कार्य हिंदुओं की संस्कृति के विपरीत अस्वच्छ एवं अपवित्र ही मिले। अतएव उन्होंने कभी भी इसलाम स्वीकार नहीं किया। हिंदू चमार जाति के लोगों ने विदेशी आक्रांताओं की भेदभाव नीति को बहुत निकट से देखा था। इल्तुतमिश और बलवन, दोनों ने मात्र हिंदुओं को ही नहीं अपितु अरबी-तुर्की मुसलमानों को हिंदू धर्मांतरित मुसलमानों से श्रेष्ठ समझा और हिंदुस्थान में हिंदू से बने मुसलमानों को सदैव घृणा की दृष्टि से देखा। उनकी मानसिक स्थिति सदैव सशंकित रहती थी, इसलिए वे हिंदू से धर्मांतरित मुसलमानों अथवा भारतीय मुसलमानों पर कभी विश्वास नहीं किया। इल्तुतमिश का प्रधान वजीर पूरी निष्ठा के साथ अपने पद का निर्वाह कर रहा था, किंतु उसको इसलिए पदच्युत कर दिया गया कि उसके पाँच पीढ़ी पूर्व के वंशज हिंदू बुनकर जाति के थे, जिन्हें कालांतर

1. के.एस. लाल, स्टडीज इन मिडिवल इंडीयन हिस्ट्री, पृ. 90-91

में चर्मकार जाति में ही रखा।

विदेशी आक्रांताओं का लक्ष्य किसी तरह अपनी क्षति उठाए बिना लाभ अर्जित करना था, इसके लिए वे अनियमित और कठोर कार्य हेतु सदैव तत्पर रहते थे। हिंदू चमार जाति के लोगों ने कभी ऐसी मानसिकता को बढ़ावा नहीं दिया, इसलिए उन्होंने सदैव इसलाम को अस्वीकार किया। हिंदू धर्म प्रकृतिपरक था और मुसलिम धर्म अप्राकृतिक तथा प्रकृतिविरोधी था, इसलिए भी हिंदू चमार जाति के लोग उसे अंगीकार नहीं कर सके।

7.5 स्वतंत्रता संग्राम में महत्त्वपूर्ण भूमिका

किसी भी व्यक्ति अथवा देश के लिए दासता अथवा परतंत्रता एक अभिशाप है। दासता अथवा दासत्व से मुक्ति ही स्वतंत्रता है। स्वतंत्रता जन्म सिद्ध अधिकार है। यह अधिकार छिन जाना ही गुलामी है। छिने गए अधिकार की वापसी के लिए प्रयास का नाम संघर्ष करना है। संघर्ष का स्वरूप राष्ट्रीय स्तर पर व्यापक होने से उसे युद्ध अथवा संग्राम कहा जाता है। युद्ध दो पक्षों के मध्य होने से द्वंद्वयुद्ध भी कहलाता है। हिंदुस्थान में समय-समय पर अनेकानेक संघर्ष, युद्ध, संग्राम और महासंग्राम तक हुए। कभी दो पक्षों के बीच वर्चस्व को स्थापित करने हेतु, कभी अस्मिता को बचाने के लिए और कभी अपनी छिनी गई स्वतंत्रता की प्राप्ति के लिए।

हिंदुस्थान में स्वतंत्रता की प्राप्ति के लिए हुए संग्राम को कुछ लोग संघर्ष की संज्ञा देते हैं, जबकि उसे महासंग्राम कहना उचित होगा, क्योंकि वह संग्राम लंबे समय तक भिन्न-भिन्न रूपों में चला, जिसमें कभी शांति (सत्य और अहिंसा) का मार्ग चुना गया तो कभी क्रांति (हिंसा) का और कभी दोनों का। कुछ लोगों के अनुसार हिंदुस्थान का स्वतंत्रता संग्राम सन् 1757 ई. में स्थापित ईस्ट इंडिया कंपनी राज्य और सन् 1857 ई. में स्थापित ब्रिटिश साम्राज्य के क्राउन राज्य को उखाड़ फेंकने के लिए आरंभ माना जाता है, तो कुछ लोगों के अनुसार यह संग्राम सन् 1206 ई. में स्थापित विदेशी इसलामिक शासक आक्रांताओं और उसके बाद सन् 1757 ई. में स्थापित अंग्रेजों के सामूहिक साम्राज्य, दोनों को ही उखाड़ फेंकने के लिए माना जाता है। चूँकि अंग्रेजी हुकूमत को समाप्त करना अथवा अंतिम गुलामी के विरुद्ध आजादी की जंग छेड़ना एक समान रहा, और इसमें उन लोगों ने भी हिंदू समाज के साथ भाग लिया जो अंग्रेजों के पूर्वकाल में लुटेरों और आक्रांता मुसलिम शासकों द्वारा बलपूर्वक बनाए गए मुसलमान थे, इसलिए इसलाम पंथ को माननेवाले विदेशी इसलामिक आक्रांताओं का नाम गौण हो गया और अंग्रेजों का नाम मुख्य हो गया और हिंदुस्थान का स्वतंत्रता संघर्ष अंग्रेजों के विरुद्ध देश की आजादी के लिए मान्य किया गया।

हिंदू चमार जाति द्वारा लड़ा गया स्वतंत्रता संग्राम हिंदू संग्राम के स्वतंत्रता प्रेमी समाज का अंग रहा और उसका आरंभ उसी समय से माना जाता है, जब हिंदुस्थान के पश्चिमी तटों के शरणार्थी अरब-निवासी अपने व्यापारिक जहाजों को युद्धक-जहाजों के रूप में परिवर्तित करते हुए हिंदुस्थान को लूटने हेतु एक नमक हराम और गद्दार की भाँति इस पर आक्रमण किए थे। इसलामिक आक्रांताओं के भयंकर मार-काट और नर-संहार का डटकर मुकाबला हिंदुओं ने किया और सैकड़ों वर्षों तक विदेशी लुटेरों को खदेड़ा जाता रहा, परंतु लंबे समय तक अनवरत हुए आक्रमणों में से अंतिम एक में विदेशी मुसलिम आततायियों को इसलिए सफलता मिल गई, क्योंकि उन्हीं अरब के आक्रांताओं द्वारा औलिया के रूप में स्थापित सूफियों ने धर्मभीरू हिंदू राजाओं को भयभीत करके उन्हें आक्रमण के प्रत्युत्तर देने से रोक दिया था।[1] बौद्ध-ब्राह्मणों के आंतरिक गृहयुद्धों तथा हर्ष के बाद देश में स्थापित छोटे-छोटे राज्यों में वैयक्तिक कुविचार एवं कटुता व्याप्त थीं। विदेशी इसलामिक आक्रांताओं के हित में गुप्तचरी करते हुए प्रख्यात इतिहासकार के रूप में स्थापित अलबरूनी जैसे दुष्ट भेदिया ने भी सहायता की। एक हिंदू राजा को मिलाकर मुहम्मद गजनबी ने न केवल सोमनाथ मंदिर लूटा अपितु दूसरे को मारा और इसी तरह हिंदुस्थान के अनेक राज्यों पर अधिकार कर लिया। कालांतर में यही शासन 1206 ई. में कुतुबुद्दीन ऐबक द्वारा स्थापित हुआ और 1757 ई. में इंग्लैंड के कंपनी राज्य की स्थापना के पूर्व तक बना रहा।

उक्त मध्यकालीन गुलामी के दिनों में हिंदू समाज के समक्ष इसलाम अथवा मृत्यु, दो में से एक के चयन की चुनौती बनकर आए थे। प्रत्येक विदेशी आक्रांता नवाबों एवं सुल्तानों ने हिंदुओं का विनाश करने का ही प्रयास किया। जिनको समाप्त न कर सके और लाख प्रयास के बाद भी जिनको इसलाम स्वीकार न करा सके उनको हिंदू समाज से अलग-थलग कर डालने हेतु बलपूर्वक उन्हें अस्वच्छ एवं अपवित्र कार्यों में लगाकर हिंदुओं में ही अस्पृश्य बना उन्हें हिंदू समाज में ही अलग-थलग कर डाला। जिन पर उनका वश नहीं चला, वे गौरवशाली ब्राह्मण, क्षत्रिय एवं अन्य राजवंश के लोग थे। उनको मैला (मल-मूत्र) ढोने, चर्म-कर्म करने के लिए विवश किया गया। हिंदुस्थान के क्षत्रिय-संवर्ग के लाखों लोगों को मृत पशुओं को ढोने और उनकी खाल उतारने के साथ ही चर्म-कर्म में संलग्न करने के लिए भारी बल का प्रयोग किया गया और उनको 'चमार' शब्द से संबोधित किया गया।

मध्यकालीन गुलामी से मुक्ति के लिए भी हिंदू समाज ने निरंतर संग्राम किया। उसमें विदेशी आक्रांता शासकों द्वारा बलपूर्वक दलन करके बनाई गई दलित जातियों में

1. आचार्य चतुसैन शास्त्री, सोमनाथ, पृ. 177

हिंदू चमार जाति ने शांति और क्रांति, दोनों का मार्ग अपनाया। इसलाम अस्वीकार करने के बदले उन्होंने अपना हर प्रकार का उत्पीड़न धैर्य से सहा और तनिक भी विचलित नहीं हुए। उनकी स्त्रियों ने जौहरव्रत के माध्यम से अपने शरीर को भस्म करके लज्जा-वसन लुटेरों से आत्मा पवित्र बनाए रखी अथवा मुक्ति प्राप्त की। नन्हे बच्चों ने अपना बलिदान देकर आक्रांताओं को हतप्रभ कर दिया। वीरोचित भावनावालों ने डटकर मुकाबला किया और अंतिम साँस तक युद्ध करते रहे। ऐसे योद्धाओं में उन्हीं आक्रांताओं द्वारा बना दिए गए हिंदू चमार जाति के अनेक पुरुष और महिलाओं ने भाग लिया था।

हिंदू दलित जाति के महाराजा सातन पासी (1180-1206 ई.) ने अपने 12 किलों पर एक साथ हुए मुहम्मद गोरी के आक्रमणों का प्रत्युत्तर दिया था, परंतु आंतरिक विश्वासघातों एवं बौद्धों की ब्राह्मणों से शत्रुता के कारण अंत में उन्हें अपने प्राणों की आहुति देनी पड़ी थी। आजादी की रक्षा में उस महान् तथाकथित दलित राजा को असफल बनानेवाले बाद में स्वयं भी मारे जाते समय पर्याप्त पश्चात्ताप कर गए थे। राजा बिजली पासी का लखनऊ स्थित किला आज भी हिंदू दलित जातियों के सिर को ऊँचा करता है। बहराइच के राजा सुहेलदेव ने आजादी की लड़ाई में पृथ्वीराज चौहान के हंता मुहम्मद गोरी के सगा भाँजे सैयद सालार मसऊद गाजी की डेढ़ लाख सेनाओं का संहार कर डाला था।

अलाउद्दीन खिलजी के सेनापति मालिक काफूर से प्रतिशोध लेने का साहस किसी में न था, किंतु माबर की धरती का हिंदू दलित जाति आवाजी (1311 ई.) ने उसे अकेले ही ललकार दिया था। कठ और पर्शियों ने तैमूर जैसे शक्तिशाली आक्रांता को नाको चने चबाने पर विवश किया था। हरिहर एवं बुक्का ने दक्षिण भारत में हिंदू राज्य की स्थापना की थी। ये दोनों भी तथाकथित दलित थे। सिद्धपाल और सुधारन कागू ने भी आक्रांताओं का डटकर मुकाबला किया था। बलवन का अपमान करनेवालों और उसके स्वागत में भेंट उपहार न प्रस्तुत करनेवालों में तत्कालीन बलपूर्वक बनाए गए हिंदू दलित जाति के स्वाभिमानी लोग थे। जशरथ खोखर, कटेहर के राजपूत, मेवाती हिंदू, भट्टी राजपूत, गुहिलवंशीय योद्धा—सब-के-सब बलपूर्वक चर्म-कर्म में लगाकर हिंदू चमार कुल के अंतर्गत लाए गए थे और दलन, दमन एवं उत्पीड़न का शिकार बनाए गए थे। इन लोगों ने विदेशी मुसलिम आक्रामकों से सर्वदा लोहा लिया और उनसे आजादी के लिए सदैव युद्ध किया।

हिंदू चमार जाति ने मध्ययुगीन स्वतंत्रता संग्राम में शासन-सत्ता के आगे विवश होकर आत्मोसर्ग किया। औरंगजेब ने हिंदू चमार जाति के दयालदास को खौलते हुए पानी में जिंदा डाल दिया, मतीदास को लकड़ी चीरनेवाली आरामशीन से चीरकर दो टुकड़े कर दिया और सतीदास को जिंदा जलवा दिया, जबकि गुरु तेगबहादुर सिंह को तलवार से दो टुकड़े कर दिया। स्वतंत्रता की बलिवेदी पर अपने प्राण न्योछावर करने में हिंदू चमार जाति सदैव आगे रही। भाई संत सिंह ने गुरु गोबिंद सिंह के हमशक्ल

होने का सहारा लेते हुए उन्हीं का परिधान धारण करके औरंगेजब से लोहा लिया और जब तक वह मारा जाता तब तक गुरु गोबिंद सिंह को छिपकर पटना साहिब पहुँचा दिया गया था।

विदेशी मुसलिम आक्रांताओं ने जिस तरह से हिंदू समाज का उत्पीड़न किया और स्वतंत्रता के लिए उठनेवाले हाथों को निरंतर क्रूरतापूर्वक काटने का प्रयास किया, उसी प्रकार से हिंदुओं में ऊँच-निम्न के भाव पैदा करके अंग्रेजों ने उनको आपस में लड़ाकर एवं विदेशी मुसलमान शासकों को मूर्ख बनाकर अंततोगत्वा, उनका संपूर्ण साम्राज्य कौड़ियों के मोल खरीद लिया। विदेशी मुसलिम बादशाहों ने अपने बाह्य आडंबर की मर्यादा को बचाए रखने में और भोग-विलास की वस्तुओं का उपभोग करने में हिंदुस्थान को एक विदेशी व्यावसायिक प्रतिष्ठान ईस्ट इंडिया कंपनी के हाथों बेच दिया। इसी के साथ हिंदू समाज सहित वे सभी विदेशी मुसलिम आक्रांता शासक भी अंग्रेजों के गुलाम हो गए।

अंग्रेजों की गुलामी से स्वतंत्रता प्राप्ति हेतु पूर्वकालीन मुसलिम नवाबों, शहजादों और सुल्तानों ने लाख प्रयास किया परंतु उनकी एक न चली। अंत में उन्होंने हिंदुओं को आगे आने और अपने को पीछे रखने की नवीन पद्धति निकाली तथा यह उपाय इसलिए किया कि हिंदू मार दिए जाएँगे तो अंग्रेजों से जो स्वतंत्रता वापस मिलेगी, उसका सुख वे अकेले ही भोग सकेंगे। परंतु ऐसा नहीं हुआ, हिंदू योद्धाओं ने अंग्रेजों को खदेड़ दिया और देश को स्वतंत्र करा लिया। यहाँ पुन: स्वतंत्रता प्राप्ति की संभावना देख स्वार्थी मुसलिम तत्त्वों ने अलग राज्य पाकिस्तान के लिए माँग रख दी ताकि उनको किसी भी हिंदू का नेतृत्व न स्वीकार करना पड़े। पाकिस्तान प्रत्यक्ष प्रमाण है। यदि उस समय दलित हिंदू भी अंग्रेजों के बहकावे में आए होते तो एक अलग से दलितों के लिए स्थान भी बन गया होता। परंतु दलित हिंदुओं ने स्पष्ट कर दिया कि वे और शेष सभी हिंदू एक हैं, अतएव हमें स्वतंत्रता का सुख एक ही साथ मिल-बैठकर प्राप्त करना है।

हिंदुस्थान के स्वतंत्रता संग्राम में खुले तौर पर भाग लेकर अंग्रेजों के छक्के छुड़ानेवाले हिंदू चमार जाति के लोगों में मंगल मोची का नाम गर्व के साथ लिया जाता है। इसी तरह से मंगल पांडेय को प्रेरित करने का काम हरिया मोची ने किया था। उसी ने बतलाया था कि जिस रायफल की पिन को वह अपने दाँतों से खींचते हैं उसमें गाय और सूअर की चरबी मिली हुई होती है। यह हिंदू धर्म का अपमान था और संपूर्ण हिंदू जाति के लिए धार्मिक आघात। मंगल पांडेय ने अपने अंग्रेज सार्जेंट को सीधे गोली मार दी और स्वयं शहीद हो गए।

हिंदू दलितों के लिए घड़ियाली आँसू बहाने हेतु जिस समय साइमन कमीशन ने भारत में भेदभाव को बढ़ाना चाहा, उसका डटकर मुकाबला किया गया। लाला लाजपत राय को लाठियों से इतना बुरी तरह मारा गया था कि अस्पताल में उन्होंने दम तोड़ दिया।

पं. जवाहर लाल नेहरू को बचाने में पं. गोविंद बल्लभ पंतजी की गरदन की हड्डी टूटी जिस कारण वे हमेशा के लिए विकलांग बन गए। इस पर अमृतसर में विरोध प्रकट किया गया तो अनेक महत्त्वपूर्ण लोगों को जेल में डाल दिया गया। तत्कालीन रिकॉर्ड को देखा जाए तो उसमें अनेक चमार जाति के लोग भी थे। इस पर विचार करने हेतु एक आम सभा जलियाँवाला बाग में हुई जिसमें निहत्थे लोगों पर गोलियाँ चलाकर हजारों लोगों को मौत के घाट उतार दिया गया। इस कार्य के लिए सैंडर्स और जनरल डायर आदि पुरस्कृत किए गए। परंतु उस पुरस्कार का परिणाम तब मिला जब तत्कालीन नन्हे शिशु ऊधम सिंह ने वयस्क होने पर अपने देशवासियों के हत्यारों को लंदन में जाकर गोली मारी और फाँसी के फंदे को गर्व से चूमा। वह ऊधम सिंह इसी चमार जाति (रैयासी चमार) का भूषण था, जिस पर हिंदू चमार जाति को नाज है।

मेरठ के सैनिक विद्रोह में आगे बढ़कर भाग लेनेवाले मुगलकाल में बलपूर्वक दमन एवं दलन के उपरांत दलित बनाए गए अनेक जाटव, खटिक एवं वाल्मीकि जातियों के देशप्रेमियों को भला कौन भूला सकता है, जिन्होंने पलक झपकते ही दिल्ली में प्रवेश किया और अंग्रेजों की फौजी टुकड़ी को समाप्त करते हुए बहादुरशाह जफर द्वितीय के सिर पर एक बार फिर से ताज रखकर उसे हिंदुस्थान का शहंशाह बना दिया था। महारानी लक्ष्मीबाई की अंगरक्षिका हिंदू चमार जाति की वीरांगना झलकारी बाई को भला कौन भूल सकेगा, जिसने लक्ष्मीबाई की शक्ल बनाकर अंग्रेजों को छकाते हुए युद्ध में फँसा रखा और महारानी लक्ष्मीबाई को निकल भागने में सहयोग किया। इस कूटनीति का यदि परदाफाश नहीं हुआ होता तो महारानी उस युद्ध में बाल-बाल बच गई होती।

हिंदू चमार जाति ने न केवल क्रांतिकारी युद्ध के लिए कदम उठाया और बाबू सुभाषचंद्र बोस, चंद्रशेखर आजाद और भगत सिंह इत्यादि के साथ आजादी की लड़ाई में खुलकर भाग लिया, अपितु महात्मा गांधी के साथ भी उनकी ही शैली अहिंसात्मक लड़ाई में भी अनेक लोगों ने भाग लिया। ऐसे लोगों में बाबू जगजीवन राम, जुगलकिशोर, स्वामी अछूतानंद, पृथ्वी सिंह आजाद, भीखूरामजी आदि मुख्य थे।

7.6 स्वतंत्र हिंदुस्थान के आर्थिक ढाँचे की मेरुदंड चमार जाति

हिंदू चमार जाति को देश की अर्थव्यवस्था का शक्ति-पुंज कहा जाना अनुचित न होगा। श्रम-शक्ति इनके पास सर्वाधिक थी और इस जाति का जीवन सदैव दुरुह तथा श्रमसाध्य रहा। मध्ययुग के पूर्वकाल में ये जिस भी वंश-परंपरा में थे, उसमें मुख्यत: क्षात्र धर्म का पालन करनेवाला होने के कारण ये लोग वीरभोग्या वसुंधरा का संवाहक बने रहे। कृषि, पशुपालन, उद्योग-शिल्प सबकुछ इनके अधिकार क्षेत्र में था। ये भू-स्वामी भी थे। मध्यकाल यानी मुसलिम आक्रांता शासकों और अंग्रेजों के समय में इनका सबकुछ छिन

गया था और आर्थिक क्षेत्र में इनको दुर्भावनावश बलपूर्वक मात्र भूमिहीन दास अथवा गुलाम बना दिया गया था, फिर भी तात्कालिक जागीरदार और जमींदार तक इनके ही श्रम पर सबकुछ अर्जित कर पाते थे। आजादी मिलने के बाद हिंदू चमार जाति के सामने रोजी-रोटी की समस्या थी। 1932 ई. के पूना-पैक्ट के अनुसार डॉ. बी.आर. अंबेडकर के भारी दबाव के कारण इनको आरक्षण का लाभ दिया गया था, जिसे स्वतंत्रता मिलने के बाद भी समाप्त नहीं किया गया और इनको शिक्षा, व्यवसाय एवं रोजगार में हर प्रकार की सुविधाएँ प्रदान की गईं।

हिंदुस्थान में जमींदारी उन्मूलन का लाभ भी हिंदू चमार जातियों को मिला। चर्म-कर्म और ढोर ढोने से मुक्ति मिली। घरों में प्रसूतावस्था की ओर पैर बढ़ाते ही इनके लिए मंदिरों के द्वार खुल गए। शेष समाज से सदियों तक अलग रहने के बाद ये फिर से मुख्यधारा से जुड़े और स्नेह, सम्मान प्राप्त किया। शैक्षिक सुविधाएँ प्राप्त करने पर इनकी सामाजिक, आर्थिक आदि सभी तरह की दशाओं में परिवर्तन आया और इन्होंने विकास किया।

जमींदारी उन्मूलन के समय बड़े-बड़े काश्तकारों की भूमि जिनको ये लोग पीढ़ी-दर-पीढ़ी एवं सौ-दो सौ वर्षों से जोतते और बोते आए थे, वह पूरा इनके नाम कर दी गई। भूमि पर पूर्ववत् अधिकार मिलते ही इन्होंने अहर्निश मेहनत की और अन्नोत्पादन की दर बढ़ाकर देश की भुखमरी की समस्या और अन्न आयात करने की आवश्यकता को समाप्त कर देश को आत्मनिर्भर बना दिया। इनके प्रयास का ही परिणाम है कि भारत आज अनाज (खाद्यान्न) के मामले में आत्मनिर्भर है। जिन जमींदारों और भूमिधरों के पास जमीनें शेष रह गईं उनका भी कृषि-कार्य अभी लगभग इसी जाति के लोग संपादित करते हैं और बदले में अल्प अथवा सामान्य मजदूरी पाते हैं।

अन्न के साथ ही शाक-सब्जी उगाने में भी हिंदू चमार जाति के लोग अधिकाधिक श्रम करते हैं। पशु-पालन में सदैव आगे रहते हैं और पशु-दुग्ध तथा पशु-ऊन आदि का संकलन इनके द्वारा होता है। भेड़-बकरियाँ इनके धन हैं। लघु-कुटीर उद्योग-धंधे के साथ ही बड़े-बड़े उद्योगों का संचालन और उत्पादन भी हिंदू चमार जाति के लोगों पर अधिक अंशों में निर्भर है। ढाका का मलमल इन्होंने ही बनाया था। आज भी पूर्वी उत्तर-प्रदेश विशेषत: बनारस और आस-पास साड़ी की बुनाई में हिंदू चमार जाति का पूरा परिवार संलग्न पाया जाता है। रेशम तैयार करने में भी इस जाति के लोग आगे हैं। सन-पटुवा के सूत तैयार करना तथा उससे विभिन्न प्रकार की वस्तुएँ निर्मित करना इनकी दक्षता का अत्यंत महत्त्वपूर्ण उदाहरण है।

वर्तमान समय में मशीनीकरण के कारण हिंदू चमार जाति की श्रम-शक्ति को गहरा आघात लगा है, किंतु तब भी वे निरंतर किसी-न-किसी कार्य में लगे रहते हैं। इस जाति की एक अन्य विशेषता यह भी है कि असाध्य कार्यों को भी वे कर डालते हैं। पर्वतों को

तोड़ने और घने जंगलों को साफ करके कृषि भूमि तैयार करने में इनकी प्रतिभा की कोई तुलना नहीं है। आज ये लोग फुटपाथों पर भी दुकानें लगाए हुए हैं। रोजगार के कोई भी क्षेत्र ऐसे नहीं हैं जिसमें ये लोग संलग्न न हों।

हिंदू चमार जाति के लोग न केवल भारत में अपितु विदेशों में भी जाकर श्रम कर रहे हैं और भारी मात्रा में विदेशी मुद्राएँ अपने देश में ला रहे हैं। व्यापार का क्षेत्र केवल वैश्यों अथवा गाँव के बनियों के ही जिम्मे नहीं रह गया है। ये लोग साइकिलों पर चावल, गेहूँ लादकर नगरों तक पहुँचाते हैं और घर-घर घूमकर बेच रहे हैं। भारतीय प्रशासनिक एवं पुलिस सेवा के साथ राजकीय नौकरियों में भी आरक्षण का लाभ मिलने से ये लोग बड़े-बड़े अधिकारी तथा छोटे-छोटे कार्मिक पदों पर आसीन हैं। अतः कहा जा सकता है कि शिल्पगुण प्रधान होने से हिंदू चमार जाति के लोग प्रायः प्रत्येक आर्थिक क्रियाओं में अपनी सहभागिता स्थापित किए हुए हैं। आर्थिक क्रियाएँ दिन-रात करके ये लोग देश की अर्थव्यवस्था को सुदृढ़ बनाए रखने का कार्य कर रहे हैं। यह कहा जा सकता है कि स्वतंत्र हिंदुस्थान के आर्थिक ढाँचे की मेरुदंड के रूप में हिंदू चमार जाति के ही परिश्रमी एवं पवित्र लोग हैं। यदि इनको किसी भी आर्थिक क्रिया के क्षेत्र से हटा दिया जाए तो उसका देश की उत्पादन-दर पर प्रतिकूल प्रभाव अवश्यमेव पड़ता है। आज आर्थिक क्षेत्र हिंदू चमार जाति के सहयोग के बिना अपूर्ण है।

7.7 हिंदुस्थान की सांस्कृतिक धरोहर की संवाहक चमार जाति

मुसलिम आक्रांताओं द्वारा दमित और अंग्रेज शासकों द्वारा दलित, हिंदू चमार जाति का प्रत्येक क्षेत्र में भारी शोषण हुआ, परिणामस्वरूप इनका प्राचीन गौरवशाली राजवंशीय एवं क्षत्रिय स्वरूप पूरी तरह से परिवर्तित होकर तथाकथित चमार जाति और दलित चमार के रूप में दृष्टिगोचर हुआ। उसकी सामाजिक परिस्थिति प्रभावित हुई, उसके धार्मिक जीवन-पद्धति में भी चर्म-कर्म के कारण अस्वच्छता एवं अपवित्रता का दोष आरोपित किया गया। उसकी आर्थिक स्थिति इतनी चिंतनीय हो गई कि उनके पूर्व वैभवशाली दिनों की स्मृति दिवास्वप्न बन गई। राजनीतिक क्षेत्र में जो वर्चस्व इस जाति ने स्थापित कर रखा था वह विदेशी शासकों एवं आक्रांताओं द्वारा दासता और दीनता का इतिहास बना दी गई। उसके सांस्कृतिक मूल्यों पर भी प्रभाव पड़ा। उसकी प्राचीन दिनचर्याएँ और ऋतुचर्याएँ सिमटकर हिंदू जीवन-पद्धति से दूर अपरिचित सी हो गई। फिर भी यह प्रशंसनीय पक्ष था कि हिंदू चमार जाति में हिंदू-संस्कृति के प्रति जो विचार-भाव थे, उन पर आँच तक नहीं आईं और यह जाति हिंदुस्थान की सांस्कृतिक धरोहर की संवाहक बनी रही।

हिंदुस्थान की सांस्कृतिक धरोहर का एक स्वरूप हिंदू धर्म स्वयं है। हिंदू चमार

जाति ने हिंदू धर्म से अपने को कभी अलग नहीं होने दिया। युद्धबंदी बनाए जाने और दंडस्वरूप अस्वच्छ एवं अपवित्र कार्यों में नियोजित करके विदेशी मुगल एवं अंग्रेज आक्रांताओं द्वारा हिंदू समाज के मुख्यधारा से अलग-थलग किए जाने के बाद भी हिंदू देवी-देवताओं के प्रति जो निष्ठा उनमें पहले विद्यमान थी, वह ज्यों-की-त्यों बनी रही। प्रत्यक्ष पूजा के स्थान गोरक्त से अपावन किए जा रहे थे, देवताओं के आवास स्थान तोड़े जा रहे थे और मूर्तियों के शिलाखंड मसजिदों की सीढ़ियों में लगाए जा रहे थे, साथ ही इसका विरोध करनेवाले मौत की नींद सुलाए जा रहे थे, अतएव ऐसी स्थिति में हिंदू धर्म के सनातन स्वरूप को जीवित रखने के लिए निराकार पूजा-पद्धति का प्रणयन करके हिंदू चमार जाति के ही पुरोधा संत शिरोमणि गुरु रैदास ने भयंकर नरसंहार की आशंका का निर्मूलन किया। एकेश्वरवादी मुसलिम आक्रांताओं को भ्रमित किया और हिंदू धर्म को क्रूरतम उत्पातों से बचाया। इस प्रकार से हिंदू चमार जाति ने हिंदू धर्म जैसे सांस्कृतिक धरोहर के लिए एक संवाहक का दायित्व निर्वहन किया।

हिंदू चमार जाति ने हिंदू जीवन-पद्धति का भी संवाहन किया। उसने प्रकृतिपरक हिंदू जीवन-पद्धति की श्रेष्ठता को बचाए रखने हेतु चर्म-कर्म और मल-मूत्र ढोने तक की यातना को स्वीकार किया, परंतु हिंदू जीवन-पद्धति के विपरीत आचरण कभी नहीं किया। विदेशी आक्रांता शासकों द्वारा बलपूर्वक मांस और गोमांस खाने के लिए उन पर भयंकर दबाव बनाया गया था, तो भी उन्होंने किसी भी मूल्य पर गोमांस न खाने की प्रतिबद्धता दिखला करके अपनी गो-भक्ति की रक्षा की। मुसलिम शासकों के प्रभाव में पूरी तरह रहने के बाद भी उन्होंने इसलामिक रीति-रिवाज कभी नहीं अपनाया। वैवाहिक संबंधों में वर-कन्या का चयन वंश, गोत्र, प्रवर, पिंड आदि को ध्यान में ही रखकर किया। विवाह को एक पवित्र बंधन के रूप में ही मान्य किया। गृहस्थ जीवन में नारी का जो सम्मानजनक स्थान पूर्वकाल में था, हिंदू चमार जाति में आने के बाद भी नारी उनके लिए केवल भोग-विलास और संतानोत्पत्ति की वस्तु नहीं रही। दयनीय आर्थिक स्थिति के चलते स्त्रियों को भी घर से बाहर निकलकर काम करने को विवश होना पड़ा, फिर भी उन्होंने अपने नारी धर्म का सदैव पालन किया। धनपशुओं और जिस्म के सौदागरों को भी उन्होंने अपनी पवित्रता, शालीनता और सादगी के आगे नतमस्तक किया।

हिंदू चमार जाति के लोग मध्यकाल में भारी दुर्गंधयुक्त चर्म व्यवसाय के कारण गाँव तथा नगरों से बाहर कर दिए गए थे, किंतु कोई भी हिंदू ऐसा नहीं था जो उनको धर्मांतरित मुसलमान माना हो। प्रत्येक हिंदू के लिए वे बलपूर्वक चर्म-कर्म में नियोजित चमार जाति के केवल हिंदू ही थे। मात्र चर्म-पेशा के कारण अस्वच्छता एवं अपवित्रता का दोष लगने से पवित्र हिंदुओं के साथ उनका खान-पान और उठना-बैठना नहीं हो पाता था, किंतु इसे वह अपना तिरस्कार नहीं मानते थे, बल्कि इसके लिए विदेशी इसलामिक आततायियों को ही जिम्मेदार मानते थे। यदि वास्तव में उनकी अवनत दशा के लिए हिंदू

समाज जिम्मेदार होता तो हिंदू चमार जाति के लोगों ने बहुत पहले ही हिंदू धर्म का परित्याग कर दिया होता। उन्होंने संपूर्ण हिंदू पर्वोत्सवों और त्योहारों को पहले की ही तरह मनाने का प्रयास किया। कभी भी मुसलिम जलसों में शामिल नहीं हुए।

हिंदू चमार जाति के साथ ही विदेशी आक्रांता मुसलिम एवं तुर्क शासकों द्वारा बलपूर्वक गंदे कार्यों में लगाई गई हिंदू दलित जातियों की कुछ विशेषताएँ रही हैं। दलितों ने अपने हिंदू धर्म के सामान्य जातियों के यहाँ जूठन भी खाने का कार्य किया किंतु मुसलमानों के हाथ का छुआ हुआ पानी भी स्वीकार नहीं किया था। इसके पीछे कारण यही था कि वे गोमांस-भक्षी थे। उनके इस प्रकार के व्यवहार के पीछे उनकी हिंदू धर्म के पीछे व्याप्त श्रद्धा थी। यदि उनके मन में हिंदुओं के प्रति आक्रोश होता तो उन्हें मुसलमानों के साथ सामाजिक संबंध रखने में आक्षेप क्यों होता? इस प्रकार चमार जाति एक धर्मपरायण जाति थी।

हिंदू चमार जाति के लोगों ने हिंदी अथवा क्षेत्रीय भाषाओं के स्थान पर कभी भी उर्दू भाषा को नहीं अपनाया, इसको ही वह धर्मांतरण मानते थे। यही कारण था कि वे हिंदी में बोलते थे। उर्दू के विद्यालयों में अपने बच्चों को कभी भी नहीं भेजते थे। हिंदुओं की मातृभाषा हिंदी के प्रति उनका लगाव सदैव बना रहा। साहित्य के प्रति उनका अनुराग हिंदू धर्मग्रंथों से था, जो युद्धबंदी होने के बाद भी किसी गैर-हिंदू ग्रंथों की ओर आकृष्ट नहीं हुआ। उनके पुरोधाओं ने हिंदू धर्मग्रंथों के प्रति अपनी जो आस्था अभिव्यक्त की थी, उसका प्रतिबिंब चमार जाति के लोगों में भी देखने को मिलता रहा। इसी तरह से कला अथवा शिल्प के बारे में भी उन्होंने जो कुछ भी पूर्वशिल्प ज्ञान आहरित कर रखा था, जैसे वस्त्र बुनाई आदि का कार्य, वह समस्त शिल्प-गुण उनमें आगे तक भी विद्यमान रहा और चर्म-कर्म में नियोजित किए जाने का उनकी कला पर कोई प्रतिकूल प्रभाव नहीं पड़ा।

हिंदू चमार जाति में ईश्वर के प्रति अगाध भक्ति का भाव पाया जाता था, जो पराधीन होने के बाद भी समाप्त नहीं हुआ। विदेशी आक्रांताओं के शासन यानी मध्ययुगीन संक्रमण काल में अनेक भक्तजनों का आविर्भाव हुआ और उन्होंने अपने आध्यात्मिक ज्ञान से हिंदू चमार जाति को सदैव अध्यात्म पर अडिग बनाए रखा। धर्मनिष्ठ आचरण और सत्यनिष्ठ चिंतन पर आद्धृत हिंदू चमार जाति ने हिंदुस्थान की सांस्कृतिक धरोहरों का सदैव संवाहन किया।

7.8 हिंदू चमार जाति में अनेकानेक धर्म-पुरोधा

हिंदू धर्म को आत्मसात् कर उसे अपने जीवन से भी अधिक महत्त्व देनेवाली हिंदू दलित जाति के लिए यह गौरव की बात है कि यदि उनकी तुलना शूद्रों से की जाती है तो उसमें प्राचीनकाल से निरंतर ही अनेकानेक धर्म-पुरोधाओं का आविर्भाव होता रहा है।

महर्षि वाल्मीकि, व्यास और उनके भी पहले जाबालि, वृद्धजावालि, मातंक, सवर, यास्क इत्यादि ऋषियों को सभी जानते हैं। महाभारतकालीन निराभिमानी संत सूपा ऋषि के समय में भक्त चेता और आचार्य द्रोण की कथा भी प्रकाश में आती है। गंगाजी भक्त चेता के पुकारने पर आई थी, परंतु गुरु द्रोणाचार्य के निवेदन को ठुकरा दिया था। उन्होंने द्रोणाचार्य से भक्त चेता को श्रेष्ठ कहा जिस पर दुर्योधन सहित द्रोणाचार्य बहुत लज्जित हुए थे। वैसे डॉ. बी.आर. अंबेडकर ने कहा है कि भारत के दलित प्राचीन वैदिक कालीन शूद्र नहीं हैं।[1]

हिंदू चमार जाति के धर्म-पुरोधाओं में नानू भगत एक चमत्कारी पुरुष थे। पूजा-पाठ में पशु-बलि के स्थान पर इन्होंने सात्विक पूजा-सामग्री का प्रयोग करके एक नवीन विचारधारा का सृजन किया था। भक्तों की परंपरा में इसी तरह से धन्ना भगत और नरसी भगत का भी नाम आता है। औरंगजेब के समकालीन मलूकदास कारा में जन्म लेकर पुरी में दिवंगत हुए थे। वह भी ध्यानी पुरुष थे और परोपकार में उनकी अपार निष्ठा थी। उन्होंने अपने जीवनकाल में अनेक चमत्कार कर दिखाए थे, जैसे—वर्षा कराना, आँधी-तूफान को रोक देना, कुएँ में बिना किसी सहारे के खड़ा होना आदि। जगन्नाथ पुरी में आज भी उनकी 'रोटी' ग्रहण की जाती है।

लालगीर पंथी अथवा अलखगीर के नाम से एक लालगीर संत-पुरोधा का आविर्भाव 19वीं शताब्दी में बीकानेर में हुआ था। मूर्तिपूजा का निषेध, हिंसा का निषेध, सदाचार और तपस्या उनका उपदेश था। वह निराकार भगवान् को अलख-अलख कहते थे इसलिए उनका पंथ अलखगीर नाम से प्रसिद्ध हुआ। इन्हीं के समकालीन बागपत के खेकड़ा गाँवा में घीसा नामक एक और धर्म-पुरोधा हुए। वह कबीरपंथी थे। बाद में एक स्वतंत्र पंथ बना लिया। पशुबलि और मूर्तिपूजा, दोनों का ही उन्होंने निषेध किया था। उनके अनुयायी 'साथ' कहलाते हैं। वे लकड़ी के मोतियों की माला पहनते हैं। घीसापंथी साल में एक बार अपने गुरु के पास खेकड़ा जाते हैं।

हिंदू चमार जाति के धर्म-पुरोधाओं की संख्या अनेक हैं और यदि उनकी जीवनी लिखी जाए तो वह स्वयं में एक ग्रंथ बन जाएगी, अतएव अति संक्षेप में ही उनका परिचय कराया जा रहा है। ऐसे ही लोगों में एक कालू बाबा या कालूबीर थे, जिन्होंने अपना एक अलग पंथ स्थापित किया था। उन्होंने पता लगाया कि साधु बनना उसके सामान्य पेशों से अधिक लाभदायक है। उनके अनुयायियों के विश्वास सिक्खों के समान हैं। लेकिन वे कृष्ण के उपासक भी हैं। उनके भक्त शिव की भी उपासना करते हैं। वे ग्रंथ (गुरु ग्रंथ साहिब) का आदर करते हैं।

धर्म-पुरोधा जगजीवन दास लखनऊ क्षेत्र के थे। उन्होंने सतनामी पंथ का सृजन

1. डॉ. बी.आर. अंबेडकर, शूद्रों की खोज, प्राक्कथन, प्रथम पृ., तृतीय पैराग्राफ

किया। वह बुल्ला साहिब के साथ रहकर आध्यात्मिक क्षेत्र से जुड़े। उन्होंने बैगनि को मांस के रूप में बनाकर एक वैवाहिक कार्यक्रम को असफल होने से बचाया था। सतनामी-पंथी मूर्ति-पूजा नहीं करते परंतु हनुमान, राम और कृष्ण को मानते हैं। हिंदू त्योहारों को मनाते हैं। सतनामी पंथ के ही घासी दास भी थे। उन्होंने तीर्थयात्री का जीवन चुना। बाद में तपस्वी बन गए। उन्होंने भी अनेक चमत्कार दिखाए थे। उनकी मृत्यु के बाद उनका उत्तराधिकारी उनका पुत्र बालकदास बना, किंतु उसकी हत्या कर दी गई। सतनामी पंथ के लोग सूर्य को देवता मानते हैं।

हिंदू चमार जाति के धर्म-पुरोधाओं में संत रैदास का नाम सम्मान के साथ लिया जाता है। वह रामानंद के शिष्य थे। सिकंदर लोदी ने उनको बलपूर्वक चर्म-कर्म में लगाया और उनको चमार कहकर संबोधित किया था। रैदासजी चंवर वंश के क्षत्रिय थे। चित्तौड़ के राणा सांगा, उनकी पत्नी झालीरानी और पुत्रवधू मीराबाई उनके शिष्यों में से थे। उनका जन्म काशी के मॉडुर (मंडुआडीह) गाँव में हुआ था और उनका अंतिम समय चित्तौड़ के दुर्ग में व्यतीत हुआ। वहाँ उनकी समाधि है।

संत गज्जन शाह बहुत पहुँचे हुए संत थे। वह हर समय मस्ती में रहते थे। उनको लोग दीवाना भी कहते थे। महाराजा रणजीत सिंह ने उनको 22 हजार बीघा जमीन बरनाला में भेंट की थी। धर्मदासजी ने जाति-पाँति के भेदभाव को दूर करने और धर्मांधता के निवारण हेतु दिल्ली से आनंदपुर साहिब तक पदयात्रा की थी। उन्होंने सिक्ख धर्म में अपने को समर्पित कर दिया था। महात्मा श्रवणदास जालंधर के थे। ये बाल ब्रह्मचारी थे और समाज-सुधार तथा धर्मप्रचार इनके जीवन का एकमात्र उद्देश्य था। इनका निधन 1972 ई. में हुआ था।

महात्मा हरिदास का जन्म मुजफ्फरनगर में हुआ था। अपनी पत्नी को माँ का संबोधन देकर वह घर से निकल गए और साधु हो गए। वह पक्के रविदासी भक्त थे। शुक्रताल में इनकी समाधि है। देखते-देखते ये गायब हो जाते थे और हजारों श्रद्धालुओं को एक हांडी से खिचड़ी खिलाते थे। उसी क्षेत्र के महात्मा समनदास भी थे। ऊन (मुजफ्फरनगर) में इनकी गद्दी एवं मंदिर है। मांस-मदिरा एवं चर्म-कर्म का त्याग और शिक्षित होना इनके अनुयायियों की विशेषता है। अब तक इनके अनुयायियों की संख्या करोड़ों तक पहुँच चुकी है।

हिंदू चमार जाति के धर्म-पुरोधाओं में गोकुलदास, गरीबदास, कल्याण भारती, मलूकदास, घीसा, समर्थ गुरु रामदास, दादू, अछूतानंद और अयोध्यानाथ दंडी आदि के भी नाम उल्लेखनीय हैं।

हिंदू चमार जाति के महान् राष्ट्रीय योगदान के अंतर्गत हमने यह देखा कि हिंदू सामाजिक व्यवस्था में चमार जाति अपने बलपूर्वक चर्म-कर्म में लगाकर बनाए जाने से पूर्व विभिन्न जातियों के रूप में सदैव सम्मानित रही, एकमात्र मध्यकाल को छोड़कर

क्योंकि उस समय उसको मृत पशुओं को ढोने और चर्म–कर्म जैसे अस्वच्छ कर्म करने के लिए विवश किया गया और विदेशी मुसलिम आक्रांताओं द्वारा अपवित्र एवं अस्पृश्य बनाया गया था। यह घृणित कार्य किसी हिंदू ने नहीं बल्कि विदेशी मुसलिम शासक आक्रांताओं ने ही कराया था। इसका जीवंत साक्ष्य है कि हिंदू चमार जाति सदैव ही हिंदू धर्म की अभिन्न बनी रही।

हिंदू चमार जाति के सापेक्ष हिंदू दलित जातियों के संरक्षण के नाम पर विदेशी अंग्रेज शासकों ने जिस तरह से घड़ियाली आँसू बहाए थे, उसका कोई भी सार्थक परिणाम उनको नहीं प्राप्त हुआ, क्योंकि 1932 ई. में पूना समझौता के बाद हिंदू दलित वर्ग को हिंदुस्थान में हर तरह से सुरक्षित और सम्मानित वातावरण प्रदान कर दिया गया था। मध्यकाल में धर्माभिमानी ब्राह्मणों, राष्ट्राभिमानी क्षत्रियों को उनका मान–मर्दन के उद्‌देश्य से बलपूर्वक दमन एवं दलन करके बनाई गई वर्तमान दलित जातियों को विदेशी मुसलिम आक्रांताओं ने भय और प्रीति दोनों ही प्रकार से इसलाम स्वीकार कराने का बाद में भी भरसक प्रयास किया था, परंतु उन्होंने सदैव उसे अस्वीकार किया।

हिंदू चमार जाति के धर्माभिमानी ब्राह्मणों एवं बहादुर राजवंशीय क्षत्रियों ने चर्म–कर्म में लगाए जाने और चमार शब्द से संबोधित किए जाने पर भी विदेशी आक्रांताओं का प्रत्युत्तर सदैव निर्भीक होकर दिया और मुसलिम गुलामी को समाप्त करने का अनेकानेक प्रयास भी किया। हिंदू चमार जाति के लोगों ने अंग्रेजों की गुलामी से मुक्ति के लिए शांति और शक्ति, दोनों का ही सहयोग लिया और अंत में अपने उद्‌देश्य में सफल भी रहे। अनेक तथाकथित हिंदू चमार जाति के सपूतों ने अपने प्राणों की बाजी लगाई और कई एक ने गांधीजी के साथ कंधे–से–कंधा मिलाकर देश को स्वतंत्र करा लिया।

हिंदू चमार जाति आरंभ से ही आर्थिक क्षेत्र में अपनी सराहनीय भूमिका निर्वाह करती रही है। आज भी उसके बिना आर्थिक क्षेत्र असहाय प्रतीत होता है। इसी आधार पर उसको हिंदुस्थान के आर्थिक ढाँचे की मेरुदंड स्वीकार किया गया है। हिंदुस्थान की संस्कृति को सुरक्षित रखने और उसका संवाहन करने में भी यह जाति सदैव अग्रणी रही। इस जाति में अनेक धर्म–पुरोधाओं ने जन्म लिया और निराकार मत, सतनामी पंथ, रैदासी मत आदि के माध्यम से सनातन हिंदू धर्म को शाश्वत रखने का प्रयास किया। अतएव इस जाति को स्तुत्य मान लेने में कोई संकोच नहीं होना चाहिए।

□

अध्याय-8

हिंदू चमार जाति की वर्तमान स्थिति एवं सशक्तीकरण

विदेशी मुसलिम आक्रांता शासकों के आक्रोश की शिकार धर्माभिमानी तथा स्वाभिमानी हिंदुओं एवं उनको बलपूर्वक चर्म-कर्म में प्रयुक्त करके बनाई गई तथाकथित हिंदू चमार जाति की वर्तमान स्थिति बहुत अच्छी तो नहीं, किंतु देश में स्वतंत्रता प्राप्ति के उपरांत कुछ अच्छी अवश्य हुई है। मध्यकाल में उन्हें हिंदू राष्ट्राभिमान के कारण दंडस्वरूप उनका दमन, दलन एवं उत्पीड़न के उपरांत अस्वच्छ कार्यों में नियोजित कर देने के कारण से उसकी परिस्थिति हिंदू समाज में कमजोर अवश्य हुई, अतएव वर्तमान में अभी तक बहुत अच्छी न हो पाना स्वाभाविक है। वस्तुतः उसकी कमजोर परिस्थिति का एक महत्त्वपूर्ण कारण उसकी कमजोर भूमिका का हिंदू समाज में निर्धारण होना था। उसकी कमजोर भूमिका का क्षेत्र सामाजिक, आर्थिक और राजनैतिक तीनों रहा। सन् 1932 के पूना समझौता से और भारतीय संविधान से भी प्राप्त आरक्षण के अधिकार का उपयोग करने का अवसर पाने के बाद भी यह जाति अभी तक उक्त तीनों क्षेत्रों में वह लक्ष्य प्राप्त नहीं कर सकी है जो अब तक उसे प्राप्त कर लेना चाहिए था। उसका सामाजिक पक्ष आज भी उतना मजबूत नहीं है जितना होना चाहिए। इसका कारण उसकी कमजोर सामाजिक एवं आर्थिक स्थिति है। अनेकानेक राजनैतिक कारणों से भी उसकी सामाजिक शक्ति कमजोर बनी हुई है।

हिंदुस्थान की जाति-व्यवस्था की वर्तमान स्थिति में आज यह कठिन हो गया है कि समग्र सशक्तीकरण हेतु किस दिशा में कितना और क्या प्रयास किया जाए। उससे भी अलग हटकर एक अन्य बड़ी समस्या है कि विभिन्न जातियों को लेकर हिंदुओं में

पूर्वाग्रह एवं पूर्व सुनिश्चित मानसिक धारणा (माइंड सेट) पाई जाती है। व्यक्तित्व, योग्यता, क्षमता, ज्ञान इत्यादि गौण हो जाते हैं एवं पूर्वाग्रह एवं मानसिक दूषित अवधारणा आज हिंदू समाज में प्रमुखता से व्यवहार में दृष्टिगोचर है। ऐसे में एक व्यक्ति के व्यक्तित्व का मूल्यांकन एवं उसका पूर्णरूपेण उपयोग संभव नहीं हो पाता है। पूर्वाग्रह एवं दूषित मानसिक धारणा के कारण दलित समाज का सर्वांगीण विकास तो प्रभावित होता है एवं दोनों पक्ष कटुता से ग्रसित भी रहते हैं। सशक्तीकरण के लिए आर्थिक एवं राजनैतिक पक्ष से अधिक सामाजिक पक्ष महत्त्वपूर्ण है। इसे स्पष्ट करने हेतु देश के एक महान् दलित नेता स्व. जगजीवन राम के जीवन की एक घटना का उल्लेख करना आवश्यक है। सन् 1977 में राजनीतिक उलटफेर के उपरांत जनता पार्टी के शासन में उप प्रधानमंत्री के रूप में स्व. जगजीवन राम पदासीन हुए। यात्राओं के क्रम में वे उत्तर प्रदेश के पूर्व मुख्यमंत्री स्व. संपूर्णानंद की मूर्ति का अनावरण करने हेतु वाराणसी पहुँचे। तथाकथित उच्च जातियों के कुछ आत्मविस्मृत एवं अज्ञानियों द्वारा उनका अपमान किया गया। अपमानजनक नारों के साथ गंगाजल से धोकर संपूर्णानंद की मूर्ति को पवित्र करने की हास्यास्पद घटना हुई। प्रश्न यह उठता है कि स्व. जगजीवन राम में कौन सी शक्ति की कमी थी। देखा जाए तो उनकी आर्थिक एवं राजनैतिक स्थिति अत्यंत शक्तिशाली थी। वे तो देश के उप प्रधानमंत्री ही थे। किंतु सामाजिक व्यवस्था में स्थापित दूषित धारणा के आधार पर उनकी जातिगत स्थिति निर्बल थी। यही कारण था कि उनका अपमान हुआ। यानी हिंदुस्थान में दलितोत्थान की प्रक्रिया में सामाजिक सशक्तीकरण ही एकमेव मार्ग है। बाबू जगजीवन राम के साथ घटित प्रकरण को ध्यान में रखकर कहा जा सकता है कि आर्थिक एवं राजनैतिक स्थिति का दलित वर्ग के सशक्तीकरण की दिशा में कोई अर्थ नहीं होता है। इसलिए आज संपूर्ण दलित समाज के विकास हेतु उनके सामाजिक भूमिका एवं महत्त्व को प्रकाशित करके उन्हें उनके खोए हुए सम्मान को जनमानस में पुन: स्थापित करने की आवश्यकता है।

हिंदू चमार जाति ने शिक्षा के क्षेत्र में प्रगति की है। उसकी राजनैतिक पहचान भी बनी है और पूर्वकाल की अपेक्षा उसकी आर्थिक स्थिति में भी सुधार हुआ है। परंतु यह सब हिंदुस्थान को स्वतंत्रता मिलने के बाद से ही हो पाया है। उसके पूर्वकाल में मध्ययुगीन इसलामिक शासकों द्वारा तथा उनके बाद अंग्रेजों द्वारा देश के अन्यान्य लोगों के साथ ही इस जाति को भी शोषण, दलन और उत्पीड़न का शिकार होना पड़ा था। अपवित्रतासूचक एवं अस्वच्छ व्यवसायों को जन्म और जाति से जोड़कर विदेशी मुसलिम आक्रांताओं ने इस जाति को हिंदू समाज से लगभग अलग-थलग कर दिया था, जिसके परिणामस्वरूप उसे हिंदू समाज की मुख्यधारा से स्वयं को जोड़ने में काफी कठिनाई उठानी पड़ी है। परंतु अब वह स्थिति नहीं है। वर्तमान समय में हिंदू चमार जाति भी

अन्य जातियों की भाँति विकास के पथ पर अग्रसर है। हिंदू समाज में पूर्णतः समन्वित होने के लिए इस जाति का सामाजिक सशक्तीकरण सामाजिक शक्ति का हस्तांतरण ही एकमात्र उपाय रह गया है। इसके लिए सामाजिक समरसता का सिद्धांत लागू करने की आवश्यकता है। सामाजिक सशक्तीकरण के लिए सरकारी, गैर-सरकारी दोनों ही स्तरों पर प्रयास भी किए जा रहे हैं, किंतु उनमें व्याप्त कदाचार एवं भ्रष्टाचार के कारण पूरा लाभ नहीं मिल पा रहा है। इस अध्याय में इन्हीं विषयों की विशद् व्याख्या प्रस्तुत की गई है।

8.1 हिंदू समाज में अकारण कमजोर परिस्थिति

वर्तमान हिंदू चमार जाति प्राचीन वर्ण-व्यवस्था काल में चाहे जिस भी वर्ण से संबंधित थी, उसकी सामाजिक परिस्थिति कहीं से भी कमजोर न थी। मध्यकाल में इसलाम न स्वीकार करने के कारण बलपूर्वक बनाई गई चमार जाति का सामाजिक, आर्थिक, धार्मिक, राजनैतिक और सांस्कृतिक आधारों पर तरह-तरह से शोषण और उत्पीड़न किया गया था। आर्थिक और राजनैतिक उत्पीड़न तो स्वाभाविक ही था, क्योंकि लुटेरे विदेशी आततायियों ने मंदिरों तक को नहीं छोड़ा और लूटपाट किया था तो उस अवस्था में वे हिंदुओं को कैसे विमुक्त कर सकते थे। साम्राज्यवादी राज्य-परंपरा में धर्मांधता के कारण और भी क्रूरता आ चुकी थी, ऐसे में इसलामीकरण के लिए धार्मिक आधार पर उत्पीड़न भी स्वाभाविक ही था। राज्य कार्य में हिंदुओं को भागीदारी देने का तो प्रश्न ही नहीं था, क्योंकि वे विदेशी शासक अपने सगे-संबंधियों तक पर विश्वास नहीं करते थे और उनको परिवार सहित मार डालते थे। यदि ये दो प्रकार यानी आर्थिक एवं राजनैतिक ही उत्पीड़न हुए होते तो तथाकथित हिंदू चमार जाति का कुछ भी बाल बाँका नहीं हुआ होता। हुआ यह कि हिंदू युद्धबंदियों को दंडस्वरूप चर्म-कर्म में बलपूर्वक लगाकर उनको मृत-पशुओं को ढोने, उनकी खाल उतारने और उनको भुखमरी की स्थिति में लाकर उन्हें गाय इत्यादि के मांस खाने पर भी विवश किया गया। इससे उनका आचार धर्म प्रभावित हुआ और स्वच्छता एवं पवित्रता के सिद्धांत पर आधारित हिंदू धर्म के विपरीत कार्ययोजन के फलस्वरूप वे पवित्र हिंदू समाज की मुख्यधारा से कट गए। वास्तविकता तो यह थी कि हिंदू समाज अस्पृश्यता एवं पवित्रता में अंतर ही नहीं कर सका था। पवित्रता की मानसिकता एवं अस्वच्छ चर्म-कर्म के प्रति तात्कालिक घृणायुक्त चिंतन के आगे दलित समाज की सामाजिक स्थिति अत्यंत कमजोर होती चली गई।

स्वतंत्रता प्राप्ति के बाद संविधान में अस्पृश्यता को अपराध घोषित कर दिया गया है। किसी को जातिसूचक शब्द से अपमानपूर्वक संबोधित किया जाना भी आज अपराध है। हिंदू समाज में भी पवित्रता एवं स्वच्छता को लेकर पूर्वकाल में प्रादुर्भूत की गई

छुआछूत की दुर्भावना अब दंडनीय घोषित है। समाज में कहीं भी चमार जाति के नाम पर कोई भी भेदभाव जघन्य अपराध माना गया है। वर्ण-व्यवस्था के नाम पर शूद्रों की श्रेणी में अनावश्यक रूप से बलपूर्वक बनाए गए चमार जाति को धकेलकर राग-द्वेष की षड्यंत्रकारी राजनीति स्वयं उनके ही बंधुओं एवं स्वजातियों द्वारा ही हो रही है। यदि यह स्पष्ट हो चुका है कि चमार जाति के लोग धर्माभिमानी, स्वाभिमानी एवं योद्धा जातियों के लोग थे तो इसे मान लेने में क्या कठिनाई है? बहुसंख्यक होने के कारण इस जाति के हाथों में किसी भी राजनीति की जय-पराजय का भाग्य लटका हुआ है। आरक्षण और अन्य प्रकार की सामाजिक तुष्टिकरण सामग्री से हिंदू चमार जाति के लोग सुशोभित किए जा रहे हैं। ऐसे में उनकी कमजोर परिस्थिति का कोई औचित्य ही नहीं रह जाता है। समाज में स्थापित अनावश्यक भ्रम के कारण हिंदू चमार जाति की खराब स्थिति अभी भी देखने को मिलती है। इसके कारण मनोवैज्ञानिक रूप से हिंदू समाज में चमार जाति की कमजोर परिस्थिति बनी हुई पाई जाती है, परंतु उसका कोई स्पष्ट कारण नहीं प्राप्त होता है।

हिंदुस्थान की अर्थ-व्यवस्था में जिस प्रकार से छिपी हुई बेरोजगारी पाई जाती है, उसी प्रकार से हिंदू समाज में हिंदू चमार जाति की अकारण (अज्ञात) कमजोर परिस्थिति पाई जाती है। ऐसा प्रतीत होता है कि मध्यकाल में उनको अपवित्र कार्यों में विदेशी मुसलिम शासकों द्वारा बलपूर्वक लगाने और उनको चमार शब्द से संबोधन करने का इतना गहरा प्रभाव पड़ा है कि घाव तो भर गया, परंतु घाव का दाग अभी भी स्वयं को हीन स्थिति में बनाए हुए है। वर्तमान समय में तो स्थिति यह आ चुकी है कि कोई किसी की जाति नहीं पूछ रहा है। किसी की जाति पूछना अब पिछड़ापन का प्रतीक है। ऐसा पूछने का कार्य गाँव-मुहांड के पुराने विचारधारा के लोग ही करते हैं जो जन्म के आधार पर अपने को उच्च जाति का समझते हैं। किंतु वर्तमान समय में वैसे व्यक्ति को गँवार कहकर उसका उपहास किया जा रहा है। संत रैदास ने स्वयं को चमार बनाए जाने पर गर्व से कहा था कि वह चमार जाति के हैं—

> नागर जनां मेरी जाति विखियात चमार।
> कह रैदास खलास चमारा॥
> जाके कुटुंब सब ढोर ढोवत, आज बनारसी आस-पासा।
> काशी ढिंग माडूर स्थाना, शुद वरन करत गुजराना॥

वस्तुतः ऐसा देखा जाता है कि हिंदू समाज में पवित्रता और अपवित्रता को लेकर प्रादुर्भूत मध्ययुगीन छुआछूत और भेदभाव की वैचारिकी, आज के संदर्भ में भले ही विचारणीय प्रश्न नहीं रह गई है, परंतु वह सबके लिए अविचारणीय नहीं है। कुछ लोग

अभी भी उस कुत्सित मानसिकता के कारण परोक्ष रूप से संपूर्ण तथ्यों को प्रकाश में आने के बाद भी हिंदू चमार जाति जैसे स्वाभिमानी एवं धर्मरक्षकों के साथ भेदभाव रखते हैं और दूसरी ओर अन्य हिंदू दलित जातियाँ भी अच्छी तरह उस हिंदू चमार जाति के साथ मध्ययुगीन भेदभाव से परिचित हैं। ऐसे में वे आंतरिक रूप से यह अनुभव करते हैं कि वे अस्वच्छ कार्यों में लगने के कारण धर्मच्युत हुए हैं। इस संवेदनशील अनुभूति के कारण वे हीनभवना से ग्रसित होते हैं।

हिंदू चमार कुल में अंतरानुभूति (इनर फीलिंग) की यह स्थिति जब तक बनी रहेगी, तब तक हिंदू समाज में उसकी अकारण कमजोर स्थिति भी बनी रहेगी। इसके लिए हिंदू चमार जाति को इस बात पर गर्व करना होगा कि वे वर्तमान में हिंदू समाज का अभिन्न और महत्त्वपूर्ण भाग है, और इस बात के लिए श्रद्धेय है कि धैर्य के साथ अपना शोषण और उत्पीड़न सबकुछ सहा परंतु किसी भी मूल्य पर इसलाम स्वीकार नहीं किया, जबकि अन्य कायर और लोभी हिंदुओं ने या तो डरकर अथवा लोभवश इसलाम स्वीकार किया। उनमें यह सोचकर एक शक्ति संचरित होनी चाहिए कि वे उन तथाकथित उच्च जातियों से भी उच्च जाति के हैं जिन्होंने लोभ में अथवा भय से इसलाम स्वीकार कर लिया था। वे धर्माभिमानी, स्वाभिमानी एवं राष्ट्राभिमानी हिंदुओं के वंशज हैं।

जब सामाजिक विधि-विधान की कोई समस्या न रह जाए और उसके बाद भी कोई सामाजिक समस्या को लेकर अकारण चिंता करें तो उसका पूरा दोष स्वयं अपने पर ही जाता है। हिंदू समाज में किसी भी हिंदू दलित अथवा अन्य सामाजिक रूप से दीन-हीन वर्ग के लिए कोई सामाजिक नियम समस्या नहीं बना रहा है। राज्य के नीति निर्देशक तत्त्वों और संविधान प्रदत्त अधिकार और कर्तव्यों तथा समानता एवं सामाजिक न्याय की वैधानिक स्वतंत्रता का लाभ समान रूप से सबको प्राप्त हो रहा है। ऐसी स्थिति में हिंदू चमार जाति के लोगों को यह महसूस करने की कोई आवश्यकता नहीं है कि मध्यकाल में उसकी सामाजिक स्थिति जो अत्यंत दयनीय बना दी गई थी, उसका दाग अभी तक उसके पीछे लगा हुआ है।

मानसिक दुर्बलताओं के कारण ही हिंदू चमार जाति का व्यक्ति आज भी अपने को समाज में कमजोर परिस्थिति का पाता है। आज के विकसित युग में हिंदू चमार को पहचान पाना कठिन है, फिर भी मन में एक अंतर्भूत अनुभूति सी बनी रहती है कि वह निम्न श्रेणी का है। यह एक यथार्थ है कि उस समय शासक अरब यानी सुल्तान, तुर्क, मुसलमान, मुगल और इग्लैंड के अंग्रेज थे, जबकि वर्तमान समय में हिंदुस्थान का शासन लोकतंत्र के रूप में प्रत्येक व्यक्ति का स्वयं है। स्वतंत्र देश का एक आदर्श नागरिक होने के कारण अब तथाकथित चमार जाति के लोगों को मानसिक दुर्बलताओं से ऊपर उठने की आवश्यकता है। आज के युग में कोई भी व्यक्ति किसी भी पेशा को अपना ले रहा

है अर्थात् व्यवसाय जातिगत आधारों पर आरक्षित नहीं हैं, इसलिए कोई भी किसी का भी व्यवसाय अपना सकता है। अतएव व्यवसाय आश्रित जाति और जाति परंपरागत व्यवसाय का कोई मंतव्य ही नहीं रहा। ऐसी स्थिति में अपने पूर्व कर्म को आधार मानकर किसी भी हिंदू चमार को मानसिक चिंतन, उलझन और मंथन में पड़ने की आवश्यकता नहीं है। अपितु मृत पशु को ढोने, चमड़ा निकालने या चमड़े की सफाई जैसे गंदे कार्यों को त्यागकर शिक्षा इत्यादि को अपनाकर अपने वंशजों को आगे बढ़ाने का प्रयास करें। हिंदू समाज उनका है और वे हिंदू समाज के हैं, इसलिए कमजोर परिस्थिति संबंधी किसी भी सोच का परित्याग दोनों ही पक्षों को करना होगा।

8.2 कमजोर भूमिका के सामाजिक पक्ष

हिंदू समाज में हिंदू चमार जाति की कमजोर भूमिका का सागाजिक पक्ष सबसे जटिल प्रश्न बन गया है। इसमें मुख्य है पूर्वाग्रही अघोषित छुआछूत की मानसिक दुर्भावना। वक्तव्य तो सभी देते हैं कि वे सामाजिक अस्पृश्यता को सबसे बड़ा अपराध मानते हैं, परंतु जब इस कथन को व्यवहार में उतारने की स्थिति आती है, तो लोग कतिपय बहानों से कतराने लगते हैं। आज भी हिंदू चमार जाति के निमंत्रण-पत्रों को तथाकथित उच्च जाति के लोग ले लेते हैं, किंतु उसमें कम-से-कम शामिल होते हैं और भेंट होने पर कोई-न-कोई बहाना बताकर असमर्थता व्यक्त कर देते हैं। दूसरी ओर देखने में यही आया है कि हिंदू दलित को यदि किन्हीं कारणों से निमंत्रित किया जाना आवश्यक हुआ भी तो भी उसके आ जाने पर उसके खाने-पीने और स्थान ग्रहण करने की कोई विशेष व्यवस्था निकाल ली जाती है। अभी भी कुछ गाँवों में उच्च लोगों के निमंत्रण में हिंदू चमार जाति के लोग सादर आमंत्रित किए जाते हैं और सम्मानपूर्वक स्वागत भी पाते हैं किंतु अंदर में छिपी हुई अपवित्रता की दुर्भावना कहीं-न-कहीं साँस लेने लगती है और उस समय आमंत्रित तथा आमंणत्रदाता, दोनों ही विचित्र स्थिति में पाए जाते हैं।

कमजोर भूमिका के सामाजिक पक्ष पर ध्यान दिया जाए तो परिस्थिति का प्रभाव अधिक मूल्यवान होता है। हिंदू चमार जाति के व्यक्ति का पद (स्टेटस) यदि ऊँचा है तो उसके सामाजिक पक्ष की भूमिका कभी भी कमजोर नहीं मिलेगी। परंतु परिस्थिति यदि निम्न है, तो भूमिका भी कमजोर होगी ही। इसी प्रकार से यदि हिंदू चमार जाति की सामाजिक भूमिका व्यापक और समाज को प्रभावित करनेवाली हुई तो उसका सामाजिक पक्ष कभी भी कमजोर नहीं होगा। दूसरी ओर सामाजिक अधिकारों पर भी यही दशा देखने को मिलती है। यदि हिंदू चमार जाति का व्यक्ति अधिकाधिक अधिकार संपन्न है, तो उसे पूरा समाज सम्मान देगा और यदि ऐसा नहीं हो तो उसे अपमानित ही होना होता है।

हिंदू चमार जाति के बारे में अब यह भ्रांति निकल चुकी है कि वह आदिकाल से सामाजिक व्यवस्था के अंतर्गत निम्न श्रेणी की मान्यता प्राप्त जाति है। अब सभी को यह पता हो चुका है कि इस जाति-कुल में प्राचीन गौरवशाली और राजवंशीय क्षत्रिय जातियों के लोग भी शामिल हैं जिनसे मध्यकालीन विदेशी आक्रांताओं मुसलिम एवं मुगल शासकों सुल्तान, नवाबों, बादशाहों ने बलपूर्वक चर्म-कर्म कराया था। इग्लैंड के विद्वान् प्रोफेसर शेरिंग ने अपनी पुस्तक 'हिंदू काष्ट एंड ट्राइब्स' में लिखा है कि 'भारत की निम्न एवं जन-जातियाँ कोई और नहीं बल्कि ब्राह्मण एवं क्षत्रिय ही हैं।'[1] अतएव उच्च कुल, वंश, गोत्र, प्रवर आदि के हिंदू चमार जाति को समाज में अच्छी दृष्टि से देखा जाने लगा है। संत रैदासजी का चंवर वंश इस बात का प्रमाण है कि उनके शिष्यों में राजघराने के लोग भी शामिल रहे। यहीं पर यह भी कहना उचित होगा कि जिन हिंदू चमार जाति के लोगों ने संत समाज का आश्रय लिया उनकी सामाजिक स्थिति कमजोर नहीं रही। अर्थात् जो धर्म-कर्म से जुड़े रहे और हिंदू धर्म के नियमों का अनुपालन करते रहे उनको समाज में अनेक जाति वर्ग के लोगों का सम्मान स्वतः प्राप्त हुआ, परंतु जिनका नेतृत्व पिछड़ा हुआ मिला, उनकी सामाजिक स्थिति कमजोर रह गई। जनरल डायर से बदला लेने लंदन तक जानेवाले अमर शहीद ऊधम सिंह का सामाजिक पक्ष इसलिए कमजोर नहीं हो पाया, क्योंकि उसकी भूमिका बहुत बलशाली थी। उन्होंने क्रांतिकारियों की श्रेणी में आकर भारतवर्ष की स्वतंत्रता एवं निरीह लोगों पर हुए अत्याचार का बदला लेने का कार्य किया था।

इसी प्रकार से आर्थिक और राजनैतिक कारक भी हैं, जिनके कारण भूमिका (रोल) कमजोर और सशक्त हुआ करती है। हिंदू चमार जाति की आर्थिक स्थिति अच्छी होने पर उसकी सामाजिक दशा स्वतः उन्नत हो जाती है और इसी तरह से राजनैतिक पक्ष उन्नत हुआ तो भी आर्थिक और सामाजिक पक्ष कमजोर नहीं होता है। अतः कहना होगा कि सामाजिक पक्ष का संबंध धर्म, अर्थ और राजनीति तीनों से है और सामाजिक पक्ष के कमजोर अथवा बलवान निर्धारण में ये तीनों ही दशाएँ मजबूत कारक भी हैं।

हिंदू चमार जाति की एक भारी जनसंख्या अपनी सही बात भी अक्सर लोगों के सामने बलपूर्वक प्रस्तुत नहीं कर पाती, क्योंकि स्वभाव ही बन चुका है कि वह दबे हुए स्वर में ही कुछ कहे। यही भूमिका स्पष्ट करती है कि मध्ययुगीन हिंदू चमार जाति का सामाजिक, राजनैतिक पक्ष दबाकर किस तरह से रखा गया था अथवा उस अवस्था में था जिसको लोग अस्वच्छ एवं अपवित्र मानकर उसके साथ अस्पृश्यता का भेदभाव

1. प्रोफेसर शेरिंग, हिंदू ट्राइब्स एंड कास्ट, भूमिका, पृ. 20

रखते थे। परंतु वर्तमान में स्थिति निरंतर बदलती जा रही है। हिंदू चमार जाति की नवीन पीढ़ी अब दबकर बात नहीं करती है। संविधान द्वारा प्रदत्त मूल अधिकारों के तहत अभिव्यक्ति की स्वतंत्रता के आधार पर अपनी भावनाओं को स्पष्ट रूप से व्यक्त करना आज प्रत्येक आदर्श नागरिक का अधिकार है।

8.3 कमजोर सामाजिक परिस्थिति के आर्थिक आयाम

'अर्थमेव प्रधान: इतिकौटिल्य:' के साथ ही यह भी कहा गया है—'धनात् धर्म: तत: सुखम्' अर्थात् अर्थप्रधान युग में आज अर्थ ही सबकुछ हो गया है। जो विपन्न हैं उनकी सामाजिक परिस्थिति कमजोर है और जिनकी आर्थिक स्थिति मजबूत है उनका सामाजिक पक्ष भी मजबूत है। इसे कतिपय आर्थिक कारकों के परिप्रेक्ष्य में देखा जा सकता है।

हिंदू धर्म के अंतर्गत वर्ण-व्यवस्था में शूद्र जो पूर्वकाल में कृषि-भूमि से संपन्न था, वह अच्छी पैदावार करके अपने परिवार का भरण-पोषण कर लेता था। खाद्यान्नों को बेचकर वह अपने जीवनोपयोगी विभिन्न प्रकार की वस्तुएँ भी क्रय कर लेता था। अर्थात् उसकी क्रय-शति मजबूत थी। उस समय उसकी सामाजिक परिस्थिति मजबूत थी। वह अपना ही नहीं अपितु प्रत्येक गाँव में अवस्थित विद्यालयों में ब्राह्मण शिक्षकों को अन्य का दान करता था यानी उनकी जीविका की भी व्यवस्था करता था। परंतु हर्ष के बाद जब देश के छोटे-छोटे राज्यों का पराभाव होने लगा और देश में इसलामिक शक्तियों का प्रभुत्व स्थापित होने लगा, उस समय विदेशी शासकों का पहला प्रयास यही रहा कि हिंदू समाज को आर्थिक दृष्टि से कमजोर कर दिया जाए, ताकि भविष्य में वे शक्ति-संसाधन एकत्रित करके विद्रोह न कर सकें।[1] इसके लिए भूपतियों की भूमि छीनकर उसे खालसा भूमि घोषित कर दिया गया। भूमि जब राज्य की संपत्ति हो गई तो उसे मनमाने तरीके से जागीरदारों, मनसबदारों और जमींदारों में वितरित कर दिया गया।[2] शासक को कृषि-कर वसूलने के लिए प्रत्येक किसान के पास नहीं जाना पड़ता था बल्कि किसानों से कर वे भू-स्वामी वसूलते थे और राज्य का अंश स्वयं ले जाकर जमा करते थे। अकाल अथवा बाढ़ और दैवी आपदाओं के कारण यदि फसल खराब हो जाती थी तो भी भूस्वामी पूरा कर वसूलते थे। कर देने के लिए किसान गाँव के महाजनों की शरण में जाते थे, कर्ज लेते थे और कर चुकाते थे। ब्याज बढ़ता जाता था जिसके चलते अगली फसल कर देने और ब्याज चुकता करने में ही समाप्त हो जाती थी। जब किसानों को भूखों मरना होता तो वे गाँव छोड़कर भाग जाते थे। उनके भाग जाने पर उनका कर

1. इरफान हबीब, दी, अग्रेरियन सिस्टम ऑफ मुगल इंडिया, पृ. 126
2. वही, 249-50

उसके पड़ोस के किसान से वसूला जाता था। इस तरह पूरा गाँव खाली हो जाता था।[1] कुछ सुल्तानों ने चालाकीवश इस पद्धति में सुधार किया और किसानों को इतनी राहत दी कि वे मरने या भागने न पाएँ और कृषिकर भी पर्याप्त मात्रा में देते रहें। इससे लोग गरीब हुए और उनकी आर्थिक स्थिति दयनीय होने से सामाजिक परिस्थिति भी दयनीय हो गई।

चरागाहों को भी खालसा भूमि घोषित कर दिए जाने से पशुपालकों के लिए एक समस्या बन गई कि वे उनको कहाँ ले जाकर चराएँ। कुछ के पशु तो कर्ज आदि चुकाने में असमर्थ होने पर ले लिए जाते थे। कुछ को विदेशी मुसलिम शासक के आदेश से मारकर खा डालते थे। दूध-घी होता भी तो उसे उठा ले जाते और बकाया कर्ज तथा ब्याज में उसका पैसा चुकता करा देते थे। इससे ऊबकर लोगों ने पशुपालन भी बंद कर दिया, जिसके कारण उनकी आर्थिक स्थिति खराब हुई और उसका प्रभाव उनकी सामाजिक परिस्थिति पर पड़ा।

मध्ययुग में कृषि, पशुपालन, उद्योग और व्यापार पर विदेशी आक्रांता शासक वर्ग का नियंत्रण स्थापित होने से हिंदुओं की आर्थिक स्थिति दयनीय थी[2] जिसके कारण उनकी सामाजिक परिस्थिति भी कमजोर थी, परंतु वर्तमान समय में स्थिति में परिवर्तन आया है। जमींदारी उन्मूलन के समय से छीनी हुई भूमि तो वापस नहीं मिल सकी है परंतु जो लोग जमींदारों की जितनी भूमि जोतते थे वह पूरी भूमि उस भूमिहीन के नाम यानी भूमिधरी घोषित कर दी गई है। फिर भी हिंदू चमार जाति के अधिकांश लोग भूमिहीन हैं। उनको रहने के लिए आवास योग्य भूमि भी नहीं है। आज चकबंदी के बाद शेष भूमि उनको आवास हेतु आवंटित हुई है, फिर भी सभी के पास कृषि योग्य भूमि का अभाव है। भूमिहीन होने से वर्तमान समय में हिंदू चमार जाति के लोग पशुपालन भी नहीं कर पा रहे हैं और दो-चार भेड़-बकरियाँ पालकर किसी तरह गुजारा करते हैं। चर्म-कर्म आदि बंद कर देने के बाद उनके पास जीवन-यापन के लिए बुनाई और मजदूरी का ही कार्य रह गया है। वाणिज्य का लाभ उनको पूरी तरह से नहीं मिल पा रहा है। व्यापार करने के लिए उनके पास पूँजी का अभाव है। सरकारी बैंकों से कुछ ऋण सुविधाएँ उपलब्ध कराई जाती हैं, किंतु वे ऋण चुकता नहीं कर पाते। इसका एक कारण यह भी है कि इनकी परिवार-संख्या अत्यधिक है और सबका भरण-पोषण ठीक से नहीं हो पाता है। आज शिक्षा का स्तर भी अधिक उन्नत नहीं हो पाया है। सरकारी नौकरियों में भी हैं, परंतु उनकी संख्या अधिक नहीं है। इसके कारण इनकी

---

1. इरफान हबीब, दी, अग्रेरियन सिस्टम ऑफ मुगल इंडिया, पृ. 250
2. सी.पी. इंडिया ऑफिस, लंदन, ओ.सी. 4699

वर्तमान समय में भी आर्थिक स्थिति अच्छी नहीं है परंतु 'मध्यकाल के पहले चमार जाति के लोग स्वाभिमानी क्षत्रिय तथा धर्मरक्षक ब्राह्मण थे, उन्हें चर्म-कर्म में प्रयुक्त करके चमार बनाया गया' इस दिशा की ओर ध्यान जाने से आज उनकी सामाजिक परिस्थिति पहले से बहुत अच्छी एवं आनेवाली पीढ़ियों में आत्मबल की अधिकता का दर्शन होता है।

8.4 कमजोर सामाजिक शक्ति के राजनीतिक कारण

हिंदू चमार जाति डॉ. भीमराव अंबेडकर के कड़े संघर्ष के बाद सरकार द्वारा प्रदत्त आरक्षण के आधार पर राजनीतिक लाभ उठा रही है। जिन लोगों तक यह लाभ पहुँच पाया है, उनकी सामाजिक शक्ति कमजोर नहीं है। परंतु यह लाभ सभी हिंदू चमार जाति को नहीं मिल पाया है। जिसको मिल पाया है वे लोग अपने ही हित-साधन में संलग्न हैं। उनको अपनी जाति बिरादरी के हित लाभ से कोई विशेष मतलब नहीं रहता है। स्थिति यह है कि हिंदू चमार जाति के राजनीतिक प्रतिनिधि लाभान्वित होते ही अपने लोगों को विस्मृत कर जाते हैं और अन्य लोगों से संबंध बनाकर अपनी परिस्थिति एवं भूमिका को महत्त्वपूर्ण बनाने में लग जाते हैं। वे स्वयं को बड़ा आदमी प्रदर्शित करने लगते हैं। जिनके जनमत से सत्ता प्राप्त करके दलित समाज के लिए संवैधानिक प्रावधान किए जाते हैं उसी को वे अपने से निम्न श्रेणी का मानकर दुराव रखने लगते हैं। दलित नेताओं के कदाचार एवं भ्रष्टाचार की पोल जब भी खुलती है, संपूर्ण दलित समाज शर्मसार हो जाता है। वर्तमान राजनीति का यह कारण भी हिंदू दलित एवं चमार जाति की सामाजिक शक्ति के कमजोर होने का एक महत्त्वपूर्ण कारण है। यदि दलित जाति का कोई व्यक्ति शानदार या सक्षम प्रशासनिक कार्य करता है, तो समाज द्वारा उसे व्यक्तिगत सम्मान का पात्र एवं उत्तरदायी माना जाता है। किंतु जब किसी दलित संवर्गीय व्यक्ति से कोई त्रुटि होती है तो उस उस त्रुटि के लिए संपूर्ण दलित समाज को उत्तरदायी माना जाता है। यह सोच सर्वथा गलत है। जबकि यह माना जाना चाहिए कि यह तो समाज के किसी व्यक्ति के साथ होता ही रहता है, इसमें संपूर्ण समाज को दोष नहीं होता।

हिंदू चमार दलित जातियों का प्राचीन राजवंशीय स्वरूप समाप्त हो जाने से प्रशासन में उनकी भागीदारी भी समाप्त हो गई है। अतएव जिसकी लाठी उसकी भैंसवाली कहावत उन पर लागू होती है। उनके सामाजिक विकास के लिए जितनी पूँजी स्वीकृत होनी चाहिए और उसका उपयोग जिस तरह से होना चाहिए उस प्रकार से कोई व्यवस्था स्वीकृत नहीं होती है। इस जाति के राजनीतिक प्रतिनिधि भी विधान सभाओं और लोकसभा में बैठकर जलपान और यात्रा-भत्ता बनाने में ही जुटे रहते हैं। उनको यह पता ही नहीं रहता कि उनकी जाति के लिए विकास की कितनी योजनाएँ किस प्रकार से

प्रायोजित होनी है। वे विभिन्न फोरम पर कोई विरोध नहीं जता पाते। बैठकों में बहुमत न होने से उनकी बातें कोई सुनता भी नहीं है। उनके प्रतिनिधियों को कोई महत्त्वपूर्ण विभाग भी नहीं दिए जाते हैं, कुछ साधारण विभाग देकर खानापूर्ति कर दी जाती है। यही कारण है कि इस जाति की सामाजिक एवं आर्थिक स्थिति को मजबूत बनाने के लिए बहुत कम योजनाएँ स्वीकृत होती हैं और जो स्वीकृत होती भी हैं, तो उनके लिए पर्याप्त धनराशि मंजूर नहीं हो पाती है, अतएव भारी जनसंख्यावाले इस वर्ग को बहुत कम लाभ मिल पाता है।

वर्तमान भारतीय राजनीति में व्याप्त कदाचार और भ्रष्टाचार के कारण हिंदू दलित जातियों के सशक्तीकरण के लिए आवंटित कोष का दुरूपयोग होता है और विकास के लिए उनके पास बहुत कम धनराशि पहुँच पाती है। इसका प्रत्यक्ष उदाहरण यह है कि आज किसी भी गाँव में सभी हिंदू दलित जाति के लोगों को आवास की सुविधा, आवास हेतु भूमि की सुविधा, शौचालय, बिजली, पानी, पक्की गलियों की सुविधा, सीवर और नालियों की सुविधा नहीं मिल पाई हैं। स्वतंत्रता मिले इतने वर्ष बीत गए परंतु अभी भी बढ़ती हुई हिंदू चमार जाति की पूरी जनसंख्या के लिए कोई संतोषप्रद कार्य नहीं हो सका है। इसका मुख्य कारण यह भी है कि हिंदू चमार जाति राजनीति में वर्तमान परिस्थिति का लाभ उठाने हेतु चिंतन की कुछ कमी अवश्य है। इस जाति के लोग मुख्य रूप से अपनी जाति के नेता की बात मानते हैं। नेताओं की स्थिति यह है कि वे इनको गुमराह करके बिरादरी के नाम पर वोट माँगते हैं अथवा बिना माँगे ही उनका वोट मिल जाता है। इसके बाद वे भूल जाते हैं कि उनको काम किसके लिए करना है। इस जाति के माननीय नेता तो अब यह भी कहते सुने जाते हैं कि हिंदू चमार जाति का वोट उनको मिलना अपरिहार्य है क्योंकि उनकी जाति के लोग कहीं जा भी नहीं सकते और विवश होकर वोट उन्हें एवं उन्हीं की पार्टी को देते ही रहेंगे, अतएव अन्य जातियों के लिए काम करके उनका वोट अपने पक्ष में करना प्राथमिकता होनी चाहिए। वे यही करते भी हैं। हिंदू चमार जाति अपनी राजनीतिक सूझ-बूझ के साथ जिस दिन उठ खड़ी होगी उसी दिन से सारे राजनीतिज्ञ उसके लिए सबकुछ करने को तैयार हो सकते हैं।

हिंदू चमार जाति के कमजोर सामाजिक शक्ति का राजनीतिक कारण यह भी है कि मतपत्रों का इस जाति में केंद्रीयकरण हो जाता है। जिस प्रकार मुसलिम मतदाताओं में यह स्थिति नहीं है। वे अपने लाभ के लिए पार्टी और प्रत्याशी बदलते रहते हैं। उनके पास भी भारी मत है। इसके कारण सभी पार्टी के लोग उनको लुभाने आते हैं और उनको बिना माँगे ही सीटें भी देते हैं। मुसलिम तुष्टिकरण की राजनीति आज सबके सामने उजागर है, किंतु कहीं भी यह नहीं सुनने में आता है कि दलित समाज के तुष्टिकरण की भी नीति अपनाई जाए, क्योंकि सभी नेता यह जानते हैं कि इस जाति के लोग अंधभक्त और

संज्ञाशून्य हैं और वे केवल उधर ही जाएँगे जिधर जाने के लिए इनके माननीय नेता आह्वान करेंगे। वर्तमान चर्मकार जाति के शीर्षस्थ नेतागण इनका वोट अपनी जागीरदारी समझता है, अत: सत्ता हथियाने के लिए अन्य बिरादरी के लोगों को टिकट देता है और उनका भी वोट प्राप्त करके सत्ता हथियाता है। सत्ता में आने के बाद वह 99 प्रतिशत कार्य केवल अन्य दलित जातीय लोगों के लिए करता है और चमार जाति के लिए एक प्रतिशत भी काम नहीं करता है। उसे अपनी जाति से कोई लगाव नहीं हैं। हिंदू चमार जाति को यदि राजनैतिक स्थिति का लाभ उठाकर अपनी सामाजिक स्थिति को मजबूत बनाना है तो उसे अपने वोटों को किसी एक पार्टी की धरोहर बनाने की अपेक्षा जो पार्टी उनके लिए काम करने का आश्वासन दे, उसको सत्ता में लाने का प्रयास करें तभी उसका और उसके पूरे चमार समाज का कल्याण है, अन्यथा ऐसे ही सदियाँ बीत जाएँगी और हिंदू चमार जाति का न तो सामाजिक विकास और न ही राजनीतिक विकास हो सकेगा।

8.5 हिंदू चमार जाति का वर्तमान आर्थिक एवं राजनैतिक स्वरूप

मध्यकाल में विदेशी मुसलिम आक्रांता शासकों ने विभिन्न स्वाभिमानी राजवंशीय क्षत्रिय एवं धर्माभिमानी ब्राह्मण जातियों को युद्धबंदी बनाने के बाद उनका सबकुछ लूट लिया और दो जून की रोटी उनके लिए दिवास्वप्न कर दी गई। उनकी अलग-अलग पहचान को ध्यान में रखते हुए उनके गौरवशाली पहचानों एवं प्रतीकों को समाप्त करने का निश्चय किया गया और सबको इसलाम न स्वीकार करने के दंडस्वरूप चर्म-कर्म, मृत पशुओं को ढोने एवं उनकी खाल उतारने में लगाया गया। इतना ही नहीं, अनेक जातियों एवं वंशों के लोगों की पहचान मिटाकर जैसे अस्वच्छ एवं अपवित्र देशों उन सभी जातियों को एक साथ एक ही संबोधन 'चमार' शब्द प्रदान करके समाज में उनको निम्न दिखाने का प्रयास भी उन्हीं विदेशी आक्रांताओं द्वारा किया गया। ऐसे सामाजिक और आर्थिक उत्पीड़न के साथ ही उनका राजनीतिक उत्पीड़न भी किया गया। उनके राज्य छीन लिए गए और उनको बंदीगृहों में डाला गया अथवा दास बनाकर उनसे अस्पृश्य एवं अस्वच्छ कार्यों को कराया गया। अनेक तो सीधे-सीधे मार ही दिए जाते रहे, ताकि भविष्य के लिए खतरा न बन सकें। यदि किसी को भूल से राज्यसत्ता में सेवा का अवसर मिल भी जाता तो वह भले ही बलपूर्वक धर्मांतरित भारतीय मुसलमान भी होता तो उसे नौकरी से तुरंत निष्कासित करके दंडित किया जाता था।[1]

अंग्रेजों के शासनकाल में भी हिंदू दलित जाति एवं उनकी सैकड़ों उपजातियों के

1. L. Gopal, Economic Life of Northern India, P. 116

लिए घड़ियाली आँसू बहाए गए और यह महसूस किया गया कि मुसलिम आक्रांताओं ने उनके साथ अमानवीय व्यवहार किया था। उनका प्रत्येक प्रकार से दमन एवं दलन किया था, किंतु उन सबको दलित नाम देने के बाद भी उनके हित में कोई ठोस कदम नहीं उठाए गए। अंग्रेज शासकों द्वारा उनकी निर्धनता पर हास्य किया गया और दया के नाम पर उनसे ईसाई बन जाने को कहा गया। उनको हिंदू समाज की मुख्यधारा से तोड़ने के लिए उनका अलग से चुनाव क्षेत्र बनाकर चुनाव कराने संबंधी प्रस्ताव देकर उन्हें अलगाववादी चिंतन के लिए प्रेरित किया गया। हिंदू दलित समाज की ओर से डॉ. बी.आर. अंबेडकर ने भारी दबाव के कारण अस्वीकार कर दिया और पूना समझौता 1932 ई. के माध्यम से राजनीतिक आरक्षण लागू करवा के संतुष्ट होने का बेमिसाल उदाहरण प्रस्तुत किया। अंग्रेज पाकिस्तान बनाने में तो सफल रहे परंतु किसी भी प्रकार से वे हिंदू दलितों को हिंदुस्थान से अलग नहीं कर सके।

आजादी मिलने के बाद से आरक्षण का अनुमोदन हमारे संविधान में भी किया जाने लगा, जिसमें हिंदू दलित जाति हेतु उनके संपूर्ण सशक्तीकरण के लिए सुविधाएँ दिए जाने का नियम और कानून बनाया गया। वे जिन भूस्वामियों के यहाँ हलवाही करते थे, उतनी भूमि उनको दिलाई गई। दलितों को रहने के लिए आवास और भूखंड आवंटित किए गए। सरकारी नौकरियों में आरक्षण दिया गया, जिसके कारण हिंदू चमार जाति के लोग अच्छे-अच्छे पदों पर नियुक्त हुए, उनकी प्रतिमाह आय में वृद्धि हुई और उनकी आर्थिक दशा में सुधार हुआ। उनके आर्थिक विकास के लिए राज्य और केंद्र स्तर पर अनेक योजनाएँ आरंभ की गईं। गैर-सरकारी संस्थाओं ने भी उदारतापूर्वक उनके हित में कार्य किए। इसके कारण वर्तमान हिंदू चमार जाति के लोग अपनी मध्य काल में नष्ट कर दी गई आर्थिक दशा में अपेक्षाकृत सुधार किए हैं, फिर भी उनको वह स्थिति नहीं प्राप्त हो पाई है, जो उन्होंने प्राचीनकाल में बलपूर्वक चर्म-कर्म में लगाकर चमार बनाने के पूर्व थी। उस समय तो वे धनधान्य से परिपूर्ण थे। निर्धन एवं चमार बनाए गए संत रैदासजी भी धनधान्य से समृद्ध थे—

धन संपत्ति की कमी न स्वामी।
दीना रूप कुछ अंतरयामी॥

वर्तमान समय में हिंदू चमार जाति की आर्थिक स्थिति अच्छी नहीं कही जा सकती है, क्योंकि जितनी बड़ी जनसंख्या इस जाति की है, उसके अनुपात में अभी अधिकांश लोग गरीबी की रेखा से नीचे जीवन-यापन कर रहे हैं। इसके अनेक कारण हैं। एक तो इनके परिवार में भी कुल सदस्यों की संख्या बहुत अधिक है। अशिक्षा के कारण परिवार नियोजन आंशिक रूप से अपनाया जाता है। बाल विवाह के कारण

कच्ची उम्र में विवाह के कुपरिणाम देखने को प्राप्त होते हैं। जीविका के लिए कम उम्र में ही बच्चों को भी बाल मजदूरी यानी मेहनत मजदूरी में लगा दिया जाता है, ताकि दो जून की रोटी सुलभ हो सके।

वर्तमान हिंदू चमार जाति की आर्थिक स्थिति अच्छी न होने का दूसरा कारण यह भी है कि शिक्षा का अत्यंत अभाव है। आज भी छात्रवृत्ति और मध्याह्न भोजन के लोभ में वे छोटी अवस्था में विद्यालय भेजे जाते हैं, परंतु ज्योंही वे बड़े होते हैं उनका विवाह करके रोजी-रोटी जुटाने में लगा दिया जाता है। इसलिए चमार जाति में विद्यालयों में जूनियर हाईस्कूल, हाईस्कूल एवं इंटरमीडिएट स्कूलों में ड्राप आऊट रेट अधिक है। अधिकांश लोग वस्त्र बुनाई का कार्य करते हैं, जबकि भूमि के अभाव में एक कृषक मजदूर के रूप में दूसरों की खेती करते हैं। कुछ राजमिस्त्री का भी काम करते हैं, तो कुछ लेबर (मजदूरों) का काम करते हैं। बेरोजगारी के कारण भी उनकी आर्थिक स्थिति चिंतनीय बनी हुई है। अर्थाभाव में वे कोई लघु या कुटीर उद्योग भी नहीं लगा पाते और न ही व्यापार कर पाते हैं। ये कठोर परिश्रम कर सकते हैं किंतु साधन के अभाव में अकुशल मजदूर के रूप में काम करते हैं। दिन भर कठोर परिश्रम करके आने के बाद ये अपनी थकान मिटाने के उपरांत मादक द्रव्यों का सेवन के कारण भी अनेक हिंदू चमार परिवार आज घोर आर्थिक कष्टों में हैं। इनके आर्थिक विकास के लिए राज्य, केंद्र सरकारें और गैर-सरकारी उपक्रम भी उच्च स्तर पर भ्रष्टाचार के कारण सफल नहीं हो पाते हैं एवं कल्याणकारी योजनाएँ फलीभूत नहीं हो पाती हैं।

आर्थिक स्थिति दयनीय होने के कारण हिंदू चमार जाति के लोग राजनैतिक क्षेत्र में आरक्षण का लाभ उठाते हुए जितना आगे होना चाहिए, उतना आगे नहीं हैं, यद्यपि उनको राजनीतिक संरक्षण मिलने का भारी लाभ तो हुआ ही है। उनकी संख्या अधिक होने से उनके वोट निर्णायक होते हैं। वे जिस भी पार्टी को अपना समर्थन देते हैं उसकी विजय सुनिश्चित मानी जाती है। यही कारण है कि देश में प्रारंभिक चुनाव काल में इनको राजनीतिज्ञों ने रुपए देकर, कपड़े देकर, मादक पदार्थों को उपलब्ध कराके अपने-अपने पक्ष में किया और सदैव सफलता प्राप्त करते रहे।

राजनीतिक जागृति आने के बाद इस जाति के लोगों ने अपने वोटों का ध्रुवीकरण करने का भरसक प्रयास किया है। ये अब अपनी ही जाति-बिरादरी के नेता की बात मानने लगे हैं और लाभ-हानि अथवा जीत-हार की बिना चिंतन किए ये अपने मतपत्रों को अपने जाति के मुखिया के नाम कर देते हैं। इनके बल पर इनके मुखिया को भारी लाभ प्राप्त हो जाता है, परंतु स्वयं हिंदू चमार जाति के मतदाताओं को कुछ नहीं मिलता है। उसका मुखिया जब जीतकर सत्ता में बैठता है तो अन्य जातिवालों का काम करके उनका अतिरिक्त समर्थन हासिल करने में अपना संपूर्ण समय व्यतीत करता है, क्योंकि

उसको अगले चुनाव में सफलता प्राप्त करने के लिए चिंतन करना होता है। इस प्रकार चमार जाति अपने वास्तविक लाभ से वंचित रह जाती है।

हिंदू चमार जाति के लोग बहुत बाद में अपनी जाति के नेताओं के छल-कपट को ठीक से समझ पाए हैं अतएव अब वे अन्य उन दलों को भी वोट देने लगे हैं जिनसे उनको उम्मीद होती है कि वह जीतने के बाद संपूर्ण हिंदू चमार जाति के लिए कार्य करेगा। बाबू जगजीवन राम के देहांत के बाद राजनीतिक क्षेत्र में चमार जाति की कड़ी अविछिन्न है। वर्तमान समय में अन्यान्य जातियों एवं संप्रदायों के मतदाता अपने-अपने अवसरानुकूल पार्टियों को अपना समर्थन देते हैं किंतु हिंदू चमार जाति में अभी तक यह स्थिति शत-प्रतिशत नहीं आ पाई है, इसलिए राजनैतिक क्षेत्र में आरक्षण का अधिकार प्राप्त होने के बाद भी इस जाति का सर्वत्र वर्चस्व नहीं है और राजनीति में वर्चस्व न होने से यह जाति सभी प्रकार से पीड़ित एवं उपेक्षित है।

8.6 हिंदू चमार जाति एवं शिक्षा

शिक्षा आज की अनिवार्यता है। अशिक्षा सामाजिक जीवन में घोर अंधकार है। हिंदू चमार जाति की शिक्षा मध्यकाल में भी विदेशी मुसलिम आक्रांताओं के आक्रोश द्वारा बाधित की गई थी। मनुस्मृति एवं अन्यान्य हिंदू धर्मग्रंथों का उद्धरण देते हुए अनेक लेखकों ने भ्रमित होकर यही लिखा है कि हिंदू चमार जाति अथवा शूद्रों की शिक्षा पर प्रतिबंध स्वयं तथाकथित द्विज वर्ण के ब्राह्मण एवं क्षत्रियों ने लगाया था। शूद्रों की ऋषि-मुनि और विद्वत् परंपरा ने इस आरोप का खंडन कर दिया है और इस रोग को भी ढूँढ़ लिया गया है कि हमारे धर्मग्रंथों में जहाँ कहीं भी इस तरह की बातें लिखी हुई पाई जाती हैं, वस्तुतः वह सब मिलावट का परिणाम है। ग्रंथों में मिलावट किसने और क्यों किया, इसका उत्तर भी स्पष्ट है कि यह सब कार्य अंग्रेजों ने फूट डालो और राज्य करो की अपनी नीति के अंतर्गत सुनियोजित विधि से प्रायोजित किया था। वस्तुतः जब ब्राह्मण एवं क्षत्रियों के ही विदेशी आक्रांता मुसलिम शासकों द्वारा चर्म-कर्म में लगाया गया और उसको सामाजिक स्तर पर अस्पृश्य तथा अपावन बनाया गया तो बचे हुए ब्राह्मण एवं क्षत्रियों को इसके लिए दोषी कैसे माना जाए? स्वाभिमानी एवं धर्माभिमानियों का दमन एवं दलन करके दलित बनाने के उपरांत उनके लिए गाँव-नगर के बाहर आवास बनवाए गए, वैसे ही मुसलिम आक्रांताओं द्वारा कोई अलग से विद्यालय नहीं बनवाए गए, ताकि वे हिंदू चमार जाति के लोग यदि शिक्षा प्राप्त करना भी चाहें तो वे केवल मदरसों में ही प्रवेश पा सकें। हिंदू चमार जाति के लोग इस षड्यंत्र को ठीक से समझते थे, इसलिए जैसे उन्होंने इसलाम अस्वीकार किया वैसे ही मदरसा भी अस्वीकार किया। अतएव मध्यकाल उनकी शिक्षा के लिए काली रात्रि थी।

आजादी मिलने के बाद, आरक्षण का लाभ लेते हुए जितनी भी सुविधा संभव हो सकती है, हिंदू चमार जाति के लिए उपलब्ध कराई जा रही है। प्रारंभिक शिक्षाएँ नि:शुल्क कर दी गई हैं। उच्च शिक्षा के लिए छात्रवृत्तियाँ प्रदान की जा रही हैं। प्रवेश में भी आरक्षण का लाभ दिया जा रहा है। प्रवेश शुल्क नाममात्र का लिया जाता है। राज्य सरकारें, केंद्र सरकार के अतिरिक्त अंतरराष्ट्रीय स्तर पर भी शैक्षिक सुविधाएँ सुलभ की जा रही हैं। इस दिशा में स्वयंसेवी संस्थाओं द्वारा भी प्रयास हो रहा है। ईसाई मिशनरियों द्वारा आदिवासी क्षेत्र में ऐसी सुविधाएँ प्रदान करके इस अवसर का लाभ उठाने की नियत से दलितों का धर्मांतरण कराया जा रहा है। शिक्षा का व्यावसायीकरण एवं वैश्वीकरण निरंतर प्रभावी होता जा रहा है। महात्मा गांधी की बुनियादी शिक्षा और प्राचीन गुरुकुल पद्धति के विरुद्ध छात्रावास-पद्धति शिक्षा काफी महँगी कर दी गई है जिसका लाभ सीमित परिवारों को ही मिल पा रहा है। राष्ट्रीय स्तर पर दलित समाज के लिए अच्छी शिक्षा का एक स्वरूप दिवास्वप्न बनकर रह गया है। इन सबका प्रभाव हिंदू चमार जाति के शैक्षिक विकास में प्राय: बाधक ही है, फिर भी संतोष की बात है कि पर्याप्त सुविधाओं को पाकर हिंदू चमार जाति के साथ ही अन्यान्य जाति के बच्चे निरंतर शैक्षिक प्रगति पर हैं। सरकारें भी दयनीय आर्थिक स्थितिवाले घरों में शैक्षिक क्रांति लाने के लिए प्रयासरत हैं।

8.7 विकास का एकमात्र सूत्र सामाजिक सशक्तीकरण

हिंदू चमार जाति अभी पूर्णरूपेण विकसित नहीं है। यह सामाजिक क्षेत्र में जितना पिछड़ी हुई है, उससे कहीं अधिक यह आर्थिक और राजनीतिक क्षेत्र में भी पीछे हैं। किसी भी क्षेत्र में विकसित होने के लिए सर्वप्रथम सामाजिक सशक्तीकरण आवश्यक होता है। मनुष्य एक सामाजिक प्राणी है। जब तक वह समाज में अपनी स्थिति मजबूत नहीं बना लेता है, तब तक उसका अन्य किसी भी प्रकार से सामाजिक अनुकूलन असंभव होता है।

हिंदू चमार जाति को सर्वप्रथम अपने को हिंदू समाज में जिस प्रकार अन्य जातियों, वर्णों एवं वंशों को बलपूर्वक चर्म-कर्म में नियोजित करके चमार बनाया गया, अब पुन: उसे पहले की भाँति स्थापित करना होगा। समानता एवं बंधुता हेतु गंभीर प्रयास की आवश्यकता है, परंतु वह केवल आतंकवाद अथवा नक्सलवाद के द्वारा नहीं हो सकता है, जैसा कि मार्क्सवादी कम्यूनिस्ट विचारधारावालों की कल्पना है। उनकी तो सोच ही अद्‍भुत है। एक ही चिंतन सभी देशों पर थोपना चाहते हैं। यूरोपीय समाज से भारतीय समाज का स्वरूप पूर्णत: भिन्न है और यहाँ स्वाभाविक लोकतंत्र स्थापित है, जहाँ जनता के लिए जनता द्वारा चयनित प्रतिनिधि शासन चलाते हैं। यहाँ राज्य को उतनी ही शक्ति

प्रदान की गई है जितने से कि वह व्यक्ति का शोषण न कर सके। कम्यूनिस्ट विचारवाले और जनवादी लेखक यह सोचते हैं कि समाज में क्रांति लाने से ही व्यक्ति का विकास हो सकेगा। उनके लिए उनका आह्वान है कि व्यक्ति को रक्त क्रांति के लिए भी तैयार रहना चाहिए। परंतु यह हिंदुस्थान में असंभव और अप्रासंगिक भी है। यहाँ किसी को मकान दिया जाना आवश्यक है, किंतु किसी की बहुमंजिली इमारत ढहाकर उसके मलवे से किसी को मकान बनाकर दिया जाना यह अमान्य है। अतएव समानता की सोच यहाँ अनुचित है। सामाजिक समरसता से बात बन सकती है। समाज समरसता दर्शन के सिद्धांत माध्यम से स्थायी रूप से और बिना किसी रक्तपात के सशक्त हो सकता है।[1]

पाश्चात्य देशों का चिंतन है कि सामाजिक सशक्तीकरण के लिए आर्थिक विकास की उच्चतम दर को प्राप्त कर लेने से समस्या हल हो सकती है। परंतु आर्थिक विकास सर्वोन्मुखी नहीं भी हो सकता है, क्योंकि सबके पास समान पूँजी और संसाधन नहीं है। अतएव केवल आर्थिक विकास से असमानता ही बढ़ेगी और अमीर-गरीब के बीच की खाई और गहरी होगी। आर्थिक असमानता के कारण सामाजिक समानता का लक्ष्य असंभव हो सकता है और ऐसे में रक्तपात सुनिश्चित होगा। अतएव हिंदू दलित जाति के विकास का एकमात्र सूत्र आर्थिक उन्नति ही नहीं, बल्कि राजनीतिक प्रगति भी हैं। इसके साथ ही लोगों को अपनी मानसिकता को भी बदलना होगा, तभी सामाजिक समरसता एवं समानता का भाव अंतरंग में प्रगाढ़ होगा और सामाजिक सशक्तीकरण का लक्ष्य पूरा होगा, जिसे आज देश में सर्वोन्मुखी विकास का एकमात्र सूत्र मान्य किया गया है।

मानसिक भाव में परिवर्तन केवल उनको ही नहीं करना है, जिसको हम हिंदू दलित जाति के रूप में जानते हैं, अपितु उनको भी अपनी मानसिकता को परिवर्तित करना हैं जिन्हें गैर-दलित या सामान्य वर्ग की संज्ञा प्राप्त है। डॉ. बी.आर. अंबेडकर ने स्पष्ट रूप से कहा है कि भारत के दलित शूद्र नहीं हैं और प्रो. शेरिंग ने कहा है कि ये ब्राह्मण और क्षत्रिय ही हैं।[2] हिंदू समाज में दलितों को गिरा हुआ वर्ग कहा जाता है। वैसे देखा जाए तो जमीन पर रहनेवालों के गिरने का प्रश्न नहीं उठता। यदि दलित वर्ग एक गिरा हुआ समाज है तो यह प्रमाणित होता है कि यह कभी ऊँचाई पर रहा होगा। इस प्रकार यह स्पष्ट है कि हिंदू-संस्कृति में दलित वर्ग प्राचीन समय में नहीं था।

हिंदू समाज इतना सशक्त है कि उस पर अनेक संस्कृतियों और कट्टर इसलामिक शक्तियों तथा विदेशी आक्रांता शासकों का आक्रमण हुआ। हिंदू समाज में बार-बार

---

1. डॉ. विजय सोनकर शास्त्री, सामाजिक समरसता दर्शन, पृ. 56
2. डॉ. बी.आर. अंबेडकर, शूद्र कौन? प्राक्कथन का प्रथम पृष्ठ का तीसरा पैराग्राफ।

सांस्कृतिक तथा धार्मिक भूचाल तक आया, किंतु अंततोगत्वा परिणाम यही निकला कि कोई भी बाह्य शक्ति हिंदू समाज को विनष्ट नहीं कर सकी। प्रहारों पर प्रहार होते रहे। हिंदू समाज टूटता और विखंडित होता रहा, परंतु बार-बार वह जुड़ता भी रहा। उसके मौलिक स्वरूप में हल्की-सी परिवर्तन की परछाईं नहीं दिखलाई दी और उसका मूलस्वरूप पूर्णरूपेण अपरिवर्तित ही रहा।

हिंदू चमार जाति आज भी ऐसे ही सुदृढ़ हिंदू-संस्कृति एवं धर्म से जुड़ी हुई है जो किसी भी व्यक्ति अथवा जाति के विकास का आधार हो सकती है। यदि समाज सशक्त है, तो वहाँ की आर्थिक, राजनैतिक आदि सभी प्रकार की दशाएँ भी सशक्त हो सकती हैं। इसी आधार पर यह कहा जाता है कि हिंदू चमार जाति के विकास का एकमात्र सूत्र सामाजिक सशक्तीकरण ही है। जिस समय हिंदू समाज में हिंदू चमार जाति को समरसता का स्तर प्राप्त होगा और उसकी सामाजिक हितचिंतना यानी स्थापित मानसिकता में परिवर्तन की प्रक्रिया प्रारंभ हो जाएगी, उसी समय हिंदू चमार जाति अपने विकास के लक्ष्य को प्राप्त कर लेगी।

8.8 सशक्तीकरण के वर्तमान अभिकरण एवं उनका व्यावहारिक रूप

हिंदू चमार जाति के सामाजिक सशक्तीकरण के लिए देश में सरकारी और गैर-सरकारी, दोनों ही प्रकार से प्रयास किए जा रहे हैं। इसमें राज्य सरकारें अपने स्तर से प्रयास तो कर ही रही हैं, किंतु केंद्र सरकार द्वारा जारी नीतियों को भी सर्वत्र लागू किया जा रहा है। स्वयंसेवी संस्थाएँ भी सरकारी एवं गैर-सरकारी अनुदानों के माध्यम से प्रयास कर रही हैं। इतने प्रयासों के बाद भी संपूर्ण लक्ष्य की प्राप्ति संभव नहीं हो पा रही है।

हिंदू चमार जाति के लोग सभी प्रांतों में एक जैसी ही दशाओं में है, किंतु उनके विषय में राज्य सरकारों ने जो कार्यक्रम संचालित कर रखे हैं उनमें एकरूपता नहीं है। समस्या के अनुरूप सरकारी प्रयासों में उत्पन्न भिन्नता तो है ही उसमें सबसे बड़ा दोष कदाचार और भ्रष्टाचार का है। देखने में आ रहा है कि पूरी रकम दूसरे लोग बिचौलिया बनकर लूट-खा रहे हैं, ऐसे में कोई भी कार्यक्रम केवल कागजों पर ही सीमित होकर रह जाता है। समाज से जब तक इस स्थिति का निवारण नहीं होगा, तब तक राज्य सरकारों के प्रयास सफल नहीं होंगे।

हिंदू चमार जाति के हित में केंद्र सरकार ने भी अनुसूचित जातियों की सूची की कुल 1208 जातियों के सशक्तीकरण हेतु अपने स्तर से अनेक योजनाएँ चला रखी हैं, किंतु जिन राज्यों में केंद्र की सरकार द्वारा ही संचालित पार्टी की सरकारें होती हैं वहाँ

अधिकाधिक धनराशि व्यय हेतु प्रदान की जाती है। और जिन राज्यों में केंद्र के विरुद्ध कोई अन्य पार्टी की सरकार सत्ता में होती है तो उसके साथ पूरा भेदभाव किया जाता है। ऐसे ही एन.जी.ओ. (गैर-सरकारी संस्थाएँ) अथवा (स्वयंसेवी संस्थाएँ) भी होती हैं। जितना धन स्वयंसेवी संस्थाएँ प्राप्त करती हैं, उसकी तुलना में इन संस्थाओं द्वारा उतना कार्य नहीं किया जाता है। उनको धन पाने के लिए धन खर्च करना पड़ता है। अतएव जिस कार्य के लिए धन प्राप्त किया जाता है उसका कोई विशेष महत्त्व ही नहीं रहता है। अधिकांश धनराशि स्वयंसेवी संस्थाओं के संचालक और कार्यकर्ता साथी मिल-जुलकर निजी कार्यों अथवा संस्था के स्थायी संपत्ति के निर्माण में व्यय करते जाते हैं। उनके कार्यों के मूल्यांकन के लिए आए जाँच दल को उनकी वस्तुस्थिति पहले पता होती है इसलिए वे भी निर्धारित धन लेकर संस्था के पक्ष में रिपोर्ट लिख देते हैं कि कार्यरत संस्था का लक्ष्य पूर्ण है एवं संस्था का कार्य प्रशंसनीय है।

उचित होगा कि समाज में समरसता का सिद्धांत लागू किया जाए और सशक्तीकरण के लिए वर्तमान समय में जितने भी अभिकरण हैं उनकी कार्यप्रणाली में परिवर्तन लाया जाए। इसके लिए ऊपर से नीचे तक व्याप्त भ्रष्टाचार को समाप्त करना होगा, तभी हिंदू चमार जाति के साथ ही अन्यान्य दलित अथवा अनुसूचित जातियों का सशक्तीकरण संभव हो सकेगा।

हिंदू चमार जाति की वर्तमान स्थिति पर तार्किक दृष्टि से विचार करने पर यह निष्कर्ष प्राप्त हुआ कि हिंदू समाज में उनकी स्थिति अब किसी भी प्रकार से कमजोर नहीं है। मध्यकालीन उत्पीड़न एवं शोषण से उनको दुर्दिन अवश्य देखने पड़े थे, किंतु स्वतंत्रता प्राप्ति के बाद से उनके प्रत्येक पक्ष के लिए विकासार्थ प्रायोजित संसाधनों का पर्याप्त लाभ तो नहीं किंतु कुछ लाभ अवश्य उनको मिल रहा है। समाज में यदि उनकी निर्बल परिस्थिति कहीं रह भी गई है तो वह अकारण ही है। इसे उनकी हीनता संबंधी मानसिकता ही कहा जा सकता है। इसी के कारण उनकी सामाजिक भूमिका कहीं-कहीं कम प्रभावी प्रतीत होती है, क्योंकि अस्पृश्यता का सामाजिक पक्ष समाप्त होने से हिंदू समाज में उनकी कमजोर परिस्थिति का अब कोई कारण नहीं रह गया है।

हिंदू चमार जाति की हीन सामाजिक परिस्थिति का आर्थिक कारण अवश्य महत्त्वपूर्ण है। उनके पास कृषियोग्य भूमि का अभाव है। रहने के लिए आवासीय भूमि और भवन निर्माण के लिए अनुदान भी दिए गए हैं। इंदिरा आवास योजना एवं यू.पी. के कांसीराम आवास योजना के अंतर्गत बने-बनाए मकान भी आवंटित किए गए हैं। पशु-पालन, गृहोद्योग और वाणिज्य-व्यापार के लिए सस्ती दर पर ग्रामीण ऋण की सुविधाएँ भी दी जा रही हैं, किंतु जनसंख्या वृद्धि, अशिक्षा, आर्थिक अभाव इत्यादि के कारण सारी सुविधाएँ सदैव अपर्याप्त हैं।

हिंदू चमार जाति को राजनीतिक क्षेत्र में भी आरक्षण का भारी लाभ प्राप्त हुआ है। इस संवर्ग के अनेक जनप्रतिनिधि हर स्तर के राज्य-प्रबंधन यानी मंत्रिमंडल में स्थान प्राप्त कर रहे हैं, परंतु दुःख का विषय यह है कि जो भी सत्ता प्राप्त कर लेते हैं, सर्वप्रथम अपने ही विषय में अधिक ध्यान देने लगते हैं। संपूर्ण जाति की विपुल मत-शक्ति केंद्रीभूत यानी संगठित होने और मतदाताओं में अंधभक्ति की भावना के कारण एक ही जगह मतदान कर आते हैं, भले ही वह प्रतिनिधि उनके लिए अनुपयुक्त ही क्यों न हो। इनकी कमजोर सामाजिक शक्ति के संदर्भ में इस प्रकार का राजनीतिक कारण भी विशेष महत्त्वपूर्ण है।

हिंदू चमार जाति के शैक्षिक स्तर को उन्नत करने के लिए राज्य, केंद्र, अंतरराष्ट्रीय सरकारी एवं स्वयंसेवी संस्थाएँ निरंतर अपने-अपने ढंग से कार्य कर रही हैं, परंतु वैश्विक प्रयोजन के कदाचार एवं भ्रष्टाचार से प्रभावित होने के कारण शत-प्रतिशत लाभ प्राप्त नहीं हो पा रहा है। अतएव आवश्यक है कि शैक्षिक स्तर उन्नत करने के साथ ही हिंदू चमार जाति के सर्वोन्मुखी विकास हेतु उसके सामाजिक सशक्तीकरण पर भी बल दिया जाए और उनके सशक्तीकरण के लिए वर्तमान में जो भी अभिकरण प्रायोजित हैं, उन्हें न केवल सैद्धांतिक अपितु व्यावहारिक रूप में भी सावधानीपूर्वक क्रियान्वित किया जाए।

□

उपसंहार

नियंता की इस परिवर्तनशील सृष्टि में प्रकृतिपरक हिंदू जीवन-पद्धति से अनुपोषित हिंदू-संस्कृति पर आधारित हिंदू चमार जाति का राजवंशी तथा गौरवशाली इतिहास भी परिवर्तन की सतत परंपरा का अनुसरण करता हुआ प्रतीत होता है। अपने अनेकानेक कौटुंबिक वंशों, गोत्रों और उपजातियों के सामूहिक संबल से सशक्त हिंदू चमार जाति स्वतंत्र हिंदुस्थान की लोकतांत्रिक व्यवस्था में अपनी विपुल जनसंख्या के बल पर आकर्षण एवं आग्रह का पर्याय है। विदेशी मुसलिम आक्रांता शासकों द्वारा बलपूर्वक बनाई गई तथाकथित चमार जाति के प्राचीन वंशों एवं गोत्रों में योद्धा, राज्य-प्रशासक, संत, ऋषि, मुनि, दार्शनिक, वैज्ञानिक, ज्योतिषी, तांत्रिक, वैद्य, विद्वान्, साहित्यकार, शास्त्रज्ञ, नीतिकार, शिल्पी, कृषक, पशुपालक, व्यापारी, सेठ-महाजन भी थे।

मध्यकाल में विदेशी आक्रांताओं तुर्कों एवं मुगलों के अनवरत आक्रमणों का मुँहतोड़ जवाब देने की अपरिमित क्षमता रखनेवाले हिंदू योद्धा एवं राजपूत लोग बार-बार के युद्ध से परेशान एवं थक जाने के बाद कहीं-कहीं पराजित हुए, क्योंकि प्रत्येक आक्रमण का प्रत्युत्तर इनको स्वयं ही देना होता था, जबकि आक्रांताओं के प्रत्येक आक्रमणों में बदले हुए लड़ाकू एवं लुटेरे होते थे। चूँकि एक बार मार खाने के बाद आक्रांताओं के सैनिक हिंदुस्थान के सैनिकों से पुनः युद्ध करने का साहस नहीं कर पाते थे इसलिए प्रत्येक आक्रमणों हेतु विदेशी आक्रांताओं को नए तथा अपरिचित सैनिक लाने पड़ते थे।

हिंदुस्थान में युद्ध के भी नियम निर्धारित किए गए थे, जैसे—पराजित पक्ष द्वारा क्षमायाचना पर क्षमा कर देना, युद्धबंदियों को विजयोपरांत बिना किसी प्रताड़ना के मुक्त कर देना, युद्धबंदी स्त्रियों एवं बच्चों को किसी भी प्रकार का संत्रास न देना, निहत्थों पर वार न करना, विजित प्रदेशों में लूटपाट न करना, किसी की धार्मिक भावना एवं सामाजिक

प्रतिष्ठा को क्षति न पहुँचाना, युद्धबंदियों के साथ क्रूरतम व्यवहार न करना और न ही उनकी हत्या करना इत्यादि। इसका लाभ विदेशी मुसलिम आक्रांताओं को बराबर मिलता रहा, इसीलिए बार-बार पराजित होने के उपरांत भी उनके आक्रमण निरंतर होते रहे।

दूसरी तरफ, विदेशी मुसलिम आक्रांताओं के अनवरत आक्रमणों के प्रत्युत्तर से परेशान होकर, थककर और बौद्ध, ब्राह्मणों एवं देशी राजाओं के आपसी वैमनस्य तथा फूट का लाभ उठाकर एक बार हिंदुस्थान की सेना को पराजय का मुँह देखना पड़ा, किंतु आततायियों ने उस समय कोई भी हमदर्दी नहीं दिखलाई—बच्चों तक की हत्या कर दी, लाखों स्त्रियों को गुलाम बनाकर अरब ले गए एवं वहाँ उन्हें कौड़ियों के दाम गलियों में तथा सड़कों पर नीलाम किया, भयंकर लूटपाट और मार-काट किया, युद्धबंदियों को कठोर यातनाएँ देते हुए मार दिया गया और जो मारे जाने से शेष रह गए उनको चर्म-कर्म एवं मल-मूत्र साफ करने में बलपूर्वक नियोजित किया गया, जिससे कि उनका सामाजिक एवं सार्वजनिक स्तर पर अपमान हो सके। हिंदू धर्म परायण होने के कारण धर्माभिमानी एवं स्वाभिमानी हिंदू युद्धबंदी किसी भी मूल्य पर इसलाम स्वीकारने के पक्ष में नहीं थे, अतएव इसलाम या अपमान में से इसलाम को ठोकर मार उन्होंने स्वाभिमान भंग करवाकर अपमानित एवं दयनीय जीवन स्वीकार किया।

विदेशी मुसलिम आक्रांता शासकों द्वारा हिंदू युद्धबंदियों के साथ इसलिए भी कठोर काररवाही की गई, क्योंकि वे धर्माभिमानी धर्मरक्षक ब्राह्मण तथा स्वाभिमानी एवं देशरक्षक क्षत्रिय वंशावली के थे और किसी भी मूल्य पर हिंदू धर्म का परित्याग करके इसलाम स्वीकारने को तैयार न थे। प्रतिशोध में विदेशी शासकों ने उनको चर्म-कार्य में ठेल दिया और मरे हुए जानवरों को ढोने तथा मृत पशुओं की खाल निकालने पर विवश किया। चर्म-कार्य उन दिनों अस्वच्छ एवं अपवित्र कार्य माना जाता था और चमड़ा कोई छूता नहीं था। आज भी हिंदुओं में चमड़े को हेय दृष्टि से ही देखा जाता है।[1] पूजा-पाठ अथवा मंदिरों में अभी भी इसका पूर्णरूपेण निषेध है। युद्धबंदियों को तो गोचर्म तक का कार्य सौंपा गया था जिसके कारण वे और भी अपवित्र माने गए। मुसलिम आक्रांताओं ने उन क्षत्रिय कुलोत्पन्न युद्धबंदियों को चर्म-कर्म में लगाने के साथ ही 'चमार' नाम से संबोधित किया। इस प्रकार स्वाभिमानी हिंदू योद्धाओं को चर्म-कर्म में लगाकर तथाकथित चमार जाति का निर्माण किया गया।

उनको गाँव तथा नगरों की बस्तियों से बाहर निकालकर आक्रांताओं ने उनके साथ छुआछूत का भेदभाव स्थापित किया और यह नियम हिंदुओं के लिए भी बनाया गया कि कोई भी धार्मिक अथवा पवित्र हिंदू उनका स्पर्श न करें। मूर्खतावश हिंदू समाज ने

1. डॉ. हमीदा खातून, अर्बनफ्हेजेशन, पृ. 50

अपने ही बंधुओं से दूरी बनाकर उनसे दूर होते चले गए। यहीं से छुआछूत की स्थिति उत्पन्न हुई और हिंदू राजवंशीय राजपूत मध्यकाल में बलपूर्वक अस्वच्छ वृत्ति में लगाए जाने के कारण अस्पृश्य एवं दलित बन गए। इसका जीवंत उदाहरण चंवर वंश है। उस वंश के लोग संत रैदासजी के साथ ही चर्म-कर्म में लगाकर चमार घोषित किए गए थे, और तभी से वे भी हिंदू समाज में अछूत बनकर तिरस्कृत भी हुए थे। संत रैदास ने अपने संदेश में इस चिरसत्य का स्पष्ट संदेश बारंबार दिया है। यह वंश सदैव सनातन हिंदू धर्म पर अडिग रहा।

मुसलिम आक्रांताओं को भ्रमित करने, मंदिरों को टूटने से बचाने और हिंदू देवी-देवताओं के पुजारी लोगों का रक्तपात रोकने के लिए निराकार पूजा-पद्धति चलाई गई, किंतु हिंदू चमार जाति के अनेक लोग तब भी साकार-पूजा करते रहे और कट्टर धर्मपरायण बने रहे। विदेशी मुसलिम आक्रांताओं ने युद्धबंदी तथाकथित हिंदू चमार जाति के जिन लोगों को अपवित्र कार्यों में लगाया था, वे धीरे-धीरे अस्पृश्य और दलित बनते चले गए। धर्म के मूल्य पर आक्रांताओं द्वारा प्रताड़ित करने के उपरांत उन्होंने चर्म व्यवसाय अपनाया, परंतु विदेशी मुसलिम आक्रांताओं द्वारा उनके घृणास्पद व्यवहार के बाद भी मुसलिम संस्कृति और सभ्यता के सम्मुख सिर नहीं झुकाया। यह इसलाम के बलपूर्वक प्रचार करनेवालों के मुँह पर सीधा तमाचा था कि जिस समय भयंकर मार-काट एवं उत्पीड़न से भयभीत होकर विश्व के अनेक देश एक-एक करके इसलाम धर्म स्वीकारते चले जा रहे थे, उन दिनों हिंदू चमार जाति ने इसलाम को अस्वीकार करके उन विदेशी मुसलिम आक्रांता शासकों को एक चुनौती दे डाली थी।

मध्यकाल में जब हिंदू चमार जाति के लोगों को बलपूर्वक चर्म-कर्म में लगाया गया था, उस समय भी धर्म में पवित्रता एवं स्वच्छता की अवधारणा बलवती बनी हुई थी। अशौचकाल तक को अस्थायी एवं कालविशेष तक के लिए अपवित्र माना जाता था, जबकि चर्म-कर्म और ढोर यानी मृत पशुओं को ढोने तथा खाल निकालने का कार्य तो इतना स्थायी कर दिया गया था कि कुछ ही समय में उसे पैतृक व्यवसाय का नाम दे डाला गया था। चूँकि हिंदुस्थान में चर्म-संस्कृति के स्थान पर आरंभ से ही वस्त्र संस्कृति सन्निविष्ट थी, इसलिए चमड़े को लेकर अपवित्रता एवं हेय की भावना पहले से ही बनी हुई थी। हिंदू षोड्श संस्कार में तो मृत (शव) को छूना भी अशौच के संदर्भ में अपवित्र माना जाता था। आज भी शवयात्रा से वापसी में प्रत्येक हिंदू को स्नानादि करके पवित्र होना पड़ता है। इसी पद्धति पर मृत पशुओं का शव लगातार ढोते रहने और उनकी खाल निकालने जैसे अस्वच्छ एवं घृणित कार्यों ने हिंदू चमार जाति को अपवित्र अथवा अस्पृश्य बनाया। यहीं से आरंभ होता है चर्म-व्यवसाय आधारित सामाजिक भेदभाव अथवा छुआछूत की भावना का व्यावहारिक स्वरूप। यह बड़े दुर्भाग्य का विषय

रहा कि हिंदू-संस्कृति में पवित्रता एवं अस्पृश्यता में भेद नहीं किया जा सका। इस प्रकार की त्रुटियों के लिए ब्राह्मण जाति के कुछ स्वार्थयुक्त मानसिकतावाले लोगों को दोषी माना जा सकता है। वास्तव में अस्पृश्यता अत्यंत अस्थायी है एवं अस्पृश्यता की स्थिति को किसी भी समय स्नान-ध्यान के बाद समाप्त करके पूर्व की स्थिति प्राप्त की जा सकती है।

हिंदू चमार जाति का वर्तमान वंश, गोत्र और राजवंशीय इतिहास यह स्पष्ट करता है कि आरंभ में यानी प्राचीनकाल में चमार नामक कोई जाति थी ही नहीं, बल्कि मध्यकाल में जिन विभिन्न वंश, गोत्र आधारित उपजातियों का नामोल्लेख पाया जाता है, वे ही जातियाँ अपने वंश, गोत्र और जाति-नामों के साथ प्रतिष्ठित जानी जाती थीं। उनका सामूहिक रूप से 'चमार' नामकरण केवल मध्यकालीन विदेशी आक्रांताओं एवं शासकों द्वारा इस उद्देश्य से किया गया था, ताकि चर्म-कर्म में लगाए गए वे सभी स्वाभिमानी, धर्माभिमानी तथा योद्धा हिंदू कालांतर में अपवित्र होकर, सामान्य हिंदुओं के वर्ग से अलग-थलग पड़ जाए। महर्षि रैदासजी आक्रांताओं के इस उद्देश्य को ठीक से समझते थे। यही कारण था कि वे बार-बार अपने संवर्ग के लोगों को हिंदू धर्म में बने रहने का संदेश देते रहते थे। उनके इस महान् संदेश का प्रभाव संपूर्ण हिंदू समाज पर पड़ा था, इसीलिए संपूर्ण हिंदू समाज उनका पदानुयायी बनता चला गया। चित्तौड़ के स्वाभिमान राजाओं के राजा महाराणा सांगा, उनकी राजमहिषी झालीरानी और उनकी पुत्रवधू मीराबाई तक ने उनको अपना उपदेशक एवं महान् हिंदू राज्य मेवाड़ का राजगुरु बनाया था।

हिंदू चमार जाति में अनेक वंश एवं गोत्रों से संबंधित उपजातियों का समावेश होने से यह तथ्य स्पष्ट एवं प्रमाणित है कि इस जाति ने देश के अनेक राजा, शासक, योद्धा, अध्यात्म पुरोधा, धर्मपरायण व्यक्तित्व, भक्त, साहित्यकार, संत, ऋषि, मुनि आदि प्रदान किए थे। हिंदू सामाजिक व्यवस्था में भी इस जाति-कुल ने पर्याप्त योगदान किया और सदैव हिंदू धर्म का अभिन्न अंग बनी रही। यह महान् जाति हिंदुस्थान के आर्थिक ढाँचे की मेरुदंड होने का भी गौरव प्राप्त कर सकी थी। स्वतंत्रता संग्राम में इस जाति-संवर्ग के लोगों ने एक से बढ़कर एक भूमिका निर्वहन किया था। स्वतंत्रता आंदोलन के महान् क्रांतिकारी और महानायक शहीद ऊधम सिंह को कौन नहीं जानता, जो रैदसिया चमार जाति के थे। इस प्रकार वर्तमान समय में भी यह जाति आधुनिक भारत के निर्माणाधीन काल में जीवन के प्रत्येक क्षेत्र में प्रगति के पथ पर अग्रसर है। इस विकास क्रम में इनकी विशाल जनसंख्या, बेरोजगारी, निर्धनता, अभावग्रस्तता, अशिक्षा और राजनीतिक सूझबूझ का अभाव जैसी कुछ मुख्य बाधाएँ हैं।

उक्त समस्याओं से युक्त आज का अर्थप्रधान युग हिंदू चमार जाति के लिए

स्वर्णिम सुविधाएँ लेकर आया है, परंतु कुछ परोक्ष कारण ऐसे हैं जिनके फलस्वरूप उन सुविधाओं का लाभ हिंदू चमार जाति के लोग नहीं उठा पा रहे हैं। मध्यकाल में संतों एवं भगतों द्वारा उनको सही उपदेश दिया जाता था और प्रत्येक समाजसेवी भी उनसे शतत संपर्क बनाए रहता था, यही कारण था कि विदेशी शासनकाल में अत्यधिक उत्पीड़न का शिकार होने के बाद भी हिंदू चमार जाति के लोग अपना साहस कभी खोने नहीं पाए थे, परंतु वर्तमान समय में, हिंदू चमार जाति के प्रतिनिधि एवं राजनेतागण केवल अपनी रोटी सेंकने और स्वयं को इनका सच्चा हितैषी प्रदर्शित करने में संलग्न हैं। सामाजिक उत्थान के लिए सरकार द्वारा दिए गए संवैधानिक आरक्षण का लाभ संभवत: उन दलित जातियों के ही लिए डॉ. अंबेडकर ने पूना-समझौता में तय किया था। यही कारण है कि जिनके भारी संख्या में मतदाताओं के सहारे जनप्रतिनिधि विजयश्री हासिल करते हैं, उनको अपने घर चाय पर बुलाने की कौन कहे, उनके प्रति हार्दिक धन्यवाद तक नहीं प्रकाशित करते हैं। आज जबकि अनुसूचित जाति को दिए गए पंद्रह प्रतिशत आरक्षण कोटे को विनष्ट करने के लिए अनुसूचित जाति की सूची में धर्मांतरित ईसाइयों एवं मुसलमानों को शामिल करने का लगातार एवं भारी प्रयास हो रहा है, किंतु अन्य दलित जन प्रतिनिधियों के साथ चमार जाति के भी प्रतिनिधियों का शांत रहना विस्मयकारी है। ऐसी अवस्था में हिंदू दलित वर्ग की उपजातियों को कब तक तथाकथित सवर्ण हिंदुओं द्वारा शोषित और इसलाम तथा अंग्रेजों द्वारा पोषित किए जाने का झूठा इतिहास पढ़ा-पढ़ाकर अपनी रोटी को सेंका जाएगा? यह तो समय ही बताएगा, जब प्रत्येक हिंदू चमार जाति का सदस्य अपने गौरवशाली अतीत का इतिहास पढ़ेगा और वर्तमान में जातिवाद के नाम पर अपने को ठगनेवालों को पहचानेगा। नीर-क्षीर विवेक की शक्ति प्राप्त करते ही तथाकथित चमार जाति के लोग प्रत्येक क्षेत्र में सशक्त होंगे, इसमें कहीं भी संदेह नहीं है।

यह सर्वविदित है कि जहाँ संपूर्ण लोग किसी एक धर्म के अनुयायी हैं वहाँ जाति जैसे आधार को लेकर कोई विशेष समस्या नहीं है, किंतु पंथ अथवा संप्रदाय के एक से अधिक मानकों को लेकर एवं शारीरिक-संस्कृति के अंतर को लेकर इसी तरह की समस्या अवश्य पाई जाती है। यह तो हिंदू-संस्कृति की अद्वितीय विशेषता ही है कि यहाँ पंथ निरपेक्षता सदैव स्वीकृत रही। अन्य पंथों एवं संप्रदायों ने अपने को बलपूर्वक अथवा छलपूर्वक हिंदू धर्म पर सदैव प्रभावी रखने का प्रयास किया। आज भी इसलाम और ईसाई पंथवाले अपने को प्रतिष्ठित करने हेतु तरह-तरह के हथकंडे अपनाते रहते हैं, जबकि इस ओर यानी दलित जातियों के सम्मान प्रतिष्ठित करने की दिशा में लोगों का ध्यान आकृष्ट करने का कार्य हिंदू धर्मानुयायी ही कर रहे हैं। अरब के विदेशी आक्रांता शासकों द्वारा बलपूर्वक इसलाम स्वीकार कराया गया। छलपूर्वक ईसाई धर्म

को जंगलवासियों और हिंदू चमार कुल के लोगों पर प्रभावकारी बनाया गया, परंतु किसी भी मुसलमान अथवा पादरी को हिंदू धर्म में छल अथवा बलपूर्वक नहीं लाया गया। तब भी गैर-हिंदू ग्रंथों में निरंतर यही प्रचारित किया जाता है कि यहाँ के दलित संवर्ग के लोगों के हित में केवल इसलाम और ईसाई धर्म ही कार्य करता रहा है। आज देश में सेवा के बदले धर्म-परिवर्तन का कार्य तीव्रता से चल रहा है। दु:ख तो तब होता है कि दलित संवर्ग के बुद्धिजीवी लोग भी गैर-हिंदू धर्म के लोगों के ही असत्य कथनों पर विश्वास करते हैं।

ऐसा एक भी उदाहरण नहीं मिलता है कि प्राचीन हिंदू राज्यों में जहाँ ब्राह्मण अथवा क्षत्रिय राजा थे, किसी भी वैश्य अथवा शूद्र संवर्ग के साथ अमानवीय व्यवहार किया गया हो। किसी ब्राह्मण-क्षत्रिय राजा ने किसी वैश्य या शूद्र की संपत्ति लूटी? किसी ने मध्यकाल में दलितों के घरों में आग लगाई? किसी ने उनको जंगलों में दर-ब-दर भटकने को मजबूर किया? किसी ने जंगलों में आग लगाई और उनमें छिपे लोगों को ढूँढ़-ढूँढ़कर जानवरों की तरह मार डाला? किसी राजा ने किसी शूद्र को वेद पढ़ने पर उसकी जिह्वा काटी? वेद सुनने पर कान में शीशा डाला? किस राजा ने शूद्रों से बेगार लिए? नियम कानून के रूप में तो इसे मनु स्मृति में देखा जा सकता है किंतु यह भी देखने का विषय है कि मनु स्मृति का प्रकाशन एवं संपादन का निर्णय सर्वप्रथम 1828 ई. में इंग्लैंड के अंग्रेज शासकों द्वारा हिंदुओं की भलाई के लिए लिया गया। क्या रामायण, महाभारत, रामचरितमानस अथवा भागवत गीता का प्रकाशन न करके मनुस्मृति के प्रकाशन का यह निर्णय उचित था या 'बाँटो एवं राज करो' की नीति को बदलने के लिए श्रेष्ठ था। आज इन सब विषयों के संदर्भ में अंग्रेजों और मुसलिम इतिहासकारों की पुस्तकों में नहीं लिखा जाना आश्चर्य का विषय है। किसी ने लिख दिया कि अकबर महान् था, तो सारे लोग कहने लगे कि वास्तव में वह महान् था। अकबर की छह हजार बेगमें थीं। क्या कोई भद्र पुरुष ऐसा करता है। हरम में सभी स्त्रियाँ नग्न रहती थीं। ये स्त्रियाँ विलासिता के साथ-साथ इसलिए नग्न रखी जाती थीं कि उनमें अधिकांश हिंदू थीं एवं अकबर को भय था कि वे स्त्रियाँ अपने वस्त्रों में शस्त्र छिपाकर रख सकती थीं। आज भी कुछ ऐसी इतिहास की घटनाएँ एवं तथ्यों को देखा जाए एवं उसका मूल्यांकन होना चाहिए। मीना बाजार राणा प्रताप नहीं लगवाते थे। वेश्याओं के नाच-गाने छत्रपति शिवाजी नहीं देखते थे। शराब पीकर गोली जनरल डायर ने चलवाई थी, ऊधम सिंह या भगत सिंह ने नहीं। हिंदू दलितों को बलपूर्वक पकड़कर अपने उपनिवेशों यानी मॉरीशस, मेड़ागास्कर, फिजी इत्यादि अनेक देशों में गन्ना, कपास आदि की खेती करने और वहीं पर मर जाने की असामाजिक तथा अमानवीय यातना स्वामी दयानंद और स्वामी विवेकानंद ने नहीं बल्कि अंग्रेजों ने दिया था।

धन्य हैं इतिहास के तथाकथित भारतीय पाठक भी, जिन्हें केवल लिखा हुआ ही वास्तविक साक्ष्य दिखलाई देता है। आज वास्तव में इतिहास किसने लिखा है, किन परिस्थितियों में लिखा है, और उसके लिखने का क्या उद्देश्य रहा है, यह सब सोचने और समझने की आवश्यकता है। भारत के हिंदू नहीं तो कम-से-कम एक भारतीय होने के नाते तो यह सोचना आवश्यक है कि भ्रामक और मिथ्या तथ्यों पर आधारित यदि कहीं कुछ लिखा मिले तो उसे नकारा जाए और उसका खंडन किया जाए। हिंदू चमार जाति के विषय में जी.डब्ल्यू. ब्रिग्गस ने अपनी पुस्तक 'दी चमार' में जो लिख दिया है, उसको ही सबकुछ सत्य माननेवाले कभी उनका पुस्तक के पृष्ठ संख्या 200 से 206 तक की इन पंक्तियों पर भी क्या ध्यान दें।

'चमार के लिए इस जीवन में बेहतर जीवन जीने की उनके लिए गुंजाइश नहीं है। भारत के धर्मोपदेशक, चमार के लिए कोई उचित सामाजिक कार्यक्रम नहीं बनाते हैं लेकिन जीसस ऐसा करते हैं (200), चमार दुर्भाग्य से जन्म से ही अज्ञान के शिकार होते हैं। अब तक भारत में चमारों की प्रबुद्धता के वास्तविक अग्रदूत ईसाई ही रहे हैं (201), जो यह समझते हैं कि ईसाईयत में ही चमारों की विमुक्ति की वास्तविक आशा दिखती है। वे समस्या की अत्यावश्यकता के तथ्य को जानते हैं (205), ईसाई चर्च का ध्यान चमारों को अपनी ओर आकृष्ट करने पर है। (206)।'[1]

इतिहास साक्षी है कि हिंदुस्थान में शूद्रों का भी राज्य था। ये शूद्र राजा बिना किसी भेदभाव के अपना शासन चलाते रहे। इन पर किसी गैर-शूद्र राजा ने कभी आक्रमण इसलिए नहीं किया कि उसे हिंदुस्थान में शूद्र राज्य देखना पसंद नहीं था। इस देश में शूद्र संवर्ग के ऋषि, महात्मा, उच्चकोटि के विद्वान्—साहित्यकार, राजवैद्य आदि भी हुए। कौन से वर्ण के लोग थे जिन्होंने उनका सम्मान नहीं किया और उनका शोषण किया? एक भी उदाहरण नहीं मिलता है कि शूद्र सदैव सेवा में ही लगे रहे और सदैव उत्पीड़ित और शोषित ही रहे। सारे वर्ण के लोग हिंदू थे और हिंदुस्थान उनका था। एक ही परिवार में चारों वर्ण के लोग प्रायः पाए जाते थे।[2] मनुकाल में अस्पृश्यता नहीं थी, शूद्र एवं अंत्यज कभी अस्पृश्य नहीं थे।[3] जब तक अहिंदू लोगों, कुछ लालची और कायरों तथा ईर्ष्या-भावना वालों ने विदेशी आक्रांताओं का साथ नहीं दिया हिंदुस्थान की एक इंच भूमि पर वे विदेशी मुसलिम आक्रांता पाँव तक नहीं जमा पाए थे। हिंदू को विघटित करने के लिए अथक प्रयास इसी अभिप्राय से विदेशी मुसलिम आक्रांताओं और

---

1. डब्ल्यू.एस. व्रिग्रस, दी चमार, पृ. 200-206
2. ऋग्वेद, 9/112/3, मनुस्मृति 3/197-198
3. डॉ. बी.आर. अंबेडकर, अछूत कौन और कैसे, पृ. 99

अंग्रेजों, दोनों ने किया था। उनको कभी हिंदू चमार जाति के साथ संपूर्ण दलित संवर्ग जातियों के लोग क्षमा नहीं कर सकते। जिनको मध्ययुगीन अपनी त्रासदी का ज्ञान नहीं है, वे भले ही अंग्रेजों को अपना देवता मानें। यह सर्वविदित है कि मध्ययुगीन दलितों के विषय में सोचने के लिए हिंदुओं और हिंदू संस्थाओं ने ही कदम आगे बढ़ाया था वह चाहे आर्यसमाज हो या प्रार्थना समाज आदि। पंडित मदन मोहन मालवीय ने दलितों को काशी, प्रयाग और हरिद्वार में यज्ञोपवीत एवं मंत्र देने का साहसपूर्ण कार्य कर हिंदू समाज के अंदर व्याप्त भ्रम को तोड़ा।[1] विदेशी मुसलिम आक्रंताओं का राज्य समाप्त हो गया और अंग्रेजों को भी देश को स्वतंत्र करना पड़ा था, किंतु विदेशी मुसलमानों एवं अंग्रेज शासकों ने हिंदू समाज को भारी क्षति पहुँचाई थी। इतना ही नहीं, दलित अवस्था निर्माण हेतु हिंदू समाज के ही ब्राह्मण, क्षत्रिय एवं वैश्यों को इसका उत्तरदायी भी ठहरा दिया गया था। उनका इतना दोष अवश्य था कि उन्होंने अस्वच्छता के कारण अपनों को यानी विदेशी आक्रांता मुसलिम एवं अंग्रेज शासकों द्वारा अस्वच्छ कार्यों में बलपूर्वक लगाकर बनाई गई दलित जातियों के लोगों को दूर कर दिया, जबकि गत आठ शताब्दी से केंद्रीय शासन या सत्ता में हिंदू थे ही नहीं। यह अत्यंत विस्मयकारी है कि जब ब्राह्मण और क्षत्रिय केंद्रीय शासन या सत्ता में थे ही नहीं, उन्हें वर्तमान दलित अवस्था के निर्माण के लिए उत्तरदायी क्यों ठहराया गया था?

हिंदुस्थान का हिंदू योद्धा कभी भी कोई भयाक्रांत छवि का नहीं हुआ है। वे कोई भूत-प्रेत जैसा कहानियों में वर्णित पात्रों की तरह भी नहीं थे। तैमूर, सिकंदर, चंगेज खाँ, बाबर, औरंगजेब, अलाउद्दीन आदि ऐसे नाम हैं जिनको सुनने के बाद किसी की भी आत्मा काँप जाती है। कोई भी ऐसा हिंदू व्यक्तित्व नहीं जिसका नाम लेने पर किसी भी श्रेणी का समाज दहल उठता है, फिर भी तथाकथित सवर्ण अथवा उच्च वर्ण का हिंदू अनावश्यक रूप से भयावह लिखा जा रहा है। सारे लोग जानते हैं कि हजार वर्षों तक लूटपाट और उत्पीड़न, दमन एवं दलन का शिकार रह चुकने के बाद भी हिंदुस्थान जिस तीव्र गति से विकास के पथ पर अग्रसर है, वह शेष विश्व के लोगों की आँखों को अच्छा नहीं लग रहा है। ऐसे में हमें और हमारे सभी भारतवासियों को चिंतन करने की आवश्यकता है कि हमें अपने स्वरूप का चित्रण नग्न रूप में नहीं करना चाहिए। यदि कहीं ऐसा हुआ है, तो उसकी निंदा करनी चाहिए क्योंकि यह स्पष्ट हो चुका है कि आदि काल में हमारा स्वरूप समुन्नत और उज्ज्वल था, वह केवल विदेशी मुसलिम आक्रांता शासकों का काल यानी मध्यकाल और अंग्रेजों के समय में विध्वंस किया गया था, अतः उनका उत्तरदायी तथाकथित हिंदुओं को ठहराने में संकोच करने की आवश्यकता नहीं है। सच

1. उमेश दत्त तिवारी, भारत-भूषण, महामना पं. मदन मोहन मालवीय, पृ. 305

तो यह है कि हिंदू चमार जाति की उत्पत्ति मुसलिम आक्रांताओं द्वारा इसलाम धर्म अस्वीकारने के फलस्वरूप हुई। किंतु कालांतर में हिंदू धर्म के तथाकथित ठेकेदारों ने स्वार्थवश इन्हें अस्वच्छता एवं अपवित्रता के मानक पर इन्हें दलित की श्रेणी प्रदान करने का त्रुटिपूर्ण प्रयास किया। धर्माभिमानी एवं देशरक्षक स्वाभिमानी योद्धाओं को उनके धर्म तथा राष्ट्रभक्ति के लिए दंडित तथाकथित चमार जाति को स्वभाव से अपराधी और पशुओं के चमड़े का कार्य करनेवाला कहा जाना भी उनके सम्मान को ठेस पहुँचाता है। इस महान् हिंदू धर्मपरायण जाति-कुल को मूलतः निम्न एवं अस्पृश्य होने का सिद्धांत अपने आप में असत्य हो जाता है।

यह सच है कि वर्तमान समय में हिंदू चमार जाति सामाजिक, आर्थिक, धार्मिक, राजनीतिक आदि सभी क्षेत्रों में बहुत पीछे हैं, किंतु ऐसा नहीं है कि उसे पीछे करने के पार्श्व में कोई षड्यंत्र चल रहा है और उसके लिए तथाकथित अन्य लोग जिम्मेदार हैं। यह स्थिति अन्य जातिवालों की ही भाँति है। हिदुस्थान की अनेक जातियाँ आज भी दीनहीन स्थिति में हैं, जंगलों में निवास करनेवालों की स्थिति तो और भी दयनीय है। निश्चित रूप से इसके लिए शासक वर्ग और हमारी अर्थनीति उत्तरदायी हैं। दुर्भाग्य है कि शासक वर्ग में गत लगभग आठ सौ वर्ष से हिंदू नहीं थे। केंद्रीय शासन सत्ता जिसके हाथों में होता है, वही इसके प्रमुख उत्तरदायी माना जा सकेगा। आज उन्हें अधिकार दिलाने की बात चल रही है किंतु ऐसा प्रयास समाज सुधारकों या सामाजिक कार्यकर्ताओं द्वारा ही हो रहा है। प्रायः यदि कहीं किसी के अधिकारों को दिलाने का साहस होता है तो वह अकेले किसी हिंदू सोचवाले चिंतक द्वारा ही उठाया जाता है। असम-मेघालय में जनजातियों की घटती जनसंख्या और ईसाइयों की बढ़ती जनसंख्या क्या किसी हिंदू के अलावा किसी अन्य के लिए भी चिंतन का विषय बन सकी है? आज हिंदुओं को दोष देना स्वयं को ही दोष देने के समान है। अतएव यह ग्रंथ किसी भी भारतीय के लिए नवीन विधि से सोचने एवं समझने की एक नई पृष्ठभूमि है। डॉ. बी.आर. अंबेडकर ने कहा है कि भारत के दलित प्राचीन एवं वैदिककालीन शूद्र नहीं है[1] तो इस पुस्तक के माध्यम से उनके उक्त विचारों को आलोकित करने का भी यह एक प्रयास भी माना जाए।

□

1. डॉ. बी.आर. अंबेडकर, हू वेयर शूद्राज? प्राक्कथन के प्रथम पृष्ठ का तृतीय पैराग्राफ।

हिंदू चमार जातियों के संबोधन, उपनाम एवं गोत्र आदि की अनुसूची

(1) अगरिया (रविदासी, अंबेडकरवादी और दिल्ली में जूते बनानेवाले), (2) अदलियान—गौत्र, (3) अंतर्वेदी—भौगोलिक नाम, (4) अमगर—महाराष्ट्र, (5) अलखगीर धार्मिक उपजाति, (6) असदार—गुजरात, महाराष्ट्र, राजस्थान, (7) असादर—कर्नाटक, (8) असोदी, आसोदी—कर्नाटक, गुजरात, महाराष्ट्र, राजस्थान, (9) अहरवार—क्षेत्रीय उपजाति, ब्रिग्स 13, 18 (10) अहेरवार—झाँसी, हमीदपुर, जालौन, (11) अहरवार, टेनर्स—जूती बनानेवाले रैदासी, ब्रिग्स 22, (12) अहिरावल—दुश्मन को मारने में सक्षम, (13) अहिरवार—मध्य प्रदेश, (14) अहीर गोत्र के रमदसिया, (15) आजमगढ़िया—क्षेत्रीय उपजाति, (16) आदधर्मी, (17) ऑफरिया गोत्र के चमार, (18) उज्जैनी—क्षेत्रीय उपजाति, राजपूत वर्ग में, (19) उत्तराहा चमार—ब्रिग्स 13।

(क)

(20) कटारिया—चमड़ा काटनेवाली ग्रामवासी, दिल्ली के दिलवारिया की शाखा, इस गोत्र के चमार गुड़गाँव एवं दिल्ली में हैं—(21) कटई—मृतपशु आहारी, दफगर की बोतल, तंबू, फटे जूते बनानेवाले, (22) कटुवा—चमड़ा काटनेवाले व्यवसायी वर्ग के लोग, (23) कठाले गोत्रवाले चमार, (24) कनौजिया—राजपूत वर्ग के, जूती बनानेवाले, सूअर खानेवाले, परंतु पालनेवाले नहीं, धुसिया से विवाह कर लेनेवाले, बिहार के भागलपुर, साहिबगंज में लकरहारा नाम से संबोधित, (25) कपड़वाल गोत्र के चमार, (26) कपाले गोत्र के चमार, (27) कमाची मोची—कर्नाटक, (28) कमाती मोची—महाराष्ट्र (29) करनूताड़िए गोत्र के चमार, (30) करवार अथवा चर्मकार (निषाद—ब्राह्मण पिता एवं शूद्र माता, वैदेही—वैश्य पिता एवं ब्राह्मणी स्त्री से) (31) कलकतिया चमार, (34) कश्यप गोत्र के चमार।

(का)

(35) काइयाँ, काइयानो—बुंदेलखंड एवं सागर के अपराधी प्रवृत्ति के चमार जो ब्राह्मण या राजपूत मूल के हैं और जिनका संबंध सूदखोर जाति की बोहरा व्यापारियों से है। काइया और बोहरा से बनी जाति श्रेष्ठ मानी जाती है। काइयाँ और जटिया आपस में वैवाहिक संबंध करते हैं। (36) कामटि, कांमटी, कामती, कामाटी—कर्नाटक, राजस्थान, गुजरात, महाराष्ट्र के मोची, (37) कायस्थ चमार—जीन, साज निर्माता एवं श्रेष्ठ कुलवाले, (38) कारबाल—घुमंतू, जनजाति, (39) कारोगा—दक्षिण भारतीय, पराजित जाति, किंतु दलित या शूद्र नहीं, (40) कालान—तंबू एवं फटे जूते बनानेवाले, (41) कालियान—गोत्र।

(कु—कौ)

(42) कुचालिया—गोत्र, (43) कुरियान—गोत्र, (44) कुरील—गोत्र, जो शिव के आदेश से कूड़ा पर लघुशंका करनेवाले के चूतड़ से जन्म लिया, जो चमड़ा कमाता है और जो उन्नाव, रायबरेली, लखनऊ, कानपुर मंडल में पाए जाते हैं, जो दोहार की लड़की लेता है, मगर उसे अपनी नहीं देता और जिसके साथ जूती बनानेवाले चमार वैवाहिक संबंध नहीं करते हैं, (45) कोचिया—रायपुर के पशु—व्यापारी, (46) कोर—जुलाहा, जो बाद में चर्मशोधन करने लगे, (47) कोरल—चर्मकर्मी, (48) कोरिया—लखनऊ, बस्ती, सुल्तानपुर, फैजाबाद, जौनपुर, इलाहाबाद, वाले हिंदू जुलाहे, जिन्हें गोरखपुर में कोरी नहीं बल्कि कोरी चमार कहते हैं, ब्रिग्स ने कोरी और कोली को एक माना है, पेज 14, 18 तथा कोरी, कोल और अन्य संसर्गों से बनी जातियों को निम्न श्रेणी का माना है, पेज 24, (50) कोल, कोली—कोल जातिविहीन कबीलों से संबंधित रहे—ब्रिग्स, पेज 14, कोली जुलाहा चमार लखनऊ, सुल्तानपुर, बस्ती, फैजाबाद, प्रतापगढ़, जौनपुर, इलाहाबाद, गुड़गाँव के 23 ग्रामों में पाए जाते हैं, (51) कौसोटिया—चर्मकर्मी जो राजपूताना के पूर्वी भाग में पाए जाते हैं, (52) कंजर—जातिविहीन कबीलों से संबंधित।

(ख)

(53) खटीक चमार—ढोलों के लिए चमड़ा बनानेवाले, चर्म-कर्मी, चमारों की पूर्वी जनजाति जो मृत पशु नहीं खाते, जो हरियाणा, राजस्थान में बकरी पालते और उसे काटकर मांस बेचते हैं, (54) खंडेलवाल गोत्र के चमार, (55) खन्नी गोत्र के चमार, (56) खलपा, खालप—कर्नाटक, महाराष्ट्र, राजस्थान, (57) खोबर गोत्र के चमार, (58) खेंची गोत्र के चमार, (59) खेजराहा चमार—भौगोलिक नाम, (60) खेवरिए गोत्र के चमार।

(ग—घ)

(61) गहलोत एवं गेहलोत, गोत्र के रोहतकवाले, (62) गुलिया—क्षेत्रीय उपजाति, (63) गूमड़े—गोत्र, (64) गोअरिया—मुंगेर, लखीसराय—उपनाम, (67) गोबरढोवा—गोबर धोकर उसमें प्राप्त अन्न पर जीने वाली चमार जाति, (68) गोवरटुआ—उपनाम, (69) गोरखपुरिया—जो चार सौ वर्ष पूर्व वहाँ नहीं थे, सभी मुसलिम उत्पीड़न से बने, (70) गोले—इटावा की उपजाति, (71) गोड़ गोत्र के चमार, (72) गंगापारी—भौगोलिक उपनाम, (73) घरामी—देहरादून की छप्पर बाँधने वाली चमार जाति, (74) घिरवानिया गोत्र, (75) घोरचरहा—उपजाति।

(च)

(76) चंवर, चंवार—दिल्ली, जूती बनानेवाले, चंवार और बोना से मिलकर बनी जाति 'देशी' है, (77) चकलियान—तमिलनाडु के चर्मकर्मी जो शैतान (राक्षस) को पूजते, अबारम वृक्ष को पवित्र मानते, मांस—मदिरा सेवन करते, चांडाल से भी घृणित होते हैं, इनकी स्त्रियाँ सुंदर होती हैं। (78) चनाल—शिमाल पहाड़ियों के व्यावसायिक चर्मकार, (79) चंदर—सर्वोच्च चमार, जिनके यहाँ गौड़ ब्राह्मण नौकरी करते हैं, (80) चंदरिया—उपजाति, (81) चंदेल—राजपूत वर्ग में (82) चंदौर—राजपूताना के पूर्वी भाग में ये जूती बनाते एवं वस्त्रों की सिलाई करते हैं, (83) चंधरिया—राजपूत, (84) चपेड़िया—गोत्र, (85) चमकटिया, (86) तमकटेया—उत्तर प्रदेश, (87) चमकलिया, (88) चमकेटिया, (89) चमगार—गुजरात, (90) चमडिया—कर्नाटक, (91) चमरंग—चर्मशोधन कार्य, (92) चमर मंगता, (93) चमरवा, (94) चमबर, (95) चमाडिया—गुजरात, महाराष्ट्र, राजस्थान, (96) चमार आंध्र, आसाम, उत्तर प्रदेश, उड़ीसा, कर्नाटक, केरल, गुजरात, चंडीगढ़, जम्मू—कश्मीर, तमिलनाडु, त्रिपुरा, दिल्ली, पंजाब, पश्चिम बंगाल, बिहार, मध्य प्रदेश, महाराष्ट्र, राजस्थान, हरियाणा, हिमाचल प्रदेश में प्राप्य, आबादी में ब्राह्मण के बाद दूसरे नंबर पर, 1861 ई. में इनकी 1156 उपजातियाँ थीं—ब्रिंग्स पेज 16, मुख्य उपजातियाँ हैं सात जिनके नाम अलग—अलग मिलते हैं, (97) चमार, कोरी, (98) चमार जुलाहा, जिनको चमार कोरी या कौरी भी कहते हैं—जुलाहा, (99) चमार कोरी, (100) चमारी—मध्य प्रदेश, महाराष्ट्र, (101) चंबार—जालंधर, लुधियाना के आस—पास, (102) चम्मार—कर्नाटक, महाराष्ट्र, राजस्थान, (103) चराई मोर्च, (104) चर्कटा—मुसलिम चमार, (105) चमंका—करवार, पं. बंगाल, (106) चर्मना, अर्मला—पं. बंगाल।

(चा)

(107) चांदाली—गोत्र, (108) चांदेहल—गोत्र, (109) चाइन—बलिया जनपद

के कुछ भागों में, चोर, ठग, ढोंगी, पाकेटमार होते हैं, (110) चाई, (111) चाडौर, (112) चाढर, (113) चानघर, (114) चामखा, (115) चामगार—कर्नाटक, गुजरात, महाराष्ट्र, राजस्थान, (116) चामड़गाँव—बहिष्कृत, (117) चामडिया कर्नाटक, गुजरात, महाराष्ट्र, (118) चामरंग, (119) चामर, (120) चाम्भर—गुजरात, पांडिचेरी, गोवा, दमन दीव, महाराष्ट्र, राजस्थान, (121) चायल-गोत्र, (122) चावरेलिए गोत्र, (123) चिक, चिकवा, चिकिलिया—मुसलमान, (124) चोपड़ा-गोत्र, (125) चोर—बांबे प्रेसीडेंसी, जूती बनाना, (129) चौहान—गोत्र के चमार अर्थात् जटिया चमार जो राजपूत वर्ग के हैं।

(ज)

(127) जंतपरिया—गोत्र, (128) जटिया, जटुवा—पंजाब, चंडीगढ़, राजस्थान, हरियाणा, हिमाचल प्रदेश, जिला महेंद्रगढ़, रिवाड़ी गढ़गाँव, फरीदाबाद में अधिक, हरियाणा के हर गाँव में, कुछ छह नामों से जटिया, चमर, चमर, जुलाहा, चामड़, खटीक या सद जो मांस नहीं खाते हैं। राजस्थान और हरियाणा की सीमा (राजपूताना के पूर्वी भाग) से लगे स्थानों में इनकी छह उपजातियाँ ये हैं—जटिया, रैगर, बलाई, चनौर, राज बलाई, बैरवा, जाटों का वंशज मानते हैं, हृष्ट—पुष्ट, लंबे, साफ रंग के होते हैं। चमार की सात जातियों में अपने को सर्वोच्च बताते हैं, काइंया चमार से विवाह कर लेते हैं, रैदासी (पंजाब) में नहीं करते हैं। (129) जरिया, (130) जवालिया—गोत्र, (131) जसिया—उत्तर प्रदेश, (132) जाट—रामदास की पत्नी के वंशज, (133) जाटव—गोत्र, उत्तर प्रदेश के पश्चिमी भाग, आगार संभाग में, दिल्ली के दिलवारिया स्वयं को जाटव दर्ज कराते हैं, वहाँ वे 12 लाख से अधिक हैं, आगरा की कुल आबादी का 77 प्रतिशत जाटव ही हैं, इनको चमार कहने पर बुरा मानते हैं, ये उत्तर प्रदेश के शाहजहाँपुर की जलालाबाद तहसील, तिलहर तहसील के कुछ हिस्से में, बदायूँ, बरेली, रामपुर, मुरादाबाद, बिजनौर, सहारनपुर, मेरठ, अलीगढ़ मध्य प्रदेश, दिल्ली, राजस्थान में भी पाए जाते हैं, (134) जादूगर, (135) जिंगड़—बांबे प्रेसीडेंसी, घोड़े का साज—सामान बनानेवाले जो अपने को मोची से ऊपर मानते हैं, (136) जिंदवाल—गोत्र, (137) जिरायत—शस्त्र—निर्माता, (138) जीनगर, (139) जुलाहा, (140) जैजानिया—गोत्र, (141) जैसवार—चमार की सात बड़ी जातियों में से एक, जातिविहीन कबीलों से भी संबंधित लोग जैसवार कहलाते हैं, साईस होते हैं, उत्तर प्रदेश के पूर्वी जिलों जैसे—जौनपुर, प्रतापगढ़ रायबरेली, सुल्तानपुर, वाराणसी, मिर्जापुर, सोनभद्र, भदोही, चंदौली, चमार से अपने को बड़ा मानते हैं, सनातन हिंदू धर्मावलंबी हैं, (142) जोशिया—गोत्र।

(झ)

(143) झंझोटिया—गोत्र, (144) झिझारिया—गोत्र, (145) झुसिया—गोरखपुर, आजमगढ़, (150) डबकर, (151) डबाली—बांबे प्रेसीडेंसी—चोर जूती बनानेवाले, बैल का मांस खानेवाले, (152) डहरवाल—गोत्र, (153) डाबगर—चर्मवस्तु निर्माण कार्य, (154) डाबरे—गोत्र, (155) डोम—अश्वत्थामा वाँ, (156) डोम—पहाड़ी प्रदेशों के, (157) डोम—जातिविहीन कबीलों से संबंधित, (158) डोर, (159) ढोली ढोबा—प्रतापगढ़ के धुनिया जुलाहा, (160) डोहर, (161) ढपताली, (162) ढालनगर, (163) ढेंगर—साईस, (164) ढेढ़—पंजाब की संबद्ध जाति, (165) ढोकवाल—गोत्र, महेंद्रगढ़ जनपद, (166) ढोर—डोल बनाना, चमड़ा रँगना, मृतपशु—मांसाहारी।

(त)

(167) तंवर—गोत्र के चमार जटिया हैं, खटिक एवं कोली भी इसी गोत्र के हैं, (168) तुर्किया चमार, (169) तूणीबगल—गोत्र, (170) तेजयपान—गोत्र, (171) तेलगू मोची—महाराष्ट्र, गुजरात, राजस्थान, कर्नाटक, (172) थेनार, (173) दक्खिनी, दक्खिनाहा चमार, (174) दतिया—गोत्र, (175) दमड़िया—चर्म कर्मी, राजपूताना के पूर्वी भाग में, (176) दर्जी चमार, (177) दषनगर, (178) दाइजनियाँ, दाई कार्य, (179) दाबरो—गोत्र, (180) दिलवारिया—स्वस्थ, सुंदर, जूते—चप्पल निर्माता, रविदासी, मुगलकाल से इनकी तीन शाखाएँ हैं—दिलवारिया, कटारिया, रंगइया। इनके गोत्र ये हैं—निम, पिप्पल, पलाश, कर्दम, केन, शमी, भोज आदि सभी के वृक्ष, (181) दीवाना—गोत्र, (182) दुसाध, दोसाध—पासवान, सूअर पालक, जो जीतने में दु:साध्य थे, बिहार में अपने को चमार से अलग मानते हैं, इसे चमारों की पूर्वी जनजाति कहते हैं, इसमें रामदासी या सिख जो बुनकर हैं, वे आते हैं, ये मृतपशु नहीं खाते हैं, उत्तर प्रदेश के गाजीपुर, निकटवर्ती क्षेत्रों, गोरखपुर, देवरिया, बलिया, वाराणसी में सभी पाए जाते हैं, (183) देसा, (184) देसवार, (185) देसी—सिख, जो दो समूहों में बने हैं—चंवार और बौना से, चंवार जूती बनाते हैं, बौना कंबल बुनते हैं, अपने समूह से बाहर विवाह नहीं करते, (186) दैया गढ़वाल—गोत्र, (187) दोमर, (188) दोहर, दोहरे, दोहारे, डोहरे—घसियारे, जो शाहजहाँपुर की तहसील सदर, पवायाँ और तिलहर तहसील के कुछ हिस्से में, हरदोई, सारणपुर, लखीमपुर, फर्रूखाबाद, इटावा, जालौन में अधिक पाई जाती है। दोहरा की लड़की को कुरील ले जाता है, परंतु अपनी लड़की देता नहीं है, (189) थलगड़, (190) धानक, धानुक—धान कूटनेवाले, औरतें दाई कार्य, अन्य जातियों का जूठन खानेवाले, (191) थींगड़िया, (192) धीधानिया—गोत्र, (193) धनगरिया, (194) धुनियल, (195) धुनिया जुलाहा—वस्त्र

निर्माता, (196) धुसिया—गोरखपुर, देवरिया, बलिया, वाराणसी, गाजीपुर, आरा, बक्सर, भोजपुर, चैनपुर, छपरा (सारण), सीवान, गोपालगंज, वैशाली, मुजफ्फरपुर, समस्तीपुर, दरभंगा, बेगूसराय, मथेपुरा, मधुबनी, कटिहार, पूर्णिया, सहरसा, अररिया, किशनगंज में। धुसिया एवं कनौजिया आपस में विवाह कर लेते हैं, (197) धूमन, (198) धूलिया।

(न)

(199) नट—ये तीन हैं—हिंदू नट, मुसलिम नट और चमार नट। नट खानाबदोश होते हैं। चमार नट कंजर और बंजारों से भिन्न होते हैं, पशुपालन करते हैं और क्रिमिनल भी नहीं होते। (200) नमःशूंद्रा—बंगाल, आंध्र, आसाम, (201) नालिया—गुजरात, (202) निखर, निखार, (203) निगम—आगरा, (204) निगाती, (205) निव्रान—गोत्र, (206) नूनीबाल—छावनी गुड़गाँव, (207) नौना—भिखारी होते हैं, मध्य प्रदेश, महाराष्ट्र, (208) नौटियाल—गोत्र।

(प)

(209) पंडाराम—तमिलनाडु, (210) पच्चवाहन, पछवाहन, (211) पटेल—गोत्र, (212) पतालिए—गोत्र, (213) पनवार—गोत्र, (214) परदो, परदेशी—बांबे प्रेसीडेन्सी, तंबू निर्माता, (215) परवडिया, (216) परालिए—गोत्र (217) परिया—कर्नाटक, (218) पहड़िया—मुख्यतः बिहार में प्राप्य। पर्वतीय क्षेत्र के चमार—संबोधन : सारकी, मूल, चशाल, चंथाल, लोहार, कोल, धनकिया, कुम्हार, पौडी, तेली, पादकी, टम्टे, बिरूवा, ओझी, दास, दर्जी चतार, अगरी, आगरी, सयाना, साडी, पयरिया, लापड़, चुकेरे, बाजी, नायक, नग, ठग, मिरासी, (219) पाइकाहार—सतनामी का उल्टा पाइकाहा कहा जाता है, (220) पातियान—गोत्र, (221) पारले—गोत्र, (222) पालीवाल—गोत्र, (223) पासी, पासवा, पासवान—दुसाध में भी पासवान पाए जाते हैं। पासवा पहरेदारी में पटु होते हैं। पासी—चर्म—कर्म परंपरागत रूप से करते हैं। सातनपासी (1180—1206 ई.) के 12 किले थे—सातनकोट, सोहनिया, सादेर, नाहेर, काकोरागढ़, बिजनौर मुख्य थे। मुहम्मद गोरी से युद्ध के समय शहीद हुए, (224) पुंडीर—गोत्र, (225) पुरनिया, (226) पुरबिया, (227) पुरालिए—गोत्र, (228) पंगूबाल—गोत्र।

(फ, ब, व)

(229) बजारा, (230) बंमी—राजस्थान, (231) बड़गूजर—बासेडा ग्राम में हैं, (232) बड़ौदिए—गोत्र, (233) बढ़ई चमार, (234) बनौघिया—राजपूत जाति में भी हैं, (235) वमणिया—गोत्र, (236) वईखा—मध्य प्रदेश, (237) बरसवाल—गोत्र, (238)

बलाई—मूंज बलनेवाले, पंजाब में साईस—कर्मी को बलाही या बलाई दोनों कहते हैं, बीकनेर में बलाई चमड़े का काम करते हैं, (239) बलाही—मध्य भारत की जाति, जिसका एक भाग बुनकर—जुलाहा का काम करता है, जबकि दूसरा भाग मृत पशु—मांस खाता है और खाल का काम करता है। पंजाब में जो कृषि करता है उसे चमार कहते हैं और जो साईस का काम करते हैं उनको बलाही या बलाई कहते हैं, (240) बलिया चमार, (241) बलियान—गोत्र, (242) बसिष्ठ—गोत्र, (243) बागड़ी—बांगड़ से आए हुए ये लोग अपने समूह से बाहर विवाह नहीं करते, (244) बानुमी—राजपूताना के पूर्वी भाग के निवासी एवं चर्मकर्मी, (245) बावरे—गोत्र, (246) बाबलिया—गोत्र, (247) बालिया—गोत्र, (248) बाहज—गोत्र, (249) बिढुरिया या आजमगड़िया, (250) बिलाई—पंजाब में साईस एवं गाँव के हरकरे (मैसेन्जर), (251) बिहारी चमार प्रजातियाँ—कनौजिया, गोअरिया, धुसिया, पहड़ियास मगहिया, मधेसिया, सिलौटिया (कुल 7), (252) बुदालगीर—चर्म—बैग निर्माता, (253) बुंदेला—राजपूत भी हैं, (254) बुंदेलखंडी चमार, (255) बुनिया—सिख बुनकर, (256) बुलिया गोत्र, (257) बैरवा—मध्य प्रदेश, (258) बैरारिया, (259) बोजी—बांबे प्रेसीडेंसी—बैल पशु मांसाहारी, चोर, जूती निर्माता, (260) बौना—कंबल बनाने वाले सिख, बौना और चंवार से मिलकर बनी उपजाति है—देसी, (261) बोयत—गोत्र, (262) बोला—राजपूताना के पूर्वी भाग में, (263) बोहरा—बोहरा एवं काइयाँ के संसर्ग सो बनी जाति श्रेष्ठ मानी जाती है, (264) ब्रासिया—गोत्र के चमार।

(भ)

(265) भंगड़—कपूरथला के भंगड़ जो जुलाहे हैं, मोचियों की शाखा है, किंतु उनके साथ विवाह नहीं करते, (266) भट्टी—गोत्र, (267) भदरौड़िया—राजपूत जाति भी है, (268) भदौरिया—उपजाति, (269) भभौरिया—गोत्र, (270) भांड—डंका नामक ढोल बजाने वाले, (271) भांबई, भंबी, भांवी, भांबी, भाम्भी—कर्नाटक, गुजरात, मध्य प्रदेश, महाराष्ट्र, राजस्थान, (272) भास्कर—गोत्र, (273) भिस्तियाम—गोत्र, (274) भिस्ती, (275) भीलवाड़ा के चमार—राजस्थान में प्राप्य, नाम ये हैं—आकोदिया, ऊझवाड़ा, कुंडारा, गमलाड, गाठणिया, डोरिया, तलाबलिया, नकबाल, परालिया, पचवारिया, फखंड, फोलवाल, बांतेडा, बोहरा, भियाणिया, महर, रांपीठाकुर, लोडेलिया, लोदावाल, सिणोलिया, (276) भूखड़े—गोत्र, (277) भैसवाल—गोत्र।

(म)

(278) मंगतिया—केवल जैसवारों से ही (एक बार भिक्षा हेतु निकलते हैं) एक घर से एक पैसा तथा एक रोटी लेते हैं, (279) मंगन—मध्य प्रदेश, (280) मगहिया—बिहार

में पटना, जिला औरंगाबाद, नालंदा, जहानाबाद, गया, मगधवासी, (284) मचिगार, मचीगर, मचीगार, मच्चीदार—कर्नाटक, गुजरात, महाराष्ट्र, राजस्थान, (285) मटूरे—गोत्र, (286) मडिया—रोहतक जनपद में, (287) मढतले—गोत्र, (288) मदार—कर्नाटक, महाराष्ट्र, राजस्थान (289) मधेसिया—बिहार में सीतामढ़ी, शिवहर, पूर्वी चंपारण, पश्चिमी चंपारण, बेतिया, नेपाल के तराई में, (290) मध्य प्रदेश में चमार वंश ये हैं—अहिरवार, चमार, मोची, जाटव, संखवार, दोहरे, सतनामी चमार, जोनगर, खरगोन में रैदास। धुसिया, महार, कोली, कोरी, पासी, पासवान, शिल्पकार, जायसवाल, मेंध, मेधवाल, ढोर, बाम्मी, बैरवा, जुलाहा, अगरिया, जाटव, मोची, दोहरे, संखवार, कुरील। (291) मध्यप्रांत में अधिकांश चमार छत्तीसगढ़ डिवीजन में है, जो चमड़े का काम नहीं करते हैं। (292) मराठी चमार—बांबे प्रेसीडेंसी, जूती निर्माता, (293) महम—दोआव में बुनकर, मजदूर, (294) महार—गोवा, दमन दीव, पांडिचेरी, महाराष्ट्र, जो मारने में माहिर थे वे महार कहलाए, इनका राज्य राजस्थान में था, महाआरि—महार, बिहार में इनको चमार कहा जाता है। (295) महाराष्ट्र के चमार—कोकणी, दाभोकी, मालवणी, चेवली, हरकी, ढोर, महार। विदर्भ (महाराष्ट्र) में चमारों की साढ़े 12 जातियाँ हैं जिनमें वन्हाड़ी चमार और दखनी चमार—ये दो मुख्य हैं। गठई चमार जूते बनाते हैं। मोची औ डोहो चमार चमड़ा का काम करते हैं। (296) महोबिया, (297) माड, (298) मांबी—मध्य प्रदेश, महाराष्ट्र, (299) माडिग—कर्नाटक, महाराष्ट्र, राजस्थान, (300) मादर—कर्नाटक, गुजरात, महाराष्ट्र, राजस्थान, (301) मादिग—कर्नाटक, गुजरात, महाराष्ट्र, पांडिचेरी, राजस्थान, (302) मादिगा—आंध्र की प्रमुख अनुसूचित जाति, जो कभी मातंग देश में शासक थी, तेलगुदेश, कर्नाटक को देवदासी बनाते हैं, गवार व गंदे हैं, भूतप्रेत मानते हैं, खून की बलि चढ़ाते हैं, कन्याओं को देवदासी बनाते हैं, मंदिरों की सेवा (वासासिव) के लिए अर्पित की जाती है। इन्हें तेजी से ईसाई बनाया जा रहा है, (303) मायल—गोत्र, (304) मालपामोचीगर—गुजरात, (305) माला—आंध्र प्रदेश, (306) मालियान—गोत्र, (307) मिठारिया—गोत्र, (308) मुनखिया—गोत्र, (309) मुसलमान जुलाहा चमार जो अब चमार न रहकर मुसलमान बन गए हैं। संयुक्त प्रांत में अधिक हैं। पंजाब में प्राप्य हैं—ब्रिंग्स 24। चमार जुलाहा, कोरी जुलाहा, से पहले का नाम अब हटा भी लिए हैं। अर्थात् ये चमार से मुसलमान बन गए हैं—जुलाहा बन गए हैं। (310) मूगरे—गोत्र, (311) मेधवाल—राजपूताना के पूर्वी भाग में, (312) मेनवाल—गोत्र, (313) मेहता—गोत्र, (314) मोची, मच्ची, मुचि, मुच्ची, मूची—आंध्र, आसाम, अरुणाचल, उड़ीसा, कर्नाटक, पश्चिम बंगाल, मणिपुर, मिजोरम, मेघालय, तमिलनाडु, त्रिपुरा, बिहार, गुजरात, केरल, दिल्ली, राजस्थान, हिमाचल प्रदेश। मोची शब्द व्यवसाय को अधिक और जाति को कम प्रकट करता है। इसका एक वर्ग जूती बनाता है जबकि दूसरा वर्ग जीन और साज बनाता है और अपने को श्रीवास्तव कायस्थ कहता है। बिहार

और बंगाल में मोची और चमार एक ही जाति है। ये स्वयं को राजपूत बताते हैं। ब्रिंग्स (पेज 25) लिखते हैं—

हिंदू मोचियों की संख्या 1891 ई. की जनगणना के अनुसार 150 पाई गई है। मोची चमारों की एक उपशाखा है, किंतु जाति के रूप में वह एकदम अलग है। ये लोग चमारों के साथ खान—पान, शादी—विवाह आदि का रिश्ता नहीं रखते हैं। वे अस्पृश्य नहीं हैं। मृत पशु, मांस नहीं खाते, सूअर का मांस नहीं खाते। दाई का काम नहीं होता। ये समृद्ध वर्ग के हैं, चमारों से श्रेष्ठ हैं। गोरखपुर के मोची हिरण की खाल पर कसीदेकारी व मेजपोश आदि के लिए विदेशी से मेडल पाए हैं। बहुत से मोची मुसलमान हैं। 1891 की जनगणना में 27 प्रकार के मुसलमान मोचियों का उल्लेख है। बंगाल के मोची चमार हैं। गढ़वाल के मोची डोम से हैं और यह एक सगोत्र समूह है। अल्मोड़ा में चांडाल (चमार) और मोची या सरकी (टेनर) इस समूह में शामिल हैं। पंजाब में मोची चमार हैं। कई स्थानों पर मोची नाम मुसलमान चमारों के लिए प्रयुक्त होता है। कहीं—कहीं पर वे जुलाहे हैं। पंजाब के पश्चिमी भाग में वे टेनिंग और चमड़े का काम करते हैं। लुधियाना में वे बुनकर हैं, परंतु जुलाहों से शादी—ब्याह का रिश्ता नहीं रखते हैं। पंजाब के पूर्वी भाग में हिंदू मोची जूती नहीं बनाते हैं। पंजाब के कुछ मोची स्वयं को राजपूत मूल का बताते हैं। कपूरथला के भंगेड़ जो जुलाहे हैं, मोचियों की शाखा है किंतु उनके साथ शादी—ब्याह नहीं करते हैं। (315) मोचीगर—कर्नाटक, राजस्थान, गुजरात, महाराष्ट्र, (316) मोरचवे—गोत्र, (317) मोवापुरिया—राजपूताना के पूर्वी भाग में, (318) मौर्य—गोत्र के चमार।

(य—र)

(319) रंगइया—दिल्ली के दिलवारिया चमार की शाखा जो जमुना पार के इलाकों में रहते हैं और चमड़ा रंगते हैं, (320) रंगर, रंगारी, रंगिया—चमड़ा रंगने वाले चमार, (321) रईदास—राजस्थान, (322) रंठारिए—गोत्र, (323) रविदास, रविदासी चमार—पं. बंगाल, मणिपुर, चंडीगढ़, दिल्ली, पंजाब, हरियाणा, (324) रहगड़—दिल्ली, (325) राज, राजमिस्त्री चमार, (326) राजकुमारी निगरी, (327) राठौर गोत्र के चमार, (328) राणा गोत्र के चमार, (329) रानीगर, राणीगार—कर्नाटक, गुजरात, (330) राणीमार—महाराष्ट्र, (331) रादसिया—जम्मू कश्मीर, (332) रामदासी, रामदासिया—सिख बुनकर, मृत पशु नहीं खाते, और चंडीगढ़, हरियाणा, पंजाब, हिमाचल प्रदेश, राजस्थान, जम्मू कश्मीर में पाए जाते हैं, (333) रामनामी—मध्य प्रदेश, महाराष्ट्र, (334) रामराणा—गोत्र, (335) रायदासी—दिल्ली, (336) रावत गोत्र के चमार, (337) रिषि—मिजोरम, अरुणाचल, पश्चिम बंगाल, (338) ऋषि—असम, मेघालय, पं. बंगाल, अरुणाचल, मिजोरम, (339) रूईदास—पं. बंगाल, (340) रूतिया—सिख चमार बुनकर, (341) रेगर, रेगार, रेहगड़,

रेहगर—चंडीगढ़, राजपूताना के पूर्वी भाग, दिल्ली, पंजाब, मध्य प्रदेश, राजस्थान, हरियाणा, हिमाचल प्रदेश, महाराष्ट्र, में उपलब्ध हैं। (342) रैदास, रैदासी—मध्य प्रदेश, राजस्थान, पंजाब। पंजाब के रैदासी और जटिया में विवाह नहीं होता। (343) रोमया, हरलया—ये बराबर में पाए जाते हैं, (344) रोहित—कर्नाटक, गुजरात, महाराष्ट्र राजस्थान, (345) रोहिदार—कर्नाटक, गुजरात, मध्य प्रदेश, महाराष्ट्र, राजस्थान।

(ल)

(346) लक्कड़पाड़ गोत्र के चमार, (347) लस्करिया—अंग्रेजी स्टाइल के जूते बनाते हैं, (348) लश्करिया चराई, (349) लाडवी, लाडसे—भौगोलिक आधार पर नामकरण, (350) लांबा—गोत्र, (351) लालगीर, (352) लिंगायत—कर्नाटक, (353) लोमहोड—दिल्ली के छारा ग्राम में हैं।

(श)

(354) शंखवार—उत्तर प्रदेश के कानपुर नगर वे देहात जनपदों में, (355) शक्करवाल—गोत्र, (356) शमागरा—महाराष्ट्र (357) शाउकी—नेपाल, सिक्किम, (358) शामगर—गुजरात, (359) श्रीवास्तव—कायस्थ चमार।

(स)

(360) संखला—गोत्र, (361) सकरवार—राजपूत, कृषि, सूअर पालन, जूती निर्माण, (362) सक्सेना—आगरा, राजपूतवर्गीय, (363) सतनामी—उड़ीसा, मध्य प्रदेश, महाराष्ट्र, सतनामी का उल्टा पाइकाहा कहाता है। (364) सतरंगर—बांबे प्रेसीडेंसी, भेड़ की खाल का काम, चमड़ रंगना, (365) सतपरिया—गोत्र, (366) संथाल गोत्र के चमार, (367) समगर—कर्नाटक, महाराष्ट्र, राजस्थान, (368) सरवरिया—राजपूत, (369) सहगल—गोत्र, (370) सहरावत—गोत्र, दिल्ली के छारा ग्राम, (371) सांभरिया—गोत्र, (372) सानवाल—गोत्र, (373) सामगार—कर्नाटक, गुजरात, महाराष्ट्र, राजस्थान, (374) सांभर—गुजरात, (375) सारकी—पर्वतीय क्षेत्रों में, (376) सिंहमार—गोत्र, (377) सिख, रामदासी—बुनकर, मृतपशु नहीं खाते, (378) सिद्‌देपादरे—गोत्र, (379) सिंथे—गोत्र, (380) सिंधवी—गोत्र, (381) सिंधवा—गोत्र, (382) सिलौटिया—पलामू, डाल्टनगंज, रांची, हजारीबाग, दुमका आदि में, (383) सुखाड़िया—राजपूताना के पूर्वी भाग में, (384) सूर्चनामी—महाराष्ट्र, (385) सूर्यरामनामी—मध्य प्रदेश, महाराष्ट्र (386) सूर्यवंशी—मध्य प्रदेश, महाराष्ट्र, (387) सैगल—गोत्र, (388) सोनार चमर, (389) सोधवाड़ के चमार—मध्य प्रदेश, के उज्जैन संभाग का उत्तरी क्षेत्र तथा राजस्थान के सालावाड़ जिले का दक्षिणी भाग जो वस्तुतः

मालवा क्षेत्र का ही एक हिस्सा है, सोंधवाड़ कहा जाता है वहाँ रेगर, वैरवा, जटिया, जांगड़े, मेघवाल, पूर्बिया, मोची (जीनगर) सूर्यवंशी हैं। (390) सोलंकी—गोत्र, (391) सोल्हा—असाधारण योग्यतावाले चर्मकर्मी।

(ह)

(392) हबूरा—जातिविहीन कबीलों से संबंधित, (393) हरलया, रोमया—बरार में प्राप्य, (394) हरलय्या—राजस्थान, महाराष्ट्र, कर्नाटक, गुजरात, (395) हरली—कर्नाटक, गुजरात, महाराष्ट्र, (396) हराली—राजस्थान, महाराष्ट्र, (397) हरिया—गुजरात, हरियाणा के चमार—चमार चामड़, रेगर, जारिया, जाटव, रैदासी, रविदासी, आदधर्मी, रादासी, (398) हरिली—गुजरात, (399) हरैया—राजस्थान, (400) हलालभक्त—बांबे प्रेसीडेंसी, (401) हाडा गोत्र, (402) हादी—पांडिचेरी, गोवा दमन दीव, (403) हारली—राजस्थान, (404) हारलैया—कर्नाटक, (405) हाराली—कर्नाटक, (406) हारीलिया—महाराष्ट्र, (407) हिरणवाल—गोत्र, (408) हुड्डा—गोत्र, (409) होलिया—इनका राज्य कर्नाटक में था, (410) होलैया—दक्षिण भारत की वह पराजित जाति जिसे शूद्र या दलित नहीं कहा जाता है।

□

संदर्भ ग्रंथ सूची

(अ) मूल ग्रंथ

1. वेद ग्रंथ

ऋग्वेद — सायण भाष्य सहित, संपादक, एफ. मैक्समूलर, 1890—92, 5 भाग, वैदिक संशोधन मंडल, पूना, 1933—51।

ऋग्वेद — सायणकृत व्याख्या, श्रीराम शर्मा द्वारा संपादित, संस्कृत संस्थान बरेली, 1962।

यजुर्वेद — सायणकृत व्याख्या, श्रीराम शर्मा द्वारा संपादित, संस्कृत संस्थान, बरेली, 1963।

सामवेद — सायणकृत व्याख्या, श्रीराम शर्मा द्वारा संपादित, संस्कृत संस्थान, बरेली, 1964।

सामवेद — श्रेडर बेनफे संपादित, लाइपजिंग, 1848।

अथर्ववेद — सायणभाष्य सहित, बंबई, 1996।

अथर्ववेद — वेंकटेश्वर प्रेस, बंबई, 1985।

अथर्ववेद — संपादक, आर. रोथ और डब्ल्यू. डी. ह्विट्ने, बर्लिन, 1856, संपादक, श्रीपाद शर्मा, औधनगर, 1938।

2. संहिताएँ

काठक संहिता — श्रेडर संपादित, लाइपजिंग, 1990।

तैत्तिरीय संहिता — महादेव शास्त्री संपादित, मैसूर, 1884।

तैत्तिरीय संहिता — श्रीपाद शर्मा औधनगर, 1945, कलकत्ता, 1854।

मैत्रायणी संहिता — श्रेडर संपादित, लाइपजिंग, 1888।

यजुर्वेद संहिता (मूल) — सकलियत महर्षि देवरात, वाराणसी, 1973।

ऋग्वेद संहिता — पदपाठ संहिता, सायणाचार्यकृत—भाष्यसवलिता सैव हिंदी भाषा मंत्रानुवादसमन्विता), अनुवादक—पंडित रामगोविंद त्रिवेदी, चौखंबा विद्या भवनम्, वाराणसी, 1997।

वाजसनेयी संहिता — बेबर संपादित, बर्लिन 1852।

वाजसनेयी संहिता — वासुदेवशास्त्री संपादित निर्णय सागर प्रेस बंबई, 1929।

3. *ब्राह्मण* ग्रंथ

ऐतरेय ब्राह्मण (ऋ) — ए. हाग संपादित, बंबई 1863।

ऐतरेय ब्राह्मण (ऋ) — षड्गुरुशिष्यकृत सुखप्रदावृत्ति सहित, त्रावणकोर विश्वविद्यालय संस्कृत सीरीज, त्रिवेंद्रम।

ऐतरेय ब्राह्मण (ऋ) — सत्यव्रत सामश्रसी संपादित, कलकत्ता, 1895।

गोपथ ब्राह्मण (अथर्व) — गास्ट्रा संपादित, लीडेन, 1919।

तैत्तिरीय ब्राह्मण (कृयुजु) — लिन्डेनर संपादित, मैसूर, 1921।

तांडय (पंचविंश) ब्राह्मण (साम) — वेंकटेश्वर प्रेस, बंबई, 1928।

शतपथ ब्राह्मण — अच्युत ग्रंथमाला कार्यालय, वाराणसी, संवत् 1994—97।

शतपथ ब्राह्मण (शुयजु) — बेबर अल्वेर्न संपादित, लाइपजिंग, 1924।

शतपथ ब्राह्मण (शुयजु) — गोविंदराम ब्रह्मानंद द्वारा अनूदित दिल्ली, 1988।

शतपथ ब्राह्मण (शुयजु) — चौखंबा विद्याभवन वाराणसी, 1967।

षड्विश ब्राह्मण (शुयजु) — चौखंबा विद्याभवन वाराणसी, 1967।

सांख्यायन (कौषितीक) ब्राह्मण (ऋ) — निर्णय सागर प्रेस, बंबई, 1927।

4. आ*रण्यक* ग्रंथ

ऐतरेय आरण्य (ऋ) — संपादक, कीथ, ऑक्सफोर्ड, 1909।

तैत्तिरीय आरण्यक (कृयजु) — आनंदाश्रम संस्कृत सीरीज, 1926।

5. उ*पनिषद्* ग्रंथ

ईशावास्योपनिषद् (शुयजु) — गीता प्रेस, गोरखपुर।

श्रौत सूत्र—

आश्वलायन श्रौतसूत्र (ऋ) — बिब्लियोथिका इंडिका, 1879

6. गृह्य *सूत्र*

आपस्तंब गृह्यसूत्र — सुदर्शनाचार्य की टीका सहित, मैसूर गवर्नमेंट संस्कृत लाइब्रेरी सीरीज।

आश्वलायन गृह्यसूत्र (ऋ) — नारायण की टीका सहित, निर्णय सागर प्रेस, बंबई, 1894।

पारस्कर गृह्यसूत्र (शु यजु) — गुजराती प्रेस संस्करण, 1917।

7. धर्मसूत्र (*स्मृतियाँ*)

आपस्तंब स्मृति — हरदत्त टीका, 1910।

गौतम धर्मसूत्र — हरदत्त टीका सहित, आनंदाश्रम संस्कृत सीरीज, 1910।

गौतमस्मृति — सेक्रेड बुक अब दि ईस्ट, ऑक्सफोर्ड, 1897।

नारदस्मृति — कल्याण भट्ट, 1940, डॉ. जाली द्वारा संपादित।

पाराशरस्मृति — माधव, 1940, बंबई संस्कृत माला संस्करण।

मनुस्मृति — टीका. कुल्लू भट्ट, मेधातिथि तथा वूल्हर, वर्ष पूना 1910, कलकत्ता 1932, बांबे, 1946।

याज्ञवल्क्यस्मृति — विश्वरूप—त्रिवेंद्रम आनंदाश्रम पूना, माघशास्त्री—निर्णय सागर संस्करण, त्रिवेंद्रम, 1917।

याज्ञवल्क्यस्मृति — संपादक घरपुरे, बंबई, 1926, आनंदाश्रम संस्कृत सीरीज, पूना, 1903—04।

वशिष्ठ स्मृति — वशिष्ठ धर्मसूत्र मातृदत्त, 1905, आनंदाश्रम स्मृति, संग्रह, मैसूर।

विष्णु धर्मसूत्र — संपादक, जोली, कलकत्ता, 1881, मातृदत्त, बंगाल एशियाटिक सोसाइटी।

विष्णु स्मृति — बीस स्मृतियाँ, बरेली, 1966।

वृहस्पतिस्मृति — डॉ. जाली, बड़ौदा, 1941।

व्यासस्मृति — धर्मशास्त्र संग्रह, खंड 2, कलकत्ता, 1876।

हिरण्येकिश—धर्मसूत्र — मातृदत्त, 1927, आनंदाश्रम, पूना

8. *पुराण* ग्रंथ

अग्निपुराण — संपादक, राजेंद्रलाल मिश्र, बिब्लिओथिका इंडिका, कलकत्ता, 1873—79।

कूर्मपुराण — संपादक, नीलमणि मुखोपाध्याय, बिब्लियोथिका इंडिका, कलकत्ता, 1890।

गरुड़पुराण — खेमराज श्रीकृष्णदास, बंबई, 1906।

देवी भागवत पुराण — बिब्लियोथिका इंडिका, 1903।

नारदपुराण — आनंदाश्रम, पूना, 1910।

नीलमत पुराण — संपादक, डि व्रीजे, लाहौर, 1924।

पद्मपुराण — संपादक, बी.एन. मांडलिक, 4 भाग, आनंदाश्रम संस्कृत सीरीज पूना, 1893—94।

9. *निबंध साहित्य*

गृहस्थरत्नाकर — चंडेश्वर, बिब्लियोथिका इंडिका, 1925।

संस्काररत्नमाला — संपादक—एस. श्रीनिवासाचार्य, मैसूर, 1914—21।

शुक्रनीतिसार — मद्रास, 1882, अंग्रेजी अनुवाद—वी.के. सरकार, इलाहाबाद, 1923।

10. *साहित्यिक कृतियाँ*

अभिज्ञान शाकुंतलम् — कालिदास, चौखंभा संस्कृत सीरीज।

कुमार संभव — कालिदास, निर्णयसागर प्रेस, बंबई, 1927।

रामचरितमानस — तुलसीदास, ठाकुर प्रसाद पुस्तक भंडार, वाराणसी 2005।

11. *ऐतिहासिक ग्रंथ*

कल्हण — राजतरंगिणी, एम.ए. स्टीन, दो भाग, 1900, वाराणसी, 1961, आर.एस. पंडित, 1935।

कौटिल्य — कौटिल्य अर्थशास्त्र, संपादक—आर. शामशास्त्री, मैसूर, 1909, 1929, आनंदाश्रम, पूना।

चंदबरदायी — पृथ्वीराजरासो, संपादक—श्यामसुंदरदास, वाराणसी, 1904।

बाणभट्ट — हर्षचरित, अनुवाद—कावेल और टामस, 1897।

राजशेखर — कर्पूरमंजरी, कलकत्ता, 1948।

संध्याकर नंदी — रामचरित, संपादक—रमेशचंद्र मजूमदार, राजशाही, 1931।

12. *बौद्ध साहित्य*

अंगुत्तरनिकाय — पालि भाग 4, सहसंपादक—भिक्षु जगदीश कश्यप, बिहार, 1960।

जातक — (हिंदी अनुवाद भदंतकौसल्यायन) प्रयाग, सं. 1946—2014।

दीघ निकाय — संपादक—रीज डेविड्स और ई. कार्पेन्टर, लंदन, 1890—1811, हिंदी अनुवाद—राहुल सांकृत्यायन, सारनाथ, वाराणसी, 1936।

धम्मपद अट्ठकथा — अंग्रेजी अनुवाद—ई. डब्ल्यू. बरलिंगम, लंदन, 1969।

संयुत्त निपात — संपादक—लियोन फ्रियर और मिसेजू रीज डेविड्स, लंदन, 1884।

13. जैन साहित्य

आचारांग सूत्र — अनुवाद—जेकोबी, 22, ऑक्सफोर्ड, 1884।

मेरुतुंग — प्रबंध चिंतामणि, मुनि जिन विजय, अंग्रेजी अनुवाद—सी.एच. टानी, हिंदी अनुवाद, हजारीप्रसाद द्विवेदी, 1933, 1940।

हलायुध — अभिधानरत्नमाला, लंदन, 1861।

हेमचंद्र — अभिधानचिंतामणि, संपादक—हरगोविंददास बेचरदास और मुनि जिन विजय, भावनगर, 1914, 1919।

हेमचंद्र राय — परिशिष्ट पर्वण (संपादित) एच. जैकोबी, कलकत्ता, 1921।

(ब) समीक्षा—ग्रंथ (हिंदी)

आर्य — लाला ज्ञानचंद वर्णव्यवस्था का वैदिक रूप विजय गुजरात फाउंडेशन, नई दिल्ली, 1994।

डॉ. कृष्णगोपाल — बाबा साहब व्यक्ति और विचार (सुरुचि प्रकाशन, झंडेवाल, नई दिल्ली)।

गोयल श्रीराम — नंद साम्राज्य का इतिहास, मेरठ, 1992।

ग्रोवर — वी.एल. एवं यशपाल—आधुनिक भारत का इतिहास (एस. चंद्र एंड कंपनी, दिल्ली 2000)।

चौधरी राधाकृष्ण — प्राचीन भारत का राजनीतिक एवं सांस्कृतिक इतिहास, पटना, 1989।

चौबे और श्रीवास्तव — मध्ययुगीन भारतीय समाज एवं संस्कृति, लखनऊ, 1979।

तोमर देवेंद्रपाल सिंह — हिंदू अछूत जातियों में छुआछूत, कॉमनवेल्थ पब्लिशर्स, दिल्ली।

दिनकर, डॉ. रामधारी सिंह — संस्कृति के चार अध्याय (लोक भारती प्रकाशन, इलाहाबाद, 2004)।

पाठक, डॉ. विशुद्धानंद — उत्तर भारत का राजनीतिक इतिहास, लखनऊ, 1982।

पांडेय, गोविंदचंद्र — बौद्धधर्म के विकास का इतिहास, लखनऊ, 1963।

भदकारिया — ठा. श्यामलाल (भदौरिया) : सूर्यवंशी 360 गोत्रिय क्षत्रिय वंशावली, ग्वालियर, मुरार।

भारती, परमानंद — खटिक क्षत्रिय वंशावली (श्रीलक्ष्मी प्रिंटिंग प्रेस, अजमेर, देवली की छावनी)।

दने स्व. श्री देवाजी राव — खटिक समाजाचा मूलवंशावली इतिहास।

माथुर, विजयेंद्र कुमार — ऐतिहासिक स्थानावली (राजस्थान हिंदी ग्रंथ अकादमी, जयपुर, 1990)।

मिश्र, जयशंकर — प्राचीन भारत का सामाजिक इतिहास (बिहार हिंदी ग्रंथ

अकादमी, पटना)।

मोतीचंद्र — प्राचीन भारतीय वेशभूषा, इलाहाबाद, सं. 2007।

रिवाड़िया मामचंद — खटिक समाज का इतिहास, 2000।

लोहिया, राममनोहर — जातिप्रथा, राममनोहर लोहिया समता विद्यालय न्यास, हैदराबाद, 1964।

विद्यालंकार निरुपण — हिंदू धर्मशास्त्रों में शूद्रों की स्थिति, शास्त्री प्रकाशन, मेरठ, 1975।

शर्मा, द्वारका प्रसाद — अनुशासन पर्व, संपादित व्यास कृष्ण दैपायम, इलाहाबाद, 1930।

शर्मा, ब्रह्मदेव — आदिवासी विकास एक सैद्धांतिक विवेचन (मध्य प्रदेश हिंदी ग्रंथ अकादमी, भोपाल, 1980)।

शर्मा, रामशरण — पूर्वकालीन भारतीय समाज तथा अर्थव्यवस्था पर प्रकाश, दिल्ली, 1977।

शास्त्री राजनाथ सोनकर — खटिक जाति की उत्पत्ति और विकास (कुशल पब्लिकेशंस एंड डिस्ट्रिब्यूटर्स, वाराणसी, 2005)।

शास्त्री, डॉ. विजय सोनकर — हिंदू वैचारिकी : एक अनुमोदन (विश्व हिंदू परिषद् संकटमोचन, नई दिल्ली, 2006)।

श्रीवास्तव, प्रो. अशोक — दिल्ली सल्तनत का उत्थान और पतन (712—1526 ई.) (पूर्वांचल प्रकाशन, गोरखपुर, 1998)।

सावरकर, विनायक दामोदर — हिंदुत्व के पंच प्राण, अनु.—विक्रम सिंह, हिंदी साहित्य सदन, नई दिल्ली, 2001।

सिंह, परमानंद — बौद्ध साहित्य में भारतीय समाज, म.गां. काशी विद्यापीठ, वाराणसी, 1996।

सोनी, सुरेश — हमारी सांस्कृतिक विचारधारा के मूल स्रोत (लोकहित प्रकाशन, लखनऊ, 2003)।

काणे, पी.वी. — धर्मशास्त्र का इतिहास, भाग—1, अनु. अर्जुन काश्यप चौबे, हिंदी समिति सूचना विभाग, उत्तर प्रदेश शासन, लखनऊ 1962।

गैरोली, बी. — भारतीय धर्मशाखाएँ और उनका इतिहास, सुरभा प्रकाशन, चौखंभा, वाराणसी, 1988।

मिश्र, गिरिजाशंकर — अनु.—वाकाटकलेख (जे.एफ. फ्लीट : गुप्त इंसक्रिप्शंस), जयपुर 1974।

(स) समीक्षा ग्रंथ (अंग्रेजी)

Abraham, p. — Aambedkar's contribution for Eco nomic Pianning and Development. Its Relevance, Kanishka Publishers, New

Delhi, 2002.

Aiyangar, K.V.R. — Aspects of Ancient Indian Economic Thought, Banaras, 1934.

Alexander, J.W. — Economic Geograph, New Jersey, 1963.

Alteker, A.S. — The Positionof Women in Hindu Civilization, Banaras, 1956.

अंबेडकर, बी.बार. — कास्ट इन इंडिया, विकास पब्लिकेशंस, न्यू देहली 1917।

अंबेडकर, बी.आर. — ऐनीहिलेशन ऑफ कास्ट, भीम पत्रिका पब्लिकेशंस, जालंधर सिटी, 1945।

Amberkar, B.R. — The Untouchables, Shravasti, Balaampur, Jetavan Mahavihar, 1969.

आजाद, ए.के. — इंडिया विंस फ्रीडम, ओरिएंटल लोगमैन, हैदराबाद, 1988।

एन्डरसन, जे.डी. — पीपल विंस इंडिया, कैंब्रिज यूनिवर्सिटी प्रेस, लंदन, 1913।

बर्न, आर. — 'कबीर, कबीरपंथीज' एनसाईक्लोपीडिया ऑफ रिलीजन ऐंड ऐथिक्स, जेम्स होस्टिंग्स (स.) चार्ल्स स्क्रिवनर ऐंड संस, न्यूयॉर्क (यू.एस.ए.) 1981।

बेली, एफ.जी. — कास्ट ऐंड इकनोमिक फ्रंटियर, मानचेस्टर, यूनिवर्सिटी प्रेस, मानचेस्टर (यू.के.) 1957।

Bahadur, K.P. — Caste, Tribe and Cultue of Ancient India, 1978.

Bandopadhyaya, N.C. — Economic Life and Progress in Ancient India, Calcutta, 1945.

Banerje, J.N. — Development of Hindu IconoGraphy, Calcutta, 1941A

Barth, A. — Religion of India, New Delhi, 1969.

Barua, K.L. — Early History of Kamarupa, Shillong, 1933.

Beal, S. — Buddhist Records of the Western World, Translation from Chinese—Hiuen Tsang.

Bels. R. — The Social Order, New York, 1957.

Bliot, C. — Hinduism and Buddhism, 3 Vols, London.

Briggs, J. — History of the Rise of Muham Madan Power, 4 Vols, Calcutta, 1910.

Buhler, G. — The Laws of manu, Clarendon Press, Oxford, 1886.

Carpenter J.e. — Theism in Medieval India, London, 1921.

Charleswoth, M.P. — Trade Routes and Commerce of the Roman Empire, London, 1921

Coomaraswamy, A.K. — History of Indian Indonesan Art, London, 1927.

Cooper, E. — The Harim and the Purdah, London, 1915.

Dube, S.C. — Indian Village, 1950.

Dumont, L. and Pocock, D. — contributions ot Indian Sociology, Paris, 1958.

Elphinstone, M. — History of India, London, 1857.

Farquar, J.N. — An Outline of the Religious Litera ture of India, Oxford, 1920.

Faruki, Z. — Aurangzeb and His Times, Bombay, 1935.

फिलिप, जी.ई. — आऊट कास्ट्स होप, यूनाइटेड काउंसिल फॉर मिशिनरी एजूकेशन, लंदन, 1912।

Ganguli, D.C. — History of the Paramar Dynasty Dacca, 1933.

Ghoshal, U.N. — A History of Indian Political Ideas, Oxford, 1959.

Ghurye, G.S. — Caste and Class in India, New York, 1950.

Gode, P.K. — Studies in Indian Literary History, Bombay, 1953.

Gupta, K.M. — The Land System in South India Between C. 800 A,D, and 1200 A.D., Lahore, 1933.

Hazra, R.C. — Studies in the Puranic Records of Hindu Rites and Customs, Dacca, 1940.

Jolly, J. — Hindu Law and Custom, Calcutta, 1968.

करुणाकरन, के.पी. — रिलीजन एंड पालिटिकल अवेकनिंग इन इंडिया, मीनाक्षी प्रकाशन, मेरठ, 1965।

कामले, एन.डी. — द शैड्यूल कास्ट्स, न्यू देहली, 1982।

लायल, सर ए.सी. — एशिटिक स्टडीज—रिलीजस एंड सोशल (भारतीय पुनर्मुद्रण 1976) कास्मो पब्लिकेशंस, न्यू देहली, 1882।

Legge, J.H. — Record of the Buddhist Kingdoms, being and Account of the Chinese Monk Fahiens Travel, London, 1896.

Majumdar, R.C. — Corporate Life in Ancient India, Calcutta, 1922.

Macdonell, A.A. — History of Sanskrit Literature, London, 1928.

Max Weber — The Theory of Social and Economic Organization, New York, 1967.

मैरट, मैककिम (स.) — विलेज इंडिया, यूनिवर्सिटी ऑफ शिकागो प्रेस, शिकागो।

Mirashi, V.V. — Inscription of the Kalachuri—Chedi Era, 1955.

Mookerji, R.K. — Ancient Indian Education, London, 1951.

Jiyogi, R. — The History of Gahadwal Dynasty, Calcutta, 1959.

Nainer, S.N. — Arab Grographers Knowledge of Southern India, Madras, 1942.

पन्नीकर, के.एम. — एशिया एंड वैस्टर्न डोमीनेंस, ऐलेन आलविन एंड कं. लंदन, 1955।

Pandey, L.P. — Sun Worship in Ancient India, 1971.

Pram Nath — A Study in the Economic Condition of Ancient India, London, 1924.

Radhakrishan, S. — Indian Pholosophy, 2 Vols, 1923—1927.

Rawlinson, H.G. — Intercourse between India and Western World, London 1916.

Rhys Davids — Buddhist India, London, 1903.

Risley, H.H. — The People of India, London, 1915.

Sharma, B.N. — Social and Cultural History of Northern India (1000—1900), 1932.

Shah, V.P. (Ed.) — Removal of Untouchability Dept. Gujarat University, Ahmedabad, 1980.

Sinha, K.K. — Excavations at Sravasti, 1967.

Subba Rao, N.S. — Economic and political Conditions in Ancient India, Mysore, 1911.

Thapar R. — A History of India Vol. IInd Pelican Book, London, 1966.

Tripathi, S.D. — Transformation of Agrarian Structure of India—1765—1990 (With special reference to Peasant Movements in India) BHU, Varanasi, 1991.

Wheeler, Sir R.E.M. — The Indus Civilisation, London 1953.

(द) समीक्षा ग्रंथ (फारसी उर्दू)

Abdul Haqq Dehlavi — Akhbaril Akhiar, Delhi, 1889.

Abu Yusuf — Kitabul Kharaj, Bulaq, 1886.

अबुल फजल अल बेहकी — तारीखुस सुबुक्तगीन, उद्धृत इलियट एवं डाउसन (मूल संपादक) भारत का इतिहास, अनुवादक—मथुरा लाल शर्मा, भाग—2, आगरा, 1974।

Beiggs, J. — Tarikh-i-Firishta of Muhammad Qasim, 4 Vols, London 1827-29.

(य) विदेशी यात्रा-वृत्तांत

Sachau, E.C. — Alberuni's India, 2 Vols, London 1888.

Gibb, H.A.R. — Trevels of Ibna-Batuta, London, 1921.

Baal, S. — Life of Hiuen Tsang, London, 1911.

(र) निबंध

जेलट, ऐलीनर — 'लरनिंग द यूज ऑफ पोलिटिकल मीन्स' कास्ट इन इंडियन पालिटिक्स, रजनी कोठारी (स.) में ओरियंटल लागमैन, नई दिल्ली (द्वितीय संस्करण), 1973।

पांडे, वी.के. — 'गांधीयन एप्रोच टू सोशल टेंशन' गांधी मार्ग, खंड-10, गांधी पीस फाउंडेशन, न्यू देहली।

भगत, एम.जी. – द अनटचेबिल क्लास ऑफ महाराष्ट्र जनरल ऑफ द यूनिवर्सिटी ऑफ बांबे, वाल्यूम–1, पार्ट–1, 1935।

पनिक्कर, के.एन. – द स्ट्रक्चर ऑफ पनिशमेंट : मनुस्मृति रीएग्जमिंड, डॉ. निरुपण विद्यालंकार अभिनंदन ग्रंथ 1984, मेरठ विश्वविद्यालय, संस्कृत अध्यापक परिषद् मेरठ।

शेबरिंग, जेम्स.एम. – 'द फारमेशन ऑफ न्यू कास्ट्स : ए प्रोबेबिल केस फ्रॉम नार्थ इंडिया' अमेरिकन एंथ्रोपोलोजिस्ट, 74–587–600।

शेराक, जे.ए. – कास्ट एंड क्रिश्चयनिटी, इंडियन चर्च कवार्टरली, रिव्यू 8, (अप्रैल, 1892)।

□□□